杂说斯语

（一百拾）

VIPENGELE MIA MOJA VYA KISWAHILI CHA KUOKOTA NJIANI

刘润山　韩　梅　夏文娴　编著

中国国际广播出版社

图书在版编目（CIP）数据

杂说斯语：一百拾：汉文、斯瓦希里语对照 / 刘润山，韩梅，夏文娴
编著.—北京：中国国际广播出版社，2022.8
ISBN 978-7-5078-5076-5

Ⅰ.①杂… Ⅱ.①刘…②韩…③夏… Ⅲ.①斯瓦希里语—汉语—对照
读物②历史故事—作品集—中国 Ⅳ.①H823：Ⅰ

中国版本图书馆CIP数据核字（2021）第243040号

杂说斯语（一百拾）

编　著	刘润山　韩　梅　夏文娴
出版人	张宇清
责任编辑	林钰鑫
校　对	张　娜
版式设计	邢秀娟
封面设计	赵冰波

出版发行	中国国际广播出版社有限公司 ［010-89508207（传真）］
社　址	北京市丰台区榴乡路88号石榴中心2号楼1701
	邮编：100079
印　刷	环球东方（北京）印务有限公司

开　本	710×1000　1/16
字　数	560千字
印　张	39
版　次	2022年8月 北京第一版
印　次	2022年8月 第一次印刷
定　价	86.00元

杂拾者说

作为本书语言素材的收集整理者，我想说几句话。

第一句话是：我已经尽力了，实践了自己对中国人民对外广播事业的承诺，收集整理工作耗费了我几年的时光。记得当时原中国国际广播电台人事中心与老干部处联合召集部分老翻译开会，动员大家发挥余热，给后来人留下点儿有用的东西，其间给我的感觉是蛮郑重其事的，使人一下联想起习近平总书记为鼓励老有所为而引用的那句"莫道桑榆晚，为霞尚满天"的古诗句，否则我这个"白头搔更短，浑欲不胜簪"的古稀之人所关注的只能是"尚能饭否"，而不会去"老夫聊发少年狂"。而这本书因韩梅同志主编和夏文娴同志参与编撰而增色添彩。她们都是斯瓦希里语（简称斯语）界的佼佼者，一位是中年精英，一位是青年才俊，再加上我这个桑榆暮景之人，恰好是老中青三结合搭配，很符合潮流。

斯瓦希里语是非洲独一无二地被一些国家定为国语的当地语言，它被引进到中国时，即受到高度重视。很遗憾，纵观斯瓦希里语落户中国的历史，屈指一算也已过花甲之年，传承是传承下来了，可研究成果却让我们斯语界汗颜，除了北京外国语学院（现为北京外国语大学）第一届斯语班同学翻译、广播学院金荣景老师校正的一本薄薄的《斯汉词典》外，其他的可能也就是各高校的教科书了。我以为，对任何一种语言来说，没有积累也就没有进步，我们总不能一代又一代地制造无数个"从头开始"，那不就等于"大老黑掰棒子"，掰一个扔一个，掰到最后手里抓着的还是一个玉米棒子吗？

我要说的第二句话是：这本集子仅供有一定斯语语言基础的人参考之用，其中所采集的语言素材不是我自己拍脑门儿拍出来的，也不是从哪个中国翻译人员的"国产货"里摘取来的，而是从东非当地的报章、杂志、书籍中采拾而得，原汁原味是有保障的。我所做的是，把短语、短句连成长句，把长句连成例段，把例段结成组群，而且尽量做到语言意境的合理联结。组群是"各自为政"的，互相之间没有有机联系。虽然后来我把组群归了归类，结果不过是"东一棒子西一榔头"变成了"东一榔头西一棒子"而已，当然这无关紧要，重要的是内容，"包子有肉不在褶"嘛！整理资料是件十分烦琐庞杂的活儿，等于从故纸堆里翻出东西推陈出新，费老鼻子劲了。我的手、脑、眼均不比当年，再加身体多次出现状况，中途可谓歪歪斜斜、趔趔趄趄、踉踉跄跄、跌跌撞撞，多次想打"退堂鼓"，最后终因觉得半途而废"弃之可惜"而没有停摆。我采用的办法大体是：能列出"一二三四"的就列，列不出的就往里"糅"，两行并举。话是好说，可真正操作起来堪称苦也。既然说到"苦"字，那就举"酸甜苦辣（1）——大吃苦头"这个组群为例吧。在这一族群中，第一、二、三组都有明确的开列，而其中第二组就列出了11种说法：
①Kupatikana na kile kinachomtoa kanga manyoya, ②Kutambua kilichomwacha kuku kushindwa kuruka, ③Kukiona kilichomtoa fisi nywele za mgongoni, ④Kuja kuona kinachomfanya kuku kukosa meno, ⑤Kuja kuona kinachomfanya kuku kukosa maziwa, ⑥Kuonja kinachomfanya mbuzi kupinduka, ⑦Kuonja kile kinachomfanya mbwa asiote pembe, ⑧Kulishwa kile kinachomfanya nyoka asiwe na miguu, ⑨Kulishwa kile kinachomfanya mbwa kulilia kuku, ⑩Kuonyeshwa kinachomfanya kuku asicheke, ⑪Kuonyeshwa kinachofanya kuku asikojoe.。
上述说法，除第一种，另外10种在字典上是找不到的。字典是正经书，很有用，但毕竟人们"众说纷纭"，它很难把所有的说法一网打尽，例如"kupiga"这个词在斯语中几乎可"打遍天下"，但你要细追，恐哪本字典也没法包罗万象，更何况字典上的词你未必拿过来就敢用，而《杂说斯语（一百拾）》就解决了用词问题。譬如"衣食住行（1）——睡眼惺忪"就分成了睡不着、打呼噜、睡得香、打瞌睡四组，主要采用"糅"的办法处理，与睡眠有关的说法及词语搭配应有上百种，你无法从字典上获

取。上述情况贯穿全书的每个组群，而构不成"规模"的那就随行就市地"塞"在某个段落中了，比如"**Sasa pombe ni mkwewe**""**Pale si mahali pa kwenda na mkwe**"这类说法就是如此，甚至连"**Anajitahidi si haba**"这样个别的病句也收了进来供大家参考，虽然看上去不合语法，但意思一目了然。我们学斯语，在语言思维上就要向当地人靠拢，比如"**Maji yanakwenda kuletwa**""**Bastola inakwenda kuwekwa totoni mwa meza**"中的"**kwenda**"用得就颇奇特。类似的情况还有很多，说来那可就话长了，打住吧！

毋庸讳言，我做这些颇得益于自己对斯瓦希里语的一些积累。当初我积累资料的缘由有二：一是我一向笃信"好记性不如烂笔头"的格言，早年看中文书时就养成了随手记的习惯，可谓积习难改；二是我学斯语时正值一无所有的年代，一位外籍老师肩上扛着的脑袋成了"百宝囊"，只能启用"烂笔头"实施"本本主义"。鉴于当时只是随手记而为，达不到"集锦""荟萃"的溢美级别，故冠以"杂拾""杂货摊儿"之类的荒名，这就是书名《杂说斯语（一百拾）》的来历了。"杂说"者，《新华字典》解释得明白，"各种各样的说法"也。语言本身就"杂"，好话、坏话、骂人的话都是话，就和"大舅二舅都是舅舅，桌椅板凳都是木头"一回事，所以你要想学好语言就要当个"杂家"。因为人总不能一辈子天天"之乎者也"地念"子曰"、说"官话"、拽"过年的话"，只识"精华"、不懂"糟粕"，结果人家把你骂得"狗血喷头"，你还以为是给你"上俊药""抬轿子"呢！而"拾"这个字在字典上也有解释，即"把地上的东西拿起来"。我在这儿把它叫作"入乡随俗、广览博取、点滴积累"。作为一个学语言的人，不要怕当"拾荒者"，君不见"捡破烂儿"的也能捡出三间大瓦房？这就叫"天下无难事，只怕有心人"。这样也就回到了收集本书语言材料的原点与初衷：**采拾原则——剜到篮子里就是菜；收集手段——眉毛胡子一把抓；品质取向——土生土长，原汁原味；组合模式——乱点鸳鸯谱，刻意拉郎配；主旨思想——肉烂在锅里；总体要求——非驴非马，是骡子也行；最终目的——抛砖引玉**。综上所述，"杂"

是为了给翻译人员提供更多选择，所以读这本书时一定要仔细。关于"拾"，则纯粹是为了大家在翻译时能翻出斯瓦希里语的味道。一篇文章，十个人翻译会翻出十个不同的版本，肯定会有高下之分，这就像炒菜，经验、用料、火候、技艺等不同，其味道绝对会有差别，这味道来自对语言细节的把握和掌控。记得在全国少年京剧大赛时，有的专家在点评孩子们的演唱技巧时经常会提出："这孩子唱的已经挂味儿了。"挂什么味儿？说白了，就是听起来不再是"京歌"，而是有戏曲味道了。要说中国的斯语，虽然说不上"五味杂陈"，但从它在中国的经历看，中文味儿、英文味儿还是有的，翻译痕迹更在所难免。要解决这问题就要多研究当地人的地道说法，靠它来"熏陶"，慢慢就会从必然王国走向自由王国，所谓"熟读唐诗三百首，不会写诗也会吟"。

可能有人会发现，这书以生活语言为主，新闻语汇颇少。我以为，生活语言是语言之母，任何其他语言支系都是从这里派生出来的，新闻语言亦然。而更重要的是，生活语言很难过时，不像新闻词汇那样晨钟暮鼓，随着时代在变。现在时兴的是改革开放，我们那时热门的是反帝、反殖、反修、反霸。譬如，斯语落户中国时正值中苏交恶之年，当时我们就把"修正主义"翻译成"ubadilishaji"，在电台上"反"了多少年。现在听起来，没准人家会以为你反对"改革"呢！假使真搞那么一本东西，谁敢采用呢？所以，我不想误人子弟，否则就会尴尬得"近乡情更怯，不敢问来人"了。当然，我在本集子中也特意安插了数十个评论性例段，语言当无过时之嫌。也许还有人会觉得书中收集的素材过于简单，"拿来骗小孩子"还行！真的吗？答曰："非也！"其实，最简单的也许就是最难的。比如，我们第一批斯语学生学了不到两年就到电台翻译去了，可吃喝拉撒睡却说不清晰，这就是例证。当翻译，你能说明白是基本要求，要说地道那就是真功夫了。记得在坦桑尼亚一专家组工作时，食堂伙食管理员独自去市场买鸡蛋，可到市场后就说不清道不明了，最后只好拍拍屁股学着母鸡下蛋的样子"咯咯哒"了几声，当地人才搞明白他要买什么。这说明，交代明白了不等于肚子里真有墨水儿，你总不能当个"拍屁股"翻译。话又说回来，肚子里有墨水也不在于你用了多少生涩词汇，而在于你是不是表达得和行云流水一样流畅明白，不然那就是"一瓶子不满，半瓶子晃荡"，犯了"眼高手低"的毛病。这里我还要说明两点：第一，本书中出现的汉字是提示，不是翻译，翻译文字应比目前的文字好。第二，黑体字外文表示例段与组群之间的关系，否则组群就成了无本之木，而横线标注的则是应该关注的说法，括号中均用黑体标示。说到这本集子，我断不敢"王婆卖瓜，自卖自夸"，因为它不是一本系统权威的教科书式集子，字里行间谬误难免，欢迎方家批评指正，但我敢说它肯定具有某种参考价值。倘如此，我就敲着鞋帮子念佛了。

作为本文结尾，我要提到的是我的老师——年逾九旬的金荣景教授，他十分关注这本书的进展。我记得金荣景教授九十大寿时，他的许多学生用讲话、读诗歌、送礼品向他祝福，我表示希望用一本书补送给他。虽然这话已时过多年，我仍然坚守。

谨将此书献给中国斯瓦希里语学科的奠基人与开拓者——金荣景教授九十二岁寿辰。

刘润山

目　录

上 ⊙ 基础篇

下 ⊙ 巩固篇

上·基础篇

（一）开宗明义（引子）

翻译本身追求的是不同语言之间的形似、意似、神似，这也恰恰是本书的宗旨。虽则语言不同说法各异，但人们的语言思维是相通的。从这一点出发，我们便可以从翻译的必然王国走向它的自由王国。下面谨用二十个例段作为本书的引子，"以茶代酒"，用实例代替陈述。

（1）Siku za mwizi arobaini（躲过初一，躲不过十五）

Ijapokuwa ni usiku, lakini si kitu cha kushangaza ikimtokea akakutana na mtu yeyote kama si wadogo wake au dada zake akiwa kama alivyo hana nguo, angejieleza vipi（虽然是在夜间，可他在这种一丝不挂的状态下撞上任何人都是不足为奇的，哪怕不是他的兄弟姐妹，届时他该如何自圆其说呢）? Angejiosha vipi na aibu hiyo（他要怎样才能洗刷自己这种耻辱呢）? Alishindana na akili zake kwa kipindi kirefu（他脑袋里着实折腾了一番）. "Potelea mbali（顾不得那么多了）! Siku za mwizi arobaini（窃贼逃不过四十天，类：躲过初一，躲不过十五），mwisho wangu umeshapigwa muhuri（自己的下场已经盖章敲定，类：已经板上钉钉）!" alijifariji moyoni（他自我安慰着）. Hivyo basi akapenya gizani kwa upesi（就这样，他迅速潜入茫茫夜色）akiwa ameiweka roho yake rahani（他已把命典当出去了，即：他已把命拴在腰带上）. Akasogelea mbele akibandua na kubandika miguu, huku akiuma meno（他抬脚迈腿，举步投足，咬紧牙关继续前行）.

（2）Kumlazimisha jogoo kulalia mayai na kuangua vifaranga（赶着鸭子上架，或强按牛头喝水）

Nilikuwa naye kwenye meza moja ya kona iliyotazamana na mlango wa kuingilia（我和他坐在角落里对着门口的一张桌子旁），nikimlegeza kwa kila aina ya maombolezo bila ya mafanikio（我苦口婆心地劝导他，但没有奏效），maana kwa aonavyo yeye, hivi **ni kama kumlazimisha jogoo kulalia mayai na kuangua vifaranga**（因为在他看来，这样做无异于逼着公鸡趴窝孵鸡，类：赶着鸭子上架，强按牛头喝水）. Basi maneno yetu yakaishia hapa（话到这儿就打住了），mimi sikuwa nimejisikia vyema kwa jawabu lake（听了他的回答，我心里老大不舒服）. Wakati nilipoagana naye, maneno yake kama yalikuwa bado yakivuma masikioni mwangu（当我与他告别时，他的话音似乎还在我耳畔回响）: "Siwezi kuvumilia kushindiliwa mishikaki (mishakiki) machoni pangu bila ya kujitetea wala kukaribisha mwenendo wao kama huo mara tatu（我不会忍受别人往我眼里插铁扦而无动于衷，而且事不过三！类：往眼睛里插棒槌）."

（3）Mtu bendera kufuata upepo（墙头草随风倒）

Yule ni mtu bendera kufuata upepo（那人是杆随风飘的旗，类：墙头草随风倒。亦可单用**Mtu bendera**）. Bwana kama huyo asiye na upande huu wala mwingine aghalabu huwa ni wa kigeugeu（像他这种骑墙的人通常是摇摆不定的，即：是没有立场的），mtu kinyonga（属于变色龙式人物）. Na hali kadhalika, mshika pawili hupaponyoka pamoja（同样，两边一齐抓，顾此必失彼），aliyetia miguu upande huu na ule kwa wakati mmoja mwisho atageuka kuwa mwovu wa pande zote mbili（脚踏两只船，结果是两面当恶人，即：两面不落人）sawa na upanga wenye ukali wa kuuma kila upande（这等于是把双刃剑）.

（4）Kuingia sikio moja na kutoka sikio la pili（左耳进右耳出）

Ni budi tuwaonye vijitu hawa kuwa siri yenu iko katika mwangaza（我们有必要警告那些大人物：你们的暗地里的鬼把戏已暴露在光天化日之下），msijiume ulimi kwa kudanganya ulimwengu（请不要费尽口舌欺世盗名了）. Mangapi tumewaambia nyiye（我们跟你们说过多少遍了），kila tulipokuambieni kitu mlikuwa <u>mnajitia pambani na kufanya kama hamsikii</u> tuwaambie nini（可每次你们对我们所说的都是**充耳不闻**）. Twashauri <u>masikio yenu yasitie pamba</u>（我们建议你们不要**闭耳塞听**）ili onyo letu lingeweza kuingia katika mioyo ile isiyokuwa na kutu bado（以便我们的警示能触动某些尚未锈蚀的心灵）, kamwe lisiwe **limeingia sikio moja na kuwatoka sikio la pili** na <u>limepita kwenye masikio yenu kama upepo</u>（**切勿这个耳朵进那个耳朵出，像耳旁风一样飘过**）.

（5）**Kuokoka katika moto na kutumbukia baharini**（离开火坑，又掉进苦海）

<u>Niliinua pua yangu nikinusa nusa kama alivyofanya paa wakati wa kushuku hatari</u>（我像机警的羚羊一样疑神疑鬼地腆起鼻子嗅探周边的气息）. Hewa ilikuwa nzito na nene kwa jinsi nisivyoweza kuieleza（空气浑浊凝重得令我难以言传）. Niliingiwa na wasi wasi kuwa pengine patakuwa na mambo（我担忧可能要出什么事）, <u>hapo utulivu wa akili yangu kidogo ukachafuka</u>（思绪立马有些乱起来）. Sitegemei kuna mtu <u>angeiba kivuli changu</u>（我不期望**有人朝我放暗箭**）na kunitia hasara bure **kama mtu aliyeokoka katika moto akatumbukia baharini**（让我白白受损失，就像刚离开火坑又跳进苦海一样）, maana nilikuwa <u>nimekwisha pata akili kutokana na funzo lililonipita</u>（因为**我是吃过一堑才长一智的**）. Basi nikapesapesa na kulewalewa（我摇摇晃晃，东倒西歪地走着）, na kwa taabu na juhudi nikafika kambini kwetu kuwaeleza wenzangu <u>kisa kamili</u>（我艰难地努力到达营地向伙伴们讲述了**一切**）.

（6）**Kama shindo la radi kali lililotokea bila ya kufanya wingu mbinguni** 或 **Kama radi iliyopasukia utosini ghafla kutoka katika anga la kisamawati**（犹如晴天霹雳一般）

Basi <u>nilikariri tena na tena kila mstari na kila neno</u>（我逐字逐句地反复

阅读着文件）ili nielewe kiini cha taarifa ile（以便抓住它的实质内涵），lakini kila mara nilihisi habari yake **kama shindo la radi kali lililotokea bila ya kufanya wingu mbinguni** wala sioni tafsiri yake njema（但我每每觉得它传递的信息犹如晴天霹雳一般，让我感到愕然不解）. Aliyeumwa na nyoka, kijiti humstua（曾被毒蛇咬一口，看见树棍也害怕，即：一朝被蛇咬，十年怕草绳），baadaye mnong'ono mwingine kuhusu taarifa hiyo ulikaririwa tena na tena katika sikio langu（后来又有些传言在我耳边一直重复来重复去），jambo ambalo kwa mara ya pili likanishitusha **kama radi ilivyonipasukia utosini ghafla kutoka katika anga la kisamawati**（这再一次像蓝天下五雷轰顶一般，让我惊愕不已）. Mawazo yalinipata kuwa hawa wameniandama sana kiasi cha kutonipa nafasi hata chembe（我意识到，他们对我看得极紧）. Nilitulizana nikianza kuhisi unyevu kwenye mashavu yangu, machozi yakaniporomoka（我平静了一下，顿时觉得两颊湿乎乎的，眼泪滚落了下来）.

（7）**Nazi na iwe kubwa vipi, haiwezi kushindana na jiwe**（鸡蛋碰石头）

Yule mtu mwenye miraba minne, nasikia ni hatari kama kisu chenye makali pande zote（那个膀大腰圆的大块头儿，听说厉害得像把多刃剑），ukiushika upande wowote wake utajitambua mwenyewe（你碰到它哪儿都会让你吃苦头）. Ilhali mimi, kimwili sina uzani wa ratili kitu（而我体重没啥分量），ni mwepesi kama bua（轻得像根草棍儿），kwa iwayo yote sina uwezo wa kukumbana naye kama vyuma kugonga vyuma（无论如何，我都无法与他硬碰硬）. Ingawa mimi jasiri（尽管我也是个有胆量的人），lakini **nazi na iwe kubwa vipi, haiwezi kushindana na jiwe**（但椰子再大也碰不过石头，类：鸡蛋碰石头）. Hata hivyo, niko tayari vile vile kumpa pilipili（虽则如此，可我也准备给他点儿颜色瞧瞧），kwa uchache mimi nina akili zaidi kuliko yeye（至少我脑瓜儿比他好用）.

(8) Tupo wawili tu, wa tatu Mola (天知地知，你知我知)

"Wananchi wana nchi, sisi tumo (国家是国民的，大家都有份儿). Hizi hela chai yako (这是你的份子), unachukua au huchukui, sema moja (你要不要，一句话). Tamka usiogope, **tupo wawili tu, wa tatu Mola** (说吧，甭害怕，就我们两个，第三个是上帝，即：天知地知，你知我知)!" Alisema nami kwa maringo kama mtu aliyesahau siku ya kufa (她扬扬得意地跟我说着，就像忘了自己也会有死的那一天似的), kisha akaendelea, "Usidhani nitamwambia mkubwa habari hiyo, hapana (不要以为我会向领导告发，不)! Mimi langu ni jicho tu (我睁一只眼，闭一只眼) kama usemi unavyonena: ukikuta wenzio wanaishi kwa jicho moja, basi nawe vunja moja pia (就像俗话所说的：如果别人用一只眼看事儿，你也毁掉自己的一只)!" Aliposhtukia mimi nimesusia ndoana yake (她震惊地发现，我并不上钩儿), akawaka moto kama aliyekula mavi (就像吃了粪便似的大为光火，注：此为当地常用说法), huku akihangaika hangaika na kuhofia asije akatia mkono katika mzinga wa nyuki (同时表现得坐立不安，担心自己是不是捅了马蜂窝), serikali itashtuka kama ikiambiwa habari hiyo, tena kwa kishindo (政府得知必将会受到惊动并做出激烈回应)!

(9) Kumpigia gita mbuzi (对牛弹琴)

Akaanza kumpekua pekua mwenzake kwa kujua namna alivyozipata fedha nyingi kama hizo (他开始对他的伙伴进行搜身，想知道这么多钱的来路), kisha akapunga punga konde lake la mkono wa kulia kwa kumpigia kelele (接着便挥动右拳大喝): "Ewe mshenzi, una nini cha ziada (你个野种，你比别人多点儿啥), bahati au kitu gani (是运气还是什么别的)? Basi kumbuka, sina haja ya kuendelea **kumpigia gita mbuzi** (记住，我不会继续对山羊弹吉他，类：对牛弹琴), bora ngumi kuliko maneno (拳头比舌头管用)!" Wakati ugomvi wao ulipokuwa umechacha (当他们吵得不可开交时), askari polisi wamekwisha kuwatokea（警察出现了）. Kumbe, nao polisi <u>wamekuwa mbioni tangu zamani kutafuta chanzo cha kisa chote cha uwizi benkini</u>（原来警察早已紧锣密鼓地对银行窃案进行彻查）, hasa ni mkubwa wa polisi ambaye kila dakika <u>huzungukwa na kichwa</u> kwa kuzingatia hali ilivyo（特别是局长，每时每刻都被案情搞得晕头转向）.

（10）Chanda chema huvikwa pete zuri（好马佩好鞍）

Chanda chema huvikwa pete（好指佩好戒，即：好马佩好鞍）. <u>Mwungu amenijalia kuwa na mke mzuri</u>（老天爷赐给我一个漂亮老婆）. Si kawaida yangu <u>kumweleza mwanamke jinsi alivyo</u>, lakini <u>ninapokuambia kuwa mzuri amini kuwa ni mzuri hasa</u>（对女人品头论足不是我的习惯，但如果我跟你说她漂亮，请相信那就是真漂亮了）. Naye ni mrefu wa wastani na mwembamba kiasi（体态匀称）, wembamba wake umechukua nafasi hasa kuanzia kifuani hadi kiunoni（腰身苗条）, au kwa maneno mengine（换言之）, <u>mwili wake umetuna kiasi cha kufaa</u>（身材丰满适度）, juu mpana wastani, katikati mwembamba kidogo na chini umepanuka（上宽下爹中腰细）, sawa na umbo la namba "8"（看上去像个"8"字）. <u>Hakika amekuwa na umbo maridhawa la kike linaloweza kumpapatisha mwanaume yeyote mwenye maradhi ya kutamani</u>（她的多姿身材足以让那些贪心男人心跳不止）. Mimi nategemea awe mja mzito mwakani（期待明年怀孕）, tena nimemweleza wazi kuwa japo nina **kilema** hiki na kile kitabia, lakini **ugonjwa** wa kuchagua mtoto sina, yeyote akiwa mwana au binti angekuwa sawa tu kwangu（尽管性情上我有这样或那样的缺陷，但没有重男轻女的毛病，男孩儿、女孩儿对我来说都一样）.

注：关注例段中的 **maradhi, kilema, ugonjwa** 三个词，意为"毛病"。

（11）Kuhema hema kama chura aliyechomeka kwenye mshakiki（热锅上的蚂蚁）

Nilimheshimu baba kama mtu asiye na doa（我曾敬重爸爸是一个完美的

人), lakini baadaye pazia la kiza lilipofunguliwa machoni pangu nikalitambua kosa langu（但眼前的黑幕被拉开的时候，我明白自己错了）. Nikaufumbulia macho ukweli（我睁大眼睛审视现实）, mpaka siku moja nikalazimika kukabiliana ana kwa ana na huo ukweli（直到有一天，我不得不面对这一现实）: amekuwa mnafiki wa ajabu（原来他竟是一个非同寻常的伪君子）, nyuma ya tabasamu yake akawa bepari lililonona na lililoota mizizi（隐匿在笑脸后面的是个肚肥肠满、根深蒂固的资本家）! Kama mnapinga, basi nendeni mkaione nyumba yake（如果你们反对，不妨去看看他的豪宅）, leo hii inaweza kubadilishwa ikawa Ikulu bila ya hata kuongeza tofali moja（今天几乎不添一砖一瓦就能改成总统府）. Niliwahi kuongea naye mara nyingi, lakini uji haukukolea chumvi barabara（我曾多次与之交谈，但结果是粥是粥，盐是盐，完全没有入味）, maongezi yote yaliishia juu ya makali ya kisu（总在紧要当口儿谈崩）ingawa sasa kidogo anahema hema kama chura aliyechomeka kwenye mshakiki（尽管眼下他有点儿像穿在钢扦上的蛤蟆一样惶惶不安）.

（12）Anapenda kula mayai kama nguchiro, hali mimi napenda mboga（青菜萝卜，各有所好）

Zamani mimi naye tulikuwa ndugu kama wa tumbo moja（过去我们俩像同胞兄弟）, kila siku tulichukuzana kwenda shule（每天都搭伴儿一起去上学）. Baada ya kumaliza elimu ya msingi（小学毕业后）, yeye alichagua chuo cha siasa cha Nyakabango kama pendekezo lake la kwanza（第一志愿）, na hali mimi nilichagua chuo cha uwalimu ya Mwanza. Hivi ni kama kula chakula, **yeye anapenda kula mayai kama nguchiro, lakini mimi napenda mboga**（这就好比吃饭，他像獴哥一样喜欢吃蛋，而我则酷爱蔬菜）, inabidi kila mmoja wetu ajiburudishe kinywa na hamsini yake（我们只能各谋其味，各得其所）. Lakini sasa tumekuwa katika tofauti ya mbingu na ardhi（可现在我们有天壤之别）, yeye amefana kuwa waziri, hali mimi nimebaki kuwa mwalimu wa kawaida（他成为部长，而我只是一名普通教师）.

（13）Amekamata mpini wa kisu na mimi makali（刀把子在人家手里）

Siku nzima ilipita nikiwa katika mawazo kuhusu namna ya kuyafumbua matatizo yaliyonipata（一整天过去了，我一直都在考虑怎样解决自己遇到的难题）. Mpaka usiku wa manane nilikuwa bado naendelea kuchemsha bongo（直到深夜，我仍在冥思苦想）kwa kuwa mzaha wa aina yoyote utaweza ukaniteremsha mauti nukta ile ile（因为任何疏忽都可能即刻让我小命归天）. Mara nikasikia mtu akimwagiza mfuasi wake（忽然，我听到有人指使他的随从）："Mimi sitaki kelele hapa, mchukue huyu mdudu ukashughulike naye huko pembeni（我嫌这儿乱，把这个可怜虫拉到旁边处理掉好了）!" Loo, sasa kidonda kikatunga usaha（天哪，现在疮口化脓了，类：现在是头上长疮、脚底流脓了）, ile ndoto yangu ya kutoka mikononi mwa nduli hawa ilionyesha hali ya kunitoweka（从死神手中逃脱的梦想看来是破灭了）, labda nisubiri hiyo mauti tu（也许我只能等死）, maana sikuwa na uwezo kitu kukabiliana naye: yeye **amekamata mpini wa kisu na mimi makali**（因为我完全没能力对付他，刀把子在他手里，我抓住的是刀刃）, anaweza kuniua kama inzi（他灭我就像灭一只苍蝇）.

（14）Moto umekwisha pasua majivu（纸里包不住火）

Dada mtu siku hizi amejisikia tumbo lake kidogo limeleta walakini（这几天，她感到肚子有点儿什么问题了）. Kadiri siku zinavyoendelea ndivyo nalo tumbo linavyoonekana likienda mbele zaidi, kamwe hakutarajia mambo yake mwisho wake leo（从未想过事情会变成今天这样）. Sasa **moto umekwisha pasua majivu**（现在火已破烬而出，类：现在纸里已包不住火了）, anatamani pangekuwa na shimo aingie ili kuisitiri aibu iliyomvaa（她多期望眼前有个洞，自己能钻进去避羞遮丑）. Ameganda pale mlangoni kama sanamu la jiwe（她像一尊石像一样呆立在门口）asijue angejieleza vipi mbele ya wazazi

（不知如何向父母交代），huku akijilaumu sana kwa nini <u>kajiingiza katika</u> <u>mtego baada ya kumiminiwa ahadi nyingi hadi moyo wake kutekwa nyara</u>（与此同时，她深深责备自己为啥<u>被甜言蜜语所俘获而上当受骗</u>）na mwisho <u>kuamua kujitoa sadaka mwili wake</u>（乃至最终<u>失身于人</u>）.

（15）Raha imetumbua nyongo（乐极生悲）

Mchumba wangu Anasa pole pole <u>ameingia akilini mwangu</u>（我的恋人慢慢浮现在我的脑海里）. <u>Naye kwa umaridadi ndio usiseme</u>（她论俊俏，那就甭提了）, ukimwona sura yake asubuhi kabla hujanywa chai hutaiweka sukari tena（如果你早茶前看到她的模样，你将不会再往茶里加糖）. Ngozi yake nyororo kama nguo ya hariri（软缎般的皮肤）utadhani ni ya mtoto mchanga（婴儿）bila ya kusahau <u>vidimbwi vya mashavuni</u>（酒窝）. <u>Lakini baada</u> <u>ya kuzindukana kuwa namwona Anasa kwa mawazo tu wala sio kimwili</u>（可当我猛然醒悟到自己所见到的阿娜萨只是幻影而非真情实况时）, tabasamu langu usoni mara <u>likayeyuka kama siagi imetupiwa katika kikaango cha</u> <u>moto</u>（我脸上的笑容立刻像黄油放进炒锅里瞬间消失殆尽）, **raha yangu** **iliyokuwa upeoni ikatumbua nyongo kabisa**（极度愉悦犹如刺破的苦胆一样）. Nikakunja uso na kujikuta nikihema hema kama niliyeshindwa kulibwaga robota la mchanga lililokuwa begani pangu（我哭丧着脸拔着大气，就如肩上背着卸不下来的沙袋似的）.

（16）Mchuzi kuingia konokono（鲜花插在牛粪上）

<u>Mimi si msichana wa kuguswa na kinyago kama akina Sokwe</u>（我可不是索唅那样的丑八怪可以碰的姑娘）, ningekuwa radhi kufa <u>kulikoni</u> kuolewa naye（我宁死也不愿嫁给他）. Nachukia kupewa karaha kama hii（我厌恶强加给我这种恶心事儿）. Sokwe ni nani? <u>Naweza kupambanua kunde na mbaazi</u>（索唅算什么东西？**我分得清红豆与木豆，类：我分得清麦苗和韭菜**）. Licha ya ufupi wa mwili kama kisiki na uso mweusi kama mpingo（除了像木

墩子似的五短身材和乌木似的黑脸），harufu inayotoka mdomoni mwake ni afadhali ya uvundo wa mzogo wa paka（他嘴里呼出的那股味道比死猫烂狗散发出的恶臭更甚）. Harufu hiyo ni mchanganyiko wa ile wiski aliyokunywa sasa hivi pamoja na vyakula ambavyo amekuwa akila tangu utotoni mwake（那是一种他刚刚喝过的威士忌和从小就积存在肚子里的腐食烂菜发出的混合气味儿）. Nasema hivi kwa sababu ninayo imani kwamba tangu aote meno hajayasugua kwa mswaki hata siku moja（我这么说是因为我相信从长牙到现在，他从未用牙刷刷过一次牙）. Nikiolewa naye, basi **mchuzi umeingia konokono**（我嫁给他，那简直就是鲜汤里爬进了蜗牛，类：鲜花插在了牛粪上）!

（17）Mjusi hula mdudu, nyoka hula mjusi na mwewe hula nyoka（大鱼吃小鱼，小鱼吃虾米，虾米吃青泥）

Miali ya mwisho ya jua ilitapakaza rangi nyekundu sehemu kubwa ya anga upeoni（夕阳的余晖把天际染成一片殷红）. Hewa safi tamu yenye kuvuma pole pole na kuingia kinywani ilitusafisha ubongo wetu（清甜的空气随微风沁口入肺，我们感到神清气爽）. Tukakaa na kutulia kama maji katika mtungi（我们坐着，心境平静如水），maongezi yetu kidogo kidogo yakaanza kunoga kama viungo katika mboga（我们的交谈就像调味品溶于蔬菜一样渐入佳境，指：谈得十分投机）. Kwa kuona vile mambo yamekwisha fikia hatua ya kutia maji maziwani（见事情已经到了水乳交融的地步），mzee akafumbua mdomo wake kunieleza mengi ya ndani moyoni mwake（老人跟我说了许多掏心窝子的话）: "**Mjusi hula mdudu, nyoka hula mjusi na mwewe hula nyoka**（蜥蜴食虫，蛇吞蜥蜴，老鹰吃蛇，类：大鱼吃小鱼，小鱼吃虾米，虾米吃青泥）. Hii ndiyo sheria ya maumbile iliyojengeka katika msingi wa kuuana wenye kuleta uzani sawa katika ulimwengu wa viumbe（这就是建立在相生相克的生态平衡基础上的自然法则），yaani mwenye nguvu hula mnyonge na auaye huuawa（即弱肉强食，食者被食）. Hivi ndivyo dunia inavyoendelea（这就是

大地演进的规律)."

（18）Simba mwenye kimya hula nyama（不叫的狗咬人）

Tangu nifike kwake wiki moja iliyopita sijapata maongezi ya kuendelea nikiwa naye mzee ambaye amekaa nami kama babu na mjukuu wake（到他家一个星期以来，我和这位与我像祖孙一样相处的老人还没有进行过长谈），lakini leo ameniambia mengi ya kusisimua（但今天她跟我讲了令人激动的事）: "Ziko silaha nyingi za kuua humu duniani（世间有许多杀器），mshindo ni silaha, na ukimya pia ni silaha（噪声是，无声也是）ambayo inaweza kutumika vibaya au vizuri kama silaha nyingine yoyote（它们和其他武器一样可行利弊）. Katika vita vya pili vya dunia, wafungwa wa Kifaransa katika kisiwa cha Devil walikuwa wamefungwa na Wajerumani katika vyumba vya kiza bila ya kuruhusiwa kuongea hata neno moja kama adhabu maalumu（第二次世界大战期间，被集中关押在戴维岛的法国人被德国人关在黑屋子里并被噤声作为专惩）. Baada ya miezi wengi wao wakawa vichaa（几个月后，他们中很多人变成了疯子）. Ni nguvu ya ukimya, ukimya unaua zaidi kuliko mshindo, ujue **simba mwenye kimya ndiye mla nyama**（这就是无声的威力，此时无声胜有声，你要知道沉默的狮子会吃人，类：不叫的狗咬人）!" Maneno hayo yenye mafunzo mengi yalikereketa kama pilipili hoho katika mchuzi（这些饱含深意的话犹如在汤汁里撒进胡椒粉一样刺激）.

（19）Mwungu hakuumba vidole sawa（十根指头不一般齐）

"Ng'ombe hawa, nisamehe Bwana sijakusudia kuwatukana mbele yako（那些笨牛，请你原谅，先生，我不是故意当着你面儿骂人），sina vingine vyovyote vya kuwaita ila hivyo（只是我不得不这样称呼他们）. Eti wanataka usawa（他们想要所谓平等）. Usawa gani tena（什么平等），hata **Mwungu hakuumba vidole sawa**（连上帝都没把十根手指头造得一般齐）!" Zunida alilalamika bila ya kusita, nami namjua alivyo mtukutu（我知道她是个乱吵乱

闹的人），<u>huwa hajali wala kusikia la mtu</u>（她无所顾忌，不听人劝），kisha mwongo baadhi wakati, <u>ni Mswahil alokaye usiwahilini haswa</u>（有时还撒谎，**是个地地道道的瞎话篓子**）. Ilinichukua saa nzima kumbembeleza（我安抚了她整整一个钟头），<u>mwisho nikamfunga paka kengele</u>（最后才给这只猫拴上了铃铛，即：驯服了她），na <u>kilimilimi chake kikawa likizoni</u>（他的舌头休假了，即：**不再嚼舌根了**），<u>huu hasa ni mwujiza kushinda jua kuchomoza Magharibi</u>（这简直胜似太阳从西边出来）. Baadaye kwa upole akaniahidia kama akulavyo kiapo（像发誓一样承诺）："<u>Wamoja hawavai mbili</u>（**一家人不说两家话**）! Baadaye kama nikisema hata neno moja la uwongo na kuficha chochote mbele yako, <u>Mwungu ana haki ya kutuma radi kunipiga hata kabla sijafika nyumbani</u>（出门回不到家就遭天打五雷轰）!"

（20）**Maneno hayavunji mifupa**（站着说话不腰疼）

Mkubwa alinionya <u>nifyate ulimi</u>（领导警告我**收紧嘴巴**），lakini <u>nilishindwa kumeza maneno yake</u>（但我咽不下他的那些话，即：**无法忍气吞声**）. Kwa hivyo mimi <u>bila ya kujali be wala che</u>（不分青红皂白）nikaanza <u>kumchafua roho</u> kwa makusudi（我故意**恶心**他一通）："Ehe mheshimiwa wangu, natumai <u>usijidai mtakatifu</u>（我说尊贵的先生，希望你**不要冒充高雅**），au <u>wadhani hatujui vuruga zako</u>（你以为我们不知道你那点臭事儿）? <u>Umetunyima mikate na kututia katika janga kubwa</u>（你砸了我们的饭碗，把我们投入巨大灾难）. Wewe kiongozi gani eti, <u>hustahili hata kuongoza papasi</u>（你算啥领导，**连领导虱子的资格都不够**）!" Kusikia nisemayo, akaangua kicheko cha dharau（听了我这些话，他发出轻蔑的笑声）na <u>kunijibu kichwa juu</u>（并**傲气十足**地回答道）："Ama kweli **maneno hayavunji mifupa**（还真是站着说话不腰疼），nashangaa kuona jinsi unavyopandisha mabega na kudiriki kusema lolote linalokujia kichwani（看到你扬扬肩膀、拍拍脑门儿就信口开河的样子，我感到惊讶）! Nionavyo heri uachc kuendelea <u>kutamba kwa maneno, huogopi kuteguka ulimi</u>（用不着滔滔不绝，你就不怕闪着舌头）?"

（二）语态语势（1）——状态、样子用-vyo-

-vyo-是斯语中出现频率很高的语素之一，面目表现很庞杂。这里仅对一些常见得用法进行简单汇总，并未包罗万象。

1. Ndivyo

（1）Siwezi kujua kwa sababu gani, lakini ndivyo（现在时）

Jua nyonge la masika linapenya katika madirisha ya kibanda tulichomo, na upepo wa baridi unatubariki vizuri（雨季柔弱的阳光透过窗户洒进我们居住的小屋，凉风习习送爽）. Tumeanza kukumbushana juu ya usiku uliopita, tunawasifu wenyeji wetu weupe, msiba wetu msiba wao, heri yetu heri yao（我们互相回顾着过去的这个晚上，大家都赞赏当地人胸襟坦荡，他们与我们休戚与共）. Hapa tulipo panaonekana kama ndio mwisho wa ardhi inayofaa kuotesha vitu（我们所在之处看上去好像最后仅剩的尚可耕种的土地），siwezi kujua kwa sababu gani, lakini ndivyo（我无法知晓何以如此，但事实就是这样）.

（2）Niende nikajionee mwenyewe kama ndivyo（现在时）

Nimeambiwa kuwa ile ni nchi fanisi sana（我被告知那是一个繁荣的国度），kule hakuna mtu aliyeguswa na vidole vya umasikini wala ukucha wa njaa（那里没有被贫穷和饥饿折磨的人），jamaa hata kanishauri niende huko nikajionee mwenyewe kama ndivyo（那老兄甚至建议我去亲眼看看是否属实）. Tokana na shauri hilo, naanza kufikiria hiyo safari ya kuvuka milima na mito（依照这个建议，我开始考虑一次跋山涉水的旅行），kinachohitajika kwangu ni moyo thabiti, mwili mzima, ujuzi na ujanja wa porini（我需要的是心志、体能、知识，以及**穿越深山老林的机智**）.

（3）Hivi ndivyo nilivyokuwa nimeyaona mimi hasa（过去时）

Ndege iliyosazwa kwenye anga ikaparamia lami na kutua katika uwanja wa ndege（**空中盘旋的飞机着陆滑行在机场跑道上**并停了下来），maabiria walishuka na kutawanyika, kila mmoja na njia yake（旅客走下飞机，**四散开来，各奔前程**）. Kati yao mmoja mwendo wake pole pole utadhani ni mtu aliyeshiba kupita kiasi（其中一人步履维艰，你会以为他吃撑得走不动路了），na mwengine alikuwa kapiga guu kwa miondoko ya kasi na ya fujo "suluu"（而另一人则**步态疾快，嗖嗖带风**）utafikiri ametumwa kupeleka habari ya kifo kilichozuka ghafla（你会以为他是受差派为暴死的人送丧信）. **Hivi ndivyo nilivyokuwa nimeyaona mimi hasa（这就是我真真切切看到的情况**）.

（4）Hivyo ilikuwa ndivyo haswa（过去时）

"Uwaonapo usiwafanyie pupa, hutaweza kufua dafu mara moja mbele ya magaidi hawa（见到他们**不要急于求成**，面对那些恐怖分子，你不可能**一举成功**）!" Maneno yake yalinifumba kidogo（他的话让我**有点儿摸不着头脑**），tena ndiyo yaliyokuwa yakinichemsha kichwa changu tangu nifike Nairobi: iweje tena wanichukie mimi（这也正是我到内罗毕后**费心劳神的事**：他们干吗仇视我）? Sikuwa na haja ya kwenda kuongea mambo yao ya wizi na magendo, wao wenyewe watafungwa kwa kosa la kupatikana na mali za wizi na mwenendo wa ugaidi（我没必要跟他们谈他们偷盗走私的事，他们自己会因赃物和恐怖行为而遭到关押）! Nilijiambia nisiogope na nianze kufurahi, na bila ya kuelewa nililolifanya nikajikuta nikitabasamu kweli（我告诉自己，不要紧张，应高兴起来，而我发现自己不知不觉地还真的微笑起来了）. Lakini kwa namna alivyosema rafiki yangu nikatambua kuwa asemayo huenda hayapo mbali na ukweli wa mambo（但听朋友的说辞，我觉得**他说的或许基本靠谱**）. Ukweli ndio ukweli, hata ukiwa chungu kama pilipili, **hivyo ilikuwa ndivyo hasa**（事实就是事实，不管它如何残酷，这是毋庸置疑的）. Mimi natafuta ukweli halisi wala sio kivuli chake, hakuna kilichofichika chini ya jua（我寻觅的是实实在在的东西，而非捕风捉影，没有什么东西能藏在阳光之下）.

（5）Jinsi(namna) ..., mradi hivyo ndivyo ilivyokuwa（过去时）

Nilishindwa kupata mtu tutakayemfanya chambo, kisha namba za gari letu zilinakiliwa na polisi, mpango wetu ukafilisika（我们没有找到替我们当诱饵的人，而且**我们的车号也被警察记录了下来，计划破产了**）. Nilisimama pale bila ya kujitambua（我下意识地站在那儿）, hatua zangu mbili za mwanzo zilikuwa za mashaka na za kusita sita kwingi（最初两步是迟疑且相当犹豫不决的）, nguvu zikanikimbia（我气力全无）. Basi nikajitupa kitandani kama mzoga（我像一具尸体一样栽倒在床上）, **jinsi (namna) nilivyozimwa roho sikujua, mradi hivyo ndivyo ilivyokuwa**（我是如何晕过去的，已无从知晓，但真实情况就是这样）.

2. Sivyo

（1）Ama sivyo

Dalili peke yake zilitosha kutujulisha vitimbi vilivyokuwa vimepita（迹象本身足以向我们表明**到底发生了什么事情**）, nyendo zao za usiku usiku zilijulikana kwa kila mmoja wetu（他们夜间的活动我们已尽皆知晓）. Hata **hivyo** nilikwisha jipa imani kuwa kwa vyovyote vile, wakipenda wasipende, hawawezi wakaushinda usingizi（无论如何，不管他们愿意与否，他们总不能不睡觉吧）, tutawachukulia hatua wakati wakiwa usingizini（我们可以趁他们进入梦乡时动手）. **Ama sivyo**（不是吗）?

（2）Mambo sivyo kama yalivyotarajiwa

Wenzangu walifanya hivyo pia. Ilikuwa ni kitendo cha kufumba na kufumbua tu ila **mambo sivyo kama yalivyotarajiwa** ya kwamba kila kitu kitakuwa sawa sawa（那是一个转眼即逝的行动，只是事情并非如预想的那样一切都顺顺利利）. Basi mimi nikahisi hatari karibu（此刻我感到危险近在咫尺）. Huwa inatokea kwa baadhi ya watu kujionea hatari kama hiyo tokana na nywele kusimama au kupiga chafya ama kuhisi tu kichwani（有些人经常会因头发炸起来、打喷嚏或脑袋一激灵而预感到危险来临）. **Sielewi sababu, lakini ndivyo ilivyokuwa haswa**（我说不清道理，但情况确然如此）.

（3）Sivyo pengine

Pindi kidogo fikra zimenijia zikiniamsha（一会儿，我脑袋里闪出一个想法提醒我）kuwa **sivyo pengine** yule angeweza kuwa mkali zaidi kunipita mimi（有没有可能那个人比我更厉害呢）? Kwa sababu nimepata habari ya kwamba naye ni gubu（因为我得到消息说他是个令人讨厌的家伙）, haipiti siku bila ya kuzozana na mtu（不和别人闹别扭，他过不了一天）. Ingawa kabla ya hapo niliweza kumdhania vyovyote nitakavyo, lakini ukweli umenionyesha kuwa hata ana wazimu zaidi kuliko nilivyokuwa nikidhania（虽然此前我怎么猜测他都行，但事实却向我表明，他那股疯狂劲远比我猜测的更甚）.

（4）Mambo sivyo yalivyo

Wakati **alipoona mambo sivyo yalivyo**（当他发现不是那么回事的时候）, mara uso wake ukakazwa（当即板起了脸）ukawa sio wa mwanamke mwenye moyo wa huruma tena（不再是那张充满同情心的女人面庞）, moyoni kwake hamna amani tena（内心不再平和）. Hapo hapo akasema kwa sauti kali kama alivyowafokea wanawe（就在此刻，他就像训导儿子一样呵斥道）: "Ninyi mnajitia uzalendo sana ingawa sioni utakatifu wenu（你们自诩很爱国，可我就看不出各位有多圣洁）!"

（5）Sivyo inavyopaswa kuwa

Wao wamepora pesa za umma kwa wingi kama mchanga wa pwani（他们攫取了人民的大量财富，多得像海滩上的沙子）, hii **sivyo inavyopaswa kuwa kwa watumishi wa serikali**（这绝非政府干部应有的作为）. Lakini fedha fedheha（但钱是祸根）, filosofia yao ya eti fedha mbele heshima nyuma itawaingiza motoni（要钱不要尊严的逻辑会把他们送进地狱）. Wakibainika na kufagiliwa na fagio la chuma hata papasi watashangilia（他们一旦暴露并被铁扫帚扫地出门，连扁虱都会欢呼雀跃）.

3. 与 Kadiri (kiasi) 搭配（含 Kwa）

（1）Kadiri anavyojua

Nilimwuliza Shoka kama tumekaribia Mto Fala, nikaambiwa ndivyo inavyoonekana katika ramani（从地图上看是这样的）. Mawazo yaliyonijia ni kuhusu **tutakavyovuka mto** huo, kwa mtumbwi au kwa kuogelea（我考虑的是怎样过河，是用木筏，还是泅水）? Hayo ndiyo mambo yaliyopaswa kufikiriwa. **Ilivyokuwa hivyo basi**（**Kwa ilivyokuwa hivyo basi**）, miye kwa makusudi nilijaribu kuomba shauri kutoka kwa Shoka ili nipime akili zake na kadiri anavyojua（鉴于此，我故意试着征求绍卡的意见，以便考察考察他的智慧，**看看他知道多少**）.

（2）Kumpenda kadiri alivyompenda mama yake

Hawa watu madansi sana（他们都是舞蹈迷）, mabinti wakaongozwa mwendo na wavulana wakikanyagana kwa wapendavyo katika madansi ya kusisimua（女孩儿被男孩儿带着踏着舞步，尽情地跳着各种激情四射的舞蹈）ila Hassani peke yake alikaa konani kupiga kite（只有哈桑独自坐在角落里唉声叹气）. Jinsi alivyopokonywa mpenzi wake mimi sijui（他是怎样失恋的，我不清楚）, lakini nina uhakika kuwa **anampenda yule kadiri alivyompenda mama yake marehemu**（但我相信，他像爱他过世的妈妈一样爱着他的恋人）.

（3）Kiasi ninavyoendelea...

Ni hivi nisemavyo mimi (kwa hivi nisemavyo mimi), sina senti kitu（说起来我没啥钱）, na isitoshe（这还不够）, yule mgeni anayenitafuna kaniletea balaa kubwa（那个坐地坑我的客人可把我害苦了）. Kwa kuwa hajui hali zangu zili**vyo** kimali（因为他并不了解我的经济状况）, almuradi anakwenda tu klabuni **kuimba na kucheza na akina yahe kila mtu kadiri anavyopenda**（可他总跑到歌舞厅与那些不三不四的人唱歌、跳舞，随意厮混）kwa kugharimu shilingi zangu（花着我的先令）. Hali ikiendelea kama ilivyo（如此下去）, kwa vyovyote vile nitafilisika kabisa（无论如何，我都会倾家荡产）. **Kiasi ninavyoendelea** kuliwaza suala hili **ndivyo ninavyozidi** kuharibikiwa akili（我越想这个问题就越觉得伤脑筋）.

（4）Kadiri siku zinavyoendelea

Kadiri siku zinavyoendelea（随着时间的推移）, **ndivyo** vijana wetu wana**vyo**onekana kuwa wa maana zaidi kwa taifa（我们的青年对国家愈发显得重要）**kwa vile ambavyo** nao ndio taifa la kesho（因为他们是国家的未来）. Lakini bado kuna wengine matata matata（也有特别爱捣乱的）. Jana kijana mmoja mwizi mwizi hivi kutoka shambani alipokuwa akioga kibandani mchana mchana alishitushwa ghafla na askari wa kumwinda na kukimbia kwa kupitia dirisha mfano wa mtu aliyefumaniwa. Akiwa **kama alivyo**, yu uchi, mwenye haya nyingi, akazomewa na watu njia nzima.（昨天有个来自乡下的年轻小偷

白天在小房子里洗澡时突然遭遇警察搜捕，他当时**就像被捉奸一样仓皇破窗逃窜。他一丝不挂，羞不堪睹，一路上人们嘘声不断**）. Basi safari hii akaja kuamini kumbe Nairobi kweli ni kubwa（这回他才知道内罗毕真是太大了，指：太可怕了）!

（5）Kwa kadiri nijuavyo

Mara <u>simu iliita kree kree</u>（突然电话铃声叮当叮当地响起来）. Zubeda akafahamu kuwa hiyo simu yatoka kwa kijana Maringo. Hakuna kilichofichika mbele ya macho ya watu（没有什么能瞒过人的眼睛）. **Kwa kadiri nijuavyo mimi (Kwa kiasi nijuavyo mimi, Kwa nijuavyo mimi, Kwa jinsi nijuavyo, Jinsi nijuavyo mimi, Kwa namna nijuavyo)**, <u>nao si mtu na rafiki yake hivi hivi tena</u>（据我所知，他们已不再是普通朋友）, <u>uhusiano wao ulikwisha vuka kuta za chumba</u> tangu zamani（他们的关系早已越过禁区了）.

4. 与 Kama 搭配

（1）Kama iwezekanavyo

Siku hizi maisha yetu mazuri: watoto wanang'ara na wanawake wananawiri. Wengi wetu **kama iwezekanavyo**（亦可省略 kama）, mabibi na mabwana, watoto na vikongwe, sote tunategemea kushiriki katika ngoma ya jadi na kucheza <u>kama tutakavyo</u>（尽情）leo jioni. Kama unakwenda <u>mchachato chachato</u>（如果不抓紧时间）utachelewa starehe hiyo.

（2）Si kama tulivyoarifiwa

Tulipofika pale tukaikuta hali yenyewe **si kama tulivyoarifiwa** eti "salama" tu（我们抵达那里时，发现**不像我们预先被告知的那样**所谓"很安全"）, bali pote palijaa hatari. Tulijihisi kama <u>tumezibwa masikio na vitisho</u>

kila wakati（我们觉得**恐怖信息不绝于耳**）. Suala kama namna ya kuikabili hali ilivyo <u>iliwaka sana</u> miongoni mwetu（该如何面对这一情况成为我们之间**激烈争论**的话题）. <u>Kila mtu alikuwa anashikilia kivyake, kupata maoni mamoja shida</u>（每个人都坚持己见，很难达成一致）. <u>Mimi nikiwa mmoja wao niliyekuja hapa kama nilivyotumwa na mkubwa sikuwa na budi kutoa pendekezo langu</u>（作为被领导派来的这些人中的一员，我也不得不提出自己的见解）ila nilisisitiza kuwa maelezo yangu ni ya kuzingatia tu, kwangu muda ungali mchanga sana kwa kupata kanuni ya mwisho, yaweza nikakosea na yaweza nikawa sawa（不过，我强调自己说的话仅供大家参考，做出最终结论还为时尚早，这些话可能错误，也可能正确）.

（3）Ni kama ujuavyo

Kama nilivyobashiri akilini mwangu, Sadiki ameanza kuhubiri kwa sauti nene, lakini ya kiungwana（正如我心里所预测的那样，萨迪克开始用浑厚而庄重的声音发表讲话）. **Ni kama ujuavyo** kwamba naye amekuwa na nasaba na mzee Kipara（如你所知，他与肯帕拉老人有血缘关系）. Kila linalomsibu Kipara linamsibu <u>Sadiki pia</u>（他们是**休戚相关**的）. Samaki ukimchunguza hata hamli ndugu yake sembuse kusema binaadamu（如果你观察一下，你就知道鱼都不吃自己的兄弟，更不用说人类了）.

（4）Kama ni hivyo

Ingawa **nilijitahidi niwezavyo** kumshawishi ajirekebishe na mwenendo wake（尽管我在**尽我之所能**劝她改邪归正）, lakini alikuwa hanisikilizi, <u>maneno yangu daima hayalingani sawa na mawazo yake</u>（但她听不进去，**我说的总和她的意见相左**）. **Kama ni hivyo**, sikuwa na haja tena kumwona kama ni rafikii yangu（如果这样，我就没必要把她当朋友了）, <u>hata angekuwa mama yangu mzazi singemtambua</u>（**即使她是我亲生母亲，我也不认**）!

（5）Kama si hivyo

Amedhoofu sana na kupiga manjano usoni pake（他身体十分虚弱，面色焦黄）. Mashimo ya macho yameambukizika na kutumbukia ndani（眼睛受到了感染，眼窝深陷）. Mifupa ya makombe ya mikono yanaonekana na kuhesabika（肩胛骨块块裸露，举目可数）. Pumzi yake juu juu akitweta tweta（他呼吸急促，喘息不宁）. Anatakiwa kupelekwa hospitali mara moja, **kama si hivyo** hangeweza kuona jua la kesho（需要立刻送他去医院，倘不如此，他大概见不到明天的太阳了）.

5.其他

（1）Hivyo

Ni jambo la kutisha kukamatwa na mbwa（被狗扑咬是件可怕的事）. Binadamu akikukamata unaweza kuelewana naye, hata wawezwa kuomba maji（别人抓到你时你可以和他们交流，甚至还能向他们求水喝）, **lakini mnyama hana hivyo**（可动物就不是这样）. Totolo alipopita pembezoni mwa ukuta wa nyumba moja, mbwa mmoja mkubwa alimrukia mgongoni akimpiga makucha na kumwuma shingoni（托托罗从一座房子的墙边路过时，一条大狗冲上来用爪子扑打他的脊背并咬住他的脖子）, naye masikini hapo hapo akaanguka chini, mwili wake ulibingirika upande na kujipigiza ukutani（这个可怜虫当即摔倒在地，身子翻向一边，撞到墙上）, huku visigino vya miguu vikitupa tupa mara mbili tatu, ikiwa ndiyo ishara ya kukata roho（同时，脚跟儿蹬踹了几下，表明他是在做垂死挣扎）. Muda si muda baadaye akawa ametulia tuli, kifudifudi（不一会儿，他就趴在地上不动了）.

（2）Vivyo

Sote wawili tulikuwa tumejibanza mahali pema, maadui hawakuweza kutupata kwa risasi（我们二人隐蔽在一个绝好的地方，敌人的子弹打不到我们）. Tulijiona kama watu waliotupwa ndani ya shimo la moto **jinsi tulivyojisikia maumivu nyoyoni mwetu**（内心的苦痛让我们感到自己是被投进火坑里的人）. <u>Kwa hali iwayo yote</u>, sehemu hii ni ngeni kwetu sote（不管怎么说，大家对这个地方都是生疏的）, nilimwambia mwanangu: "<u>Wewe wasema umepotea na dunia, **na mimi vivyo**</u>（你说你找不着东西南北了，我也一样）, pia sijui niendako（我也不知何去何从）. Basi hatuna hila, <u>hata dakika moja sitaki</u>（我一分钟也不想耽搁了）, tupigane nao mara moja ili tupate kutoka katika mtego wao."

（3）Vivyo hivyo

"Tafadhali niweke ingawa pembeni kwa <u>safu ya barua za wasomaji</u>（读者栏）<u>ili nipate kutoa miayo yangu</u>（以便我能打几个哈欠，指：表达表达意见）. Ahsante sana kwa kazi yako muhariri wetu!" Hayo ndiyo aliyoyasema msomaji mmoja katika barua yake kwangu, **nami vivyo hivyo kwa upande wangu** nimempelekea shukrani zangu kwa uungaji mkono wake katika <u>barua ya majibu</u>（同样，我也通过复信对他的支持表示感谢）.

又：Hivyo hivyo

Mtu hawezi kuishi bila kugusa pombe, <u>lakini Rosa mbali</u>（但罗莎不同）. <u>Aliharamisha pombe</u> tangu alipozaliwa na mama **kama alivyoniambia** wakati wa uchumba wetu ni kweli（正如我们谈恋爱时她对我说的，她生来就被禁止喝酒。这是真的）. **Tabia yake hiyo hivyo hivyo anaendelea nayo** mpaka sasa wala hajabadilika（她的这一习惯一直保持到现在，从未改变过）.

（4）La vinginevyo（或 Vinginevyo，或 Zaidi vinginevyo）

Maua hayo yametoka mbali huko Ulaya（这花来自遥远的欧洲）. Nayo hayawezi kuota vyema na kusitawi tusiponyweshe maji mara mbili kwa siku, asubuhi na jioni（如果不每日早晚浇两次水）, pamoja na kukinga mvua nyingi（加之阻拦雨水浇灌）, na kisha tuangalie yasipigwe na jua kali, wala baridi kali, wala tufani, wala wadudu, wala mafunza wanaotafuna mizizi chini（并免受烈日严寒、暴风骤雨及害虫地蚕的侵害，这花就不可能繁茂。注意 **Wala** 的连用）. **La vinginevyo** yatakufa kwa haraka（不这样，它们就会很快死掉）.

又：La sivyo（或 Ama sivyo，或 Kama sivyo）

Kwa woga wa kufa, walijiona kama ni wadogo sana hata kuliko sisimizi（由于怕死，他们自视比蚂蚁还渺小）. Walionekana hawatajimudu kupigana vita hivyo ila kusalimu amri tu（看上去，除了投降，这仗他们打不了）. **La sivyo** wangekamatwa na kulishwa vitanzi（否则他们就会被抓到上绞刑）.

（5）Alivyo（其他人称亦可）

Amefuga masharafa ya inchi moja（他留着寸把长的络腮胡子）, nusu ya kichwa haina nywele（半个脑袋没有头发）, mtemba uliopinda unamning'inia mdomoni na kutoa riha nzito ya manuko（弯弯的烟斗含在嘴里耷拉着，散发着浓烈的呛人味道）. Anavuta moshi wa tumbako kwa nguvu na kuudidimiza ndani ya mapafu（他用力抽着烟斗，把烟雾深深吸入肺脏）. **Ukitazama alivyo** utajua huyo bwana si mshari wa hivi hivi（一看他那样儿就知道此公绝非等闲之辈）. Mara akatamka kwa sauti nene yenye uzito wa kutosha（突然，他用足够粗重的声音说话了）: "Ni bahati yake tu amekimbia（他跑了，算他幸运）, isingekuwa hivyo ningeongeza kigugumizi chake mara dufu（不然，我会让他说不成整句话）!"

又：Vilivyo

Baada ya miaka msichana akawa **mzuri vilivyo**（或 **mzuri kama vilivyo**，意为：几年之后，她出落成一个完美无瑕的大姑娘了）, kila siku matumaini yakimeta usoni pake（每天脸上都闪耀着渴望的光芒）. Wazazi wake huyapa masomo yake umuhimu wa kwanza（她把学习放在第一位）, naye mara zote huinamia meza na kusoma vitabu（她每每总是在伏案攻读）. Alijitahidi si haba katika kujaribu bahati yake（为寻找自己的机遇，她做出了不少努力，注：用法不甚规范）.

（三）语态语势（2）——虚拟假设用 -nge-

如果把句子中出现的 -nge- 换成现在时或将来时，你会发现句子的基本意义并没有明显变化，但味道不同了。后者显得直白，丁是丁，卯是卯，直捣黄龙；而前者则显得委婉含蓄，谦恭内敛，甚至还包括圆滑客套，人们发表演说时爱以 "kwanza ningependa..." 开场就是明证，这就是 -nge- 的第一重意思，它通常以"单打独斗"的形态出现。而 -nge- 的另一重意思是虚拟假设，它既可以单独出现，但更多的则是"成龙配套"。假如事情已成过去则用 -ngali-，可与 Laiti, Yalaiti, Lau, laula, Kama, Iwapo, Ikiwa, Endapo, Pindi 等（肯定语气），以及 Laula（否定语气）搭配使用。-nge- 的否定形式以 Isingekuwa (Isingalikuwa)，以及 Ingekuwa si (Ingalikuwa si) 较为正宗。而在实际运用中，Haingekuwa (Haigalikuwa) 的用法相当普遍。用于人称，与上同理。

（1）Laiti angalionekana...（三处）

Hiyo **ingekuwa** fursa maalumu ambayo ukoo wa Bwana Juma haujawahi kumpa yeyote mwengine katika wafanyakazi wake（这是朱马家族从未给任何其他雇工提供过的一种待遇）. Vuai aliondoka pale akiwa <u>mwingi wa furaha</u>（他离开时满心高兴）. <u>Laiti angalionekana mwenda wazimu tu kama si hivyo, angalipiga chereko pale pale</u>（倘不如此，而假若他表现得欣喜若狂，他可能当场就大喊大叫起来了）.

（2）Kuliko wangesema...（三处）

<u>Macho yao yalipokutana yalisema na kufahamiana kwa uzuri zaidi kuliko wangesema kwa maneno</u>（当他们的目光相遇时，他们之间相互传递的语言信息和理解感悟远比直接用嘴沟通来得更好），<u>maana wakitazamana tu</u>

wakaelewana（因为相互递一个眼神，各自就心知肚明了）. Kila wao akajua kuwa mapinduzi sasa yananukia zaidi na zaidi（革命气氛渐浓）ila kwamba jambo huzua jambo, suala lenyewe limeingia kasoro kidogo（只是**事情千头万绪，多少出了点儿纰漏**）. **Kama isingekuwa** kwa sababu hiyo, nadhani **haingekuwa** lazima niende kuwaona maana mnazijua（假使不是这个原因，我不一定去见他们，这你们是知道的）, naomba ushirikiano wa kila mmoja wao.

（3）(Mwujiza gani) ungenitokea

Taa zinawaka na kusambaza nuru zake barabarani, nahisi usiku mzuri kama huu unaweza ukawa si wangu（马路上灯火通明，我感觉**这个美好的夜晚可能不属于我**）. Ni kwamba（是这样的）nimelazimishwa kumfuata hatua kwa hatua hadi jumba moja ambalo ni kubwa na la fahari, halina mfano wake jirani（我被迫亦步亦趋地跟着他进入一栋高大豪华的建筑，**而这栋建筑在附近算得上凤毛麟角**）. Mpaka hapo bado sijaelewa ni muujiza gani **ungenitokea**, naogopa yasije yatakayonipata makubwa（至此我仍无法获知我身上会发生什么怪事，**我担心我的遭遇可能会很难堪**）.

（4）Unge-...nisinge...（四处）

"Najua wewe siye kiziwi wala bubu（我知道你不聋也不哑）. Kama hukumbuki, basi wewe mzito, akili yako mbovu（如果你不记得，那说明你是笨蛋，脑袋没用）. Si jana ulisema **ungefika** hapa saa mbili, umekwama mahali au vipi（不是昨天你还说八点到这里吗？**是路上被卡住了，还是怎样**）? Ningependa kukuamsha kuwa ungekataa kunijibu ili usizushe shari, mimi nisingekawia kuongeza kuuliza kama umeniona mimi wa ovyo kiasi cha kutonijibu eeee（我愿意提醒你，假若你怕惹事，拒绝回答我，**那我就会毫不犹豫地多问一句：你是否把我看成不三不四的人了，几乎不值得回复**）?"

（5）Ungeonelea angeanguka...（六处）

Kwa ajili ya uzee wake, Kondo alikuwa kaondoka miguu wazi akiyumba yumba njiani（坤德老了，他光着双脚就摇摇晃晃地上路了），mvua iliyonyesha ilizidisha ugumu wa kutembea kwake, **ungeonelea angeanguka wakati wowote**（刚下过雨的路增添了行走难度，**你会以为随时他都可能摔倒**）. Marijani hakulala kucha usiku ule tokana na picha hiyo ya mzee machoni pake（老人留在眼里的形象让马里加尼一夜没睡），**angalimwona zamani angalimpa pesa akanunue viatu**（**假使早点儿见到他，他就给他钱买鞋子了**）. Alidhani mzee **angerudi** tena saa yoyote ile, hivyo **angeweza** kumsaidia, lakini hakuja（他以为老人随时都可能回来，这样他就可以帮助他了，可他没再来）.

（6）Hata kama ingekuwa...（四处）

Hiyo ilikuwa ni sauti ya bosi wangu, <u>mimi niliweza kuitambua hata kama ingalikuwa miongoni mwa sauti elfu nyinginezo</u>（这是我那位头头的声音，**即使在一千种声音中我也分得一清二楚**）. Mimi nilimjibu kwa sauti kavu ambayo hata mimi mwenyewe haikunipendeza（我用连我自己都不爱听的沙哑声音回答道）："**Lau ningalipata nafasi ya kupiga bastola kwanza, hawa maadui wangalinitambua barabara**（**假使我当时寻得机会先行开枪，那些敌人早就领教我的厉害了**）!" Kisha nikaduwaa kimya, sikuwa na la kusema zaidi wala kuweza kuzua uwongo wowote ule ambao **ungalininusuru kwa kosa hilo, nisingekuwa na utetezi wowote**（之后我待在那儿不再吭声，也不想编造谎言为自己的错误开脱，我无法为自己辩护）.

（7）Ili angalau angemwona...（四处）

Uwanjani hapakuwa na mtu yeyote ambaye **angeweza** kumwuliza（在广场上，她找不到一个可以问询的人）. Hakujua maisha **yangekuwaje** pale katika kijiji kile, lakini hata hivyo alikuwa na matumaini mazuri（她不知道那个村里的生活状况是啥样儿，即便如此，她依然心存厚望）. Alikwenda kila sehemu **ili angalau angemwona** mmoja wa wenzake wa zamani, lakini hakufanikiwa（她走遍了每个地方并暗想没准儿能碰上熟人，可未能如愿）. Kwa afikiriavyo, maisha ya huko kwa vyovyote **yasingekuwa** mabaya kama yake yalivyokuwa utumwani kwa kabaila Ngusaro（依她所想，那里的生活无论如何也不会像她在地主恩古萨罗家里受奴役那样）.

（8）Haingemfanya...

　　Malaki ya fedha yalitolewa kama rambi rambi kwa wafiwa（死者家属收到数以万计的礼金）. Wengi walijazana pale kwenye msiba（许多人出现在葬礼现场）, baadhi walimfahamu marehemu na wengine walimsikia tu（其中有些人认识死者，而另外一些人只是听说过）. Huzuni kubwa ilitanda mioyo ya watu（悲哀笼罩着人们的心）, nayo huzuni hiyo haikuwa ya kwanza（这不是第一次）, hata hivyo **haingemfanya** yeyote aione kama ni ya kawaida（即便这样，这一次也让人感到很不寻常）.

（9）Laula kama ingekuwa si...（三处）

　　Tulijiona kama mashujaa tuliopewa mashoka na miundu kufyeka njia mpya katika pori kubwa（我们感到自己就像手持斧头、镰刀披荆斩棘、劈山开路的英雄）. Njiani tulikuwa tunasimama mara kadha tukiangalia **kama hatari yoyote ingetokea**, hasa tulipoviona vichaka ambavyo tulivionea mashaka（途中，我们停下来几次观察有没有什么危险，特别是看到那些十分可疑的丛林）. Tulipogeuza jicho letu upande wa kushoto, kwa ghafla tukamkuta mtu mmoja amejitungika mtini akining'inia（我们把眼睛转向左边时，突然看到一个人正吊在树上耷拉着身子）. Laula kama ingalikuwa si kuwahi kwetu sisi, **asingalikuwa** hai tena kama alivyo sasa（假使不是我们来得及时，说不定他早就不像现在这样活在世上了）.

（10）Asingejifaa kitu...（四处）

Mara moja moja, aliona haja ya kukubali kauli ya Kijakazi（偶或他也感到接受凯佳卡孜建议的必要性），akazungumza naye vizuri, kwa woga（他与之好生交谈，也心存怕意），kwani bila ya hivyo angeondoka na kumwacha asipate mtu wa kumtuma（因为不如此，她说不定会离开，这样他就再也无人可以支使了），hali yeye bila ya mtumishi **asingejifaa kitu**（而没有佣人，他自己是打发不了自己的）. Alijua kuwa amekwisha, hana lake jambo（他知道自己完蛋了，大势已去），Kijakazi **angeweza** kumchezea kama anavyotaka pindi ingekuwa anaelewa hali ya mambo ilivyo（一旦知道了真相，凯佳卡孜会随便耍弄他）.

（四）语态语势（3）—— -ka-在句子中的应用

-ka-出现的情况大约有四类：一是表示过去时，与 -li- 同，你会经常看到有些书是 -ka- 到底的。二是用于现在完成时，与 -me- 同（碰到 **kwisha** 变 **kesha**）。三是表示地点方位，很像汉语中的"去"。四是表示结果，其中有各种不同的情况。

（1）过去时

Mama mzee Halima **akaniambia** kwamba usiku wa jana ulikuwa wa kukaa na kufikiri（哈里玛老妈妈昨夜一直呆坐着想事儿）. Alijiwazia namna alivyomlea Sept tokea uchanga wake mpaka hii leo imefika hadi anampopoa kwa mateke kama mpira wa miguu（她想起自己是如何把塞扑特养大成人的，而今他竟然像踢足球似的朝她下脚），heshi (haishi) kumtukana na kumsumbua（他无休止地斥骂和折磨这位老人）na hana alilolifanya likiwa zuri（好像她没有一件事是做对的）. **Akaona** wakati umefika wa kumpa ukweli ulivyokuwa hasa（她觉得是告诉他真相的时候了）.

（2）现在完成时

Alionekana kama **kesha jua (amekwisha jua)** zamani kwamba nilikutana na Chonjo（看上去他已经知道了我见过乔焦）. Akanionya kwa ukali: "Naelewa Chonjo **kakutia (amekutia) maneno**, alikueleza la kufanya, lakini mimi nakutazama akili yako tu（我知道乔焦背后给你出主意了，告诉你该咋办，这要看你脑瓜儿好不好使）. Laiti ungalijua ukweli wa mambo usingalikubali kudanganywa akili yako（假如了解真情，你就不会甘心受骗了）!"

（3）地点方位（简化表述）

Bwana Malik akampigia kekele: "Wee! **Nenda (u)kamfunge** mbuzi apate kula majani（去，把羊拴在那儿喂喂草）!" Kabla hajaondoka, mkewe Malik akatoa yake pia: "**Hebu (u)kanitekee** maji hapo kisimani（快去井里打水）!" Mama mtumishi aliyekuwa mbioni kutumwa kutwa kucha akapigwa na mshangao kwa vile hajui (a)kafunge mbuzi au (a)kateke maji（白天黑夜都被支使得团团转的女佣惊讶不已，不知道该去拴羊，还是该去打水）.

（4）地点方位（完整表述）

"Mambo unayajua tena, lakini haidhuru na liwe litakalokuwa（情况你是知道的，不过没关系，随遇而安吧）. Hebu sikiliza, silaha zote ziko tayari（听着，武器已准备妥了）, kama huamini basi **mimi na wewe tutakwenda pahala ukajionee mwenyewe, au twende tukazichukue**（不信，我俩一块儿去，您自己亲眼看，或者我们一起把它们取出来）!" Baada ya kumwaambia hivyo, nikafuatana naye mguu kwa mguu mpaka kwenye nyumba moja na kuukuta mlango umesindikwa kidogo（跟他说完这些话，我便脚跟脚地走向一所房子，**房门虚掩着**）, mzee alikuwa kakaa juu ya **kitanda cha mayowe** mle ndani（一位老人在里面一张**一碰就吱吱叫的破床**上坐着）.

（5）表示结果

"Wengine wasema wanawake aghalabu hawachangamani na wanaume, lakini mimi nasema inategemea（有人说通常女人不爱和男人凑群儿，**我说那得看情况**）." Hapana yeyote mwengine ambaye angaliweza kumwuliza Maringo akaelezwa kwa kituo isipokuwa mimi（除了我，没有任何人可以向马琳皋发问并听他一板一眼地陈述）, basi naye akaendelea: "Baadhi wananitusi mimi mwanaharamu, sijali（有人骂我是私生子，我不在乎）. Si ajabu hata kidogo **ikimtokea mama yangu katika usichana wake akapendana na**

kijana mmoja bila ya ndoa, matokeo yake yakawa ni mimi kuzaliwa nikiwa kama mnavyoniona（如果我妈妈在她做姑娘时和一个小伙子暗中交好，结果生出了大家现在所看到的我，这一点儿也不奇怪）."

（6）表示结果（与 Kuweza 搭配）

"Wako waliokuwa madhubuti na wako ambao si barabara, lakini wewe ni miongoni mwa wale walioharibika akili（人性有刚有软，不过你是属于丧志的那种人）. Ni nyimbo za upuuzi zimetibua akili zako zote, akili ambazo zinaweza zikapotelea huko huko（是那些靡靡之音把你的理智搞乱套了，让你失魂落魄）. Sitegemei ungegeuka kuwa mtovu wa nidhamu kiasi hiki（我没料到你这么没有操守）! Najua kuwa fikra zako kwa wakati huu **haziwezi zikakaa** sawasawa（我知道此刻你心里不平静），lakini kumbuka mwanangu, mtu hajaumbika kabla hajafa（人无完人）. Wewe ungali mdogo bado, huwezi ukajua bahati gani mbele yako zingekungojea（你还小，无法知道前面有什么运道在等着你）."

（7）表示结果（与 Huenda, Kuwezekana 搭配）

Kuhusu kuwa mwalimu mkuu mapema hivi, labda kwa kuwa nilifaulu vizuri katika kozi ya uwalimu, **huenda pia bahati ikaniangukia**（至于这么快就当上校长，或许因为我师范专业学得精，**也可能是走运**）! Hapo awali baadhi walisema kuwa **haiwezekani nikafaulu** kazi hiyo（当初有人说我无法胜任这份工作），lakini mimi mwenyewe naona ndio naweza tu（可我觉得自己行），kwani wengine wanawezaje mimi nisiweze（为何别人行我就不行呢）. Kwa kweli mimi ni mmoja kati ya vijana walioshinda mtihani kwa kung'ara katika shule ya uwalimu（其实，我是师范学校里那些考试成绩很出色的青年人之一）. Ukiwa na tashwishi, kamwulize yeyote umkutaye（如果你不信，可以去问别的任何人）.

（8）表示结果（与 Kuyumkinika 搭配）

"Hayo uliyoniambia hayawezi kuwa（你说的话**不成立**）. Lazima umeyabuni kwa kunidanganya（肯定是在编瞎话骗我）. <u>Kama tulivyonasihiwa na mkubwa wetu</u>（**就如领导所告诫我们的**）kwamba haidhuru kitokee chochote, tahadhari ni lazima kuzichukua（不管发生什么，警惕性是必须有的）, kwani haina haja ya kufanya kienda wazimu（因为没必要乱来）. La sivyo, **inayumkinika mambo yakawa** balaa（**不然，事情可能会变成灾难**）."

（9）表示结果（直接与 -sije 搭配）

Si muhimu ikiwa unaunga mkono au la（你支持不支持并不重要）. Sisi tumekuja kukuambia tu <u>ikiwa ni katika mipango yetu</u>（**我们是照既有安排来通知你的**）, **tusije tukafanya** jambo halafu ukasema "mmefanya hivi mmefanya vile"（不然，我们做了事，你却在埋怨："你们干吗这样，干吗那样"）. <u>Nasema hayo si kwa kustawisha mazungumzo nawe</u>（**我可不是跟你没话找话说**）, bali ni kwamba sina muda wa kukuarifu（而是没有时间通知你）kwa sababu <u>nimepewa ruhusa nikapumzike nihudhurie kazini Jumatatu wiki ijayo</u>（因为我获准休假，下周一才上班）.

（10）表示结果（前面加 Kuogopa等，与 -sije 搭配）

<u>Jogoo la kwanza</u> alikwisha nyanyuka（他在**鸡叫头遍时**就起来了）akasimama pale uani na kunyamaza kimya（他站在院子里一声不吭）, akijinong'onea mwenyewe kwa mwenyewe moyoni（可心里却在叨咕着什么）. Fikra namna kwa namna zilikuwa zikimwenda kichwani（五花八门的想法接踵而来）. Aliyapanga akilini yote aliyotaka kumwambia Musa ili aweke akili sawa asikubali kusikiliza maneno ya uwongo wa hao（他想妥了自己要跟穆萨说什么，以便他安下心来，从而免听别人的谗言）. **Alitia**

hofu (kuogopa, kuhofia, kuchelea) asije akamfanya kitu Musa halafu likamzukia baa jingine kama vile kutukanwa ama na Malik au na Hadija（他担心自己对穆萨的好心会为他招来新的灾难，诸如遭马立克或他老婆哈迪佳的责骂等）.

（五）语态语势（4）——学会用 vingine

vingine 的词根是 **-ingine**，意思是"其他的""另外的""别样的""异样的"等，在这样的理解基础上，可根据上下文演绎成多种意思。这里补充说一句：这个词根与名词搭配，亦可带来同样的语言效果，如 **kuleta picha mpya nyingine**（别开生面），**kuzua mengine**（无事生非），**kuwa na nia nyingine**（别有用心）等，这里不一一枚举了。本节仅涉及 vingine。

（1）Kuleta vingine（生事找碴）

Mzigo huu ni mzito, bora kuchukuzana pamoja（这件行李很沉，最好大家一起搬）. Lakini mmoja wetu ametumbukiza mikono mifukoni na kukaa pembeni kututazama tu bila ya kusahau kububujika meneno mengi yasiyo ya maana（可我们当中有个人把双手揣在衣兜里待在一边看热闹，嘴里还不忘说些闲言碎语）. Ni wazi kuwa anajaribu **kuleta vingine** kwa makusudi ili kuchelewesha kazi zetu（他显然是在故意找碴影响我们干活）.

（2）Kutokea vingine（另当别论）

Huyu askari mfupi mwenye masharafa marefu kidogo si mbovu kama anavyodhaniwa（这个蓄着稍长胡子的矮个儿士兵**不像人们猜想的那么菜**）. Basi tazama tumbo lake, limefunikwa na misuli tu iliyojengeka kikakamavu, likiwa kama ndio kielelezo thabiti cha nguvu zake nyingi na kutukuka kwa mazoezi makali ya kuzikabili rabsha za wahalifu（你瞧他那肚子，鼓鼓囊囊的全是硬邦邦的肌肉块儿，足以表明他有气力，那都是为应对歹徒捣乱而进行严酷训练的成果）. Hata hivyo amejeruhiwa uso wakati akimsaka mhalifu mmoja（尽管如此，围捕一名罪犯时，他脸部还是受伤了）. Kama angechukua hadhari zaidi, mambo yangemtokea vingine kabisa（假如他更加留

意，情况可能就另当别论了）.

（3）Kuchachia vingine（节外生枝）

Sasa majaraha yangu ya usoni yamefukuta (-vukuta, -vuguta) na kufanya usaha（我脸上的伤口肿胀化脓了）, nami ninajiuliza mwenyewe: "Sina shari naye jamaa, kwa nini akanitwanga ngumi usoni licha ya kuniaziri na kunipiga vijembe kiasi cha kunifanya nishikwe na kiherehere cha moyo（我与他无冤无仇，除了当众羞辱、嘲讽我让我心神不宁，干吗还要朝我的脸动拳头）?" **Naona mambo yamenichachia vingine, hana muhali nami**（我觉得事情已经节外生枝，他让我没有面子）. Ikiwa zamani nilinyamaza kimya kwa kila mkasa ulionilazimisha, na safari hii siwezi tena kuvumilia kimya kingine cha kukirihi（如果说过去我对发生在自己身上的怪事一言不发，而这次我再也无法承受另一次令人厌烦的沉默了）.

（4）Kuchukulia vingine（理解错了）

"Hujajua bado ya nini? Nitakueleza（你还没明白为什么吗？那我告诉你）!" Halima alinichekea kwa meno yake meupe kama mwanga wa jua（哈里玛朝我笑着，露出像阳光一样明亮的白牙齿）, "Nasema ile ilikuwa ni ishara yangu tu ya kukuambia usimpuuze yule bwana（我说我是在暗示你要当心那个老兄）, kwa sababu yeye ni mtu mwenye rai kali sana moyoni, wakati bado ni mchanga sana kwa kumchukulia hatua（因为他工于心计，对他采取行动为时尚早）. **Kumbe, ulinichukulia vingine**（不料，你想到别处去了）."

（5）Kujifanya vingine（自干傻事）

Mradi mpya aliokuwa ameuanzisha Posho umemfilisi vibaya mno（珀绍投资的新项目已血本无归）. Mimi nina wasiwasi kuwa mawazo mengi mazito ambayo ameyachanganya yangeweza kuwa chanzo cha kifo chake ambacho nilibuni kuwa pengine kingetokea kugongwa na gari kwa makusudi au kujibwaga chini toka huko juu orofani（我担心心理负担过重可能会导致他自寻短见，**诸如故意撞车或跳楼之类**）. Kwa hivyo mimi nilimpoza moyo kwa muda mrefu: "Posho, usikalie kunung'unika na kutoa machozi kama mwanamke（珀绍，你不能光坐着发牢骚，像女人似的流泪）. Maisha ni maisha, ukiyabeba kama mtoto yatakushinda（生活就是生活，如果总像抱孩子似的抱着它，那你就会失败）, kwa hivyo **usijaribu kujifanya vingine**（所以，你不要跟自己过不去）. Haijatokea binaadamu akaendelea kusubiri maisha yamwendee sawa bila ya kupambana na mazingira（没有任何人不通过与环境搏斗就踏上了生活的坦途）!"

（6）Kujibiwa vingine（答非所求）

Mvulana naye akamsogelea msichana akimwomba kwa unyofu（小伙子靠近姑娘，开门见山地说）: "Wewe u yakuti moyoni mwangu（你是我心中的宝贝）. Si afadhali tukakae pamoja mimi na wewe, tutakachokipata tule, tukikosa tumshukuru Mwungu（你我结合在一起更好，有福一块儿享；如若不然，我也谢天谢地）." Lakini hakutarajia **amejibiwa vingine** kabisa（可他万没想到竟吃了闭门羹）: "Poleni bwana, msichana wako bado yuko njiani anakujia, si mimi. Hamu yako **heri ibaki ikatumike vingine**（对不起，先生，你的姑娘还在路上正向你走来，而不是我。**你最好留着那点儿热情用到别处**）!"

（7）Kujihisi (kujisikia) vingine（别有一番滋味）

"Nilikuambia mara nyingi usifanye siku moja ukakosa siku tatu（不要三天打鱼，两天晒网）, basi shika haya yangu wala usidanganyike kwa neno lolote la upuuzi（记住我说的这些话，切莫轻信别人的任何谗言）, na hala hala usisahau haya（千万别忘了）. Lakini nimeshangaa kuwa kila nikisema huwa huna la kusema, kama kwamba yote niliyokuambia hukuwa nayo kabisa kichwani（可令我惊讶的是，**每次我说话你都默不作声，仿佛我说的话完全没入你的脑袋**）. Labda **ulijihisi vingine** moyoni kusikia neneno yangu, ndio maana ukahubiria mengi yasiyo ya maana mbele ya watu（也许我的话让你听了心里别有一番滋味，所以光对别人说些无用的）."

（8）Kutazama vingine（侧目而视）

Kivumbi cha kumsaka jizi pevu kimeanza（搜捕重大盗窃犯的行动开始了）. Imekuwa ni kiroja kwangu miye kutembelewa kwanza na polisi（好笑的是，第一个被警察找上门的竟然是我）. Mimi **nimeukaza uso nikikubali kuhojiwa masuali**（我绷着脸同意接受质询），**lakini kwa kupinda shingo (kwa shingo upande)**（当然是勉强为之）. Kwa kuwa mimi kamwe si mmoja wa binadamu wa aina ya wezi, hiyo inaeleweka kwa wote（我和盗贼根本不是一路人，这是人所共知的），kwa hivyo sipendi hao **wanitazama vingine**（我不愿别人对我侧目而视）.

（9）Kumfikiria vingine（别有看法）

Maongezi kati yake na Meida yaliponoga mara akamkuta Upendo kasimama mbele yake na masikio yake kayasimamisha kama sungura（她与梅达正谈得兴浓时，忽然见乌佩朵出现在她面前，像兔子一样耳朵支棱得高高的）. Naye hapo hapo akanyamaza kuzungumza akijidai kufukuza inzi waliokuwa usoni kwa kutikisa kichwa（她立马住嘴了，摇晃着脑袋装作驱赶落在脸上的苍蝇）. Bila ya shaka alikuwa **akimfikiria vingine**（不用说，她对乌佩朵别有看法）. Upendo naye aliishi maisha ya kutomfahamu mama hivyo kukosa mapenzi sahihi maishani（乌佩朵生来就不知自己妈妈是谁，因而缺少母爱），kichwa chake kimejaa ndoto na mategemeo yasiyo na ukweli ndani yake（脑袋里充满幻想与不切合实际的期盼），huropoka maneno mengi ambayo hayamwingilii yeyote（她经常胡言乱语，让人听不下去），kwa hivyo hamwamini Upendo hata kidogo.

（10）Kutendeana vingine（相互挑刺）

Wiki zingepita bila Fatuma kumwona mumewe（丈夫不在，法图玛这一星期会过得安然无恙）. Kila bwanake akirudi, hali ya **kutendeana vingine wao kwa wao** huwa tayari, kisa kidogo huzua jambo kubwa na moto kuwaka nyumbani（每当他回来，彼此挑刺儿找碴的事就开始了，**小事变大，火烧房梁**）. Ilikuwa ni mara chache sana kwao kutosukumana mithili ya kusukumana mizigo（他们之间不推推搡搡的情况很少见）ingawa walijua kuwa ni aibu kubwa mke na mume kupigizana kelele kama walevi klabuni seuze kusema kutupiana mikono（尽管他们明白两口子像夜总会的醉汉一样吵吵闹闹很失面子，更不用说相互动手了）.

（六）语态语势（5）——关注另一类否定形式

我们学过许多语言方面的否定说法，但下面列举的情形在实际翻译中可能触及较少。譬如："Asidhani nikamtambua siye." 与 "Asidhani sikumtambua yeye."这两句话意思相同，即："他别以为我没认出他来"，可表达手法却不一样。不妨试着用用。

（1）Kumtenda visivyo

Kutwa nzima mwili ulimnyong'onyea na kuvurugika kama mtu aliyefanya kazi nzito za sulubu（他一整天浑身酸软乏力，就像刚干过重体力活儿，累散架了似的）. Pamoja na ongezeko la utepetevu, Musa aliyekuwa mikononi mwa wengine akajikuta amechoka mara dufu na kuwa mzito kweli（随着疲惫状态加重，落入他人之手的穆萨倍感身体的劳顿和沉重）. Hata hivyo aliona hawezi kuendelea kujikalia hivi hivi tu, afadhali ajifanye kupumbaa juha juha ili wasimtende visivyo（虽则如此，他还是觉得自己不能再这样下去了，最好装傻充愣，省得他们对自己下黑手）. Kwa kufikiria hayo akaanza kujicheka moyoni（想到这些，他心里暗自笑起来）.

（2）kujihisi visivyo

Nimefurahi sana kuandaliwa chakula na mwenyeji wangu（我很高兴主人为我准备了饭菜）. Basi nikachukua chembe chache za kitoweo kuwekwa mdomoni kukionja, loo Mwungu wangu（可当我取了一些配菜放进嘴里品尝时，我的上帝）! Kwa kusikia ladha yake mbaya, mara nikajihisi visivyo kabisa rohoni na nusura kutapika（尝到这菜的异味儿，我胃口大为不爽，差点儿就呕吐出来）. Ndugu yangu wee, kitoweo hiki chenye uvundo mkali umekiokota wapi tena? Ninajiwazia moyoni（我的老哥们儿，你是从哪里捡

来的这臭烘烘的玩意儿的？我心里暗自思忖）.

（3）kufanyiana visivyo

Alitegemea amwone Vuai ili apate kummiminikia hamaki zake za kifuani, hata matusi yenyewe alikuwa keshayapanga kichwani tayari（他期望见到乌埃，以便向他发泄憋在胸中的怒火，甚至连骂什么都想妥了）："Wewe hufai pesa moja（你一文不值）! Sitaki kusikiliza sauti yako mbovu, kama ya ng'ombe, imenichafua furaha yote niliyo nayo moyoni（我讨厌你那破嗓门儿，像老牛叫，让我扫兴透了）!" Lakini kabla hajaanza kuyatamka, mara akajikataza asiseme lolote（还未开口，顿觉不妥，就决定不吭声了）, maana dunia sasa imeshabadilika, hakuwa na budi kuja matao ya chini na kuinamisha kichwa, sio tena wakati kwake **kufanyiana visivyo na** mtu kwa apendavyo（因为世道变了，他不得不放下身段，低头哈腰，这不再是他随性与别人对掐的时代了）.

（4）kufanya mambo yasivyo

Kwa kuona **amefanya mambo yasivyo**, nikawa sijui neno la kumwanzia ni lipi（见他做得不对头，我一下不知道该从哪儿开口说他了）. Baada ya visa vingi kutokea na kuzimwa, kazi zimefikia hatua kama hii ya leo（在出现并解决了诸多问题之后，工作才走到了今天这一步）, lakini sasa yule mwenzangu amefika hadi kujitenga nje kama hahusiki nazo kwa njia moja au hata nyingine zozote（而现在，我这个伙伴竟然把自己置身度外，仿佛这一切都与他不搭边儿）. Kitendo chake kimenigusa sana, nimelowa hata bila ya kunyeshewa（他的行为对我触动很大，没淋雨，我的衣服却被汗水浸透了）.

（5）kujionyesha asivyo...

Jambo la kutushangaza ni kuwa pamoja na juhudi zetu za kuutunisha mfuko wa hazina wa taifa（令人惊讶的是，我们为充实国库而尽心尽力时），

bado tunadaiwa <u>kodi ya mapato</u> kwa kiwango kikubwa kuliko zamani（被要求缴纳比以往更高的**所得税**）. Licha ya rais na waziri mkuu, tungetafuta yupi mwenye kuamua ili kutoa malalamiko yetu（除了总统和总理，我们还能找哪个权威人士反映内心的不满呢）? Nimewafikiria wengi, kila aliyoniingilia akilini **huwa namwona haji**（我想到了许多人，但每想到一个人又**都觉得不靠谱**）, hasa ni jitu lile linalojiita "mwanamapinduzi", nalo siku zote **hujionyesha asivyo** machoni petu（特别是那个自称"革命家"的大人物，**在我们眼里，他根本就不配**）.

（6）Kumtambua siye...

Niliendelea kuyawaza <u>mengi ambayo nimeyafanya na yale ambayo napaswa kuyafanya katika siku za uhai wangu hapa duniani</u>（我继续思考着**我有生之年已经干完和接着要干的各种事**）. <u>Nilijitutumua kianaume</u> kuyafanya haya yote（我曾经**夸下海口，一定要做到**）, kwa sababu <u>si yangu tabia</u> kuchelewesha mpango wowote（因为延误任何计划**都不是我的作风**）. Lakini mambo hayakuniendea vyema, maana kila nilichotaka kukifanya **huwa nakiona la**, hususan baada ya kudanganywa na mtu hapo juzi（但事情并不顺利，**我每想做一件事就常觉得不对头，特别是不久前受骗之后**）. <u>Nilijipakata mikono kifuani na kunyanyua macho huko barabarani</u>（**我双手抱夹儿在街头举目观望**）, niliwaona watu kadha wakitoka na kupita mbele yangu, huku shingo zao upande kama vile wamepigwa na baridi（一些人从我面前经过，一个个像着凉受冻似的缩着脖子）. Mmoja kati yao alikuwa ndiye laghai yule niliyemtafuta kwa siku nyingi（其中的一个就是我多日来一直寻找的那个骗子）. Nilijisemea mwenyewe moyoni: "Yule ahaa, asidhani **nikamtambua siye**（别以为我没认出他来）!" Maana <u>hata nikimkuta usingizini, au pengine akichomwa kuwa jivujivu ama kusagwa kuwa unga unga nitamtambua tu</u>, basi mara nikaipiga polisi ripoti kwa simu ya mkono（因为**即使在梦里撞到他，或把他烧成灰或研成末，我都能辨认出他来**）!

（7）Kila nifanyalo silo

"Ah, nimejichokea roho yangu na kazi isiyokwisha（没完没了的活儿已经让我精疲力竭）!" Msichana mtumishi Zubeda alijisemea moyoni. Wakati alipozindukana katika usingizi wa mawazo（她在冥思苦想中惊醒过来的时候）akashuhudia mama yake keshasimama mbele yake（见妈妈已经站在自己面前），basi kwa huzuni nyingi akatua kichwa chake kifuani mwa mama na machozi kumporomoka kama maji（这时，她把头扎进妈妈怀里，泪水涟涟），akitapika uchungu wake wa moyoni（倒出了心里的苦水）: "Mimi nimefanya kila niwezalo kumtumikia, lakini **kila nifanyalo silo**（我尽己所能为他服务，但我做的每件事好像都不对），kwangu miye ni kupoporwa kwa mateke tu（对我来说，只有挨踢挨踹的份儿了）!"

（8）Kuliona silo

Pesa alikuwa nazo, tena nyingi, lakini maisha hakujua yanaenda wapi（他有钱，而且很多，可生活却找不到方向）. Alijaribu kufanya haja zake zote, na ilhali kila alilotaka kulifanya **aliliona silo**（他试图做一切他要干的事，但每每总觉得不如意）. Aliona kama ulimwengu umevaa nguo na dunia imempa kisogo（他仿佛觉得**很迷惘，世界总跟他过不去**）. Hofu na wasiwasi vilimjaa moyoni na kumfanya ajione kama mateka asiyekuwa na silaha（他心中充满恐惧担忧，好像自己是一个手无寸铁的俘虏）.

（9）Kukuambia hiyo siyo

Alikengeua uso na kuvimbiana midomo bila ya furaha wakati alipongurumiwa na mwenzake（当他的伙伴朝他大发雷霆的时候，他哭丧着脸，噘着大嘴）. Hakujua asili yake nini hata kalaumiwa kiasi hiki（他不明白他遭此责骂的缘由何在）. Alifumba mikono yake kwa chuki, vidole vikakazwa kwa nguvu kiasi cha kuvifanya vipenye kama misumari（他恶狠狠地握紧拳头，一根根

手指犹如钢钉般嵌入掌心）. Akakumbuka mwanzo alipoingiliana na huyo mtu aliwahi kuonywa na mama（他记得当初和此君交往的时候，他曾被妈妈提醒过）: "**Nakuambia hiyo siyo**（我跟你说这不好）, hivi ni sawa na kupalia makaa ya moto na majivu, punde upepo utakapopeperusha majivu, utakuja kujuta（这就像在掏灰玩火，一旦风吹走了灰，你将会悔不当初）!" Sasa onyo la mama likageuka kuwa kweli hasa, basi akatingisha kichwa kwa masikitiko na kuondoka bila ya hata kutazama nyuma（他遗憾地摇了摇脑袋，头也不回地走了）. Tokea hapo uhusiano kati yao ukapigwa firimbi ya mwisho（他们之间的关系到此为止）.

（10）Kwenda njia siyo

Hapo awali alijiona kama **amekwenda njia siyo**, mashaka yaliyompata yalikuwa si haba（起初，他觉得自己选的路可能不对头，遇到的困难非同小可）. Baadaye akajisuluhisha na kuanza kukanyaga hatua za baba yake akawa mganga mzuri（后来，他进行了自我调整，开始踏上老爸走过的路，结果成为出色的医生）. Sasa wenyeji wamekuwa na imani sana naye, anaitwa huku na huko kufanya dawa ila kwa udakitari wa kizungu anaufahamu kimaji maji tu（现在当地人都很信任他，他四处行医，但对西医只懂一点儿皮毛）.

（七）语态语势（6）——状态动词之否定用法

这是一种必须掌握的否定形式，很有用。同时，下列例段中出现的几个及物动词的否定说法（黑体标示）亦值得关注，显示了中国人和非洲人的语言思维的差异，诸如 "Usiku umenikuta njiani" "Nguo hainichukui" "Kiti hakiniweki" "Hofu haikuniacha" 等。其实，这种差异也表现在其他动词上，如 "Maji yanakwenda kuletwa Bastole ilikwenda kuwekwa kwingineko" 等，我们在翻译时要注意。

（1）Hakipitiki (Kitendo)

Wananchi wa taifa zima chakula hakiwapiti kwa mshindo wa huzuni kutokana na kifo cha kiongozi huyu mwenye bidii ya mchwa ya kujenga nyumba kwa mate **na** jitihada iliyowaka kama moto（惊悉这位有着白蚁筑巢般勤奋精神和火一般激情的领袖的死讯，举国悲痛，全体人民寝食难安）. **Chini ya uongozi wake, juhudi za wananchi katika kujenga taifa zilikuwa** zimetanuka ajabu（在他的领导下，人民建设国家的热情不同寻常地焕发）, **na kitendo chochote cha kwenda kinyume na tumaini la wananchi kilikuwa hakipitiki mbele yake**（任何违背人民意愿的行为在他面前都是行不通的）.

（2）Hauelezeki (Mdomo)

Uso wake wa mviringo wa yai **una uvuto wa ajabu**（她那鹅蛋脸洋溢着一种神奇的魅力）, **macho yake marembo yanaweza** kuwapenya watu mioyoni（一双妩媚动人的眼睛摄人心魄）. **Na huo mdomo wake hata hauelezeki, akitabasamu huonekana kama vile mtoto mchanga amumunyavyo peremande tamu mpaka kuonyesha wazi ule mwanya mdogo**（她那张小嘴儿就更甭提了，微笑时活像一张咀嚼着糖块儿的婴儿的嘴微微张开着）. **Ungeona** haileti hata ukitumia maneno yo yote mazuri kwa kumpamba（你会发现，所有夸赞她的话尽皆失去意义），**ama kweli** amekata maini ya kila mvulana（真的，她让每个小伙子都魂不守舍）.

（3）Hakilaliki (Kitanda)

Kwa kawaida hapa huwa hapafiki mtu（平常这里无人光顾），**na kutoka hapa** bado nina mwendo wa maili moja mbele **kuingia nyumbani kwa mzee**（从这儿到老人的家还有一英里的路程）. **Hata hivyo naona** kumwingilia mzee ghafla ghafla hivi hakufai ila kuvuruga amani ya moyoni mwake（虽然我觉得突然造访老人并不可取，这可能会打扰他的心中的宁静），**lakini bado nimeamua nikanyage humo**（但我还是决定登门拜访他），**maana nasikia mzee ana kitanda kikongwe ambacho hakilaliki kutokana na ubovu na** uzamani wake wa karne nyingi（因为我听说他有一张年代久远且已无法再用的破旧老床），**lakini kwangu ni kizuri cha kihistoria**（但那对我可是一件不错的古董）. **Nilipata kuapa kwamba** chochote kizuri hakinipiti **ingawa najua hii inataka mzee anipatie msaada**（我曾经发誓，任何好东西都甭想逃出我的手掌心，当然这需要老人帮忙）.

（4）Haisemekani (Hadithi)

Hadithi yake jinsi inavyohuzunisha haisemekani（他的故事的悲伤程度就没法说了）. **Mle nyumbani kwake** hamkai mtu, **yote** yaliyompata hayafai hata kwa mbwa（他家里无法住人，他的遭遇甚至连狗都不如）. **Sasa mgongo wake unamwuma na** mifupa yake kuwaka kama moto（现在他脊背疼痛，骨头火辣辣地难受）. Hili naona silo jambo linalokaa kichwani mwangu barabara（我觉得很难接受这件事）. **Ingawa** aliyakokota maneno **kunisimulia shida zake, lakini** asemayo hayanielei vizuri（尽管他断断续续地跟我讲述着他的苦难经历，但我听不明白），**nilimwambia** anieleze kwa kituo（我让他一板一眼地讲给我听）.

（5）Hailiki (Mimea)

Mashauri yako hayaji（你的建议无法成立）, kwa sababu mimea ya aina hii si riziki yetu, ina sumu na hailiki（因为这种植物不是食材，它有毒，吃不得）. Lazima ifyekwe mara moja ila sasa mwundu wangu haupati（应当立即把它们清除掉，只是我的镰刀不快）, unatakiwa kunolewa ili kutiwa makali（需要打磨打磨、开开刃）, labda kesho tutaimaliza. Kwa vyovyote vile inabidi njia nyingine ya kupatia maisha iafikiwe（无论如何，必须寻找别的生活出路）. Bila ya hivi, tutaendelea kubaki katika hali ya umasikini（不这样，我们将继续处于贫困之中）.

（6）Hautazamiki (uso)

Niligutuka katika usingizi kwa sauti ya kugota mlango, hodi hodi zilikuwa nyingi（我在睡梦中被敲门声惊醒，"开门""开门"的呼喊声不断）. Hofu haikuiacha, nilikuwa nayo tu kipindi kile（那当儿，我并非不紧张，而是有些害怕）. Kufungua mlango nikamkuta kaka yangu keshapelekwa kwangu na jirani, kumbe alijeruhiwa katika dafurao (dafrau) ya gari kujigonga kwenye ukuta（一开门，见邻居把我哥哥送到我这里来了，因为车撞到墙上，他受伤了）. Uso wake ulikuwa hautazamiki kwa jinsi ulivyovimba kama papai（他的脸看不得，肿得像木瓜）, midomo yake miwili ilikatika na shingo likatuna（双唇撕裂，脖子肿得老粗）, damu ilimchuruzika na kufanya michirizi hadi kifuani（血还在淌着，一直流到胸膛）. Kwa kumwona hivyo, kwa wakati mmija nilikuwa hata najihisi kama moyo haunipi tena（看到他这个样子，我一时觉得自己有些力不从心）.

（7）Hapapitiki watu

Giza limeanza kuuma vumbi（天色暗下来了）. Hapa hapapitiki watu wengi saa hizi（这个钟点儿，此处绝少有行人）. Mimi mwenyewe nimeandama mtaa ulio kimya na mtupu kuendelea mbele nikiwa na mengi ya kujiuliza na kujijibu kichwani, lakini kila jibu ninalolifikiri huwa naliona haliwi（我沿着寂静空荡的街区踽踽独行，脑海里不断自问自答，但觉得所想到的每个答案都不成立）. Upepo mwembamba wenye umande wa baridi unaopiga mbinja ulinipigilia usoni（夹裹着霜气的凛冽寒风呼啸着吹打我的脸颊）, mbwa anasikika kwa mbali akibweka（远处传来狗吠声）. Wakati niliporudi nyumbani nikitaka kuongea na mke wangu kuhusu shida iliyonipata, naye mama akaanza kuwaamrisha watoto wetu: "Hebu kalaleni upesi, saa tatu yote hii mwangoja nini tena, hamjui kuwa palipo na watu wazima wanaozungumza hapakai watoto（难道你们不知道大人说话，孩子要避开吗）?"

（8）Haziendeki (njia)

Siku hizi nguo haziendi katika duka la mama Ruth（最近，露丝妈妈店里的服装卖不动）, basi naye akaamua kumtuma karani kijana kwenda gulioni kwa mauzo asubuhi na mapema（他决定派年轻的店员起早去集市上推销）. Kijana naye alipoonyesha akisitasita asubuhi kwa kuona giza la nje akashitukia Ruth keshasimama mbele yake akimtolea macho（当年轻人见一大早外面还黑乎乎而有些犹豫时，他震惊地发现露丝已站在他面前瞪着他）: "Usiseme nje kuna giza na eti njia haziendeki, hiki ni kisingizio tu（你不要拿外面黑、路不好走作为借口）. Kwa nini wengine waweza kwenda usiweze wewe（为什么别人可以，你就不行）?"

（9）Haichukuliki (Dhiki)

Makame amepatwa na donda lililosababishwa na risasi na kuponea tundu la sindano kwa bahati ya Mwungu tu（马卡麦遭枪击，命悬一线，是上帝给了他运气）. Naye amevaa nguo ya mgonjwa ambayo haimchukui vizuri na inampwaya pwaya（他穿着不合体的病号服，显得晃晃荡荡的）.

Amelala hospitalini kwa muda mrefu sana, akijihisi kama dhiki ya upweke haichukuliki（他住院了很长时间，经历了常人难以承受的孤独煎熬）ingawa daktari mara mbili tatu hupita mbele yake kumpa "poleni" ili aondokewe na mawazo ya upweke huo（虽说医生偶或从他面前经过时会顺便问候一下以减轻他的孤独感）. Kwa kuona vile hapo nje hapamweki（见他在外面待不住），basi daktari alimwekea kiti cha pembea karibu na kitanda chake ili ajipumzishe kwa kipindi fulani, lakini akashangaa kuwa saizi yake ndogo, hakimweki kabisa（医生就给他搬来一张摇椅让他时不时地坐着歇歇，但型号太小，他根本就坐不进去）.

（10）Hayatamkiki (Maneno)

Nilipiga hatua mbele na kutanguliza kifua wakati nilipokwenda kufanya kazi niliyotumwa（我挺胸阔步去完成上级分派的任务）. Baadaye nikaambiwa kuwa huku nyuma matusi mengi kutoka kwa Lahi yakanifuatilia nyayo zangu（后来，我听说拉赫的污言秽语一直如影随形地跟着我的脚步）. Hata hivyo sijaamini kama hiyo ni kweli mpaka hii ya leo（不过，直到今天我也不相信这是真的）. Kwa nijuavyo mimi, Lahi alivyokuwa na kiburi, mtu wa kujipenda, asingeweza kusema maneno kama hayo ambayo hayatamkiki mbele ya watu, lakini haiwi haiwi imekuwa（据我所知，拉赫那种傲气而懂得自爱的人不可能在人前说出那种不堪入耳的脏话，但不知会不会最后变成真的）.

（八）语态语势（7）——动词的强势弱势

所谓动词的强势与弱势其实就是动词的一种叠加形式：原形动词叠加呈弱势，如 kupiga piga；趋为动词叠加则呈强势，如 **kupigilia (mbali)**，只是两者叠加的形式不同而已。其实，这种叠加形式在名词、形容词、副词中都很多见，如 **Mtu mwenye matata matata, Mambo mazuri mazuri, Kitu kibaya sana sana** 等。在口语中，有些副词甚至可以四叠加，如 **Kabisa kabisa kabisa kabisa**。此外，不及物动词的交互形式也能带来语势的加强效果（本节末有小注一组）。

（1）Kuzurura zurura（弱）

Amejaliwa na kipaji kizuri（他天生聪明）. Naye hujivumbika chumbani siku zote na kuzama katika kuchimba masomo, ametopea elimu sana（他天天把自己关在屋子里潜心攻读，所以知识渊博）. Ndiyo maana ni adimu kumwona **akizurura zurura** mahali, wengine humsema kama ni "funza wa vitabu" aliyejifuga nyumbani（罕见到他到处乱转，有些人说他是闷在家里的"书虫"）. Hata akitoka nje mara moja moja pia hujiendea kama kondoo（即使偶尔外出，他看上去也像只绵羊）.

（2）Kunyosha nyosha miguu（弱）

Kwa kukufahamisha tu ni kwamba hilo la mvua, nilikuwa na hakika, silo lililoniamsha（我要跟你讲明白的是，这雨，我相信，不是把我吵醒的根源），kwa sababu mvumo wa mvua **inayopiga piga** kwenye paa la bati huwa kama ni wimbo wa kunibembeleza na kunitia usingizini（因为雨打房顶的敲击声经常像帮我入睡的催眠曲）. Nilijikakamua kuilazimisha akili yangu kukumbuka zaidi（我竭力强迫自己想得更仔细一点儿）. Kwa kuona vile nimezidiwa nguvu na kuwa tafrani, Samora mara akanisogelea karibu kwa kuninasua（见我一副疲顿乏力的样子，萨莫拉马上走过来为我解套儿）: "Si bora zaidi twende tukatembee alau tupate **kunyosha nyosha** miguu kwa kupumzisha akili zetu（我们一起遛遛腿、养养精神不是更好吗）?"

（3）Kupiga piga（弱）

Moyo wangu kweli ulihamaki kwa kuvumbuliwa naye siri yangu（我的秘密被他捅出去了，我心里确实很窝火）. Lakini kwa sababu ya pendo jingi, badala ya kumlaani kwa sauti ya haraka haraka na ya juu, **nikampiga piga bega** kwa kumfariji（可出于他对我的长期爱护，我没有升高频率和嗓门儿谴责他，反而拍着他的肩安慰说）: "Usitie shaka yoyote, sote tu wamoja（你不必有疑虑，我们是一家人）, ingawa ni aibu kubwa kwangu kujulikana kijijini petu kama nimekosana na wazazi wangu（虽然让全村人都知道我与父母不睦令我面上无光）, kwani hapa nyumbani babu wee hupajui（老爷子你不是知道我家里的情况吗）?"

（4）Kuchoka choka sana…（弱）

Siku hiyo nilikuwa nimeamka **nimechoka choka sana**（这一天，我醒来后感到十分疲劳）. Nikawa sina akiba yoyote mfukoni **nikitembea tembea** barabarani sipajui pa kwenda（我身无分文，在马路上走来走去，不知所措）. Jua lilikuwa likiniunguza na kiu kunisakama, na sikuwa na senti ya kununua angalau chupa ya kunilegeza koo（烈日烘烤着我，干渴折磨着我，我没钱为自己买瓶水解渴）. Ingawaje, nilikuwa sijavunjika moyo, nikiamini nitampata mfadhili kama ilivyo mara nyingi（但我相信我会像以往一样能碰到好心人）, Waswahili husema: afae hakosi mzishi popote pale duniani（好人命绝天涯有人葬）.

（5）Kufagiliwa mbali（强）

Basi aliibuka na kuanza kusema（他站出来开始说话了）, tena hakusita

kusema kwa kishindo（而且滔滔不绝，铿锵有力）: "Nyamaza, acha kidomo chako cha kitakatifu（闭嘴，不要说得那么冠冕堂皇）, nani hajui kuwa wewe unanyatia cheo kama mwinda nyati ukiwa na nia ya kuitafuna nchi（谁不知道你就像追猎野牛一样追逐官位，目的就是啃国家）! Lazima **utafagiliwa mbali** na wananchi kwa ufagio wa chuma（你理所当然地会被人民用铁扫帚扫荡掉）!" Wakati huo hofu ilikuwa imemtoroka kabisa（此刻，他已完全不再害怕）, kwa kuwa alijua kwamba sera ya chama ipo ni kinga（他知道党的方针是他的后盾）.

（6）Kupigiliwa（强）

Kwa kuona Khamisi kang'ang'ania juu ya daraja ya kamba kama kapigiliwa msumari（见哈米希吊在缆绳上就像被钉子钉住一般）, sote tumebaki kutunduwaa na kusubiri hatima yake（大家都惊呆了，等着看最后的结局）. Kwa tuonavyo sisi, haifai kumchamba mtu kabla hajamaliza shughuli zake, hususan kumbwagia matukano mazito（依我们之所见，在他还没完成作业前对他说三道四，乃至出口骂人，是不合适的）, maana subira huvuta heri（因为耐心会带来幸运）. Ni kweli, baada ya kupumzika kidogo, naye ameanza kujivuta taratibu taratibu kuelekea ng'ambo ya mto（事实上，经过短暂的休整之后，他开始慢慢拉着缆绳滑向河对岸）.

（7）Potelea mbali na tamaa（强）

Wale walipopata kufahamu kuwa mimi na Makame tu marafiki walinishangilia na kunihusudu（当得知我和马卡迈是要好的朋友时，他们朝我欢呼起来，并表现出羡慕情绪）. Lakini lililonisumbua ni kuwa siku hizi mdogo wake Makame akaanza kuniingilia na vituko vyake na hata kununiana na kaka yake（但让我烦恼的是，近来马卡迈的弟弟开始纠缠我，并和他哥哥争风吃醋）. Ole wangu, alinitaka muhali（天哪，他让我做不可能做到的事）! Kulikuwa na mara kadha alinidokozea eti amevutiwa na uzuri wangu na hajakuwa radhi kunikosa ingawa nilimwonya asijitafutie mashaka na potelea mbali na tamaa yake（有那么几次，他向我表白他为我的美貌所倾倒，并声称追不到我绝不收手，虽然我警告他不要自找难堪，要他彻底放弃这个欲念）.

（8）Potelea pote（转）

Moyo ulimtetemeka kwa hofu, lakini hakukata tamaa ya kurudi nyumbani yu hai（他心吓得浑身哆嗦，但并没有对活着回家失去信心）. Basi akajipa moyo kwa kujiambia（他鼓励自己说）: "**Potelea pote**（管它呢），**sitaachilia mbali** upelelezi wangu hata ikiwa nitakapokuja choka kiasi gani（哪怕再累，我也不会放弃调查），mimi mjasiri mwenye moyo wa simba（我吃了熊心豹子胆），nimejizatiti mpaka meno（全身都是刺），sijali mwungu wala jahadamu（天不怕，地不怕）!"

（9）Tupilia kando（转）

Mtiririko wa hasira ulivunja ubongo wake（他怒气冲天），ukaripuka moto mkali wa kisasi（仇恨的火焰熊熊燃烧）. **Tupilia kando**（随它去吧），ashinde au ashindwe, yawayo yote yawe, alikuwa hayajali tena（不管成功失败，怎样都成，他已无所顾忌）. Hapo mwanzo aliwahi kuhutumu kama macho yake hayana uoni mwema kwa kumtambua mtu（他曾一度怀疑自己目不识人），ilhali wakati huo akaamini kuwa hajakosea kumpima（而如今他确信自己没有看错他），yule ni mwoga wa utu bora, hafai kuwa mfano kwa wengine（他是个缺乏人性的懦夫，不宜成为人们的楷模）.

（10）Achilia mbali（转）

Achilia mbali（管不了那么多了）! Katika usiku wa giza, nyota moja ni bora kuliko si nyota（在漆黑的夜里，有一颗星星总比完全没有强）. Ni kweli, moyoni mwangu nimejionea cheche hili la tumaini linageuka kuwa ulimi wa moto（的确，我心里已感觉这一充满希望的星星之火正燃烧成明亮的火舌）. Baada ya dakika nyingine nimesikia upepo mwanana ukinipepea usoni（一分钟之后，我觉得微风吹拂着我的脸庞）, nami nimevuta hewa baridi tamu na kujihisi kama nimerudiwa uzima tena upya（我吸了一口甜丝丝的空气，顿感自己好像再次获得了新生）.

注：还有一种不及物动词的加强形式。

例如：

① Amefanya akili yake **kutuliana** kama maji katika mtungi.

② Miguu yake **inakondeana** kama vijiti.

③ Ngozi ya mzee **inakaukiana** na kuyabisika.

（九）语言表述（1）——开口第一句（**Hujambo**）

它不只用于问候，用于陈述亦好。

（1）表达变"好"的程度

"Wasema mimi nimetia tia mwili na eti hujaniona hivyo hapo awali（你说我胖了，以前可没见过我这样），kwa kweli hali yangu hivyo hivyo na **sijambo ya Kiswahli tu**, ama vinyangarika vyangu vya nyumbani wote wazima isipokuwa binti mwenye baridi baridi, lakini sasa **hajambo kiasi kiasi**（其实，我马马虎虎，还行，家里那几个小丑八怪倒挺好，只是女儿有点儿受凉，但现在好多了）. Hata nakuona wewe **vile vile hujambo sana**（我看你也非常好）. Wajua hapo majuzi sikuwa nimepata choo vizuri wala kutamani maji na chakula（你知道前些日子我肠胃不适，茶饭不思），tumbo lilikuwa hunijaa kiasi cha kunifanya nione kizunguzungu na kichefuchefu（腹部胀满，几近让我感到头晕恶心）. Lakini baada ya kupigwa bomba na daktari, tumbo likaanza kunguruma nguruma（在医生为我做过灌肠手术后，肚子开始咕噜咕噜地叫了），baadaye nikajihisi **kiasi sijambo**（后来，我感觉自己基本上好了）. Nina imani nitajipolea na kupata afueni tu（我相信自己会好起来，恢复健康）."

注：**Sijambo ya Kiswahili**——根据非洲当地的语言习惯，当有人问候你"**Hujambo**"时，你先要回答"**Sijambo**"，然后再进一步补充说明，诸如"晚上我没睡好""我腿有点儿疼"等。此处，"**Sijambo ya Kiswahili**"是一种自嘲式的表达，意思是状况并不好。类似表达还有"**Ahadi ya Kiswahili**"（不作数的许诺）、"**Uswahilini**"（当地平民聚居区）等。

（2）表达向"好"的时段、阶段

Afya ikaanza kumnyong'onyea kwa jaka moyo alilokuwa nalo kutokana na kifo cha mama yake（母亲的死让他伤心过度，身体也开始变糟糕了）. Muda si mrefu baadaye, akajisikia hawezi kichwa na nusu pumzi kumsonga roho（不久，他感到头疼难耐，胸闷气短）. Lakini baada ya kupasuliwa fuvu (fuu) la kichwa（开颅手术）hospitalini akaonekana **hajambo punde**（看上去他刚刚痊愈）na **bado hajambo kabisa**（还未彻底好）. Kwa hivyo, sasa kazi yake ni kwenda nje ya nyumba kubadili hewa（去户外呼吸新鲜空气）mara kwa mara, ategemea kuinukia na afya nzuri（他期待身体健壮起来）.

（3）与 -ngali- 搭配

Licha ya giza la usiku, njia ya mlimani ikageuka kuwa ya kuteleza teleza（除了夜间黑暗，山路也变得湿滑起来）. Mara nilijikwama kwenye genge na kuangukia chini（我突然被石头绊倒摔了下去）. Katika wakati huo wa chapuchapu（就在千钧一发之际）, nikahisi kama kuna mtu amenishika shati（我感觉好像有人拽住我的衬衣）. Hapo mngurumo wa radi ulisikika masikioni na umeme ulioripuka ulimemetuka metumetu（此刻，**雷声震耳，电闪火明**）, mchirizi mkubwa wa moto ulisambaa angani na kumurika pote（**巨大的火蛇划破夜空，把大地照得通亮**）, ndipo nilijiona nimening'inia juu ya tawi la mwembe（这时，我才发现自己挂在一棵杧果树上）, tumbo chini mgongo juu（脸朝地背朝天）. Kwa ghafla tawi teketeke likakatika na kunibwaga chini（猛然间，那**脆软的树枝**断裂，把我摔了下去）. Kwa dakika mbili hivi sikuweza kufahamu nimekuwa naota au la（有大约两分钟的时间，我无法明白自己是不是在做梦）, nimekuwa mzima au maiti（是活着还是死了）! Nilipojigundua mimi **sijambo ningali hai**（发现自己**没啥事儿，还活着**的时候）, nikashindwa kujizuia na msisimuko wangu（我难以抑制内心的激动）, machozi yakaanza kuniporomoka kwa kasi（眼泪开始哗哗流了下来）. Naam, nilipambana na mkasa wa mwaka（是的，我遭遇到经年不遇的天大事故）!

（4）与-me-时态连用表达结果

Mawingu mazito yaliyotanda angani yaliziba nyota zote（漫天乌云遮住了星光）na kufanya kiza kikuu kilichosababisha nywele kusimama kwa woga（天黑得令人毛骨悚然）. Mara mawingu yakaanza kudondosha matone manene manene ya mvua yakipiga kofia zetu na kutoa mlio wa mfulizo kama bati lipigwavyo（倾泻而下的硕大雨点打在我们的帽子上，像敲打铁皮瓦似的噼啪作响）. Basi hapo maji yakazidi unga（这时，事情糟糕了）. Ijapokuwa safari ilikuwa ngumu, lakini **haijambo tumerudi salama**（尽管一路艰险，但还好，我们平安回来了）. Uchovu wa safari kidogo kidogo ukatuponyoka（旅途的疲劳慢慢消退）na maumivu kutupungua hata nyusoni mwetu（甚至面部的苦痛表情也减轻了许多）. Tukaona siha imeturejea taratibu（正一点点儿恢复体力）na hata majeraha ya baadhi miongoni mwetu pia yako njiani kupona（伤口也正在愈合）.

（5）与nafuu叠用于加重语气

"Naona wewe mwenyeji sana wa hapa（一看你就是个地道的当地人），huwezi kuwa ndiye niliyeambiwa nimtafute kwa siku hizo zote（你不会就是别人介绍给我，而我也一直在找的那个人吧）!" Mama Sharifa aliniuliza kwa kutaka kujua. Wakati alipojibiwa "ndimi", naye mzee **roho yake ilionekana kuwa nafuu na haijambo**（心里平和了）, huku akijisemea mwenyewe kwa mwenyewe kwa sauti ya chini kama mtu anayeota（同时，她做梦一样低声自言自语）: "Oh! Bwana kaniambia neno zuri, kumbe kazi yangu si ya bure（喔! 先生的话真好，我没白费力气）!"

（6）与-nge-搭配

Hapa pamebarikiwa na rutuba bila ya matatizo ya mbubujiko wa ardhi （mmomonyoko wa ardhi），maliasili zake hazijaamrishwa ipaswavyo（这里土地天然肥沃，没有水土流失的问题，自然资源尚未被充分开发利用）. Gezo la serikali kwetu ni kutuhimiza kulima mazao ili kuinua maisha ya wenyeji（政府的想法是鼓励我们种植作物以提高当地人的生活）. Ingekuwa watu wameendelea kupanda vyakula mashambani pasipo kuacha vipande vingi kulala bure na kujaa magugu na vichaka, **ingekuwa haijambo**（假使我们坚持在田地里种植庄稼，不让大片土地闲置，乃至荆棘丛生，那事情就好办了）.

（7）与 -we 搭配

Kiti changu hakiniweki vizuri kwa vile kinatepeta tepeta（我这把椅子坐着不舒服，因为它快散架了），jana niliomba unisaidie kukitengeneza **kiwe hakijambo zaidi**（昨天我求你帮忙把它修理得好一些）. Najua wewe mwenyeji sana kwa useremala（我知道你做木匠活儿是个内行），hata mwenyewe uliniahidia kutoa msaada huo（连你自己也答应要帮这个忙），na sasa mambo yamekuwaje kwa vile naona wewe u gogo tu（现在情况如何，因为我看你总是木呆呆的），kama roho yako yote imechukuliwa na mawazo（好像有些心不在焉）.

（8）与 tayari 搭配

Masuala mengi alikuwa akijiuliza na kuyarudia rudia tu bila ya mafanikio ya kupata jawabu（他反反复复地追问自己却无法求得答案）. Chuki ikaanza kumpamba moto, kwa hivyo aliona ingemfaa yeye mwenyewe autie mguu klabuni na kuchukua hatua anayoidhamiria mwenyewe（他仇恨得烈火中烧，认为自己应亲自到俱乐部走一遭，实施他自决的行动）. Naye aliifungua na kuikagua bastola yake, akaiona **haijambo tayari, risasi zilikuwemo**（他打开手枪检查了一遍，发现状态完好，子弹在里边装着）. Kisha akaitazama saa na kung'oka kama aliyeitwa akielekea pale klabuni（他看了一下表，像听到人召唤似的拔腿奔向舞厅）. Wakati huo ilibakia dakika tano tu dansi liishe（此

刻离散场只差五分钟了）.

（9）与 kama 搭配

Kwa kuona mwanawe kaamua kwenda kucheza muziki katika baa moja, mama akaanza kumsuta（见她儿子要去酒吧跳舞，这位妈妈开始数落起他来）: "Mwanangu, tangu kuzaliwa kwetu, watumishi ndiyo maajaliwa yetu sisi wazazi wako（孩子，作为你的生身父母，我们生来注定就是伺候他人的命）. Sasa usidhani umepewa **kazi inayoonekana kama haijambo hivi** ndivyo ukapuuza kujichunga（现在你可不要以为有了一份看上去还不错的工作就疏于自我约束）. Maisha ya mjini si mchezo（城市里的生活可不是闹着玩的）, siku zote tunao wasiwasi tukiogopa usije ukasahau mausia yetu na kujiharibia maisha yako mwenyewe（我们天天都在担心你会忘记我们嘱咐你的话，毁了你的一生前程）."

（10）与 kuweza 搭配

Akili na mawazo yake yalikuwa ya miaka 50 iliyopita, naye hufananisha kila kitu na hali ya zamani（他还是五十年前的老脑筋，事事都与过去相比）na hupiga taswira mara kwa mara kufikiria yaliyompata miaka ile ya nyuma（经常回顾往昔亲历的各种遭遇的画面）. Ingawa **haijambo aweza** kujikumbusha ya nyuma（尽管回顾往事没什么不好）, lakini kwa vyovyote vile karne mpya inahitaji mwamko mpya zaidi（新世纪需要更新理念）. Ingawa nilijaribu mara kadha kumkosoa, lakini kila mara niliona muhali kufanya hivyo kutokana na ujana wangu（尽管我几次想批评他，但碍于自己年轻，总不好意思开口）.

（十）语言表述（2）——位异意移

有些词放在不同的位置，意思就发生了变化，这种情况颇多，下面仅简单举几个例子说明一下。同时，有些词长度相差不多，可意思不同，也顺便举例提示一下，省得搞错。

1. Sana（含 Almuradi 与 Ilimradi）

（1）最多，顶多

Nilichanganya miguu yangu hadi bandarini（我迈开双腿赶到了港口），**almuradi**（但）nikakuta ziko kazi chache tu na vibarua wengi（我发现那里人多活少）. Kusema kweli kazi hizo **sana**（或 **sana sana**）ziliwatosha watu wawili au watatu tu kuzifanya（顶多也就够两三个人干）. Sikuwa na la kufanya zaidi ya kuondoka huko（除了离开那里，我无计可施）ingawa niliona haigekuwa vizuri kurudi nyumbani bila ya kuwa na taarifa yoyote ya maana（尽管我觉得无果而返并不可取），kwani kufanya hivyo mama Happy kama kawaida yake hangesita kunilaumu（因为孩子的妈妈哈媲一定会和往常一样责怪起来没完没了）.

（2）非常，足以

Wazo hili nilipambana nalo hadi kufikia uamuzi kuwa labda niende kujaribu kwingineko kama pale stesheni ya reli（我反复斟酌着，直至决定到别处试试看，譬如火车站）**ilimradi** nisirudi mikono mitupu（省得空手而归）. Na kwa bahati nzuri nikaipata kazi ya kibarua bila ya wasiwasi（很幸运，我一下就找到零活儿干了）. Kazi niliyopewa ilinitosha **sana**（或 **sana sana**）mimi kuifanya mchana kutwa（足以够我干整个白天），tena nikaahidiwa kulipwa hela nzuri（雇主答应给我的**报酬**也很不错）.

2. Mno（含 Kulihali 与 Ilhali）

（1）充其量

Ukumbi umefurika na muziki（音乐响彻整个大厅）. Najua kuwa dansa la mchana **mno**（或 **Mno mno**）ni la vijana chipukizi（大白天跳舞**充其量是小青年干的事**），kwa hivyo katika klabu hiyo, kila aina ya vijana ambao ungependa kuwaona utaikuta tu（在这里，各色青年你都能如愿看到）. Huduma ya hapa ni ya kujitegemea（这里提供的服务是自助型的），**kulihali**（无论如何）mahali nilipo sio pa tabia yangu（此处不是我该来的地方）japo sisemi ni pabaya la khasha（虽则我不说这里有多坏，绝对不是）. Kadiri saa zinavyozidi kusonga mbele ndivyo ninavyozidi kuyaona mengi ambayo yananifanya niichukie sehemu hii（随着时间的推移，我之所见愈发令我心生厌恶）.

（2）最多

Lakini jee, vyakula na madawa ndio mwisho wa uhunzi wetu?（有吃的，有药品，就算**大功告成**吗？）Hapana. Bado tuna mengine muhimu kuyafanya, moja wapo ni kuupiga vita ulanguzi（向不正之风开战）. Waungwana hawali vya haramu wala kujitumilia fedha zenye dosari（为君子者，**饿死不吃昧心饭，穷死不花肮脏钱**）. **Ilhali**（而）wahasibu wengi tena maarufu serikalini wamepoozeka kwa kuchukua fedha za umma kufanya biashara zao wenyewe（政府部门的许多知名会计师因挪用**公款**做自己的生意而**身败名裂**）kwa tegemeo la kwamba kesho wangelipa baada ya kupata faida（他们指望获利之后就归还）. Biashara walizoshughulikia **mno**（或**Mno mno**）ni zile za almasi na johari（他们做的最多的生意是倒卖钻石和珠宝），mwanzoni walifanikiwa na baadaye wamejikuta jela（一开始，他们还算成功，后来就把自己送进了

大牢）．

3. Afadhali

（1）最好，更甚

Kiza kilichotapakaa kikavuja（笼罩大地的黑暗逐渐褪去了），kilima kilichosimama wima chenye pandio kama ngazi kikaonekana vizuri machoni petu, na nyuma ya kilima hicho pakiwa na mlima mkubwa usiopandika kwa kupimwa na macho（矗立在前面的一座可拾级而上的小山清晰地呈现在我们眼前，我们目测小山后面是无法攀登的大山）．Juma alinyamaza kidogo kiasi cha kukoleza toza yake ivute vizuri hivi（朱马沉默了大约一袋烟的工夫），baadaye akanena: "**Afadhali** awepo Juma（最好有朱马在），maana yeye mwenyeji wa hapa. Lakini kwa bahati mbaya ilimsanifu asije na hakuja（很不幸，没让他来，他就没来）！Sasa nageuza nia, nenda ukamwambie aje haraka tafadhali（现在，我改主意了，请你去告诉他赶紧来），maana nakisia hatari itakayotupata itakuwa **ni afadhali ya kupanda mbingu** pengine（因为我估摸着这次我们进山可能比登天还难）．"

（2）还不错

"Mwanzo nadhani nimejuana nawe vilivyo, lakini ukweli nimeugundua kumbe sivyo, tumekuwa wawili wa tabia tofauti（我原以为我们两个彼此完全了解；其实不然，我们是性格不同的两种人）！Wewe wasema bora niseme wazi nisifiche hata neno moja, lakini hasha hayo siwezi, maana uaminifu wako una walakini（你说我最好明讲明端，不要藏着掖着，我绝对做不到，因为你的信誉有问题）．" Makame alitoa ulimi akiilowesha midomo yake iliyokuwa mikavu（马喀麦用舌头舔了舔干巴巴的嘴唇），kisha akaendelea: "Hata hivyo, bado naamua kwamba iweje, lazima nikupe wazo langu kuhusu yule Dori（尽管如此，我还是要对你讲讲我对朵莉的看法）．Sikatai kuwa naye mjinga, lakini <u>ametupa chai</u> **afadhali**（说她愚蠢，我不反对，可她毕竟给了我们外快，蛮不错的）!"

4. Hata

（1）甚至

<u>Usingizi ulikosa nafasi yake</u>（睡意全无），na badala yake <u>nilipata kazi ya kujikuna kwa uchungu</u>, **hata** ikanilazimisha kusonya bila mpango（我接下来只能躺在床上痛苦不堪地搔痒，搞得我没头没脑地唉声叹气）. Nikizihesabu saa ambazo kwa wakati huo nilikuwa <u>naziona haziendi kabisa</u>（我数着钟点儿，感觉时间已经停滞了）. Rohoni mwangu nilikuwa nimejawa na matusi yaliyosababishwa na <u>njaa ambayo imekwisha kuwa na umri wa siku nzima tumboni mwangu</u>（肚子饿了一整天，我满腹牢骚，心里直骂人）.

（2）一点儿也不

Baada ya maongezi madogo madogo ya kufahamiana, tukakaa kwenye meza kubwa ya duara kuanza kunywa（简单地相互自我介绍之后，我们围坐在一张圆桌前开始喝酒）. Mimi mnywaji mzuri sana, <u>pombe haijanishitua popote pale</u>（我也算个酒囊，在任何地方都没被酒吓着过）. Niligundua hao <u>pia si wadogo</u>（我发现那些人也十分了得）kwani hadi wakati ambapo <u>nilikisia huenda wameshafikia robo tatu ya mzinga bado hawajaonyesha dalili yoyote ya kulewa</u>（因为我估摸着他们已经喝到七八成酒量时，我仍看不出有任何喝醉的迹象，即：酒过三巡，仍全无醉意）. Hawa walinipa picha mbaya（他们给我的印象很差）, ni wajanja tu, siwapendi **hata**（个个滑头滑脑，我一点儿也不喜欢他们）japo ilisemekana kuwa <u>wana mtu wa maana nyuma yao</u>（尽管据说他们有大后台）!

5. Kamwe

（1）再者，再说

Imani yanishauri nisonge mbali kidogo na akina hao wasio raia wema（意念提醒我要远离那帮家伙）hasa kwa kuzingatia kuwa pindi tu askari watakapoofika hapo, nami ningejumishwa penye mkumbo huo mmoja（尤其是考虑到如果警察来了，我可能会和他们被一锅端）. **Kamwe** mimi ndiye mtu ninayewachukia watu hao, ya nini ningekubali kufanywa kuwa katika kikundi chao（再说了，我是痛恨那些人的，怎么会认可和他们搞到一起去呢）? Nimekuwa asilani sitaki kujifanya kuwa juha linalokithiri（我永远不想当十足的傻蛋）, kwa hivyo baada ya kusogea umbali wa kutosha nimeamua kutafuta usafiri kwenda zangu（在撤开一段足够远距离之后，我决定寻找交通工具离开）.

（2）完全

Wakati huo wote wa hivi karibuni roho ilikuwa inaniuma vibaya mno（最近一段时间，我的心情都很坏）. Kitabia, kila nikilifanya jambo hulifanya **kamwe**（从性格上说，我是做事就要完全做成的人）, kwa sababu ninapopanga mafanikio sikusahau kuzipanga mbinu za kuleta mafanikio hayo（因为**决定做一件事的时候，我从不忘安排好做成这事儿的具体措施**）. Ndio maana sasa nimepata kupandishwa cheo ambacho sikukitazamia（鉴于此，现在我意外得到了提升）, jambo ambalo limesababisha wengi wanionee wivu (Gere, Kijicho, Ngoa, Uhasidi) na nitajifurahisha vipi（但这件事却引起不少人嫉妒，我如何高兴得起来）?

（十一）语言表述（3）——数字与语言

1.常用组合举例

人们说话时离不开数字，譬如表现数量之少可用"一两个""两三个""八九个"等。斯语表达的基本公式是两个数字之间加 **au**，适用于一切相邻数字，但在实际运用中有习惯说法。

（1）"一二"搭配

① **Sekunde (sekondi) au mbili**（**moja**可加可省）

Magari yalikuwa yanafuatana msululu mmoja na kutambaa pole pole kama vinyonga (lumbwi) barabarani（汽车首尾相接，排着长队，像变色龙似的在路上缓慢爬行），ilinibidi niteremke kutoka katika basi na kutafuta hila nyingine ya safari（我不得不从大轿车上下来，寻找别的交通方式）. Kwa bahati nzuri nikamkuta mmoja mwenye baiskeli nikimwomba anisaidie（很幸运，我碰到一个骑单车的人，就求他帮忙）. Baada ya kusita sita kwa **sekunde au mbili** hivi（稍微犹豫**一两秒**之后），akakubali kunipakia kwenye kibao cha nyuma（他同意让我坐在**后座上**）na kunichukua kuelekea uwanja wa mpira kufuata kijia cha pembeni（沿着便道载着我去足球场）. Hata hivyo nilichelewa, maana niliukuta mchuano umekwisha anza na umo kuendelea mtindo mmoja（即使如此，我还是迟到了，比赛已经开始，**但仍在激烈进行中**）.

② **Inchi au mbili**（同上）

Kiza kilikuwa kimetawala usiku（这是一个**月黑夜**），miemba mikubwa mikubwa ilizidisha kiza kile kukawa kweusi tititi（一棵棵高大杧果树**把大地罩得愈发漆黑**）. Paulo na askari mmoja mwenzake walikuwa wamezama katika soga lililoweza kuvunja machovu ya ulinzi wa usiku kucha（**沉浸在**能够驱除守夜疲惫的神聊之中）, lakini kwa ghafla bunduki zikaanza kupigwa **mfululizo mmoja**（一阵枪响）, risasi ziliwakosea padogo tu kiasi cha inchi au mbili hivi（**子弹擦身飞过**）. Wakawa hawana budi kujilaza chini kifudifudi（**卧倒**）kwa kurejesha pigo na silaha zao. Mgeni Simba alijiunga nao kupambana na maadui kwa bega moja（**协力抗击敌人**）. Naye ni mtu wa makamo ambaye amefuga masharafa ya **inchi au mbili** hivi（**蓄着短胡子**）, macho yake yamedidimia ndani ya uso（**眼窝深陷**）, matone mawili matatu ya jasho yaking'ara juu ya kipaji chake（**几颗汗珠儿在他额头上闪烁**）. Alionyesha kuwa mtu mwenye siha（**看上去很健壮**）, viatu virefu vya mpira vilimfika mpaka magotini na alichomekea suruali ndani yake（**两只裤脚儿塞进长及膝盖的长筒皮靴里**）.

（2）"二三"搭配

① Tembe mbili tatu...（**大多省略"au"，不必直译**）

Yule askari alikwisha fadhaika asielewe kilichotokea（**那个士兵很困惑，不知发生了什么事儿**）, basi pakapiga kimya kiasi cha nukta au mbili hivi（**就出现了瞬间静默**）, huku bado maruirui ya kofi alilopigwa yakimtaabisha（**同时，他还在因挨那一巴掌而晕头转向**）, **tembe mbili tatu za jasho** zilisimama kwenye paji la uso wake（**几颗汗珠儿挂在额头上**）. Wakati huo Mbaruku akatokea na kufanya masihara na **wawili watatu** aliojuana nao（**这时候，穆巴拉库出现了，与几位认识的人开着玩笑**）, kisha naye na Nasoor wakakaa pembeni peke yao（**接着，他和纳塞尔一起单独坐在一边的座位上**）. Waliagiza moja moto na moja baridi kila mmoja wao（**他们各自叫了一杯热饮和一杯冷饮**）. Na baada ya kuzimaliza wakaagiza nyingine, na nyingine na nyingine（**喝完后，他们又连续叫了好几次。注意 nyingine 的连用**）.

② Kona mbili tatu

Kwa kukabiliwa na nyuso zilizozungukwa na manywele na madevu yasiyoshughulikiwa kwa siku nyingi（面对几张发乱如麻、胡子拉碴的脸庞，即：**不修边幅的脸**），jamaa aliyekuwa <u>hatembei sana</u> katika siku za kawaida alikuwa karibu kuzimia（这位平日不怎么出门的老兄差点儿晕过去），midomo ilimcheza <u>kwa hofu ilivyomzidi</u>（**难以承受的惊恐**使他嘴唇瑟瑟发抖），basi kwa mbio na haraka akakata **kona mbili tatu** na kutoweka kabisa（拐弯抹角地转了几道弯，就匆匆忙忙跑得没影了）. Baada ya kurudi nyumbani alikuwa kashika tama kama mtu aliyefikwa na msiba（他坐在那儿托着腮帮，**如丧考妣**）. Siku chache baadaye, kidogo kidogo akaanza <u>kutoka katika dimbwi la mawazo na kuona mwanga fulani akilini</u>（开始从冥思苦想中回过神来，眼前看到些许光亮）. Akaelewa fika kuwa kesho itakuwa <u>siku ya siku</u>（明天才是正日子，或：明天才**见分晓的日子**），bila ya shaka wenzake wataweza <u>kufanya kitu kikawa kitu</u>（他的同事们一定能**把事情办得有模有样**）.

2.宗教戒律（类似"十恶""十戒"）

（1）Sita

Nilimfafanulia Jamila jinsi alivyofanya hatia <u>kwa kuniingiza kama si kujiingiza mwenyewe katika dhambi</u> baada ya **kuivunja amri ya sita katika amri kumi**（我向加米拉申明她是有罪的，因为如果不是我自甘堕落，那就是被她引诱而堕入违反人生十戒之第六戒的罪恶深渊）. Nilimwonya kuwa ilikuwa tena ni dhambi kubwa kunitamani mimi mume wa mtu（我警告她，勾引我这个有妇之夫是她的一桩大罪）. Lakini hakuonyesha kujawa na hofu mno（可她并没表现出有多害怕）.

（2）Saba

Tatizo lingine <u>linalowazidisha watu uchungu</u> ni kuwa siku hizi **dhambi ya saba** imekuwa ikienea（**另一桩让人更加苦不堪言的事**是，人间第七宗罪行正在社会上蔓延）kwa vile wizi ulikuwa <u>umetapakaa kama moto wa kiangazi</u>

（偷盗之风**如旱季的野火般四处蔓延**）. Jambo la kuchekesha lililotokea karibuni limekuwa wezi wenyewe kuibiwa baada ya kuiba hela za watu na kuziweka katika kisanduku chao（最近出了一个盗贼被盗的笑话，他们藏在小箱子里的赃钱被另一伙窃贼偷走了）. Kisanduku hicho walikuwa wamekwisha kipambua wezi wengine na kukitupa kwenye mtaro wa maji machafu（那伙盗贼取走钱后把**撬开的空箱子**扔进了**脏水沟里**）.

3.借用谚语

（1）Saba (hadithi ina ncha saba)

Mimi nilimwaambia kwa unyofu（我直截了当地告诉他）："Tangu nifike mji huu na sasa ni mwaka wa nane, sijaona wala kusikia ujangili wa kuchaniwa nguo na kuparurwa ngozi（我到这座城市至今已有八年，压根儿就没见过，也没听说过世间还有撕烂衣服、抓破皮肤的盗猎行为），**hadithi uliyoipanga siyo ina ncha saba, pengine na ncha sabini**（你编造的故事不止有七个版本，说不定有七十个呢）!" Maneno yangu hayo yalionekana kama yamempiga kwenye kidonda kilichofichika（我的这些话看来**打在了他的疼处**）yakimtia aibu tele（让他**十分难堪**），hapo hapo akawaka moto, mkali kama siki ya miaka saba（他当即恼羞成怒，**厉害得像七年的陈醋**）.

（2）Arobaini (siku za mwizi arobaini)

Mimi maneno yangu daima hayana vipengee（我讲话从不拐弯抹角）. Niilipata kumwonya："**Matendo yote maovu yana arobaini yake**（所有的恶行都有被清算的一天）. Kwa hivyo usinichafulie akili（所以你不要来打搅我）na ujue kuwa mimi ni mimi, sitaweza kubadilika hata（你该知道，我就是我，永远不会变），almradi wewe ndio mwizi unaotaka kila mtu awe mwizi（但你却是一个**期望每个人都变成贼子的贼子**）. Hii ni hujma kwa nchi, **arobaini yako tayari inakusubiri**（你的末日正在等着你）!" Na sasa yumo gerezani kula miaka yake, amepatwa na aibu iliyomkondesha na iliyomwacha katika moyo wa simanzi tupu（现在他正在班房服刑，身陷囹圄的耻辱令其身心俱损，坠入悲怆凄苦之中）. Nasikia amekula kiapo kuwa atakapoachiliwa huru naye atahama mbali bila ya kumpa yeyote mkono wa buruani（听说他已发下誓言，他会在刑满释放时悄无声息地远走高飞）, akiwa na azma ya kuanza maisha mapya ya kiungwana（下决心正正经经过日子）.

4.传统遗俗

（1）Arobaini（类似"坐月子"）

Sasa bado yumo nyumbani na arobaini yake baada ya kujifungua watoto pacha（在生下双胞胎之后，她一直在家里休产假）. Nyumba yake hiyo yenyewe ni safi（房子很漂亮）, ukumbini kuna mapambo mengi ya fahari na starehe ya pekee（厅内有豪华的摆设和独特的娱乐设施）pamoja na viti vya mpingo vya asili vilivyochongwa kwa nakshi（及雕工非常讲究的传统乌木椅子）ambavyo vimetandikwa mito ya mahameli, pembeni limewekwa kasha la msaji lililonakshiwa kwa misumari ya shaba（上面摆着**天鹅绒靠垫**，一旁放着一个**镶着铜铆钉的柚木箱子**）.

（2）Arobaini（类似中国之"三七""五七"）

Kwa kawaida, yeye ni kijana mchangamfu kitabia, kisha ni mwenyeji sana kwa ala ya muziki（平常他是个乐天派，琴弹得好）. Katika upigaji wa muziki, yeye hutia mashamushamu (madoido, mapambo) mengi ambayo huwapenya wasikilizaji moyoni barabara（在演奏技巧上，**他善于加入许多修饰音，人们听了入耳入心**）. Lakini kwa bahati mbaya baba yake amefariki dunia, naye sasa **babo anakaa tanga akiwa katika arobaini ya maiti**（很不幸，他爸爸死了，他目前**还待在家中守丧**）, hataki kuonana na yeyote mpaka baada ya tanga kukunjwa（**守丧结束前，他不想见任何人**）.

5.特别用法

（1）Hamsini

Mabasi yanayosomba na kushusha abiria kama sikosei hawana shida kama zake（如果我没说错，那些运送旅客的大巴不会遇到他那样的困难）. Naye ana maungo yenye afya na uzani mzuri wa ratili（他筋骨健壮，身材匀称），na nguo zake zilizototatota zimegandamana na mwili wake kutokana na kulowa（湿淋淋的衣裳紧紧贴在他身上）. Lakini hawi katika hali ya kutoa lawama kwa mtu yeyote, kwa sababu anajua kilichomweka hapa ni nini, hajasahau alichokifuata huku ni kazi, suala la starehe litakuja atakapomaliza shughuli zake（但他不对任何人抱怨，因为他知道把他放在这儿是干什么的，没有忘记他是来干活的，娱乐只是下班之后的事）. Ndiyo maana kazi karibu zote katika steshini ya mabasi amezifanya yeye katika mvua, **lakini mimi na hamsini yangu**（汽车站内所有的活几乎都是他干的，**而我也尽了一份力**）.

（2）Hamsini

Tulikuwa tumechoka na kujipumzisha kama askari tuliosusia amri ya kushambulia（我们累了，**就像拒绝听从进攻命令的士兵一样**停下不动了）. Hatukuwa tumefikiria lolote la kufanya endapo tungeshindwa katika hatua ya kwanza ya mpango wetu（假如我们计划的第一步已宣告失败，也就不再想干任何其他事情了），pengine hata nikaona kuwa safari yetu imefika ukingoni na kutupasa **kila mmoja wetu ashike hamsini zake**（我甚至觉得我们的行程已陷入绝境，只能各奔前程了）. Wakati huo jua likiwa magharibi lilitoa miali myekundu kama damu（时值日暮时分，残阳如血）.

（十二）语言表述（4）——仰卧侧翻

（1）Kuogelea kifuafua...

Badala ya kuruka chomo na kupiga mbizi（他没有跳水或潜水），naye akaingia katika majaribio ya kuogelea ziwani（而是下湖试着游泳），**mara kifuafua, mara kichalichali, mara kibavubavu na mara kiwimawima**（时而趴泳，时而仰泳，时而侧泳，时而踩泳）. Alichoka sana, mara kwa mara akainua kichwa juu ya maji na kuhema kwa nguvu kama gari la moshi（他累坏了，时不时把脑袋探出水面，**像火车一样用力喘着大气**），lakini baadaye nguvu zikamwishia（可他最后还是没力气了），Akaanza kutotatota na kujitapia roho (kujiwania roho)（他开始**挣扎着下沉**）na kwa bahati nzuri akaokolewa.

（2）Kulala kifudifudi

Mzee aliteseka miaka mingi kwa taabu za mwili na moyo pia（多年煎熬使老人身心受到极大伤害），na miguu yake imekwisha kumnyong'onyea vibaya（他双腿支撑乏力）. Aliwahi kushiriki katika kuchimba reli（修铁路）inayokwenda Uganda, wengi wana hamu ya kutaka kujua visa vyenyewe jinsi alivyopambana navyo（很多人都有兴趣了解他亲历的那些事），na sasa hajimudu tena na **amelala kifudifudi kitandani**（他现在已不能自理，只能躺在床上度日）.

（3）Kwenda kimbelembele na kibavubavu

Pole pole na bila ya haraka wala kuhangaika, kwa mbali yapata zaidi ya pima mia tukaona maadui walitambaa tambaa na kutujia kwa mwendo kama wa kaa **wakienda kimbelembele na kibavubavu**（在离我们百码开

外之处，我们看到敌人像时而前走、时而横行的螃蟹慢慢地、有条不紊地悄然向我们移动过来）. Kwa kuwakabili wao wengi, tukawa kama watu kupiga makokoto kujaribu kuzuia mawimbi ya bahari, ilitubidi tukimbie kama tuwezavyo bila ya kujali <u>majani marefu yaliyosokota sokota kutunasa miguu</u> mara kwa mara（面对他们人数上的优势，我们就像投石头阻挡潮水漫岸一般难以承受，不得不落荒而逃，也顾不上**那些时时葛绊我们双腿的长草乱蔓了**）.

（4）Kutambaa chini kitumbo tumbo (kifulifuli)

Maadui hao walikuwa **wanatambaa chini kitumbo tumbo (kifulifuli)** na <u>kutusogea sogea kama kasa kubwa</u>（我们的敌人像海龟似的匍匐前进并逐渐靠近我们）, huku <u>wakitulenga (kubemba, kutunga, kupima, kupiga) shabaha kwa bunduki</u>（同时**用枪瞄准我们**）. <u>Nikajibanza kimya hata pumzi nilikuwa sivuti</u>（我默默藏身暗处，大气都不敢出）. Kama nisingaliogopa <u>kuambiwa mwongo ningalighairi kwenda mbele kukabiliana nao</u>（若不是怕别人骂我不诚实，我早已放弃躲避，与敌人去厮杀了）.

（5）Kunipeleka chini kichalichali...

Yule jitu alinipiga teke mbili kali mfulizo (mfululizo, mfulilizo) na kuniumiza kweli kweli: **teke la kwanza lilinipeleka chini kichalichali, na la pili liliniweka katika hali ya kupinduka tumbo chini mgongo juu**, <u>nikiwa pamoja na kukohoa sana</u>（那个大个子狠狠地连着给了我两脚，可把我踢疼了：第一脚把我踢了个仰面朝天，接着一脚把我踹了一个肚子朝地背朝天，疼得我咳嗽不止）. <u>Katika nukta ile ya kurushwa juu pindupindu sikuchelewa kutazama kando, nikaona picha ya dunia kama imeangikwa upande upande au hata kupinduliwa kinyume nyume machoni pangu</u>（被踢飞的一瞬间，我顺势扫了一眼周边，当时感觉大地好像正歪歪斜斜地倒挂着，它在我的视觉里也跟着倒翻了个跟头）.

（6）Kulalia tumbo...

Hapa nilipo **nimelalia tumbo**（我在原地趴着）na miguu yangu imenyoka kabisa kwa kufungwa kamba（双腿被绳子绑得直挺挺的）. Nilikuwa najaribu kuinua shingo ili pua yangu ikae juu juu（我试图仰起脖子，以便鼻子翘高一些）, lakini nimeshindwa. Inanilazimu nikiweke kidevu changu juu ya sakafu kwa kulituliza shingo langu（我不得不把下巴拄在地板上稳定好脖子）, huku **nikifingirika fingirika kama chatu** aliyekuwa mchangani（像一条在沙地上扭来扭去的蟒蛇）. Kule pembeni jambazi mmoja alinitazama tazama, lakini kwa macho upande（旁边有个歹徒看着我，但斜着眼睛）.

（7）Kujirusha juu kama chemchela...

Mustafa alipeleka mkono kiunoni kama aliyetaka kuichomoa bastola yake iliyokuwa kwenye mkoba uliounganishwa na mkanda（穆斯塔法把手伸向腰部，好像要从腰带上的枪套里拔手枪）, lakini Alex kwa ghafla **alijirusha juu kama chemchela** na akiwa hewani akafyatua teke lililompata kifuani（突然，飞起一个旋风脚踢中他的胸口）ambalo lilimsomba mzima mzima, likimwinua sentimita kadha na **kumtupa kichalichali**, naye masikini **akataataa chini upande huu na ule** kwa kuumizwa（把他整个人踢起有几厘米高，摔了个仰八叉，疼得他在地上来回翻个儿）.

（8）kubingirika kama gogo...

Kijana mzungu mwembamba mrefu wa kimo, na uso wake sare na umbo lake mwembamba mrefu pia（这位洋青年身材颀长，长着一张和体型匹配的长脸）, kichwani mwake alijitwika shungi la nywele za kipilipili zilizochanwa vizuri na kutolewa upande wa mkono wa kuume（头上顶着一根梳得整整齐齐的歪向左边的直发辫儿）, naye akanitazama kwa jicho baya jekundu na kunitwanga ngumi ya kifua. Ngumi ya mzungu kisha（洋人这一拳，太狠了）!

Mimi **nikalazwa chini na kufingirika kama gogo** kwa maumivu（我被打翻在地，疼得像原木似的来回打滚儿）.

（9）Kusimama ubabu kwa ubavu

Walisimama mstari mmoja ubavu kwa ubavu（肩并肩一字排开）na kunipigia kelele: "Ika ulioshika mikononi（放下你手里的东西）!" Nilishitusha kichwa changu upande wa kushoto（我一激灵，把头转向左边）na kuvimbisha vishavu vyangu kama vipofu（两颊鼓得像气球）, nikagundua utovu wa shukrani waliokuwa nao kutokana na kuniasa nisiwaone bila ya pesa（根据他们警告我没钱别见他们的说辞，我发现他们属忘恩负义之辈）. Wakati huo nikayahisi mapigo ya moyo jinsi yalivyozidisha kazi zake kwa hofu ya kukosa uhai（因为担心丢命，此时我感觉自己的心跳得更加厉害）, basi ilinibidi kuteremsha sauti（压低声音）na kuwaambia kwa upole: "Hapa ndipo penu brather zangu（兄弟们，这里就是你们的家）, hatuwezi kuzungumza tukiwa wima, karibuni ndani（我们不要站着说话了。请进）!" Walikaribishwa kuwa wenyeji（他们有宾至如归的感觉）.

（10）Kuanguka miguu juu kichwa chini

Kwa kuona yule katafuta shari kwa makusudi（见他是在故意找碴）, macho yake mara yakamwiva kwa ghadhabu kali（他顿时就被气得眼睛通红）, na bila ya kujali hili na lile naye Juma akamrukia na ngumi kali la uso na kuanza kumhesabu dhambi zake（不管三七二十一，朱马上去照他脸上就是一拳，开始清算他的罪行）. Basi hapo ndipo "kumbe kama hunijui utanitambua" zilipoanza kuuma mchanga, yule **akaanguka miguu juu kichwa chini**（这样，一出"如果你不认识我，那就让你开开眼"的活报剧隆重上演，那人被打了个头朝地脚蹬天）. Juma alijeruhiwa mkono wa kulia na kukimbizwa hospitalini. Baada ya kupimwa joto na moyo（量体温，查心脏）kwa haraka akashonwa shonwa kwa huduma ya kwanza（迅速做了急诊手术）. Na yule mtu shari akabaki kupekua pekua vumbi kutafuta meno yaliyomdondoka（而那个蛮横的家伙被打得满地找牙）.

（十三）语言表述（5）——物人之喻

任何语言都少不了比喻，但人们所处环境及发展阶段不同，比喻之间会有差异。非洲人用动物比喻人的情况极多，当然人和物之间的比喻也不少。

（1）Gunia

Mawazo yangu yalikatika katikati wakati nilipohisi kuna mtu amenishika bega kama jiliwa (jiriwa)（当我觉得有只手像钳子似的抓住我的肩膀时，我的思绪中断了）. Kugeukia nyuma nikashtukia kumwona pandikizi la mtu akinitazama kwa jicho kali la dharau na kucheka kicheko kikubwa cha kebehi（往后一转身，我震惊地看到一个大块头正用极端蔑视的眼神盯着我，并发出尖刻的大笑声）, bastola i mkononi（手枪握在手里）. Wakati huo nikayaona kama mauti yanikaribia（这时，我觉得自己离死不远了）, basi hapo hapo nguvu zikaniishia（当时一点气力也没有了）, **nikaanguka chini kama gunia la chumvi**（我像盐袋一样重重跌在地上）.

（2）Kirago

Kufumba na kufumbua, tulimwona mzee kapitia dirishani kujibwaga upesi ndani ya basi kama panya aliyekuwa akifukuzwa na paka（一眨眼工夫，我们看见一个老人像被猫追赶的耗子似的从窗户里跳进大客车）, lakini askari mmoja mwenye kifua kipana aliyemfuatia nyuma akafungua mlango na **kumtoa nje kama kirago**（可紧跟在他后面的一个**宽胸厚膀**的士兵从车门进去，**像扔铺盖卷儿一样把他甩到车外**）. Hata wale waliokuwa nje walionekana wengi wao wakisimama na vidole gumba kuchungulia sarakasi iliyokuwa ikipita ndani ya basi hilo（甚至站在车外的人中也有许多人都竖起大拇指观

赏车厢里上演的这出杂技节目）.

（3）Mtumba

Kwa kuwa nimechanjwa chale nyingi usoni, mikononi hata ndani ya ulimi（因为我脸上、胳膊上，甚至舌头上都有许多文身）, kwa hivyo nilipopita barabarani askari wa usalama alinitupia jicho kwa haraka kama kwamba yuko tayari kunijia anikamate miye mhuni wa kupindukia na **kunitupa chini kama mtumba**（我在马路上走的时候，一位安保警员迅速把眼光投向我，看样子好像随时准备来抓捕我这个超级流氓，并像扔货包一样把我扔到地上）kisha anisukumilie mbali kwa mateke（然后再把我踢得远远的）. Ili kukwepa akina hawa, mimi nilijichukua kuzungukia nyuma ya jengo la New Afrika na kutokea barabara inayoambaa pembeni mwa bahari（为了避开那些人，我转到新非洲大厦的后面，然后出现在海边的一条马路上）.

（4）Mzigo

Kwa kawaida naye ni mtu mwenye mkono mwepesi sana katika kuwakabili wengine（通常他对别人出手极快）, lakini leo amemkuta adui wa kweli（可今天他遇到了真正的对手）. Badala ya kumshika **ameshikwa ukosi na kurushwa mbali kama mzigo**（不光没抓住人家，反而被人家揪住脖领子，像扔行李卷儿一样被抛出老远）, kisha ameongezwa kutupiwa jiwe kubwa kifuani na kusogezwa pembeni mwa barabara（接着，胸口又挨了一大石头，一下就被打到马路边儿上去了）. Mpaka hapo katambua wazi kuwa leo mambo yamemkuta（到这时他才明白，自己今天算碰上事儿了）!

（5）Kuni

Paliondokea mtoto mmoja masikini hohehahe, akihangaika hangaika barabarani, na dalili za woga zi machoni（马路上出现了一个穷兮兮的孩子，他慌慌张张，眼神儿充满了恐惧）. Allipoulizwa kisa akagugumiza kwa unyonge kuwa ametupwa kama kuni na wazazi wake, na sasa hajui anakokwenda, na amepotewa na dunia kabisa（当被人问起何以沦落至此，他结结巴巴地低声说，**他被父母像劈柴块儿一样扔掉了**，他不知所往，完全迷失了方向）.

（6）Kitakataka

Nguo zake zimetatuka si kwa ajili ya ukukuu, bali kwa vita vita（他衣服破了，不是因为老旧，而是因为打架）. Jana katika ugomvi wake na wengine akanyanyuliwa kwa fujo na **kutupiliwa juu kama kitakataka**（昨天他与别人吵架，结果被人家几个人架起来**像丢垃圾一样抛起老高**）. Alijihisi anaelea angani kwa nukta kabla hajapiga nchi kwa kishindo（他感觉自己咚的一声摔到地上之前**在空中飘摇了一秒钟**）.

（7）Mpira

Siku hizi najihisi kama ni panya aliyenaswa na mtego japo kosa lolote sina（最近**我感觉自己像一只跌入诱捕器的老鼠**，尽管我没有任何过错）. **Nimepopolewa na wengine kama mpira** bila ya kuweza kujitetea（**我被别人像皮球一样踢来踢去**而无力反击）. Kwa kuona vile macho yamenijaa machozi, mwenzangu hakuzidi kunifunika gunia（没有进一步**向我施压**），kinyumeche（相反）anatokea kunipoza moyo: "Tusubiri mpaka kesho, pengine si lolote. Naamini kuwa kesi yako mwishoni itakuwa nyeupe（我们等到明天，也许啥事儿也没有。我相信你的案子最后会真相大白）."

（8）Kipunje

Baada ya mkutano watu wameanza kutawanyika wakifuata upande wao wenyewe（散会后，大家各奔东西）. Hapo nimezisikia hatua za mtu nyuma yangu, mara nafahamu kuwa lazima ni Juma amenishindikiza mimi mgeni kwa makusudi（这时我听到背后有脚步声，立刻明白了是朱马在有意送我）. Basi miye nimevutika moyo sana, kwa kuwa mimi si mzito, siku zote **najiona**

kama kipunje cha vumbi tu（我很感动，因为自己不是什么大人物，**我常把自己看成一粒沙尘**），kwa hivyo sistahili kupewa heshima hiyo（我承受不起这份尊重）. Kwa kueleza shukrani zangu namsifu yeye ni mtoto mzuri wa wazuri（为表达谢意，我称赞他是个**出类拔萃**的好孩子）.

（9）Sanduku

Ijapokuwa yeye kipofu haoni（虽说**他是个盲人，看不到东西**），lakini aliweza kujisikia **jinsi alivyofungwa fungwa kama sanduku** na kutupwa nje hajui wapi（但他能感觉到他们是如何像捆箱子一样把他绑起来，扔到外边一个不知是哪里的地方）. Na haya basi, alikuwa kaliliwa mikate yake, kanywiwa maji yake, kalaliwa kitanda chake na kasafishiwa mali zake zote（他的吃的被吃光了，喝的被喝净了，床铺被人占了，财产被清没了）. Akabaki nusu maiti kwa hofu（他被吓了个半死）akijipiga masuali mengi bila ya majibu（他自问了很多问题，但百思不得其解）na kushindwa kuzaa shauri（想不出什么主意）. Hakuweza kufahamu ni ndege mbaya gani amemletea mkosi huo（不明白是何种厄运给他带来如此巨大的灾难）.

（10）Kigogo

Nilijiona sina haraka wala la kukimbilia wakati nilipoitwa na mkurugenzi kwenda ofisini kwake（当主任叫我去他办公室的时候，我并没有感到有紧急需要跑着去干的事儿）. Lakini maneno niliyoambiwa naye yalinichanganya akili kweli kiasi cha kunifanya nishuke ngazi mbili mbili mpaka chini ya orofa（但他告诉我的那些话弄得我魂不守舍，几乎**一步两个台阶**地跑下楼去）. Badala ya kunipa miangaza na kuniliwaza ukiwa, **nilijihisi kama nimetupwa motoni naye mfano wa kipande cha kigogo**（他不仅没给我启发和宽慰，反而让我觉得自己像一根树棍子被他扔进火堆里）. Sikuwa na la kufanya tena, basi nikaamua kujitolea kwa polisi（我再也没有办法了，于是决定去向警察自首）ili angalau nipate kusamehewa（以便求得谅解）.

（十四）语言表述（6）——拥挤人多

（1）Kujaa kama nyota

Mbiu ya mgambo, ikilia ina jambo（号角一响，好戏开场），**halaiki ya watu imejaa kama nyota pande zote uwanjani, wa kulia na kushoto, mbele na nyuma**, kwa kuchangamshwa na mtibwiriko wa wachezaji maarufu, na mambo yalinoga barabara（广场四面到处挤满了人，大家都来观赏著名演员的表演，现场热闹非凡）. Wachezaji hao walikuwa wamesimama wanatimka kwa mdundo mzuri（演员们一停一动地跟着美妙的音乐节拍），wakiigiza kwa mikono, miguu na vichwa vyao tafsiri ya kila wimbo walioimba ili kuwatumbuiza watazamaji（用手、脚和头做着各种动作，**演绎着他们演唱的歌词内容以吸引观众**）.

（2）Kujaa ndi kama nzige

Ijapokuwa ilinyesha mvua, lakini wenyeji walikuwa hawajali（尽管下着雨，但当地老百姓并不在意）. Walikuwa wanayatimba matope njiani na **kujaa ndi kama nzige** huko bandarini kwa kuniaga（他们一路**踩着烂泥**赶到码头与我告别，**密密麻麻，像一片蝗虫**），wakinipungia mikono na mimi niliwajibu kwa heshima ya kuvua kofia（他们朝我挥手，而我则脱帽向他们致敬）. Miye ni mtu wa kawaida tu niliyekaa nao kwa wema na adabu, lakini sifa niliyopewa nao ilikuwa kubwa kuliko niliyotenda（我只是一个与他们友善相处、互尊互敬的普通人，**但他们给予我的荣誉却远远超过我之所为**）. Kuagana huko kulijaa mchanganyiko wa furaha na huzuni, moyo kidogo ulinilemea（这是一场**悲喜交加**的告别，我心里多少感到有些**压抑**）.

（3）Kujaa pomoni

Watu walijaa pomoni hata ukumbi karibu kugharikiwa na hewa kuwa moto kama tanuu kwa pumzi（大厅里挤满了人，几乎快被撑散架了，众人呼出的气使厅内空气灼热得酷似火炉）na wengine hata walisimama nje ya ukumbi kwa ukosefu wa nafasi（有些人挤不进去，只好站在大厅外）. Jozi za macho ya watu zilimtazama bila ya kupepesa, na jozi za masikio yao zilitegeka kwa kumsikiliza（人们目不转睛地看着那个人，聚精会神地倾听着他讲演）. Mimi niliwapiga watazamaji kikumbo ili niweze kuona vizuri aliyehutubia umati wa watu（我从人群中推开一条缝儿，以便能看清发表演说的那个人）.

（4）Kufurika kwa wingi wa watu kama mzinga wa nyuki...

Uwanja umefurika kwa wingi wa watu kama mzinga wa nyuki（广场上挤满了人，黑压压一片，像个蜂窝）, na wengine bado wanatoka nyumbani asibaki mtu toka mtoto hata mzee（人们纷纷离家赶场，堪称老少皆出，万人空巷）, **wakifanya msululu njia nzima mfano wa mto uliojaa topi**（一路上，人群涌动，像满槽流淌的江河）. Watu walikuwa wakishangilia kwa hoihoi ya makofi na mbinja ili wachezaji waongeze madaha (maringo) yao（大家热烈地拍着巴掌，打着口哨，给演员们加油）.

（5）Kulaliana na kusongana kama kundi la mbuzi

Nakumbuka kabisa kuwa katika miaka ile tulipopatwa na maafa ya njaa, kila pembe mjini humo **ilijaa masikini waliolaliana na kusongana kama kundi la mbuzi wenye njaa**（我完全记得，我们遭遇饥荒的那些年头，这座城市的每个角落都躺满挤满穷苦百姓，就像饥饿的羊群）, ikionyesha kama kwamba maisha yao hawataweza tena kutoka katika mdomo wa mamba（好像他们终生也难逃开鳄鱼的嘴巴，即：难逃死亡的命运）.

（6）Kumiminika kama mto unavyofurika...

Leo watu wanamiminika njia nzima kama mto unavyofurika pamoja na magari yanayoongozana kama siafu（今天，路上人流如滚滚江河，车辆首尾相接，如长长的蚁队）, lazima ipo habari kubwa hapa（这里肯定有什么大事）. Kutahamaki amejikuta yu miongoni mwa watazamaji hapo uwanjani（转瞬间，他发现自己已被卷入广场上的人群）. Kumekuwa na nini hapo? Kumbe, rais wao anakuja kuwahutubia wananchi.

（7）Kujazana tele kama mchanga wa pwani

Basi ikapigwa mbiu ya mgambo asiye na mwana aeleke jiwe（人们闻风而至，倾巢出动）, watu walikutana wakijazana tele kama mchanga wa pwani kwa kuangalia mkasa humo uwanjani（人们聚集在广场上看热闹，满满当当，就像海边的沙子）. Wakati mchezaji yule maarufu alipoonekana kwa mbali alilakiwa na sauti ya watu kama ya kundi kubwa la nyuki（当那个著名演员远远地露面的时候，全场就像蜂群一样轰动起来）.

（8）Kujaa kwenye viti vilivyosambazwa kila kona

Watu walijaa kwenye viti vilivyosambaa kila kona mle ukumbini（人们坐满散落在大厅每个角落的椅子）, kwanza palianguka kimya cha makaburini（现场陷入一片死寂）, kisha mioyo yao ikaripuka upya na kuhaniniza kwa mbimbirizano (mbimbirishano) moja kwa moja（接着大家重新心潮澎湃，乱成一锅粥）, hata ukelele ukapigwa wa kupandisha watu umori（甚至能听到给人鼓劲儿的大声呼叫）. Ilitubidi tujifiche kwenye uchochoro pembeni mwa ukumbi huo na kutafuta kitobo chochote kitakachotuwezesha kuona mkiki mkiki wa ndani japo ilikuwa si rahisi kuwaotelea mahali（我们只得躲在大厅旁边一条狭窄的过道里，寻找能让我们看清楚里面把戏的小洞，尽管窥视他们并不容易）.

（9）Kumiminika kama mto uliofurika wakati wa masika

Walimiminika katika baraza refu kama mto uliofurika wakati wa masika（人们就像雨季涨水的河流一样在长长的廊道上穿行）. Na mipulizo ya manukato ilipenya madirishani ikieneza harufu ya kupendeza nje ya nyumba（喷洒的香水透过窗户把浓郁的芬芳散发到房子外面）. Kwa kusema kweli, maisha ya huko hakika yamezungukwa kwa sauti ya kutumbuiza, harufu ya kuliwaza na maua ya kupendeza macho（说实在的，这里确实是一个鸟语花香的锦绣之地）.

（10）Kusongamana na kubanana mno...

Watu wamesongamana na kubanana mno katika banda mlioonekana kama tundu la mchwa（人们密密麻麻地拥挤在那间像蚁穴一样的房子里）. Nimesimama jukwaani na kuona hapo chini msitu wa mikono ya watu ikiwa imeinuliwa juu kwa kuunga mkono kauli yangu ambayo kwa kweli yastahili kuingizwa vichwani na raia wote（我站在讲台上，看到下面**一大片森林般高高举起的手**，他们以此来表达对我所提建议的支持，而这些建议理所当然应受到所有民众关注）.

（十五）语言表述（7）——投入怀抱

（1）Kujizika kichwa kifuani mwa...

Kijana alitahayari sana na kuinamisha kichwa chini kwa fikra（青年羞愧不已，低头沉思起来）. Alikuwa haelewi kwa nini ameachishwa kazi, hali yeye alijibidiisha na kazi kama ng'ombe aliyefungwa（他不明白自己为什么被开除，而他可是像被拴住的牛一样闷头干活的）. Akiwa na moyo mzito akaingia katika chumba cha ulevi na mwisho akajikuta mashakani（他怀着沉重的心情走进酒馆，最后惹了事端）. Alipoamka na kumwona baba yake, mara **akajizika kichwa chake kifuani mwa mze**e na kuanza kulia kwa kite na amani（他醒过来看到爸爸时，猛地一头扎进老人怀里无声地哭泣起来）, huku akisikia mzee alivyompoza kwa kumshusha moyo（此刻老人正安抚他平和下来）: "Mwanangu, yaliyopita yamepita, kila kitu kitatengenea（孩子，过去的就过去了，一切都会好的）. Lakini kumbuka: haifai kujaribu jaribu ulevi mara nyingi, maana ndio mwanzo wa kuwa bingwa（酒不可多喝，酒鬼就是这样堕落的）."

（2）Kumjongeza (kumsogeza) mtu kifuani mwa...

Taa za umeme zilionekana na nusu hafifu ya mbali（电灯光显得阑珊朦胧）, mama mtu **alimjongeza mwanawe mnyamavu kifuani mwake** akiwa na nia ya kukinga maovu yoyote yasimpate（妈妈把默不作声的儿子揽进自己的怀里，想用身体护着他免受任何邪恶力量的伤害）. Alimpapasa mashavu yake kama matunda mekundu laini（她用手抚摸着他那红果子般的细嫩脸蛋儿）, huku akinena: "Mwanangu, nakupenda sawasawa na nafsi yangu（孩子，我爱你就像爱我自己）, najua moyo wako una hofu na giza（我知道你心里紧

张迷惘），hata hivyo nakuombea heri na baraka zikungojee（虽然如此，我仍要祝你吉祥如意）."

（3）Kumkumbatia mikononi

Mahaba baina yao yalipata kutiliwa nguvu vya kutosha kwa kulishana nyama ya ulimi na kugawana uchungu katika miaka yao ya uchumba（他们之间的感情因恋爱期间互相体贴照顾和同甘共苦而得到加强），lakini baadaye nayo kwa ghafla yakatokea kuwa segemnege（但后来突然出现了危机），msichana akamtoka kijana machoni kabisa, na kijana hali kadhalika kwa msichana（小伙子看不中姑娘了，姑娘也瞧不上小伙子了）. Sasa wote wamejuta juto la mjukuu（现在双方都后悔极了）. Wakati walipoanza tena upya mapenzi yao, kijana alitangulia **kumkumbatia mchumba wake mikononi** kwa shangwe na machozi（当两人重新开始恋爱时，小伙子带着欢呼与眼泪率先把恋人搂在自己怀里）.

（4）Kumpakata mwanawe mikononi

Mama huyu aliyeachishwa na mumewe amekuwa na kibanda kidogo（这位被丈夫遗弃的妇女有一间空荡荡的房子）. Ukiingia ndani tu baada ya kufunguliwa mlango utaona utajiri wao wote mbele yako: kitanda kibovu kilichotandikwa mkeka kukuu na chungu ndogo ya kupikia pembeni（开门进去后，她家所有的财产就展现在你的眼前：一张破床上铺着一条旧席子，床旁有一只小饭锅）. Mama mtoto **alimpakata mwanawe mikononi**, hali mtoto kwa kuniona mimi mgeni akazidi kumganda mama yake mara shingoni na mara mabegani（女主人抱着孩子，而那孩子见到我这个生人愈发往妈妈怀里钻，时而搂着她的脖子，时而趴在她肩膀上）. Aliwahi kuwa mwanamke mzuri, lakini taabu ya maisha ilikula uzuri wake（生活的磨难消损了她的容颜）. Ingawa mara moja moja, kwa nadra, hutokea jambo la kumfanya acheke na hapo uso wake ukajaa bashasha ya ujana, hata mashavu yake yenye vidimbwi vizuri yakajaa damu changa na vuguvugu（尽管她也罕见地有那么一两次因某件事而绽开笑容，那当儿她也会容光焕发，瞬间闪烁着青春的光华，长着美丽酒窝的双颊显得红涨而温润），lakini kwa jumla amekuwa <u>mtu aliyechakaa, mwenye mikono iliyojaa visugu na visigino vya miguu vikivyolika kwa kwenda</u>（但总体上她仍然是一个**面容憔悴，双手长满老茧，脚后跟劳损变形的劳动妇女**）.

（5）Kumshika mtu shingoni

<u>Baba mtu kiu kikamshika akawa karibu kufa</u>（这个孩子爸爸简直快渴死了），lakini hapa jangwa, maji watayapata wapi tena（可这里是沙漠，到哪里去弄水呀）？ Huo ulikuwa <u>ndio mwanzo wa makubwa watakayoyafuatilia</u>（这只是他们遭遇险恶的开始）. Mwanawe **akamshika shingoni** <u>kwa mikono miwili, kwikwi na kilio vikamshika, hata uso ukamvimba kwa kulia machozi</u>（他儿子用两只胳膊抱着他的脖子，不断抽噎哭泣，连脸都哭肿了）.

（6）Kurukia mtu mikononi

Mumewe hupenda kukaa tu pale kwenye kibaraza cha nyumba akitundika miguu（她丈夫喜欢待在凉亭里休息，把腿架得高高的）. Lakini Amina mwenyewe anapenda kuranda randa uani na <u>kufukuzana na mbwa wake kwa furaha</u>（而阿米娜自己则喜欢在庭院里活动，**和狗追逐嬉闹**）. <u>Naye haishi kumpa mbwa amri hii na ile, mara amtume akalete hiki na mara kile, mara ampige makofi na mara mateke</u>（她不停地对狗发号施令，时而让它叼这个，时而让它衔那个，时而拍拍它，时而踢踢它）. Kwa ghafla, yule kiumbe anamwondoka mbio na **kumrukia mumewe mikononi** huku akitikisa mkia wake（突然，那个生灵迅速离开她，**跳进她丈夫怀里**，不断摇着尾巴）. Na hapo Amina <u>anaangua kicheko mpaka pumzi kumpaa</u>（阿米娜见了，笑得喘不过气来）.

（7）Kutua kichwa kifuani

Mama mzee ana akili tambuzi iliyopenya katika mashaka mengi ya maisha（老妈妈是个生活经验十分丰富的人）. Kusikia nimekuwa hoi, akafululiza nyumbani kwangu, akivuta kiti na kukaa karibu nami（听说我遭遇困难，**她径直来到我家，拉了把椅子坐在我旁边**）. Kwa sauti nzito na ya baridi akanihimiza niamke na kukabili shida kwa vitendo kwa vile "tendo hukidhi haja maridhawa kuliko neno"（她用低沉而冷静的声音鼓励我振作精神，用行动面对困难，因为 "**行动比语言更有用**"）. Ni tabia yake ya miaka mingi kupenda kuweka baraza na mtu ili kutatua shida zake（**与人交流**解决问题是她多年养成的习惯）. Mimi nikavutwa moyo sana, mara nikajiinua na **kutua kichwa changu kifuani mwa mzee**（我很感动，起身扑进了她怀里）.

（8）Kukumbatiana vifua

Ndugu yangu mdogo alitoa ishara kwa kichwa kama kuniambia kuwa yule anakuja, nami nilimwitikia kwa kichwa pia（我弟弟用头示意我说，那个人来了，我也暗暗点头表示明白了）. Jamaa alikuwa anasogeleana na kuamkiana nami kwa **kukumbatiana vifua**（那老兄靠近我并和我拥抱问候）, kisha tukakaa juu ya jamvi na kuelekezana nyuso zetu kwa maongezi（接着，我们便坐在席子上**面对面聊天**）, halafu tukaachana（而后我们就分开了）. Ingawa tulisalimiana kwa sauti zilizoonyesha urafiki, lakini mioyoni mwetu kwa kweli tumejijua si marafiki（虽然我们用友好的话语打招呼，其实我们心里都明白我们不是什么朋友）.

（9）Kujitupa kifuani

Mama kijakazi anafikiri namna alivyomlea Ramadhani tokea uchanga wake na kukumbuka jinsi mtoto huyo alivyokuwa **akijitupa kifuani mwake** mara kwa mara kiasi ambacho alikuwa hawezi kumgandua kifuani ili kupata nafasi ya kuvuta pumzi（佣人老妈妈想到她是怎样把拉马扎尼从小看护成人的，她记得这孩子是怎样一次次扑到她怀里，缠着她不愿离开，甚至不给她喘口气的空儿），mpaka hii leo imefika hadi anampopoa kwa mateke kama mpira wa miguu（而今他竟然像踢皮球一样用脚踢她），haishi kumtukana na kumnyanyasa na hana alilolifanya likiwa zuri machoni pake（没完没了地骂她、欺侮她。在他眼里，没有一件事是她能做好的）. Hawezi kuelewa kumezidi nini tena（她不明白这到底怎么了）？

（10）Kumvuta mtu kifuani...

Umari alimwangalia mama Rosa kwa jicho la uchungu kuona jinsi alivyochakazwa na kazi za kitumwa na mikono yake ilivyochubuka na kuwa na masuguru（乌马里用痛苦的眼神看着萝萨妈妈，被奴役的生活让她老态龙钟，双手磨掉了皮，长满硬茧）. Machozi yalitaka kumtoka kwa huruma, mara **akamvuta mama kifuani** ili kumpoza moyo kidogo（同情的眼泪就要夺眶而出，他一下把她揽进怀里，以便安慰她）. Naye mama **akajizika zaidi kichwa chake kifuani** mwa Umari（老人把头深深钻进他怀里）na kuanza kulia kwikwi. Mawazo mengi yatokanayo na shida zisizokwisha miaka mingi ziliufifisha uzuri wake（无穷无尽的积年愁苦使她的容颜黯然失色），na uso wake ulijaa mashaka na kunyaa ukiwa na mistari ya uchovu iliyoufanya uonekane kuwa wa mzee kuliko umri wake ulivyo（她满脸沧桑，积年的皱纹使她看上去比实际年龄更显苍老）.

（十六）语言表述（8）——时间表达

（1）Siku ya siku...

Hiyo ilikuwa kweli siku ya siku（今天是发饷日）. Ijapokuwa **alfajiri ilikuwa imeshaanza kubisha hodi,** kiza kilichochanganyika na mwanga mdogo kingali kilimlazimisha Mwamba kuwasha taa za uani ambamo mlionyesha mtakuwa na kivumbi humo **leo hii na asubuhi hii hii**（尽管黎明已经开始轻轻敲击门扉，但大地依然被刚透出些微光的黑暗所笼罩，穆阿木巴不得不点着庭院里的灯，因为一场重要活动就在今天早晨举行）. Aliiangalia saa yake ya mkono, nayo ikimthibitishia kwa kumwonyesha kuwa ilikuwa **imekwisha zidi nusu saa katika saa kumi za alfajiri**（他看了一下手表，时间已经过早晨四点半）. Saa ziliendelea kusonga mbele wakati yeye bado alikuwa anaona zimechelewa chelewa（时间在走，可他感觉过得太慢了）. **Punde baada ya nukta,** muziki mororo ulianza kukolea na kuenea pote（不一会儿，优美的乐曲响起来，在整个院子里流淌）.

（2）Miezi inalika...

Miezi ilikuwa inazidi kulika na siku kuendelea kuyeyuka pamoja na sekunde kuteketea（光阴荏苒，岁月匆匆）. Kidesturi naye mchana mara nyingi hupalilia shamba lake mpaka **saa za magharibi**（通常她总是在田里劳作到夕阳西下）, na usiku hushona nguo **hadi majogoo**（晚间缝补衣裳到鸡叫）. Lakini siku hiyo alikuwa amekaa macho muda mrefu na kushika tama bila ya kujua la kufanya（但这一天她久久地睁着眼，托着腮，不知所措）ingawa **usiku ulikuwa mwingi**（尽管夜已深）na **saa zilikuwa zimeshapindukia saa sita usiku**（时间已经到了夜间十二点）. Alikuwa hawezi kujua **keshoye asubuhi**

mambo yangekuwa vipi（她无法知晓**次日清晨**情况会是怎样）. Alitegemea **majira ya asubuhi** yangepita kwa shwari na msisimko（她期待能平静而愉悦地度过**早晨那段时光**）.

（3）Jumatatu sasa wikenda...

Jumatatu sasa wikenda ndiyo taabu（**上星期一**这个时候的情况很糟糕）, aligonga gari kwenye mti, pale pale fahamu zilimpotea（他开车撞到树上，当场失去知觉）, **mara moja bila ya kutupa wakati** akapelekwa hospitali kupata huduma ya kwanza（**没耽搁时间**，他立刻被送往医院急救）. **Tokea siku hiyo hadi hii ya leo**, kichwa chake bado kimezungushiwa kitambaa cheupe na mguu umekuwa ndani ya gamba la chokaa（**从那时到现在**，他头上一直缠着绷带，一条腿打着石膏）. **Ni toka saa tano mchana kuendelea mbele**（**上午十一点过后**）, tulikwenda hospitali kumtazama, na alituonyasha mguu wake uliovishwa gamba（让我们看了看他那条打着石膏的腿）. **Majira tulipoondoka ilikuwa wakati wa jioni, alasiri imo katika kupotea na magharibi yataka kuingia**（**我们离开的时候已是傍晚时分，正值夕阳西照之时**）.

（4）Saa inakwenda kwa kasi...

Saa inakwenda kwa kasi, muda umepita kama umeme na siku zinaendelea kuchanika（光阴似箭，日月如梭）, **mradi siku zinapita pita hivi hivi hadi siku moja** nimepata barua kutoka kwa wazee wangu nikishitukia kuwa **muda sasa umekwisha sogea kiasi cha kutosha**（时间就这样匆匆过去了，终于有一天我接到父母的来信，其间我震惊地发现时光果然过得够长了）, **siku zangu za kuondoka huku zinahesabika**（我离开此地的日子已屈指可数）, **labda bado siku 14 tu au pungufu na la hasha siyo zaidi**（也许十四天或者更少，但绝不会比这多）. Ingawa **siku chache tu zimebaki**（尽管剩下的时日不多了）, lakini kazi nilizopewa sijazimaliza（但分配给我的工

作还未完成）.

（5）Imefika pindi kama saa...

Japo **imefika pindi kama saa sita usiku**, lakini jamaa amekuwa bado <u>anapapia kazi</u> ofisini mwake（虽则时间已到夜间十二点，可那哥们儿还在办公室里**干活**）. Hii ndio desturi yake, <u>si jua, si mvua, si mchana, si usiku, kazi hazimwishii</u>（这是他的习惯，**不管晴天雨天、白天黑夜，他总有干不完的活**）. <u>Anafanya kazi mfano wa mashine</u>, akili yake yote iko kufikiri na kazi alizopewa na mwajiri（他干起活来像台机器，全身心都扑在雇主安排的工作上）. Huyo nilimwona **muda hata mwaka bado kupita, muda ungali mchanga sana kwangu kumwelewa yeye**（我认识他不到一年，从了解人的角度看，时间还不够长）, hata hivyo amenipa picha nzuri（可他给我的印象极佳）, lakini haidhuru, **siku za usoni** tutaelewana（不过没关系，以后我们会互相了解）. <u>Niliisoma mikono ya saa yangu, nikaiona ni saa saba hivi</u>（我看了一下我手表的指针，已是夜间一点）. Basi kwa moyo tulivu nikamaliza zamu yangu na **kuongeza dakika ishirini juu**（我平静地完成了我的坐班，并延长了二十分钟）, halafu nikatoka.

（6）Yapata miaka saba sasa tangu...

Yapata miaka saba sasa tangu alipoondoka katika uimbaji japo aliwahi <u>kujenga umaarufu</u> wake katika upande huo（她离开歌坛已有七年时间，尽管她曾在这一领域名噪一时）, **ndipo tena kwa wakati huo huo** alijaribu kurudi katika thieta aliyoizoea zamani（而回过头来，她又想重操旧业，回到她熟悉的舞台）. **Kesho yake ilipotimu saa tatu barabara usiku**（次日晚上九时整）, yule mama alianza kuimba kwa <u>sauti yake nene yenye kukwaruza kama debe bovu</u>（她拉开粗哑的破锣嗓子引吭高歌）, wengi <u>walimtazama kwa macho makali kama ndiyo kwanza wamwone</u>（许多人横眉冷目地看着她，好像第一次看到这么差的歌手）.

（7）Ni saa saba juu ya alama...

Saa ya ukutani iligonga mara kadha, **nikaona ni saa saba mchana juu ya alama**（挂钟敲了几下，我见指针显示是午后一点），**zilibakia robo saa tu safari ianze**（离出发还剩一刻钟），kwa hamu niliyokuwa nayo nikaona **muda unakanyaga mguu mzito mno**（由于心情急切，我感到时间的脚步沉重缓慢），**robo saa naiona ni mwaka**（一刻钟我觉得长似一年）. Nakumbuka kuwa **siku ya Ijumaa kunako saa nane ya mchana**（我记得星期五午后两点钟），nilifika huko vijijini kwa kuwafundisha wakulima juu ya maisha na wapi ulimwengu unakoendea（我下乡给农民讲人生和关于世界的走向）. Kwa kweli **ilikuwa yapata mwezi mmoja sijaenda huko**（其实我已经一个月没去那里了），wale makabaila wakashindwa kufikiria tu kwamba lingekuweko vuguvugu la mwamko wa wakulima na zaidi ya hivyo kwamba **pinde tu baada ya muda si mrefu baadaye** nalo litawakumba hata watwana wao（那些土豪劣绅万万没想到会爆发农民运动，**甚至没多久**就蔓延触及他们的随从）.

（8）Ni miaka kumi sasa sija-...

Ni miaka kumi sasa sijakosa kitu ila hapo juzi tu（到现在，我已有十年不曾出现判断失误，不过前几天是例外）. **Kadiri siku zinavyozidi kwenda**, ndivyo maarifa yangu ya maisha yanavyozidi kukomaa（随着时间的推移，我的人生阅历愈加成熟老到）. **Paliondokea siku moja yapata saa moja asubuhi kukicha (asubuhi ilipopambazuka)**, jamaa mmoja alikuja kubisha hodi kwangu（一天早上七点钟，有人来敲我家的门）. Kwa kusikia sauti nilitambua kuwa ndiye rafiki yangu ambaye mwaka jana tuliahidiana tutaonana **pindi mwakani**（一听声音，我就知道是我的那位朋友，去年我们曾约定来年的今日见面），na leo **amefika kwa wakati hasa**（今天他果然按时抵达）. **Hapo mbeleni** nikapata habari kuwa **ni miezi mitatu imekwisha**

kitambo tangu aliporejea kutoka ng'ambo（此前我曾听说他已经从国外回来三个月）, lakini nilipokuwa nikifungua mlango nikaona loo, siye hasa, bali ni mtu mwengine kabisa（可一开门，我就发现原来不是他，而是另外一个人）.

（9）Siku moja ilipata adhuhuri...

Siku moja ilipata adhuhuri tukaukuta mkasa（有一天中午时分，我们遭遇事端）, simba mmoja aliyejeruhiwa nasi akajizoa zoa na kujiinua, meno yake nje tayari kwa shambulio jingine（一头被我们打伤的狮子挣扎着站了起来，龇着牙准备卷土重来）. Alielekea tulipo kama paka anavyonyemelea panya anapotaka kumkamata（它像猫一样有意要抓老鼠似的朝我们悄然过来）. Ndipo tena **kwa wakati huo huo wa pilipili**（就在这个火烧眉毛的时刻）, mara moja bila ya kupoteza muda tukajiandaa tayari kwa kulikabili dude hili **wakati hata wakati**（我们毫不拖延地立马做好随时迎候那家伙的准备）. Kiasi cha kwisha kujiweka vizuri, tukasikia simba akinguruma na kuvuta umori kwa kutuvamia（我们刚刚准备停当，只见狮子大吼一声，愤怒地朝我们扑过来）.

（10）Usiku ulikuwa mkubwa...

Usiku ulikuwa mkubwa（夜已经很深）. Alionyesha mwenye haraka, lakini hakubisha hata hodi alipofika huko akivalia kienyeji ili asijulikane yu mgeni（他看上去有急事，可他到达后并没有敲门，他一身当地打扮，为的是不被人看出他是外地人）, kwa sababu minong'ono ya hadithi yake ya kimapinduzi ilitapakaa kote, alikuwa hataki kuleta vurugu bure（鉴于有关他革命活动的故事传得很广，他不愿制造不必要的麻烦）. Aliusukuma mlango uliokuwa umezuiliwa kwa kisiki cha mti kutoka ndani, basi akaamua kuketi kizingatini mpaka kutakapopambazuka（他推了一下门，里面有门闩插着，他决定在门槛上坐到天明）. Kutovuruga amani ya watu ni mila ya kabila lake **tangu enzi na dahari (tangu zama za zama, tangu zama za zamani, tangu zama za asili na jadi, tangu zama za kale, tangu jadi kwa jadi, tangu enzi za mababu)**（不扰民是他所在的部族**自古**以来就**有的传统**）.

（十七）语言表述（9）——从前天到前年

（1）Tangu Juzi（早就）

"**Nimekutazamia tangu juzi**（我早就盼着你来了）, leo ndio nimekuona（今天才见到你）. Nataka kukuambia kwamba kila mtu na riziki yake, kama haijawafikia basi（我要跟你说的是，生计人人有，只是机会还未到罢了）." Rafiki yangu aliongea hayo nami **siku ya juzi** akaniahidia na dhamirio yake（这是一位朋友前天跟我讲的，他信誓旦旦地说出自己的决心）: "Hata maji yakinifika shingoni, haitakuwa mimi wa kwanza, mradi niwe nimepiga hatua（就是水淹到脖颈儿也不光我一个，毕竟我已迈出了第一步）!" Huyo rafiki yangu hupenda kushikilia msimamo wake wa kuwaeleza watu kweli tupu hata ikiwa itawaudhi, kwa hivyo maneno yake aliyoyasema kiasi yalikuwa na ukweli ndani yake（我这个朋友乐意坚持说真话，哪怕得罪人，也无所顾忌，所以他说的这些大体上是有道理的）.

（2）Juzi tu（刚刚）

"**Juzi tu** tulipokea posa, na leo tumepokea maiti（前天刚接过聘礼，今天就迎来尸体）!" Mzee Santuri aligaagaa na kujirusha ovyo kwa masikitiko baada ya kuona binti yake mpenzi kafa maji Mto wa Rufiji na kupoteza maisha vivi hivi（见女儿在鲁菲吉河溺水而轻易丢掉性命后，撒恩图利老人悲恸欲绝，躺在地上乱打滚儿）. Mara kadha fahamu zilimtoka, akijihisi kama binti kamjia kutoka katika wafu（他几次失去意识，似乎感到死去的女儿业已复活，正朝他走过来）. Alikuwa kajijutia kumwoza bintiye, na hataweza tena kufanya lolote la kumsaidia, maana hivyo ni sawa na kumpelekea dawa mtoto aliyekufa mwaka wa juzi（他非常后悔把女儿嫁人，他已无法再帮衬女儿，

因为那无异于给前年已死的孩子送药）.

（3）Hapo majuzi（不久前）

Ni kweli kwamba dunia tambara bovu（地球就是一块破布，这是千真万确的）. Hapa duniani si petu（地球这里不是我们的家），<u>tu wapita njia basi</u>（我们只是匆匆过客），<u>maisha yetu yalivyo kama moshi</u>（人生如烟）. Ni **hapo majuzi** tu mwanawe kitinda mimba, mtoto mchangamfu alikufa baada ya kupatwa ghafla na maradhi ya kutapika na kuharisha ovyo ingawa mamake <u>alitapatapa kutafuta dawa kila mahali</u>（就在不久前，她最小的儿子——一个开朗活泼的孩子突然上吐下泻，离开了人间，他妈妈**为他四处寻医问药也无济于事**）.

（4）ni wa juzi（早就没人了）

Hapo ndipo Zubeda alipokuwa akizoa aibu kukimbia zake（这就是祖柏达蒙羞逃离的地方）. Siku ile nilipofika kwake kwa nia ya kumtuliza roho, nilipakuta <u>nyumbani kwake hamna isimu ya mtu</u>, **ni wa juzi**（那天我去她那儿想安慰一下她，发现**她家早已人去房空**）. Inasemekana kuwa tokea hapo mama huyo aliyekuwa mchangamfu na mwenye furaha akabaki kimya tu ugenini na kupotea katika mawazo（据说从那时起，这位曾经开朗活跃的女性在异地变得沉默寡言、头脑失聪）. **Juzi juzi** nilisikia kuwa naye aliugua <u>ugonjwa usiotibika</u> akafa kifo kibaya（前几天，我听说她得了不治之症，死得很惨）. Wachache waliohudhuria mazishi yake walihadithia <u>jinsi alivyozikwa kama mzoga wa mbuzi au bata mzinga</u>（有几个参加她葬礼的人讲述了**她是如何像死羊、死鹅一样被草草埋掉的**）.

（5）Mtoto wa juzi（还是个孩子）

"Japo <u>umevuta kimo</u> na kuwa <u>kipande cha mtu</u>, lakini akilini mwangu wewe bado ni **mtoto wa juzi** tu（虽然你长个儿了，变成了**大小伙子**，可在

我心中你还是昨天的那个孩子）. Kuzaa si hoja, hoja kulea（生不是问题，问题在于养）. Nimekutunza tangu ukiwa shule japo sikukuzaa（尽管你不是我亲生的，可从你上学我就养育你）, leo umetononoka unanza kujitia maneno na kunidharau（现在你有出息了，开始自以为是，瞧不起我了）." Mama mzee alifuta chozi lililokuwa likiporomoka shavuni mwake,akiendelea na lalamiko lake, na jinsi alivyojihisi kuumia zaidi ndivyo alivyozidi kupaaza sauti: "Kwa nini, mbona husemi?"

（6）Chakula cha juzi（陈饭）

Naye alikuwa wa kwanza kunikaribisha kwa uchu wa pesa zangu. Nilipomkuta nikashangaa mpaka kuacha mdomo wazi, kwa kuona vile nzi wangejaa kama asingegutushwa na mpita njia ambaye alikuwa akipiga mluzi kama mchunga ng'ombe Marekani（他惊讶得张着大嘴，要不是一个美国牛仔打扮的人吹着口哨路过吓得他一激灵，苍蝇早已在他嘴上落满了）. Sikuwa na imani na mikono yake katika mambo ya pesa（在钱财方面，我不相信他那双手）. Kwa kuona namna alivyo, mimi nusura nikatapika hata **chakula cha juzi**（看到他那副样子，我差点儿把前天吃的饭都呕吐出来了）.

（7）Wa juzi（早就睡沉了）

Wakati niliporudi kutoka juu ya mlima, nikamkuta mzee ni **wa juzi** kwa usingizi mtamu katika kivuli kilichomwagwa na mwembe mkubwa（我从山上下来的时候，见老人早已在一棵大杧果树洒下的阴凉地儿里睡熟了）. Naam, usingizi ulimchukua na akalala kama mtu aliyekufa bila ya hata kusikia nikikunguwaa kunguwaa njiani kumkaribia.（他睡着了，而且睡得很死，竟然听不到我磕磕绊绊地靠近他）. Kwa kuwa alikuwa kalala bila ya mto, kwa hivyo shingo yake ilibinuka katikati na kifua kuinuka（他没枕枕头睡，所以脖子向下弯曲，胸膛挺着）.

（8）Mkavu wa juzi（僵尸）

Ni kweli wasemavyo Waswahili（确实如斯瓦希里人所言）："Dunia gunia hata mizoga hubeba（地球是麻袋，就连尸首也装载）." Ni juzi tu nilipomwona akaniambia eti "Mimi si nipo hapa hapa na wewe umeniona"（前几天见到他时，他还跟我说"你不是见到我在这儿吗"），kumbe leo nimemkuta mzee **mkavu wa juzi** nyumbani kwake（没承想，今天见到老人时，他已变成了一具僵尸），na mwili na viungo vyake vyote vimekwisha kaukiana kama kuni tangu kale（他的身体和所有关节早已僵硬得像劈柴块儿了）. Amenitoka bila ya kuagana nami（他与我不辞而别）.

（9）Mwaka wa juzi（早就）

Siku hizi Mwajuma amezama kabisa katika pirika pirika za kutengeneza noti usiku na mchana（近来穆瓦久玛完全沉浸于昼夜赚钱的忙碌中）. Kwa asemavyo yeye（用他的话说）："Sina mzaha na pesa, nitatafuta kila kinakopatikana, hata ziwe kaburini nitazifuata tu（我跟钱不开玩笑，哪儿有就去哪儿抓，坟墓里有我照样会钻进去取）!" Lakini pamoja na kufanikiwa na mpango wake, leo ameanza kulilia hana kinga kuliko ngao za kimasai（但是，随着他的赚钱计划成功，今天他开始抱怨自己没有比马赛人的盾牌更坚固的护身器了），maana aliporudi kutoka safarini na kufungua chumba, loo, akapakuta hakuna cha sanduku wala cha kabati, hela zote ziling' olewa **mwaka wa juzi**（因为他外出回到家里发现箱子、柜子都没影了，钱也早已全部被偷光了）.

（10）Wakavu wa mwaka wa juzi（早死掉了）

"Haraka iwezekanavyo!" Alipoona hakuna la kumsumbua zaidi, Lahi alifurahi kupindukia huku akimwamsha rafiki yake amfuate kwa starehe zao bustani（"赶紧!"见没什么烦心事了，拉赫超级高兴，同时招呼他的朋友随他去公园玩）. Furaha ile ilimsahaulisha wajibu wake（一高兴就忘了正事

儿）. Wakati waliporudi kwake usiku wa saa mbili na kutazama zizini, akawaona si mbuzi wala kondoo, wote wamekufa twaa kwa kiu, wakawa wakavu wa mwaka wa juzi（当他们晚八点回来去牲畜圈里一看，静悄悄的，不管山羊还是绵羊，早就渴死了）. Basi hii ina maana ya kuwa mabandari mawili ya noti yaliyofungwa katika mfumo wa elfu kumi kumi yakateketea（这就意味着，两捆一万先令的钞票白白烧掉了）, furaha yake yote ikageuka kuwa huzuni.

（十八）语言表述（10）——见鬼、中邪

（1）Shetani kumtawala mtu

Ama roho inasema（我这是怎么了）! Asubuhi nilikwenda dukani kununua unga, lakini nimerudi na mchele（上午我去商店买面，可买回来的却是米）. Hiki ni kichekesho kama moto uliwaka upande wa kusini, nikazimisha upande wa kaskazini, akili yangu imeliwa na mawazo eti（这可真是个笑话，南边着火北边救，我脑子里乱糟糟的）! **Nimepagawa na nini sijui**（我不知是中了什么邪）, labda nimechoka roho sana na shughuli za nyumbani（也许家里的事把我忙糊涂了）. Mimi mwenyewe najua kuwa tabia yangu hii geni haiwapendezi watu, lakini nashindwa kujirekebisha nayo（我明知自己这怪脾性不讨人喜欢，可就改不过来），**Huenda shetani keshanitawala kabisa**（可能我已完全鬼迷心窍了）.

（2）Kuona zimwi na kukumbwa na pepo

Miti mingi ilikuwa imepandwa kwa kutupiwa tupiwa katika kila sehemu ya ua hilo（很多树都**不规则地种在院子各处**），na miti hiyo iliyotawanya vivuli ilizidisha faragha ya pahali hapo（这些树洒下的阴凉让这个院子愈发显得神秘莫测）. Sharwani aligeuka kwa haraka akamwona Chonjo amejaa pale mlangoni kwa hamaki, mara akaanza kutetemeka **kama mtu aliyeona zimwi na kukumbwa na pepo**, akihisi hata nyumba ikaanza kukimbia kimbia machoni pake（沙瓦尼迅速转身，看见乔恩焦怒气冲冲地堵在大门口，他不免像中邪般浑身颤抖起来，他甚至感觉连房子都开始移动起来）.

（3）Kujipandisha shetani

Wakati huo tafrani zilimzidi mno（此刻他愈发感到厌倦），basi naye akafululiza mpaka nyumbani na kujitupa chali juu ya kitanda（于是他径直回到家里仰身躺在床上），huku akitweta tweta kama mtu aliyeshikwa na ugonjwa wa pumu kwa ghafla（气喘吁吁，像突然患上哮喘病一样）. Akajidai **kajipandisha shetani** kama kwamba amekwisha tekwa akili kabisa（他假装神鬼附体，完全失去理智），huku akibabaika mbele yangu（同时在我面前胡言乱语）: "Ehe bwana, yako nimeyasikia au masikio yamenidanganya（先生，我是真听到你说话了，还是耳朵在骗我）? **Nimepatwa na ndege gani mbaya leo**（今天我撞了什么厄运）?"

（4）Kushikwa na pepo mbaya

Tokea siku ile ambapo mbwa Boby alikuwa yuko nyuma akimfukuza na kumbwekea kwa hasira tayari kumtia meno, naye akashituka ghafla na kupata maradhi ya moyo（从那天一条叫宝碧的狗狂叫着追在他身后试图咬他开始，他因受惊过度而突发心脏病）. Na sasa mambo yamemzidi kwa jinsi moyo umwendeavyo na pumzi juu juu（现在他心跳过快，呼吸急促，情况愈发不好了）. Mganga kasema **ameshikwa na pepo mbaya** hasa wakati alipoonekana akivunja vunja banda lake bila ya sababu maalumu（巫师说他中了邪，尤其看到他平白无故地乱拆自己的棚屋），hata vishindo viliwasitua ng'ombe wa zizini ambao wakaanza kupiga kelele ovyo kama walivyoingiliwa na chui（那动静大得把圈栏里的牛都吓得乱叫，就如闯进了豹子）.

（5）Mizimu kupita

Kwa kuona mumewe yumo katika sakara mauti na kubaki kukoroma tu（见丈夫生命垂危，断气在即），Bibi Maimuna alianza kubabaika, mara kumpaka marashi na mara kumfukisha mafusho ili kufukuza shetani aliyempata（马易穆

娜慌神了，她时而给他搽香水，时而又给他烧高香，意在为他驱鬼招魂）. Lakini hali ya mgonjwa ilizidi kuwa mbaya. Mama akawa kauli hana（没辙了）, akikizunguka chumba kizima, <u>mikono yake miwili alijitwisha kichwani</u>（**她双手抱头，在屋子里乱转**）, huku akicheza kichwa chake kwa kujikataa（同时不断晃着脑袋呛自己）: "**Upepo gani huu, au mizimu imepita**（什么妖气作祟，难道有鬼魂经过）!"

（6）Ni shetani gani

"Hebu niambie **ni shetani gani aliyekuleta huku**（快告诉我是哪路小鬼把你带到这里来的）? <u>Wewe, kazana</u>（说你哪，精神点儿）! <u>Unakwenda kama huna miguu, unasema kama huna akili</u>（你怎么走路像没长腿，说话像没长脑袋）!" Aliposema hayo alibaini kuwa Ngusaro yuko nyuma yake amesimama na kuinamia, <u>mnyonge kama aliyefiwa na baba yake</u>（他说这些话时确信恩古萨罗就站在他身后弯腰伺候，**谦恭得就像死了爹一样**）, lakini alikuwa kachungulia dirishani tu kwa makusudi, <u>hata hakutaka kujipa taabu ya kumtazama</u>（而他故意瞅着窗户，甚至**不屑回头看他一眼**）. <u>Joto la hamaki lilikuwa likifukuta ndani ya kiwiliwili chake</u> Ngusaro（**恩古萨罗火气憋满了全身**）. Hata hivyo alijua kwamba siku zake zimekwisha, anatakiwa <u>kujikaza kisabuni tu</u>（虽则如此，他明白自己的好日子到头了，现在需要他**硬着头皮愣撑着**）.

（7）Kupandwa na ndege mbaya

"Ni masaibu gani tena yaliyokupata hata umefika hapa（是啥灾难让你跑到我这儿来了）?" Sikuweza kuzungumza naye kwa kelele nikichelea asije akaja tena <u>kuisubu serikali</u>（我没敢大声跟他交谈，生怕他再次出口**诅咒政府**）, maana nilikuwa sijui **amepandwa na ndege mbaya gani**（因为我不知道他到底着了什么邪魔）, hata mazungumzo yake nami mara nyingi huwa ni yale yale ya <u>kuulaani rais na kuutemea mate chini</u>（每次与我交谈的内容总少

不了是**谴责和唾骂总统**).

(8) Ni upepo gani

Alipomwona mjukuu wake amesimama mbele yake, nyanya mzee alifurahi kama ameliona jua wakati linapochomoza kutoka mawinguni ingawa nalo lilizidi kupotelea upande wa magharibi(见孙子站在面前，老奶奶高兴得就像看到从朝霞中冉冉升起的太阳一样，虽然其时正值夕阳缓缓西下的时刻). Akamkumbatia kifuani bila ya kujali moto umeripuka na kuyapaza maziwa juu, huku akirudia rudia maneno yaya kwa yaya(老人把他揽在怀里，顾不得煮沸的牛奶溢出来流到火上，嘴里反复重复着那句话): "Ewe mtoto wangu, **ni upepo gani uliokuchukua mpaka hapa**(我的孩子，**是什么风把你吹过来了**)?"

(9) Kupagawa na wazimu

Mama akanigeukia na kumpokonya mtoto kutoka mikononi mwangu kwa nguvu na papara karibu ajigonge kwenye kiti kilichokuwa karibu nami(那女人转向我，急忙用力从我手里抢走孩子，差点儿撞在我旁边的椅子上)， uku akaanza kulia kwa kelele kubwa kama **aliyepagawa na wazimu**(同时她**像着了疯魔一样**大声哭叫起来): "Ni taksiri gani niliyomtendea Mola mpaka anipe adhabu hii(我到底犯了什么罪恶惹恼了上帝，结果遭到如此惩罚)?"

(10) Kumlaani shetani

Alikuwa anaranda huku na huko karibu na kisima kimoja, na akili zilimpaa(他在一口井附近转来转去，心绪很不平静). Alipandisha pumzi na kuguna(他喘着大气埋怨道): "Niko wapi tena! Na hapa nimefikaje!" Alisimama pale, moyo wake baridi(他站在那儿，心灰意冷). Aliona kama kuna kitu kinamsukuma amweleze mama yake yote aliyokuwa nayo moyoni wakati atakaporudi nyumbani（他觉得**好像有一种外力在推动他**回到家要把心里想的和盘讲给妈妈听）, lakini mara akazibadili fikra na **kumlaani shetani**（但他马上又改变了主意，**责备自己冒失**）. Kwa sababu wazo hilo lilikuwa hata halinifurahishi mimi mwenyewe, kwa hivyo niliamua kuliachilia mbali **kabla ibilisi hajanishawish**i tena kufanya hivyo（因为这一想法连我自己都不赞赏，我在鬼使神差地重新这样做之前就决定彻底放弃它）.

（十九）语言表述（11）——软而化之

（1）Kunyoka

Kijana amekuwa hajakomaa na bado ni mchanga mwenye kutoa utomvi（他还是一个**不成熟、乳臭未干的小青年**），lakini naye hupenda sana kuleta kichwa kikubwa na kuwaonyesha watu kivumbi, leo juu kama mfuriko wa maji, na kesho kavu kama kuponyoka kwa mawimbi（可他傲慢无礼，非常喜欢**没事找事，今天水漫大堤，明日海枯浪竭**）. Pamoja na kuwa mtu ovyo, yeye ni mwoga pia（除了人不正经，他还是个胆小鬼）. Na safari hii kwa kuona jamaa mkononi kisu kikimeremeta kama jua（这次他看到那人手里**那把像太阳一样铮铮发光的刀子**时），mara akatambua mambo si ya masihara kama alivyokuwa akiyafikiria, yaani si mchezo kubishana na mtu mwenye silaha（立刻就意识到事情并不像当初他所想象的那样无所谓，**与有枪的人硬刚不是好玩的**），kwa hivyo mara **akaonyesha amenyoka** badala ya kujitapa kama alivyokuwa hapo mwanzoni（他**一下就变老实了，不再像一开始那样不可一世了**）.

（2）Kunywea

Mwanzo nilijiona kama mtu niliyepewa shoka na mundu kufyeka njia katika pori kubwa（当初，我把自己看成一把擎着镰刀斧子在密林里披荆斩棘的开路先锋），lakini sasa najikuta **nimenywea kama jogoo aliyepigwa na mvua** mbele ya shida ingawa kabla ya hapo nilipiga wallahi wallahi eti "hata shida kubwa zaidi naweza kuzishinda sembuse hii ndogo"（而眼下我却发现自己在困难面前**变得软绵绵的，就像一只遭雨打的公鸡**，尽管此前我曾以真主的名义发誓说"再大的困难我都能克服，更不必说这点儿小麻烦了"）.

Kwa vile kila njia niliyoifikiria kuwa pengine ingesaidia ilikomea katikati, ndio maana sasa maarifa yameniishia kabisa（鉴于**我想到的每个有助益的办法都中间卡壳，所以我已经才尽技穷**）.

（3）**Kuwa laini na mifupa kulegea**

Maisha mithali yake ndoto, yana rangi ya kinyonga na kwamba nayo si kama fumbo la hesabu ambalo tano na tano kila mara huwa kumi（**人生如梦，它像变色龙的颜色随境而变，并不像数学那样五加五总等于十**）. Mwanzoni nilidhani Lahi na Zena wataoana na kuishi pamoja hatima ya uhai wao, lakini ukweli ni kwamba wakatengana（当初我猜想拉赫与泽娜会**永结百年之好**，可后来他们分手了）. Wakati nilipoamini kuwa ndoto zao za kuishi pamoja zimezikwa, kumbe wamejumuika pamoja tena kwa sababu hawajasahauliana（而当我相信他们已**梦断鹊桥**时，他们却又旧梦重圆了，因为他们互相没有忘怀）. Lahi alianza kupandwa na mori kwa kumwona Zena（见了泽娜，拉赫**亢奋起来**），naye Zena pia alitokea kusema kwa sauti ya mahaba（**娇声**），**wote wakawa laini, wakihisi mifupa yote imelegea kabisa**（两人都软绵绵的，连全身骨头都要酥了）. Hili ni jambo la kawaida kwa wawili wapendanao wanapokutana baada ya kutengana kwa kitambo.

（4）**Kulainika**

Bwana Albert alijulikana sana kwa ukali na ugumu wa moyo（阿尔柏利以铁石心肠而著称）. Hapo awali alikuja juu na makeke makeke kabisa（当初**他气势汹汹地大吵大闹**），lakini alinyamazishwa na kipande cha mtu kwa maneno makali（可他被一位大块头的话镇住了）："Ewe bwana, unajiona mkubwa kunishinda mimi（我说，先生**你可别在我面前充大个儿**）? Tangu lini nazi ikashindana na jua ikaacha kupasuka（什么时候椰子能扛得住太阳的暴晒而不爆裂）?" Kisha akageuza sura kumrambisha asali kwa kila aina ya mabembelezo na kutimiza yote aliyokuwa akiyatamani, mwisho Albert akawa amelainika kama mkate uliopakwa siagi（接着，他脸色一变，又甜言蜜语地劝抚他，并满足了他的所有愿望，至此阿尔柏特就像抹上黄油的面包一样软下来了）.

（5）Kulowesha

Kinyume cha tegemeo langu, maneno yangu yalishindwa **kumlowesha moyo mgumu wake** rafiki yangu huyu aliye mkubwa wa serikalini, yakawa kama mvua mgongoni mwa kuku（与我期待的相反，我的话就像落在鸡背上的雨点迅速滑落了，并没有滋润我这位在政府当官的朋友那颗硬邦邦的心）. Pole pole uhusiano wangu naye bepari huyu mpya aliyevaa joho la kiofisa ukaingia kutu（慢慢地，我与这位披着官服的新资本家的关系锈蚀了）. Sasa nimeamua kuwasaidia raia katika kazi ya kuondoa gugu lililoota ndani ya jamii yetu（现在我决定帮助人民清除社会上的这颗毒瘤）. Jamani, nimeshawasha moto, naomba mmwongeze kuni kuuchochea（乡亲们，火我已经点起来了，请你们添柴架旺）!

（6）Kuyeyuka

Lushinde akaona si wakati wa kufanya masihara bali ni wa kuukabili ukweli uliopo wa kwamba mkononi mwake Mariam ana hadithi ya kumwangamiza, kwa hivyo ilimbidi amshawishi ageuze hadithi yake kwa usalama wake mwenyewe（卢辛德觉得不再是闹着玩的时候了，而必须面对现实，即：马利安手里掌握着要他命的材料，所以必须说服他为了自身的安全也要改口）. Basi naye akajaribu kama awezavyo kumpiga Mariam porojo la kumpoza na kumlaghai kwa maneno mazuri mazuri（于是他尽其所能地编方造谋来安慰马利安，并好言好语地哄骗他）. Hivyo, **moyo wa Mariam uliokuwa mgumu kama jiwe unaomudu moto wa shaba hata wa risasi kidogo kidogo ukayeyuka**（这样，马利安那副冥顽不灵的铁石心肠终于被融化了）.

（7）Kuyeyusha

Hatua zake za kujikokota pamoja na kichwa chake kilichoinamishwa kwa kujishauri peke yake vimeonyesha kuwa yeye ni mtu mwenye wasiwasi（他那拖沓的脚步和低头反躬自问的神态本身就表明他是一个心事重重的人）. Lakini hakutarajia kuwa njiani ameshitushwa na shingo liliyonyanyuka na kucheza cheza la tambazi mmoja aliyejiburura chini na macho yake kufyatuka na kumeremeta kama goroli za rangi ya almasi（但他没料到路上竟被一条匍匐在地上、昂着脑袋摇来晃去的大蛇吓了一大跳，它目光犀利，像金刚球一样闪闪发光）. Kuona hivyo, matumbo yake yote **yameanza kumcheza na kuuyeyusha wasiwasi wake wote**（看到这些，他肠子都绞痛起来了，一切心事都一扫而空）.

（8）Kuyeyuka kama barafu

Yeye ni mwanamapinduzi halisi, lakini sasa amekumbwa na makubwa（他是个真正的革命者，但现在却遭遇大难）. Kwa kweli anafahamu vizuri mchezo wa maisha, ila mwenyewe haelewi kwa nini umemkumba amekumbika（其实他十分懂得生活游戏，只是弄不明白为什么这游戏偏偏冲击到自己）. **Kwa kulegea kidogo hivi, nguvu mpya zikamjaa tele na akajisikia kama mwanaume tena**（稍微松弛了一下之后，他感到身上有了一股新的力量，而且很丰沛，觉得自己重新变成了一个男子汉）. Akajiambia mwenyewe moyoni（他自言自语道）: "Mimi ni nani nisiyeweza kuvumilia dharau hizo（我是谁，有什么不可忍受的）? Yawayo yawe, niache nizifumbie macho dharau hizo, **mwisho dhiki zote zitayeyuka kama barafu**（事已至此，那就闭上眼睛忍耐，一切苦难最终都将像冰块一样化为乌有）."

（9）Kusuluhika

Hamaki zilimpanda mzee kweli kwa jinsi alivyosononeshwa（老人心烦意乱，

大发脾气). Basi miye nikasogea mbele kwa kumsihi ili kuzima wasiwasi wake
(我过去恳求他以消除烦忧). Nilijua kuwa naye ni mpenda almasi na dhahabu
kwa fujo, na aliogopa dhahabu aliyoiweka kwangu isije ikapungua (我知道他是个
酷爱钻石和黄金的人，他担心放在我这儿的黄金会减少). Lakini kwa kusikia
maneno mengi ya kutumbuiza, hususan baada ya kuhakikishiwa dhahabu
ile ina uzani kamili ule ule bila ya upungufu wowote, mzee **alisuluhishwa
akasuluhika**(听了许多安慰话，尤其在证实黄金的分量一点儿没少之后，
老人放心了).

(10) Roho kulainika

Nyumba ilikuwa giza kama kaburi (黑乎乎的房子里面一片死寂).
Alishitushwa kwa ghafla na mtutumo wa bahari, hata moyo ukamfa ganzi, huku
mikono ikitetemeka kama kuti katika tufani (大海的涛声让他大为惊愕，心都
吓麻木了，双臂就像在风雨中瑟瑟颤抖的椰树叶). Kwa hofu alitaka kutoa
sauti, lakini ikamkwama akashindwa kuitoa (他惊魂未定地想大喊一声，但
那声音却卡在嗓子里发不出来). Ilimbidi ajikunje pale pale kwa kusubiri
jua likikucha kwa fahari (他只好蜷缩在那儿等着旭日喷薄而出), pengine
wakati huo mzizimo wa hofu iliyomtambaa moyoni utakwenda na **roho yake
kulainika**(或许到那时心惊胆寒的感觉会离他而去，心境才会平和下来).

（二十）语言表述（12）——谚语的运用

谚语在行文中多以整体引用的形态出现，放在语言段落的开头、中间或结尾均可，但也可通过部分引用、解释性引用，抑或通过一个约定成俗的关键词"点击"引用。

（1）Kutangulia si kufika

Timu hizi mbili Azimio na Tabora zilipojitia uwajani, kila upande ulikuwa ukiwa na tamaa ya kuutomasa wavu wa upande mwingine（双方都想把球攻入对方的球网）. Kipindi cha kwanza kilikuwa nuksi kwa upande wa Azimio na neema kwa upande wa Tabora（上半场，阿兹米奥队倒霉沮丧，塔博拉队顺风顺水）. Tabora iliigonga Azimio magoli manne chukuchuku（塔博拉队净胜四球）. Lakini **kutangulia si kufika**（领先并不等于胜利）. Kipindi cha pili kikawa kilio kwa Tabora na harusi kwa Azimio（下半场又成了塔博拉队沮丧，阿兹米奥队狂喜）. Mwisho ukawa Azimio kuiongoza Tabora kwa tundu la matano kwa manne（双方以五比四的结果结束比赛）.

（2）Shukrani ya punda mateke（或mashuzi），Mwewe hafikiri kumkuta kuku yu tayari

Mimi nilimtendea kila jema kwa kumsaidia, lakini alichonipa mimi ni **shukrani ya punda**（我好心好意帮他，可他却对我忘恩负义）. Hata siku moja akajigamba mbele ya watu kwamba angenitwanga mpaka nisijijue mwenyewe, tena alifanya hivyo kweli（他甚至当众扬言要把我打得找不着北，而且他真这样做了）. Wajua **mwewe hafikiri kumkuta kuku yu tayari**（老鹰想不到会撞上有准备的鸡）. Wakati aliponirukia kwa kasi, mdomo wangu ulikuwa kama umeme umeshamwuma kifua chake（当他向我扑过来的

时候，我一口就咬住了他的胸口）．Nikasikia kapiga mayowe marefu kwa uchungu（我听到他痛苦而冗长的嚎叫声）．

（3）Mbiu ya mgambo ikilia ina jambo, asiye na mwana aeleka jiwe

Usiku huo **asiye na mwana alibeba jiwe**（当晚人很多，那可真是**没有孩子，抱着石头也到场**）．Ngoma iliuma mchanga, hewa ya kiwanjani ilichafuka kwa vumbi lililokuwa likitimbuliwa na wake kwa waume（舞跳得**热烈疯狂**，广场里的空气被男男女女扬起的沙尘弄得污浊不堪）．Nao walijitapa tapa na kuchemsha viungo na mioyo kama watakavyo（他们个个手舞足蹈，随心所欲地调动着全身关节）．

（4）Nyumba ya udongo haihimili vishindo

Yeye amenifanya kinyago chake maisha yangu yote（我一生都被他当作玩偶）．Ni yeye pombe mtu amenitoa ugori wangu wakati nilipokuwa nikimeremeta kama ua la saa sita mchana（正是这个酒鬼消磨了我犹如中午十二点的花朵的靓丽青春年华）．Na sasa mashavu yangu yamenywea yakimchosha macho yake（而今我的脸蛋儿已变成蔫蔫皮，开始碍他的眼了）．Na baya huzaa baya（坏事生坏事），hata afya zangu zimezidi kuwa mbovu mfano wa **nyumba ya udongo**, **mwenyewe sijui lini itabomoka japo kwa mshindo mdogo**（甚至连我的身体也像一间破败的土屋一样，不知何时会因哪怕一次小小的震动而坍塌）．

（5）Mvumilivu (Mstahamilivu) hula mbivu

Huyo afisa si mtu wa haraka（这个官员**不是急性子**），na mara nyingi watu wa namna hiyo wamekuwa **wakila mbivu**（这种人总能吃到熟的）．Bado nakumbuka usemi wake（现在我还记起了他当时说的话）："Nitafanya kila njia mradi barua itoke baada ya siku tatu au nne ingawa kwa kawaida huchukua miezi ila ahaa basi（我会想尽一切办法在三到四天之内拿出批件，虽然这种事通常需要几个月才能办好，只是……啊……算了）!" "Basi" nini（"算了"什么）? Nyuma ya "Basi" liko neno（"算了"下面有文章）. Mara nimefahamu kuwa labda nimpe "ahsante"（我立刻明白了，大概是要"感谢"）, tena ndani ya muda wa siku tatu nne（而且限期在三到四天之内）, ndipo mambo yatakaponyoka sawa sawa（届时事情就会一帆风顺）. Nilipowaza hayo, fikra ya busara ikanijia（想到这些，我的脑袋开窍了）, **kumbe hizo ndizo "mbivu"**（原来这就是"熟"的）.

（6）Mkuki kwa nguruwe, kwa mwanaadamu wa uchungu

Sisi waafrika ni wakarimu tangu asili na jadi（我们非洲人自古以来就有热情好客的传统）, lazima tuwafanye watalii wa ng'ambo wajione kama wako nyumbani kwao badala ya kujaribu kutoboa mifuko yao kwa kila jinsi（我们应该让外国游客觉得像在自己家里一样，**而不是想方设法掏空他们的口袋**）. Jee, wewe bwana unaotenda hayo ukienda ugenini ukatendewa vivyo hivyo **utafurahi au mkuki kwa nguruwe**（请问这样做的这位先生，如果你到异国他乡受到同样的对待，你是高高兴兴，还是苦不堪言）?

（7）Mbio za sakafuni huishia ukingoni

Njiani nilijitahidi nisiwaze lolote, lakini sikuweza（一路上我尽量不想事儿，但我做不到）. Nilikuwa nikiwaza **kama sasa nimekuwa katika mbio za sakafuni au vipi**（我在想我是否正在屋顶上跑步）? Jirani akaniambia kuwa nyumbani kwake leo hamna isimu ya mtu mchana kutwa labda mpaka jioni（邻居告诉我，他家里整个白天没有人影，也许到晚上才会回来）. Kufika hapo akili yangu ikavurugika kabisa（至此，我脑袋有点儿乱了）. Katika kuwaza waza kwangu mara nikagutuka na mvumo wa pikipiki（我正在想入非非的时候，我猛地听到摩托车响）, kugeuka nikamkuta Mustafa akija mbio（一回头见穆斯塔法正朝着我飞驰而来）, kufumba na kufumbua alikwisha kuwa kando yangu（眨眼之间就到了我身旁）.

（8）Fimbo ya mbali haimwui nyoka

Sasa mzani wa mashaka unazidi kunielemea mimi（现在怀疑的天平进一步向我倾斜）. Nimekaa ofisini kama niliyekalia miiba（我坐在办公室里如坐针毡）. Hiyo ofisi, hata harufu yake imekuwa sawa na ofisi yoyote ya kituo cha polisi（这个办公室，甚至连气味都与任何其他警察局的办公室没有差别）: mbaya, kama hujaizoea（很差，如果你还没习惯的话）. Kengele ya simu iliniamsha kwa kunigutusha（电话铃把我从沉思中惊醒）. Nilinyanyua mkono wa simu na kuiweka sikioni（我拿起听筒举到耳边），sauti kavu na chovu ya Sept ikaniambia（塞扑特用沙哑疲惫的声音告诉我）: "Kadiri nilivyokuwa nikifahamu, Alex anakucheza ngoma, mzee（据我所知，艾莱克斯是在耍你哪，先生）!" Loo, **yaelekea ataka kunigeuza fimbo ya mbali**（喔，看来他要把我变成没用的废拐杖）!

（9）Kukopa arusi, kulipa matanga

"**Kukopa arusi, kulipa jee**（借钱高兴，还钱的时候又咋样呢）? Wewe wataka huduma tu bila ya kutaka kutoa mchango（你是只要服务，不要贡献）!" Mimi nilijilaumu mwenyewe moyoni na kuamua kujikataza kumweleza lolote la uwongo ingawa ningeweza kubuni hadithi yoyote ya kuridhisha（我心里自责着，并决定实话实说，虽然我可以编造任何天衣无缝的故事）. Mara nilipopitisha uamuzi huo akilini mwangu nikahisi wasiwasi umenitoka na uso kukunjuka（做完这个决定，我心里立马平静下来，变得轻松了）.

（10）Maji yakivujwa hayazoleki

Hadija alikuwa na yake kichwani（哈蒂佳有她的想法）: "Ingekuwa heri uwongo nilioupanga uendelee kukua（我编的谎话最好继续流传下去）!"

Ilikuwa wazi kwamba kama wengine wangeng'amua ukweli uliopo（很明显，假如别人知道了真相），**kitu kitakuwa sawa na maji kuvujwa（事情可能像泼出的水一样无法收拾）**，hivyo atakuwa ameboronga mambo yote na yeye mwenyewe kuaibika（那她就等于**把一切都搞砸了，只能自取其辱**）．

（二十一）语言表述（13）——不是对手

（1）Si rika langu

Kijana aliniambia niache bughudha na kudharauana, akinena: "Nimekwea mlima hata mlima sioni uchovu（我翻山越岭，从没感到过累），kwangu miye uchovu ni kitu kigeni kukiona mwilini（不知什么叫疲惫）. Kwa afya, nimejaribiwa na mtihani mkali mkali sijaanguka（我的身体堪称久经考验，从未败倒过），kwa hivyo **nawe kamwe si rika langu**（所以你永远都不是我的对手），**huna uwezo wa kuonyeshana uume nami**（甭想和我较劲）!" Maneno yake hayo yamekuwa mshale mkali sana kwangu miye（这些话对我刺激很大）.

（2）Ni bure tu mbele yake

Yule mtu alisimama wima, huku akijishika kiuno（同时还掐着腰）na kunionya kama kwamba mimi **sina nguvu juu yake**（我没他力气大），**ni bure tu mbele yake**（在他面前什么都不是）. Baada ya kutamka hayo, akanirukia kwa dharuba moja kali（话音刚落，他冷不丁地朝我扑过来）akinibeba juu kwa juu na kunibwaga chini kwa kasi（把我高高举起，飞快摔到地上）. Iliyobaki ni mimi kulilia maumivu（接下来留给我的除了痛苦嚎叫）pamoja na kutafuta miwani yangu na kuipangusa pangusa mavumbi（就是满地找眼镜，然后拭去上面的灰尘）.

（3）Si mpinzani kitu

Huyu bwana ni pandikizi jeusi la baba（黑脸大汉）. Mabega yake yamepanda juu（他肩膀高耸），uso uliopambwa makovu umemshupaa kama upepo wa kusi

（那张布满伤疤的脸像西南风一样冷峻）. Alikengeza macho na kukenua midomo yake upande（斜着眼，撇着嘴）kama kuniambia kuwa miye **si mpinzani kitu** mbele yake, ni chakula chake tu（他斜着眼，撇着嘴，仿佛在告诉我：我不是他的对手，他吃定我了）. Sijui ni kwa sababu <u>ana nguvu mno au ni mwingi sana wa mwil kiasi cha kunidharau hivi</u>（我不知道是因为他力大无穷，还是体量巨大，乃至如此瞧不起我）.

（4）Si kadiri

Yule jamaa alinidakiza kwa kusema（那人打断我的话说）："Basi tazama <u>nyama ya mwili wangu, misuli mitupu tu</u>（瞧瞧我这身板儿，清一色的肌肉块儿）! <u>Utaniweza kitu</u>（你能奈我何）? <u>Hapana</u>（休想）! **Nawe kamwe si kadiri yangu hata ukijitetea namna gani**（不管你如何跳跶，你都不是我的对手）, sembuse kusema nimejizatiti kwa maarifa mengi ya kupimana nguvu za misuli（更何况我是个经验丰富的搏击高手）." Kusikia maneno yake nilijihisi kama nashikwa na baridi ya ghafla（听到这些，我突然感到浑身发凉）.

（5）Hunishiki mimi

"Kweli kabisa, wewe una mikono na miguu mizito（你笨手笨脚的）, **hunishiki katika jambo hili**（在这事儿上，你比不过我）!" Aliposema hayo akatundika koti lake begani（把上衣搭在肩膀上）na kumeza fundo la mate（咽了一口唾沫）, kisha akaja kuupopotoa mkono wangu（过来拧着我的胳膊）, hata nikadhani kama umeteguka kabisa（脱臼了）. Basi nikaanguka chini na kupiga yowe refu la kuugua maumibu（跌到地上，发出持久而痛苦的惨叫声）.

（6）Huwezi kunipindua

Mama alimkazia macho msichana na <u>kumfyonya</u>（那个女人盯着姑娘，轻蔑地对她说）："Mwanzoni niliogopa <u>nisije nikapinduliwa nchi yangu na kunyang'anywa enzi</u>, lakini sasa nimetulia moyo（当初我**还担心会被推翻夺**

权呢，现在我放心了）. Ewe dada, usinione mimi makamo, lakini sijachakaa
（你不要说我徐娘半老，可我风韵犹存）. **Huwezi kunipindua** kwani huna
uzuri wa kunishinda, mume bado ni wangu（你比不过我，因为你并不比我漂
亮）! Basi jitazame ulivyo <u>mwembamba kama sindano</u>（瞧你那像细针一样的
腰身），bora kuwa na kiuno kama cha mwanaume kuliko ulivyo（即使长着男
人般的腰也比你漂亮）."

（7）Ni mboga mbele yangu

"Sijali nitamkosea nani mradi nasema kweli（我不在乎会得罪谁，可我
得讲真话）: yule kipande cha mwana <u>aonekana ana nguvu tele kama ng'ombe</u>,
<u>lakini jike, tena debe tupu</u>（那大个子看上去体壮如牛，实际上是个娘儿们，
还是个傻娘儿们）! Hata kuchukua mzigo kama kapu hawezi seuse kusema
kazi zingine（他甚至手不能提篮，更不用说干别的什么活儿了）. **Mbele**
yangu naye kamwe ni mboga（对我来说，他完全是小菜一碟儿）." Juma
alimchekelea yule kijana（他耻笑那个年轻人）na kusogea kando kunipisha
mimi（躲开，让我过去），huku <u>midomoni alitifua</u> **moshi kwa hewa ya baridi**
（嘴里哈着气）.

（8）Si wa kiasi changu

"<u>Potelea mbali na furaha yako mshenzi wee, toa ustadi wako wa mfukoni</u>
（别高兴得太早，你个野种，把你的看家本事都拿出来吧）! Wadhani **wewe**
ni wa kiasi changu（你以为自己不比我差）? Hapana! Usijishughulishe na
<u>mambo yanayokupita kimo chako</u>, na ukithubutu <u>kujitia kimbelembele</u> na
kujaribu <u>kupimana nami nguvu</u>（干不了的事，你就别干，如果你不知天高地
厚，非要跟我比试比试），lazima <u>utalimwa vibaya</u>（那你可就惨了）!" John
alinitamkia hayo kwa dharau huku akiipinda mikono yangu na kuizungusha
kwa nguvu mpaka nipige kelele kali kwa maumivu（约翰一边蔑视地对我说，
一边用力反拧我的胳膊，直到我痛苦地大叫）.

（9）Si mtu wa saizi yangu

Kwa kuona alivyokuwa akitamba na bakora kutaka kunicharaza（见他趾高气扬地拎着拐杖要打我），mimi nikaamua kumpakia maneno（决定怼他几句）："Pamoja na ukali wako tulizane nikufahamishe（别那么气势汹汹，静下来听我说）：wadhani utaniweza kumbe wapi（别以为你能把我怎么样，哪有那回事），wewe si mtu wa saizi yangu（你和我不在一个档次），nina ujuzi wangu wala sibabaishwi na ujinga wako（我有我的主意，不会为你那套愚蠢作为所动）。"

（10）Si mshindani kitu kwangu

"Ukubwa wa pua si wingi wa kamasi（鼻子大并不代表鼻涕多）. Unachojivunia sikioni（我不认为你有什么值得骄傲的）." Baada yake kusema hayo, sote tukawa kimya hatukusemezana kitu, kisha akaongeza, "Wadhani mimi ni kitakataka tu cha kuchezewa kama unavyowachezea wale wengine（你以为可以像耍弄别人一样耍弄我吗）? Mimi nilizaliwa kabla yako（我比你年长），nina akili kukuzidi（比你有智慧）. Kisomo chako kikubwa hakinyang'anyi umri wangu（你学问精深比不过我老谋深算），kwa hivyo **wewe si mshindani kitu kwangu, daima hunipati mimi**（你算不上我的对手，你永远赶不上我）!"

（二十二）语言表述（14）——关注、成功、虚假、代替

1.关注

（1）Kuvaa darubini

Jambo linalotufanya tugune na <u>tubebe alama nyingi za kuuliza vichwani mwetu</u> ni juu ya lalamiko lile la baadhi ya wananchi kuhusu "kwa nini tupewe chakula hafifu hali hawa wamepata cha kutosha"（让我们愤懑且**脑袋里挂满问号**的是关于人们对分配苦乐不均的议论）. Ukikubali usikubali, kwa kweli huu ni unyonyaji ambao wafaa kutiliwa maanani kabisa（不管你赞成与否，这其实就是一种剥削，值得深思）. Kila mtu lazima <u>ale jasho lake na wala sio kutegemea la wengine</u>（人人都应自食其力，不能依靠剥削别人的血汗过活）. <u>Ikiwa hivi ndivyo ilivyo</u>（如果**此言有理**）, basi halmashauri **lazima ivae darubini kali kuchungulia ukweli wa kwamba** hawa wanyonyaji <u>wameshafaidika kupita kiwango cha lazima</u>（委员会就应当戴上高倍显微镜关注下列事实，即：那些剥削者**已经超额受益了**）!

（2）Kupiga darubini

Yule jitu aliyekaa kwenye meza ya jirani yangu <u>alinitupia jicho mara mbili tatu</u>（坐在我旁边桌上的那个彪形大汉**瞟了我几眼**）, lakini mimi <u>nilijifanya simjali</u>（但**我装作没在意他**）, <u>nikijidai tu kuharakisha machupa ya matindi</u>（只是煞有介事地忙活那些酒瓶子）na <u>hata kujipurukusha kama nimekwisha kuwa chakari kabisa</u>（甚至佯装已喝得酩酊大醉）, kumbe pombe zilinitoka zamani gani（其实，我也早就醒酒了）! Nikiwa mpelelezi nilifuatana naye kichinichini kwa siku kadha **nikimpigia darubini moja kwa moja ili asije** akatoka machoni pangu（作为一个侦探，我已经暗中跟踪了他几天，一直对他进行盯梢，生怕他在我眼皮子底下消失）.

（3）Kumulika

Afrika lazima ikae macho kuwamulika viongozi wanaolilia vyeo <u>na wenye nia ya kujijenga</u>（非洲应不眨眼地警惕那些沽名钓誉、野心勃勃的领导人），maana wao wamekwisha kuwa mateka ya mirija（因为他们已变成剥削阶级的俘虏），wakiwa na azma ya kuzuia Afrika isiendelee na kuja kuchafua umoja wa bara letu（意在阻碍非洲发展、破坏非洲大陆的团结）. Kwa hivyo, badala ya hawa, lazima <u>tuwachague wale ambao hawatakuwa na uchu wa kukata minofu minene katika tembo letu</u>（所以我们必须抛弃他们，**选择那些从不图谋从我们这头大象身上刮脂割肉的领导人**）.

（4）Kuvaa miwani

Karaha sio dawa ya kutawala. <u>Dawa murua ipo, na dawa hiyo leo tutaisema wazi wazi na kuieleza kwa kituo **ili kila mmoja apate kuivalia miwani**</u>（验方良药是有的，今天我们就开诚布公、一板一眼地讲给大家听，以供每个人审视），nayo ni kufanya mageuzi kisiasa na kiuchumi. Sasa <u>harufu ya mageuzi hayo imeanza kunuki nchini kote</u>（**全国改革气氛日盛**），tukiwa mijini au vijijini tunaweza tukashuhudia jinsi <u>mwinuko wa mageuzi unavyokuja juu</u>（无论城市还是乡村，我们都能目睹**改革的高潮正在兴起**）. Sasa wananchi <u>wameshajifunga mikanda na kuweka vifua mbele</u> kuupokea ujilio wake（人民**昂首挺胸、整装待发**迎接它的到来）.

（5）Kutupa jicho

Jambo linalostahili kutupiwa jicho hasa ni kuwa wengine <u>wanajiona kama wamepewa haki na Mwungu kuwakalia wengine vichwani</u>（值得特别关注的是，有些人自以为上帝给了他们骑在别人头上的权力），kazi yao ni kunyemelea kifisi tu faida zao wenyewe（他们就像鬣狗一样贪婪地牟取私利）. Laiti tungaliwaelewa mbele tungaliwatupa nje mapema kwa kura zetu（假使预先知道他们的底细，我们早就用选票把他们甩到一边儿去了）. Kwa jumla, hatukubali tena akina hao <u>waendelee kupiga makuu na kutuonyesha kidole cha uchokozi</u>（总之，我们再也无法忍受他们作威作福，并对我们指手画脚了）, kwa hivyo, <u>anaposema puani upige pua zaidi</u>（他对你颐指气使时，你就愈发对他嗤之以鼻）, <u>anapokohoa kwa sauti kubwa, nawe kohoa kwa sauti kubwa zaidi</u>（他大声咳嗽以示威严时，你就用更大的吐痰声予以回敬）.

2.成功

（1）Kufuzu

Sasa si wakati wa kurushiana maneno matupu wala kutupiana mizigo ya kuwajibika（现在不是彼此扯皮、互相推诿的时候）, <u>bali ni kipindi cha kubenua vifua juu na kujibwaga uwanjani kwa vita vya kulivua taifa katika unyonge na kulitia katika hali ya nguvu</u>（而是挺起胸脯投身到奋发图强、改变国家积贫积弱状态的战斗的时刻）. Humu nchini kazi za ujenzi zimechacha（目前国家建设正轰轰烈烈进行中）, <u>inatulazimu tuzifanye usiku na mchana (kutwa kucha, kucha hata kutwa) mpaka tufuzu kabisa katika mipango ya maendeleo ya nchi</u>（我们必须为国家发展规划昼夜奋斗，直至大获全胜）. Viongozi wetu wamekwisha kata shauri: Kufa na kulitumikia taifa（为国家服务，宁死不屈）!

（2）Kufanikiwa

Wale wazito wamenenepa haraka haraka kutokana na jasho la wavuja jasho（那些有钱人靠剥削劳动人民的血汗钱迅速发福）. <u>Nao daima hujikuna kuna vipara vyao na kuwa mdomo wazi kutaka kuimeza nchi hii</u>（他们时刻都在挠着自己的秃脑袋，张着大嘴，想一口吞掉这个国家）au kuiingiza katika machafuko ya kila namna kufuata matakwa yao（或者按他们的需要制造混乱）. Lakini kwa kweli, **bila ya msaada wa maafisa wa serikalini hawataweza kufanikiwa kwa upesi kama walivyo sasa**（其实，没有政府官员鼎力相助，他们不可能像现在这样发达）. Hivyo basi, mambo yanayopooza maafisa wetu yametokea（于是乎，官员腐败的一些现象随之出现了）, yaani kulewa pombe, kupenda wanawake na kukimbilia vitu vya gharama gharama kama watu wanavyovisema kila mara（即人们常说的酒欲、色欲、物欲）. Lakini vyote hivyo vinahitaji hela, watapata wapi（但这些都需要钱，而到那里弄钱）? Rushwa（贿赂）!

（3）Kufaulu

Maadui hawa wamejificha pembeni kula njama zao（那些敌人躲在一边耍阴谋诡计）, mahali walipochegamia tumekwisha pafahamu（他们的藏身之处我们已了如指掌）, lazima tuwatoe juani（我们应该把他们揪到光天化日之下）na kuzika hatua zao zote za sumu mpaka kukata mirija yao ya kichini chini（破除他们的毒谋，截断他们的吸血渠道）. **Ajili yetu kufanya hivyo ni kuwazuia wasifaulu kupata mradi wao**（我们这样做就是为了阻止他们阴谋得逞）.

（4）Kufuma uzi

Hao mabwana wa ng'ambo wanajaribu kutumia goigoi kufisha fikra za kizalendo mioyoni mwa wananchi na kuwafunika macho ili waendelee kuihadaa Afrika（那些外国佬试图利用当地的无赖扼杀人民的民族感情并蒙蔽他们的眼睛，以便继续欺骗非洲）. Lakini sasa Afrika imekomaa（但现在非洲已经成熟）na imeachilia mbali mawazo ya mla kasumba（肃清了殖民主义的思想遗毒）. **Kwa hivyo hawataweza kufuma uzi katika njama zao**（所以他们的阴谋不会得逞）, na kushindwa kwao kumekwisha pigwa muhuri（他们失败已成定局）.

（5）Kufua dafu

<u>Kazi hii licha ya kula fedha inakula akili zaidi</u>（这活儿不光费钱，更耗费精力）。Mpaka sasa hatujashindwa wala hatujafanikiwa ingawa kila mmoja wetu anajidahidi awezalo（时至今日，我们没有失败，也没成功，尽管我们每个人都在尽力工作）。Hata hivyo, **sidhani hatutaweza kufua dafu**, naona ushindi uko mbele yetu ukitupungia mkono（虽则如此，**我不认为我们会败下阵来**，我看到胜利正在前面朝我们招手）。

3.虚假

（1）-a kifauwongo

Amani haiji ila kwa ncha ya upanga（剑尖之上出和平）。Katika kitali cha vita vya kupigania amani, nchi yetu imejipambanua kwa ushujaa kuwakabili wale wanaopenda kuchochea vita popote pale（在争取和平的战场上，我们国家旗帜鲜明地勇敢面对任何热衷于挑起战争的人）。Bila ya shaka, **nia yake kamwe si kupata amani ya kitambo wala fahari ya kifauwongo**（毫无疑问，**他们所要的绝非短暂的和平与虚假的荣耀**），<u>bali amani ya kudumu inayokwenda kwa vijukuu na vitukuu</u>（而是惠及子孙后代的持久和平）。

（2）-a bendera, -a kunadika

Sasa serikali yetu inatekeleza <u>sera ya kubana matumizi</u> ili kukiuka shida iliyo nayo kwa wakati huu（眼下我们的政府正在实施**节约开支的政策**，以渡过难关）。Sisi wananchi inatubidi tuume meno na kutilia shime kazi za kujitolea ili kuonyesha kuwa tuna uwezo wa kuvumilia majaraha ya upungufu wa fedha wa muda（而我们人民则必须咬紧牙关努力奉献，以表明我们能够忍受财政困难所带来的短暂伤痛）。Tusipofanya hivyo, **utawala tuliopata kwa kikiri kikiri utabaki kuwa wa bendera tu na uhuru uliopatikana kwa** kukoga damu kuwa wa kunadika basi（不这样做，我们通过殊死搏斗夺取的政权将变成一面空空的旗帜，而经过浴血奋战得来的独立将化为口头上的宣言）.

（3）-a bandia

Baadhi ya vidalali waliokodishwa na mabwana zao wa kigeni hawakai nyumbani kwake（一些被外国主子雇佣的代理人不会待在家里不动），wakiwa kama viruka njia wanaranda randa hapa na pale（他们像街头娼妓一样四处游走）kwa paropaganda ya eti hatuwezi kujiendesha hata inchi moja bila wao kutuchunga（散布所谓没有他们的监护，我们寸步难行）. Na kama ni hivyo, **uhuru ilio nao nchi yetu hii ya Afrika si utakuwa wa bandia kama sanamu**（假使果真如此，我们这个非洲国家的独立岂不变成雕像般的假独立）? Na faida ya jasho la wananchi si pia itachukuliwa na watu wasiostahiki（人民的血汗果实岂不旁落于他人之手）? Hili halileti ila madhara tu katika nchi（这对国家贻害无穷）.

（4）-a jina tu

Ikigusia amani ya dunia（谈及世界和平），serikali yetu imechachamaa sana katika msimamo wake wa siku zote wa kupinga chokochoko za kuporomoshea vita（我们政府坚定不移地秉持反对一切挑起战争图谋的一贯立场）. Na tena, haiko tayari vile vile kuziramba miguu nchi zozote miamba wala kujifanya kuwa chambo cha mizinga kwa ajili yao（同时，它也无意追随那些强权国家并为其充当炮灰），na kwamba imeonyesha mfano bora wa kuwatia waafrika hima na ari（从而成为鼓舞非洲人民士气的好榜样）. Bila kufanya hivyo, nchi yetu haitahesabika kuwa miongoni mwa nchi huru za kikweli（不如此，我们的国家将不算非洲真正独立国家中的一员），**bali imo katika uhuru wa jina tu**（而只是名义上独立）.

（5）-a kitandawili

Binadamu sio kuku wala ng'ombe wa kupigwa bei mnadani（人类不是拍卖台上的鸡或牛）kama tulivyokuwa katika enzi ya kikoloni ambapo heshima yetu ilichafuliwa tukafanywa watumwa na wale wa nchi za mbali waliopenda asali na unono wa Afrika（就如我们在那个**尊严被玷污**的殖民统治时代被那些来自遥远国度、贪馋非洲这个蜜罐和这块肥肉的人变成奴隶那样）. Kama tungekubali kutendewa yale ya zamani, **uhuru wetu wa kujitawala si utakuwa wa kitandawili tu**（假如我们同意让过去卷土重来，我们的独立岂不变得像谜一般虚无缥缈）?

4.代替

（1）Badala ya

Nilimwonya kimbele asifanye ujasiri kwa kujibahatisha（我**事先**警告过他不要冒险**赌运**）, lakini alikuwa hasikii. Na sasa basi, ubashiri wangu umethibitishwa kuwa sahihi（而今我的预言被证实是正确的）, maama jamaa naye amekuwa yuko taabani asiweze kujinasua（因为老兄已经陷入困境而无法自拔）, **badala ya kuwa chui kati ya mbuzi wawili akageuka kuwa mbuzi kati ya chui wawili**（代之于成为羊中之豹，他反而变成豹中之羊）.

（2）Mahali pa

Yeye alikuwa mcheshi（他爱逗趣）, mrefu lakini si mwembamba（个头儿高而不挑）, mwili wake ulikuwa umejaa misuli（**浑身都是肌肉**）. Ni miezi mitatu sasa tangu alipoondoka nyumbani bila ya taarifa, baba yake mzazi alimtafuta kila siku asimpate（他**不辞而别**至今已有三个月，他爸爸一直没找到他）. Na sasa basi jamaa mwenyewe amerudi akiwa katika hali mbaya, anadhani mzee atamkemea kwa ghadhabu（而今他没混出个人样儿就回来了，以为老

人会对他大骂一通）. Lakini kule kuonyesha tu pua yake kwenye mlango（可他打开门，刚探出头）, **mzee mahala pa kukasirika amefurahika mno mno**（老人不光没发火，反而高兴得不得了）.

（3）Kushika nafasi (Kuchukua nafasi)

Jua lilianza kuporomokea upande wa magharibi（夕阳西下）na giza kuzidi kukimbiza mwangaza（夜色正在驱散落日的余晖）. Punde si punde, **giza likashika nafasi yake likawa nene la kutisha**（昼夜交替，不一刻大地就变得漆黑一片，煞是瘆人）, majani ya miti nje ya nyumba hiyo ndogo ya msituni ikisaidia kuongeza uzito wake（森林小屋外面那黑魆魆的树影使夜色显得愈发凝重）. Baadaye kidogo nikasikia sauti ya mchakacho kutoka mbali（不久我听到远处传来喊喊喳喳的响动）, sikujua ni mnyama pori（野兽）gani amepita nje ya dirisha. Baada ya sauti hiyo kupotelea mbali（那种声响消失之后）, **ile nyingine ya panya aliyelia lia kwa uchungu ikachukua nafasi**（老鼠的凄惨叫声随之而来）, na mimi moyo wangu karibu ulinifa ganzi（我的心儿近麻木了）.

（4）Kushika mahali, kumbadili mtu kwa...

Matendo maovu huendea upesi kuliko mema（好事不出门，坏事传千里）. Kazi njema nifanyayo kila siku hakuna anayanisifia, lakini kosa langu dogo limeenea haraka mitaani kote kama limeota mabawa（我每天工作干得多出色都没人夸奖，可出一点儿小错却像长了翅膀一样传得满城风雨）. Mwanzo niliwaza kuwa **mmoja katoka lazima mwengine ashike mahali pake**（当初我以为一个人走了，另一个人就应当补缺）, kwa hivyo mimi **nilijituma kumbadili yeye kwa kazi**（我就主动为他顶班儿）, kwa sababu najua kuwa kazi hii iko mbali na aliyoizoea yule na hataimudu（因为我知道他相当不熟悉这项工作，无法胜任）. Kwa nionavyo（以我所见）, kama asingalikokota kazi（假使不是他干活拖泥带水）, mambo yangalikuwa mema kwa mema（情况可能会好

上加好）. Awali nilidhani bora niwe mimi kuliko yeye, lakini bila ya hadhari nikakosea padogo kazini（我原本以为，我比他强，可不经意出了一点儿小错）. Sasa nimekuwa <u>nikinuka zaidi</u> kuliko mtangulizi wangu（现在我的声誉比我的前任**还要臭**）.

（5）Kula kivuli...

Pamoja na biashara kubwa, mzee <u>alikuwa na kitimbi chake pembeni, yaani kuishi kinyumba na kidosho wake</u>（除了生意做得大，老先生**还有歪门邪道，即与一个年轻女人姘居**）. Hapo juzi aliporudi kutoka katika safari yake ya wiki nzima huko ng'ambo akafunuliwa sikio kwamba serikali yake imepinduliwa, **tena mwanawe ndiye aliyekula kivuli chake**（不久前，他到国外出行一星期回来后耳闻有消息称，他的政权被推翻了，**而且是他自己的儿子取代了他**）. Jirani yake mmoja alimwambia kuwa kama hamini, basi afike saa tatu akajibane mahali kujionea mwenyewe（有一位邻居告诉他说，如果不信，他可以在九点钟躲在某个地方偷着瞧瞧）, huku akimdadisi uso wake ili kufahamu alivyokuwa akiitafakari kichwani（同时他打量着老头的脸以便观察明白他是咋想的）. Kusikia mwanawe **amejifanya kuwa badala yake wala hapana mwengine**, mzee mara akazimia roho（听说亲生儿子对其取而代之了，老先生一下就昏迷过去了）. Wakati alipopelekwa hospitali na jirani akakata roho njiami kutokana na ugongjwa wa moyo uliozuka ghafla（在邻居送他去医院的路上，他死于心脏病突发）.

（二十三）语言表述（15）——感人、感谢、感叹、感悟

1.感动

（1）Ya kusisimua mawe

Ataapishwa tena kuwa rais na kuendelea <u>kushika usukani wa kuiongoza nchi</u>（他将再次宣誓就职总统，继续**掌控国家发展的航舵**），hili lastahili kushangiliwa kwa vifijo na mayowe. Naye ni kiongozi aliyepata kujaribiwa <u>katika mtihani mrefu</u>（他是一位久经考验的领袖），**hadithi yake ya kimapigano yaweza kusisimua mawe**（他的战斗经历足以感动石头）. Raia wake wanaamini kuwa tokana na uongozi wake, <u>nchi hii itaweza kujichunga isifanywe kiwanja cha kandanda kati ya nchi za kigeni zenye imani tofauti</u>（他的国民相信，在他的领导之下，**这个国家必将管控好自己，使之不至成为不同意识形态国家之间的较量场**）.

（2）Ya kukata na shoka

Hadithi kuhusu hazina za msichana yule wa kale **ni tamu na ya kukata na shoka**（关于那位古代姑娘的珠宝的故事**韵味隽永，引人入胜**）. Naye binti <u>kaumbika kweli</u>, kila mtu <u>hustaajabia uzuri wake</u>（那个女孩儿**天生丽质，赏心悦目**）. <u>Kila akihesabu hatua kuwakaribia watu, nao huwa hawakosi kupigwa na dukuduku rohoni</u>（每当她**迈步**走近人们时，大家都会**怦然心动**）. Naye ni msichana mwenye kupata <u>malezi mema</u>（她有着**良好的教养**），kisha ana <u>nasaba nzuri</u>（**血统高贵**），<u>sura yake ya haya yachukuzana vizuri na utawa kama uso katika kioo</u>（**出色的外貌与内在的闺秀气质浑然一体，如影随形**）. Yasemekana kuwa hazina zile zingalipo hata leo ila hazijafukuliwa basi（据说

那些珍宝至今犹存，只是尚未被挖掘到而已）.

（3）Ya kuvunja mabavu

"Tegeni masikio niwamegee kipande cha mkasa nilichokiona juzi mjini Nairobi（请各位听我讲一件我在内罗毕城碰到的新鲜事）, mkasa ambao **ulikuwa ni wa kuvunja mabavu kwa namna unavyochekesha**（这可是条能让大家笑断肋骨的奇闻）." Kusikia maneno hayo ya Musa, Upendo alicheka akionyesha mwanya wenye umbo la herufi V katika taya la chini（听了模萨的话，乌萍朵的嘴巴笑成了"V"字）, huku akimtania（逗着说）: "Nadhani hadithi utakayosimulia lazima itatinga na kutatanisha（我想你讲的故事一定既震撼又曲折）, bora nizibe masikio niondoke（我最好堵住耳朵离开）, kwa sababu naogopa!" Na hayo ya Upendo yakamsababisha mwengine Zubeda ageuze uso upande kucheka peke yake kama mtu aliyeugua ugonjwa wa kucheka（乌萍朵的话惹得旁边的祖柏达像得了笑病一样，把脸扭到一边，忍俊不禁）.

（4）Ya kufanya nywele za watu kusimama

Hadithi aliyoisimulia Juma **ni ya kutisha ambayo yatosha kuzifanya nywele za watu kusimama**（朱马讲的故事很恐怖，令人毛骨悚然）, pengine kuwafanya watu kuzirai（可能会把人吓晕）. Alishikilia kuwa hadidhi hiyo ni ya kweli hasa wala si ya kubuniwa hata chembe（他坚持说，这个故事完全是真实的，没有一点儿虚构编造的成分）, mpaka sasa shetani yule bado hufika na kuondoka kwa taratibu ile ile kila usiku wa manane（直到现在，那个鬼魅仍在每天三更半夜按时到来和离去）. Wakati alipoona nyuso za watu kujaa hofu na kugeuka rangi, Juma mwenyewe akageuza uso upande kuanza kuwacheka kimoyomoyo wajinga hao（见大家吓得脸色大变，朱马把脸扭向一边，开始暗笑这帮傻瓜）.

（5）Ya kusisimua nywele

Hadithi katika tamthilia inayohusu maisha ya Amina inasikitisha kiasi cha kusisimua nywele za watu（话剧的主人公阿米娜的生活经历是一个令人毛骨悚然的悲惨故事）. Mumewe ana tabia mbaya ya kuingiliana na wanawake <u>kama kubadilisha nguo</u>（她丈夫沾染了一身恶习，**像换衣服似的**与许多女人交往）, naye <u>huenda nao pacha pacha hadharani</u>（经常和她们**成双成对地抛头露面**）. Hali mke wake Amina <u>amekwajuka upesi kama nguo iliyowekwa juani au mvuani</u>（而他的妻子阿米娜则**像遭受日晒雨淋的衣服一样迅速失去光泽**）. Kwa kweli mama huyo <u>aliwahi kuwa kiumbe alioyesisimua watu wengi enzi hizo kwa jinsi alivyokuwa mchanga kiumri na mzuri tosha kama mwezi wa arbatashara</u>（其实，这位孩子的妈妈当年也曾是一个让许多人为之心动的美人，她当年年轻貌美，犹如十四的月亮）. <u>Alistahili kuwa pambo la nyumbani</u>（她原本应该是让房间生辉的装饰）, lakini miaka minne ya ndoa iliuchuja uzuri wake（然而，四年的婚姻销蚀了她的美貌）, <u>imembidi alale jirani ya kinywa kinachokoroma na kunuka pombe na kubaki gofu</u>（她不得不睡在一张鼾声如雷、酒臭熏天的嘴巴旁边，完全变成了一副僵死的骨架）.

2.感谢

（1）虚情假意

Neno "ahsante" lilikuwa kama limepigwa chapa katika midomo yake kwa namna lilivyokuwa tayari siku zote kutoka hata kwa utumishi mdogo aliotendewa（"感谢"这个词就像印在他嘴唇上一样，时刻都可能迸出来，哪怕别人替他出了一点点儿力）. Ilionekana kama kwamba **neno hili halibanduki midomoni mwake hata kwa mizinga**（看上去，这个词即使用炮轰也不可能从他嘴里被赶走）. Lakini kuna wengine wananiamsha kuwa huyu mnafiki（但也有人

提醒我说，此君虚伪），anaweza **kukumiminia shukrani nyingi kama matone ya mvua au mchanga wa pwani na kukutolea ahsante kwa magunia na hata kwa malori**, lakini hizo zote si kwa moyo dhati（他的感谢可能像雨点或海边的沙子一样多，甚至可以用麻袋装，用卡车拉，但都不是出于真心）.

（2）多亏，多谢

Kila nikiona watoto wa shule <u>wamezama katika shangwe na nyuso zao kumeremeta kwa namna furaha zinavyomiminika rohoni mwao</u>（每当看到校园里的孩子沉浸在一派欢腾之中，发自内心的幸福洋溢在一张张容光焕发的笑脸上时），macho yangu <u>hung'ara kwa vicheko yakiwakazia wafadhili wao walimu</u>（我总是笑吟吟地把目光投向他们的恩师）. **Ni ahsante kwa**（多亏）mafundisho ya walimu toka shule ya msingi hadi chuo kikuu, mtoto wangu amepata kuelimika na baadaye kuwa mtu maarufu nchini kama alivyo sasa. Nikiwa mzazi wake **ninawashukuru kwa mengi waliomjalia na wema waliomtendea**（我感谢他们对我的孩子的悉心照料和善待）. Hasa ni <u>yule mwalimu wa kwanza aliyempa mtoto wangu mwanga wakati angali udogoni</u>（尤其是他幼年的第一位老师），japo sasa amepata uhamisho（虽然现在他已经调离），lakini katika miaka hiyo yote **hatujasahau kumpakilia na kumshehenezea shukrani zetu**（但这些年我们从未忘记向他送去或转达我们的谢意），kwa sababu <u>fedhili yake pengine ni kubwa asiyoweza kulipa mwanangu katika wakati wa uhai wote wake</u>（因为他的恩情可能是我的孩子终生难报的）.

（3）谢意，茶钱

"Hawa? Ni walanguzi wapevu tu! Ni nani asiyejua kwamba...（那些人？纯正的贪腐分子！谁不知道……）." Anatikisa kichwa kwa masikitiko badala ya kuimaliza sentensi yake（他话说到一半就遗憾地摇起了脑袋）. Hata hivyo naelewa nini atakayayosema（虽则如此，我已明白他要说什么），kwa sababu kila akija mwanasiasa anawahutubia watu kwa dakika kadha, **huwa hakosi kufanyiwa tafrija ya malaki kama ahsante kwa hotoba nzuri aliyoandikiwa na katibu mahsusi wake**（因为每当某个政要来对公众发表几分钟演说，当地政府就经常会花费数十万先令盛宴款待，以对由专职秘书为其撰写的精彩演说表达谢意）**bila ya kusahau kumpakilia chai ya kiasi cha kupendeza wakati anapoondoka**（当然临行前还不忘塞给他一笔可观的茶钱）.

（4）幸亏，感激

Ni shukrani kwa giza lililokuwa limekomaa na kuivika vazi jipya sura ya dunia（幸亏浓重的夜色给大地蒙上了一层崭新的黑纱）. Aliendelea kulipenya giza hilo kwa kasi（他继续在夜色中疾行），kila hatua aliyebandika na kubanduka ilimhimiza akimbie zaidi（每每抬腿落脚迈出一步都在催促他以更快速度行进）. Asubuhi kulipopambazuka siku ya pili akafika mahali palipokusudiwa（次日黎明时分他抵达目的地）. Alijinyosha mgongo wake uliokuwa umechoka kwa mbio alizokwenda（他舒展了一下因快速行走而颇感疲软的脊背），hapo tena bila ya mwenyewe kufahamu akaanza kusinzia sinzia（而与此同时，他不知不觉地打起盹儿来）. Kwa ghafla alikuwa anamwona mtu amemsimamia mbele yake, akijihisi kama yumo katika ndoto（突然间，他看到有个人站在自己面前，感觉当时好像是在做梦）. Alipofungua macho kwa mara ya pili akabaini kuwa amekuwa haoti（再次睁开眼睛时，他确认自己并非在做梦）. **Mara akapumua kwa shukrani**（他立马感激地长舒一口气）："Ah bwana, nimekuwahi vyema（啊，先生，总算见到你了）!"

（5）以怨报德

Kidogo kidogo fikra zake mama mzee zilianza kufanya kazi（慢慢地，老妈妈恢复了正常思维）："Kweli mimi masikini, mtu wa chini, sina mbele wala nyuma（没错，我很穷，还是个下人，无依无靠的），lakini licha ya kwamba **sijapewa senti za ahsante naye**, hata ile heshima ya uzee hanipi（我不光没

收到过他一分钱的回报，他甚至不给我这张老脸一点儿面子），anathubutu kunipopoa kwa mateke kama mimi siye niliyemlea tokea uchanga wake（他竟敢踢我，仿佛不是我把他从小伺候大的）! **Hiyo kama si shukrani ya punda basi ni nini tena**（这不是没有良心，又是什么呢）?"

3.感叹

（1）羞愧

Naye ni mwanasiasa anayetukuka nchini mwote kama nyota ya mwongozo wa haki na taa ya kuangaza akili za wananchi（他是一位举国尊崇的政治家，就像一颗伸张正义的星，一盏照亮人心的灯），umaarufu wake unazungumzwa karibu na mbali（他的声名近传远播）. Wa aidha, anastahili kupewa hadhi yoyote ya fahari（质言之，他理所当然地应被给予任何荣誉地位）. Lakini ajabu ni kwamba badala ya haya yote amesingiziwa hatia（令人惊讶的是，代之于荣誉光环，他反被诬陷有罪）. **Uko wapi uso usiotahayari kwa aibu kama hii**（有谁不为此感到羞愧啊）!

（2）荣耀

Licha viongozi wetu, **hata sisi** wananchi wa kawaida, kama tukitaka kuunda maisha bora kwa nchi na kwa binafsi zetu wenyewe, ni sharti tuendelee kukuza uchumi（**不光**我们的领导人，**就连**我们这些普通国民，如果想为国家和自己创造美好生活，那就必须继续发展经济）. Kwa kuzikabili shida tulizo nazo, vipi tutaweza kusaidia ila fanyeni tuwezavyo（面对现时的困难，除了尽力而为，我们还能帮上什么忙呢）? Tunahimiza kila mtu awe na konde dogo karibu na nyumba yake（我们鼓励每个人在自家的房子旁边开垦一小块地），inaweza tuseme kama bustani ya kupanda mboga（我们说可以把它用为菜园），tusiiache hata pima moja ya ardhi bila ya kulima（我们不要留下一点儿闲置土地）. **Yote hayo kwa kila mmoja wetu yatakuwa ni fahari**

kubwa ilioje（所有这一切对我们每个人来说是一种何等的荣耀）!

（3）自豪

Watu wa shamba <u>ni watoto wa jua, mwezi, nyota na mvua</u>（乡下人是日月星辰之骄子）. **Mtoto gani wa shamba asiyekumbuka alivyokuwa akikimbia huku na huko uchi wakati mvua ilipokuwa ikinya**（有哪个乡下娃不记得自己在雨中东奔西跑的快活时光）? **Mtoto gani wa shamba asiyejivuna kwa kuwa wa kwanza kuona jua, mwezi na nyota**（有哪个农村后生不为最先看到日月星辰而感到自豪）?

（4）感慨

Mbolea ya ng'ombe ikikauka moto hukokwa, mji mzima hunukia（牛粪干了可以生火，整个院落香气扑鼻）, **ni ubani gani unaoweza kuushinda huu**（有哪种香料的味道能胜过它）! Huku mkojo wa ng'ombe, huko wa mbuzi na kule wa beberu, boma zima hunukia（这儿是牛尿，那儿是羊尿，栏内馨香四溢）, **ni marashi gani yanayoweza kuyapita haya**（有哪类香水能比过它的芳香）! Huko shamba utawasikia ndege wakiimba asubuhi na mapema（周边原野上，一大早你就能听到百鸟鸣唱）, **ni muziki gani unaoweza kuuzidi huu**（有什么样的音乐能胜过它）!

4.感悟（下列例段仅为求证 fika 的用法）

（1）...hivyo ielewe fika（可用于句子末尾）

Semgabo <u>alivaa huzuni nyingi</u> na kuonekana <u>mwenye kuwaza sana</u> wakati alipomwona <u>mkubwa wao ibilisi</u> kurejea ofisini <u>akibeba tabasamu ya hali ya juu</u> na kifurushi kikubwa mikononi（瞧见他那个**鬼头鬼脑的大领导笑眯眯地**提着一大包东西回到办公室的时候，塞穆格博**大为伤感，思绪万千**）. Akamwambia mwenzake: "<u>Nenda na wakati</u> utatambua mkubwa wetu hapa ni mlanguzi, **hivyo ielewe fika**（假以时日，你会认清我们的头儿是个贪腐分子，这一点你心里可要有数）. Si umeshuhudia mambo yake kwa macho yako mwenyewe leo?"

（2）**Kujijulia fika**（可用于趋为形式）

Wengine watadhani kuwa mtu huyu kasema maneno akiwa katika hali ya ulevi, kumbe sivyo, ana akili timamu ila kajifanya chakaramu basi（有人会以为此君在说醉话，其实不然，他头脑健全着哪，他只是在装疯卖傻而已）. Lakini wananchi sio mbumbumbu wa kudanganywa, hawatajali makeke yao（然而，人民不是随意上当的白痴，他们不会买他们的账）. Wamejijulia fika（他们能认识到）kwamba jani moja likidondoka kwenye paa, nyumba nzima haiwezi kuvuja（屋顶上掉下一根草，整个房子不会漏），nchi yetu itakuja faulu tu（我们的国家**必将成功**）.

（3）**Kutambua fika**（用于句子开头）

Hodi ilibishwa mara kadha bila ya kuitikika（敲了几次门，无人回应），kwa sababu usingizi ulikuwa umemchukua punde hivi tu baada ya kumeza dawa tokana na ugonjwa ambao si mkubwa, ni baridi tu（因为那时他吃完药刚刚睡着，也不是什么大病，受了点儿凉而已）. Mpaka kelele lililoandamana na kitu kama kashfa lilipopazwa juu（骂骂咧咧，高声呼叫）ndipo alipogutuka（惊醒）. **Akatambna fika kwamba** ni jirani amekuja kudai hela zake.

（4）**Kufahamu fika**（与 **kabisa** 合用加重语气）

Ujuzi ndio fimbo pekee ya mnyonge katika jitihada ya kuuzika umasikini（知识是穷人埋葬贫困的法杖）. Hoja hii tumeifahamu fika kabisa（这个道理我们完全明白），tena imekaa sana rohoni mwetu（而且早已铭记在心）. Lakini baadhi ya watu kweli na vioja vyao（有些人莫名其妙），wanatumia fimbo hiyo kwa kujinenepesha（他们欲借知识敛财）.

（5）Kufahamiana naye fika kabisa（可用于交互形式）

"Kama **si kundini na nyiye**, basi amejibanza mahali（如果没和你们在一起，那就是躲在别处了）!" Polisi alisisitiza kwa makini mbele yangu. Yule waliyemsaka **ni rafiki yangu niliyefahamiana naye fika kabisa, wa kufa na kuzikana**（他们要抓的那个人，和我是生死与共的知心朋友），lakini sasa amepatwa na shida isiyo ya kawaida, lazima nimsaidie（但现在他遭遇大难，我要帮他）. Kwa kweli kifungo nilikwisha kionja ila labda kifo ndio matokeo mengine tena（说实在话，坐班房的滋味我尝过了，死亡的味道可能不一样），nayo hayaniogofyi hata chembe（但我一点儿也不害怕）!

（二十四）语言表述（16）——东鳞西爪

1. Kama nini（表示无法形容）

（1）说烟尘浓重

Mara **moshi mkubwa kama nini** kutoka katika kiwanda cha saruji mwambaoni ukapanda juu mbinguni na kujitandaza pwani hata baharini（一股浓烟像什么似的从海边水泥厂飘向空中，弥漫在陆地与海洋之间）, na mwisho kukafanyika kungu nene mfano wa wimbi la vumbi（最后形成厚厚的雾尘）. Kujengwa kwa kiwanda hiki bila sababu za msingi kulikuwa kumewakosesha raha wenyeji wa hapa（无端建水泥厂给当地人带来烦恼）, hata maji ya bahari pia yakachafuka na kutoa mapovu kwa ghadhabu（甚至连大海都气得波涛汹涌，咆哮翻腾）.

（2）说面包热腾腾诱人

Sasa nchi yetu neema, hatujaona ndudu ya mtu anayelalamikia hana njia ya kupata maisha（现在我们国家富裕了，我还未见过一个抱怨自己没有生计的人）. Nakumbuka nilipokuwa udogoni nilifuatana na mama kuomba njiani alau (walau, angalau) kujipatia chakula kidogo（我还记得小时候随妈妈沿街乞讨以便得到一点儿食物的情景）. Safari moja niliikuta nyumba moja **mikate yao ikiota ukungu kama nini sijui** mradi tumbo langu likaanza kulilia njaa（有一次，我看到一户人家的**面包像什么似的冒着热气，肚子一下就咕咕叫起来了**）. Nilipewa kipande cha mkate kwa fadhala yao（人家好心给了我一块面包）. Tokea hapo nikajipiga moyo konde kwamba nitakapokuwa mkubwa nitajitahidi kutafuta kazi japo kibarua（从那时开始，我就下定决

心长大了一定要找份工作，哪怕是干零活）ili kupata riziki ya kujiendesha maisha yangu mwenyewea（以便自食其力）.

（3）说建筑漂亮

Chombo kilichowachukua wanafunzi kilipelewa (kupanda mwamba) kwenye kipengee cha mto, kikawa hakitaweza kuwafikisha mahali tena（学生搭载的木船在河湾处搁浅，已无法把他们送抵目的地了）. Ikawa hawana namna ila kuteremkia ukingoni wakipita kenyekenye kufuatana na mwalimu wao mguu kwa mguu kwa kutafuta usafiri mwingine（他们无可奈何，只得下船登岸紧赶慢跑，跟随老师直接去寻找别的交通工具）. Njia iliyobetabeta iliongozea upeo wa macho（弯弯曲曲的路，看不到头儿），mwalimu aliwahimiza wanafunzi wake kupiga miguu haraka haraka kwa kuwa wana dakika arobaini tu mikononi kuwahi gari la moshi（老师督促大家加快脚步，因为他们只有四十分钟的时间赶火车）. Na baada ya nusu saa hivi, **jumba moja zuri kama nini la steshini ya reli likaanza kuonekana machoni pao**（大约半小时之后，一座像什么建筑似的漂亮火车站出现在他们的视野里）.

（4）说人胆小

Kwa kuona simba hawa wakitembea pole pole mbugani, tulifurahi sote. Hata hivyo sikusahau kumwamsha mwenzangu kuwa hawa wanyama pori ni marafiki wa binadamu tusiwafurushe ovyo（动物是人类的朋友，不要打扰它们）. Lakini nilipogeuza uso kumtazama nikaona loo, jamaa alikuwa keshapita ndani ya gari kama umeme（可我回过头看他时，那老兄早已像闪电一样钻进车里去了）ingawa hawa walikuwepo umbali wa mikuki mia tatu kutoka kwetu（尽管那些野物离我们有三百标枪远）. **Kisha bwana, ni mwoga kama nini sijui**（这老兄，胆小得像什么似的，我简直没法形容）!

（5）说小孩儿顽皮

Huyu mtoto ibilisi kama nini（这孩子顽皮得跟什么似的），hata amenitobolea baiskeli yangu mpira bila sababu（他甚至无端扎破了我的自行车轮胎）. Ningefanya nini kama si kumsamehe kwa udogo na utundu wake na mwenyewe kwenda kwa fundi kuuziba na kuutilia pumzi kwa bomba（除了原谅他幼稚顽皮，我必须推着自行车找修车匠补胎打气，我又能怎么样呢）? Baadaye jamaa akaniambia kuwa nilipokwenda kushughulikia baiskeli yangu, huku nyuma mtoto alishangilia ushindi wake bila ya kutamka neno lolote la kujichongea（后来，我听说我去修自行车的时候，他竟然在后面欢呼起自己的胜利来，一句自责的话也没有）.

2. Kadhalika (hali kadhalika)

（1）而且

Lazima wataniwinda usiku na mchana（他们肯定要昼夜抓捕我），na **hali kadhalika**（而且），pia hawataweza kupumzika hadi kuniondoa duniani（在从这个世界上除掉我之前，他们决不会罢手）. Nadhani sijaingiwa na woga kupita kiasi, kwa sababu moyo wangu umekwisha kufa ganzi（我以为我没有过分害怕，因为我的心已经麻木了），au pengine naona tukio hili kama ni mzaha tu（抑或我觉得这像一个玩笑）. Kwa upande wangu, tukio lote limekuwa kama njozi tu（从我这方面来说，一切都像一场梦）.

（2）也

Nikatehemu kwenye genge huko mlimani, **kwenda juu siwezi na kushuka chini hali kadhalika**（我在山崖上已无能为力，上不去，也下不来）. Wazo la kwanza kunijia akilini lilikuwa kifo（我首先想到的是死）. Nilijutia ujasiri wangu huo usio wa maana（我为这种无意义的冒险感到后悔），nikajiambia kimoyomoyo: "Hii ni mara yangu ya kwanza, nataka iwe ya mwisho kama nitaokoka（这是第一次，但愿也是最后一次，如果我得救的话）!"

（3）也一样

Ghafla nilijikuta mpweke kuliko yatima yeyote duniani baada ya posa kutoka kwangu kukataliwa na wazazi wa Mary, posa ambazo nilijisheheneza furaha nyingi kuwapelekea（在我怀着万分激动的心情送出的聘礼遭到马莉的父母拒绝之后，我突然间觉得自己成了比这个世界上任何孤儿都要孤独的孤家寡人）. Mgeni aliyehamia kwangu juzi alinitazama vizuri akijua kusoma uso wangu（前天刚搬来的客人仔细打量了我一番，他懂得看面相）. Alishuku kuna jambo lililonipata binafsi na sio la kikazi hali mimi nimemficha（他怀疑我肯定碰到了什么事，而且是个人方面的，而非公务方面的，只是我瞒着他没说）. Basi akanipoza moyo kwa unyofu（他直言快语地安慰我）: "Sina haja ya kusikiliza univumbue nini kinachokusumbua（我没必要听你说是什么让你不快），na kwa kupitisha macho usoni pako tu nimeelewa yote（用眼睛在你脸上一扫，一切我都明白了）. **Mimi ni mmojawapo sina mke, nakuona wewe hali kadhalika**（我是条没有老婆的光棍儿，我看你也一样）. Usiseme wasichana siku hizi ni adimu kama almasi katika jiji hili（你莫说这座城市里的女孩儿像钻石一样稀缺），kama bahati yetu ni nzuri, tutaweza kuwafuma（如果我们运气好，我们会找到的）!"

（4）等等…

Jana nilimchukua mwanangu mkahawani kula wali, samaki **na vyakula vingine kadha wa kadha**（昨天我带儿子去饭馆吃了米饭、鱼，以及其他一些饭菜）bila ya kusahau kumnunulia ndizi, machungwa na **matunda mengine kadha kadha kadha**（也没有忘记给他买香蕉、橘子和其他水果）. Na leo nilitembelea **maduka kadhaa** kumnunulia kalamu, wino, penseli **na kadhalika**（今天我去几家商店为他买了钢笔、墨水、铅笔等）.

（5）以及…

Inatujuzu tustawishe taifa letu katika maendeleo ya uchumi **na kadhalika katika mambo ya utamaduni**（我们必须在经济发展和文化事业上促进我们国家繁荣富强）. Kwa ajili hii, maandamano hufanywa kila mwaka kwa kuwatia wananchi hamasa（为此，每年都要举行游行，以鼓舞民众的士气）. Mwaka jana maandamano yalikuwa makubwa, mwanzo wake ulikuwa hauonekani kwa umbali wa upeo wa macho, **na hali kadhalika** mwisho wake ulikuwa hautambuliki（去年的游行规模很大，队伍长得前看不到头，后见不到尾）. Na ya mwaka huu kwa leo hivyo hivyo, mwanzo wa safari hauonekani **na kadhalika** yanakomalizikia（今天的游行队伍也一样，同样前看不到头，后见不到尾）.

3. Sadfa, Ndiyo kwanza na sawia（碰巧、刚刚、正好）

（1）碰巧

Jana **kwa sadfa nilisikia** mtu akikukuruka na mlango wa jirani yangu yule dada（昨天我碰巧听到有人噼噼啪啪弄邻居那姐们儿房门的响声）. Nilijizingirisha mgogole wangu kutoka nje kuchungulia kumetokea nini（我披上罩衫到外面去看个究竟）. Ingawa sikuwa nimemchanganyia macho vizuri uso wake（尽管我没着意看他的脸）, lakini nikamkuta mvulana mmoja aliyevaa suruali ya kahawia, shati jekundu na jaketi la ngozi ambazo zote ni nguo za thamani（但我看到那个青年穿着咖啡色裤子、红衬衫和皮夹克，都是值钱货）. Nilikuwa siwezi kujua wao ni marafiki wa kulala au wa kuingia na kutoka tu mradi kesi ya mauaji imetokea（我无法知道他们是同居关系，还是一出一进的朋友，反正凶杀案是发生了）.

（2）正巧

Yule mkubwa wa polisi alikohoa kwa maringo kabla ya kuanza kunihoji kuhusu kifo cha Ngusaro（警官在开口讯问我关于恩古萨罗死亡的事之前先装腔作势地咳嗽了一声）. Nikamwambia kuwa **sadfa leo asubuhi nimepata simu** kutoka kwa rafiki yangu nikaambiwa habari hiyo（今天我正巧接到一位朋友打来的电话，才得知这一消息）. Ijapokuwa yule marehemu alifuga chuki nyingi nami alipokuwa hai（尽管死者生前与我积怨颇深）, lakini naona si vizuri kuufichua undani wa mtu aliyekufa（但我觉得揭一个死去的人的老底并不可取）.

（3）刚刚

Hao walijifanya kama watu waliokuwa ndiyo kwanza wafike（那些人假装刚刚到达）, kumbe walikwisha somba vitu vyote muhimu kwenda kwao（其实他们早就把所有重要东西都敛走了）na hali sisi tukakaa ujingani na kudanganywa bure kama kwamba nasi ni watoto wadogo tu（但我们却傻呆呆的，像小孩子一样被骗得一愣一愣的）. Mmoja kati yetu akatoa mng'akio uliotutia butwaa tusijue la kufanya（我们当中有个人大骂起来，惊得我们不知所措）, hata hivyo tukaona vita haitafidi mradi bila ya maafikiano na maelekezano（虽然如此，我们觉得除了和解、合作，打架达不到目的）, lakini yule jamaa hakujikalifisha na makelele yake（但那老兄没有硬闹下去）.

（4）刚好

Magharibi yalikuwa yakitangamana nasi（傍晚已降临在我们这里）. Tuliona haifai kuzidi kutaahari iwapo dhamiri yetu itataka tumpige naye simba wa pili（我们觉得，如果我们还想打一头狮子，那就不能继续耽误时间了）. Lakini tulipofika bondeni, **mwezi ndiyo kwanza ukatokeza angani**（我们抵达山谷时，月亮正好爬上天空）. Giza lilianza kukatika na nuru yake（月光驱散了黑暗）, upepo ulikuwa ukivuma vuma.

（5）正好

Kila mtu kwa ukimya <u>akashika taraki</u> kwenda zake（每个人都默不作声地<u>上路</u>离开了）. Wakati nilipokuwa nikifuatana na rafiki yangu kukanyaga tu nyumbani kwake, **huko nje mvua ikanyesha sawia**（我跟随朋友刚踏进他的家门，**外面就下起雨来**）. Rafiki yangu alinionyesha na kunijulisha kwa mkewe akamwambia anisaidie kwa kila litakalolazimu nifanyiwe（朋友把我介绍给他妻子，嘱咐她尽量为我提供帮助）.

（二十五）句型句式（1）——"对立统一"组合

"反"与"正"意思相互对立，但并非水火不相容，把两者统一在一起就变成了一个新词"反正"。这种语言特质之于词、之于句，都成立，且无穷尽，权且叫它"对立统一"组合吧。下面五组例段可供参考（注意五种形式的细微差别）。

1. 一组

（1）Mkitaka msitake

Tuna mengi ya kusema, lakini la kuanzia ni kwamba kuna baadhi ya watu ambao wanajaribu kuwatia wananchi vitanga vya macho（首先要提及的是有人试图蒙蔽群众）wakinena: "**Mkitaka msitake**（不管你赞成与否）, elimu ya siku hizi ni haki ya watu wenye uwezo wa pato（接受教育是有钱人的事）." Badala ya kuwaondoshea jinamizi la kutozwa malipo ya elimu wanazidi kuwapumbaza wazazi wa watoto kwa kuvumisha eti kima cha ada za shule mwaka huu kitajiongozea mara mbili bila ya kusahau malipo ya vyakula（他们不仅不在教育收费方面为孩子家长排忧解难，还变本加厉地向他们宣传所谓除去饭钱，今年学费将成倍增长）. Hapa tungependa kuwahakikishia wazazi kwamba maneno yao yote ni ya kipuuzi（全是无稽之谈）!

（2）Tupende tusipende

Nimeshajipiga moyo konde（我已下定决心）kuwa yoyote yatakayonizukia haidhuru（不管出现什么，我都无所谓）, bali mradi tu nitajifunga na vibwebwe（kujifunga kibobwe, kupania mkono wa shati）kuhimiza ushirikiano wa watu wote katika kuondoa umasikini（只想在促进全民合作消除贫困方面大干一

场）. Kwa vyovyote vile, **tupende tusipende**（不管我们愿意不愿意）, hata wale wasio wenzetu pia tushirikiana nao, tena sana（即使那些与我们不相为伍的人也要讲合作，而且要紧密合作）. La sivyo, jitihada zetu za kujikomboa kiuchumi zitaambulia patupu（不然，我们的经济解放将会落空）.

（3）Thama tukikubali tusikubali

Thama **tukikubali tusikubali**（不管大家同意与否）, leo lazima tutalala katika nyumba hii mbovu kupitisha usiku wetu（今天我们必须在这个破房子里过夜）. Ninaposema nyumba mbovu ninamaanisha kuwa kuta zake bado hazijapakwa rangi wala mafuta ya mawese miaka nenda miaka rudi（我说它破，是指它的墙面多年来一直没有涂漆上油）. Paa imebaki wazi（是个没有屋顶的空房筒儿）, wasio na usingizi wanaweza wakahesabu maboriti（失眠的人可以瞪大眼睛数椽子）, hata mionzi ya jua na mwezi hupenya katika matundu kuwasalimu walio ndani（日光和月光都能穿过空隙向里面的睡客问好）.

（4）Amini usiamini

Mzee Machano alijikusanya kusanya na kusimama kwa heshima（马查诺老人浑身上下打理了一下自己，毕恭毕敬地站着）akijua kuwa huyu lazima awe ndiye mwenyekiti aliyomngojea（他知道这个人应该就是他等着见的那位主席）. Naye mwenyekiti alielewa vizuri mzee ana joto la moyo na mengi ya kusema（那主席知道老人心里有火，有许多话要说）kuhusu mateso yaliyompata miaka hiyo yote, kwa hivyo akaona ni busara kumwacha atoe nje joto hilo（觉得最好让他把这心火都发泄出来）. Wakati aliporudi nyumbani na moyo mwepesi（当他怀着轻松的心情回到家里的时候）mzee alimkuta ng'ombe wake yumo kutafuna majani. Alivuta kibao pembeni mwake（他拍了拍它的肋部）na kwa sauti ya chini akaanza kumhadithia ng'ombe yote aliyoambiwa na mwenyekiti（低声向牛讲述起主席跟他说的话）kama kwamba aligugumiza na mtu（就像在与人侃侃而谈）. **Amini usiamini**, alikuwa yumo kuongea na moyo wake mwenyewe（不管你信不信，老人正在和自己的心交谈）.

（5）Utakwenda hutakwenda

"Kesho kutakuwa na <u>mashindano ya urembo wa kinadada</u>, **utakwenda hutakwenda** shauri lako（明天有**选美比赛**，去不去看个新鲜你自己定）!" Hayo niliambiwa na Juma. Na kabla sijamjibu naye akazidi kunihimiza, tena kwa maneno ya kunichekesha（我还没回答他，他又用逗笑的话进一步鼓吹说）: "Nasikia hao wote wazuri, <u>ni vigumu kuhukumu nani anatia fora zaidi kwa uzuri</u> katika <u>mchuano wa kutoana</u>（听说参赛者都很漂亮，这场**淘汰赛很难判定谁更胜一筹**），kwa jumla <u>uzuri wao unafukuzana na kuzidiana</u>（总体来说，她们**不相上下，各有千秋**）. Tuseme kama ungalikuwa umefunga ndoa na malaika kwa usiku huo ungekubali kuivunja（我是说，假使你已经和仙女订婚，今晚你可能有意解除婚约）!"

2.二组

（1）Kupangwa kupangika（注意语言的重复叠加）

Mpango ulipangwa ukapangika（一切都已安排就绪）. Mjomba wangu alinidokeza（向我透露）kuwa nikimwona afisa msimamizi anawahoji huyu na yule kwa kuwajaribu jaribu katika mtihani wa kesho nisiwe na wasiwasi（明天主考官在考场上对其他考生进行口头测试的时候，我无须担忧），maana mwisho atanichagua mimi peke yangu tu na wengine wote <u>watatupwa</u>（因为最终他只会选定我，其他人**都会落选**）. Naye alinionya <u>nizuie siri hiyo moyoni siku zote</u>（他告诫我要**永远保守这个秘密**），nilimwitikia kwa kichwa（点头答应）. Wakati mtihani rasmi ulipoanza siku ya pili, mjomba wangu aliyekaa kando kando alikuwa **hasemi kitu yu kimya ananyamaza tu**, <u>akitazamana macho nami kwa kunituliza roho</u>（他用眼神与我交流，一声不吭地稳住了我）.

（2）Kudanganywa kudanganyika（注意语言的重复叠加）

Mzee **alidanganywa akadanganyika**（老人被骗了个一干二净）, tena kama miujiza（简直有点儿莫名其妙）, hata Emanuel, **mtu mpole fufudende aliyetuama aliangua kicheko akacheka kicheko kikubwa** ingawa hiyo haikuwa tabia yake kwa kawaida（甚至连温文尔雅的艾玛努尔也放声大笑起来，虽然这不是他一贯的性情）, Na ilhali mimi, kicheko kilinijia pia ila nilijitahidi niwezavyo kujizuia nacho kisipasuke（而我同样也笑了，只是竭力抑制自己，没笑出声来）nikitabasamu kwa kumhurumia na kumpoza moyo（而是微笑着对他表示同情和安慰）.

（3）Kuzuzuliwa kuzuzuka（注意语言的重复叠加）

Pesa zilimzuzua na kumtuma atamani pesa zaidi kama ng'ombe kutamani manyasi（钱让他飘飘然，驱使他像牛恋青草一样愈发贪财）. **Alizuzuliwa akazuzuka kama ndizi ya mzuzu**（他被愚弄得像一根傻乎乎的姆祖祖香蕉）. Moyo wake ulikuwa umenaswa katika hatari ya tamaa（他的心已经为危险的贪欲所俘获）, mara kwa mara **ikimjia ndoto akiota** kuwa siku itafika ya kwamba kila kitu awe nacho na kila anachokitaka atendewe（总梦想着有一天他能拥有一切，任何他想要的都能唾手而得）, kamwe hatasema "yanitosha haya mliyonitimizia"（永远不会说出"你们给我的已经足够"这样的话）.

（4）Kutungwa kutungika（注意kutunga的部分搭配词）

Nilijiona kama nimo kaburini, sikuwa na njia ya kutokea nje mzima（我觉得自己仿佛在坟墓里，无法全身而退）ijapo nilijipa moyo mara kwa mara na **kutunga akili ya** (shauri la) kujiokoa（尽管不断给自己鼓劲，想方设法解救自己）. Si mbali nami pale mlangoni nikaona askari kasimama kama sanamu（像尊雕像一样一动不动地站在那儿）, pote pakapiga kimya（四处一片静寂）. Basi si vibaya, maana ukimya humpa mtu fursa ya **kutunga mawazo** bila ya kusumbuliwa（这也不坏，因为静谧能让人不受干扰地思考问题）. Nikaamua **kutunga uwongo** kwa kumpumbaza yule askari ili nipite nje（我决定编瞎话糊弄那个士兵，好让他放我出去），na kwa upesi maneno yenyewe **yalitungwa yakatungika** kichwani mwangu（很快，词儿就编出来了）.

（5）Kuandaliwa kuandalika（注意 utadhani, utafikiri 的泛指用法）

Ngoma **iliandaliwa ikaandalika**（舞会已经安排妥当）. Wengi wao wachezaji humo uwanjani miili yao ilikuwa bojiboji kama vitanda vya vono（身子像沙发床一样，软绵绵的）. Kwa kufuata poromoko la muziki la mpiga zeze, walichezesha mabega kujikokota dansini, **utadhani** hawana mifupa（他们伴着音乐的节奏晃着肩膀，踩着步点，个个柔若无骨），huku wakipiga chini kwa miguu, **utafikiri** siafu wamekwisha watambaa miguuni（同时又用脚不断踏击地板，好像脚上爬满了蚂蚁）.

注：另一种类似的模式亦值得关注。例如，"Alikumbwa **na makuu ya ukuu** akakumbika"意思是"他变得妄自尊大"。其中，"makuu ya ukuu"这种加重语气的说法常见于斯语表达，如"**mzuri wa wazuri**"意为"出类拔萃的好人"。

3.三组

（1）Ninatia nikitoa

Tangu jana nimekuwa **ninatia nikitoa**, sijui ningefanya nini ili kutatua suala langu（从昨天开始，我心里一直忐忑不安，不知怎么做才能解决问题）. Mawazo ya namna mbali mbali yalizunguka akilini mwangu kama pia（种种思绪纷至沓来，脑袋里像有个陀螺在转），wazo hili hufuta jingine na jingine hufuta hili（时而这种想法推翻了那种想法，时而那种想法又推翻了这种想法）

ijapokuwa naelewa kuwa kuendelea kuwaza kusingeweza kunifikisha popote（尽管我很清楚，继续冥思苦想帮不上任何忙）. Ninachokitaka hasa ni kujipatia jibu kama ndiyo au hapana（我真正要的是，回答我到底孰是孰非）.

（2）Ninapanga nikipangua

　　Sikutegemea (Sikutarajia; Sikutazamia) mwenzangu hata ameweka moyo (kukaza nia) kuvuka sakafu na kuingia katika upinzani wangu（我万万没料到，我的伙伴竟然刻意离经叛道，跳到了我的对立面）. Ama kweli kuchanganyikiwa kubaya（真是的，他脑子没治了）, sikumbuki kabisa kama nimemfanyia lolote baya（我一点儿也不记得我怎么得罪他了）. Tukio hili limekuja baada ya kuthibitisha kwa vielelezo kuwa nina haraka ya kurudi nyumbani, na usoni mwangu nina siku mbili tu za kukaa mjini humu（这件事发生在有迹象表明我急着回家、时下在城里只能再待两天的情况下）, nalo limenikata ini kweli kweli（这件事让我感到撕心裂肺般疼痛）. Sasa nifanyeje? **Ninapanga nikipangua**, shauri sina（我思量来思量去，心无准星）.

（3）Haendi harudi

　　Tangu mama yake kufariki, rafiki yangu akiwa **haendi harudi** amejifungia nyumbani tu, huo karibu umekuwa utaratibu wake wa kila siku（他把自己关在家里大门不出，二门不迈，天天如此）. Sijui jinamizi zake lini zitakwisha（他不知噩梦啥时到头儿）? Ninamwaga Kiswahili hicho nikiwa sina uhakika wa jibu（我回答不准，才这么说的）. Mimi naye ni watu wawili wa tabia tofauti（我与他脾气不同）, mimi aghalabu huweza kuambatana na tabia yake, lakini safari hii hofu imeniacha katika hali ya kumlaumu（一般来说，我能附和他，但这回我因担心而不得不骂他几句了）.

（4）Ametunga akitungua

　　Jamaa amejenga matumaini makubwa juu ya mwanawe katika masomo, lakini mtoto wake huyo mtundu kiasi cha kumwudhi vya kutosha mwalimu wake, jambo ambalo linakula sana kichwa cha baba yake. Baba mtu **ametunga akitungua** ili ajipatie shauri la kufaa kwa kumchunga, lakini yote hayakuleta ufanisi（这位爸爸反反复复拿主意，以便管教好孩子，但一切都归于无效）. Hata hivyo, ameambiwa na mwalimu asimpige mtoto mara kwa mara, hivyo angeweza akageuka kuwa sugu（虽然如此，老师仍然提醒他不要经常打孩子，那样会把他打皮）, lakini baba mtu hasikii kutokana na kupandwa na ufurufuru kwake（可他气得听不进去）. Leo mwanawe hata amefungwa kamba ndi na kucharazwa fimbo mpaka akakauka（今天他儿子被绑得结结实实，挨了一顿棍子）. Sababu? Inaeleweka wazi kwamba siku hizi amecharukwa tena na kichaa cha kutofanya kazi shuleni, tena kichaa hiki kinamjia kwa nguvu zaidi（啥原因？显然，原来他不做作业的老毛病又复发了，而且来得比以往更猛烈）. Baada ya kutandikwa kwake, mtoto amebaki **hali hanywi, halii hacheki na haoni hasikii**（挨打之后，孩子不吃不喝，不哭不笑，不看不听）.

（5）Hakubali hakatai

Kufanya alifanya ila hakufanya vizuri, kwa hivyo jitihada yake yote pamoja na utiifu aliokuwa nao kwa tajiri wake havikumletea mafanikio yoyote bali masumbufu na matusi tu（做他是做了，只是没做地道，他的所有努力，包括对老板的忠心没给他带来任何成就，只有麻烦和责骂）. Kwa maoni yangu, jamaa lazima asijidanganye na ukweli wa kwamba tajiri wake hathamini utu hata kidogo na kumfanya aonekane kama amebeba chatu anayemmeza mpaka awe nusu mfu（以我之见，他无须再自欺欺人了，他面对的事实是他的老板毫无人性可言，他如同背着一条把他吞噬到半死的蟒蛇）. Kuhusu maneno yangu hayo, jamaa ananyamaza tu na kuonyesha **hakubali hakatai**（对我的话，那老兄保持沉默，摆出一副不置可否的样子）.

4.四组

（1）Nipe nikupe

Majadiliano yenyewe yalikuwa ya **nipe nikupe**, kila neno lao moto, moyo ulinipasuka kwa msisimko wangu（辩论时，大家唇枪舌剑，火药味十足，我激动得心快爆炸了）. Hapakuwa na dai lolote lililosimama wima bila ya kupingwa katika mjadala na mdahalo huo, na hiyo ilisababishwa na kutokuwa pamoja kifikra（在讨论与辩论的过程中，没有任何一项议案未经否决而保持原封不动，这是大家思想不一致导致的结果）. Mwisho mjadala ukalazimishwa kulazika, wote wakatawanyika kwenda kwao na majeraha ndani ya keto za mioyo yao（最后只得休会，大家带着内心深处的伤痛回到各自的家）.

（2）Nisaidie nikusaidie

Leo furaha tunazigawa nusu Kenya na nusu Tanzania kwetu（今天肯尼亚和我们坦桑尼亚一起分享快乐）. Sasa nchi hizo mbili zitazidi kushirikiana kwa moyo wa **nisaidie nikusaidie**（现在两国正以互帮互助的精神加强合作），na kusonga mbele bega kwa bega. Habari hii si tu imefurahisha wananchi wa nchi hizo mbili, na zaidi Afrika Mashariki nzima（这一信息不仅让两国人民兴奋，甚至影响整个东非）.

（3）Toka nitoke

Kwa kusema kweli, mimi naye ni ndugu kama wa tumbo moja, **toka nitoke**（说真的，我们俩犹如一奶同胞，是两小无猜的发小）. Kwa kusikia habari yake ya kuhuzunisha, nimefadhaika na moyo kunikereketa sana（听到关于他的令人悲伤的消息，我惊慌不安，心中很不是滋味），hata nashindwa kufuata mwendo wa mawazo yangu ambayo yakipita kwa kasi mfano wa mkondo wa mto uendao mbio wakati wa masika（我甚至无法控制自身像雨季滔滔江水一样奔腾的情绪）. Ningeweza kufanya nini zaidi? Binadamu akipanga, Mwungu hupangua（我能有什么办法？人算不如天算）!

（4）Vuta nikuvute

Anga ilianza kuchakaa kwa weusi wa giza lililoelekea kujiimarisha huko mlimani（山区的天色越来越黑）, lakini Ali naye bado alikuwa yumo katika hekaheka za purukushani za kujiokoa za vuta nikuvute na vichaka vya miiba（阿里还在为自救而与浑身带刺的荆棘纠缠不休地乱战而不得脱身）, mikwaruzo iliendelea kuipamba ngozi yake kwa kila hatua aliyoipiga（每前进一步他皮肤上都会留下深深的划痕）. Ilionekana kama bila ya kujika hataweza kutoka nje ya vichaka（看上去，不使狠劲儿他是走不出这片荆棘丛了）, ama kweli alikuwa kajichagulia mahali palipomfanya kuwa na kumbukumbu ya kudumu ya safari yake（真是的，他为自己选择了一个给他留下永久记忆的旅行区域）.

（5）Tega nikutege

Mimi naye zamani tulikuwa mwili mmoja na roho moja（过去我们俩好得像一个人）, mara zote tulikuwa tukiwa pamoja katika mwendo usio wa haraka na ulioambanatana na maongezi ya hapa na pale, hata ulevi wetu ulikuwa unashindana（有时间总喜欢在一起漫步神聊，甚至连酒量都不相上下）, lakini sasa tunakorofishana kila mara（而现在却总闹别扭）. Mimi hujiona kama nina mzigo mkubwa kichwani mwangu kwenda kumwona（我去见他时，总觉得压力很大）, kwa sababu naogopa nisije nikatumbukia naye tena katika mzozo wa **tega nikutege**（因为我担心再次会陷入与他相互使绊儿的不快之中）na hatima yetu itakuwa hakuna cha ziada isipokuwa kuagana milele sote wawili（除了永远分手，我们不会再有他途可寻了）.

（二十六）句型句式（2）——一半一半

（1）Nusu niliona na nusu nikakisia

Kiza kilikuwa kimekolea, nilisimama pale kama niliyekaushwa（夜色浓重，我像一具干尸一样站在那儿）. Nikiinua mkono wangu wa kushoto na kuitazama saa yangu yenye mishale inayomeremeta gizani（我抬起胳膊看了看**夜光手表**的指针），**nusu niliona na nusu nikakisia**（我半看半猜地认定）kuwa ilikuwa saa kumi alfajiri. Basi nikashika fimbo ndogo nikwa napapasia niendako kama dume la siafu lililopotea njia（我拄着一根小棍子，像一只迷路的工蚁一样摸索前行）.

（2）Nusu kama nataka kulia na nusu kama nataka kucheka

Siri zilistirika sana kwangu, nikaamua kwenda kumwuliza kisa（他对我严格保密，我决定去问个究竟）. Nilipofika kwake nikamkuta yumo mazoezini（正在锻炼身体）: miguu yake ilikuwa imebanana na kujikunja（双腿并拢下蹲），lakini mikono ilijichanua（手臂展开）na macho kutazama juu kama yanayoona（两眼像看到什么似的直视天穹），jambo ambalo likanifanya **nusu kama nataka kulia na nusu kama nataka kucheka**（我看了，一半想哭，一半想笑，即"哭笑不得"）.

（3）Nusu mweupe na nusu mweusi (mwezi)

Safari ilitengenezwa na kuiva（出行计划已安排妥当），usiku huo akiwa kitandani aligeuka geuka（这一夜，他躺在床上翻来覆去），hata macho yake yalivimba kwa kukosa usingizi（甚至连眼睛都熬肿了）. Lakini asubuhi ya siku ya pili ilipambazuka vizuri sana（次日清晨，天气极好），mwezi ulioning'inia angani bado ulionekana **nusu mweupe na nusu mweusi**（仍然挂在天上的月亮半明半暗）. Aliamka kwa furaha na kuruka ruka kama mtu aliyepagawa na shetani（起床后他像着了魔似的乱蹦乱跳）.

（4）**Nusu nina imani na nusu sina imani**

Shughuli niliyopangiwa ingawa nimeifanya, lakini najihisi kama **nusu nina imani na nusu sina imani** ikiwa nitafanikiwa（分派给我的活儿，我干了，至于能否成功，我自己一半有信心，一半没信心，即"半信半疑"）. Msemo wanena "Heri lawama kuliko fedheha"（俗话说得好："挨批评比受侮辱好"）, kwa hivyo naomba dua kimoyomoyo（口中念念有词）: kama nikishindwa, natumai nisizue uhasama wa hali ya juu na kusukuma janga kwa wengine（如果我失败了，但愿不会招他人强烈反感，乃至贻害他人）.

（5）**Nusu yakiwa kweli na nusu uwongo (maneno)**

Ingawa anajidai kuwa ni kijana aliyeiva kiitikadi（尽管他自恃为思想成熟老到的青年）, lakini kwa nionavyo mimi, maneno yake **nusu yakiwa kweli na nusu uwongo**（但依我看，他的话一半是真，一半是假，即"半真半假"）. Hata hivyo, yeye hana nafasi na mtu ambaye anasumbuliwa na matatizo kama mimi（虽然如此，可他容不下像我这种遭遇麻烦的人）, na nimejihisi kuwa badala ya kupata faraja kutoka kwake, masimulizi yake mara nyingi huchokoa ndimi za mateso machungu moyoni kinyume cha matarajio yangu（我觉得从他那儿得不到安慰，反而会勾起我心中的苦闷，这不是我所期待的）.

（6）**Nusu yamefumbuka na nusu kufumbika (macho)**

Msaidizi aliyetumwa kwangu na makao makuu ni mtu mwembamba mrefu（总部派给我的助手是个细高个儿）, uso wake ni wa kuvutia wenye macho madogo ya maringo ambayo **nusu yamefumbuka na nusu kufumbika** pamoja na pua isiyo na mgongo（他那张表情丰富的脸上长着一双圆圆的、半睁半

闭的小眼睛和一个塌鼻子），midomo myembamba inayoweza kutabasamu wakati wowote na mashavu yenye vidimbwi（薄薄的嘴唇似乎时刻都会绽出微笑，同时两边的脸颊露出两个酒窝）.

（7）Nusu na faraja na nusu na wasiwasi

Kwa kumwona tu utajua naye ni mwepesi wa akili na mjanja kidogo（一眼你就能看出他思维敏捷，还有点儿狡猾），mimi nimekuwa **nusu na faraja na nusu na wasiwasi**（我喜忧参半）. Wakati huo akili zangu zilikuwa zimeniduru kwa kufanya mbinu za kujizuia na kinywa changu kisije kikajaa manung'uniko yoyote（此刻我的大脑在快速转动，竭力避免怨言连篇）. Aliponiuliza kitu nikamjibu "Tutaongea baadaye" kwa kujihami（当他问我情况时，我以"以后再谈"作为保护自己的托词）.

（8）Nusu kuyaweka chini na nusu kuyatupa (machela)

Joto lile lilitokea baada ya mvua nzito kunyesha, wote walikuwa wametoa jasho（那股热浪出现在一场大雨之后，大家都汗津津的）. Wale waliobeba machela Banza na Chudi walikuwa hoi（抬担架的本扎和楚德累坏了），takriban wakawa **nusu wameyaweka chini na nusu wameyatupa**（他们几乎半丢半扔地放下了担架）. Walisimama wamenitolea macho, masuala mengi yalijitokeza nyusoni mwao（他们站在那儿盯着我，满脸疑惑），lakini hakuna aliyeuliza. Sijui kama walihisi midomo mizito au walishindwa kutunga masuali yenyewe（不知他们觉得张不开嘴，还是想不出该如何发问）.

（9）Nusu nimekaa na nusu nimesimama

Nilikurupuka kitandani, **nusu nimekaa na nusu nimesimama**（我从床上惊起，半坐半躺地愣怔在那儿）. Mwenzangu aliniuliza neno lililonirusha ghafla（我的伙伴问我为什么突然跳起来了）. Wakati huo nilikuwa sina mazungumzo ila muhemo tu, nikihema kama niliyefanya kazi saa 24（当时我说不出话，只

是喘息，像连续干了二十四个小时的活儿似的）. Kwa kuona hali yangu, akaanza kucheka na kujifukia chini ya mto kama kwamba mtoto alijifukia chini ya kwapa na maziwa ya mama yake kwa deko na kujipendekeza（见我这副模样，他把脸埋在枕头里大笑，就像孩子把头扎进妈妈怀里撒娇似的）.

（10）Nusu yao na nusu yetu

Tumeahidiana kuwa kila tukipatacho katika safari tugawane sawa bi sawa, yaani **nusu kwa nusu, nusu yao na nusu yetu**（我们相互约定路上所得同分共享，即对半分，一半归他们，一半归我们）, lakini wao wamevunja ahadi. Kuna kidimbwi cha maji mahali fulani katika jangwa hili na kwamba ingawa maji yenyewe ni **nusu tope**, bado ni maji, ndio kitu muhimu katika safari（沙漠中有一个水坑，虽则**水质半清半浑**，可也是水，旅行中断不可缺）. Wameziweka habari hiyo siri（对此秘而不宣）, ila mmoja kati yao ametutobolea **nusu nusu ya** siri hizo（只是他们当中的一个人向我们透露了一点儿**不清不楚的信息**）, sasa siri zao zimevuja kabisa toka sikio la mtu mpaka la mwengine（如今**他们的秘密已传得人尽皆知了**）. Kwa hali yoyote iwayo, tumeshawatoboa kwa kuwatazama（不管怎么说，**我们总算把他们看透了**）!

（二十七）句型句式（3）——代词叠用

（1）Hichi na hichi...

Ijapokuwa zamani wenyeji wa huko waliahidiwa kujengewa **hichi na hichi**, lakini kwa kweli walisahauliwa na hawakushuhulikiwa kwa maendeleo yoyote（虽然当初那里的当地人曾被许诺给建这个、修那个，但实际上他们早已被忘却，在社会发展方面他们一无所获）. Ajabu ni kwamba yanayovuma masikioni mwao kwa wakati huu bado ni **yaya kwa yaya**（奇怪的是，时至今日，人们耳朵里听到的还是原来那些话）. Wengi wakaanza kulalamika eti "Penye miti mingi hakuna wajenzi" na kwamba kama maongezi yao yakiwa **yayo kwa yayo** kila mara, watu lazima watachoka kuyasikiliza（许多人开始抱怨说"树多的地方人懒"，如果每次翻来覆去都是那些说辞，他们早就听腻了）. Ilhali sasa kuna habari ya kuwa baadaye mambo kidogo yatakuja kuwa heko na ya kutia moyo（不过，现在有消息说，以后情况将有所好转且令人鼓舞）.

（2）Hapa na pale...

Jua lilipungua ukali kufuatana na mwendo wake（随着时间的推移，骄阳的威力渐趋减弱）. Mtu aliyekuwa akinifuata nyuma kupitia sehemu ile yenye miinuko laini ya hapa na pale alikuwa kijana mwenye sura ya kutisha macho ya watu（跟在我后面一起穿过那个缓平高岗地带的是一位其貌不扬的青年人），sura ambayo ingetosha kuvunja unyumba wa jamaa wanaoishi kama mizani, yaani **leo kuzito huku kesho kuzito kule** kutokana na dukuduku la moyo（他那长相足以让一个原本和谐的家庭失去重心，即：由于心理紧张，今天往这边倾斜，明天向那边侧歪）.

（3）Hili na lile...

Ingawa alikuwa **akipanga hili na kupangua lile**, lakini bila ya mafanikio（尽管他东拆西建地紧忙活，但没见成效），na mwisho hili na lile hakuwa nalo kabisa, akajikuta hana namna hata kidogo, mambo yanabaki **hapo hapo**（结果是一无所获，发现自己仍然是茫无头绪，事情仍丝毫没有进展）. Akabweta kwenye kochi akijitahidi kujituliza kama mwanafunzi mtiifu mbele ya mwalimu（他拔着大气坐在椅子上，尽力让自己平静下来，就像一位谦卑的学生坐在老师面前似的）. Kabla hajapata jawabu thabiti, unyonge ulizidi kumshamiri kwa uzito mkubwa（未找到准确答案之前，他愈加感到自己的柔弱渺小）.

（4）Hiki na kile

Alikuwa **anajinong'oneza hiki na kupanga kile** bila ya kujua angefanya **hivi au vile**（他嘴里叨叨着这个，心里盘算着那个，搞不清自己是该这样干还是那样干）. Wakati sauti ile iliyobeba uzito wa madaraka ilipoingia masikioni mwake naye akanyamaza kimya kwa adabu kama mnyama mtiifu mbele ya mchungaji（当一个位高权重者的声音传进他耳朵时，他就像牧人面前听话的家畜一样规规矩矩地闭嘴），uso wa udadisi uliendelea kujiandika kwenye paji lake jembamba la maji ya kunde（棕色的长脸上闪现着一种察言观色的表情）.

（5）Yale na yale

Amefika hapa kwa kudura ya Mungu tu, **yale na yale** kijana hakuwa akijua（这青年到这里纯属上帝支使，具体事宜他概不知情）. Ingawa alitupiwa masuala mengi, lakini akanyamaza kimya tu, hakuwajibu watu la heri wala la shari（尽管他被问了许多问题，但他始终保持沉默，没有做出到底是好还是坏的回答）. Alikuwa hataki kubaki hapo kwa kuulizwa ulizwa（他不愿待在

这儿被人问来问去), kwa sababu papo kwa papo kamba hukata jiwe(因为**持之以恒，绳可断石**), ndiyo maana akategemea kuondoka mara moja na kurudi **huko huko** alikotoka(他期待立刻离开回到原出发地).

(6) Si nani wala nani

Bila ya kujali **haya na yale**, mnene huyu aliyekuwa pipa la kutosha akaanza kujionyesha lodi mbele ya watu japo si lodi(**这个像油桶一样的矮胖子毫无顾忌地在众人面前冒充富豪，其实他不是**). Wakati ukweli wa mambo ulipojidhihirisha, **si nani wala nani**, wote walikuja juu na kula mori, wakimrukia kwa kumchapa ovyo(当一切都真相大白的时候，不管张三李四，大家都怒气冲冲地凑上来，七手八脚地打了他一顿).

(7) Yupi ndiye yupi

Mchezo ulikuwa wa siku tatu tu, wanafunzi walioshiriki walikuwa sitini toka kila mkoa(活动举行了三天，参加的学生是每区60人). Mavazi sare (yunifomu) yalikuwa yanawapwaya pwaya wanafunzi kwa sababu ya wembamba wao na hata kuwafanya wazazi wao wasiweze kutambua yupi ndiye yupi(**由于身材瘦小，他们穿的统一服装显得十分宽大，家长们无法分清谁是谁**).

(8) Haya na haya

Baada ya zogo na mvurugano kuendelea, mmoja wa wakulima akapigwa ukucha wa shingo na mbwa wa bwanashamba na akafa **papo hapo**(在一片嘈杂混乱之中，一个农民当即被地主的狗活活咬死). Wakulima wakashindwa na kuendelea kulazimika kutozwa makodi **haya na haya**(农民失败了，他们被迫继续缴纳各种租税). Ijapokuwa waliumia kweli kweli, lakini walikuwa hawana hila, wote wakafumba midomo bila ya furaha(虽说他们受到了极大伤害，但没有办法，大家都不高兴地噘起了大嘴).

（9）Huku na huku

Huku na huku, dada mtu akazidi kumwamini kijana huyu, kati yao <u>pole pole pakaota urafiki wa aina yake</u>（一来二去，那姐们儿愈发信任这个青年，他们之间**慢慢地就产生了某种情谊**）. Haya yote yamesababishwa na uzito wa pendo ambalo bado bichi linaloanza kuchanua tu（这一切都源于深切的爱，一种新鲜而含苞欲放的爱）. Habari za karibuni zilizosikika **huku na huko** ni kuwa kivumi cha mtaani hakikuathiri hata chembe urafiki wao, bali <u>kikautia mafuta ya petroli ukawaka zaidi</u>（最新的消息是，街头流言丝毫没影响他们的友情，反而情同手足，亲密无间）.

（10）Papo kwa papo

Kuzuka kwa tukio hili si jambo la **papo kwa papo** tu, lazima kuna sababu yake maalumu（出这样的事绝非偶然，必有其因）. Basi wakati huo <u>akili yangu inaanza kutanga tanga ovyo, mara ikamate hili mara lile</u>（此刻**我的思绪开始云游四方**，时而想到这，时而想到那）. Ingawa nilijaribu kuongea na **huyu na yule** ili kupata ufumbuzi, lakini mwishoni suluhisho hamna <u>kabisaa</u>（我试图与**这个或那个人**进行交流，以便找到解决办法，但最后仍然未得其解）.

（二十八）句型句式（4）——Kasoro 等一组

（1）Kasoro (kasoro ya)

Aliporudi nyumbani akashituka kuona vitu vyote ameibiwa **kasoro ya** kitanda na godoro tu（回到家，他震惊地发现，**除了**床和床垫，所有东西都被偷光了）. Hakuweza kutulia tena, <u>akatapa ovyo</u> na kulia machozi kama mtoto mchanga（他无法平静下来，**急得乱蹦乱跳**，像婴儿一样大哭起来）.

另：Baada ya kuondoka kazini, karibu viungo vyake vyote vikatulia **kasoro** kichwa kilichoonekana kama bado kina mjadala mkali（下班后，**除了**脑袋还在紧张地思考着什么，他全身其他关节都松懈了下来）. Pole pole mawazo ya kwenda kumwona Hamidu <u>yalififia</u> hasa nikitilia maanani kuwa sisi ni watu wawili wenye tabia tofauti, yeye ni mtu wa kuwaza waza tu, hali mimi mcheshi wa kuongea ongea（慢慢地，想去见哈米杜的热情**消退下来**，尤其是考虑到我们是性格完全不同的两个人：他喜欢沉思，而我则爱说话）.

（2）Ila (Ila ya)

<u>Alichanua</u> na kupiga mwayo（他**伸着懒腰儿**打了一个哈欠）, harufu ya mabaki ya pombe na chakula iliyotoka kinywani mwake <u>ilitosha kufukuza pua ya mtu yeyote</u> yule **ila ya** mwenda wazimu asiyefahamu chochote（残存在肚子里的酒饭味儿从嘴里呼出，除了不懂事的疯子，**这足以让任何人捂着鼻子跑开**）. Labda harufu nzito ya waridi <u>kidogo yalimudu kupunguza msiba huu kwa watu</u>（也许，玫瑰花的浓烈香味**多少能减轻人们的这一灾痛**）.

另：<u>Alimrushia mkewe kofi kali lililomtoa damu puani, huku</u>

akimkemea kwa kishindo（他一巴掌抡过去，把老婆打得鼻血四溅，同时大声呵斥）: "Ebo! Shari ya nini tena（耍什么横）! **Ila** wewe, basi nani zaidi ana msululu wa wanaume kama ulivyo（除了你，谁有那么一大群男人跟着）? Hupendi mimi niwe hapa kwa sasabu mimi lofa（你不愿我待在这里，是因为**我穷**）! Yule kijana mwenye nywele nyingi na miguu ya pundamilia amekufanya bwege eti（那个满头乌发、长着两条斑马腿的小崽子**在耍你这个傻瓜**）!"

（3）Mbali ya (Mbali na)

Ng'ombe hula majani, lakini mengine huota; moto huchoma majani, lakini mazuri zaidi huchipuka（牛啃草，草又生；野火燎野草，野草又发芽）. Mapenzi yao yaliyokatwa kwa nguvu yangali mabichi sasa yamewarudia upya（他们之间刚刚萌芽就**被强行斩断**的爱情现在方兴未艾）. Mpenzi wake yuko mbele ya macho yake（她的恋人就在她眼前）, anaona **mbali ya** ndevu amekuwa bado ni yule yule Charles wake wa zamani（她觉得**除了**胡子，他还是原来那个查赖斯）, ndiye mume wake haswa aliyeandikiwa na Mungu tangu asili（他原本就是**她命里注定的**真正丈夫）.

另: Kilimo na viwanda ni kama ndugu pacha（农业与工业是一对孪生兄弟）. Lakini kilimo ndio uti wa mgongo wa maisha ya wanaadamu（但农业是人类赖以生存的基石）, kwa hivyo tusiache pima moja ya ardhi pasipo kulimwa（所以我们不可让任何一寸土地闲置）. **Mbali na** hayo, ni lazima kupumzisha shamba kila baada ya miaka miwili, na kulima mimea kwa zamu pia ni kitu cha lazima ingawa ardhi ya hapa ni safi inayokubali mimea yoyote（**除了**这些，必须推行两年土地**休耕制度**，而**作物轮作**也很必要，尽管这里的土地十分肥沃，适合各种作物生长）. La sivyo, udongo wa rutuba utapungua nguvu na hata kuchujika kabisa（不然，**地力就会减弱，乃至消耗殆尽**）.

（4）Zaidi ya (Zaidi kuliko, zaidi kulikoni, kuliko na hayo)

Ningeweza kufanya nini zaidi（我还能做什么呢）? Kwa kweli sina la kumjibu **zaidi ya** kumcheka na kumkublia（其实，**除了**嘲笑她或赞成她，我无从回答），maana nikimjibu namna yoyote <u>nitakuwa kama nimempungusa vumbi usoni na kumpaka matope mgongoni</u>（因为我不管如何回答她，**其结果都像是擦掉她脸上的灰尘，然后又在她的背上抹泥**）.

另: Nilipata <u>kususurika</u> karibu kila nchi humu duniani na kujionea mengi（我**游历**过世界上许多国家，见多识广）. **Zaidi kuliko** hayo **(Zaidi kulikoni, Kuliko na hayo)**, nimekuwa na nyumba tatu za fahari na magari manne（**除了**这些，我还有三处豪宅和四辆汽车）. Hata hivyo sijawa na furaha（虽则如此，我并不幸福），ujane mzito umenilemea hata nisiweze kupumua vizuri（单身生活压得我喘不过气来），nimekuwa windo lake（我成了它的猎物）.

（5）Licha (Licha ya)

Licha ya furaha kwa fanaka yake maishani（**除了**人生成就的欢愉），lakini pia kila mtu hapa duniani ana shida zake za kipekee zinazomfanya asipate usingizi mnono（世间每个人还有让自己睡不好觉的特殊困难）. **Licha** mimi, hata sote tunaweza kuwa hivyo wakati <u>tunapokosa dira ya maisha</u>（不光我，大家在**失去生活方向**的时候都会这样）.

另: Majarida yaliyokuwa mezani <u>yalisambazwa kama dagaa katika mchanga</u>（桌子上的杂志**像海滩上的达嘎鱼一样散落着**）. Mimi nilijaribu kutafuta karatasi ya kuandikia, lakini nikajikuta sina cha kuandika（我想找张纸写字，但又发现自己没什么可写）. Ilikuwa haifai tena kuyaacha mambo kama yalivyo（不能再让事情像现在这样了），yanipasa kuyarekebisha kwa moyo wa upendo kwa binaadamu **licha ya tofauti**（除了分歧，我必须以仁爱之心调整好一切）.

（6）licha ya kusema (sembuse kusema)

Licha ya kusema kumchukua mtoto wake, hata kukaa naye karibu kumekuwa marufuku（不要说抱她的孩子，就连坐在孩子旁边都是不被允许的）. Hafahamu kumezidi nini kwake（她不知道自己到底怎么了）. Basi amezungukwa na masuala mengi kichwani na kuingia katika vurugu la mawazo（许多问题在她脑袋里打转，思绪一片混乱）.

另：Alimkazia macho kama hamfahamu wala kuwa na uhusiano wowote（她目不转睛地死盯着他，仿佛根本不认识他，与他也没任何关系），kisha akaanza kumfokea kwa ukali: "Potea usoni kwangu mbwa wee（别让我再看到你这条狗）! Kila mrembo umemgeuzia maneno kama mkaanga samaki sembuse kusema mimi（你像个烧烤匠一样折腾着每个女人，更不用说我了）. Tazama, umenikondesha kwa kunilaza tongo macho（睁眼看看，你已经把我折磨得眼里长眼屎了）! Si ndiyo?"

（7）Kuacha (Kuachia mbali, Kuachilia mbali)

Alirudi na kijana aliyepevuka, wa urefu na unene wa wastani（她带回来的是一位稳重成熟、高矮胖瘦适中的青年）. Kwa wajihi alionekana kuwa ni mpole na mstaarabu sana, na bila shaka ana kazi ya maana na ya madaraka（从外表上看，他和蔼文雅，肯定有一份像样的工作和不错的职位）. Mtu kama huyo hakuonyesha dalili yoyote ya kuwa mhuni, achilia mbali kuwa mwuaji（像他这样的人，且莫说杀人越货，就连一点儿流氓习气都没有）. Kisha hao wawili wote ni wa hapa hapa mjini **ukiacha** wa sehemu nyingine（而且，除了外来者，他俩都是当地人）.

另：**Ukiliachia mbali** tahadhari ya kuwakuta wezi hao（且不谈不小心碰到窃贼这类事儿），suala pesa kwisha halikumkera kama lile la kupambana na magonjwa ya zinaa aliyoambukizwa（就是一文不名也不会使他感觉比感染上性病更烦恼）. Alilichukia jiji hilo lililomletea balaa（他仇恨这座给他带来灾难的大城市）. Jiji hilo, kwa mawazo yake kama yangeweza kusikizwa, angeomba lichomwe moto（这座城市，以他所想，而且假如这种想法能被采纳的话，他会要求把它烧成灰烬）.

（8）Thama na

Shimo lenyewe tulilomo lapata pima kumi kwa upana（这个洞本身有十英寸宽）. Lakini Andrew kichwani kajitwika sanduku moja lisilopungua futi moja urefu na inchi tisa upana（但我的同伴头上顶着一个长不少于一英尺、宽九英寸的箱子），peke yake asingeweza hata kuniburura mimi mjeruhiwa sembuse kunibeba（他一个人甚至无法拖走我这个伤号，更不用说背着我走了）. Mimi nilimhimiza asinijali na aondoke haraka（我催促他不要管我，赶快离开），lakini yeye alikataa akisema: "Sikuachi hata nikifa, sitakwenda peke yangu **thama na** wewe（就是死，我也不会留下你，**除非**和你一起走，我不会一个人离开这儿）!"

另：Saa za jioni kila kitu kilikuwa kimya kama mauti（傍晚时分，**到处都是一片死寂**）. Sisi tukatoka msituni, lakini njia ilikuwa imetupotea（我们走出森林，但找不着路了）. Hata hivyo tukajikongoja na kukazana na mbio kwa kadiri yetu（虽则如此，我们仍支撑着身体尽快行走）. Bali basi（而且），hata mimi mwenyeji tumekimbia wapi nilikuwa sijui seuze mwenzangu atokaye ugenini（就是我这个当地人都不知道我们到哪儿了，更不用说他一个外地人了）. Yote haya yasingalitupata sisi **thama na** Sharf（如果不是莎富，我们不会遭遇这种事）.

（9）Isipokuwa (Ila)

Wanafunzi wote katika darasa la pili wana sare **isipokuwa** wadogo wake Olga na Maura（除了她的弟弟奥拉噶和马吾拉，二班的所有学生都有校服）. Lakini fedha yake iliyosalia ni ya kumsukuma hadi kufikia tarehe ya kulipwa mshahara（但她所剩无几的钱只能维持到下次发薪）. Atapata wapi hizo hela za kununua sare（她从哪里去搞买校服的钱呢）?

另：Pamoja na haki, sisi hatuna haki（说到权利，我们没有权利）. Waswahili wanasema: "Penye udhia penyeza rupia（人到难处钱开路）." Sasa shida yetu haitapata ufumbuzi **ila** kwa njia ya kuwahonga wazito hawa（除了贿赂那些权贵，我们眼下的困难将无法克服）.

（10）Ondoa (Kuondoa)

Nisingependa wala siyo nia yangu hasa ya kuandika juzuu kuhusu shida walizozipata walimu katika maisha yao（我不愿意，也无意大书特书有关老师们在生活中遇到的困难）. **Ondoa** mkuu wa shule yetu ambaye ndiye aliyepewa fursa maalumu na serikali, walimu wengine wote wanalalamikia kuwa hawana vipato vya ziada, marupurupu yao ni shikamoo ya wanafunzi tu（除了我们校长享受国家特权，其他所有教员都抱怨没有额外收入，他们得到的奖励恐怕只有学生们的问候罢了）.

另："Waniona si lolote si chochote（我在你眼里什么都不是）, lakini umesahau kuwa mla nawe hafi nawe ila mzaliwa nawe（但你别忘记了，跟你同吃的人未必能与你共死，除非他是你生的）. **Kuniondoa** mimi, hakuna mwengine yeyote anayeweza kukusaidia kwa moyo dhati（除了我，不会有任何人真心实意帮你）!" Ni kweli hasa, haukupita muda naye akanipatia kazi ya uyaya kwa jamaa mmoja mwenye mke na watoto saba wadogo wadogo bila ya kuhesabu wale wangine wanane wanaosoma shule na kurudi nyumbani kila jioni（这是真的，没过多久，他给我找了一份做保姆的工作，那家的主人有老婆和七个小小孩儿，还不包括另外八个白天上学、晚上回家的大孩子）.

（二十九）句型句式（5）——彼此彼此

这是很常用的一种句式，语言形式相对自由，可以非此即彼，也可以非彼即此，还可倒装在整句话后面或用于短语中。

（1）Kama si..., basi ni...

Aliyetokea mbele ya macho yangu alikuwa kipandikizi cha mtu, mweusi wa rangi, macho mekundu kama pilipili hoho, kidevu chake safi kama yai（出现在我面前的是一个黑大个儿，两眼红如花椒，上巴光洁如鸡蛋），ndevu alizifuga kichungu chini ya mdomo（唇下蓄着一撮儿小胡子），mdomo ambao huwa una tabia ya kuanguka mara kwa mara kukielemea kiramba mchuzi（Kionja mchuzi, 或 nywele za kuramba mchuzi, 或 nywele za kuonja mchuzi）（他的嘴唇总习惯朝下翻动压挤那撮儿"**舔汤胡**"，类：**山羊胡子**）. Kwa jumla sura yake ilishabiki picha ya simba jike（总体来说，他长得蛮像一头母狮）. Hasa ni kwamba afya na nguvu zilimwendea mwilini vya kutosha（特别是他**身体显得十分健壮**），na alipovichanua vidole vyake husikika mifupa ikialika（他张开手时，经常会听到骨节嘎嘎作响）. Kwa kuisoma sura yake, mtu akilini humhukumu kuwa **kama naye si mpiga ndondi, basi ni mwanariadha wa Kongfu**（一看他那模样，人们脑子里会判定他不是拳击手，就是武术运动员）.

（2）Kama si..., yamekuwa (matunda)...

Sasa ndio majira ya kuvuna kisiwani kwetu Unguja（现在恰好是桑给巴尔岛的收获季）. **Kama si mikarafuu na harufu yake nzuri, yamekuwa matunda chokochoko ya namna mbali mbali** yakichumwa na wakulima kwa bidii ili yasije yakaharibika shambani na kuleta hasara kubwa kwa wakaazi wa huko（农民如果不是在紧张采收散发着浓郁香味的丁香，就是在采摘树上累累的水果，省得它们烂在树上给当地住民造成重大损失）. Nyuso za furaha zimeonekana kila upande jicho lilikoangukia humo kisiwani（用眼睛一扫，岛内到处都是欢乐的笑脸）.

（3）Kama si..., basi ni nani tena（不确定）

Yeye binafsi alidhani amefanya mambo yake kwa siri sana, lakini kumbe yalifahamika kwa wote（他自己觉得把事情做得密不透风，其实早已尽人皆知）. Siri ilivujaje（这个秘密是如何泄露的）? Mbeo akapiga kimya na kufikiri kwa muda mrefu（穆柏奥一声不吭地想了好半晌）. Alikumbuka siku ile mlango wa nyumba yake ilikuwa imesindikwa tu（他记得那天房门虚掩着），jirani Mseo alisukuma mlango na kuingia ndani kwa kujikinga na mvua（邻居穆塞奥推门进来避雨），huku akisema: "Kuta za nyumba hii zinawaka kwa chokaa mpya, bado mbichi wala haijajua maafa ya mvua ya masika（你这房墙新抹的石灰很亮堂，但还没干透，还未经受雨季的考验。注意**kujua**的用法）!" Basi naye Mbeo alikuwa akichezea chezea tai iliyomkaba vizuri rohoni na kujiuliza kimoyomoyo（穆柏奥用手捏弄着整整齐齐戴在脖子上的领带，心想）: "**Kama si kidudu mtu huyu, basi ni nani tena** anayeweza kuwatobolea watu siri hiyo（如果不是这个小人搞鬼，那是谁把事情捅出去的呢）?"

（4）Kama si ku-..., ange-...

Helen alikuwa anatabasamu na kumwangalia Kijambi kwa macho ya kuvutia kabisa（海伦微笑着用诱惑的眼神看着凯加穆比），huku akiitikia salamu zake kwa njia iliyomfanya amtukane, yaani kumwita jina la kupanga "Kima"（同时用一种招来骂声的方式回应他的问候，喊他的外号"猴子"）. Kijambi hakuamini kuwa kuna kuitwa hivi tangu azaliwe（凯加穆比生来就不相信他会被这么称呼），kwa hivyo aliingiwa na hamaki kidogo（所以他有点儿生气）. **Kama si kustahi angemsonya hasa**（假使不是出于尊重，他

早就朝她发出嘘声了）. Ni shukrani kwa Mungu alijizuia, basi <u>kisa kilikuwa kimepita kama hakuna lililotokea</u>（感谢上帝，他忍住了，**事情就这样过去了，像什么事情都没发生一样**）.

（5）Unge-... (mlio) kama si ku-...

<u>Mawazo yalinipitia akilini kama radi ipitayo angani</u>（这个想法像雷电一般从我脑海中掠过）. Ni nani asiyejua kuwa <u>kupiga bunduki ovyo kutarahisisha kukamatwa kwetu</u>（谁不知道乱开枪会招致我们更容易被抓），kwa sababu **mlio wa bunduki ungeweza kutusaliti na kusababisha tutekwe nyara kama si kuuawa**（因为这枪声会出卖我们，导致我们被俘，如果不是被杀的话）. Hili halikuwa lengo letu, niliamini kuwa <u>kuuawa kwetu ima fa ima si ibara ya Mungu</u>（这不是我们的目标，我相信被杀在任何情况下都不是主的旨意）. Basi niliangaza huku na huko nikagundua <u>penye majabali ambapo ndipo palipoweza kutupatia kingo na maficho</u>（我用眼扫了一下周围，发现一个有大石头的地方，正好可以掩护与隐藏我们）.

（6）Kwa sababu...kama si kwa sababu ya...

Kwa kweli alikuwa anaweza akarudi kabla hajaongea lolote la haja（其实他可以在没提任何要求之前退出来），**kwa sababu alikuwa na akili timamu kama si kwa sababu ya tamaa yake**（因为他有健全的头脑，如果不是个人欲望在作祟）. <u>Lakini dukuduku la rohoni lilipevuka ghafla japo meneja alivurumisha mafunda kadha ya kiko chake na kukohoa kwa sauti yenye uzito uliostahili cheo chake kama kumwambia kuwa</u> **kitendo chake hicho ni cha kujifedhehi kama si kununua lawama**（但他突然心血来潮，虽然经理叨着烟斗连续吐了几个烟圈儿，并用一种与他身份相符的威严咳嗽了一声，仿佛在告诉他说：他是自取其辱，如果不是故意找骂的话）.

（7）Itakuwa ku-...kama si ku-...

Kwa kuona alivyokuwa aking'uta jivu na kuzima sigara iliyoteketea mkononi mwake kama alivyofanya mtu wa kwenye sinema kila mara（见他做了一个电影人物常做的动作：掸了掸烟灰，然后把手中的香烟掐灭），mara nikafahamu kuwa bosi wangu amekwisha kata shauri（我马上明白他已做出最终决定），**hatima yangu kwa uchache itakuwa kukatwa mshahara kama si kufukuzwa kazi**（我的下场至少是砍薪水，如果不是被开除的话），na matumaini yangu yote aliyayeyusha kabisa（我的所有愿望都被他化为乌有）. Mkalia kuti kuanguka si ajabu, ijapokuwa sina nia ya kutafuta vipengee（椰树叶上坐，摔下不足奇，虽然我无意寻衅闹事）.

（8）Ni...kama si...

Alikuwa akimeza funda la mate tumboni na kuhangaika kwenda kunyenyekea kwa nduli yule ili ajaribu bahati yake（他把一口唾沫咽进肚子里，心神不安地向那个杀人魔王示弱，以碰碰自己的运气）. Ilikuwa dhahiri kuwa wenzake wengi hawapo tena mbele ya macho yake, bali wapo katika dunia nyingine（一切都很明白，他的许多伙伴在他眼前都不存在了，尽皆进入了另一个世界）. Kwa hivyo **uwezekano wa kukwepa adhabu ni finyu sana kama si kifo**（所以，摆脱惩罚的可能性小之又小，如果不是死的话）. Aliomba Mola amnusuru kwa hilo na jingine（他祈祷老天救他于水火之中）.

（9）Nasahau kama si kupuuza（这是一句成型的套路说法，可放在句子前面，亦可倒装在句子末尾）

Hapo mke wangu akinikumbusha nisisahau kumnunulia mkufu, basi nami humkubalia mara moja ingawa nikipata pesa zangu **nasahau kama si kupuuza**（这时我老婆如果提醒我不要忘记给她买一套项链，我会立马答应她，尽

管我有钱时早已把这事儿抛到脑后，如果不是故意疏忽的话）. Ajabu ni kwamba anajua wazi kuwa una pesa, lakini anafanya hata kampeni ya kupata ahadi（奇怪的是，她明明知道你没钱，还要发动一场让你向她许诺的运动）. Nafikiri anafanya hivyo ili mradi tu niamini kuwa yeye ndiye pekee wa kunizika（她这样做的唯一目的，就是让我相信她才是唯一一个为我养老送终的人）.

Nasahau kama si kupuuza kuwa mwenzangu ana haki ya kuthaminiwa utu wake katika kazi anazozifanya（如果不是疏忽，那就是我忘记了：我的同事有权要求尊重他在劳动中享有的人权）. Si kama mwanzo nilivyomlalamikia eti kazi zake zote ni bure, ni vishindo vitupu, sawa sawa na hakuna（不像之前我经常唠叨的那样，所谓他干的一切都是白搭，纯粹是瞎闹，等于没干）. Sasa najua wazi kilichomweka hapa ni nini（现在我明白了是什么让他留在了这儿）. Hicho ndicho kilichomfanya aishi vema na mkewe kwa vile yeye si mmoja wa makapera wa jijini humo（唯有如此，他才能和老婆很好地生活，因为他不是城里的独身汉子）. Imani ile ya kumsimanga imenihama kabisa（至此我嘲讽他一番的想法一扫而空）.

（10）Kama si...（注意用于短语的用法）

Chumba hiki kusema haki ya Mungu si chumba ambacho ungetegemea akae kiumbe huyu chotara mwenye asili ya kiafrika na kiarabu kama si kizungu（天地良心，这所房子并不适于一个非洲人或阿拉伯人，如果不是与欧洲人的混血儿居住的）, kwa kifupi ni kichafu mno（简单地说，非常脏）. Harufu ya bia ndiyo iliyotawala humo ndani（啤酒味儿充斥着整个房间）. Kitanda kimoja kilikuwa kimetandikwa **kijigodoro cha inchi nne kama siyo tatu**（床上铺着一块四英寸宽，如果不是三英寸宽的床垫）. **Kama si kwa** ujuzi wa kutosha wa kukwepa kwepa niliokuwa nao, **pengine ninge**jitia uchafu mwingi katika nguo nilizozivaa（倘若不是有躲躲闪闪的本事，我可能早已把身上穿的衣服蹭得脏兮兮的）.

（三十）句型句式（6）——拿捏不准

（1）不知何去何从

Uso ulimbadilika aliponiona mimi（他一看到我，脸色就变了）. <u>Mdomo ulimwanguka</u>（他耷拉着嘴角）, <u>macho yalimtoka pima na mwili kutingisika kama mtu aliyeponea chapuchapu toka tairi la gari</u>（眼珠子都快瞪出来了，就像刚从车轮下死里逃生一样，全身瑟瑟发抖）. <u>Nilimwona akisita, na kusita kwake kulikuwa kwa nukta moja au mbili hivi, kama mtu aliyejikwaa</u>（我看他大约迟疑了一两秒钟的样子，就像一个脚被别人猛地绊了一下的人）. Mwisho akabaki mikono juu ya kichwa, **kashindwa kujua atokako wala aendako**（最后，他双手抱头，不知道何去何从）.

（2）不知该拿该放，该添该减

Kuitwa mzembe na mtu ambaye <u>nilimpita kwa umri na cheo ni kitu kilichonikera sana</u>（被一个年龄和职位都比我低的人称为懒汉是件让我心里很不舒服的事）. Ulisikia wapi afisa wa cheo cha juu <u>akafanya uzembe wa kuchezea vielelezo vya mauaji kabla havijapigwa picha</u>（你在哪里听说过一位高级警官在没有对凶杀现场拍照取证前就草草处置）? Huu ni uzembe wa hali ya juu sana, nao utavuruga uchunguzi wa polisi（这是极其不负责任的行为，势必影响警方的调查结果）. Nilipiga kite na kushika tama（我双手托着腮帮叹息着）, nikjiihisi mwili kuninyong'onyea kabisa（感到全身骨头松软无力）, **sikujua nimshike nani na nimwache nani, lini yahitajika kuzidisha na lini yafaa kutoa**（不知该抓住谁，该放弃谁，以及何时该添，何时该减）. Mpaka sasa sijakuwa na hukumu safi kichwani mwangu（直到现在，我脑袋里也没有做出明确判断）.

（3）不知何去何从

Ugomvi baina ya hiari na dhima umeanza moyoni mwake, anaona amekuwa masikini kuliko umasikini wenyewe（甘心情愿与承担责任之间的一场博弈在他心中展开了，他觉得自己是个无比可怜的可怜虫）. Nimejiona kama nimo katika safari isiyojulikana inakoanzia na inakoishia（我觉得自己仿佛走在一条不知哪儿是头儿、哪儿是尾的路上）. Mara nyingine hata anahisi uhai wake uko mashakani, milango ya jahanamu ipo wazi ikimlaki kwa shangwe（有很多次，他甚至觉得生命危在旦夕，地狱之门业已向他敞开，正热烈欢迎他）. Kwa saa hizi amekuwa **hajui atoke wapi na aende wapi, na kwa dhamiria ipi**（当下他已不知何去何从，以及目的何在）.

（4）不知是进是退，是走是留，是哭是笑，是拿是放

Mimi ni msichana nisiyeelewa ujanja wa wavulana（我是一个不了解小伙子们心声的女孩儿）, nisiyejua mtu akipenda kweli yukoje na akidanganya yukoje（分不清谁是真心实意，谁是逢场作戏）, nina wasiwasi nisije nikajitumbukiza mtegoni（我担心自己会跌入圈套）. Kijana Sinadogo jana alinipa tabasamu lisilosahaulika ambalo bora nisilikumbuke（昨天，小青年希纳多格给了我一个难忘但我最好不要记住的微笑）, na tabasamu lake lile, loo, hata una huzuni kiasi cha kufa, ukiliona tu, uzito wa majonzi yote yatakutoka na kukuacha na moyo mwepesi（好家伙，那个微笑，即使你有天大的悲伤，只要见到它就会一扫而光，变得轻松愉快）, lakini kwa upande wangu mara nyingi nami humwona kama ni mjanja ambaye huzoea kukutilia huku na kukutendea kule wakati akiingiliana nawe（但从我这方面来讲，我多次发现他与别人交往时，经常神出鬼没，让人摸不着头脑）. **Mimi nimepelewa pale nisijue niende mbele au nirudi nyuma, nikimbie au nisubiri, ningecheka ningelia, ningemshika ningemwacha**（我在那儿尴尬不已，莫衷一是，不知是进还是退，是走还是留，是哭还是笑，是拿还是放）.

（5）不知是来还是去

Yeye ni rahisi <u>kukanganyikiwa</u> na kukata tamaa ambako ndio mwiko niliyopewa na wazazi wangu（他极易**思想混乱**，灰心丧气，而我父母则一向**禁止**我有这类表现）. Kwangu miye, kadiri matatizo yanavyonizidi, ndivyo ninavyoweza <u>kutafuta njia ya kuyapambanua</u>（对我而言，越是困难越要**想法解决它**）. Lakini yeye tofauti kana mnavyomwona sasa（可他不同，就像你现在所看到的）, naye <u>amekwenda huko na kurudi huku kwa matao, mikono yake nyuma</u>（他**倒背着手**，迈着四方步踱来踱去）. Ni wazi kuwa <u>kazama katika mawazo mazito</u>（很显然，他已陷入深思）, <u>kichwa chake kama kimeegemea juu ya kaa la moto na kuokoka kwake kunategemea maji</u>（他的头就像倚靠在炭火上，急需水来救援）. **Amekuwa akisitasita mithali ya mtu asiye na uhakika kama aje au akimbie**（他犹犹豫豫，就像一个没有主见的人，不知是来还是去）.

（6）不知从何开始：是哭还是默不作声

Kiasi cha kuingia tu chumbani kwa mzee wangu nikazikuta kuta za humo ndani zimefunikwa na <u>vumbi la miaka</u>（刚一进老人房间，我就发现里面的墙上挂满**多年的积尘**）. Nikawa sina budi kuinama hivi kwa huzuni（我不由得伤感地低下了头）, **sikujua ningaanzia nini: kulia au kunyamaza**（不知道该从什么开始：是哭还是默不作声）. Watu husema kuwa askari polisi wanawafahamu wahalifu na kujua **waanzie wapi na waishie wapi** ili kuwatia mikononi, kamwe <u>hawazembee kutoa michango yao</u>, lakini mimi hapana（人们说警察了解罪犯，知道从哪儿开始到哪儿结束来抓捕他们，从不偷懒惜力，可我做不到）.

（7）不知该抓哪儿，该看哪儿，该说什么，以及该向谁说

<u>Alihisi macho ya kila mtu yamemfuata hatua zake</u> baada ya msukosuko

ule（那场危机发生之后，**他觉得每个人的眼睛都在盯着他的脚步**）. Alipofika barazani <u>alizidi kuhisi hesabu na uzito wa macho ya watu yaliyokuwa yakimwandama na kumwelemea</u>（当他到达议事现场时，**他愈发感受到人们眼睛盯视他的频率与压力**），**asijue ashike wapi, atazame wapi, au aseme nini na na nani**（他不知道该抓哪儿，该看哪儿，该说什么，以及该向谁说）. Alibaki amejikunyata kama jogoo aliyenyweshwa mvua na kujiinamia mfano wa kuku mwenye kideri（他缩在那儿，活像一只雨打的公鸡或一只生瘟病的母鸡）.

（8）是开门还是不开，或者干脆装睡

<u>Usingizi ulikuwa ndio unaanza kunishona shona</u>（睡意刚开始向我袭来），lakini sauti nene ya mzee yenye kubembeleza bembeleza kutoka nje ya mlango niliihisi mwilini pote（但门外传来老人那浑厚的劝导声，牵动着我全身），<u>nikagutuka kama mtu aliyekuwa akiota ruya ya kuogofya</u>（我像一个刚从可怕的噩梦中惊醒的人）. Kwa kawaida nilalapo huwa silali fofofo（通常我睡眠很浅）. Kitu chochote kinaweza kuniamsha: mvumo wa gari au ndege, kengele ya simu au saa, mbweko wa mbwa au kilio cha mtoto mchanga, kuitwa jina langu au kutikiswa tu（任何动静都可能把我吵醒：汽车或飞机、电话铃或闹钟、狗吠或孩子哭、喊我的名字或捅我一下）. Na sasa basi, <u>mawazo mawili sambamba yakaniparamia kwa mpigo</u>（此刻脑子里一股脑儿涌现出两种并行的想法）: **nimfungulie mlango au nisimfungulie, au hata nijifanye nimelala fofofo**（是开门还是不开，或者干脆装睡）?

（9）不知该抓住哪儿，放弃哪儿

Mkutano wangu na baba ulikuwa <u>wenye uzito na mvutano usiopimika</u>（我与父亲的见面**气氛沉重且争论不断**），**nikashindwa kujua nishike wapi na niache wapi**（我不知道该抓住哪儿，放弃哪儿）. Dakika mbili zikapita, mimi niliziona zikipita <u>kwa taabu kama miaka ya njaa kubwa</u>（两分钟过去了，

我感觉艰难得像在大饥荒中度过了好几年）. Basi nikalitungua koti langu nikalivaa haraka（我解开外衣，迅速穿好）. Wakati nilipotoka nikakwaa kitu kama ndoo nje ya mlango na ikaanguka na kufanya kelele（我刚一出门就踢翻了一只铁桶，发出哐当哐当的噪声）.

（10）不知情况会怎样：我是被接纳了，还是被抛弃了

Kwa jinsi ile, shughuli zote zimekwisha niandama mimi na mimi peke yangu, hakuna wa kuniongoza katika nyendo zangu（那样，所有的活儿都集中在我一个人身上，没有人指导我如何行动。注意 **mimi na mimi** 的用法）. Taabu iliyonipata zaidi ni kuwa **sijui itakuwaje: nikaribishwe au nitupwe**（让我感到作难的是，我不知道情况将会如何：我是被接纳了，还是被甩掉了）？ Wakati niliposikia habari ya uhakika ndipo nilipojisikia kuwa mwepesi mwili mzima kama kwamba nimetua gunia la mchele toka mgongoni lililonielemea（当我得知确切消息的时候，我顿时感到全身轻松，就像卸下了压在背后的米袋似的）. Niliinua macho taratibu nikitingisha kichwa na kutabasamu vitamu（我慢慢抬起头，点着头露出甜蜜的微笑）.

（三十一）词语搭配（1）——极限配置

1.第一类组合（极其，绝顶…）

（1）Kufurahi hadi ya kufurahi

Sikukuu mbili ndiyo kwanza zitaangukia tarehe moja（两个节日正好赶在同一天）. Rais atakuwa na salamu za kutoa, waziri mkuu pia atakuwa na ujumbe maalumu kwa wananchi wake, na hata spika vile vile atatoa mkono kwa wana wa ardhi hii（这块土地的主人，或这块土地的儿子）. Nchini kote sasa kumekuwa na pirika pirika za kujizatiti kwa kusherehekea sikukuu hizo（紧张忙碌地准备节日庆典）na watu wa sampuli sampuli kujiunga nazo kwa nyuso kunjufu（各界人士欢天喜地地参与其中）. Wananchi watachachawa na **kufurahi hadi ya kufurahi** kwa kuyapigia heko mafanikio ya nchi yetu katika ujenzi（人民将欢呼雀跃、兴高采烈地庆祝我国在建设中取得的成就）, ngoma za kijadi zitangurumishwa na kuchacha (kuchaga) mpaka usiku wa manane（传统舞蹈将震撼登场，届时将高潮迭起，一直延续到深夜）.

（2）Kuchangamka upeo wa kuchangamka

Rais wetu anawapenda wananchi wake kama pumzi ya maisha yake mwenyewe（与人民同呼吸共命运）. Bila yake yeye, umoja wa raia ungevurugika na nchi kuingiwa na mafarakano, hata pengine ghasia zingefumka（没有他，人民团结会遭到破坏，国家会陷入分裂，**甚至会发生骚乱**）, jambo ambalo lingechelewesha shabaha za maendeleo ya nchi（**势必会延误国家发展目标的实现**）na kuwafanya wananchi wabaki katika hali duni. Sasa utaratibu wa kusherehekea sikukuu ya taifa umepangwa tayari, wananchi **watachangamka** upeo wa kuchangamka kwa kufurahia tamasha za kila namna（人民将群情振奋地观赏各类表演）.

（3）Kulia mwisho wa kulia

Sisi wawili ni kama ndugu tuliozaliwa tumbo moja, heri yake heri yangu, shari yangu shari yake（我们俩像一奶同胞，有福同享，有祸同当）. Nimemshiba sana tena sana rafiki yangu huyo（这个朋友让我感到心满意足）. Si yeye wala mimi（不管是他还是我）, sote tunatendeana kwa moyo mweupe, kila mmoja humpenda mwenzake kuzidi kiasi（我们俩都是开诚相待，感情甚笃）. Mama yangu alipokuwa mahututi（生命垂危之际）alituagiza kwa kunena: "Wanangu, naona uhai wangu ni haba kuliko mauti（我觉得自己活不长了）, kufa nife tu, hicho ni kitu cha kawaida, msiwe na huzuni（死就死吧，这也没啥，不必悲伤）!" Muda mchache baadaye mzee akapapatika kidogo na kufumba macho（抽搐了几下，就闭上了双眼）. Sisi **tulilia mwisho wa kulia** kwa kuondokewa mama（我们为失去妈妈而哭得死去活来）.

（4）Kujipura ukomo wa kujipura

Basi mchana huo mimi **nilijipura ukomo wa kujipura**（这个白天，我尽情打扮了一下自己）. Niliivisha mikono na miguu kila aina ya ghasia, na masikioni nikapiga hodi hodi mpaka nikafaulu kuazima hereni za dhahabu（我的手臂和腿上都戴满了各种各样的叮叮当当的玩意儿，还挨家敲门，直到借到金耳环，戴在耳朵上）. Nywele nilizichana mtindo wa Afro na kuzitia rangi ile ya pinki（头发梳成非洲流行式样，涂成粉红色）. Kwa jumla nilijipamba bila ya kusaza（总的来说，我打扮得可谓一丝不苟）. Wengi wenzangu walinitania: "Loo, Ismail leo, hala hala, mama mtu dume（唔，伊斯梅尔，今天怎么啦，快看快看，一个男娘们儿）!" Hata Nemhina pia akaangua kicheko: "Angalia usije ukatiwa kwenye mfuko wa koti, haki ya nani uko kama malkia（当心点儿，别让人装进口袋里带走了，谁让你把自己打扮得像皇后呢）?"

（5）Kujibidiisha kilele cha kujibidiisha

Kwa wajihi, ni vigumu kujua umri wa babangu kwa kukadiria（从外表上看，很难估计出我父亲的真实年纪）, hata hivyo amekuwa mzee kutokana na kuyaendesha maisha ya familia kwa kutegemea mpini（虽然如此，但他靠锄把子养家糊口，他已经变老了）. Naye huondoka nyumbani na kwenda shambani asubuhi na mapema na kurudi wakati wa machweo（他总是一大早下地，太阳落山才回家）. **Anajibidiisha kilele cha kujibidiisha** katika kulima, kwa sababu anajua kuwa wanafamilia wake wote wanategemea kula jembe lake（他用尽所有力气耕种土地，因为他明白全家人就靠他的锄把子过活）. Kwa bidii zake hizo za kazi amejenga jina miongoni mwa watu wa vijijini（他的这种勤奋使之在村民中建立了好名声）.

2.第二类组合（高潮，顶峰…）

（1）Kufika upeoni

Nilipoinuka kwa kujinyosha hivi nikaikuta miguu kama si yangu tena na ilikufa ganzi kabisa（我站起来舒展了一下身体，发现腿好像不是我的，完全麻木了）, kisha hali hiyo kwa nusu mwezi ilinitatiza tatiza（这种情况折磨了我半月）. Ama kweli, kutembea nje angalau pole pole ni bora kuliko kusaga matako nyumbani（还真是，在户外哪怕慢慢溜达也比坐在屋里磨屁股强）. Baada ya mazoezi mengi ya kujijenga mwili（健身）nje ya nyumba afya yangu ukanirudia. Wakati nilipopata yakini kuwa yote hayo ni kweli siyo ndoto（当我确信这是真的，而不是梦时）, **shangwe niliyokuwa nayo moyoni ikafika upeoni**, nikajiona kama nipo peponi（内心的欢跃达到巅峰，仿佛自己是在天堂里）.

（2）Kufika kileleni

Binti Mary ni mtu anayekunywa pombe kama togwa（女孩儿玛丽喝酒

就像灌凉茶似的）. Kila akikanyaga ndani ya chumba cha vinywaji, <u>ashiki ya ulevi mara humpanda na kumwenea mwili mzima kama umeme</u>（每当双腿迈进酒馆，**全身就如中电一般酒性大发**）. Na leo hivyo hivyo, hasa anapokumbana na Bw. Adamu klabuni, **furaha yake imefika kileleni** kwa <u>kujaliwa kuangukiwa nyota mwokozi</u>（今天也不例外，特别是碰上阿达姆先生时，**就像天上掉下个救星**，那股高兴劲儿就到顶儿了）. Naye anamkonyeza mwuzaji wa pombe jicho la kushoto na kuchezesha kope zake kama mchanga umemwingia machoni（她朝酒保挤了一下左眼，睫毛忽闪忽闪的，像眼里迷进了沙子）, huku akinong'oneza kwa sauti ya chini（同时低声咕哝道）: "Nipatie tu pombe, atalipa yeye, <u>yule kizito</u>（上酒，埋单的来了，那人可是个重量级的家伙）!"

（3）Kufika ukomoni

Toka asubuhi sijagusa chakula, na njaa imenishona barabara, ninaanza kula keki（从早晨到现在一直没吃饭，我饿得够呛，于是开始吃甜点）. Lakini ninapomeza keki hiyo <u>nimeusikia ugomvi uliochukua nafasi humu tumboni mwangu baina ya michango midogo na mikubwa</u>（刚吃一口，**就感到肚子里大大小小的馋虫就咕噜咕噜闹翻江了**）. Baada ya kunywa <u>funda moja la soda</u>, **sauti ya shukrani iliyotoka tumboni inasikika imefika ukomon**i kati ya hawa niliokaa nao（喝完一口汽水之后，肚子里回馈过来的感谢声达到高潮）.

（4）Kufika ukingoni

Niliponyanyua miguu kuingia uani nikamkuta babangu mdogo anatapatapa juu ya mkeka kama mtu aliyepagawa, <u>huku msamiati wa Kiingereza akiumwaga bila ya mpango wala kituo</u>（当我举步走进院子时，见我叔叔像中了邪一样，**正坐在席子上撒酒疯，乱七八糟的英语满嘴乱说**）. Na nilijua kuwa **mbio zake za sakafuni zimefika ukingoni** kutokana na hali halisi ya mwenendo wa biashara yake, yaani kodi imekiuka mapato（从他经商的真实情况看，**他已经走到了绝境**）. Sasa <u>pombe aliyoibugia ilimpa matunda yake, harufu ya kileo iliathiri hewa yote ya uani ambayo nilijihisi kama nimeipata kwa nguvu zaidi, ikinizungusha kichwa</u>（现在**灌进肚子里的酒已经在他身上发作，酒味儿弥漫在整个院子里的空气中，我感到这酒味儿越来越冲，熏得我晕头转向**）.

（5）**Kufika mwishoni**

Nilikwenda kutafuta chai ingawa muda ulikuwa wa chakula cha mchana（我去寻早点吃，尽管时间已经到了吃中午饭的时刻）. <u>Sijali nitakuwa nimechanganya milo kwa wakati mmoja</u>（**我不在乎把两顿饭合二为一**）. Basi nilipata mkahawa mmoja nikaagiza chakula na kukila, mara <u>kiumbe mmoja mfupi aliyejibandika kilemba cha debwani ambaye macho yake kidogo ni makubwa na hana masharabu wala ndevu</u>（一只眼睛有点儿大，没留长短胡须，头上缠着头巾的矮个子）akaingia na kukaa kwenye meza moja karibu nami, hapo hapo nikatambua kumbe ni Sharifa, <u>mhalifu mtoro aliyehusika na kesi ya kuhalalisha peza zilizopatikana kiharamu kwa kujisafisha nazo</u>（**参与洗钱活动的逃犯**）. Niliwaza kimoyomoyo: "Naam, <u>simba hawezi kumwacha mbuzi, ni ajabu ilioje iwapo mbuzi atajipeleka mwenyewe katika makucha ya simba</u>（**狮子不会放过山羊，现在山羊竟自跳到狮子的爪下，多么令人惊讶呀**）? **Leo ujanja wako umefika mwishoni mwake**（**今天你的狡猾伎俩玩到头儿了**）!" Nikiwa polisi nilikuwa siishi <u>kumtupia macho kichinichini japo nilijifanya sina habari ya lolote naye</u>（**装作没事人似的用眼睛悄悄盯着他**）, hata nilikuwa na imani kuwa naye pengine alikuwa <u>ananiangalia kiwiziwizi pia</u>（**也在偷偷看我**）.

3.第三类组合（超常，过界…）

Kupita, kuzidi, kuruka, kuvuka, kupindukia 等动词可与 **Kiasi, upeo,**

kimo, budi, kikomo, kiwango, mpaka 等名词形成多种组合。

（1）Kupita budi

Kwa wakati huo nilikuwa na umri wa miaka 19, <u>kipande cha mtoto-tipwatipwa</u>（那年我十九岁，**一个十足的胖丫头**）. Meneja kuniona tu akapapatika kama paka kuona samaki na kudhani mimi ndiye mchumba niliyetumwa kwake na Mungu ingawa kiumri atosha kuwa babangu（一见到我，那经理就哆嗦得像猫见了荤腥一样，仿佛我就是上帝派给他的恋人，尽管在年龄上他足以当我爸爸）. Basi kuanzia hapo <u>mambo yalinigeukia rangi, naye mkubwa huyo alikuwa hubwata hili na lile</u>（从那时起，**我的日子就不好过了，这位领导经常荒腔走板**）. **Mambo yalipopita budi**, <u>nilimkatilia katakata</u>（当事情闹得过分时，**我断然拒绝了他**），jambo ambalo lilimfanya bosi wangu kushikwa na mori kubwa（这事儿让我这位头头十分恼火），hata povu jeupe lilimtoka mdomoni na uso kuwa mwekundu kama mvuta bangi（甚至嘴里吐出了白沫，脸红得像吸了大麻似的）. Siku ya pili nikapata kibarua cha kuachishwa kazi <u>kwa vijisababu mbali mbali</u>（我次日便接到了以**莫须有的过错**而被解雇的通知）.

（2）Kuzidi kimo

Mimi niliugua tumbo na kwenda kumwona mganga <u>mzee mwenye miwani kama iliyoiota juu ya pua</u>, nikaambiwa <u>nilete choo na haja ndogo</u>（我肚子不舒服，就去**眼镜就像长在鼻梁上的老大夫**那儿求药，他告知我先取送大便和尿）. Baada ya masaa mawili, mzee alikuwa kashika makaratasi mkononi na kuniita jina（两个小时后，老先生手里拿着化验单喊我的名字）. Alizungusha pua yake, huku miwani ikicheza cheza, akinena（他抖动着鼻子，动了动眼镜，然后说）："Baada ya kupimwa vizuri, tunaona u mja mzito（经过仔细化验，证明你有喜了）!" Kusikia hayo nikashangaa loo, <u>mimi mtu dume nimebandikwaje mimba</u>（听了这话，我惊讶不已，**我一个大老爷们儿**

怎么就怀上孩子了）! Ole wangu, **habari zikizidi kimo, ukweli hupotea**（我的老天，**事情过了界，真理可就没了**）!

（3）Kuvuka upeo

Siku hizi <u>giza kuu huninyemelea roho yangu na pumzi hunisakama</u> tangu siku ile niliposhuhudia tukio la mtu kuuawa na <u>kukatwa katwa kuwa nyama tupu</u> barabarani（自那日当场看到一个人在马路上被砍杀并**被剁成肉泥**之后，**我心里总觉得有个阴影在跟随着我，连呼吸都感到压抑**）. Nimepata kuona ukatili wa aina nyingi katika maisha yangu, **lakini huo wa juzi umevuka upeo**（我一生中见过许多惨不忍睹的事，**但日前这一幕的残酷程度无以复加**）. Nasikia mwuaji <u>ameshakamatwa yu hai wakati alipojitetea na bastola dhidi ya msako</u> wa askari polisi（听说凶手**在持枪拒捕时被警察生擒活捉了**）.

（4）Kuruka mpaka

Mke wangu naye huamini kuwa pesa zake zikionekana machoni mwangu mara nyingi huishia katika miradi ambayo yeye mwenyewe anaishia tu kuisikia masikioni mwake（我老婆总是相信她的钱只要被我看见，多数情况会被用在我那些她只是听说过的项目）kwa sababu mkopo wa biashara ninaoufuatilia benkini sijapata bado uhakika wa mafanikio nao（因为我向银行借贷的事还没有确实把握）. Aliniamsha mara nyingi nisipanue ovyo miradi yangu ya kibiashara, lakini shauri lake huchukuliwa nami kwa moyo nusu tu（她多次提醒我，不要胡乱扩张我的商业项目，可我只是半心半意地听）. **Hekaheka zangu ziliporuka mpaka**, miradi yangu miwili ikafilisika, pesa zake zote zikazikwa nami bure（当我把事情做过头时，我遭遇两个项目失败，她的所有钱都被我葬送掉了）. Niliomba msamaha kwake japo sikuelewa msamaha huo ungetolewa kwa misingi gani（我请求她原谅，尽管我说不清她凭什么要原谅我）? Hata hivyo hakunilaumu sana, akinena: "Umeona sasa mambo yamekupata, mkaidi hafaidi mpaka siku ya gadi（另一说法 为 ...mpaka siku ya Idi）（你看，现在倒霉事儿找到你了吧，这叫不撞南墙不回头）!"

（5）Kuzidi kiwango

Safari ndefu hii ya kutoka Tanga mpaka Nairobi ni rahisi kuweza mtu ukasinzia humo njiani（途中很容易犯困）, Kokwa atakuwa macho kunigeukia na kufanya lolote lile ingawa kwa wajihi ameonekana mwenye msaada sana na kunipendekeza tena na tena kuwa bora kwenda kuonana na mzee uso kwa uso kuliko baruani japo barua ni nusu ya kuonana（届时，考蒯会明目张胆地跟我翻脸，并对我做出任何事情，尽管表面上他表现得乐于助人，并反复建议我：去面见老先生比通过信函联系好，虽说书信来往如半见面）. Mimi si mparamia mambo bila ya kufikiri, kwa hivyo nimejipakia kutafuta nafasi ili nikae na kuwaza la kufanya（我不是一个粗线条的人，就拖着身子找个地方坐下想该咋办）. Kwa vyovyote vile sina haja nisumbuliwe sumbuliwe na kujipalia makaa bure（无论如何，我也不愿招来麻烦，自寻不快）, kwa kuwa sina imani naye Kokwa, mtu mwenye ujanja uliozidi kiwango（一个超级滑头）na kushukiwa kama ndiye mshiriki mmojawapo wa kesi ya kumwua mama yangu. Kwa kufikiria hayo, chuki imenijia katika kila tone la damu linaloingia na kutoka katika moyo wangu（想到这些，流动在我心里每一滴血都充满了仇恨）.

4.第四类组合（无比，无数…）

该组合的常用搭配词为 Idadi, hesabu, kiasi, mfano, kifano, kifani, 以及 Kuhesabiwa, kupimika, kukadiriwa, kukisiwa, kumithilisha, kufananisha, kupoinganisha 等。

（1）Yasiyohesabika...

Usidhani kuwa ana **furaha isiyopimika** moyoni mwake. Kwa kweli uchungu uko katika kifua chake **bila ya kiasi (bila ya hesabu)**, hasa ni kwamba katika mwezi huo mmoja alipatwa na **mengi yasiyohesabika** ya kumwudhi （这个月他碰到无数烦心事）, lakini lililozidi kumharibu akili yake lilikuwa mazungumzo yake na Musa, na sasa hawezi tena kuwaficha watu kwamba hata yule Musa anathubutu kumchamba hadharani, hivyo pogo la mateso aliloongezewa moyoni **halikisiwi**（而最让他伤脑筋的是他与穆萨的那次谈话）. Mazungumzo yale yalimchafua moyo **bila ya kukadiriwa**（对他造成的心理伤害无法估量）. Alijipurukusha ili zimtoke fikra alizokuwa nazo（他曾试图假装没发生这事儿，以便摆脱困扰）, lakini akashindwa, hata usingizi ulimruka（但他失败了，一下子睡意全无）.

（2）Bila ya idadi (kiasi, hesabu)

Mifano tunayo **mingi bila ya idadi** kuhusu sifa ya rafiki yangu huyu, lakini huo ufuatao peke yake unatosha（关于我这位朋友的优点，我们有无数例子可举，不过下面这个就足够了）, yaani kila watu wakituhumiwa shaka au ila fulani katika tabia au kazi, naye hutumiwa kama mfano wa kutakasa shaka au tuhuma hiyo（每当人们被怀疑在品格和工作上有不轨和瑕疵时，他总是作为厘清这些疑虑的样板被拿出来展示）. Anafaa kuwa <u>mwenge kwa wengine wote</u>（他应该是**引导大家前行的火炬**）, kila mara namhimiza mwanangu amwige（我经常劝说我儿子以他为榜样）: "Usifanye yoyote mabaya kinyume cha mategemeo yetu（你不要做任何违背我们意愿的坏事）, la sivyo <u>utakuwa mdomoni mwa kila mtu</u>（否则就会**受到大家唾骂**）, na sisi wazazi wako <u>si macho hayo yatakayotugeukia</u> tukipita njiani（而且作为你的父母，我们走路时**不是也会被许多只眼睛盯着看吗**）?"

（3）Haina mfano...

Mama mzee Kimasa ananiangalia kama hajawahi kuniona（吉玛萨老妈妈盯着我，好像没见过我似的）. Mimi <u>nimefuatana naye unyounyo (unyonyo)</u>

na kumshindikiza mpaka kwake nyumbani（我紧跟着老太太，把她送回了家）. Taabu iliyompata mzee katika maisha ilikuwa **haina mfano wake**（老人一生中遭遇的苦难无以复加）. Hebu tazama miguu yake iliyobaki wazi, nayo ni miguu iliyochakaa kupindukia kiasi kutokana na kung'ang'anaa na kujaa masuguru mithili ya matofali madogo madogo ya saruji（看看她那双光脚，那是一双因干瘪而显得过分苍老且布满硬若小水泥块儿般的老茧的脚）, na imekuwa na sura ya kushangaza na kushitua kweli kweli（那样子确乎让人感到惊讶与震撼）. Kwa kuwa mimi ni kiumbe dhaifu nisiyoweza kutoa msaada wowote wa maana, hapo **kihututi kisichopimika kimenishika**（鉴于我是一个无法提供任何有意义帮助的弱者，**我感到了一种无穷无尽的折磨**）. Nimekurupukia nje, huku nikiyahisi macho ya mama yakinifuata（我心事重重地跑了出去，感觉老妈妈的目光一直在跟随着我）.

（4）Isiyofananishwa na...

"Hayo unayonieleza hayaniingilii rohoni licha ya kunikera na kunigharimu damu yangu tu（除了让我烦恼和泄气，你说的话我一点儿也听不进去）. Wewe akina nani（你又算老几）? Sauti ya kike asubuhi hatari, tena **hatari isiyofananishwa na chochote**（一大早听到女人大叫，危险了，**而且是无法比拟的危险**）. Mimi sitaki kujiburudisha na mchezo wako huo wa kuigiza（我不想看你演戏）! Maisha yangu nimepata kuwaona wengi wenye utu mbaya, lakini wewe **huna kifano（kifani) chako** humu mjini（我一生中见过许多人性很差的人，但你算是全市无双）!"

（5）Bila ya kumithilishwa na...

Toka awali nilitambua kuwa nimepata mke wa thamani **bila ya kumithilishwa na hazina yoyote** na mpaka sasa sijabadilika na hilo（从一开始我就明白自己娶了一个**无比金贵的老婆**，至今初衷未改）. Machoni pangu naye **ni mtu aliyetimilia pasipo kulinganishwa na** yeyote mwengine（在我眼

里，她是一个任何人都**无法比拟的完人**）japo kuna wengine hawamwelewi hivyo na wanisema sema eti <u>nikipenda hata chongo huita kengeza</u>（尽管有些人并不这么看她，甚至嘲讽我说**如果我喜欢，独眼也会说成斜眼**）. Najua <u>wana kinyongo naye</u>（我知道**他们是嫉妒她**）.

（三十二）词语搭配（2）——以 kwa 联结的短语

这类短语多为前后两个相同词的组合，但也有不同词的组合。

（1）Nyumba kwa nyumba（同）

Kilikuwa kijiji kikubwa chenye nyumba zisizopungua mia, za ukubwa mbali mbali, zingine zimeezekwa kwa bati na zingine nyasi（这是一个有大大小小不少于一百栋房子的大村，其中有的是铁皮瓦房顶，有些屋顶则用柴草铺就）. Sisi tulikuwa tumetembezwa **nyumba kwa nyumba (nyumba na nyumba, nyumba hata nyumba, nyumba hadi nyumba, nyumba baada ya nyumba)**. Na mwisho tukaongozwa kuingia katika nyumba moja ambamo mlikuwa na kitanda kimoja tu cha chuma cha bei hafifu chenye miguu myembamba inayoweza kukunjwa（我们最后被领进一间屋子，里面有一张随时都可能被压塌的细腿廉价铁床）. Kwa sababu hapakuwa na vitu vingine, nyumba ilionekana kuwa pana zaidi（屋子里面没有其他东西，**显得特别空旷**）.

（2）Moja kwa moja（同）

Nina watoto wawili wa kiume. Shangazi zao hutania kuwa kaka amenishabihi mimi moja kwa moja kama nakala yangu（他姑妈常开玩笑说，老大**长得和我像一个模子刻的**）. Lakini kwa vyovyote amekuwa na sura ya kupendeza zaidi kuliko yangu（无论如何，他的模样比我好看多了）, ama sivyo angetisha（不然就太吓人了）. Na mdogo wake anashabihiana na mama yake（长得像妈妈）, uso wake mtulivu wenye macho mapole（稳重的面庞上长着一双柔和的眼睛）isipokuwa hayawi laini kama ya mamake（只是不像他妈妈那么温情脉脉）, ama sivyo kwa mtoto wa kiume angechosha（不然，作为男孩儿，那就令人生厌了）.

（3）Nusu kwa nusu（同）

Ofisi yenyewe ni kubwa, pale chini pametandikwa zulia zuri ingawa ya katani（地上铺着漂亮的地毯，尽管是麻料的），na juu boriti limekuwa jeupe kama theluji（屋檩被刷得洁白如雪）. Kuta zimekuwa za rangi mbili **nusu kwa nusu**: ya juu rangi ya samawati na ya chini waridi（墙壁涂有两种颜色，上半部分为天蓝，下半部分为玫瑰红）. Mmoja mwenye jumbo kubwa（身材魁梧的人）amekaa kwenye meza yenye simu tatu na chano mbili za mafaili（文件筐）. Kwa kuniona mimi ameonyesha akitabasamu, lakini kwa kweli si kutabasamu, bali ni kukenua meno tu（见到我，他微微一笑。确切说，那不是笑，只是龇龇牙而已）.

（4）Ana kwa ana（同）

Nililazimisha akili yangu kuacha kutawaliwa na ghadhabu（我强迫自己不为愤怒情绪所左右）na badala yake kujaribu kuwaza yaliyo ya maana（代之于多考虑考虑某些有意义的事）. Nikashusha pumzi na kuwaza nifanye nini（长舒一口气，考虑该干什么）: Nimpigie simu au niende kumwona **ana kwa ana (uso kwa uso)**（是给他打电话，还是直接找他面谈）? Kilipita kimya cha nukta kadha nikiwa na suali hilo lisilojibika kichwani（我脑袋里装着这个无解之题，足足静默了几秒钟）, kilikuwa kimya kizito na cha kukera（这是一种深沉而令人烦恼的静默）.

（5）Mguu kwa mguu（同）

Tuliondoka na kufuatana **mguu kwa mguu**（我们前后脚离开）, yeye mbele mimi nyuma（他在前，我在后）. Vioo vya miwani yake myeusi vilimeta kila vilipokutana na miale ya jua（他戴的墨镜不时在阳光下闪烁）, hata hivyo nayo haikuweza kuificha ghadhabu yake iliyopamba ghafla usoni pake（难以掩饰脸上骤然暴出的愤怒）. Mashavu yake yaliunda mifereji na midomo kumcheza

cheza（两腮绷出条条皱纹，嘴唇瑟瑟颤抖）. Mimi niliona hapana haja kubishana naye na kuyafanya mambo yawe magumu zaidi（没必要与他争执，把事情弄得复杂化）.

（6）Moja kwa mbili（异）

Nchi yetu si nchi ya kuwekwa makwapani au kumezwa mfano wa nyota anavyomeza chura kwa urahisi（我国不是被人随意塞在腋窝下或像蛇吞青蛙一样任人宰割的国家）. Sisi wananchi hatuchezeki（我们不接受别人摆布）na tumesimama kama timu moja bila ya kutetereka（我们毫不动摇地坚定站在一起）wala kuuza uungwana wetu（绝不出卖尊严）. Historia ile ya kunyanyaswa kwetu imekwenda **moja kwa mbili** na haitarudi tena（任人欺侮的历史一去不复返了）. Tuko na nia thabiti kuelekea kwenye nuru ya maendeleo（我们怀着坚定的意志迈向光明的未来）.

（7）Uso kwa macho（异）

Sasa baadhi watumishi wa serikali wamegeuka kuwa goigoi（现在有些政府公职人员变成了懒虫）, wakionelea kazi zao kama ni za kijungu na meko na kuzishughulikia kilevi levi kama vile "Shaghala baghala, mradi siku zinakwenda, mwisho wa mwezi mshahara"（他们干一天算一天，工作时萎靡不振，说什么"吊儿郎当混饭吃，反正月底领工资"）, semo ambalo limetanda nchini mfano wa umande wa asubuhi（这一说辞如早晨的雾水，业已弥漫全国）. Tusipochukua hadhari na kukikabili **uso kwa macho** kilema hicho cha kutega kazi na kuchelewesha maendeleo（如果我们不提高警惕严厉打击这种耍奸取巧、拖沓延误的弊病）, nacho huenda kikageuka donda ndugu（那它就会变成不治的顽疾）.

（8）Jino kwa ukucha 或 meno kwa makucha（异）

Baadhi ya wakubwa ingawa ni wachache wanakorofishana ugomvi na kupikiana majungu（一些大人物，尽管为数不多，老是**相互扯皮，钩心斗角**），kakara kakara kati yao haiishi（**没完没了地明争暗斗**），jambo ambalo limechafua maendeleo ya nchi（对国家发展进步造成恶劣影响）. Inatubidi tuupuuze mtindo wao wa kuvinjariana na kukabiliana jino kwa ukucha（必须打击他们那种**尖锐对立、恶言相向**的丑恶行径）na tuendelee na ujenzi wa nchi bila ya kujali makeke yao（不受干扰地推进国家建设）.

（9）Mapua kwa vichwa（异）

Siku hizi "waungwana" hao wanaanza kuvimbiana wenyewe kwa wenyewe（近日那些"君子"之间开始**互相斗气**）na hata kupasuana **mapua kwa vichwa** baada ya kuona uhondo waliounyonya umerudi mikononi mwa umma（见到嘴的东西又回到人民手中，他们甚至**互相大打出手**）. Sasa wameshafichuka hadharani na ubovu wao（如今，他们的恶行已暴露无遗），kwa hali yoyote iwayo haifai kuwapa tena majani marefu ya kujificha（在任何情况下，也不能重新给他们提供**影身草**）. Kwa kweli hao pengine ndio kile "kikulacho ki nguoni mwako"（其实他们可能就是"**内奸**"），ni lazima tuwazomee, tuwasute na tuwapige teke（当然应该讥笑他们，揭发他们，踢开他们）!

（10）Mangumi kwa mateke（或 Ngumi kwa magongo）

Mpaka hii ya leo, vikundi viwili katika nchi hii ya Afrika bado havitangamani ila kutazamana kwa macho makali tu（时至今日，这个非洲国家的两个集团仍然**互相横眉冷对**，坐不到一起）. Kila vikikutana katika bunge, salamu zao huwa ni **mangumi kwa mateke**（每当议会开会，他们互相之间的"问候"就是**拳脚相加**）pamoja na kusengenyana na kutupiana（或 kupakana）matope（外加**相互诽谤中伤、诬陷抹黑**）. Mazungumzo yaliyopangwa karibuni na msuluhishi kati yao pia yamevunjika kenyekenye baada ya kutupiana makombora ya maneno（最近调解人安排的谈判在双方**打完一场嘴仗后彻底破裂**）.

（三十三）词语搭配（3）——以 na 联结的短语

除了第一例段，此节其余九段中所举短语均属固有说法。

（1）Usiku na mchana

Mimi niliangukia mikononi mwa jambazi na nikateseka naye **usiku na mchana**（我落入强盗之手，他白天黑夜地折磨我）. Akanifunga kitini kisaki kwa kamba na kutaka kuharibu macho yangu kwa shazia（他用绳子把我紧紧绑在椅子上，要用扦子扎瞎我的眼睛）. Ni adimu sana kuona ukatili wa namna hiyo **nchini na ng'ambo** katika zama tulizonazo sasa（不论国内还是国外，当代都是很少能见到如此惨无人道的作为的）. Wakati ule mawazo ya kuchomwa kwa shazia ndani ya macho yalinisonga roho sana（那时一想到眼睛被扎瞎这种事，我就透不过气来）. Nilipumua kwa taabu na macho kuingiwa na giza（我呼吸困难，两眼发黑）. Shazia ziliendelea kunikaribia na kuzidi kuwa kubwa mbele yangu（两根长扦继续向我的眼睛袭来，视觉上感到它们变得越来越大）. Mauti niliyaona yanikaribia, nami sikuwa na msaada wowote（我深知死亡正向我靠近，心里感到十分无助）. Laiti kitendo hiki kingetendeka, basi nami nisingeamka tena **milele na milele**（假如这一行径付诸实施，我就永远也醒不过来了）. Katika kipindi hicho hicho, mlio wa bastola kwa ghafla ukasikika, risasi zikampata jambazi mikono miwili na shazia kumtoka（就在此刻，突然响起枪声，两颗子弹击中他的双臂，长扦脱落），kumbe ni askari polisi akaja（原来是警察来了）. Hapo jambazi akaniacha mimi na kutoka mbio kushinda farasi, na yule askari polisi kwa haraka kama cherahani akamrukia（这时，强盗丢下我逃走了，跑得比马都快，而警察则一下扑过去，速度快得像飞转的缝纫机）.

（2）Pua na mdomo 或 Ulimi na mdomo

① -ko pua na mdomo

Rafiki yetu huyu ni mjanja kweli kweli（他是个真正的滑头），mbele ya watu ameficha kucha（在人前把利爪隐藏起来），anauma huku akipuliza（他打疼了你，又假惺惺地用嘴吹吹你的痛处，即：又打又拉）. Kwa kweli naye ndiye aliyetupalia moto（他其实就是迫害我们的始作俑者），kwa hivyo tusimwendekeze maneno yake（我们不可轻信他的话）. Iwapo tunamwamini, basi hivi ni sawa na kujitia mikononi mwa mamba ili tupate kumezwa（如果我们相信他，那就等于把自己奉送给鳄鱼，心甘情愿被它吃掉）. Hata hivyo, dalili yaanza kuonyesha kuwa **ushindwaji wake uko pua na mdomo**（虽然如此，但各种迹象表明他的失败已近在咫尺）.

② Kama pua na mdomo (kama ulimi na mdomo)

Pangani na Mathera si mbali mbali（离得不远），ambapo pametengwa na bonde tu（只隔着一条山谷），ni kama **pua na mdomo**（和鼻子与嘴唇一样，即：相距很近或唇齿相依）.

③ Kuvuka pua na mdomo tu

Zubeda ni mfupi aliyejaa（矮胖子），amenona mara mbili ya Hadija（有两个哈狄佳那么胖）. Naye Zubeda mara nyingi anamcheka Hadija kwa kusema akili yake nyembamba kama mwili wake（她笑哈狄佳的见识窄得像她的身板儿，即："头发长见识短"），lakini Hadija hajasahau kumrudishia jibu na kumsema yeye akili fupi kiasi cha kuweza kuvuka pua na mdomo tu（可哈狄佳没有忘记反唇相讥，说她的见识比从鼻子到嘴的距离长不了多少）.

（3）Chanda na pete 或 Pete na kidole

① Chanda na pete

Urafiki wa nchi hizo mbili umeegemezwa（建立在）kwenye msingi wa usawa na wa kufaidishana, nazo kwa miaka mingi ni masahibu walioshibana kama chanda na pete（多年来彼此一直是亲如手足的挚友）. Lakini siku hizi <u>mambo yamekwenda mrema kidogo</u>（情况有些不妙）, ni wazi kwamba <u>hapa pana mkono wa mtu</u>（显然背后有人插手）, yaani <u>urafiki wao umeingiwa dosari na ubeberu kwa njia ya kuzinoa pande mbili kuumana meno</u>（帝国主义挑动双方恶斗，使他们的友谊蒙损）.

② **Pete na kidole**

Tusijidanganye na kudhani kuwa fimbo ya mbali inaweza kumwua nyoka（我们切莫自己骗自己，以为远处的木棒能杀蛇，类似：**以为远来的和尚会念经**）, <u>ni mhali kwetu kupata njia ya mkato au njia nyingine ya kupenya</u> ila kusimama mstari wa mbele kuyakabili matatizo tuliyo nayo（除了站在前列直面问题，**不可能有捷径和其他任何途径可循**）, siku zimefika za wananchi kushikamana kama **pete na kidole** kuyasuluhisha（人民**亲密无间、齐心克难**的时刻到了）.

（4）Podo na upinde 或 Uta na upote

① **Podo na upinde**

Sasa <u>ufa umeshaingia katika chama chetu</u>（我们党内已经出现裂痕）, lazima tukae chini na kujiuliza（我们应该坐下来自我反省）: kwa nini tunapinga ama <u>kukisakama chama kilichomfunga paka kengele shingoni</u>（我们干吗反对并和这个给猫脖子拴上铃铛的党过不去呢，即：**我们为什么揪住这个成功制服鸡鸣狗盗之徒的党不放手呢**）? <u>Hapa lazima kuna kitu katikati</u>（这当中必有蹊跷）. Sasa turudi nyuma kidogo（退一步说）, kama malalamiko yao yana ukweli fulani ndani yake（如果他们的牢骚还有什么事实根据的话）, basi makosa hayapo kwenye upande wa chama（错误不在党这一方）, bali kwa wale wachache <u>wanaotaka kujijenga</u>（而在少数**野心家**那里）. Kwa upande wetu sisi wananchi, tutakuwa pamoja na chama chetu kama **podo na upinde** pasipo kuachana hata kwa jinsi gani（作为人民一方，我们将像**弓箭离不开箭囊**一样和党在一起，任何情况下都不离不弃）.

② **Uta na upote**

Yule ni mtu mpole（他温文尔雅）, aghalabu hujua kuchukuzana (kuingiliana, kuelewana, kusikilizana) vizuri na wengine（很懂得与人相处）. Awali urafiki kati yangu naye ulikuwa ule wa kusema kwa masihara na kucheka tu（起初，我们之间的交情也只是开开玩笑、逗逗闷子那种）, lakini kadiri siku zilivyosonga mbele, nao umeshika mizizi na kuwa wa kupigiwa mfano wa uta na upote（但随着时间的推移，这种友谊历久弥坚，如弓与弦一样不可分割）.

（5）Maji na moto 或 Mafuta na maji

① **Maji na moto**

Nchi hizi mbili zamani zilikuwa ndugu halisi waliotegemea kula sahani moja na kuzikwa kaburi moja（早先这两个国家是同甘共苦、生死与共的真正盟友）, lakini sasa hazipatani tena kama maji na moto（但现在水火不容）, zinatupiana mchanga machoni mfano wa maadui walioliana kiapo（它们相互攻击污蔑，犹如势不两立的两个仇敌）na hata kuyaacha majeshi yao kutazamanisha zana za kivita ana kwa ana huko mpakani（甚至在边界地区兵戎相见）.

② **Mafuta na maji**

Milima ya Uyaka iliyokuwa imeonekana mbele yetu ilinitia moyo na kunipa lengo jipya akilini（面前出现的乌雅卡山鼓舞了我，让我有了新的目标）. Nilipendekeza tuingie milimani（我建议大家进山）, lakini Chudiu alikataa akisema eti uamuzi kama hautokani na mazingira halisi ya jambo si uamuzi thabiti（不切实际的决定断不可行）. Sikujua kwa nini maoni yetu daima hayapatani **kama mafuta na maji**（我不知道我们的意见为啥总像油与水一样相左）.

（6）Moto na baruti 或 Pamba na moto

① Moto na baruti

Wananchi wetu wanategemea vyama viwili vikubwa nchini viweze kuketi kirafiki kujadiliana mambo ya nchi na visisingiziane malalamiko yasiyokuwa na msingi（不要无端地相互污蔑）. Lakini jambo linalosikitisha ni kuwa hadi sasa bado haviwezi kukaa pamoja **kama moto na baruti**（令人遗憾的是，到现在它们仍像火与炸药一样搞不到一起）.

② Pamba na moto

Tumeshangaa kuona kuwa baadhi ya viongozi wanakaa **kama pamba na moto** na wananchi（我们惊讶地看到一些领导人像棉花与火不相为伍一样，与人民离心离德）kwa vile wamesahau kuwa lazima wawe watumishi wa umma. Kumbukeni jinsi mashujaa kadha walivyojitosa（投身于）katika vita vya kuikomboa nchi hii kutoka unyongeni, wanastahili kuvuliwa kofia（请不要忘记那些投身于从屈辱中解放国家的英雄，**他们理所当然应受到人们敬仰**）. Kwa kweli nchi haijawahidia kuwa baada ya uhuru wangepewa mabomba makubwa badala ya mirija（国家从未向他们承诺，独立后**代之于小吸管儿，会给他们发放大管道来吮吸人民的血汗**）ili kushibisha tamaa zao za kuishi katika majumba ya fahari na kupita njiani na magari makubwa ya kutisha（以满足他们住豪宅、开豪车的欲望）.

（7）Maji na mtoto

Kama ujuavyo, waja hawana lao dogo（如你所知，**来者不善**）, mapolisi wote walikuwa mipande ya mwana（那些警察都是**彪形大汉**）. Kwa kuona mali zote tulizozihodhi kinyume cha sheria zilisafishwa nao（见我们非法囤积居奇的东西都被他们扫光）, baridi ya woga ilinipenya katika ngozi yangu mpaka kwenye mifupa（**激灵灵一阵寒意穿透我的皮肤，直入骨髓**）. Wazee wetu walituambia mara kwa mara kwamba mtaka yote hukosa yote（老人经常

告诫我们，想得到一切就会失掉一切）. Lakini sisi hatukulipa funzo hilo umuhimu wa lazima（对这一教诲没有给予应有的重视）, ikawa sasa tumekosa **maji na mtoto**（结果我们把芝麻和西瓜都丢掉了）.

（8）Kuku na mayai yake ya dhahabu

"Mmeua **kuku na mayai yake ya dhahabu**（你们杀死了下金蛋的母鸡）, hasara iliyoletwa sasa ni mwanzo tu, mabaya zaidi yanakuja bado（当下的损失只是开头，更坏的情况还在后面）, pengine madhara yasiyopimika（带来的危害可能难以估量）!" Hayo ni baadhi tu habari zinazovuma kuilemea serikali（这就是风言风语向政府发难的部分舆论）. Tukiyapima maneno hayo tutaona hayana ukweli ndani yake（如果我们掂量掂量这些话，就会发现他们讲的并非实情）, kwa sababu wanayatazama makosa fulani fulani ya serikali katika kioo cha kukuza（因为他们拿放大镜来看政府的失误）wakiwa na yao mioyoni ya kuchafua ukweli kwa uwongo（意在颠倒是非曲直）.

（9）Jogoo na jiti lake

Mzee alinigusa bega na kutokwa na usemi（老人碰了一下我的肩膀，说道）: "Woga una mambo（胆怯的背后必有蹊跷）. Nakuona ukinyemelea chini ya ukuta kama umejigeuza paka, nini yote hayo kama si kwenda kudadisi kitu au kuchungulia siri za watu（我见你像猫一样溜着墙根儿走，如果不是去打听事儿或者侦探别人的秘密，那又有何贵干）? Basi ujue kwamba si uungwana kubemba siri za watu（打探别人的隐私不是光明正大的行为）, kwa hivyo nakushauri uuache mwendo wako huo na **kutupa jongo na jiti lake**（我建议你永远别再干这事儿了）!" Baada ya kusema hayo, akang'oka kama aliyeitwa（说完这些，他像有人喊他一样拔腿就走）.

（10）Ndovu na mwanawe

① **mvua ya ndovu na mwanawe**

Mvua ilikuwa mbioni ikinyesha ajabu（雨来得出奇迅猛），**ni mvua ya ndovu na mwanawe**（是一场暴风骤雨）. Maji yalikuwa mfano wa gharika yaking'oa miti mizima mizima na kuibingirisha kama vitakataka（奔腾的雨水如山洪暴发，整棵整棵连根拔起的树木**像漂浮的垃圾一样顺水翻滚**）.

② **Mshindo wa ndovu na mwanawe**

Mtetemeko wa ardhi ulizuka ghafla, nyumba nyingi zilikuwa zikibomoka na kuporomoka chini **kwa mshindo mkubwa wa ndovu na manawe**（突然发生了地震，**许多房屋轰然倒塌**）. Punde baada ya dakika kadha tokea watu kukimbilia nje, mvua ikaanza kunyunya pamoja na radi kututuma na umeme kulipuka lipuka（人们跑到外边几分钟后，就下起雨来了，伴随着电闪雷鸣）. Kungugu likaja kujiunda na kujitandaza mabarabarani（水雾逐渐形成并在大街上弥漫开来）.

（三十四）词语搭配（4）——以 au 联结的短语

（1）Heri au shari

① Kwa heri au shari

Uamuzi huo unalisaliti kwa mara nyingine tena jasho la wafanya kazi（这一决定再次背叛了工人）na kulifanya liendelee kumiminika midomoni mwa makabaila（使他们的血汗继续流向达官贵族们的口中），basi mambo yakawa wafanya kazi na familia zao wanakula wanashindwa（结果工人家里没吃没喝），mwisho inakuwa zama za panya kufaidi（最后老鼠沾光了）. Sisi tukiwa miongoni mwa wafanya kazi hatuna budi ila kujitahidi kumwona waziri mkuu ili kumshitakia hali yetu **japo kwa heri au shari**（作为工人，我们无可奈何，只能倾尽所能去找总理告状，不管结果是福是祸）.

② Heri au shari ya...

Sikuelewa Sebahili alivyopata habari hiyo（我不清楚赛巴西里是怎么知道这事儿的）. Nilishindwa kuficha mshangao wangu kwamba jambo langu la siri lilivyovuka na kuzagaa kama moto wa kiangazi mpaka kwa Sebahili（我无法掩饰内心的惊讶：我的私密事儿怎么像旱季的野火一样传到塞巴西里那儿）? Ama kweli, ulimwengu wa leo umekunjika（当今，世界还真是变小了），hata imekuwa **heri au shari ya** nchi moja, taathira yake hutambaa upesi mpaka nchi zinginezo（甚至一个国家的好与坏都会迅速影响其他国家）sembuse kusema katika eneo letu hili dogo la humu nchini（更不用说我国这个弹丸之地了）.

③ La heri au la shari

Alihisi joto kwa namna uso ulivyomwiva（他尴尬得脸上有些发热）. Alijipangusa tongo zilizokuwa zimejaa machoni na kuondoka kwa wasiwasi, njiani pumzi ilizidi kumwia ngumu kuiingiza puani mwake（他抹掉眼角里的眼屎，心神不安地离开了，一路上用鼻子呼吸愈发困难），kwa kuwa bidii zake zote zilikuwa za kitwana kwa bwanake, hakujua anakwenda kuambiwa nini tena, **la heri au la shari**（因为他所做的就是为主子卖力，不知道此去人家会跟他说些什么，是好消息还是坏消息）.

（2）Mabivu au mabichi 或 Yameiva au bado mabichi

① Mabivu au mabichi

Maazimio peke yake sio mwisho wa uhunzi（决议本身并不意味着大功告成），sasa bado si wakati wa kuyapigia vigelegele（现在还不是欢呼的时候），maana hatujajua wakubwa wetu wamefikizana wapi katika hatua ya kuyatekeleza（因为我们尚不知领导层在落实决议方面会走到哪一步）. Labda mwakani ndipo tutakapokuja kujua mambo yamekuwa **mabivu au mabichi**（也许明年我们方可知道事情成功与否）.

② Imeiva au bado bichi

"Usijitie utakatifu usio wako（你不要装蒜了）! Mimi ni mtu na heshima yangu（我有我的尊严），kazi hii nimeshaahidi kuifanya nitaifanya vilivyo（我既然答应了，就会做到）. Nikishindwa, ni radhi nifukuzwe kazi kama kuku（做不好，我心甘情愿像鸡一样被轰走）ila tu nisubiri nione kama fursa **imeiva au bado bichi** kwa kufanya kazi hiyo（只是我需要观察一下干这活儿的时机是否成熟）." Mzee alisimama kidete bila ya kutaka kubadilika msimamo wake hata kidogo（老人岿然不动地坚持着自己的意见）.

（3）Tamu au chungu

Baadhi ya watu wanapenda sana kunusa nusa mambo ya wengine（有些人总爱打探别人家的事）na kisha wanayavalia njuga（并四处传播，类似汉语之"四处敲锣打鼓宣传"）hata kuona fahari wakiyafahamu（甚至以知道别人的隐私为傲）. Naona wakati wa kuganza ganza umepita na wa kitendo umefika ingawa sijui uamuzi wangu huo utakufurahisha au utauona kama ni wa kitoto（我觉得**犹豫不决的时刻**已经过去，而行动的时刻业已到来，虽然我不清楚我的决定**是让你高兴还是让你觉得很幼稚**）. Nimenuia kuendelea na mpango wangu mpaka mwisho, ukiwa **mtamu au mchungu**（**不管是甜是苦**，我决心把我的计划推行到底）. Kitu basi ni hicho tu（情况就是这样）.

（4）Nuru au giza, hari au baridi (joto au baridi)

Tutakuwa tunafanya makosa sisi Waafrika ikiwa tuaamini kuwa mawindo ya simba hao kutoka ati "nchi zilizostaarabika" sasa yamekwisha（如果我们非洲人相信那些来自所谓"文明国度"的狮子不再捕食，那我们就错了）, kwani kuna ushahidi wa kutosha（有充分的证据证明）kuwa wamo kutumia watu goigoi kuvumisha uwongo kwa makusudi ya kuvuruga moyo wa watu ili kuchelewesha shahaba zetu（有充分的证据证明，他们正在**利用二流子散布谎言，蛊惑人心**，让我们无法实现既定目标）. Tungeamini maneno yao tungegeuzwa kuwa masanamu yaliyotiwa ufunguo（若相信他们的话，我们就会变成**上足劲的弹簧玩偶**）, tukisarifiwa kama watoto wachanga（**像婴儿一样任人摆弄戏耍**）. Inatujuzu tuliana kiapo kwamba tutakuwa pamoja daima kwa **nuru au giza, hari au baridi (joto au baridi)**（**不管光明还是黑暗，不管酷暑还是严寒，我们誓将永远站在一起**）na kuwa na hadhari kabisa（保持高度警惕）.

（5）Shari au shwari, shibe au njaa

Madume wawili walipokamata miereka, sio lazima mmoja aanguke chini kuomba amani（当两条汉子**互相摔打**的时候，未必非要有一个人**倒地求和**）. Bila ya kuponesha ubishi wa kisiasa（平息不了政治纷争）, kuunda serikali kwa kikundi chochote peke yake kutakuwa kama kujenga msingi penye mchanga au maji（任何一个集团单独组阁都**如同把地基打在软沙柔水上**），

mwisho itaporomoka tu（终会轰然倒塌）. Tunachokihitaji sasa ni umoja（眼下我们需要的是团结）, yaani wanasiasa wote watupilie mbali ubinafsi wao na wawe pamoja na wananchi wakiwa katika hali ya **shari au shwari, shibe au njaa**（即所有政治家都抛弃个人私利，与人民在一起，**无论逆境还是顺境，无论温饱还是饥饿**）.

（6）Halali au haramu

Baada ya majadiliano mafupi, nikafanikiwa. Nilipoziona zile noti nyekundu, mwili wangu wote ulinisisimka na kuuhisi uhai umenirudia tena（看到那些大面值红色钞票，我全身亢奋起来，感觉自己又活过来了）. Kisha kwa kukuongezea tu（顺便加一句）ni kwamba zote ni mpya（所有票子都是崭新的）, isipokuwa mwenzangu alionekana hana imani na mikono yangu katika pesa hizo（面对这些票子，我的伙伴看上去有点儿不放心我）. Basi haidhuru, ikiwa ni **halali au haramu**, mimi nilikuwa sijali（不过没关系，**无论合法还是非法，我并不在乎**）, nikaendelea tu na mpango wangu bila ya kigeugeu（我毫不动摇地继续按我的计划行事）.

（7）Rehema au adhabu

Hali ya mkewe na wanae inasikitisha sana, hawatazamiki hata kidogo（他的老婆、孩子的状况十分悲惨，**让人完全看不下去**）, wanaishi kwa kubahatisha tu（他们只是**凭运气活一天算一天**）. Kwake yeye mwenyewe jinsi alivyo, mchafu na mtu mifupa tu, hata ukimtupa kwenye kundi la fisi wenye njaa kali hawatamla wala kuthubutu kumnusa nusa（至于他本人眼下的境况，**全身肮脏并瘦成一把骨头，恐怕你把他扔进饥肠辘辘的鬣狗群里，它们也不会吃掉他或者上前闻他一下**）. Sasa ni kwako wewe kusema kama anastahili **rehema au adhabu**（现在你说说这老兄**是该赏还是该罚**）?

（8）Kifo au uhai (Kufa au kupona, Kufa na kupona, Kufa kupona)

① Kifo au uhai

Ulisikika mvumo wa gari lililoegeshwa si mbali na nyumba moja（不远处的一座房子里传来停车的响动）. Punde mlango wa mbele wa gari uliokuwa umesindikwa ulifunguka（不一会儿，虚掩着的前车门打开了）, akatoka mtu aliyevaa kofia lililofunika sehemu kubwa ya uso（车上下来一个人，头上的帽子遮住大半张脸）. Mkono uliochomoza ulikamata bastola（手里拎着一把手枪）, huku kidole chake sawia kilikuwa kimegota kwenye kiwambo cha kufyatulia risasi（手指不失时机地按住扳机）. Basi ilikuwa wazi kwamba wote katika nyumba ile wakawa wamekumbatia kifo tayari（很显然，住在那座房子里的人生死难卜）, sisi majirani tumeamua kwa njia zozote kuwaokoa bila ya kujali kifo au uhai（我们这些邻居决定置生死于度外，想尽一切办法救人）.

② Kufa au kupona

Alicheka na kusogea kando kunipitisha mimi（他笑着闪到一边，让我过去）, huku midomoni akitifua moshi kwa hewa ya baridi（因天气严寒而嘴里冒着哈气）na kusema: "Fanyeni hima, kila mtu atumie kura yake（加油，每人都用好手中的选票）, hili ni suala la **kufa au kupona**（这是生死攸关的问题）!" Lugha hizo hazikuwa ngeni kwangu hasa nikizingatia uzoefu wangu niliokuwa nao katika mambo ya siasa（以我的政治经验来看，这些话我不陌生）, basi nami nilimjibu bila ya kujali tulielewana au kubishana（我回答了他，没有顾及到底是和解还是争吵）: "Siasa imeshaua wakati wangu mwingi, uliobaki sasa kwangu ni wa kula chakula tu（政治耗费了我大量时光，现在留给我的时间是吃饭）!"

③ Kufa na kupona

"Najua wampenda msichana wako **kufa na kupona**（我知道你对那姑娘爱得要死要活）na kumgharimia sana hata kuacha pengo kubwa la fedha（对她

出手阔绰而拉下亏空）. Lakini haidhuru nina hela za kukusaidia kuliziba（没关系，我能帮你填），kwa hivyo usisahau kunipa aheri yako, waweza kutaja kima chochote（别忘了告诉我个底数儿，多少都行）mradi tu unisaidie kumpachika ndugu yangu serikalini（只要能把我兄弟安插在政府里就行）. Basi tusipotezane wakati, ongeza juhudi na kwa bidii zaidi（我们不要相互耽搁时间，努力，再加把劲）!" Tajiri mwenye fedha na mirija tele alikuna kuna ndevu zake na kuibwaga simu mezani akamaliza（财大气粗的富翁挠了挠下巴，放下电话，结束了通话）.

④ **Kufa kupona**

Giza la usiku likaingia, mbu wakawa wenyeji na wakarimu wetu（夜幕降临，蚊子成了好客的主人）. Jambo hilo lilimwudhi sana Jones, naye akajichukulia madaraka mikononi kuanzisha mapigano ya kufa kupona dhidi ya mbu（他自告奋勇地承担起与蚊虫进行殊死搏斗的责任）. Mimi nilimwuliza kwa dhihaka kama ana mpango wa kuteka nchi yao kwa kuanzisha makoloni kama Wazungu（我打趣问他是不是计划征服蚊子国，像洋人似的建立殖民地）?

（9）Epesi au gumu, kupa moyo au uchovu

Nilikuwa nikiwacheka watu wajitumbukizao katika matatizo ya kujitakia（我一向讥笑那些贪婪无忌的人），hali sasa mimi mwenyewe nimefikwa na mkasa wa kujitakia（而当今我自己同样贪得无厌起来）. Jambo hili likiwa **jepesi au gumu, kumpa mtu moyo au uchovu**, sina budi kujiandaa tayari kulikabili（不管是易是难，不管催人奋进还是令人沮丧，我都必须准备直面它）. Basi nikatoa dua zangu kwa Mwumba ambaye anajua kumnasua kiumbe wake pindi afikwapo na matatizo hata kama yangu haya ya sasa（我祈求造物主拯救像我这样遭遇困难的芸芸众生）.

（10）Joto au baridi, mvua au jua

Wafanyakazi na wakulima wanavuja jasho usiku na mchana bila ya kujali

joto au baridi, mvua au jua（工人、农民不顾酷热严寒、淫雨骄阳，日日夜夜地**流汗劳作**）. Lakini babangu mbunge amekwisha kuwa mlanguzi haswa（我的议员爸爸已经变成了不折不扣的贪腐分子）, hakuna anayemzidi（他无人能及）, aweza hata kupenya katika tundu la sindano kwa faida yake mwenyewe（为攫取私利**他甚而可以无孔不入**）. Kitu kinachonitekenya（**让我哭笑不得的是**）ni kuwa jaribio langu la mwisho kwa kumbembeleza halikufaa kitu（我最后一次对他劝导以失败告终）, naye akaondoka na kufunga mlango kwa nguvu, mlango ambao nusura ung'oke（他用力关上门，扬长而去，**那门差点儿掉下来**）.

（三十五）词语搭配（5）——"ki"类词的复合形式

以"ki"开头的词汇在斯语中是一个大系列，有一定的规律可循，可指"物"（如 kitabu），可指"小"（如 Kijigazeti），可指"性质"（如 Kimbwa na kinguruwe），可指"大小""范围"（如 Kikubwa, kidogo, kirefu, kipana, kifupi）等。但在实际运用中，情况又复杂得多，最好当地人怎么用，我们就怎么接受。本节选择了几个以"ki"开头的复合名词作为例子，你会发现它们都来自复合动词，只是把"ku"改成了"ki"，这在运用上肯定会给我们带来一些启发。

（1）Kiinua mgongo（养老金，退休费）

"Usinikoseshe furaha bila ya sababu za msingi（你不要无端烦扰我）. Maongezi yako hayaniingilii, nayo yamekuwa kama kijinga cha moto kinachowaka, kikiniunguza sana（你说的我不爱听，简直就像燃烧的木炭一样灼伤了我）!" Alinyamaza katikati kama mtu aliyengoja msikilizaji wake awe tayari kumsikiliza（他当即沉默了下来，仿佛在等待他的听众做好准备，倾听他的讲述）, kisha akaendelea, "Mimi masikini nitapata wapi chakula cha kumpa babu yangu kama asingekuwa akikipokea **kiinua mgongo** kila mwezi kutoka kwa serikali baada ya kustaafu kazi（如果不是他退休后每月到政府部门领取养老金，我这个穷小子拿什么养活我爷爷）. Bila ya hicho, labda njia pekee ya kutuwezesha kuyatoroka mazingira machungu ni kufa tu（没有这个，唯一能让我们摆脱恶劣处境的大概只有死亡）!"

又：Kiinua mgongo（工钱，劳务费）

Mary ameonyesha anajitapa sana siku hizi（马丽近来总是高兴得蹦蹦跳跳的）, kwa sababu naye ndiye mmoja kati ya wale waliozikunja noti nyingi kusukuma sikukuu hiyo mtaani kwetu（因为她是我们街区手持大叠钞票过节的人士之一），hali mimi nategemea tu kubeba mizigo ya wageni bandarini ili kupata **kiinua mgongo** <u>kama kibaba cha posho cha sikukuu</u>（而我则必须去港口帮客人搬行李挣劳务费作为节日开销）. La sivyo, njia pekee iliyopo kwangu itakuwa kusahau kabisa habari za sikukuu（否则，对我而言，唯一的办法就是彻底忘掉还有节日这么回事）.

又：**Kinyosha mgongo**（服务费）

"Kaa kimya na shika ulimi wako, usijitie mwanasiasa（**闭嘴，管住你的舌头，别冒充政治家**）. Mtu hawezi kukataa kupokea alichopewa kwa <u>mkono mzuri</u>, ndiyo haki yake seuze kusema amevuja jasho lake（任何人都不会拒绝接受人家**好心好意**送他们的东西，那是他们的权利，更不用说他们是流了汗的）. Mimi nikiwa mwongoza njia（向导）sikuacha kuchukua **kinyosha mgongo**（服务费）kutoka kwao. Nimekosea wapi（我错在哪儿）?" Juma alimdakiza Mchano kwa kujitetea（朱马**打断了穆查诺的话，为自己辩解道**）.

（2）**Kituliza tumbo**（吃的）

Nilipopiga hodi nilisikia sauti ya mtu <u>aliyejigeuza geuza kitandani ikitoka ndani</u>（我敲门时听到屋里传出人**在床上翻身**的动静）. Kitambo kidogo baadaye mlango ukafunguka kwa <u>kutoa sauti ya dwechelee</u>（不一会儿，**门吱的一声开了**）. Hata hivyo nilikuwa sina uhakika kama mzee <u>angenitengenezea chochote kama kituliza tumbo ili nisifuate ahera kwa njaa au kubaki katika hali ya utapia roho</u>（我没把握老人是否会给我准备些吃的，省得我被饿死或饿得营养不良）. Nilitaka kuomba **kifungua kinywa, (kiamsha kinywa)** lakini nikajizuia（我想开口求口早饭吃，但我没这么做），basi kwa wakati huo <u>kazi ya kusubiri ilikuwa ndiyo niliyokuwa nayo mikononi</u>（此刻**我能做的就是等待**）.

（3）Kifuta jasho（抹汗钱，辛苦费）

"Kwa nini mimi nitumwe asiende mwenyewe（干吗派我去，而他自己不去）?" Mimi nilijiuliza mwenyewe rohoni. Hata hivyo, nilikata shauri niende na kazi ile halafu ndipo nirudi（尽管如此，我还是决定去，之后就回来），lakini roho yangu ilikuwa haitulii kushindana na woga（但我心里一直担惊受怕），kwa sababu sikujua nitaweza kupewa zile shilingi 100 kama **kifuta jasho** cha ziada na bosi wangu（因为我不知头头会不会给我发那一百先令额外的辛苦费）。Nakumbuka nilipoondoka nilipata kumdokezea vijishaka vyangu, alinijibu "tutaongea baadaye" kwa kujihami hami（记得我离开时曾向他透露过这些小疑问，他总是躲躲闪闪地说"我们以后再谈"）.

（4）Kifuta machozi...（安慰，抹泪钱…）

Kwa mintarafa ya（为了）kuadhimisha mwaka wa 30 wa uhuru wa nchi, mashindano ya mpira wa miguu yalifanyika katika uwanja wa taifa. Katika mchuano huo wa kandanda, Timu ya Simba iliipa Timu ya Chui funzo la maisha na kuifunga mabao matano（在今天的足球比赛中，雄狮队给了猎豹队一个终极教训，攻入五粒进球），na Chui ilitoka na goli moja tu kama **kifuta machozi**（而猎豹队却只踢进一球聊以自慰）. Kama Chui isingalifanya uvivu katika mchuano, mambo yangalikuwa mengine kabisa（假使猎豹队不是在赛场上懒懒散散，情况就会完全不同）. Hata hivyo, Chui ilikuwa haikubali kushindwa, ikiapa kuwa mwaka kesho kwa uchache itailisha Simba mabao sita kwa bila kama **kilipiza risasi** na **kiosha aibu**.（虽则如此，猎豹队并不服气，发誓明年要以六比零的结果进行报复，以洗刷耻辱）.

（5）Kituliza roho（慰劳，慰劳金）

Nilikuwa wa mwisho katika mashindano ya mbio, na sikuwa nimejisikia vema（我在赛跑中拿了最后一名，心里很不是滋味）. Hata hivyo mkubwa hakusahau kunipa kiasi fulani cha fedha kama **kituliza roho**（虽然如此，领导还是给我发了一定数额的慰劳金），sijui kama bado wako wengine waliojaliwa kupata bahati hiyo. Sasa nimo kujiwazia niende baa gani nikapitishe muda wangu kwa hela hizo（现在我在考虑到哪个酒吧用这些钱消磨时间）.

（6）**Kipoza moyo**（安慰，安慰金）

"Usiwe na wasiwasi, shauri ya shughuli nyingi tu（不用担心，**因为我太忙了**）!" Alipoulizwa Halima na mkewe kwa nini hakurudi nyumbani jana usiku alijitahidi kujibu kwa kujihami（当被老婆问起昨晚为何没回家时，哈利马**支支吾吾地尽力为自己打圆场**）. Tena hakukosa la kumjibu, masuala ya kazi mara nyingi aliyatumia kama kisingizio kisichopingika（他回答得不错，**工作问题经常会被他拿来当作不可置疑的借口**）. Bibi alikuwa ameshaisoma hali yake na kuonyesha kuyagundua mambo yake kwa kiasi fulani（他老婆已看到了他的状况，多少发现了一些异常）. Hata hivyo aliridhika na jibu lake na kulichukua kama ni **kipoza moyo** kwake（虽然如此，她仍对他的回答表示满意，并**将其看成对自己的安慰**）. Alikuwa amejengeka vyema katika tabia hii ya kumwelewa mumewe tangu waoane（从他们结婚开始，她就一心一意地支持自己的丈夫）. Majuto huja baada ya kitendo, Halima akadidimia katika mawazo mazito（**做完之后就后悔了**，哈利马陷入了深思）.

（7）**Kiangaza macho**（酬谢费）

Nami kwa kutopenda kupoteza muda wangu（我不愿耽误时间），niliposhuka tu kwenye stesheni ya reli ndipo nikajaribu kuanza kazi yangu asubuhi hiyo hiyo（早上一下火车就试图行动起来），lakini katika haraka haraka zangu paspoti ikanipotea（结果**在慌慌张张之中**丢了护照）. Wakati niliporudishiwa paspoti hiyo na polisi akiandamana na kijana aliyeiokota nikatoa dola 100 kama **kiangaza macho** kwake（当警察带着捡到证件的小伙子把护照归还给我时，我拿出一百美元作为**酬谢费**）.

（8）Kikunja jamvi（罚金，补偿费，赎罪金）

Wezi wa hapa wana mikono kama ya sumaku（这儿的贼有磁铁一般的手）. Huyu kijana pakacha aliyefuga **kionja mchuzi**（这个唇下蓄着一绺小胡子的年轻小偷儿）aliiba kondoo wawili kama kafanya kiini macho wakati mchungaji akiwa hayupo（他在牧主不在时，**神出鬼没地**偷走了两只绵羊）. Lakini polisi wana mikono mirefu（但**警察胳膊长**），kwa upesi wakampata mahali tokana na alama ya vidole vyake zilizonasa kwenye geti la zizi（很快就根据留在羊圈栅栏门上的指印抓住了他）. Basi kijana akatozwa **kikunja jamvi**（罚款）kama shilingi 1000 kwa kufidia hasara（补偿损失）iliyompata mchungaji wa kondoo.

（9）Kifungua mkoba（医疗费）

Sura ya binti yake siku hizi imefifia kama ua linalonyauka（这个女孩儿的面容像一朵凋谢的花一样失去颜色），labda kwa kufuga maradhi kwa muda mrefu bila ya kwenda kumwona dakitari（这可能是**长期闹病**而不看医生所致）. Baba mtu akamchukua kwenda hospitali ya kizungu kutibiwa, lakini ada kubwa ya utibabu ilikuwa inamtisha mno（但治疗费高得吓人）. Basi kwa unyonge na laana kemkem moyoni akaondoka（他**卑微且满腹牢骚地**带着孩子离开了），mwisho akatoa shilingi 300 tu kama **kifungua mkoba** kwa mganga wa jadi akatibiwa kwa mitishamba（最后他找到了一个当地的土医生求治，只花了三百先令的草药治疗费）.

（10）Kishika funguo（租金，住房预付金）

Baada ya kulipa shilingi 1000 kama **kishika funguo**, tukapangwa kulala katika chumba kikubwa chenye vitanda kumi. Tukishamaliza chamshakinywa asubuhi ya siku ya pili. sote tukafuatana kwenda kujiburudisha na michezo ya kupendeza. Siku hiyo kulikuwa na michezo ya aina mbili, mmoja wa kupiganisha mafahali（斗牛）na mwingine wa sarakasi uwanjani. Kijingilio（进门费，门票）cha kila mchezo kwa mtu mzima ni shilingi mia. Sisi tulijipatia watu kumi（我们总共有十个人）, tena sote wazima. Hivyo jumla ya hela iligonga（达到）shilingi 2000 kwa michezo yote miwili.

（三十六）词语搭配（6）——关注这路人马

（1）Pata shika

Mataa yalikiwasha kiwanja kizima（灯光照亮了整座广场）. Sherehe ilingurumishwa kama kawaida（庆祝活动像往常一样热烈开场）na watu walijumlika zaidi ya siku zote wakijikokota dansini kama watakavyo（**到场 的人比哪天都多**，他们随心所欲地跳着舞蹈）. Mara kwa ghafla kukazuka mambo ya hekaheka pamoja na **pata shika**（突然，场地里发生混乱，一片撕 扯打斗声）. Hapo hapo watu wakachafuka na kupapa roho kupita kiasi（人们 顿时乱了方寸，个个心惊肉跳）.

（2）Pata shika tupa pokea

Kusikia ghasia ghasia nikashtuka（听到乱哄哄的声音，我吓了一跳）, na kuinua macho kutazama nje kwa kupitia dirisha, nikaona huko kumetokea mzozo wa **pata shika tupa pokea**（抬头朝窗外一瞧，我看到那里出现了 你拉我扯、拳来脚去的打斗场面）. Nyambura akamtupia Bilali teke kali kama radi（雷击似的一脚）, naye Bilali aliyepata kupitia mafunzo ya mgambo （**受过民兵训练**）akalikwepa kama umeme（闪身躲开）na kumrudishia lake lililompata Nyambura tumboni, masikini naye akaanguka chini bila kupenda （可怜的家伙，他**不情愿地**跌倒在地）.

（3）Pata shika nguo chanika

Moshi wa sigara umefanya hewa ya chumbani kuwa nzito mno（烟气让室内 空气变得十分浑浊）. Wakati huo hamu ya kutaka kujua wanakokwenda imenizidi （这时我愈发想知道那些人到底去哪儿了）, lakini nashindwa kumwuliza

Jamila kwa kuogopa kuutoa "ushamba" wangu（但又不愿问贾米拉，**生怕自己露怯**）. Mara watu hao wamerudi na **pata shika nguo chanika**（忽然，那些人互相推搡撕扯着，破衣烂裳地回来了）. Mimi nimenyamaza kimya **kuona kioja hicho** na kutulia pale kama barafu iliyoganda mlimani（我一声不响地看着这场闹剧，像凝固在山上的冰块）.

（4）Pata potea

Nikatia mkono mfukoni nikambania jicho yule askari aliyesimama kwenye mlango wa kambi na kutoa sigara kumpatia（我把手揣进衣兜里，向那个在营区门口站岗的士兵使眼色并递上香烟）. Kwa kweli nilikuwa nacheza **pata potea** tu naye（其实我是在跟他玩鬼画符）ili kumlegeza hadhari yake（以便让他放松警惕）ingawa sikuwa na hakika kama atavuta（尽管我不知道他抽不抽烟）.

（5）Pata pata

Mvua ilinyesha pamoja na radi na umeme. Nyumba ikavuja kustaajabisha（房子漏得厉害）. Kulikuwa na ngozi za ng'ombe ndani ya nyumba hiyo, naye Regina akazichukua kuwafunika watoto wake, matone ya mvua yalicheza **pata pata** juu yake（房子里有一些牛皮，热吉娜就拿过来盖在孩子们身上，屋顶漏下的雨水滴滴答答地敲打着地面）. Kwa ghafla alisikia sauti kubwa ya kutisha, kama kwamba mtu alizima biwi kubwa la moto kwa maji chungu mbovu, dharuba kali ilibomoa paa la nyumba hilo（他突然听到一个可怕的声音，**就像有人用大量的水浇灭火堆发出的声响，一阵暴风雨把屋顶掀翻了**）.

（6）Toka ingia toka ingia

Aliagiza chupa tisa za bia na kuzichubuwa taratibu kwa mikupuo（他点了九瓶啤酒，**独自在那儿慢斟慢饮**）. Baada ya kunywa vileo kiasi cha haja, akashikwa na choo bila ya kukawia（喝到一定程度后，跑厕所的需求随之而来）, basi tokea hapo akaanza mwendo wa toka ingia toka ingia kwa kwenda kujisaidia（Kwenda msaleni, Kwenda chooni, Kwenda haja, Kuchoa, Kunawa, Kubaua），daima ni kiguu na njia（从那时开始，**进去出来，出来进去**，一趟趟厕所他跑得没完没了）.

（7）Nenda rudi

Alipoteza bahati ya kulelewa vyema tangu utotoni mwake kwa ajili ya hali masikini nyumbani（因为家境贫穷，她从小**无缘受到良好的教育**），kwa hivyo akiwa mzima anaweza kufanya tu kazi zake za utumishi（长大后只能干些服务性工作），kazi ambazo ni za nenda rudi, mara asukumwe kule mara arudishwe huku, mara afanye hili na mara afanye lile, mara aende huku na mara aende kule, mara achukue hiki na mara achukue kile, kutwa kucha（来来回回没闲着，一会儿被推过去一会儿又被拉过来，一会儿干这一会儿干那，一会儿来这儿一会儿去那儿，一会儿拿这个一会儿取那个，不分昼夜地忙活）. Aliogopa asije **akaolewa boi** pia baadaye（她害怕以后也会**被迫嫁给佣人当老婆**）.

（8）Mshike mshike

Punde si punde, mule chumbani mshike mshike zikaanza kuvuma mtindo mmoja（"抓住他""抓住他"的叫声响彻整个屋子），watu wakakamatana mashati, na kuangushana mwereka kukawa sawia（人们互相撕扯衣服，**格斗摔跤也就顺理成章了**），mmoja alimvuta mwengine nguo na kumrarua chini akijaribu kumpiga kabari（一个人揪住另一个人的衣服**把他拉翻在地并欲掐他的脖子**），na mwengine alimrudishia teke na kumpeleka juu, hapakuwa na aliyejijua（另一人则一脚把对方踹起老高，**二人眼一红谁都不认识自己了**）.

（9）Pita pita, pita pite

Kwa hakika pesa zote tulizichoma moto, maana **pita pite** zilikuwa kesha kuwa jivu, na sote tukaagana（钱我们的确全烧掉了，**瞬间**就化为灰烬，我

们散伙了）. Katika pitapita zangu, nikapata kujua kuwa hapa ni katika kitovu cha jiji（我在街头**走来走去**的时候，得知此处原来是**市中心**）, ambapo ziko ofisi nyingi za shughuli mbali mbali, aidha（或）za serikali（政府机关）, mashirika ya umma（国有企业）au makampuni binafsi（私人公司）bila ya kusahau makazi ya **vigogo vya serikali**（政府要员的官邸）. Nilipoinua macho nikawakuta watu wawili—hapana, ni watatu（我看到两个——不，是三个人）ambao wote wenye miguu mirefu kama mbuni（长着鸵鸟般的长腿）, labda nakomea viunoni mwao tu kama ningesimama nao（如果站在他们那儿，我也只到他们腰部）, nao walikuwa wanayumba yumba kwenda majumbani mwao（他们摇摇晃晃地走进他们的寓所）.

（10）Angaza angaza

Katika **angazaangaza** zangu mtaani, nikashuhudia baba mtu akimpiga binti yake（看到一个爸爸打女儿）. Mtoto akamponyoka na kutaka kukimbia（孩子挣脱了想跑）, lakini shuka ilimtegatega na kumwaangusha chini（围在腰间的披风扯得她磕磕绊绊地摔在地上）. Mimi nilisogelea mbele kumwamsha baba kwamba mtoto wake yumo katika rika mbaya（孩子**正处于叛逆期**）, bora kumbembeleza kuliko kumwonyesha ukali（哄她比对她动粗好）. Baadaye nikajua kuwa huyu baba mtu alikuwa anajali pombe kuliko mtoto（这位爸爸**对酒比对孩子亲**）, hajapata kutoa hata chapa moja kumlipia ada ya shule（他没向女儿提供过**一个子儿**的学费）.

（三十七）词语搭配（7）——上上下下

1. juu ya

（1）Majonzi juu ya majonzi

Ingawaje nilikuwa namwongezea mama **majonzi juu ya majonzi, hata hivyo haikuwa nia yangu kumwumiza**（尽管我让妈妈悲上加悲，但我绝非有意伤害她）. Nilitaka kumponya, lakini sikujua kumbe maneno yangu yamemwunguza（我想安慰她，不承想我的话却刺痛了她）, naye alionekana amejikokota roho kwa uchovu（她疲惫地喘息着）, basi nami nilikiweka kichwa chake magotini na kumtuliza kwa mkono（我把她的头放在我的膝盖上，用手安抚着她）.

（2）Nuru juu ya nuru

Kutokana na malezi mema, binti huyu ameibuka kuwa nuru juu ya nuru（由于受过良好的抚育，这个女孩儿显得愈加光彩照人）: mwili wake ni wa wastani（她中等身材）, uso wake ni wa kopa（桃心脸）, macho yake manene yamezungukwa kwa kope nyeusi, ndefu, zilizong'arishwa kwa wanja（大眼睛四周是一圈被染饰过的黑黑亮亮的长睫毛）, nyusi zake ni za upinde（弯弯的双眉）na nywele nyororo, laini, zilizoanguka mabegani（柔软蓬松的披肩发）, hata msichana Meida ameona vivu（甚至连梅笛姑娘都感到嫉妒）.

（3）Hasara juu ya hasara

Ilikuwa sawa na kushindana na mpingani ambaye nafahamu kuwa

asingeweza kushindwa kwa vyovyote na kwamba lazima nitapata **hasara juu ya hasara**（这就如同与一个不可能战胜的对手较量，我得到的只能是雪上加霜）. Hivyo nikajiambia kwa mzaha wa kukera（我自嘲自讽地对自己说）: "Hii ni mara yangu ya kwanza, nataka iwe ya mwisho（这是第一次，我要它是最后一次）!"

（4）Msiba juu ya msiba

Mambo yamegeuka kuwa **msiba juu ya msiba**, hasira ya Mwungu imeshamwangukia（事情变得更为糟糕，他已经遭到天谴）. Ameudhika na kuzidiwa mno kwa kuona watu wengine waliotoka kanisani wakipita mbele yake na kutema mate chini（看到从教堂里出来的人们从他面前走过，厌恶地向地上吐唾沫的时候，他感到心烦意乱，压力倍增）, naye ameondoka upesi na kuhema hema kama mwanariadha aliyetoka kumaliza mbio za maili moja（他赶紧离开，像一个刚刚跑完一英里的运动员一样呼哧呼哧地喘着大气）, huku akisikia matusi kemkem kumfuata nyuma nyayo kwa nyayo（同时听到背后是一连串的骂声）: "Usijifanye mumini, nawe mlanguzi mkubwa, utafikiri Mwungu ana nafasi na mla riba（你不要冒充信徒，你是个大投机倒把分子，你以为上帝会容得下一个高利贷者）? Mshenzi wee!"

（5）Tajiri juu ya tajiri

Hewa nzuri ya upepo wa umande uliokuwa ukivuma alfajiri ulimtia huyu mzembe uvivu na kumfanya abakie hapo hapo kitandani akiwa amejifunika shuka ingawa hakuwa na usingizi tena（湿润凉爽的晨风让这个懒家伙盖着被单恋床不起，尽管他早已没有睡意）. Alijizoa zoa na kujigeuza huku na huku kitandani akiotea siku moja awe tajiri juu ya tajiri na kuwa mtu mwenye furaha juu ya furaha（他躺在床上辗转反侧，梦想着有一天变得富上加富，过上美上加美的幸福生活）, pesa itakuwa katika malaki sio katika mamia（钱多到数以十万计，而非数以百计）, lakini hajaelewa kuwa kutokana na uvivu wake kama wa kunguni, kitu kama furaha chote kitaruka hewani na kugeuka kuwa **kilio juu ya kilio**（可他哪里明白，他这种像臭虫一样的懒汉，**一切幸福都会飞到九霄云外，让他过得苦上加苦**）.

2. Juu kwa juu 与 Chini kwa chini

（1）Juu kwa juu（之一）

Kikasikika kishindo cha kugonga fimbo yake ikipapasa kutafuta njia kuelekea kwetu（听到有人用拐杖敲着地面，摸索着朝我们这个方向走来）. Wakati alipoambiwa kuwa binti yake kesha panda ndege kuelekea ng'ambo, uso wa mzee kipofu ukachanua kama ameiona ndege kurukia **juu kwa juu** machoni pake（当被告知他的女儿已登上飞机飞向国外时，**这位盲人老汉脸上乐开了花，仿佛看到飞机在高高的空中飞翔**）, hata akatupa fimbo na kusimama dede kama mtoto mchanga kwa mshangilio（他甚至扔掉拐杖，像个站不稳的小孩子一样欢呼起来）.

（2）Juu kwa juu（之二）

Kila siku roho yangu imetundikwa juu kwa juu（我的心每天都悬得高高的），maana sijui lini mzee atakuja juu tena kunishitaki kama vile "Oho, niliyokuwa nikizungumza nawe umekwisha yakanyaga kabisa"（因为我不知道什么时间老人会再次气汹汹地骂我"喔，**我跟你说的你都踩到脚底下去了**"之类的）. Lakini lililonishangaza ni kwamba aliponikuta hakunilaumu bali akanipa upole wake（但令人惊讶的是，他不光没骂我，还和声和气地说）: "Haya mwanangu, yaliyopita yamepita, na yaliyobakia tusameheane（好了，孩子，**过去的都过去了，剩下的是我们互相原谅**）!" Basi sasa naanza kuamini kuwa mzee anaangalia mambo katika upepo wa juu, pengine wa karne moja mbele（现在我开始相信，**老人看问题的视角很高，说不定超前一个世纪哪**）!

（3）Juu kwa juu（之三）

Katika kisiwa hiki kuna jengo kubwa linalokwenda **juu kwa juu** ambalo ni la Wajerumani lililosalia mpaka sasa（这座岛上至今还有一栋高高耸起的建筑物，它是德国人留下的）. Karibu na jengo hilo kuna mti mkubwa mpaka leo uliotumika kunyongea watu，watu weusi <u>nafikiri</u>（建筑旁边还留有当时用来实施绞刑的那棵大树，**我想那是针对黑人的**）. <u>Mahali hapa hapanipendezi kama wewe unavyopachukia</u>（**我不喜欢这个地方，就和你讨厌这个地方一样**）.

（4）Chini kwa chini（之一）

Pango limeingia ndani sana, nasikia <u>kuna njia ya chini kwa chini kutokea nje ila sijui kama nitafanikiwa kuipata hiyo</u>（洞很长，听说有**一条深深的巷道通往外面，只是我不知能否找到它**），kwa hivyo naomba Mola anijali kuokoka（我祈祷上苍拯救我）. Basi nimeinamisha kichwa na kunyemelea chini, giza limesaidia kuficha vitendo vyangu hivyo（我低着头摸索前行，洞里的黑暗掩护着我）. Hata hivyo sina uhakika kama mionzi ya jua la kesho nitaiona（我没有把握能不能看到明天的阳光）.

（5）Chini kwa chini（之二）

Siku hizi mambo yamenizidi（最近我的日子不好过），yote yaliyonipata ninayajua mwenyewe, sihitaji mtu wa kunihadithia（所有遭遇我自己都了如指掌，无须别人讲述）. Njia pekee iliyobaki kwangu ni kuondoka humu bandarini（现在唯一的办法就是立刻离开码头）. <u>Sasa najiona ni mimi peke yangu tu ambaye nimekuwa siagwi wala siagi miongoni mwa watu waliobanana kwa wingi</u>（**现在我感到，在拥挤的人群中，只有我一个人既不需要向别人告别，也不需要别人向我告别**），basi <u>moyo wangu ukaanza kudidimia chini kwa chini kutokana na uzito wa upweke</u>（**面对孤独的重压，我的情绪低落到了极点**）.

3. Juu juu (kijuu juu) 与 Chini chini (kichini chini)

（1）Kijuu juu

Ingawa najua kuwa maana ya mapinduzi anaifahamu kijuu juu tu（虽然我知道他只知道革命的意义的**一点儿皮毛**），lakini ari ya kimapinduzi imetawala ndani ya nyoyo za Shomari na wenzake（但革命的热情却占据了韶玛利和他的伙伴的心），kwa sababu wanajua kuwa mashamba ya matajiri yaliwanyonya nguvu na damu na kuwaunguza kama taa inavyounguza mafuta（因为他们明白那些富人的田地是如何像油灯一样耗尽了他们的血汗）. Nani angependa awepo mtu na fimbo nyuma yake huku akimpigia kelele kama mnyama asiye na thamani（谁愿意身后有人拎着棍子像吆喝不值钱的牲畜一样大呼小叫地逼着你干活）?

（2）Juu juu

Alianguka chini vibaya hata kichwa chake kikajipiga sakafuni（他重重地摔了一跤，**脑袋甚至撞到了地面**）. Alijiburura na kuegemea ukuta akijikunyata kama mtu aliyeshikwa na baridi kali（他自己挣扎着靠在墙上，像染了风寒一样缩成一团），pumzi yake juu juu（**呼吸急促**），na sauti yake imejaa kitetemeshi kwa hofu aliyokuwa nayo（**吓得声音发颤**）. Kichwa chake kilikuwa kitupu kwa mawazo（他脑袋里一片空白）.

（3）Chini chini chini...

Kwa kugundua leo hii ameamua kumgeukia（发现今天他**执意要和他反目**），Machano akashikwa na hasira na kuhisi kama amemlea nyoka nyumbani kwake miaka hiyo（马恰诺大怒，**感到自己这些年来仿佛在家里养了一条毒蛇**），ndivyo alivyokata shauri kumpa mhaini huyo funzo la maisha（于是决定给这个叛徒一个终生难忘的教训）. Alimshika na kumtupa dimbwini kama takataka（他一把抓住他，像扔垃圾一样把他抛进泥塘里）. Akamwona yule alivyoyumba yumba matopeni kama mpopoo uliopigwa na upepo akididimia **chini chini chini** hadi kutoweka kabisa machoni pa watu（他见那人像风吹雨打的槟榔树一样在烂泥里摇摇晃晃，一点点沉下去，直到在人们眼前消失）.

（4）Kichini chini（之一）

Mjomba wangu alikuwa anafanya kazi za **kichini chini** kwa ajili ya kuikomboa nchi kutoka katika makucha ya wakoloni ili kuwatoa wananchi gizani na kuwaonyesha mwanga（我舅舅曾经从事过**地下工作**，为的是从殖民主义的魔爪下拯救国家，把人民从黑暗送入光明）. Alijua kuwa ni wajibu wa kila mwanamapinduzi kuvunja methali ya wageni ya kutusema tusiendelee（他知道，**打破外国人所谓我们无法进步的神话**是每个革命者的义务）. Alikuwa anajua sana kutunza siri za ndani za chama（他十分懂得保守党的秘密）, kila kitu kifanywe bila ya kuacha alama yoyote ambayo ingemfanya mtu kutia shaka na kazi zote ziendelee **kichini chini** pasipo wasiohusika kuzifahamu（每件事都**做得不留任何可能招致别人怀疑的痕迹**，所有工作**都秘密进行**，不让任何无关人员知晓）.

（5）Kichini chini（之二）

Kibanda chenyewe kilikuwa kimechakaa na karibu kuanguka（这座房子破旧，几近倒塌）, na hata mlango hakina（甚至没有门）. Niliweza kuona nyota zikiangaza kwa nje juu ya paa wakati wa usiku（晚上，我透过房顶能看到天上的星星）. Mwenzangu aliniuliza **kichini chini**（我的伙伴悄悄地问我）: "Eti hujajua ni hatari gani zimekuwa jirani yetu? Basi tega masikio（你不知道什么危险在靠近我们？请仔细听）!" Mimi nilitia masikio yangu hata sikushika lolote（我侧起耳朵，可什么也没听到）, lakini akaniambia kuwa amesikia kuna nyamaume ananyapanyapa msituni（可他告诉我他听到**森林里有野兽出没**）.

4. Chini juu juu chini

（1）Kujitahidi chini juu

Alionyesha kama mtu aliyetahayari kwa kushindwa kujua pa kuanzia（他看起来像一个羞涩得不知从哪里下手的人），mara kama akayasikia kichwani mwake maneno yale aliyoambiwa na Umari（猛然间，他脑袋里仿佛响起了乌玛里跟他说的话）："Kila mmoja wetu lazima asimame mstari wa mbele na **kujitahidi chini juu** kufanikisha vita vya kujenga taifa letu（我们每个人都必须站在前列，尽一切努力打赢建设国家的战斗）!"

（2）Kufanya chini juu juu chini

Mimi nimewakuta mamama kwa mababa katika hali mbaya ya huzuni juu ya huzuni baada ya kuhubiriwa habari kadha wa kadha na wanasiasa hao. Hawa ni nani, kwa nini wanaweza kufanya chini juu juu chini kuvuruga ukweli wa mambo bila ya kuulizwa（他们是什么人，**为什么如此颠倒黑白却无人过问**）? Hili ni suala linalohitaji jibu lake, ingefaa viongozi wetu kukuna vichwa vyao tena（这是一个需要回答的问题，**值得我们的领导人深思**）.

（3）Kubaki na roho juu chini chini juu

Alikenua meno kujidai kucheka na kuonyesha kidole chake upande wa mabanda ya ng'ombe（他龇着牙假笑，并用手指了指牛棚那个方向），kisha bila ya kuongeza hata "kwa heri" akaondoka kwa haraka（接着连"再见"都没说就匆匆离开了），sidhani kama atarejea tena（我不认为他还会回来），huku nyuma nilibaki pale na roho yangu juu chini chini juu bila kujua la kufanya（而我留在那儿**心里七上八下的**，不知所措）.

（4）Kumwangalia mtu juu chini chini juu

Mke wangu alinitazama kwa macho yake laini, bila kusema neno（老婆用温和的眼神看着我不说话），akiwa ananiangalia juu chini chini juu kama hanitambui, ama ni mara ya kwanza tu kuniona（她上上下下地仔细打量着我，仿佛不认识我或第一次见到我）. Niliduwaa kwa sekunde nyingi kama nikisikia manuno yasiyo na sauti yenye upendo wa kimama masikioni: "Haja yangu urudi tu"（我愣怔了半天，仿佛有一种充满女性的爱的无声抱怨在我耳畔回响："我需要你回来"）. Nami nilijiinamisha kichwa na kujiambia kuwa nisimlaumu yeye, wa kulaumiwa ni mimi mwenyewe tu（我提醒自己不要怪她，该怪的是我自己）.

（5）Kupinduliwa juu chini chini juu

"Ah, mwanangu, unanidhihaki（哦，孩子，你在开我的玩笑）? Mimi na kusoma ni wapi（我哪里会念这些字）? Najionea michoro tu lakini sielewi kitu chochote（它们在我眼里都是圈圈道道，我什么也不懂）. Kwani maandishi yote juu ya vibao ndiyo nini tena（那板板儿上都写的啥玩意儿）?" Mama mzee akaniuliza macho akiyatumbua kwa mastaajabu（老妈妈问着我，眼里闪着惊奇的光），kwa ono lake ulimwengu umebadilika kiasi kwamba mambo yote yamepinduliwa juu chini chini juu（在她看来，世道变了，几乎发生了天翻地覆的变化）.

（三十八）词语搭配（8）——里里外外

（1）Nje kwa nje

Naye ni <u>mtu mpole na rahimu</u>（他是位**和蔼而富有同情心的人**），lakini sauti yake leo haikuwa ya kawaida, tulivu na kirafiki（可他今天说话的语气与往常不一样，不是平静而友好的），bali ilikuwa kavu, kali na si ya kupendeza（而是一种沙哑、严厉而又令人不快的）. Ilinibidi <u>nijikakamue kiasi cha kutosha ili kuzuia wasiwasi wa moyoni</u> <u>usitokeze nje kwa nje usoni pangu</u> ingawa kujidhalilisha kunataka moyo mgumu ambao sikuwa nao kabisa（我只能**尽量克制自己，以免把内心的不安挂在脸上**，尽管强制自己拿出一副硬心肠，而我恰恰没有）.

（2）Ndani kwa nje

Harufu ya ulevi mkali ilisikika **ndani kwa nje** ya chumba（浓重的酒气弥漫在屋子内外），na ulevi mwingine hata ukamwagika ovyo mezani（桌子上洒的到处都是酒），na gilasi zilitawanyika kila pembe ya chumba（酒杯散落在屋子的每个角落）. Yote hayo Hadija <u>aliyatazama machoni</u>（所有这一切，哈狄佳**都看在眼里**），kisha akamwamsha kwa masikitiko: "Ewe Mseo, unapata faida gani hasa <u>kujivunja kwa ulevi</u> namna hiyo（我说穆塞奥，**酗酒伤身，这对你有什么好处**）? <u>Si utajiua nao</u>（你岂不是在自残）?"

（3）Nje kwa ndani

Huyu ndiye <u>aliyeshirikiana na watu nje kwa ndani kuwasha moto wa fitina na kufanya kila awezalo kutafuta kipengee cha kuliua shirika letu</u>（他就是与他人内外勾结、煽风点火、想方设法通过歪门邪道扼杀我们公司的人）.

Ukitazama macho yake yenye njaa ya kulundika mali na tabasamu ya bandia usoni mwake utafahamu kuwa ana ujanja wa Nazi, macho matatu（你看一看他那双贪得无厌的眼睛和他脸上那假惺惺的微笑，你就会明白他有着纳粹一般的狡诈，三只眼）. Kwa kuwa anajua vizuri hali halisi ya mwenendo wa biashara yetu, kwa hivyo alifanya vitimbi vyake vingi vya kichinichini kwa kukwamisha mkopo wa biashara tunaoufuatilia benkini（他知道我们商业运营的实际状况，背地里搞了许多小动作，为我们在银行贷款制造障碍）.

（4）Uozo ndani ya uozo (Uozo katika uozo)

Mimi nitasema kweli mpaka viziwi wasikie（我要讲真话，哪怕失聪的人也要让他听清）. Wale wanashika hatamu za serikali na kuigeuza serikali kuwa kisiwa chao（他们控制着政府，把它变成自家的领地），wanaitafuna nchi wapendavyo na kupokea rushwa bila ya kuchoka（他们随心所欲地吞噬着国家，乐此不疲地接受着贿赂），huu ni uozo uliopea, ni uozo ndani ya uozo nchini kwetu（这是我国一种罪大恶极的腐败，是腐中之腐）.

（5）Hasara ndani ya hasara

"Basi kazi kucheza kazini tu（你不干活，光玩）! Mara wapoteza ng'ombe na mara mbuzi, almradi nimekula hasara ndani ya hasara（一会儿丢了牛，一会儿又丢了羊，让我的损失十分惨重）. Ondokeni hapa nguruwe mchafu wee kabla sijakuvunja kichwa chako（你个蠢货，趁我还未揪下你的脑袋之前赶紧滚）!" Ramadhani aliondoka kwa hamaki kwa kufuata ujia mwembamba uliooteshwa maua pande zote mbili ulioongozea kwake（拉玛扎尼顺着通往他住处的两边种着花草的小路愤怒地离开了）.

（6）Maumivu ndani ya maumivu

Kiza kilikuwa kinatanda tanda（天渐渐地黑起来），maholi ya dansi yakaanza kumeza watu（舞厅开始放人入场），huku muziki ukiporomoshwa na mara kuelekea kuchacha（同时音乐也响起来了，气氛瞬间推向高潮）. Mama mtu kufika tu dansini, loo, mume wako yumo, tena kifua kwa kifua na kisura wake kustarehea vinono kwa moyo mkunjufu（女士一进舞场，天啊，见自己丈夫果然在里边，正愉悦地与一个美女贴身地享受着舞趣）. Kuiona picha hiyo ya kisinema（见到这电影般的一幕）, mama akanuna uso akiwa karibu kupasuka moyo kwa mavumivu ndani ya maumivu.（女士哭丧起脸，痛上加痛的内心几近爆裂）. Alikuwa hawezi kuvumilia tena, hapo hapo akawaka na kutokwa na povu jingi mdomoni kwa hasira zilizomshona（她立刻火了，气得口吐白沫）, rohoni akahofia yasije mambo yakaiva kweli（她很担心自己的噩梦会成真）.

（7）Ndani kwa ndani（之一）

Walifuatana miguu kwa miguu wakipita njia za ndani kwa ndani ili kufupisha masafa（他们步履匆匆地抄小路行进，以便节省路程）. Safari yenyewe ilikuwa ngumu kidogo（行程有点儿艰难）, hata hivyo wazo liliwashauri wajikaze kijituzima na kuendelea mpaka pale penye vibanda vya manyasi（即使如此，他们仍然决心以男子汉的气魄继续前行到那片棚户区）. Wakiwa watumishi wa serikali, dhamiria yao ilikuwa kuwasaidia watu wa huko kwa mashauri ya kujitoa katika hali ya umasikini ili kuwajengia msingi bora wa maisha ya baadaye（作为政府干部，他们的目的是帮助那里的人脱离贫困，为他们今后的生活奠定坚实的基础）.

（8）Ndani kwa ndani（之二）

Ninyi ni wageni, kwa hivyo leo nitajaribu sana kutumia Kiingereza（你们是外国人，所以我尽量说英语）, inaweza ikatokea mahala nikasahau na kuchanganya lugha nikiongea **maneno ya ndani kwa ndani** ya Kiswahili cha mitaani（但也可能在某个节点上，我没在意，说混了，结果用上了斯瓦希里语的土话）. Kama ikitokea hali kama hiyo, msiseme kuwa mimi mwenyeji niliyezaliwa hapa ninaringa, aidha nitaweza kuwa mdomo wenu iwapo mnababaishwa na kijilugha wakati mkiongea na wenyeji.（如果出现这种情况，你们可不要说我这个当地土生土长的人在卖弄，抑或你们和当地人交流遭遇语言障碍，我可以当你们的翻译）.

（9）Ndani kwa ndani（之三）

Pango linaingilia **ndani kwa ndani** bila ya kuonekana kuwa na mwisho wake（这个洞穴深得看不到底），giza la humo linatisha mno（里边黑得吓人），kwa hivyo naapa kamwe sitaingia ndani hata kwa mizinga ingawa wengi wanaamini kuwa hazina nyingi zilifichwa mule tangu kale（所以我发誓即使用炮轰我，我也不进去，尽管许多人相信里边藏着很多古代珠宝）. Akili imeshanituma（我心意已决），nikishasema neno nimelisema, sitarudi nyuma ng'o（一言既出，驷马难追）!

（10）Ndani kwa ndani（之四）

Narudia kusema kuwa ni shida kuyaacha matindi iwapo umeshayazoea, hususan shauku ya ulevi imeshakushamiri wewe ndani kwa ndani katika mishipa yako（我重说一遍，染酒容易戒酒难，特别是当酒瘾已深深地植入你的骨髓时），lakini mimi, hata nipigwe mjeledi nitayasamehe（至于我，你用鞭子抽我，我也不会动酒）.

（三十九）词语搭配（9）——前前后后

（1）Kupewa umbele

Hebu turejee nyuma na tukumbuke hivi kwamba zamani masomo yalikuwa ya mabepari na mmoja mmoja katika watoto wa wafanyakazi na wakulima hupenya（我们不妨回顾一下过去，那时上学是资本家的专利，仅有一两个工人、农民的孩子穿插其中）. Na sasa hali tofauti, elimu **imepewa umbele** katika kazi za serikali（教育被放在政府工作的优先位置），kimsingi imetolewa bure kwa watoto wote（基本上对所有孩子都实行免费教育）. Bila ya kuwapeleka watoto shule ni sawa na kuwafungia milango yote ya kustawi baadaye（拒绝把孩子送进学校就等于给他们的未来关上大门）.

（2）Kutoa kipaumbele

Tuyaache yote yasiyo muhimu na tuyafikirie mawili matatu makubwa（把不重要的先放一放，我们先考虑一下两三件大事），mojawapo ni kuhusu **kutoa kipaumbele** kwa akina mama kupatiwa kazi za kufaa（其中之一就是关于优先安排妇女就业的问题）. Sasa wananchi husikia soga moja（现在国民经常听到一种说法）："Hakuna ubaguzi tena（歧视再也不存在了）!" Ni kweli hayo? Iwapo ni kweli, kwa nini imewawia wanawake taabu kuandikishwa kazi（果真如此？为什么妇女就业就这么困难）?

（3）Mbele wala nyuma

Bila ya siasa nzuri, raia wa nchi yetu wangebaki kuwa masikini wasio na mbele wala nyuma kimaisha na kuwa katika hali ya ujinga wa **kutojua mbele wala nyuma**（没有良好的政策，我国人民将会生活无着落，继续处于进

退失据的蒙昧状态）. Ukweli umebaini kuwa zamani walikuwa <u>wakondefu</u> na sasa wamegeuka kuwa <u>wakakamavu wanaong'ara kiafya</u> na wenye mwamko wa kisiasa（事实表明，过去人们**瘦骨嶙峋**，现在他们**健壮挺拔，容光焕发，**有政治觉悟）.

（4）Mbele nyuma

<u>Aliangalia mbele nyuma asimwone yeyote</u> aliyemfuatia nyuma baada ya kukata kona tatu na kuwa mbali na mtaa Bwabzi（他拐了三道弯儿，远离布阿布兹街区之后，**前后瞅了瞅，没看到有人在后面跟踪他**）, <u>ndipo aliposhusha pumzi ndefu ya ndani kwa ndani</u> kama mtu aliyetuliwa mzigo mzito aliyetoka nao shamba（**此刻他才长舒了一口气，就像从田间归来刚卸下背上的重担一般**）, na <u>bila ya kujifahamu akatingisha kichwa mbele nyuma</u> kama kusema: "Ndiyo, nimesalimika!"（他**不自觉地点了点头，仿佛是在说："是的，我安全了！"**）

（5）Mbele, kimbele, mbeleni

<u>Baada ya dakika saba ambazo naziona kama ni miezi saba</u>（**七分钟过去了，我感觉仿佛过了七个月**）, ndipo <u>aliponigugumizia</u> kuwa mambo yetu <u>yamekwama katikati</u>（他才**磕磕巴巴地告诉我**，事情在**中间卡住了**）. Mimi <u>nilimlalamikia vipi basi hakuniarifu kimbele</u>（我批评他为何不事先通知我）. Kama ningeshauriwa **mbele** au ningejua **mbeleni** mambo yenyewe yalivyo（假使我**先行得到建议或提早了解到具体情况**）, pengine <u>ningesuluhisha kabisa matatizo yote</u>（可能问题**早就彻底摆平了**）.

（6）Mbele, hapo mbeleni

Ilikuwa <u>wiki moja mbele</u>（**就在上星期**）, alikata shauri kwenda shambani kulima <u>ili angalau ajipatie kibaba cha posho</u> japo hajapata kufika huko hapo <u>mbeleni</u>（他决定下农田干活，**以便自食其力，尽管此前他从未到过那里**）.

Na sasa ni kwamba kufika huko tu mara akajisikia amevamiwa na upweke kwenye nyumba iliyokuwa kimya na tupu kama gofu（现在的情况是，一到那儿他便感到了那间寂静空旷、废墟一般的房子带给他的孤独）. Nyumba ilikuwa katika hali ya ovyo, na kwa kuisoma hali hiyo, huzuni ilikuwa tayari imechukua nafasi yote kichwani mwake（房子里面很乱，见此情此景，伤感情绪占据了他脑袋里的所有空间）.

（7）Mbele, mbeleni

Kwa kweli maarifa haya **yatawafaa mbeleni**（其实，这些经验对他将是有益的）, lakini vijana wa siku hizi waona leo ni leo, asemaye kesho kajidanganya, **hawafikirii mbele**（但当今青年普遍认为今天是今天，谈论明天是自欺欺人，他们不考虑将来）. Kama wanapelekwa mafunzoni mara nyingi nao hujiona kama wamepewa mateso ya motoni wakiwa duniani（如果送他们去培训，他们会觉得那是阳间人受阴间苦）. Hawa, wakitoka kazini tu mara hujitia dansini na kuwa huru kama watu waliofukuliwa makaburini wamefufuliwa tena upya（那些人，一下班就进舞场，自由自在得就如从坟墓里爬出来又复活了似的）.

（8）Mbele, mbele ya

Meneja wa hoteli aliniagiza kuhusu mpangilio wa kazi za mwenzangu kwa kusema kwamba yule anaruhusiwa kuja kazini mbele na kuondoka kazini mbele ya wengine akapumzike vizuri（经理通知了我一个同事的有关工作安排，即她可以提前上班和早于其他人下班，以便得到充分休息）, kwa sababu yeye mgonjwa, anatakiwa kurudi nyumbani kulala mbele ya saa za kawaida kufuatana na agizo la dakitari（因为她病了，根据医嘱，她需要回家早点儿睡觉）. Hivyo tuliobaki tulitakiwa kupangiana sawasawa zamu za kuhudumia meza katika ukumbi wa kulia（我们剩下这些人需要排好班，做好餐厅服务）.

（9）Mbelembele, kimbelembele

Mtu anayezoea kujiweka (kujitia, kujifanya) **mbelembele (kimbelembele)** hataweza kufaulu kitu（任何喜欢在人前臭显摆的人都将一事无成），atanyauka kama ua la asubuhi likaukavyo katika jua la adhuhuri（他会像花一样朝华夕枯）. Na mtu mwenye tabia njema japo hujificha sana mbele ya hadhara（而秉性好的人从不当众显山露水），lakini baadaye hatakosa kung'ara kama nyota katika giza nene la usiku（但后来总会像暗夜的星星一样闪闪发光）. Mwenzangu mmoja ndiye mtu mwenye kimbelembele, kitu ambacho ndicho kilichompeleka taabani mara nyingi（我的一个同事就爱显摆，这可让他吃了不少苦头）.

（10）Chambelecho（注：这种用法现在已很少见）

Mwalimu wangu alisisitiza kwa nguvu umuhimu wa kujifunza lugha yetu ya taifa, **chambelecho** mwaandishi mmoja maarufu katika shairi lake moja kuhusu utamu wa lugha yetu（我的老师一直强调学习本国语言的重要性，就像从前一位著名诗人在一首颂扬我国民族语言之美的诗中所推崇的）. Mpaka leo si rahisi kupata shairi zuri zaidi ya hilo katika fikra njema zinazozama na sifa zingine zinazowajibikia shairi jema（直到今天，恐怕很难再找到和他那首诗一样思想深刻、具备一切好诗所必需的要素的经典作品了），kwa sababu mwanashairi huyo anaijua lugha yetu katika vipengee vyake vingi zaidi（因为这位诗人对我们民族语言的了解是全方位的）.

（四十）词语搭配（10）——从头到脚

（1）Kwa nguvu za kichwa na miguu

Tukiacha kando jambo hili na tuseme lingine la kuvuruga vichwa vyetu （我们先把这事儿放在一边，说说另外一件令人劳神费心的事），nalo ni kwamba kuna baadhi ya watu wanatumia cheo cha mtu mwengine kama ngao ya kujinufaisha binafsi（有些人拉大旗作虎皮），wakimtekenya tekenya bwanao ili kujipendekeza kwake（尽阿谀奉承之能事，讨主子的欢心）. Nao wanajitahidi kwa nguvu za kichwa na miguu kujitazamia maslahi wenyewe na hawana hata chembe ya imani ya kiutu katika kupata mradi wao（他们使尽浑身解数谋取私利，为达目的丝毫不讲究人性诚信）. Tunatakiwa tuwafahamu na tusikae na maruirui（我们必须明了这些人的意图，不可犯浑犯傻）.

（2）Kwa kichwa na miguu

Fikra mbali mbali zilikuwa zikimwendea msichana kichwani（各种奇思妙想涌上姑娘的脑海），na akaamini kuwa atapokelewa kwa kichwa na miguu na kuwekwa ndani ya mboni za macho（她相信自己会受到人们全身心的接纳，像眼珠一样得到呵护），atakalo ndilo liwalo, na atamkalo ndilo lifanyikalo（人们会对她有呼必应，言听计从）. Kwa mfano, anapoingia ndani ya nyumba kwa mapana na marefu, mtumishi lazima atasimama kwa unyonge pembeni mwa kitanda chake na kumkunjulia chandarua（比方说，当她大摇大摆地走进房间的时候，佣人必须小心翼翼地站在她的床边为她打开蚊帐），na kisha, kila mtu sharti atazoea kumtetemekea（再者，人人都应对她敬畏有加）.

（3）Kichwa chini miguu juu

Wazo baada ya wazo yamenijaa kichwani, ningefanya nini miye masikini wa ugenini（一个接一个的想法装满了我的脑袋，作为一个可怜巴巴的外国人，我能做些什么）？Jana mgeni mmoja kutoka ng'ambo aliyeteremkia huku kutafuta maisha alibebwa juu kwa juu na wenyeji akatumbukizwa baharini **kichwa chini miguu juu**（昨天就有一个到异国讨生活的老外被当地人高高举起，倒栽葱一般被扔进大海）。Watu wa hapa inaelekea wana tabia ya kuwachukia wageni, nina wasiwasi kuwa pengine leo itakuwa zamu yangu（看来这里的人有仇外倾向，我担心今天该轮到我了）。

（4）Kutofahamu kichwa wala miguu (Kutojijua kichwa wala miguu)

Yule mwenye kitambi kizito mjinga namba wani（那个大肚子是天字第一号笨蛋），ingawa ni mwingi wa mwili, lakini usidhani ana maguvu, kwa sababu unene wake ni wa maji matupu（别看他块头蛮大，可你不要以为他力大无穷，因为他是水胖）。Kisha naye ni debe tupu, halina akili hata chembe（他还是个空油桶，傻呆呆的脑袋里没什么玩意儿）。Tunaweza kumtenda tupendavyo, hali yeye **hatafahamu kichwa hata miguu**（我们可以随便整他，而他也只会晕头转向，不知所以然）。

（5）Hakuna kichwa wala miguu

Alijaribu kunihadithia yaliyompata njiani（他要向我讲述一路上的遭遇），lakini kigugumizi kilimshika japo nilimwambia asifanye pupa na anieleze kwa kinaganaga, hatua kwa hatua na kwa ufasaha（我告诉他不要着急，可以翔实、有序、清晰地向我讲述，可他还是磕磕巴巴）。Nikagundua kuwa hata midomo ilikuwa ikimwasha kwa kutaka kusimulia yake ingawa sijakielewa chochote（为表达清楚，他嘴唇都快磨出疱来了，尽管我啥也没听明白）。

Niliona kisa alichokieleza hakina kichwa wala miguu（我觉得他讲的故事没头
没尾）, hata hivyo sikumwekea vipingamizi asinisimulie（即使如此，我并没
阻止他继续讲述）.

（6）Tangu unywele hadi ukucha wa dole gumba la mguuni

Maji ya bahari yalikuwa yamejaa ndi (kabobo, nomi, topi) na kuchafuka
kabisa（大海涨潮，波涛万顷）. Alipoopolewa na wenzake humo baharini,
fahamu ikawa si yake（他从海里被救上岸时显得失魂落魄的）, mwili wake
mzima ulitetemeka **tangu unywele hadi ukucha wa dole gumba la mguuni**
（全身从发梢到脚指头都在颤抖）. Baadaye ikaeleweka kuwa huyo aliyejitosa
baharini alikuwa mwanafunzi wa shule ya kati kutokana na uchungu wa
kuanguka mtihani wa kuingia chuo kikuu.

（7）Toka kichwa hadi miguu

Mrembo alijipodoa na kujikwatua sawa sawa toka kichwa hadi miguu（这
位女士把自己从头到脚打扮了一番）, kisha akaenda zake kwa miondoko ya
kipekee kama alivyokanyaga springi（然后就像脚踩弹簧一样一步三摇地离
开了）, huku akijidai kujichekesha kicheko cha kuona haya njia nzima（一路上
还笑眯眯地装出一副害羞的样子）.

（8）Toka utosini hadi vidole vya miguu

Kwa kumwona ajiri wangu, nikauhisi mchirizi wa moto wa damu
ukitambaa toka utosini hadi vidole vya miguu yangu, moyo ukatuta kwa kasi
huku nikiyangoja makuu（见到我的老板，我感到一股热流顺着血管从头到
脚传遍全身，我在等待大好消息）. Nilidhani pengine atakubali ombi langu
na kuniruhusu nisirejee tena kule bandani kububurushana na ng'ombe na hata
kupigwa pembe nao（我猜测他可能接受我的请求，允许我不再回到牲口棚
里，与牛拉拉扯扯，甚而被牛顶撞）, kwa sababu nilikuwa bado nakumbuka

wakati ule <u>nilivyojipinda chini na kichwa changu</u> kwa kuonyesha heshima kwake（因为我清楚记得当时我是如何**躬身低头**向他表示敬意的）, lakini hakusema kitu, tegemeo langu la kubadilisha kazi mwishoni likatoweka（可他没搭这个茬儿，我换工作的事儿没影儿了）.

（9）Toka kichwa mpaka chini ya nyayo

<u>Ninaifahamu hadithi yake toka kichwa mpaka chini ya nyayo</u>（他的故事从头到尾我都一清二楚）, kwa hivyo nikaamua <u>kuukimbia uso wake na kuhamia kwengineko</u>（所以我决定躲开他那张脸，换个地方）. Kwa kusema kweli, ili <u>kujihifadhi na baa</u>, siku zote hizo <u>sijajiona ulegevu</u>（其实，为**避灾**我从未**松懈过**）, <u>mali sivyo ninavyokuwa nikijiwazia sana moyoni mwangu</u>（钱财并不是我十分看重的）, kwani <u>kama nikiwa na ngamia wawili au mia mbili, kwangu ni mamoja tu</u>（因为对我而言，**有两匹骆驼和两百匹骆驼是一样的**）.

（10）Toka unyayoni hadi utosini

Mama huyu anapenda sana <u>nguo maridadi za gharama kubwa</u>（这位女士很喜欢穿**名贵华丽的服装**）. Ni kama kawaida yake, baada ya <u>kujirembesha vilivyo na kuvalia kemkem toka unyayoni hadi utosini</u>, akapachika miwani mieusi machoni na kufululiza moja kwa moja kwenda dansini（就如往常一样，经过**一番精心梳洗打扮**，外加**从头到脚**一身漂亮服饰装束，然后戴上墨镜，就径直奔向舞场）.

（四十一）常用词选析（1）——Kugonga（含Kugongana）

1. Kugonga

（1）Kugongwa gongwa kwa...

Aligongwa gongwa kwa mdomo wa bastola kisogoni（他被枪口戳着后脑勺），ikifuatiwa sauti nzito yenye mikwaruzo（接着便是一句低沉嘶哑的嚎叫）："Nenda ndani, la sivyo nitakuwa sina la kufanya ila kuukoroga ubongo wako kwa vipande vya risasi（滚进去，不然我就用子弹片把你的脑浆子捣烂）!" Alishindikizwa mpaka ndani ya chumba kwa teke lenye siha njema matakoni pamoja na kirungu kilichotua vyema kichwani mwake（他屁股上重重地挨了一脚，整个人被踢进屋子里，接着头上又挨了一记闷棍），hapo akasikia kichwa chake kinavuma sawa na ngurumo wakati watu **wakigonga ngoma kando ya masikio yake**（这时他感到脑袋沉雷般嗡嗡作响，就如同有人在他耳边咚咚敲鼓）.

（2）Kugonga hodi...

Amezidiwa na mzigo mgongoni akitweta tweta kwa nguvu（背上难以承受的重担压得他大口大口地喘着粗气），ikawa hana budi kuja **kugonga mlango** wangu kuomba msaada（只得敲我的门求助）. Pamoja na **kugonga hodi** akabonyeza kengele pia pale mlangoni, huku akijitambulisha jina lake（除了敲门，他还按响了门铃，通报了自己的姓名），lakini mimi sikusikia hata kidogo. Zamani masikio yangu yalikuwa mepesi ya kuweza kudaka hata nyendo za nyayo hafifu（之前我耳朵灵得连最轻微的脚步声都能听见），lakini sasa yanavuma vuma **kwa maumivu ya kugongwa gongwa** kila wakati（现在每时

每刻都像有东西敲击耳膜一样咕噜咕噜乱响）.

（3）Kugonga fimbo...

Niliposikia **kishindo cha kugonga fimbo** kunikaribia,mara nikajua kuwa rafiki yangu Kidatu anakuja（听到**拐杖敲击地面的响声**越来越近，我就知道是我的朋友凯达图来了）. Ni kama wajuavyo wote, kabla ya miezi mitatu iliyopita, alipatwa na maafa ya gari lake **kugongwa dafrao na lori** kubwa（正如大家都知道的，三个月前他遭遇车祸，**他的车与一辆大卡车迎面相撞**），na gari lake likasukumwa kando ya barabara na pale pale **kujigonga kwenye mti**（他的车被撞出马路，**顶到了树上**），na gari likapinduliwa kichwa ngomba（车翻了个四轮朝天），naye akajeruhiwa miguu.

（4）Saa kugonga...

Saa iligonga kwa kunijulisha majira kama ni saa tisa alfajiri（时钟响起，告诉我已是夜里三点了），nikawaamsha wenzangu kama tulivyopangwa hapo kabla. Lakini hawa wakaanza kutaniana kwa kuchelewesha wakati（互相逗着玩儿消磨时间）. Basi nikawaonya kwa kunena: "Tusiendekeze domo tu, tufanye twende zetuni（不要光说废话了，我们赶紧走吧）!" Lakini sekunde chache tu baada ya miguu yetu kukanyaga nje ya nyumba, huku nyuma kengele ya **simu ikagonga** kama radi ikitawanya kimya kizito kilichokuweko（我们刚走到屋外几秒钟，电话铃声像打雷一样响起来，打破了清晨的寂静）.

（5）Kichwa kumgonga mtu

Kufuatana na mlio wa mtambao（随着嗖嗖的爬行声），joka mmoja mkubwa alikuwa akitiririka na kunyonga nyonga upesi upesi mchangani kumjia（一条巨蛇在沙地上轻盈地扭动着身子，迅速朝他爬行过来）. Jamaa akatishika vibaya, **kichwa kikaanza kumgonga** na mishipa ya mwili kushikamana（这老兄可吓坏了，头皮嗡的一声，全身筋脉缩成一团）kwa vile akaogopa asije akapigwa mapindi na mdudu huyo（因为他担心自己会被那条大长虫缠住）. Lakini kwa bahati nzuri yule alijibeta na kujikunja penye vichaka（很幸运，那家伙拐了个弯儿，盘卧在树丛中不动了）.

(6) Kumgonga mtu masikioni

Kabla sauti ile haijapotea angani, iliwahiwa na ile nyingine ya kiume yenye ujumbe wa kutisha na isiyo na chembe ya mzaha（那种声音还未在空气中消失，另一种极具威慑性、绝无玩笑可言的男人声音紧随其后而来），sauti hiyo nene yenye ukali wa kisu iliendelea **kunigonga masikioni kama mwangwi**（这种像刀刃一样厉害的低沉声音像回声一样持续在我耳畔回响）. Nilijaribu kuinua macho kuzipambanua nyuso zao katika giza jeusi（我试图抬眼辨清他们的面容），lakini nilishindwa. Nilikiona kifo kimenilaki kwa mikono miwili（我感到死神正用双手欢迎我），maana nilisikia sauti ya kidole cha mtu ambacho kimeshagota kwenye kiwambo cha kufyatulia bunduki（因为我已听到有人在扣动扳机）.

(7) Kumgonga mtu mshipa...

Mtu huyu hana amri kabisa（此人无法无天），licha ya kusema kuwa maneno yangu **hayagongi kichwa chake**, hata maneno ya mkubwa wake pia **hayamgongi mishipa yake ya fahamu**（不仅听不进我的话，就连他领导的话也难触动他的神经），kwani haoni maneno hayo kama ni kauli sadifu kwake asilani（他永远不认为别人的话对他是一种好的建议）. Kama akiendelea kufanya ukaidi, baba yake mzazi atakuja kumnyonga shingo lake kwa kumshikisha adabu（如果他继续冥顽不化，他的亲生父亲会来扭断他的脖子教训他）.

(8) Watu kugongwa na huzuni...

Wanavijiji wote **wamegongwa na huzuni kubwa** baada ya kuzuka mtetemeko wa ardhi（发生地震后，当地所有村民都陷入悲伤之中）. Mpaka sasa bado najisikia **kila mshipa wanigonga kwa hofu**（直到现在，我还感到自己**被吓得每条神经都在颤抖**）. Wakati huo nimesikia sauti ya mtoto mchanga aliyeangua kilio jirani yangu, mama mtoto anajitahidi kumbembeleza mtoto, huku akimtia chuchu mdomoni na kumnyamazisha kilio chake. Lakini mara nimepoa baada ya kuona vile mbwa wangu anatikisa mkia wake na kuja kunilamba mkono wangu kama anavyonibembeleza（当看到我的**狗摇着尾巴过来舔我的手，好像在安抚我**时，我一下就平静下来了）.

（9）Hela kugonga shilingi...

Alikuwa kaketi katika kiti kinachotazamana nami akisubiri kuchukua haki yake（他坐在**我对面的椅子上**等待**领他的钱**）. Nikashangaa kuona **makasha yalivyobonyeka kwa kugongwa gongwa safarini** kutokana na kazi yake mbaya ya uchukuzi（我很惊讶看到因他野蛮装运而**中途被碰瘪的箱子**）. Hata hivyo, fundo lililokuwa kooni mwangu kutokana na uchovu wa safarini halikunipa nafasi ya kusema hata neno moja（虽然这样，可路途的疲惫把我弄得口干舌燥，嘴里竟然连一个字也迸不出来）. Basi nikashika kalamu na kupiga orodha ya kiinua mgongo chake（于是我拿起钢笔算出了他应得的报酬）, nikaiona **imegonga kiasi cha shilingi 500**（**发现大约有五百先令**）na nikamlipa.

（10）Kugonga miaka...

Huko ng'ambo **kagonga miaka mitano** kwa masomo（他在国外读了五年书）, na Kimombo amekuwa nacho cha kutosha（他的英语绰绰有余）, hali sasa amerudi nyumbani na kuamua kula amini na ardhi ya taifa lake mwenyewe（而现在他回到国内，**发誓留在故土**）, lakini kazi hapati. Aliondoka ugenini si kwa kutoajiriwa huko zaidi ya uzalendo aliokuwa nao kwa taifa lake（这并非因为找不到工作，而是他的爱国心所致）, lakini sasa hana budi kwenda **kugonga matindi**（酗酒）kupitisha siku zake.

2. Kugongana

（1）Kuwagonganisha watu vichwa

Baadhi ya wakubwa waliahidi eti hawana nia ya <u>kutoroka wajibu</u> na <u>watafanya kazi kama punda</u> kwa ajili ya nchi（有些大人物信誓旦旦地宣称，他们无意**逃避义务**，并**将忠心耿耿**为国效力）, lakini huku nyuma wanatia fitina miongoni mwa wananchi wakijaribu **kuwagonganisha vichwa**（而一转眼他们便做起**挑拨人民争斗**的勾当）.

（2）Wazo hili kugongana na jingine

Mimi nimetuma barua kwa gazeti la UHURU kwa kumwuliza Mzee Kipara na suala lifuatalo: "Kwa kukufahamisha tu mzee wangu kwamba siku hizi nimekuwa <u>katika lindi kubwa la mawazo</u>（要跟你老先生说明的是，最近我正陷入**深深的思索之中**）. Lililo mojawapo kubwa moyoni mwangu ni kuhusu <u>kukata mikanda ya ubinafsi</u>（我心里想的主要是关于**与个人主义一刀两断**的问题）, lakini **wazo hilo hugongana na jingine**（这一想法总和另一种想法互相抵触）la kwamba kufanya hivyo kungeweza kuleta shida kwa maisha ya familia yangu（那就是这样做可能会给我的家庭生活带来困难）. Ningefanyaje mzee? Nipe shauri lako."

（3）Maneno kugongana kichwa

Kwa kujazwa pombe na kuzidiwa kwa matindi kichwani, uwezo wa kuvimiliki viungo vyake umezidi kupungua（酒喝多了上头，他全身关节越来越不听使唤了）, puani na mdomoni mmejaa harufu mbaya na <u>ubongoni kuwa na mitutumo kama kuna watu wakimtwanga</u>（从鼻子到嘴巴都散发着酒臭，脑袋像被人敲打着一样咚咚作响）, hata maneno yameanza **kugongana kichwa**（甚至开始胡言乱语）. Akavunja ukimya na <u>kuzungumza mambo ya</u>

siasa kwa vishindo kama serikali ni yake（他打破沉默，**高声大嗓地妄议政治，好像政府是他家的**）.

（4）Mawazo kugongana kichwani

Mawazo yaligongana kichwani mwangu usiku kucha（我整整做了一**夜思想斗争**），kila nikiwaza jambo fulani huwa nashuku sivyo（每每想到一件事，又总怀疑它不对头），basi moyo wangu ukashuka chini kabisa na ari zangu zote zikayeyuka hewani kama moshi（我情绪极其低落，所有热情都烟消云散了）ingawa nilijaribu kuyasukuma kando mawazo hayo mara kwa mara（尽管我多次试图摆脱这种情绪）.

（5）Kugongana kisiasa

Viongozi hao wawili **wanagongana sana kisiasa**（两位领导人**政见完全不合**），na hatima ya yote ni kuchelewesha maendeleo ya nchi（这一切所带来的后果是影响了国家发展）. Siku hizi karibu wamekuwa katika kinywa cha kila raia（**最近他俩几近成了每个国民嘴上的谈资**），nao wanawalaumu na pia kujilaumu wao wenyewe kwa kosa la kuwachagua（大家谴责他们，同时也为错误地投票选举了他们而感到自责）. Hata hivyo kiburi cha hao wawili hakijapungua hata kidogo（虽然如此，可那两位的傲气丝毫未减），kila wakisikia wamenong'onezewa na watu hunyanyuka mara moja kwa hasira zao kama walioumwa na siafu matakoni（**每当听到人们嚼舌根子，他们就会勃然大怒，就像被蚂蚁咬了屁股似的**）.

（6）Kugongana ubingwa

Timu mbili za mpira kutoka Tanga na Moshi jana jioni zilijitupa uwanjani kugongana ubingwa（来自坦噶和莫希的两支球队昨晚进行了一场技艺较量）. Mchezaji wa namba 8 katika timu ya Tanga alikuwa sumu sana mchuanoni kwa jinsi alivyokuwa akionyesha gonga zake na chenga za hapa na pale（坦噶

队的8号球员以其**娴熟的脚法和高超的传球技术**成为赛场上的**领军人物**），na mpira ulitambazwa chini naye methali ya nyoka（他带球贴着草皮滚动，像蛇行一样流畅）. Mwisho **timu ya Tanga iliigonga timu ya Moshi** magoli manne kwa bila（最后坦噶队净胜莫希队四球）.

（7）Mgongano wa...

Muda mwingi nilikuwa nimeupotezea chumbani kwangu nikiwaza juu ya mkasa ulionikabili（很多时候，我都把自己关在房子里反思我遭遇到的怪事）. Nilipotoka nje kwa kujinyosha kidogo nikaona upinde wa mvua（或 wa jua）umeonekana katika anga la magharibi yenye rangi ya samawati kutokana na **mgongano wa mionzi ya jua na unyevunyevu wa hewa**（我走到外面，想舒展一下筋骨，这时我看到**阳光与湿气相互作用而形成的彩虹挂在西边蔚蓝的天空**）. Wapita njia walikuwa wakiinua nyuso kujiburudisha macho na picha hiyo safi huko barabarani（路人纷纷仰起头欣赏这一美丽的景色）.

（8）Macho kugongana

Macho yao yalipogongana, mchomo wa huruma kwa mwanawe ukampenya moyo（当两人的目光相撞的时候，一股对儿子的怜悯之情刺入她的心扉）. Akabaki kuangaliana naye bila ya kupepesa jicho（他们目不转睛地互相瞅着）, na hapo hapo macho yakaanza kulenga lenga na kulowa machozi（眼泪止不住流下来）. Mara mwanawe akakunja uso kiasi cha kumtisha asiweze kuzungumza naye hata neno moja（突然间，她儿子板起了脸，几乎吓得她不敢跟他说一个字）. Naye akabaki kuzihesabu nukta na kusubiri mwanawe amsamehe kosa lake la kumwachia akiwa utotoni（她待在那儿苦等儿子原谅自小就抛弃他的过错）.

（9）Maoni kugongana

Huwezi kumjua mvuta bangi kama wewe si mvutaji（你不吸大麻就不了

解瘾君子）. Ni kweli hasa, kijana huyu <u>anaishi kihuni huni</u> akiwa na <u>mawazo mengi ya kishenzi</u> tofauti na ya mtu wa kawaida（的确，这小青年**流里流气的**，有许多不同常人的**怪异想法**），kwa hivyo **maoni yangu na yake daima hugongana kuhusu mwenendo wa kimaisha**（所以我们在生活态度上总是意见相左）. <u>Jana tuliahidiana kupiga gumzo tena leo</u>（昨天我们约定找时间聊聊，而且就在今天），<u>mbona rafiki yangu kaniasi</u>（他干吗这么不守信用）?

（10）Kugongana magilasi

Jones ni mtu anayejistahi（焦尼斯**是个懂得自重的人**），<u>hana shetani ya kucheza dansi wala shauku ya **kugongana magilasi** klabuni</u>（**他既无不时发作的舞瘾，也无杯来盏去的酒兴**）sembusa kusema kuzurura na kiruka njia（**更不用说四处鬼混的事了**）. Ninamheshimu sana na mwenendo wake mwema, kwa hivyo ninamwuliza kwa matumaini ya kuwa huenda akawa na lolote la kunishauri（我很尊重他的人格特质，满怀希望地问他对我有何教诲）. Ni kweli, ameonyesha kuafikiana nami kimawazo（的确，他似乎与我意见相合）.

（四十二）常用词选析（2）——Chumvi

（1）添油加醋

Waandishi habari hawa <u>wanastahili kupigiwa darubini kali zaidi</u>（那些新闻记者**更值得密切关注**）, maana sisi hatutaki <u>habari zile za kuokoteza okoteza au za kubandika bandika kama viraka kwenye nguo</u>（因为我们不需要**那种拾拾捡捡、东拼西凑的破烂儿新闻**）, jambo ambalo <u>hatuna budi kukuna vichwa na kujiuliza</u>（对此我们**不得不搔首自问**）: Kwa nini wanazoea <u>kuandika maneno ya kuzua na kuongeza chumvi</u>（为什么他们习惯于**瞎编乱造，添油加醋**）? Kuna faida gani <u>kupiga chuku</u> namna hii（如此**夸大其词**到底有什么好处）?

（2）求求借借

Mwanzoni hao wawili <u>urafiki wao ulikuwa si wa kuombana chumvi na sukari tu</u>（想当初，他俩之间**不只是求借关系**）, bali mara nyingi walikuwa pamoja <u>wakinyweshana vinywaji na kutembea ufukoni</u>（而是经常**一起喝酒和去海边散步**）, <u>kwa kielelezo thabiti kwamba wana uhusiano gani wa karibu</u>（**足见其关系有多么亲密**）, lakini baadaye wakaaanza <u>kutiliana shaka wao kwa wao</u>（后来他们开始**互相猜忌**）na hata <u>kuangaliana kama paka na mbwa</u>（甚而**像狗猫一样恶言相向**）, mpaka leo hata <u>hawapaliani moto</u>（同 <u>hawaombani hata chumvi</u> 或 <u>hawaombani hata sukari</u>，意思为：**直到今日相互之间也没有来往**）.

（3）阅历丰富

Kwenda naweza kwenda, lakini siwezi kujua <u>kitendo changu kitakuwa sifa au kashifa</u>（我可以去，只是不知**我这么做是好还是坏**）, kwa hivyo nimeamua kwenda kumwuliza nyanya yangu mwenye **kula chumvi nyingi** kwa matumaini ya kumsikiliza yeye angesema nini（我决定向**阅历丰富**的奶奶求教，听听她怎么说）. Ingawa mzee amechakaa na akili yake（虽然老人的脑筋已显迟钝）, lakini maongezi yake nami yangali yametawaliwa na mifano mingi hai iliyomtukia yeye mwenyewe（但她仍然向我讲述了许多**活生生的亲身经历**）. Mwisho amenifajiri kwa kunena: "Pole mpenzi kwa matatizo（难为你了，亲爱的）, ndiyo hali ilivyo（**这很正常**）, hakuna njia fupi katika maisha（**生活中没有捷径**）."

（4）延年益寿

Babu yangu mwenye ndevu nyeupe zilizoshuka kifuani **anajua kula chumvi**（银髯齐胸的爷爷深谙养身之道）, kila akipata mwanya huenda nje ya nyumba kujenga mwili（**一有空儿他就去户外锻炼身体**）. Mbali ya hayo, anatia maanani zaidi mambo ya maakuli（此外，**他十分重视饮食**）. Leo asubuhi alifinya uso wake na kunilalamikia kuwa mboga niliyomnunulia haina meno（今天早晨，**他呱嗒着脸跟我唠叨说，我给他买的菜咬不动**）, haimfai mkongwe kama yeye（不是他这个年龄的人吃的）. Kisha hakusahau kunikumbusha kuwa amapenda kula asali ili asifunge choo（另外，他没有忘记提醒我说，**他喜欢蜂蜜，省得便秘**）, kwa hivyo nimletee.

（5）节俭度日

Elimu ni ufunguo wa maisha, ufunguo kwa kila kufuli la maendeleo（**教育是开启生活之门，打开进步之锁的钥匙**）. Kwa hivyo ni lazima uweke akiba ya pesa hata ikiwa itakulazimu **kula ugali kwa maji ya chumvi** ili watoto wako wapate mafunzo mazuri katika shule（所以，即使**吃糠咽菜**你也要攒钱供孩子上学，让他们接受良好教育）. Bila ya hayo, hapatawafikisha watoto wako popote pa maana baadaye（不这样做，**你的孩子将来不会有好的归宿**）. Wakati ni huu wa kutengeneza noti（现在**抓钱**正当其时）, la sivyo kweli utalazimika **kukopa chumvi** ili wanako wale ugali（不然，**你可真得要靠借盐让你的孩子们吃乌嘎里了**）.

（6）泛指重物

Usiku ulikuwa umekomaa（夜深了），jambazi yule alinitomasa tomasa kitovuni kwa ncha ya bastola nyuma ya nyumba moja mbovu（那个强盗在一所破房子后面**不断用手枪戳我的胸口**），huku akinipigia kelele: "Fanyeni adabu, ukijitetea nami **nitafumua kichwa chako ujiangalie mwenyewe ubongo wako**（放尊重点儿，如果你敢抗拒，**我就把你的脑袋开瓢，让你自己看看那摊糊涂糨子**）!" Mimi nilishuku kwamba kufuatana na mlio wa risasi, ningeanguka chini kama **gunia la chumvi**（我怀疑，随着一声枪响，**我会像装盐的麻袋一样应声倒地**）. Wakati huo nilikuwa na hamu ya sigara lakini（此刻我想抽烟，注意 **lakini** 摆放的位置），wazo hili nikaliondoa haraka（可很快我就放弃了这种想法），ya nini kutamani kitu ambacho huna（**何必为那些自身没有的东西想入非非呢**）?

（7）添枝加叶

Nikiwa mbaroni nilisumbuliwa na mawazo mengi（被拘留期间，我心烦意乱）. Niliwaomba polisi waniruhusu kuongea na mama mtoto pembeni kidogo（我请求警察允许我和孩子的妈妈在一边儿说几句话）. Mwanzo nilidhani asingeniamini kwa vile angeona natapatapa kama anavyojitapia roho mfa maji（开头我以为他不会相信我，**他会觉得我像一个摇摇欲坠的落水者一样做垂死挣扎**）. Lililopita fikra zangu ni kwamba bila ya hiana wakakubaliana nami（令我想不到的是，**未经刁难他们就同意了**）. Niliamua nitamweleza kweli tupu **bila ya kutia chumvi yoyote** endapo ataniuliza kisa（如果老婆问起我怎么回事，我决定**原原本本地对她实话实说**），kwa sababu mimi si mtu mwenye kupenda **kuweka chumvi ya ziada** katika mchuzi（因为我**不是那种喜欢添枝加叶的人**）!

（8）时机成熟

Nimesimama hapo kwa muda, huku nikishauriana na akili yangu, busara na hekima zikigombana kichwani（我在那儿站了一会儿，自顾自地想着心事，与各种奇思妙想争斗不休）. Ninapojumlisha yote pamoja nimepata jibu: pengine Mwungu hapendi niathirike zaidi（把所有想法汇总在一起，我得出了结论：可能上帝不愿看到我承受更大的影响）. Naona basi, sasa **uji umekwisha kolea chumvi barabara**（我觉得现在火候已经到了）, ndio wakati hasa kwangu kumfahamisha rafiki yangu majanga yaliyonipata pindi tu akija kuniona（一旦朋友来见我，是时候把我所经历的磨难告诉他了）.

（9）口味重重

"Wewe miguu yako imekonda, sikutaki（你小细腿，不要）, wewe uso mbaya pita（你大丑脸，走开）, na macho makavu, nenda zako（你眼不水灵，去你的吧）!" Kwa kusikia maneno hayo yaliyovuma vuma dansini（听到舞场里响起这些说辞）, utashangaa kuona yule kijana aliyekuwa mzuri vilivyo kitabia mwanzoni siku hizi amepotoka na kugeuka kuwa mtu **anayependa chumvi nyingi zaidi ndani ya mboga**（你会惊讶地发现，一个原本好端端的小青年最近变坏了，**口味越来越重**）.

（10）难以分隔

Wao wanapenda kusimama bega kwa bega kwa kutazama umande kama moshi uliojaa mabondeni na uliokuwa ukiyeyuka na kupotea kila jua likizidi kupanda（他们喜欢并肩站在一起观赏弥漫在山谷里的如烟晨雾，以及随着太阳升起而烟消云散的美景）. Karibu watu wote wanakiri kuwa uchumba wao ni wa moyoni wala sio wa mdomoni（几乎人人都承认，他们的恋情发自内心，并非发自嘴皮上）, kujaribu kuuharibu uchumba huo ni kazi bure sawa na kutenganisha maji na chumvi（棒打鸳鸯只会枉费心机，就像把盐和水分离开来一样难）.

（四十三）常用词选析（3）——Kamba（含 Uzi）

（1）Kuvuta kamba

Masuali haya yote nashindwa kuyajibu na yanazidi kuja akilini mwangu yakinizungusha kichwa（所有这些问题我都无从回答，**可它们又总是蜂拥而至，搞得我晕头转向**）. Tena nayo tayari yameshanishitulia homa yangu ya kumbukumbu juu ya kumpoteza Anasa（这些问题**也触动了我那关于失去阿娜莎的记忆神经**）. Masuala mengi niliyokuwa nikijiuliza nimekuwa nikiyarudia rudia tu kichwani bila ya mafanikio ya kupata jawabu（我给自己提出的许多问题在我脑子循环往复，我找不到答案）. Nimetoa kisu kutoka kibindoni（我拔刀出鞘）, hali meno yangu yanasagana（同时咬紧牙关）. Ninazidi **kuvuta kamba** nikijitetea kimoyo moyo（我越发**绷紧心弦儿**为自己开脱）: "Hebu nione, ikiwezekana...（看情况，如果可能……）!"

（2）Kukata kamba

Tulikwenda sote wawili, guu mosi, guu pili hadi mjini（**我们俩一前一后走到城里**）, lakini wakati wa kurudi, mwenzangu hata kufikiri hakufikiri **akakata kamba** na kupotelea machoni pangu（在回程时，我这个伙伴**连想都没想，就拔腿而去，消失在我的视野里**）, kumbe hakujua kwamba kufanya hivyo kungetibua mpango wetu tuliopangana hapo mbeleni（他全然不知这样做会**打乱我们事前安排好的计划**）. Ingawa hali huwa ni hivyo, mimi nilijikaza sana na kumwacha aende, bila shaka alikuwa na lake jambo nilidhani（虽然如此，我还是**极力忍着让他走了，我想他应该有自己的事**）.

（3）Kushikilia kamba

Kila kitu kina faida na hasara zake kama tulivyo na mkono wa kulia na wa kushoto, na vivyo hivyo binadamu（世间万物都有得失两面，就像我们都有左右手一样，人类又何尝不是如此）. Usione huyu kwa wakati huu amezomewa na wenzake kama bundi aliyejitokeza mchana wa jua kali（你别看这个人就像在骄阳四射的大中午闯出来的猫头鹰一样被同伴取笑）, lakini atakuwa na faida pekee kwa maendeleo ya kampuni yetu baadaye, kwa hivyo siwezi kumfukuza（但他对我们公司今后的发展将有特殊作用，我不会开除他）. Mpaka sasa bado **nashikilia kamba hiyo hiyo** bila ya kurudi nyuma（至今我仍然坚持这一观点，不会退缩）.

（4）Kulegeza kamba

Nimejilaza kitandani nikimfikiria yule jamaa ni nani, ameelekeaje sura yake（我躺在床上想着那位老兄到底是谁，他长啥模样）na nitaweza kutumia njia gani kumfanya **alegeze kamba**（我用什么办法让他放人一马）ili nimwokoe ndugu yangu japo pengine mimi mwenyewe nife, potelea mbali（以便救出我的兄弟，哪怕我自己死掉也在所不惜）! Basi natoka nje na kutulia nikijisikiliza mvua ikininyeshea na baridi kuninyong'onyea mwilini（我走到外边静心，任凭雨水浇在身上，寒气浸入筋骨）.

（5）Kukata kamba

Kusikia kuna kidudu mtu alikwenda makao makuu kumchongea（听说有小人去总部告他的恶状）, kichwa kilimwaka moto karani huyo wa ofisini（办公室的这位职员火气直攻脑门）, akajihisi kama ana nyoka mfukoni（他感觉自己衣袋里好像钻进一条蛇似的）. Basi baada ya kutoka kazini jioni hiyo alikwenda bar kupiga maji mpaka hajitambui tena（傍晚下班后，他就去酒吧喝了个醉不识己）, akawa katika hatari ya sakara mauti（乃至生命垂危）.

Asubuhi kulipokucha siku ya pili, habari ilienea kwamba **amekwisha kata kamba**（次日清晨传来消息说，**此公已撒手人寰**）.

（6）Kushikilia uzi

Moyo wake umeelemewa na giza kuu kutokana na kufilisika kwa kampuni yake（公司破产让她感到心境黯然）. Amepata barua nyingi za kumfariji kutoka na marafiki zake waliomaliza shule naye pamoja（校友）huko Kisutu. Akakaza kamba kwa kujibu barua zote hizo（她坚持对这些信一一回复）, na akaona ni wajibu wake kurudisha ukarimu wake（她觉得自己有义务表达回谢）. Japo ameungulika ndani ya moyo wake（虽说她心焦如焚）, lakini hajaonyesha kuwa yuko tayari kufa kikondoo（但看不出她准备为此无声无息地了结此生）ila **kushikilia uzi ule** kwamba iko siku moyo wake utajaa nuru tena upya（她仍然坚持认为总有一天自己的心会重新充满光明）.

（7）Kukaza uzi

Hakuna chenye uhai kipendacho kuonewa, miti ina miiba na wadudu wana sumu（世间没有甘愿挨欺负的生物，树有刺，虫有毒）. Kwa kuona mkubwa wake anampuuza kwa kutosadiki uwezo wake hata kidogo（见头头瞧不起他，完全不相信他的能力）, basi ameamua kuondoka. Ingawa wenzake walimshawishi abaki nao kazini, lakini **amezidi kukaza uzi wake**（他更坚持自己的抉择）na hata kuanza kufunga funga mizigo ili aamkie safari mara moja（甚至开始捆铺盖卷儿，准备即刻成行）.

（8）Kulegeza uzi

Kwa kuwakabili wananchi wanaosimama kwa shime moja na kuungana kama jabali moja（面对团结一致、坚如磐石的人民）, mabwana hao wameanza kuchacharika kila mahali（那些老爷乱了方寸）na kujihisi kama wamesakama matopeni wakitota tota（感到自己已陷入泥潭而无法自拔），ujogoo wao umetiwa mfukoni（收敛起了他们那不可一世的傲气）. Ni kweli, kule kuvinjari kwao kumekwisha（的确，**他们闹不起来了**）na **wamelegeza uzi**（歇菜了）. Basi haya, sasa na tungoje tuone watakuwa na kivumbi gani zaidi（好的，让我们看看他们还会搞什么把戏）.

（9）Kukatika kwa kamba

Usiku huo nilikuwa nimefungwa na haramia katika nyumba moja geni kama samaki alivyoingizwa katika wavu wa mvuvi（这天晚上，我就**像一条落网之鱼**被关在一间陌生的屋子里），kufanikiwa **kukatika kwa kamba** kungekuwa furaha kabisa kwangu（**成功脱逃**将是我最高兴的事）. Basi nilikuwa napiga ramani akilini mwangu（**我脑子里画着地图**），lakini haikuja sawa（**但总对不上茬儿**）. Basi nilisogea dirishani na kufungua pazia nikiangalia dunia inavyoendelea huko nje（我走到窗边，拉开窗帘**观察外部的情况**）. Nikaona hoteli na jina lake kwa msaada wa taa zilizokuwa zikiwaka na kuzimika kwa zamu（我看到一家酒店和它那**忽明忽暗闪烁着的招牌**），basi sasa nikapata kujua nilipo（此刻我清楚了我所在的位置）.

（10）Kuvutana kamba

Nilikuwa na mawazo kadha kwa wakati mmoja（我同时有了几种想法），na mawazo hayo **yanavutana kamba**（而这些想法**互相矛盾**），kila wazo linashikilia yake bila ya kuyumbishwa kimsimamo（每种想法**都毫不动摇地坚守着底线**），ingawa najua pengine mawazo hayo ni sawasawa na ndoto ya mwendawazimu tu（尽管我知道这些想法**可能无异于痴人说梦**）na hayawezi kuunda maana yoyote（没有任何实际意义）. Wakati huo Banza kwa mbali aliniuliza kwa ishara afanye nini（这时班查打手势问我他该干什么）. Nikamjibu kwa ishara atulie pale pale（我用手势回答他就地待命），maana kama maadui wakituona wote hatua watakazozichukua zitakuwa tofauti kuliko ikiwa wamemwona mmoja（因为敌人看到我们一帮人与看到一个人所采取的行动是不同的）. Tofauti hiyo ndiyo iliyoweza kuwa **uzi unaoshika maisha yetu**（而这种不同可能就是与我们生死攸关的生命线）.

（四十四）常用词选析（4）——Punda

（1）勤奋

Kiongozi huyu alipata kushuhudia kwa macho yake mwenyewe baadhi ya wanamapinduzi marehemu ambao walikuwa bado hai wakigugumiza katika hatua zao za mwisho za kukata roho（这位领导人目睹过那些革命先烈**挣扎到最后一刻的惨状**）. Naye anashikilia kuwa **asipochapa kazi kama punda** na kuwahudumia wananchi kwa moyo wote, atajihisi hana uso wa kwenda kuwaona marehemu hao baadaye（他坚持认为，**如果自己不勤奋工作和全心全意为人民服务**，他会觉得**日后无颜去见那些死去的故人**）.

（2）倔强

Mtoto huyu punda, hasikii mpaka apigwe mkwaju（这孩子是一个犟驴，不挨棍子不老实）. Siku hizi mikiki mikiki iliyomtokea imemfanya kuwa sugu zaidi（最近发生在他身上的事端让他愈发冥顽不化了）, hata anathubutu kufanya ubabe mbele ya mdomo wa bunduki ya polisi na hivyo kachukuliwa kituoni kuhojiwa ili ashikishwe adabu（他竟敢对着警察的枪口**耍横**，乃至被带到局子里接受询问，意在让他规矩点儿）. Mapolisi wanatazamana na kuambizana kwa macho, kisha wamempa maneno makali（警察们交换了一下眼神，相互暗示了一下，接着就说了一通严厉的话）: "Tukiwa askari polisi tuna kipaji cha kutosha kubaini jibu la kweli na la uwongo（作为警察，我们有**足够能力辨别真假话**）. Iwapo lakini umesema uwongo, basi yatakayokupata umeyataka mwenyewe（如果你说谎，那后果将是你自找的）!"

（3）健忘

Huyu mama **hufanya kipunda**（这个妇女脑袋不记事儿）. Ukimwambia kitu naye huonyesha kama ameyameza maneno yako tumboni na kuyakumbuka vizuri（你告诉她什么事，**看上去她好像真的记牢了**），lakini ukimwuliza ameambiwa nini atababaika tu（可你要问她听到啥了，**她就不知所云了**），kwa kweli yale yote yameingia sikioni mwake na kutoka upande mwingine（其实所有的话都是从**一个耳朵进，从另一个耳朵出**）.

（4）谚语

Kwa wajihi, huyu bwana hakika aonekana mjanja na ayari hivi（根据外貌来看，这位先生确实有些狡猾刁诈）. Utaona kabla hajafanya kitu mara nyingi hunyanyua mabega yake na kupandisha nyusi juu（你会看到，他在做事情之前，经常**提提肩膀，扬扬眉毛**），huku akiuminya mdomo wake wakati huo huo（还**紧抿着嘴唇**），ni mtu ambaye ukimpaka wanja, atakupaka pilipili（是**一个你给他抹眉药而他给你涂辣椒的人**）. Kama hujui nini chaitwa **fadhili ya punda**, basi yeye ametuonyesha（如果你不知道啥叫"驴子的恩惠"，他为我们展现出来了）.

（5）绝情

Awali jamaa alimtukana mara kwa mara mkewe kwa kuwa na kasoro ya kuzaa（起初，这老兄经常骂老婆**不生养**）. Lakini tangu kuzaliwa kwa mtoto kutokana na kutibiwa na dakitari, mumewe akaanza kumheshimu（但经过医生治疗，他老婆生下孩子后，丈夫开始尊重她），hata maisha yao yakawa kioo cha ndoa nyingine（甚至**他们成为其他婚姻家庭的一面镜子**）. Watu wameshindwa kujua kwa nini sasa wameachana **kwa mateke ya punda**（人们无法明白，为什么现在他们又绝情分手了）.

（6）多多

Ziko kazi nyingi za kiungwana hata **punda wa gari** hawezi kuzimaliza zote（体面的活儿有的是，连拉车的驴子也干不完）. Walakini baadhi ya wengine wanazipuuza hizo kazi（可有些人瞧不中这些活儿），wakishikilia eti "kazi ya gizani ni chafu, lakini inalipa sana, ujinga wa hawa ndiyo shibe yetu"（他们坚持认为"不光明正大的活儿很肮脏，但挣得多，别人的愚昧成就了我们的温饱"）. Hata wanaongeza kusema（他们甚至进一步标榜说）："Hujaona wengine wanatoa jasho, hali sisi tunatungua starehe（你没见别人受大累，**我们享清福**）?" Lakini je, hamwogopi kutwangwa na mijeledi ya sheria karibu au baadaye（请问，你们就不怕眼下或将来遭到法律制裁）?

（7）牛马

Hatuna haja ya kusimangwa simangwa au kuamrishwa na mataifa mengine kwa ajili ya misaada（我们没必要因援助问题而被其他国家讥笑或听命于它们），Tanzania haitachukua amri kutoka kwa taifa jingine（坦桑尼亚不接受其他国家的命令），maana hatujasahau zamani tulivyokuwa **tukifanyishwa kazi kama mapunda** usiku na mchana, mvua ama jua, tukinyonywa jasho (kunyonywa damu) na wakoloni（因为我们还没有忘记那种不管白天晚上、日晒雨淋而像驴子一样干活的受尽剥削的殖民时代）.

（8）妖魔

Nilishituka na kuachwa mdomo wazi, na udende ulinitoka kinywani kuangukia kwenye mapaja yangu kwa kuona Musa amebaki nyama nusu nusu tu（见穆萨变成了尸首不全的一堆烂肉，我惊得张大嘴巴，哈喇子顺着嘴角流到大腿上）. Mara nikaamka na kupandwa na mori, nikiruka juu kama **niliyepagawa na pepo punda**（我突然醒过来，情绪激愤，就像遇到驴头

马面一样跳起老高）. Mimi na wenzangu sote tukaamua kumlipiza kisasi. Mkasa huo wa kuhuzunisha ulizuka <u>jana usiku ambapo zilikasoro dakika tano tu kufikia saa kumi</u>（这桩令人悲伤的奇案发生在**昨晚九点五十五分**）.

（9）谩骂

Makofi mawili yalimwangusha chini（两个巴掌把他打翻在地）. Kwa <u>kuendelea akazimwa kwa kiatu</u> kifuani na hata usoni（接着，他胸口和脸上**又挨了几鞋底子**）, damu ikamtoka puani pale pale（鼻子当即鲜血直流）, huku ikisikika kelele kali masikioni mwake（同时耳朵里又听到那人厉声大喝）: "Toka hapa, usitie pua yako kwangu, **masikio makubwa mithili ya punda wee**（滚，不要再让我见到你，**你个大耳朵驴**）!"

（10）愚蠢

<u>Hapo awali walikuja juu kama nyuki waliotupiwa jiwe, na hali leo ninaweza kuwachezea kama mtu aendeshaye punda</u>（他们当初就像被石块砸乱营的蜜蜂一样不可一世，而今我就像手牵乖乖驴似的把他们玩得团团转）. Vuta kamba mkono wa kulia na punda atakata kona, vuta mkono wa kushoto pia atakata（你右手拉缰它就往右拐，你左手拽绳它就朝左行）. Kumbuka, <u>punda hafahamu aendapo isipokuwa mwendeshaji tu</u>（请记住，**至于去哪儿，驴子只能听喝儿**）.

（四十五）常用词选析（5）——Rahisi（及其引申）

1. Maji（注意三种说法的差异）

（1）Ni rahisi kama maji ya kunywa

Sasa <u>mambo yamefikia pagumu</u>（现在**事情变得困难了**）. Mwanzoni alipogombea kiti chake, mwanasiasa huyu aliwaahidia raia kama kwamba kuwatimizia wajibu kwake **ni rahisi kama maji ya kunywa**（当初这位政治家参加竞选时曾向选民保证称，向他们尽义务对他而言**是轻而易举的事儿**）, lakini <u>alipofaulu katika chenga zake za siasa</u>（**而当他的政治谋划得逞之后**）, <u>vitendo vikatokomea</u>（**行动却不知去向了**）, <u>yakabaki maandishi kwenye karatasi peke yake</u>（**只留下一纸空文**）. <u>Ukimwuliza atajidai (kujitia) mizungu ukuti</u>（**你问他，他就装傻充愣**）kukujibu <u>kwa kupiga pua</u>（**哼着鼻子回答说**）: "<u>Nina mambo tepetepe</u>（**我忙得不可开交**）, <u>haya usinitupie mimi</u>（**这些事儿别找我**）." <u>Ama kweli huyu bwana "tepetepe" astahili kupewa tepe kwa ujanja wake</u>（**果真应为这位狡诈的"大忙人"授衔授勋**）.

（2）Ni (rahisi) kama kunywa maji

Fahamu iliponirudia nikajikuta nimo katikati ya maiti za watu na nimejeruhiwa miguu miwili（**当我恢复知觉的时候，我发现自己混在人的尸体中间，两腿均已伤残**）. Barabara ilikuwa hatua chache tu kutoka nilipokuwa, niliona kama iko maili nzima mbali nami（**公路离我只有几步远，但我觉得好像足有一英里**）. Zamanii ingalikuwa **ni (rahisi) kama kunywa maji** kwangu kufika barabarani, lakini saa hizo ilinilazimu kutambaa tambaa kwa magoti ili nipate usafiri wa kunifikisha nyumbani（**过去走到公路对我**

来说**易如反掌**，但现在我不得不用双膝慢慢爬行，以便找到交通工具回家）．

（3）Kuimudu kazi kama maji

Mimi <u>nilimdakiza kwa kusema</u>（我打断他的话说）："Wafikiri macho yako ni ya kinyonga ambayo yanaweza kupinduliwa pande zote（你以为你就像变色龙一样能四面八方拐着弯儿看东西），hapana（不），mimi siwezi kukubali maoni yako <u>hata kwa makombora</u>（**就是用炮弹轰我，我也不同意你的看法**），maana najua kuwa jamaa **aweza kuimudu kazi hii kama maji**（因为我知道他**能毫不费力地胜任这一工作**）."

2. Uji

（1）Ni rahisi kama tende kwa uji kupita rohoni

Kiongozi huyu sasa <u>yumo mbioni usiku na mchana</u> kutekeleza wajibu wake wa kuzitosa athari za kikoloni（这位领导人**正昼夜忙碌**着为消除殖民主义的影响尽自己的义务），<u>usidhani kazi hii ni rahisi kama tende kwa uji kupita rohoni bila ya kizuizi chochote</u>（你不要以为这一工作不费吹灰之力），bali ni kazi za kumtoa jasho kweli kweli（这是一件劳心费力的事儿）．

（2）Ni (rahisi) kama kunywa uji

<u>Isifikiriwe kwamba kazi hii ya kupeleka barua kwa wa kwingineko ingeniwia ngumu</u>（别向别处传话说这活儿对我来说有困难），hapana（没那事儿），kwangu miye nayo **ni rahisi kama kunywa uji**（这对我而言是**轻车熟路**），maana <u>ramani nimekwisha ikariri vizuri kichwani</u>（因为**地图我已烂熟于心**），<u>mistari ya alama ndani ya ramani nimeiona kama inapita pita mbele ya macho yangu</u>（**图上的条条杠杠我已了然于胸**），nitafika tu mahali panapohitajika（我会到达每个应该去的地方）．

3. Mboga

（1）Ni mboga tu

Safari yetu ilikuwa na vituko vingi（路上碰到不少事儿），kwa bahati tulipata misaada <u>toka kona zote</u>（很幸运，我们得到了**多方**协助）. Kwangu miye mwenyewe awali nilitaabika sana kwa jinsi bahari ilivyonilevya（当初因晕海 我自己曾遭遇很大困难），baadaye nikazoea pole pole（后来慢慢适应了）. Na sasa pale baharini **ni mboga tu kwangu**（现在大海对我来说是**完全不足为惧**）.

（2）Ni rahisi kama kukata mboga

Nasema <u>kazi hizo ni chuma</u>（这些工作**艰巨如铁**），inahitaji subira na uvumilivu kuzimaliza moja baada ya nyingine（需要把持耐心一件件去做），kwa sababu <u>hakuna mtu anayeweza kwenda njia mbili wakati mmoja</u>（因为**没有人 能同时在两条路上行进**），lakini yeye ananicheka akidai kuwa nazo kwake **ni rahisi kama kukata mboga tu**（可他却笑话我，声言对他来说就像砍瓜切 菜那么简单）. Anaonekana kama kweli <u>ana uwezo wa kuwapiga ndege wawili kwa jiwe moja</u>（看上去仿佛他真**有一石二鸟的本事**）.

（3）Kumpata kama mboga sokoni

Mwizi huyu ni stadi na <u>mwenye mkono kweli</u>（这个贼特别有伎俩，**手脚 很麻利**），<u>akang'oa donge zito</u> nyumbani mwa mtu bila ya mwenye mali kujua（在主人毫无知觉的情况下就顺走了一大笔钱），lakini <u>polisi wana mikono mirefu</u>（**但警察技高一筹**），kwa muda mchache tu **wakampata kama mboga sokoni**（没多久就抓住了他，**就像在菜市场买菜一样手到擒来**）.

4. Mswaki

提示：**Mswaki** 一词有三种意思：一是牙刷，如 **Kupiga mswaki**（刷

牙）；二是窗棂，如 **Miswaki ya chuma iliyoko dirishani**（铁窗棂）；三是简单计算，类似于汉语"一加一等于二"，表示很容易。下述例句取之第三种意思。

（1）Ni mswaki

Ana kisa kirefu kisichopendeza cha maisha ya uwizi（他有一段很长的不讨人喜欢的偷盗经历），utaona macho yake aghalabu hujaa hisia za hatia（你会发觉他那双眼睛**总是充满着一种罪恶感**）. Kwa kuwa aliishi na kukua shambani miaka mingi, kwa hivyo anazoea sana kupanda minazi（因为他多年生长在乡下，很习惯爬椰子树），na kupenya nyumbani mwa watu kwa kuparamia pampu la maji **kumekuwa mswaki kwake**（爬着水管登堂入室对**他来说驾轻就熟**）.

（2）Ni kitu kama mswaki

Aliingia ofisini mwangu na kurudisha mlango akabaki wima akinitazama（他走进我的办公室**关好门，站在那儿瞅着我**），kisha akakunja mikono kwa kununa（接着便双臂抱着夹儿埋怨说）："Kusema **ni kitu kama mswaki** kwangu miye mwenye jumbo kubwa, lakini kutenda ndio mambo（说这事儿对我这样的大个头儿来说**容易得就像一加一等于二，其实说起来容易做起来难**）!"

（3）Sawa na kupiga mswaki

Alisema kwa sauti kubwa iliyokatiza mawazo yangu（他说话大嗓门儿，打断了我的思路）："Najua ungeniweka roho juu tu（我知道**你很担心我**），maana siku hizi baadhi wadokozi（扒手）wanaiba vitu vya watu kila siku, wizi katika treni ni **sawa na kupiga mswaki**（在火车上偷东西**太容易了**）. Huu hasa ndio mkasa uliowakuta watu wengi njiani（这就是许多人在路途上所碰见的麻烦），mradi tu nimefika kwa usalama（不过我还是安全抵达了）!"

（4）Ni kazi rahisi kama kupiga mswaki

　　Alikuwa amevaa miwani nyeusi ya jua（他戴着太阳镜）na kutembea kwa hatua za kuyumba（摇摇晃晃地走着）. Aliponikuta njiani alimaka na kuanza kusema yake（路上撞见我，他惊叫了一声，然后就打开了话匣子）: "Nisingependa kukusumbua ila hakika karibuni sina kimbilio kama leo kwako kesho kwake, kwa sababu mimi kiguru（我本不愿打扰你，只是我的腿残疾了，这阵子确实没有东家走西家串）, basi njoo haraha kama nikiomba msaada, najua hiyo safari kwako **ni kazi rahisi kama kupiga mswaki**（如果我有求帮忙，就请你快过来，我知道走几步路对你而言**不费什么劲儿**）."

5. Lelemama, kulala kitandani 等

（1）Sio (kitu rahisi kama kucheza) Lelemama

　　Kuwapata watoto wenye afya bora **sio (kitu rahisi kama kucheza) lelemama**（想有个健康的孩子，**并不像跳莱莱玛玛舞那么容易**）, inatakiwa kazi（需要下力气）. Kazi ya kumwangalia mtoto huanzia akiwa bado tumboni（呵护孩子应从胎儿时期开始）. Mathalani mtoto akikaa vibaya katika mji wa uzazi afaa kurekebishwa mapema（如果胎位不正，就应及早矫正）na sio kungojea mimba inakuwa pevu na hivyo kulazimika mja mzito kupasuliwa（而不要等到胎儿长成后，使孕妇不得不做剖宫产）.

（2）Ni jambo rahisi kama kulala kitandani

　　Unataka kupewa mradi wa ujenzi siyo（你想拿到建设项目，对吗）? Nasema hili **ni jambo rahisi kama kulala kitandani**（我说这就像上床睡觉一样容易）, basi pitia mlango wa nyuma utapata tu（走后门就成了）, kwa sababu watumishi wazito wazito wa serikali wengi wao wamepotoka（因为许多政府要员都腐败不已）, wanachokitaka ni hela（他们要的是钱）.

（四十六）常用词选析（6）——Moto

（1）Kushika moto

Upelelezi **umeanza kushika moto**（侦查工作已开始紧锣密鼓地进行）. Mtu, kama tunavyofahamu, hamwui binadamu mwenzake bila ya sababu（人，正如大家所知道的，是不会无故去杀自己同类的）. Ni vigumu kukisia kama mauaji yenyewe yalipangwa au yalitokea ghafla（很难估摸谋杀案是蓄意而为，还是偶发事件）, inabidi tuchambue mambo yenye ithibati（我们必须找到确凿证据）. Ingawa tumeshapiga hatua katika uchunguzi wetu na hata kutoa hati ya upekuzi（虽然我们的调查工作有所进展，也发出了搜查令）, lakini hatujaweza kusema Rajabu ndiye mwuaji（但仍无法确认拉加布就是凶手）, kwa sababu kwanza kisu kinaweza kuwa cha Rajabu, lakini yeye si mwuaji（首先，刀可能是拉加布的，而他并非凶手）, kisha siku ile hakuwa ameshinda nyumbani bali sokoni kwenye biashara yake（再者，那天他不在家，而在市场上做买卖）.

（2）Kuwaka moto（之一）

Watu wote kimya（大家一言不发）. Wanaona leo ni leo, asiye na mwana aeleke jiwe（他们觉得今天机不可失，时不再来）. Wazee wasema mwenye macho haambiwi tazama（老人说，莫对有眼的人说"看"）, basi mchuano wa kutafuta mkuu wa kijiji kati yake na ndugu yake wa tumbo moja **yamewaka moto** na mara yatafikia kileleni（他与他的同胞兄弟竞选村长的活动热火朝天，马上就要达到高潮）. Kila mmoja wao anatakiwa kujieleza vizuri na uhodari wake wa uwongozi mbele ya hadhara（他们每个人都必须当众仔细描述自己的领导才能）.

（3）Kuwaka moto（之二）

Mama mtoto aliyekuwa amelala kitandani alizinduliwa na mlio wa gari kwa mbali（正躺在床上睡觉的孩子妈妈被远处传来的汽车喇叭声惊醒），mara **akawaka moto** na kuipiga ngumi meza kwa hamaki（她**大为光火，用拳头愤怒地捶打桌子**），huku akijisemea kimoyo moyo kwa kuumana meno（同时**咬牙切齿地**暗忖）："Ahaa umerudi basi, ngoja **nitavuta vibao vya moto moto** kukukaribisha（唔，你总算打道回府了，看我怎么用热辣辣的巴掌欢迎你）！" Taa za gari zilizidi kuwaka na kuangaza kadiri lilivyokuwa likiikaribia nyumba aliyekuwemo（随着车慢慢靠近她住的房子，车灯显得越来越亮），kutahamaki mama akagundua si mume wake amerudi, bali akamwona rafiki yake mwenyewe wa miaka mingi ambaye hakuwa amemtegemea（发现不是她丈夫回来了，**她浑身一激灵，没料到**多年的老朋友前来造访）.

（4）Kuwaka moto（之三）

Nikawa asubuhi nimeamka nimechoka choka kimwili, kiroho na kiakili kwa vile usiku uliotangulia nilichelewa sana kudakwa na usingizi（早上醒来，**我感到身心俱疲，因为头天晚上我很久才睡着**）. Mwili wangu ulikuwa ukinata nata kwa jasho（我浑身都是汗），viungo vilikuwa vikiniuma（关节酸痛）na kichwa kilikuwa **kikiniwaka moto**（脑袋热乎乎的）. Lakini baada ya kuwa chini ya bomba la mvua kwa dakika kadha, nikaanza kujisikia afadhali（冲完几分钟的淋浴之后，我感觉轻松多了）.

（5）Kupamba moto...

Anazipenda fedha kuliko utu wake（他**视财如命**）. Kutokana na hatua ya kwanza aliyoifikia ya kuzifuma fedha nyingi kwa njia ya haramu（他在获取大量不义之财方面初尝甜头），ndipo wazo la kuzipata zaidi **limempamba moto** akilini mwake（发更大的财的欲望一发而不可收拾）. Kwa kuyaona macho yake yanayojaa tamaa ya pesa, watu wengi hutema mate chini kwa chuki na dharau（看到他那双贪财的眼睛，许多人都厌恶轻蔑地朝地上吐痰），nyusi zao hukutana zikifunga vifungo（双眉挽成疙瘩），**macho yao murimuri kama moto**（眼睛忽闪忽闪地冒火）.

（6）Moto mmoja...

Mawazo ya ghafla **moto moto yakamjia akilini**（突如其来的想法**热滚滚地**涌入她的脑海），hapo hapo moyo ukamzuka wa kutamani kwenda kujionea mwenyewe kilivyo kijiji kile（她当即**产生了**要亲眼去看看那个村子的欲望）ingawa ni changamoto kubwa sana kwake kwenda kutembelea ugenini kabisa（尽管去一个极其生疏的地方对她来讲是巨大挑战）. Basi alimpata mkuu wa kijiji akaelezwa haya（她找到村长，听到了这些话）："Tupo wengi hapa na pole pole utatujua wote（我们这里人很多，慢慢你就认识我们大家了）. Tunaoishi hapa tumejitolea kufa na kupona katika kazi za kujenga taifa（我们生活在这里的人都是心甘情愿地拼命来建设国家的），ama hujaona harakati za ujenzi **zinaendelea moto mmoja** kijijini humu（你没见村里的建设场面**一片热火朝天**吗）?"

（7）Kukolea moto...

Lilikuwa gari dogo na kongwe, lililokuwa wazi nyuma（这是一辆破旧的小车，**后面是敞篷斗**）. Sote watatu tulikaa sehemu ya mbele（我们三人都坐在前面）. Dereva akatia gari moto na kushika njia（司机打火开车上路）. Mimi niliyekaa katikati nilijibenua huku na huku kwa nafasi ndogo iliyosababishwa na unene wa yule dereva（**因胖司机占据了大量空间，夹在当中的我不得不将身子左歪右扭**）. Tuliporudi kwetu ilikuwa majira ya jioni（回到住处，已是傍晚时分），yule mwenzangu Ngusaro alikuwa haishi kulalamika kwa kuchelewa kurudi（我的同伴恩古萨罗因迟归而没完没了地发牢骚）. Kuingia nyumbani akamkuta mkewe bado anaendelea kuzama usingizini foo（进家看见老婆还

在呼呼大睡），basi jamaa kiruu（这老兄快气疯了）. Bila ya kutamka lolote, akaanza kumimina mafuta ya taa kichwani mwa mama na kuwasha kibiriti（他什么话也没说，就开始往老婆头上浇煤油，然后划着了火柴）. Loo, mama akashitukia kichwa chake **kimekolea moto** moto moto（好家伙，那女人震惊地发觉自己**头上燃起了熊熊烈火**）.

（8）Kuzua moto...

Kwa Sultani **mambo yalikuwa ya moto** kweli kweli（对苏丹而言，**情况十万火急**）. Yeye na wanafamilia wake kwa mara ya kwanza iliwabidi waende mbio, huku majoho na makanzu yakiwazonga ovyo miguuni（他和他的家族成员第一次被迫**衣冠不整地仓皇逃窜**）. Wale watu waliokuwa katika mafukara wa kutupwa sasa wakanyanyuka na hata kuthubutu **kuzua moto** dhidi ya matajiri waovu（那些**无人问津的穷苦人**终于站起来了，**甚至敢生事对抗土豪劣绅**）. Kwa kuona Simba alivyokuwa, tajiri Mpatani naye **tumbo moto**（见斯穆巴那个样子，地主穆巴塔尼**满肚子火**），akaanza kumzoma mtumishi wake huyo wa zamani kwa maneno（开始用话**抢白**他原先的这个佣人）："Ala, hata wewe umeshakuwa mkombozi wa wananchi（唔，连你也成了人民的救星）?" Lakini Simba akasimama pale, moyo wake tanda kabisa（斯穆巴站在那儿，**心中一片坦荡**），na uso akiukunjua na kutabasamu（满脸轻松的微笑）kama kumwambia "hujakosea bwana, lakini usijaribu **kujipalilia moto miguuni**"（就像告诉他说"先生，你没说错，**不过你可别给自己找不痛快**"）.

（9）Mkali kama moto

Siku hizi naye amekuwa **mkali kama moto**（近来他变得**脾气火爆**）. Joto la moyo likimpanda huwa halali usiku kucha（心里焦躁时经常彻夜不眠），asubuhi ya siku ya pili yake huamka mkali zaidi kuliko kawaida（次日清晨醒来后**脾气比平时更暴躁**）. Leo hivyo hivyo（今天也不例外），hata anatokea kumfokea tajiri wake（他竟然朝他的老板撒泼）："Nimechoka roho yangu na utumwa wako Fuad（我受够你的奴役了，福特），wewe huna haya（你恬不知耻），wala unajiona nani（你算老几）！" Ilikuwa ndiyo mara yake ya kwanza kumkata jina, yaani kumwita jina la tajiri wake bila ya kutanguliza "Bwana"（这是他第一次掐头去尾地叫他老板的名字，也就是说前面不加"先生"而直呼其名）.

（10）Kula moto...

Ni msichana mzuri zaidi ya hivyo alivyotazamia kumwona（这是一位比他期望看到的还要漂亮的姑娘）. Hili kwake ni kama ndoto isiyotabirika（这对他来说简直是一个想不到的梦），**mara pendo linamwaka kama moto wa kutakasa ndani**（他顿觉有一股爱火中烧）. Anachukulia kuwa dawa ya kufukuza hisia zake hizo ni kumpata（他认为**使之得以解脱的办法**就是得到她），kwa sababu akitoka huyu hampati mwengine kama huyu（因为**机不待他，人不再来**）. Inasemekana kuwa mapenzi kati yao kwa upesi upesi **yameanza kula moto**, nao sasa huenda **kila mwahali moto pa starehe** kwa kuimarisha uchumba wao（据说他们之间的爱情**很快就如火如荼了**，如今他们经常出入**火爆的娱乐场所**来加深彼此之间的感情）.

（四十七）常用词选析（7）——Kiasi 与 Kadiri

这是两个近义词，有类似 "ukatili kama huo hauna kiasi wala kadiri" 这种加重语气的说法。二者用法有相似之处，但也有颇多不同之处，不过语言表达上的"约数"概念是共同的，诸如"大约""大体""总体""几乎""差不多""差不离""大概其""相当于"等，以及程度大小、数量多少、质地好坏等。

1. Kiasi

（1）Ingekuwa si kiasi chake...

Nchi hii ilijigomboa **kiasi cha miaka 30 nyuma**（大约三十年前，这个国家得到解放），nayo leo <u>imekiuka shida nyingi na kuonyesha hima kubwa ya kuinua uchumi wake</u>（而今它克服了重重困难，表现出发展经济的极大热情），yaonekana kuwa siku zake za mbele zitang'ara vizuri zaidi（看上去前途更加光明），jambo ambalo limewapa wananchi imani kubwa kwa neema ya baadaye（这让国民对将来的繁荣昌盛充满信心）. Kijana Mbeo ana lengo lake pia, yaani kufuatana na maendeleo ya nchi, <u>anajiwazia siku moja angefaulu kuwa tajiri mkubwa anayeranda randa nchini kote kwa kuliendesha gari zuri kubwa ambalo kila atakayeliona atalitumbulia macho</u>（小伙子穆白奥也有自己的目标，即随着国家的发展，**他想着自己有一天能变成大富翁，开着宽敞漂亮的汽车跑遍全国，人人都朝他投来羡慕的目光**）. Anaona **ingekuwa si kiasi chake** kijana mwenye pesa nyingi kupanda gari la kubebea mizigo kama alivyo sasa（他觉得像他这样有钱的青年坐现在这种货车出行是很不搭调的）.

（2）Kesi ilitokea ghafla kiasi kwamba...

Kesi ilitokea ghafla sana kiasi kwamba kila mtu akabaki kujiuliza kwa nini（案子发生得极其突然，几乎每个人都在问自己这是为什么），maana hata jana nilimwona mtoto huyo akicheza mpira na **watoto kiasi chake**（因为昨天我还见过他与**年龄相仿**的孩子一起踢球），na baadaye aliporudi nyumbani kula chakula nilishangaa mtoto mdogo hata anaweza **kula chakula kingi kiasi hiki**（而当他后来回家吃饭的时候，我还曾惊讶地发现他的饭量竟**如此之大**）. Lakini leo nasikia kakonowa macho na mtu mchana na kimachomacho（而今天我听说他**竟在光天化日之下被挖掉眼睛**），ukatili kama huo kweli **hauna kiasi wala kadiri**（这一暴行是无与伦比的）. Zinasikika habari za kutatanisha kidogo（有不太好的消息说）kuwa yule mwuaji **si mjinga kiasi chake**（那个杀人犯并不怎么愚笨），bali anatumia kila tahadhari ya kujihami dhidi ya mikono ya sheria（反而有很好的反侦察手段）.

（3）Naona kiasi ni vigumu...

Hakuna baya lisilo na mwisho hata litachukua muda mrefu kiasi gani kubainika（不管过去多长时间，一切坏事终将真相大白）. Yeye ni mtu mwenye mizaha mingi, lakini mara nyingi mizaha yake **huzidi kiasi** na kusababisha watu kukasirika **kiasi kisichoelezeka**（他爱开玩笑，但在很多情况下，那种玩笑是过分的，以致把人惹得怒不可遏）. Najaribu kufikiria jinsi alivyopata bastola yake kiharamu, lakini naona **kiasi ni vigumu**（我想搞清楚他是怎样非法得到这支手枪的，但**大体来说有难度**）. Lakini naamini kuwa mambo yatakuja kurekebishwa kidogo kidogo **kiasi muda unavyoendelea kupita**（但我相信，**随着时间的推移**，问题会慢慢得以解决）. Hata hivyo, nakisia kuwa **kwa kiasi cha chini kabisa** atafungwa miaka 20 kisheria（**最少也得依法关他二十年**）. Inasemekana kuwa pande zote mbili, wa mashitaka na ule wa utetezi, zimekwisha kutoa hoja, na zinasubiri tu hukumu ya kortini（据说**控辩双方都**

已经陈述完毕，只等法庭判决）.

（4）Kiasi nilichokilala sikijui...

Kiasi nilichokilala sikijui（睡了多长时间，我说不清楚），lakini nilipoamka na kusimama <u>nikafanya hofu kwa kujiona ni peke yangu</u>（我醒来发现**就我 自己在那儿，心里有些发毛**）. Basi nikaondoka kwa haraka mpaka kuingia mkahawani umbali wa maili moja hivi kutoka nilipokuwa. Humo ndani kahawa ilikuwa <u>inafuka moshi</u>（咖啡**冒着热气**），kila aliyetaka kunywa <u>alijitilia mwenyewe ndani ya gilasi na kujiburudisha nayo kidogo kidogo</u> **kiasi cha kulowesha ulimi na koo**（每个想喝的人都可以持杯自取，慢饮细品，咂 摸滋味，润润喉咙）. Kimya kikawa kinaendelea **kiasi nikaweza kuwasikia watu wakimeza maji**（大家很安静，静得我几乎能听到人们喝水的声音）. Kwenye meza moja jirani yangu, alikaa kijana mmoja ambaye <u>nilimfahamu vizuri na mambo yake</u>（我非常了解他）. Naye hupenda makuu, ari zake hizo humpeleka **afanye mambo ambayo si kiasi chake**（他不自量力，这经常使 他去干一些与自己能力不相符的事）.

（5）Kiasi cha kupambazuka tu...（六处）

Kiasi cha kupambazuka tu nilifika mahali penye msitu uliofungamana kwa kutumia **kiasi cha dakika 20 njiani**（天刚亮，我便花了**大约二十分钟 到达一处森林茂密的地方**）. **Kiasi hicho hicho**（就在这当儿）nikamwona mbwa mwitu mmoja akigeukia upande mwingine na kuwa tayari kukimbia. Lakini <u>kabla hajanitoka machoni nikakadiria kumpiga risasi</u>（在它没离开我的视 野之前，我及时开枪射击）. Baadaye nikaingia katika banda nikamkuta Mseo amelala chali akikoroma na udenda kumtoka（我后来钻进一间棚子，见穆塞 奥正仰脸大睡，打着呼噜，流着口水）. Sehemu ya kichwa ilikuwa kitandani na miguu akaining'niza（他上半身躺在床上，而双腿则搭在床帮上）. Hiyo ilikuwa si ajabu, kwa kuwa yeye sasa ni **mlevi wa kupindukia kiasi**（这不足为

奇，因为他是个超级醉鬼）. Zamani alikuwa mtu mzuri ambaye **alifanikiwa kiasi cha kutosha** katika mitihani mbali mbali na kupandishwa cheo mara kwa mara（从前他曾**足够成功地**经受过各种考核并经常升职）, lakini baadaye akabadilika, kila siku naye huzama katika starehe za mjini na arudipo nyumbani huwa chopi（可后来他变了，每天都沉迷于城市里的欢娱之中，**总是醉醺醺地回家**）, hata **fedha alizochangisha kiasi cha kujenga shule** katika tarafa yake pia zimefujwa kabisa naye（甚至**他筹集的一笔数额相当于在家乡建一所学校所需费用的捐款**也被他挥霍一空）.

（6）Huwa kiasi mbali mbali...

Nilipoona wameshakaribiana **kiasi cha hatua nne** kukutana, ndipo nikajua kuwa mambo yatakuwa mazuri（见还有**大约四步**他们就能碰到一起时，我知道事情有戏了）. Katika eneo letu hili, pesa za mahari huwa **kiasi mbali mbali**（在这个地域，聘礼的钱数**多少不一**）. Ni kama nilivyosema kuwa usimpuuze huyu kabwera, ana **pesa nyingi kupita kiasi**（如我所说，你切莫瞧不起这个土老帽儿，他钱**多得不一般**）. Kwa maneno mengine, kwake yeye mali anazo za kumtosha na kumkinaisha（换言之，**他有足够多的财富**）, **hajali ni kiasi gani** wakati akinunua vitu（他买东西时**从不问价钱**）. Nasikia sasa yuko tayari kufanya arusi moja kubwa yenye kutolewa mfano, hata nyumba yake imepambwa kwa arusi ya kesho（听说他已经准备举行一个堪称楷模的盛大婚礼，甚至连新房都装修好了）.

（7）Mvua kidogo kiasi cha mimea tu...

Wananchi wetu **wamejitahidi kiasi gani** mpaka kupata mafanikio kama haya ya leo（我们的人民**付出了巨大努力**才取得今天这样的成就）. Kwa mfano, mwaka huu **mvua kidogo kiasi cha mimea tu**（例如，今年**雨量偏少，也就刚好能维持庄稼生长**）, hata hivyo watu wa pwani walijidahidi **kiasi wawezacho** katika mambo ya uzalishaji, na wangali bado wamepata **mavuno** mema **kiasi kiasi** ingawa upungufu upo（虽然造成了减产，但沿海地区人民尽其所能地进行了生产，他们仍取得了**不错的收成**）. Lakini haidhuru, maana baharini mna **samaki wengi bila ya kiasi**, kazi za uvuvi zimechuma zaidi kuuziba upungufu huo（不过没关系，因为海里有**无尽的渔业资源**，渔业的更多产出弥补了这些亏损）. **Kiasi naona** hali ya mwaka huu ingali inaturidhisha（**总体上**，我觉得今年的状况还是令人满意的）.

（8）Mazungumzo mafupi kiasi cha kuulizana hali hivi...

Baada ya mazungumzo mafupi kiasi cha kuulizana hali hivi（经过差不多互相问候几句的简单交谈之后），Makame akatokea kumkosoa moja kwa moja rafiki yake kwa **maneno makali makali kiasi cha kumpenya mifupani**（马卡迈直截了当地用近乎刀刀见骨的语言严厉批评了他的朋友）: "**Ingemfaa mtu astarehe kiasi cha haja tu**（人可以适当地享受），lakini kitendo chako **kimepita kiasi cha kustahili**（但你的行为超越了应有的界限）. Najua kuwa kwa ajili ya uwenyeji uliokwisha kuupata mjini, unapaelewa kila mahala pa starehe（我知道，鉴于你已经是一个老资格城里人，你对这里的娱乐场所可谓了如指掌），hasa ni kwamba nishai zikishakupanda, kidogo kidogo utaanza ukarimu wa kilevi na kumnunulia kila aliyekusalimu（尤其是酒精发作时，你会变得出奇大方，为每个向你问候的人慷慨解囊），ikawa mezani pameota msitu wa chupa zilizojaa aina tofauti za ulevi（结果闹得桌子上各种各样的酒瓶林立）."

（9）Kunyamaza kiasi cha kukoleza toza yake...（三处）

Huyu **ni mtovu wa haya kiasi chak**e, mzembe na mlafi（这个人相当没羞没臊，既懒又馋）! Kwa kumkabili mtu kama huyo, mzee amejikalia kimya akiwa ameduwaa kabisa（面对这么块料，老人一言未发，他惊呆了）. **Alinyamaza kiasi cha kukoleza toza yake hivi**（他沉默了大约一袋烟工夫），kisha akajisemea mwenyewe kwa mwenyewe moyoni（接着心里便犯嘀咕起

来）："Licha ya kusema hana chochote cha maana, na **hata kama awe na ari ya kazi kiasi gani**, pia hawezi kuepukana na hali yake ya kujistiri kutokana na akili yake ndogo（且不要说他一无是处，**看他傻呆呆的那股劲，即使有再大的干劲儿**，也摆脱不了衣不蔽体的窘境）！"

（10）Kwa mbali kiasi cha upeo wa jicho...（两处）

Viatu vilimkaa sawasawa miguuni kama alivyovipimisha kwa fundi（鞋很合脚，就如他求鞋匠定做的一样）. Nilimsindikiza kwa macho nikimwona amevifaa viatu hivyo kufuata njia iliyotokea Malindi mjini kuelekea forodhani（我目送他穿着那双鞋离开马林迪城奔向海关）. **Kwa mbali kiasi cha upeo wa jicho** nikaiona bahari ikimetameta（**极目远望**，我看到大海波光粼粼）. Baadaye nikapata habari kuwa alipofika huko pwani akaikuta mashua i tayari（后来我得到消息说，他抵达时船已备好）. Mashua yenyewe ilikuwa ndogo **iliyoweza kuchukua mtu wa kiasi chake tu**, kwa hivyo ilikuwa kazi kwake kuvuta (kupiga) makasia（船很小，仅能承载一位**体重与船的承重量相当的人，所以划船可就不那么容易了**）. Hata hivyo, safari ilisitawi sana kwa jinsi tanga dogo lilivyoshika upepo mzuri（不过还好，借风扬帆，旅途很顺利）.

2. Kadiri

（1）Kwa kadiri niwezavyo

Mawazo yamezozana akilini mwangu（我脑子里乱糟糟的）, inanibidi niyapambe upya maneno nitakayoyasema **kwa kadiri niwezavyo**（我不得不尽可能重新调整我要说的话）, lakini si maneno niyapange kwa kujitakasa（当然这么做不是为了洗刷自己）, bali nilipata kuwaambia kuwa akili zao zimepumbazwa na mambo ya dini mbaya（而是我曾说**他们的心灵已被邪教蒙蔽**）, siku zote wafikiria dunia ya pili watakayokwenda（天天想的都是去另一个世界的事）, hata hivyo najua dawa yao（虽则如此，**但我知道这有药**

可治）. Ilhali wao hubisha na kutoamini kama kweli nitawaweza, wakiangalia **kadiri ya kunidharau**（而他们却固执己见，不相信我真能帮他们解决问题，用眼睛蔑视地看着我）.

（2）Kadiri yangu mimi ku-...

Kadiri yangu mimi kukanyaga klabuni tu ambapo sipapendi kama wengine wengi wanavyopachukia（刚一踏进这个我不喜欢、别人也很讨厌的俱乐部）, ndipo nilipomaizi sababu za kuhuni kwa vijana wetu（我一下就明白了当今小青年流里流气的原因）. Watoto wa siku hizi ni vigumu kuwaongoza（现在的这些孩子不好调教）, si rahisi kuuzuia utovu wa nidhamu miongoni mwao mpaka watakapopata maizi japo baadhi ya wazazi wanaahidia kuwa wangekuwa tayari **kulipa kadiri yoyote iliyokuwa katika mfuko wao** iwapo wanao wangenyoshwa vizuri（在他们成人懂事之前让他们遵纪守法是很难的，尽管有些家长承诺说只要能把孩子调教好，他们准备倾其所有）.

（3）Kadiri siku zilivyoendelea

Siku ile ilikuwa ni ya kusherehekea upuuzi gani sijui na nimeisha sahau（那一天也不知道到底庆祝的什么玩意儿来着，我已经忘却了）, labda ya kutokomeza "maadui watatu"（可能是消灭"三大敌人"）. Lakini sherehe hazikusaidia kitu（可庆祝活动并没起到任何作用）, kiasi cha fedha alizo nazo kila mwananchi Mwungu anakijua（每个国民口袋里有多少钱上帝很清楚）. **Kadiri siku zilivyokuwa zikiendelea**, ndivyo umasikini ulivyozidi kujaa nchini na maradhi na ujinga kuendelea kuwazonga wananchi（随着时间的推移，全国贫困反而愈发严重，疾病和愚昧继续困扰着我国人民）.

（4）Kadiri ya watu kumi...

Kufuatana na desturi ya hapa, wageni wafikapo mahali hukaribishwa ngomani（根据当地习俗，客人到一处地方都会用舞蹈招待）, lakini kwa sharti, yaani <u>washiriki kwa macho tu wala sio kujitosa dansini</u>（但有条件，即：只能看，不能跳）. **Karidi ya wageni kumi** watafika kwetu ila sijui watapokea desturi hiyo **kwa kadiri gani, yamkini kwa kadiri mbali mbali tokana na tofauti ya mtu**（大约有十个客人将到达我们这里，只是不知道他们会在多大程度上接受这种风俗，也许会因人而异）.

（5）Kwa kadiri ya uwezo wangu

Mimi mwenyewe nayafahamu <u>yale yanayonilemea moyoni</u>（我知道压抑在自己心里的事儿）, lakini sipigi kelele kama wengine wanapolemewa na mzigo（但我从不像别人那样碰到压力就大喊大叫）. Nitavumilia **kwa kadiri ya uwezo wangu** mpaka nitakapofaulu <u>kuutua mzigo huo mkubwa unaonitopea</u>（我将尽己所能忍耐下去，直到成功甩掉几乎压垮我的包袱）.

（6）Mtu wa kadiri hivi

<u>Mimi ni mtu wa kadiri hivi tu, ni tofauti na wale wenye siasa kali</u>（我为人相对温和克制，不同于那些有极端思想的人）, kwa hivyo sina makubwa ambayo nakumbuka nimepata kuyafanya katika maisha yangu（所以我不记得一生做过什么大事）. Kwa nionavyo mimi, <u>duniani hakuna kuridhika hata ikiwa ujira wa mtu ungeongezeka mara mia moja</u>（在我看来，世间没有满足一说，哪怕一个人的工资增长一百倍）, na hali kadhalika, binadamu hapaswi kulipiza kisasi（同样，人类也不可有报复心）, lakini <u>sina maana ya kwamba kama mtu akikupiga kofi shavu la kushoto, basi tegeni hata lile la kulia</u>（当然我不是说，有人打了你的左脸，你再把右脸伸出给他打）.

（7）Si kadiri yake

Maisha yake yote Muhanika hajawahi kukalia kiti kama hiki（穆哈尼卡今生还没坐过这样的椅子）, kwa sababu yeye masikini wakati wote wa zamani alijihisi kabisa **si kadiri yake** Yohana（因为他一个穷光蛋从来就觉得自己完

全不是姚哈纳的**对手**）. Lakini dunia sasa imebadilika, naye <u>amejiona kama aliyekalia kiti cha enzi</u> na kumtazama tajiri wake wa zamani usoni moja kwa moja（不过现在世道变了，他感觉自己**仿佛坐在天王老子的宝座上**，用眼睛直视着他过去东家的那张脸）, hata anataka <u>kusema kwa sauti kubwa kama ya kutoka katika bomba la kupazia sauti</u>（他甚至想**大声喊话，就像从扩音喇叭里发出来的**）: "<u>Miguu yangu yote yatonesha, hebu unikande</u>（**我的腿一碰就疼，过来给我揉揉**）!"

（8）Kwa kadiri fulani fulani

<u>Kumekwisha kucha</u>, mimi mgeni nimeamua kutembea nje kidogo ili walau（angalau）kupata hewa ya asubuhi **kwa kadiri fulani fulani** na kujionea mambo ya hapa（**天亮了**，作为一个人生地不熟的人，我决定到户外呼吸**一些**新鲜空气，到处转悠转悠）. Kwa kusema kweli hapa <u>pameshani kwa utononofu wa tamasha pamoja na mapaa chungu nzima ya majumba aina ya kuba</u>（说实在的，这里**景致很不错**，尤其是那些**拱形圆顶的房舍**）. Kwenda mbele hatua chache kuna duka moja la kupendeza（往前走几步就是一家漂亮的商店）.

（9）Kwa kadiri akumbukavyo

Njiani <u>alikazana kama mwenda wazimu, umri wake hajapata kukata mbio namna hii</u>（他迈开脚步疯狂赶路，一生也没走这么快过）. **Kwa kadiri akumbukavyo yeye**, akishapanda orofa ya pili <u>abete kushoto</u>, hapo atakiona chumba cha dakitari mkuu（**根据他的记忆，上二楼向左拐**就能看到医院院长办公室）. Madirishani mwa chumba chake mmefungwa <u>vitambaa vizuri vya wavu vya rangi nyeupe</u>（他那间房子的窗户上挂着**网状白窗帘**）, kitanda cha chuma kimetandikwa shuka safi nyeupe（铁床上铺着干净洁白的床单）, viti viwili vimewekwa vikitazamana na ukutani pametundikwa <u>kioo cha kujitazamia</u>（两把椅子对脸儿摆放着，墙上镶着一面**照脸用的镜子**）.

（10）Kuwapa misaada kadiri ya dhiki zao

Mkutano mwingine umeitishwa kwa kumaliza kiporo cha kazi iliyofanywa katika mkutano wa kwanza pamoja na kukagua makisio (makadirio) ya mapato na matumizi kwa mwaka huu wa fedha（一次新的会议正在举行，以结束上次会议剩余的议程，并审议本财年的收支预算）. Wajumbe waliohudhuria mkutano huo wameonywa wakirudi makwao baada ya mkutano wasijifanye mahakimu au miungu na washirikiane na wananchi na **kuwapa misaada mbali mbali kadiri ya dhiki zao**（会议要求与会代表回到家乡后**不要当判官和上帝**，要与人民打成一片，**依据困难程度酌情为他们提供相应帮助**）. Lazima wajue kuwa kila mwananchi ana sauti yake juu ya uamuzi wa serikali（他们应该明白，人人都可为政府决策发声）, na kisha linalowezekana leo lisingoje kesho katika utekelezaji wake（再者，今天能做的事，不要等到明天）.

（四十八）常用词选析（8）——Kuacha

（1）Wacha wee...

"**Wacha wee, wacha upuuzi**（打住，不要瞎说）! Ni kweli au unatania（这是真的，还是你在开玩笑）? Kazi yako inapendeza sana, kwa nini **wataka kuiacha**（你的工作很让人羡慕，干吗**你要放弃**）?" Rafiki yangu alitoa mfano wake mwenyewe kwa kunibembeleza（我的朋友以自己为例来劝说我）: "Kwa kweli umebahatika sana kwa kuwa na kazi yako（其实你有这么一份工作是很幸运的）. Niseme kwa mfano mimi, **kazini sikuachwa nyuma**（以我自己为例，**干活没落在后面**）, tena nilijitahidi kujipendekeza kwa bosi wangu ili **aniachilie kosa** kama ninalo（也努力博得头头欢心，以便我有过错时他能**放我一马**）, lakini kwa kisa nisichokijua **ameniachisha kazi**（出于我本人不明的原因，他还是**解雇**了我）!"

（2）Niache niwaeleze...

Tuweke hayo kando, **niache** niwaeleze yale yanayohusu malezi ya watoto wetu（**我们先把这些放在一边，让我跟你们说说**有关养育孩子的事）. Hili ni jambo zito kwa familia na hata kwa jamii nzima, ndio uzuri wa kujua haya yote（这对家庭，乃至整个社会，都是一件大事，**最好**彻底搞清楚）. Baadhi ya wazazi **huwaacha** watoto wafanye wapendavyo mfano wa kuku **wanavyowaacha** vifaranga（有些家长**就像母鸡散放鸡娃一样让孩子随意耍**）, makosa yao **huachiliwa** hivi hivi（犯错也不追究）, kwa sababu wazazi wao wana hela na wana uwezo wa **kuwaachia** mali nyingi（因为家长有钱，有能力给他们留下丰厚财产）.

（3）Asiyetaka kunifuata aache

"Sikio la kufa halisikii dawa（失聪者的耳朵——摆设儿）!" Dora alisema, huku akimwangalia Zuhura kama alivyokiangalia kinyesi（多莉一边说着话，一边像看一摊粪便一样瞧着祖呼拉）. Baada ya dakika tano akasema kwa kebehi（五分钟后，她骂骂咧咧地说）："Asiyetaka kunifuata **aache**（不愿跟着我就拉倒），mimi silei mpenda soga na mvivu wa kupindukia（我不养活螓蚁和超级懒虫）!" Lakini Zuhara alionyesha kuchoshwa na subira（祖呼拉看上去已失去耐心），akamjibu kwa haraka（她迅速地回答道）："Kutokana na uchungu ambao nimekwisha kuupata na ambao bado ninao kwa sababu yako wewe（你已经给我造成至今还在折磨着我的痛苦），afadhali **nijiachie**（我最好放弃），sina haja ya kuwa hapa nikikuangalia kinyago wewe（没必要待在这儿看你这个小丑儿了），kwani huenda, bila ya kutia huenda nitapata kazi popote pale tu!"

（4）Mnaweza kukiacha chama...

"**Acha** masuala yako ya kejeli (kejeri)! Wote wanaweza kukisaliti Chama na maadili yake（你不要明知故问！人人都可以背叛党和它的理念），hata nyiye mnaweza **kukiacha** kama mkitaka（如果愿意，甚至你们也可以退党），lakini mimi aka（但我绝不）!" Mzee alisema kinaga ubaga（老人斩钉截铁地说）："Mimi simo katika hayo（这些和我不沾边），naheshimu itikadi ya Chama na **sitaachana nayo**, kazi yoyote ya Chama nitaimaliza tu **bila ya kuiacha mpaka kesho**, sitachuuza utamu wa Chama kwa ajili ya pesa（我尊重党的信念，也会**不离不弃**，党有任务我立马就干，**不会拖到明天**，永远不会为钱出卖党的利益）!"

（5）Waache waseme...

Amenuna na kujisemesha, huku mishipa yake kichwani ikijaa damu（她满

腹牢骚，**涨红了脸，额头上条条青筋暴突**）："**Waache waseme**, mimi sijali（**随他们去说，我不在乎**）. Kama wananipenda si kosa langu（如果他们喜欢我，那不是我的错）." Waswahili husema: Akutakaye mtake, akushikaye shikamana（斯瓦希里人常说：他要你，你要他；他拉你，别放他）. Huu ni uhuru wangu! Kwa kuyafikiria hayo, akakausha machozi kwa kiganja na **kuacha kulia**（她用手掌擦干眼泪，**不哭了**）.

（6）Ametuacha mkono...

Mzee huyo ambaye nywele zake ziliendelea kumwishia kichwani na mifupa yake yote iliweza kuhesabika kwa yeyote aliyemwona jana jioni alikosea ngazi na kuanguka kama mzigo "pu" akajeruhiwa（这位头发越脱越净、瘦得骨头根根可数的老人昨日傍晚因踩空台阶啪的一声像行李卷儿一样摔倒在地）. Naye hakuwa na mwana wala binti kutokana na kwamba **alimwacha mke** tangu ujanani（他无儿无女，因为他早在年轻时就**休掉了老婆**）. Sisi majirani tulimpeleka hosipitali, lakini saa moja na kitu usiku **akatuacha mkono**（晚上七点多死去）. Sasa nyumba yake **aliyoiacha nyuma** imebaki pale kama sanamu, ni kilio kikuu kilioje（现在他的房子像一尊雕塑一样留在那儿，这多么令人难过啊）!

（7）Wameachana...

Anaye mke wa watoto wawili, lakini sasa kaibuka na tatizo jipya（他拥有为他生下两个孩子的老婆，不过现在事情出现了新的变故）: **wameachana**, au kusema kwa uhakika zaidi, **amewaacha mke na watoto** kwa ajili ya mapenzi nje ya ndoa（**他们离婚了**，或用更确切的话说，是**他因婚外恋而甩掉了老婆和孩子**）. Nani asiye na macho siku hizi（**这谁看不到**）? Ndiyo maana heshima yake imeshuka na jina lake kuanguka miongoni mwa majirani（所以他在邻居心中的**威望降低，名誉扫地**了）. Huyo mwanaume anayezoea kusahau kama ana familia amelogwa na maneno matamu ya yule mwanamke anayetafuta mabwana popote kama kuku jike（这个习惯忘掉自己还有家庭的男人显然受到了那个四处寻欢的女人的甜言蜜语的蛊惑）: "Mimi si mzee, uwezo wa kuzaa wa kukufaa uzeeni ninao（我还不老，还有能力为你生儿育女，养老送终），mtoto ni mtoto, hata wa nje ni mtoto（孩子就是孩子，私生的也是孩子）!"

（8）Nguo zimeachana kwa ubovu...

"Nafurahi umefika kwangu, wewe u mwenyeji wetu wa siku nyingi（你是我们的老相识了），basi jisikie mko nyumbani tu jamani（别见外，就像在自己家里一样）. Nashukuru Mwungu kwa yote uliyotendewa hadi **umeachiliwa huru** mahakamani（感谢上帝为你做的一切，直到被法院**释放**）. Hata hivyo, pia kwa kiasi kikubwa naona masikitiko kwa kuona miguu yako i wazi bila ya viatu pamoja na **nguo zilizoachana kwa ubovu**（虽则如此，但见你赤着脚没鞋子、**衣服破得开了线**，心里在很大程度上还是感到遗憾）."

（9）Maoni yameachana...

Katikati ya vigelegele na vifijo vya kuziba masikio（在震耳欲聋的欢呼声中），mzee Kandambili alitoa hotuba kupinga binadamu kumtendea binadamu mwezake kitendo kisicho cha haki, akisisitiza: "**Niache niseme yangu rohoni kabisa**（请允许我说说掏心窝子的话）: nguvu za wanyonge ni umoja, tukiwa wengi tutatisha（弱者的力量来自团结，**人多而势众**）. Haifai huyu asema haya na yule asema yale, ikawa **maoni yetu wenyewe yameachana**（不可这个说三，那个道四，结果内部**意见分歧**）. Katika juhudi ya kujikomboa kutokana na dhuluma na dharau ya wanyonyaji, kila mwananchi ana wajibu wake mia mia（在反抗剥削阶级的压迫和歧视的解放斗争中，**人人都有百分百的义务**）!"

（10）Kumwachisha mtoto maziwa...

Alipotanabahi, ilikuwa saa moja jioni（**一晃**就到了傍晚七点钟），upepo

wa baridi kutoka baharini ukaanza kuvuma（海上吹来的凉风刮起来了），
treni iendayo Mwanza ilikuwa njia moja pale katika steshini ya reli（开往穆万
扎的火车一字排开停在站台上）. Anida hakuridhika na binti yake aondoke
peke yake kama **mtoto aliyeachwa na wazaz**i, na aliona ana deni kwake hasa
alipokumbuka jinsi alivyomwachisha maziwa mapema sana udogoni mwake
（阿尼达不愿女儿像父母的弃儿似的独自离开，特别是想到小时候给她提
前断奶的事儿总感到亏欠于她）: "**Achilia mbali**, iwayo yote nitalazimisha
safari ya kwenda kumshindikiza（管它呢，我必须去送她）!" Basi kwa haraka
akatwanga miguu kushika njia yake, usiku ulimkuta njiani（刚走到半路，天就
黑了）.

（四十九）常用词选析（9）——**Kutawala**

这个动词与我们常来常往，点头碰面，我们用得最多的恐怕是"统治国家""统治世界"之类的政治术语，其实它是个中性词，多处可用，比如"**Usiku umetawaliwa na giza kuu**"等。

（1）**Mivumo ya risasi kutawala angani**

Mapinduzi ya Zanzibar ni mmoja kati ya <u>mikasa adhimu niliyojiunga nayo</u>（桑给巴尔革命是我亲自参与的辉煌事件之一）. Nakumbuka usiku ule kulikuwa na <u>kiza hafifu</u> kwa sababu ya nyota（我记得那一夜天上有星星，并不太黑）. **Mivumo ya risasi ilikuwa inatawala angani**（呼啸的子弹漫天飞）. Kwa bahati nzuri risasi hizo zilisambaa na kuzama katika matawi ya miti bila ya kutokea matumboni mwetu（值得庆幸的是，这些子弹并没有穿破我们的肚皮，而是散落在浓密的林木枝叶间）. Tulitumia kiza kilichosababishwa na kivuli cha daraja tukinyata nyata kuelekea ilipo kambi ya maadui, hamu ya kutaka kumkamata Sultani <u>ilitupanda sana</u>（我们借助黑黝黝的桥影的掩护，轻手轻脚地向敌人的营垒摸过去，我们都**极想**活捉苏丹）.

（2）**Mambo ya kazi kukitawala kichwa chake**

<u>Hao wengi walikwenda kukanyagana kwa madansi ya kusisimua, na furaha zao zilikuwa zikiwachemka kama vile watu waliopandwa na ulevi</u>（他们中许多人都去跳激情四射的舞蹈了，一个个都像发酒疯一样亢奋不已）, <u>lakini Miraji alisabahiwa na shughuli nyingi ofisini</u>（可米拉吉办公室里却有一大堆活儿等着他干）. Aliwahi kazini mapema, hadi alipoondoka huko mambo ya kazi kazi yalikuwa bado **yanakitawala kichwa chake**（他上班上得很及时，

直到下班那一刻，"工作、工作"这件事儿**还在占据着他的整个脑袋**），hata akajisahau kama amekwisha fika nyumbani kwake（他甚至没发现自己已经到家了）.

（3）Ukimya kuutawala usiku

Giza lilijisheheneza kote na ukimya uliutawala usiku wa siku hiyo（黑暗四处扩散开来，一夜都是静悄悄的）Nami nilikuwa nimo katika livu ninapumzika（我正在休假）. Ijapokuwa hivyo, lakini ndani ya moyo wangu huba na ari ya kazi vilishindana, mchanganyiko huo ukanifanyia ghasia sana akilini（尽管如此，**但爱的激情与工作热情一直在我心中较量着**，这种混混杂杂的情绪把我弄得脑子嗡嗡乱响）. Kwanza nilikuwa siwezi kujua mchumba wangu atakuja bado kidogo au haji kabisa（其一，我不知道我的恋人**是等一会儿到还是彻底不来了**），na pili, maneno matupu hayatanizalia chochote ila kitendo（其二，**除了行动，空话不会给我带来任何东西**），hali mimi nilikuwamo katika kipindi muhimu cha kupandishwa cheo, nitakwenda kushika zamu ya usiku ya ziada au niiache（而我又正处于升职前夕的重要节点，我是去加夜班还是放弃）?

（4）Shetani keshatutawala

Leo shetani keshatutawala（今天我们都鬼迷心窍了），hakuna yeyote kati yetu anayetegemea kuondoka, ni mwujiza gani tena huu mara moja hii（我们中没有一个人想离开，怎么突然发生这样的奇迹）! Yaonekana kwamba akikubali asikubali, tutakuwa naye mwenzetu Kabal popote aendapo mpaka atoboe mfuko kutufanyia karamu usiku huu na tuwe pamoja tukisemezana na kuhadithiana mpaka kucha（看上去，不管他同意与否，这个晚上他必须**解囊开包请大家撮一顿，我们可以开怀畅谈直到天明**）. Kisingizio chetu sote ni eti "kwa ajili ya kukomaza urafiki wetu naye"（我们的借口是"为了让我们与他的友谊更上一层楼"）.

（5）Kulitawala gurudumu la maisha

Hatukatai kuwa <u>ameumbwa na mwili wa tamaa</u>（我们从不否认**他是欲望的化身**）. Tamaa kwake ni kama gurudumu lake la maisha, na anajua **namna ya kulitawala** na kujinyakulia faida kubwa zaidi（**对他而言，欲望犹如生命的车轮，他懂得如何控制它**，并使自己的利益最大化）. Lakini leo hali yake tofauti（但今天他有点异样）, hapajulikani amepagawa na jini gani kwa jinsi anavyotenga vijisenti kwa kumhurumia mtoto mmoja yatima（不知他着了什么魔，竟拿出几个小钱儿去同情一个孤儿）. Wengi wanasema ana moyo mgumu kama jiwe, lakini mwenyewe anadai <u>ana moyo mgumu kama almasi iliyo ngumu kuliko mawe mengine yote, lakini unang ara</u>（许多人说他心肠硬如石头，可他自己却说**像比任何石头都硬的钻石，但它能发光**）.

（6）Lazima vitu vitawaliwe na watu...（四处）

Ni wakati niko na rafiki yangu anizungusha mtaani（其时我的朋友正带着我在街巷里转悠）. Tukiwa njiani naye amenieleza mengi ya filosofia（一路上他给我讲了许多哲学问题）: "Vitu viwavyo vyote duniani, ni lazima siku zote **vitawaliwe na watu**, sio kuachwa **vitawale watu**（世间万物终归应由人来掌控，而非物掌控人）. Na vile vile, si kusudio la umbile **upweke kutawala watu**, bali **watu watawale upweke**（同样，孤独控制人亦非常理，而人应该控制孤独）." Kumbe, mpaka hapo nimeelewa kuwa rafiki yangu ana madhumuni ya kunisaidia kujitoa katika lindi la upweke（天哪，至此我才醒悟到我的朋友是在帮助我从孤独的深渊中解脱出来）.

（7）Hofu kunitawala...

Hapo awali nilidhani labda ni hadithi tu basi（当初我还以为可能只是一个故事而已）, lakini sikujua kwamba baadaye ikahakikishwa kuwa kweli（可后来证实它完全是真的）. Naam, kwa kuchungulia hivi hivi tu utagundua hatari ipo hasa, <u>bila ya shaka kuna habari kubwa hapa</u>（不错，用眼睛这么一看，你就会发现这里确实很危险，**这里一定是出了什么大事**），ndipo **hofu ikaanza kuninyemelea na kunitawala**（此刻一种惊恐情绪悄然跟随并控制了我），hata nilishindwa <u>kuimarisha roho yangu</u> kwa njia yoyote（甚至我无法为自己壮胆）. Nilipokanyaga hatua mbele, kwa ghafla nikapigwa kichwa sijui kwa udongo au tofali kutoka nyuma yangu（我迈步向前走的时候，我的头突然被从后面猛击了一下，不知是用的土块还是砖块）, nikazirai hapo hapo. Fahamu iliponirudi, nikajikuta kitini nimefungwa kwa kamba **bila ya kuweza kujitawala tena**（我苏醒过来时，发现自己已经被绳子绑在椅子上**动弹不得**）. Niliona kama <u>giza ni nyingi mbele ya macho na mikono yangu kuwa michungu kama kwa kazi nzito</u>（我感到眼前发黑，像干过重活一样双臂涩沉）.

（8）Mlio wa simu kukitawala chumba kizima

Aliinua <u>mkono wa simu</u> na kuanza kupiga namba（kuzungusha nambari, kukorokocha simu）kuwasiliana na rafiki yake ili amwambie kijana atakayemwendea ni <u>mwanafunzi wa visa</u> ambaye hupenda sana <u>kukosana na watu</u>（他拿起**电话话筒**开始拨号，以便通知他的朋友去他那儿的青年是个**捣乱的学生，常跟人闹不愉快**）. Kiini cha matatizo ni kwamba si masomo yaliyomharibu bali ni kutokana na **kujitawala kwake kubaya**（问题的核心是，并非学业教坏了他，而是**他管控不了自己**）, mtu akitumia vibaya uhuru wake atapotoka ingawa <u>amekuwa na kipawa kizuri kwa masomo ya sayansi ya jamii</u>（他是学社会科学的材料）, hata akaambiwa na wazazi wake "<u>Kazana ufike chuo kikuu ukasomee uwanasheria</u>"（努力考上大学攻读法律）wakati alipoingia shule ya katikati. Simu ilimiminikia nyumbani kwake **ikikwaruza mlio kwa fujo na kutawala chumba kizima**, lakini hapakuwa na mtu akiipokea（电话打到他家，**铃声响个不停，简直把整间屋子都抬起来了**，可就是没人接听）.

（9）Kujua kuitawala kiustadi mitambo

Mchagua nazi hupata koroma（行家里手总能选到成熟的椰果）. Kijana naye alichaguliwa na meneja mwenyewe kutoka katika chuo cha ufundi kwa kumwona **anajua kuitawala kiustadi mitambo ya aina kwa aina**（技工学校的一位小伙子因**能熟练地操作各种机器**而被经理本人直接看中）. Kwa aonavyo yeye, mathalani amepatikana yeye（如果能得到他）, shida iliyopo sasa kiwandani lazima itapungua kwa kiwango kikubwa. Sasa unaweza kuona kuwa mitambo yote kiwandani inakula kazi vizuri kutokana na msaada wake（现在你会看到，在他的帮助下，工厂里所有机器都**运转良好**）.

（10）Hatawaliwi naye

Fatuma alikimbia huku na huko ofisini mwake kama mwenye wazimu, akitegemea kumwingiza Semgabo kwa mabavu kwenye mstari wake mmoja ili mambo yake yafanikiwe kwa urahisi（法图玛像发疯了一样在办公室里跑来跑去，试图**逼塞姆卡博就范**，以便自己的勾当能一举成功）. Lakini huyu **Semgabo alikuwa hatawaliwi naye**（可**塞姆卡博就是不听她喝儿**）, hakuwa tayari kuyumbishwa kimsimamo japo alikuwa kaonywa eti "Chama kitammurika"（无意**动摇立场**，尽管他被警告"**党将审查他**"）.

（五十）常用词选析（10）——Kutuma

该动词本意为"指派（支派）""指令""指使（支使）"，甚至"动员"等，其中人是主动方，诸如派人、派车、派舰船、派军队等。而在实际运用中，非人者亦可作为主动方，如此其意思则引申为"驱使""使""令""让"等，例如"**Tamaa inanituma ku-**"是说"欲望驱使我..."。

（1）Kadiri nafsi zao zilivyowatuma kufanya...

Kwa macho yangu mwenyewe nilishuhudia binti wa marehemu mwenzangu na baba mmoja walivyokuwa wakipinduana na kuburudishana **kadiri nafsi zao zilivyowatuma kufanya**（我目睹了我那位去世同事的女儿和一个大男人的**尽情苟且之举**）. **Moyo ulinituma** kufumbua kisa kwa nini ameanza kupoteza heshima kama alivyonionyesha siku nyingi zilizopita（**我决定要搞清楚**为什么她像我多日来所看到的那样失去自尊）. Basi **roho imeshanituma**, nimeamua kutafuta maarifa ya kuwatenganisha bila ya kutumia silaha ya kuua uzima（我已经横下了一条心，决计用经验轻松把他们分开）. Kitu basi ni hicho tu, usiseme mimi mbishi kama mbegu fupi（事情就是这样，你可不要说我这人冥顽不化）!

（2）Kama kuna kitu kilinituma ila sijui nini kilinituma...

Mume wangu wa ndoa hana mpango hata wa nadharia kwa baadaye（我明媒正嫁的丈夫**对未来没有规划，哪怕是理论上的**）. Kila nikimzindua anaona mimi nimemkera（**每当我提醒他**，他就认为我是在故意烦扰他）. Fedha zote za nyumbani amezinywea pombe au kufanya starehe anazozijua mwenyewe（家里所有的钱都被他拿去喝酒或者去做那些他自己才心知肚

明的寻欢作乐的事给糟蹋光了）. Ninadhani **kama kuna kitu kilinituma ila sijui nini kilinituma** kuolewa katika ukoo kama huu wa "akina pangu pakavu tia mchuzi"（我想不明白到底是啥东西鬼使神差地把我嫁到这个"家徒四壁，等米下锅"的人家）. Nyumba yake mbovu, teke la mtu aliyeshiba lingeweza kuleta ajali kubwa（他的房子破败不堪，吃饱肚子的人一脚就能踢倒）. Nimepitia vipindi vigumu vya dhiki na umasikini uliotopea（我经历了极其艰难与极端贫困的时刻）.

（3）Kichwa hakijamtuma kuwa na ujasiri kama huo...

Alitembea kwa vishindo（她走路带风）. Visigino vya viatu vyake vikawa vinagonga sakafu na kusikika ofisi nzima（鞋后跟噔噔地敲着地板，响彻整个办公室）. **Akili zilimtuma mengi**（她想了很多）. Akaibuni hadithi ya kumdanganya bosi wake（她已编好故事来欺骗她的上级），lakini kabla hajaitamka akainamisha macho chini（但还未开口撒谎，她先自低下了眼睛），kwa kusema kweli **kichwa hakijamtuma kuwa na ujasiri kama huo**（说真的，她还没下定决心去冒这种险），hivyo hadithi yake ikajipangua haraka（这样，她编的瞎话就不攻自破了）.

（4）Hata akizituma nguvu zake zote za mwilini...

Mikono yake aliifumbata kifuani na kuonyesha waziwazi dalili za fikra zilizomwelemea（他两只胳膊抱在胸前，明显露出忧心忡忡的样子）. Kwa kuwakabili maadui wakatili, matumbo yalianza kumcheza na kupata moto（肚肠开始打战，一股热辣辣的感觉）. Akajisikia kama aliyetaka kuharisha（他觉得自己好像要拉肚子的样子）. Wakati huo akaona hawezi chochote hata **akizituma nguvu zake zote za mwilini**（此刻他似乎觉得即使动员全身气力也无济于事），basi **fikra zikamtuma kufikiria kitu kingine, usaliti**, kwa vile hakutazamia kuchukuliwa na mauti hivi hivi tu（他转而想到另外一种可能——叛变，因为他不想就这样无谓地死去）.

（5）Bia ilianza kumtuma kusema...

Bia ilianza kumtuma kusema na asiache kusema alivyodhamiria mpaka mishipa ya usoni pake ikachachamaa（啤酒开始打开他的话匣子，他随心所欲地说个不停，激奋得满脸青筋暴露）. Alionekana sawa na mlevi aliyeshiba pombe akajitangaza kuwa rais wa nchi（他看上去就像一个喝足的酒鬼宣布自己是国家总统似的）. Alicheka sana hata akawaudhi walevi wenzake（他大笑不止，甚至惹恼了其他酒鬼）. Watu wengi wakabaki kufaidi mkasa huo（许多人都待在那儿看热闹）. **Kazi aliyomtuma mkubwa wake wa kumletea chai** zikasahaulika kisogoni kabisa（他的领导派他备茶的事儿早已被抛诸脑后了）.

（6）Bangi ilimtuma mengi pamoja na ujasiri wa ajabu ajabu

Nasikia kila siku macho yake mekundu pyu na kichwa kumzunguka zunguka（听说每天他的眼睛都是红红的，脑袋嗡嗡作响），**bangi ilimtuma mengi pamoja na ujasiri wa ajabu ajabu**（大麻使他无所顾忌，包括各种离奇怪异的冒险行为）. Yasemekana kuwa aliwahi kuudaka mdomo wa mbwa akauchana na kuufunua kikatili kama kitabu（据说他曾用手抄住一条狗的嘴巴，像翻书本一样残酷地把它掰成两半），huku mbwa huyo alinung'unika na kujikojolea（那狗痛苦地呻吟着，吓到失禁），halafu akakata roho akiwa bado mikononi mwake（直到命丧黄泉，它的嘴巴仍然抓在他手里）.

（7）Sina budi kuituma akili yangu kujiuliza masuali

Nafahamu kabisa kuwa kwangu miye, haya ni magumu kama kukwea mti wa miiba mingi（我完全明白，对我而言这比爬长满尖刺的树还难）. Hapo kichwa changu kimeanza kufurika na matatizo（这时我脑袋里的问题装不下了）. Nimekuwa **sina budi kuituma akili yangu kujiuliza masuali** ili nijue ningefanyaje（我不得不强令自己问自己问题，以便知道我该怎么做）.

Tangu zamani, sikumbuki lini, hata umri niliokuwa nao pia nimeusahau, ila labda mwaka ule nilimfikia kakangu Tito kwa urefu（可能那一年我的个头儿已赶上了我哥哥铁托）, ndipo Samora aliponipa nafasi ya kwanza katika nambari alizowapa marafiki zake（他把我放在他朋友群里的首位）, na sasa amepatikana na janga, lazima nijitolee mbele kumnasua.

（8）Kabla ubongo wangu haujanituma...

"Basi ondoka machoni pangu sasa hivi **kabla ubongo wangu haujanituma kukutoboa matumbo yako**（在我还没决定捅破你的肠子之前，立马从我眼前滚开）!" Kusikia kelele hizo kama mtutumo wa ngurumo kutoka kwa nduli yule, jamaa akaanza kutetemeka kama kitoto cha kuku kilicholoa maji（听到那个恶魔雷鸣般的喊叫，那人开始像落汤鸡一样浑身颤抖起来）. Akameza mate funda mbili zilizotoa mlio wa guduu yalipopita kooni na kuondoka kwa moyo wa kijuu juu（他咕咚咕咚咽了两口唾沫，提心吊胆地离开了）.

（9）Kwa moyo wa kujituma...

Hofu ikajengeka miongoni mwa raia, jambo ambalo lilitoa changamoto na kunipa msukumo fulani（恐慌情绪在民众中已经形成，这事儿对我是一种挑战和鞭策）. Nikiwa askari polisi, **roho ilinituma kufanya chini juu** kumsaka jambazi usiku na mchana（作为警察，**我决心竭尽全力**昼夜搜捕歹徒）. Basi nikapiga hatua na kutanguliza kifua mbele, **kwa moyo wa kujituma** nikishika njia ya kwenda **kukamilisha kazi nilizotumwa**（我昂首阔步，以积极主动的精神踏上了完成上级分派给我的任务的征程）.

（10）Moyo haunitumi kufanya hivyo

"Kufanya hivi **si sawa na kumtuma paka mwenye njaa kumtumia Sinadogo mtoto wa panya, aunimwue kabisa**（这样做不等于派饿猫给斯纳朵格送老鼠崽儿吗，要不我把他杀掉）?" Mimi nilijiuliza, huku nikiinamisha uso chini kwa mafikara（我自己问着自己，**低下头陷入深思**），mara nikajikana kwa kutikisa kichwa na kujipa jawabu kwa moyo wa ubaridi（**突然我摇着头否定了自己的想法**，并自行**冷静地**做出回答）: "Achilia mbali（算了吧）! **Moyo haunitumi kufanya hivyo**（**我并没准备这么干**）!" Ilikuwa wazi kwamba kama nikimwua, basi hisia za hatia zitakuwa kichwani mwangu siku zote mpaka nitakapokufa, **huu utakuwa utumwa mbaya wa namna yake**. Sipendi（很显然，如果我把他杀了，罪恶感将伴我一生，这将是一种难以忍受的煎熬。我不愿意）.

（五十一）常用词选析（11）——kuruka

（1）Akili zimemruka

Siku hizi <u>mambo yake chakaramu</u>（近来他浑浑噩噩），wengine <u>wanazichaga kazi chakachaka</u>（别人都在紧张地干活），lakini yeye <u>huja kazini chakari kama kwamba **akili zimemruka**</u>, maneno ya kilevilevi yasiyoeleweka kutoka mdomoni mwake **huwarusha watu hewani**（可他总是无精打采地来上班，好像丢了魂儿，从他嘴里讲出的不明不白的醉话常把人甩到云里雾里）. Na leo asubuhi ameamka <u>akiwa na kichwa kizito kutokana na pombe ya jana</u>（今天他早上醒来感到脑袋发沉，昨天的酒劲还没过去）. Kwa mtu kama yeye <u>mwenye kuabudu ulevi</u> anastahiki kumwagiwa pombe aina ya baridi usoni ili azindukane vyema（像他这种嗜酒如命的人必须冷酒泼脸才能回过神来）.

（2）Jambo lilimruka akilini...

Akiwa njiani <u>jambo moja dogo ghafla lilimruka akilini</u>, yaani ndugu yake mdogo kesho **ataruka na ndege** kwenda Nairobi（他走在路上，一件小事突然跃入他的脑海，即他弟弟明天将乘飞机去内罗毕），basi <u>akazama katika mawazo mazito</u> na hata kuja kububujikwa na machozi <u>bila kujifahamu</u>（他陷入沉思，甚至不知不觉地流出眼泪）. Mlio wa gari ulimshtua na <u>kumnasua katika ajali</u>（汽车鸣笛吓了他一跳，也救了他一命）. Basi akafuta machozi <u>kwa viganja</u>（他用手掌擦掉了眼泪），huku <u>akisuka suka kichwa na kujilaumu peke yake kwa majuto</u>（同时摇着头后悔地骂起自己来）："Ewe mjinga, kuna haja gani hata <u>nijikondeshe</u> kwa jambo hili dogo（你个笨蛋，干吗为这点儿小事分心劳神）!"

（3）Nguo zake zimeruka...

Maisha ya chuoni hapo kwa wastani yamekuwa ya mashindano hasa katika kujipodoa（校园生活堪称一个赛场，特别是在穿着打扮方面），na mwanafunzi Amina hayuko nje ya mchuano huo na amejinunulia mavazi mapya（学生阿米娜也没有置身度外，她为自己买了新衣服）. Lakini lahaula, baada ya kurowa mvua **nguo zake zimeruka** ajabu na kugeuka saizi ndogo ambazo hata hazimchukui mtoto wa miaka saba（奇怪的是，淋过雨之后，**这衣服竟缩成了特小号，连七岁的娃娃都穿不得**）. Naye akafungua kinywa chake kidogo na kuanza kutukana mwuzaji **yule laghai kwa sauti, na mwenzake Hadija alimrukia na kuongeza lawama yake**（她张着小嘴儿，对奸商骂出了声，而她的同学哈蒂佳打断了她的话，跟着帮腔）.

（4）...haziwe zimeruka mpaka...

Sauti iliyonirusha usingizini naidhani huenda ikawa katika njozi（把我从睡梦中惊醒的声音或许只是我的一种幻觉）. Ingawa sizitegemei sana ndoto, lakini ndoto hizo kwa wakati huu **naziona kama haziwi zimeruka mpaka bali zinarukia ukweli**（虽然我并不怎么相信梦，可此刻我似乎觉得这些梦好像并非过于玄虚，反而接近真实），na kwa muhtasari zimejibu shauku yangu ya maisha（总体来说，它们解答了我生活中的困惑）ila uchanga wa mawazo yangu umenifanya nishindwe kuelewa tafsiri hasa ya ndoto zangu hizo（只是思想幼稚又让我品不透这些梦的确切含义）.

（5）Hurukwa na akili...

Ni vizuri akubali（最好他赞成），la sivyo angetutimbulia kila kitu kama ilivyo siku zote（不然他会和以往一样把我们的事情搞得一团糟），kwa kuwa anapojaliwa kupata kitu anachokitamani kwa muda mrefu, siku akipatapo furaha huzidi na hata pengine **hurukwa na akili**（因为一旦他长期期望得

到的东西有幸拿到手，那一天**他会高兴异常，甚而失去理智**）. Ni kweli, amefanikiwa hatua ya kwanza katika biashara yake, na ameshindwa kujizuia **kuruka ruka kwa shangwe** mpaka aingie mkahawani kwa kujipongeza na vinono（的确，他的买卖取得初步成功，他无法阻止自己**欢蹦乱跳**，直接走进了饭馆大快朵颐）. Katika furaha hizo, mguu wa kuku wa kukaangwa umemponyoka mkononi mwake na kuangukia ndani ya mchuzi wa kukata kwa shoka (kukata na shoka) aliouagiza（高兴之余，他把手里的烤鸡腿摔进他叫来的香美的鲜汤里）. Na mchuzi huo **umeruka** na kutawanyika **ukiwarukia** baadhi ya waliopo kwenye meza ya karibu, nao wameshituka kwa **kujirusha mbali**（鲜汤溅起老高，洒向邻桌的人，他们惊得跳出老远）.

（6）Amerukiwa hivyo

Kujiona **amerukiwa hivyo**, mwenzake huyu akanyamaza kimya akijiwazia kimoyo moyo（见自己受到如此冲撞，他的这位同事一句话也没说，心里却暗暗思忖）："Loo, kwa kawaida niliweza kumwita mara mbili tatu nikiitikiwa vizuri tu（喔，平常我**叫他两三遍他都很好搭腔**），lakini leo sijui amekula dawa gani hata kanipigia kelele（今天不知他吃了什么药，竟然冲我大喊大叫）?" Akaona ni budi awe na moyo mgumu zaidi kumkabili, asingependa kuishia lawamu tupu kutokana na kosa la mwanzake（他觉得这回必须对他心肠硬一些，他不愿意因为同伴的过错而**让自己落下大埋怨**）.

（7）Urafiki kuruka

Tamaa ya kupata zaidi kwa kujineemesha mwenyewe imezidi kuchipua（贪得无厌的欲望进一步膨胀发芽），tena imepewa uzito wa kwanza kwa upande wake（而且在他这里是最被看重的事儿）. Hili limekwisha kuwa tatizo sugu lisilo na dawa katika maisha yake（这业已变成他一生中**无药可医**的顽症）. Ukihasiri faida yake, basi **urafiki wako naye huruka hapo hapo**（你一旦损害他的利益，你和他的友情就立刻完蛋）. Zaidi ya hayo, yeye ni mkwepuzi（他是个老赖）ambaye hataki kulipa hera zangu, na kila nikienda kumdai hela zangu, naye hufanya ujanja na **kunirusha**（跟我耍滑头，打马虎眼）："Hapa ni kama unapopajua, chakula dukani（这儿正如你所知道的，吃的要在商店买）. Nitalipa baadaye."

（8）Kumrukia mtu...

Alitamani **amrukie** yule mpumbavu amchape kofi shavuni na kumvuta kinyume kama chui anavyomvamia kondoo kwa makucha（他想冲上去扇那个浑蛋几个嘴巴，像豹子扬爪捕羊一样，弄他个人仰马翻）. Lakini majaraha yaliyovunda yalififisha nguvu zake za kujihimili（但溃烂的伤口让他无力自保），basi akawa hana budi kujilaza nusu mfu kwa uchovu na maumivu（无可奈何，他只好半死半活地躺着，疲惫而痛苦）. Nilijilazimisha kushusha pumzi na kusubiri lolote linitokee, zuri au baya（我强迫自己长舒一口气，听天由命地等待任何事情发生，不管是好的还是坏的），huku **kiroho kikiniruka ruka**（心里忐忑不安）. Kwa ghafla nikaona mama yangu mzazi akaja. Kwa kuniona mimi na hali yangu, mara **akaanguka na fahamu kumruka**（猛然间我见亲生母亲倒地失去知觉），hata akaanza kutema damu（她甚至开始吐血）.

（9）Kurukiwa na matone ya damu

Pamoja na sampuli za alama za vidole vya mwuaji zilizonasa kwenye mpini wa kisu, mkono wa mlango na swichi ya taa kupelekwa makao makuu ambazo majibu yake yanategemea kuja mara moja tu（除了凶手留在刀柄、门把手和电灯开关上的指纹大样儿被送呈总部并将很快出化验结果以外），mtu yeyote yule, polisi au sio polisi, asingekawia kutambua kuwa yule aliyemwua msichana Magi **lazima atakuwa amerukiwa na matone ya damu katika kukuru kakara za kukata roho** na atakuwa na nguo zenye damu kama bado hajazitupa（任何人，不管是警察，还是不是警察，都会立即意识到，杀玛吉姑娘的凶手在作案时**必然会因为死者垂死挣扎而溅一身血**，如果还没来

得及扔掉，他应该有这身血衣）.

（10）Mtu kujirusha upande

Bibi Maimuna alipojiona taabani kwa utundu wa mwanawe aliyejizengeresha huku na huku kwa kumvuta nywele au masikio（当玛依穆娜女士被在她身上翻来滚去，并时而揪她头发，时而抻她耳朵的顽皮儿子折腾得五脏烦躁的时候），akamtupilia mbali kwa ghadhabu bila ya kujali litakalompata（她愤怒而不顾后果地把他远远地扔了出去）. Kwa bahati nzuri mtumishi wake nyumbani aliyefagia ukumbini kwa ghafla **akajirusha upande na kumdaka mikononi kabisa**（幸运的是，正在打扫客厅的女佣**突然跳到一边，稳稳地接着了孩子**）. Kama si yeye, mtoto angalibwagwa chini na kupasuka kichwa（假使没有她，那孩子还不得把脑袋磕破了）.

（五十二）常用词选析（12）——Maneno

（1）Kwa neno zima...

Mtoto huyu dhaifu niliyemwokota njiani aonekana ameugua labda utapia mlo（我在路上捡到的这个体弱孩子看上去可能是患有营养不良症）. Kutwa ikawa namna hiyo, ugonjwa ulionekana kuzidi, na usiku ndio kabisa（他一整天都这样，病情在加重，而夜间最厉害）. Mganga wa kienyeji alinieleza dawa yake **neno kwa neno**（民间医生一字一句地跟我讲了如何用药）, mimi sikia nimesikia ila naamini zaidi kuwa **kwa neno zima**, afya si dawa, bali ni chakula, hasa kwa huyu mtoto ambaye hana damu（听我是听了，不过我更相信，用一句话说：健康在于饭，而不在于药，特别是像他这种气血不足的孩子）.

（2）Hana neno...

Msichana huyu **kwa uzuri hana neno**（论漂亮，这姑娘没的说）. Macho yake yanang'ara, mtu atafikiri ni nyota ya asubuhi ionekanayo mashariki kabla ya mapambazuko（看她那双明亮的眼睛，人们会想到黎明前挂在东方天际的启明星）. Akipita mahali, tazamo la watu mara huvutiwa naye（她从哪儿走过都能吸引人们的眼球）. **Kwa neno moja**, naye atosha kufanya akina yahe kwenda kombo kwa jinsi sura yake inavyolambitiwa naye na inavyomkaa kichwani bila ya kuondoka（一句话，她那令人垂涎三尺和使人在眼前挥之不去的模样足以让心怀不轨者产生邪念）. Mchoraji yeyote atashindwa kumchora picha kwa namna kalamu itakavyotingisika（画家将会因画笔颤抖而难以描绘她的容貌）. Lakini kumbuka, hata awe vipi, kamwe **usijaribu kumletea maneno**, kwa sababu anajiheshimu sana（但请你记住，不管她怎样，你切不要惹她，因为她很自重）!

（3）Si neno

Nilipoingia posta nikawakuta mbu wakiongozana na kuruka kwa kasi mfano wa ndege za kivita（我走进邮局，发现蚊子像战斗机似的成群结队地满屋乱飞）. Mimi nilimwamkia karani mzungu **mwenye uso mwekundu kama pilipili manga** kwa kuomba fomu ya kutuma fedha（我向那个**长着胡椒色红脸**的洋职员问候，并请求他给我一张汇款单）, aliniangalia kivivu vivu kama kwamba katoka usingizini sasa hivi（他漫不经心地瞅着我，仿佛刚从睡梦中醒来）. **Ahaa lakini si neno**, ndiyo kawaida yao kila siku（哦，没关系，这是他们的作风）. Lakini kwa bahati mbaya fomu ilikuwa haipatikani baada ya kupekua pekua kwake, nikaambiwa: "Nemda urudi kesho ili tujue tufanye nini!" Kisha akafumba macho na kujipweteka kwenye meza yake（接着，他闭上双眼，趴在自己的桌子上）.

（4）Kupungua neno...

Mtoto huyu hodari sana（这孩子很能干）, **haoni mzigo begani kama ni neno** japo jua limeanza kuwa kali linalounguza na kumfanya alowe kwa majasho kama mtu anayekuja mvuani kutoka mtoni（他没把肩上的担子当回事，虽说骄阳似火，全身汗水淋淋的，**就像刚从河里爬出又钻进雨里似的**）. Sasa amejitayarisha kwa jaribio lolote kali ila wakati mwingine pia aona kweli **amepungua neno** maadamu hana farasi kwa vile amesusiwa na wazazi kwa kumjenga moyo（现在他准备迎接任何考验，只是马不在，他有时觉得好像缺点儿什么，这自然是因为父母为磨炼他的意志而拒绝让他骑马）.

（5）Mwenye maneno mengi kama kitabu

Yule ni **mtu debe mwenye maneno mengi kama kitabu**（那人是个破锣，话多得像本书）. Hawezi kusitiri **neno** moyoni, ndiyo maana huwa haambiwi **neno** na mtu ili kuzima kilimilimi chake（他心里从不存话，所以没有人敢跟他透露什么，省得他犯长舌头）. Lakini leo anapohojiana na mtu, kigugumizi kimemjia kama kwamba sauti inakwama kwama kwa ndani（可今天他跟一个人侃大山时，突然磕巴起来了，声音好像在嘴里头卡了壳）. Kila akitaka kusema kitu, **maneno humrudia katika meno**（每当他要说什么，那话语总是返回到上下牙之间）. Sababu（啥原因）? Kumbe, mtu kitabu amefumbwa mdomo na mtu kamusi, msemaji mkali zaidi（原来书本碰上了比它更厉害的字典，被封住了嘴巴）!

（6）Pana neno

Hofu haikutuacha, tulikuwa nayo bado（惊恐并没有远离我们，它依然与我们在一起）, hasa wakati tulipokuwa tukiangaza macho huku na huko na kutambua kuwa **pangali na neno kubwa hapa**（特别是当我们四处看看，**发现这里问题仍然严重**）. Kwa wakati huo ilibidi tupime au tuamue kama yatosha twende zetuni au tubaki hapa hapa kutazama hali itakavyoendelea（这时需要我们做出判断和决定，**是马上离开**还是留下来观望事态发展）. Kama tukienda, tungekuwa sawa na kujipeleka katika mikono ya askari kama Musa alivyotuonyesha askari wa doria waliokuwa na mabunduki wakipita mtaani（如果离开，那就如穆萨向我们所暗示的，等于把自己往持枪巡逻的士兵手里送）; na iwapo tukibaki, hatari ingeweza kutukuta wakati wowote kutokana na hadhari ya waangalizi wa usiku（而如果留下，鉴于**守夜人员**高度警惕，危险随时都可能降临在我们头上）.

（7）Hana maneno na mtu...

Niliona mzee huyu mwenye afya na nuru amenywea akiwa na huzuni na mafikara mengi moyoni baada ya kupatwa na mkasa kwa ghafla（我发现这位**身体健壮、神采奕奕**的老人因突然遭遇不幸而模样大变了，看上去悲伤忧郁，心事重重）. Kwa ninavyojua mimi, mzee naye **hana maneno na mtu wala hajamfanyia mtu yeyote visa**（据我所知，**老人与他人没有芥蒂，从不加害于人**）. Kwa nini alikuwa kapigwa vikali namna hii（为什么他被打得这

么严重）? Jawabu nilikuwa sina ila naona **haifai neno** tu（我找不到答案，只是觉得这样打人**不合适**）. Jambo hili limenikera mpaka leo hii.

（8）Haidhuru neno...

Haidhuru neno (si neno) kwa kuwa huyu si mtu mwenye moyo wa bua, bali ni mwanamapinduzi imara（没关系，因为这人**不是小心眼儿**，而是个坚定的革命者）, **akishasema neno amesema**, kurudi nyuma ng'o（他说了就会坚决做到，绝不会后退）! Hata shida kubwa zaidi **imekuwa si neno kwake** sembuse kusema jambo hili dogo（就是再大的困难对他来说**都不成问题**，更不用说这么一件小事了）. **Maneno yake mengi ya mafunzo** yamekwisha niingilia mpaka karibu na kupasua mfupa wa mwili wangu（他的许多教诲对我而言都是刻骨铭心的）, fikra zilizomo zimeenea katika damu zangu mishipani（其中的思想内涵已渗入我的血液）.

（9）Kutafadhalisha neno moja

Sote tumekuwa tutwe kama kuku waliotiwa maji（我们就像被泼水的鸡一样惊呆了）, **hatusemi neno** kwa sababu tumechoka kuyasikiliza **maneno yaya kwa yaya tusiyoyafahamu mwanzo wala mwisho wake**（我们都没吭声，因为大家都听腻了那些没头没尾、反反复复的车轱辘话）. Kila mmoja wetu anashangaa haya yawe kama ndiyo mafunzo aliyotupa sisi mkubwa wetu huyo katika mkutano huo（我们每个人都不胜惊讶，原来这就是我们领导在会上给予我们的教导）. Hata kuna wengine wanatokea **kuwatafadhalisha neno moja waandishi habari**（甚至有另外一些人站出来**请记者办事**）, yaani kuchapa hotuba yake kwenye magazeti ili wa taifa zima wajue umashuhuri wake（即把这份讲话登在报纸上**以供全国人共同欣赏**）.

（10）Kumtia mtu maneno

"**Hakuna neno**, mtoto wangu namjua sana（**没有问题**，我非常了解自

己的孩子）. Ijapo amepata miaka ishirini, lakini hawezi kunipotea（虽然**他已二十岁，但我没有忘记他的长相**）. Nafahamu sana kuwa dunia ina mengi（我完全明白世界很复杂）, bila shaka sasa kuna mtu **amemtia maneno**（**肯定有人背后给他说了坏话**）..." Aliposema hayo, mzee kidogo alijisikia vibaya vibaya moyoni mwake（他说这些话时，老人心里总觉得有那么点儿不舒服）. Akajishika mikono yake kwa nyuma na uso wake kuanguka chini（**他倒背着手，脸沉了下来**）.

（五十三）常用词选析（13）——Pahala(-li), Mahala(-li)

（1）Pawili, pamoja

Tuna mambo mengi ya kufanya, lakini hatuwezi <u>kuyafanya yote kwa mkupuo mmoja</u>（我们有许多事要做，但不可能一蹴而就），kwa sababu **mshika pawili hupaponyoka pamoja**（因为两处都想抓，顾此必失彼）. Kwa wakati huu tunaweza <u>kukusanya uwezo wetu</u> kuwashughulikia wakulima（当下我们可以集中力量关注农民）. Nao wanafanya <u>kazi ngumu ya kumenyeka na kuvunja mgongo shambani</u>（他们折断脊梁磨掉皮地在田间辛勤劳作），<u>ndoto yao ya kuachiwa kweupe na kupata shibe za kuridhisha zitawasibu lini</u>（他们追求光明和温饱的梦想何时才能真正实现呢）？Ni wakati gani <u>hali ya maisha yao itatononoka</u>（他们的生活何时才能富裕起来）？Sera ya serikali inawalinda wakulima <u>wasipunjwe kwa kupewa bei isiyo ya haki</u>（政府的政策保护农民免受价格欺诈），ni nini tufanye ili tupate kufuzu katika mpango huo（我们如何做才能保证这一计划顺利实施）？

（2）Pakubwa

Kwa kweli <u>tukiyatia ifanyayo serikali mizanini</u> tutaona kuwa nchi yetu **imefanikiwa pakubwa** na pia **kutushangaza pakubwa** katika kuendeleza ujenzi wa kisasa（说真的，如果我们对政府的施政做客观评价的话，我们就会看到我国在推动现代化建设方面已取得令我们惊叹不已的巨大成功）. Hayo si kama tu tumeyashuhudia sisi, bali <u>kila mwenye macho ya kuona la haki ameyabainikia waziwazi</u>（这不仅为我们亲眼之所见，而且每个关注正义和权利的人都一目了然）. Kwa hivyo hatuna budi kuwaonya watu hawa wa porojo: <u>shikeni ulimi wenu mrefu, msijidai kuwa waungwana kila kiungo cha mwili</u>

wenu（我们必须警告那些胡说八道者：**收紧你们的长舌头，不要冒充全身每个关节都散发着公平的正人君子**）!

（3）Padogo

Licha ya kuanguka anguka kulikosababishwa na mteremko na utelezi hapakuwa na janga lolote lingine njiani（一路上除了因斜坡或湿滑连续摔跟头，没有遭遇到**任何别的困难**）. Hata hivyo nilihisi hatari iko karibu karibu, basi mimi bunduki yangu tayari tayari（虽则如此，我总感到危险在逼近我们，我不得不把枪准备停当），ila kwamba shabaha ninayo, lakini si bingwa（只是有一点，**枪法我懂，但不精**）. Ni kweli, haikutuchukua muda tukasikia kilio cha bunduki. La kushukuru ni kwamba risasi ilipita hewani na **kunikosea padogo** tu（幸运的是，子弹穿空而过，**只差一点儿就击中了我**），basi hapo ndipo nilipokuwa nikishusha pumzi na kushukuru Mwungu kunivusha katika hatari ya kifo（感谢上苍**帮我躲过了死亡的危险**）.

（4）Pachache

Alikaa mwenyewe chumbani akiwaza la kufanya kwa mchana kutwa bila ya kulipata la maana（他独自待在房间里，整个白天都在想该做点儿什么，**但没想出任何门道来**）. Hali ya kuendelea kukaa Dar bila ya shughuli maalumu ilimwia nzito（继续无所事事地待在达市的状况**让他感到心里沉重**），maana mpaka sasa jamaa **amefanikiwa pachache sana** katika maisha yake（因为直到现在他在生活上**成果寥寥无几**），licha ya kusema gari la fahari, hata baiskeli hana（且不说豪车，就连自行车都没有），na sasa amekuwa katika mpango wake wa kuiuza saa yake ya mkono（眼下他计划卖掉自己的手表）.

（5）Pabaya

Nilipoona **nimeingia pichani pabaya** nilisononeka sana（当我看到自己的**照片照得很难看，我心里伤感透了**），nikijipambanua kama ni mtu **niliyetoka** pabaya au **niliyejikuta pabaya**（我在辨别自己到底**是来自还是来到了一个倒霉地方**）? Mara <u>nikashauriana na moyo wangu</u> nikijilaumu（我扪心自问）: "Picha mbaya ina nini（相照坏了有啥了不起）? Muhimu ni kuelewa kwamba hawa tunaopigana nao si <u>watu wa kuchezea danadana</u> kama unavyofikiria（重要的是，要明白和我们打交道的那些人不是你想象的那样，他们不是一帮**玩闹派**）, ni werevu sana（十分狡猾）, hawawezi kuchukulia mambo hivi hivi na kimzaha mzaha（他们不会对事情无所谓或开玩笑）!"

（6）Pema

Harakati za kumsaka zilizidi kupamba moto（搜捕他的行动愈发热火朝天）, <u>ikawa mbele alikoelekea makelele, na nyuma atokako vishindo</u>（他感到前有呐喊，后有追兵）. Alikuwa akihema hema na kuangaza macho huku na huko（他呼哧喘着大气举目四望）, akajikuta amelazimika kuipa kisogo dunia ya mbele yake kama kwamba kaburi limeshachimbwa tayari akisubiri kuzikwa humo ila tu ajiombee dua ili **apewe mahali pema peponi**（他发现自己必须背弃眼前这个世界，好像那里坟墓已经挖好，他正等着被埋葬，只求上帝**在天堂善待自己**）.

（7）Patupu

<u>Mshale wa kijana huwa</u> **hauanguki chini patupu**（小伙子箭不虚发）. Baada ya kuwekewa tayari shabaha yake yapata mikono mia tatu, naye <u>akautwaa upindi na kuupachika mshale, huku akiupinda na kuliza uzi wake</u>（他把箭靶放置在三百臂之遥之后，拎弓按箭，拉弓放弦）, hapo hapo mshale ukaenda kwa kasi na kupenya shabaha ile kwa nguvu（此刻箭头急如闪电，一举穿透靶心）. Yasemekana kwamba mshale wake **haujapata kuambulia patupu**（据说，他射出的箭**从来没脱过靶**）.

（8）Pabovu, Pembamba

Kamba hukatika pabovu (pembamba) pake, hiyo ni kweli（**麻绳总是在糟烂**

处断，这是真的）. Kwa kuwa gari letu bovu sana, ajali imetupata barabarani na **tumenusurika pembamba nayo** tukijiona kama watu tuliotoka katika mdomo wa mamba ila ndugu yangu mdogo **amesalimika pembemba zaidi kulikoni mimi** na kuokoka kwa tundu la sindano toka kifo（我们的车很破，结果路上遭遇车祸，我们就像从鳄鱼嘴里逃脱一样险遭不幸，不过我弟弟比我还悬乎，死神几乎和他擦肩而过）.

（9）Pagumu

Kuendelea kuchukia tu bila ya kutafuta ufumbuzi wa kudumu kusingemfikisha popote kama si kumgharimu zaidi nguvu zake za moyoni（一味仇恨而不寻求永久解决之道，除了耗费心力，将会让他一事无成）. Sasa **mambo yamefikia pagumu**（现在事情不好办了）, kwa sababu ndiyo kwanza ametumbukia katika lindi la msiba mkuu na maisha yake kuwa ya mashaka matupu（因为他正好遭遇巨大不幸，生活极其艰难）. Ndiyo hasa, udhia umemzidi kimo（不错，他的麻烦达到了极限）, hata hivyo naye yuko tayari kuustahimili na kuukabili kama alivyokuwa akinywa uchungu mwingi bila ya vigeugeu（但他准备面对和承受，就像过去吃很多苦也不动摇一样）.

（10）Peupe

Donda kubwa lililopo nchini la kuumiza roho za watu ni kwamba baadhi ya majitu wanashirikiana kishoga na mabwana wao wa kigeni wakigeuza midomo ya bunduki zao kwa kuilenga serikali ya nchi yao wenyewe（令国人心痛的重大弊病在于有些大人物与他们的外国主子沆瀣一气，掉转枪口对准自己国家的政府）. Wanapika seti majungu kwa uzito wao wote kwa kuichafua nchi yao（他们竭尽全力耍阴谋搞乱自己的国家）, na baada ya njama zao kusagwa kuwa unga unga wametokea kulaza karata mpya mezani ili kuwahadaa wananchi（当他们的诡计被粉碎之后，他们又打出新牌欺骗群众）. Lakini basi, hata watafanya vipi, **ukweli wa mambo utajitokeza peupe**（一切都将真

相大白）.

又：Ingawa nilikuwa naogopa **kuviacha vitu mahali peupe**（尽管我害怕把东西摆在明处）, lakini niliporudi nyumbani baada ya likizo ya nusu mwezi nikakuta mle ndani **pamebaki peupe kabisa**（但当我休假半个月回到家里时，发现里面空无一物）, vitu vyote <u>vimesafishwa na wezi</u>（所有东西**都被窃贼一扫而光**）. Ingawa wahalifu hao <u>waliepusha alama za vidole kwa kujivika glovu (soksi)</u> mikononi wakati wa kutekeleza vitendo vyao（虽然那些罪犯在实施偷盗时**戴着手套，没留下指纹**）, lakini hivi ni kama mto uliojificha chini ya ardhi **hutokeza peupe** kadiri unavyotiririkia mbele（但这就像一条地下暗河在向前流动时总会**流出地面**一样）, kwa ushirikiano wangu na polisi tutaweza **kuwatoa wezi hao peupe**（我通过与警察合作一定会把他们**揪到光天化日之下**）.

（五十四）常用词选析（14）——Mate

（1）Kuramba mate（献媚）

Tunasema bila ya kificho chochote kuwa kama kuna mtu anazoea **kuramba mate** ya wazungu wale wenye azma mbaya na hata kuvizoa vijisenti kutoka kwao kwa madhumuni ya kuharibu nchi（我们毫不掩饰地说，如果有人献媚不怀好意的洋人，甚而向他们讨取小钱儿，意在糟害自己国家），basi serikali yetu hii haitaweza kumsamehe hata kama amejipaka rangi ya kibuluu machoni, hivyo atakuja kujua pesa hizo hazina heri nao（我们的政府绝不会放过他们，哪怕他们把眼睛涂成蓝色，到时他们也会明白这点儿黑钱是他们的非分之福）。

（2）Kutemewa mate（被唾弃）

Baadhi ya vijitu wanaovika vazi la "kulinda umoja wa taifa" wamenuia kuzoa viti vyote bungeni ili kwa makusudi mazima ya kuwakokota wananchi kuelekea kwenye taabu（有些穿着"维护国家团结"外衣的大人物想控制整个国会，意在把国人拖向困境）。Kwa ajili hii, nao huzungusha maneno huku na huko kwa kujidai eti wana uwezo wa kusuluhisha matatizo ya nchini kwa mkupuo mmoja tu（为此，他们巧嘴簧舌地四处游说，宣称自己有能力一举摆平国内的问题）。Utaona kabla spika hajamaliza kusema yake, nao humrukia na hoja zao moja baada zingine ili kumtilia kisirani bungeni（你会看到议长还没讲完话，他们就接二连三地用新议题发难）。Hao watu wenye nia ya kuvuruga nchi **wanastahili kutemewa mate na wananchi wote**（那些唯恐天下不乱的政客理应受到人们的唾弃）。

（3）Kutema mate（吐痰）

Nilikuwa simwamini huyu kama nisivyomwamini nyoka（我不相信此人，就和不相信蛇一样）. Kwa nijuavyo mimi, bwana huyo ni sumu kama nyoka mweusi（或 hana mazoea kama nyoka mweusi），roho yake ni kama lami kwa weusi wake（据我所知，**此君毒如青蛇，心黑如沥青**）. Ingawa nilimwambaa njiani kwa makusudi, lakini alinifuatilia nyuma nyuma tu（尽管**一路上我有意躲着他走**，可他却一直紧跟在我背后），hata nikajihisi kama nimeshaona ndimi zake mbili pacha nyekundu zikicheza cheza na kuashiria hatari（甚至我仿佛看到了**他化作一条蛇，从嘴里出出进进的红红的双叉长芯，这预示着危险将至**）. Niliona suala hili ni sumu sana kwangu miye（我觉得这事儿**相当棘手**）. Basi kwa hamaki nikageuza uso（一怒之下我转过脸来），ngumi zilinitoka kama umeme na kumwingilia barabara mpaka mavi yakamtoka（或 mpaka matone ya mkojo kumdondoka）（拳头像闪电似的飞过去，直到打得他失禁），akawa nusu mfu（他已变得半死不活）. Nilionyesha kidole cha dharau na kusaga meno kwa chuki **nikamtemea mate ya uso**（我轻蔑地指着他，恨得牙根疼，**顺势朝他脸上吐了一口痰**），kisha nikamsukuma kwa miguu na kuifanya afingirike kama gogo（接着又踢上几脚，**把他踢得像木头一样在地上打滚儿**）.

（4）Mate kukauka kunywani（干涩）

Rafiki yangu huyo alipata kuwa mchezaji sumu sana katika mchuano wa mpira（我这位朋友曾是足球场上的**厉害角色**），lakini sasa hakuwa na mwili tena kutokana na ugonjwa wa miaka mingi（但他长年生病，**身体已经完了**）. Nilipokwenda kumwona, akiwa kitandani alinishika mikono kwa ukomo wa nguvu zake（用尽全力），lakini kimyaa（一声不吭）. Nilielewa kuwa kimya hicho ni lugha isiyo na sauti（我明白这沉默是无声的语言），tena si maneno madogo, pengine ni ya buriani ya mwisho（而且不是一般的话，说不定是最

后的告别）. Hata mimi **mate yalinikauka kinywani bila ya kuweza kutamka** kwa uchungu usioelezeka wa moyoni（我心里有一种难以言传的痛苦，我甚至觉得**嘴里干涩得发不出声来了**）.

（5）Mate kujaa kinywani（涎水）

Kuona majani hayo mekundu wani ziro ziro katika toto la meza（看见抽屉里那些红色百元大钞）, roho ilimpaparika kama kuku aonavyo wadudu wa kumeza（他就像鸡见了虫一样心里怦怦乱跳）, **mate yalimjaa tele kinywani**（嘴里满是涎水）. Lakini alipojaribu kuyasomba, mikono yake ikakamatwa na mtu（他试图卷走这笔钱时，结果被人抓住了手腕）. Aliduwaa karibu nusu saa asijitambue vema（他惊呆了，整整半小时不知自己是谁）, akawa kama mtu aliyejizika mwenyewe baada ya kujichimbia kaburi, akipiga kite kirefu cha maumivu（他痛苦地唉声叹气，**活像一个自掘坟墓、自葬其身的人**）.

（6）Mate kumtoka mtu（垂涎）

Kuna mbalamwezi, sauti za chenene na vyura zasikika kwa mbali（一个满月的夜晚，远远传来了蝼蛄和青蛙的鸣叫声）. Wanavijiji wakiwa uani wananogesha maongezi yao, huku wakinyonya kwa mirija tembo lao la kiasili（村民坐在庭院里一边谈天说地，一边用长管吸吮着土酒）. Mara kwa mara wanatikisa tikisa kibuyu ili pombe ikolee vizuri（他们不断地摇晃着酒葫芦，以便让酒均匀入味）. Kusikia harufu ya pombe, mimi nabaki nikishukuru na kuanza kufurahia bahati yangu, hata natokea **kulambatia na mate kunitoka kama ya fisi**（闻到酒香，我开始庆幸自己运气好，**我馋坏了，像鬣狗一样口水直流**）.

（7）Kumeza mate（轻松）

Maisha yamekuwa meusi kwa kijana huyu（生活对这个青年而言一片黑暗）. Macho yake yaliyovimba yameonyesha kuwa hakupata usingizi kamwe

（红肿的眼泡儿表明他没睡好觉）. Mwili ulimnyong'onyea na kumpooza（他全身疲软乏力）. Ulimi ulimganda na kumjaa kinywa asiweze kusema na mara kumtoka nje ukidondokwa na ute mithili ya mbwa aliyechoka（舌头僵硬涨满，言语阻塞，偶尔舌体伸出外边，口水直滴答，酷似一条疲惫不堪的狗）. Pumzi zilimpaa kwa kilio kikali na nywele alizozilimbika zimetimka kama msitu（他喘息急促，呼哧呼哧的，头发蓬松散乱如密林）. **Lini faraja ataipata ya kuweza kumeza mate** na kuwa na muda maridhawa wa kucheka na kupumua（不知什么时候他才能松快地咽口唾沫，并有充裕的时间笑着出口气）.

（8）Kumeza mate（眼馋）

Kuona msichana mmoja anayemeta kwa uzuri, mzungu mmoja toka Ulaya **akaanza kummezea mate, tena mate mazito na ya uchu**（看到一个光鲜亮丽的女孩儿，一位欧洲来的老兄馋得开始咽唾沫，那种贪婪而厚重的唾沫）, hata akamsogelea akijaribu kumtongoza na kumshika shika（他甚至靠过去，试图对其调戏，图谋不轨）. Kumbe hakuwa akifahamu kuwa msichana huyo ni hodari kwa judo（可他哪里知道这女孩是柔道高手）, akamrudishia kisigino chenye ncha kali na kumchapa penye goti（她顺势朝他膝盖踢了一高跟鞋）. Jamaa naye akashikilia goti lake ambalo akalisikia kama limepigiliwa msumari wa moto（那老兄手捧膝盖，疼得像挨了火钉子）, kwa kweli hajapata kusikia uchungu kama huo maisha yake.

（9）Kumeza mate（羡慕）

Tokea hapo mtoto alikonda kama sindano, tazama jinsi uso wake ulivyojitokeza kwa maradhi ya muda mrefu, na alionekana kama kidogo kidogo aukaribie mlango wa kaburi（从那时起，这孩子瘦得像根针，看他那张长期受疾病折磨的颧骨突兀的脸，看起来他正慢慢走向地狱之门）. Lakini kadiri muda ulivyokuwa ukiendelea baada ya kufanyizwa dawa, nyama ikaanza kurudi mifupani pake, tena tele（服药之后，随着时间的推移，骨头上又长

出肉来，而且蛮多），ndiyo hivi sasa waona, hata mimi mkondefu **nammezea mate**（就如你现在看到的，连我这个瘦子都羡慕他）.

（10）Kutokwa na mate（吃醋）

Ingawa Malingumu alifahamu kuwa Sembule ni rafiki wa Hadija wa kwenda naye sokoni tu, tena si zaidi ya hapo（只是跑商场的搭伴，不会比这更亲密），lakini alipoona wamekuwa dirisha moja wakati gari la moshi liking'oa nanga, bado **akajisikia amejiuma uma na kutokwa na mate ovyo**（但他看到火车上两人坐在一个窗口，多少有些醋意，心里酸溜溜的）.

（五十五）常用词选析（15）—— -embamba

（1）微弱

Amefungwa katika chumba kimoja cha saruji ambacho kina mlango wa chuma, na miswaki ya chuma iliyoko dirishani pale ni minene na isingeweza kukunjika hata kama wangekuwa wanaume watano wenye nguvu kama zake sembuse kusema kuwa kwa wakati huu mwili wake umeenea makato ya kiboko ukivuja damu hasa kwenye mianzi ya pua（他被关在一个水泥房间里，它的门是铁的，**窗户上的铁窗棂**很粗，**即使五条他这样的壮汉**也难以把它们折弯，更不用说他当下周身**鞭痕累累**，血流不止，尤其是**两个鼻孔**），na viwambo vya masikio yake pia vinalia lia（**耳膜**也吱啦吱啦作响）. Aona kipindi hicho pote pamejaa hewa ya huzuni, basi naye anamwuliza mtu wa jirani yake **kwa pumzi nyembamba aliyoweza kuvuta neno** kama atawaza kupona（他发现此刻到处都充满悲伤气氛，他用一种勉强能发出字音来的微弱气息问身边一个人自己是否能痊愈）.

（2）稀薄…

Alijipangusa mavumbi mwilini na kujisugua uso kwa taulo ili apate kufumbua makope yaliyogandamana（他扑打扑打身上的尘土，并用毛巾擦了把脸，以便能张开黏糊糊的双眼）, kisha akafuta **kamasi nyembamba** zilizokuwa zikitiririka katika pua yake ya upanga kutokana na mafua（接着抹了抹因患感冒而从高鼻子里流出来的**清鼻涕**）. Alipoinua macho akaona mbao zimejaa furifuri katika maghala（仓库里**装满木板**）, maki ya kila ubao ni kama kidole cha mtu（**木板厚薄和手指头差不多**）. Basi haidhuru, hata ikiwa iwe kama **karatasi nyembamba** atazinunua zote tu（不过没关系，即使和**薄纸一**

样，他也照买所有木板不误）.

（3）细窄…

Naye kijana <u>ni mtu mwembamba kama ufito, lakini wembamba wake si ule</u> <u>wa kukonda konda, bali ni wa maumbile</u>（这小伙子身条儿细得像根棍儿，不过他这种细身条儿不是因为瘦，而是生来具来的）. Licha ya umbo la mwili, ana **macho membamba, pua nyembamba na midomo miembamba pia, hata** **wakovu mwembamba kama uzi uko kwenye uso wake nyembamba**（除了身条儿，他眼睛小，鼻子小，嘴唇薄）, <u>wengine humtania kwa kusema kuwa</u> <u>amekuwa hivyo kwa sababu ya kunywa uji mwembamba kila siku au kubanwa</u> <u>banwa wakati akipita kwenye mlango mwembamba wa nyumba yake</u>（有人和他开玩笑说，他长成这样是因为喝稀粥喝的，或被他家那小窄门挤的）.

（4）苗条…

<u>Ukakamavu wa Lahi ulimwishia</u>（拉赫那股生气勃勃的劲头不见了）, mwili wake uliojaa misuli kama dume lishibalo ulinywea kama aliyepatwa na ugonjwa wa kutapika na kuharisha（他那副肌肉发达、饱汉子特有的健壮体魄就像得了呕吐腹泻疾病一样萎缩下来）, miguu karibu <u>ilishindwa</u> <u>kumbeba</u>（双腿几乎支撑不住他的身体）. Watu husema **roho ya mwanamke** **ni nyembamba kama mwili wake**（人们说女人的心眼儿像她们的身体一样窄小）, lakini yeye ni mwanaume mwenye moyo mpana（可他是心胸开阔的男人）, <u>mwanaume hafi moja kwa moja</u>（**男人不会坐着等死**）, atapambana na ugonjwa wake mpaka mwisho.

（5）逃生…

Nilikuwa **nimeponea pembemba na mauti** huko pwani penye **michanga** **myembamba**（我在海边一片细沙滩上死里逃生）. <u>Hapo niliweza kusikia</u> <u>moyo wangu ukienda mbio na kupigapiga kama saa kubwa ya ukutani</u>（当时

我能听到自己心跳加速时发出墙上的大挂钟那样的嘭嘭声），kijasho chembamba (jasho jembamba) kisichoonekana kilinivuja（一把无形的冷汗从体内悄然渗出）. Nilikuwa na uhakika kuwa laiti kama ungalivuma upepo mkali zaidi huko pwani, ungalinitupa baharini zamani gani（我相信，假如当时海边刮起更大的风，我可能早就被吹进海里去了）!

（6）丝缕

Kwa mbali kama ndotoni, nyuso zao zikanijia pole pole, hasa yule kiongozi wao mfupi mnene alikuja vyema zaidi akilini mwangu（蒙蒙眬眬中就像做梦一样，他们的面容一点点浮现在我的眼前，尤其是那个又矮又胖的领头人的身影呈现得更加清晰）: mweusi wa mpingo（黑似乌木），meno yake yalikuwa yamekaa ovyo kama mbegu za matunda ya jahanamu（歪歪斜斜的牙齿像阴间鬼果的种子），naye alilala chini vumbini, kichwa kilikuwa na matundu kama dodoki, ubongo ulimtoka（他倒在尘埃里，脑袋变成了千疮百孔的烂丝瓜，脑浆迸裂）. Kwa kufikiria hivyo, hofu nyembamba ikanipanda rohoni（想到这些，一丝恐惧袭上心头）.

（7）湿润

Tulipatana kuachiana hatua chache toka mtu hadi mtu katika safari yetu（我们共同敲定在行进中人与人之间拉开几步的档子）. Tulizozivaa zilikuwa si nguo tena, bali ni matambara machafu yaliyojaa tope na jasho（我们穿的已称不上衣服，而是沾着烂泥和汗水的破布）. Niliwaza kuwa haya yanawezekana katika sinema, lakini sisi hatukuwa tunacheza sinema（我想这种装扮可能在电影里看得到，可我们不是在拍电影）. Kwa kukabili hali kama hiyo, nikatokwa na **machozi membamba**（看到此情此景，我眼眶湿润了）.

（8）尖细

Sauti nyembamba ya meneja ilipenya katika masikio yake kama baragumu iliyompa moyo mkubwa（经理那**尖细的声音**就如催人奋进的号角一样灌入他的耳朵）. Lakini baadaye, licha ya kutopatiwa taarifa rasmi kwa maandishi, haikumtokea hata mara moja kumsikia bosi huyo angalau akiligusia kimaongezi suala lake（然而，且不说事后下达正式书面通知，就连口头上这位上级再也没重新提起他这个下级的事儿）. Alichoambulia ni rundo la ahadi tamu tamu zisizotimizwa, akafika hadi ya kukata tamaa（他得到的是一堆无法兑现的、充斥着甜言蜜语的承诺，这让他心灰意冷）. Kuendelea kukaa kimya ni unyonge usiompatia ufumbuzi wa suala zima, basi akaamua kusimama na kutenda kiume（继续沉默是一种懦弱，解决不了问题，于是他决定站出来顽强抗争）.

（9）一股

Maneno hayo yamechukua nafasi nzito moyoni mwangu na kusababisha fundo lililozaa kohozi lisilotemeka（这些话占据了我心灵的重要空间并给我造成很大压力，使我痰厥壅塞），basi ndani ya mwili wangu **joto jembamba limeanza kupishana**（**一股燥热在我全身骚动**）. Ninatoa kitambaa kujifuta jasho, huku majeshi ya mbu yakinivamia na kujitangazia tafrija yao katika usiku huu wa giza（我掏出手帕擦汗，同时蚊子大军向我扑来，宣告它们的夜宴开始了）. Mpaka hapo, humo ndani umekuwa hamniweki tena, basi nikajikongoja kuelekea nje kama aendaye haja（至此，**我在屋子里待不下去了，便拖着身体走向屋外，就像憋得受不了的人要跑卫生间一样**）.

（10）细处

Kamba hukatika pembamba pake（**麻绳总是断于细处**）. Kiburi chake kwa muda mrefu nimekichukua kama ni udhaifu mmojawapo wa binadamu（长期以来，我把他的傲气看作人类的弱点之一）. Kwa kweli ni wachache sana walioziona dosari katika tabia yake（其实，能看到他性格缺陷的人寥寥无几）. Nikiwa bosi wake ninachokihitaji ni kazi kutendeka bila ya mgogoro wowote ingawa <u>nilishakorofishana naye mara mbili tatu</u> kwa sababu ya kunipa kisogo wakati nilipomkosoa kwa kuja kwake kazini akiwa amelewa（作为他的领导，我需要的是工作正常进行，尽管因他不理会我对他醉酒上班的批评而跟他闹翻过几次）. Na sasa kiburi chake kimekwisha leta hasara kubwa kwa kazi za serikali, ningefanyaje? Lililoandikwa limeandikwa, lazima liwe tu na likawa（做过就做过了，只能认了）.

（五十六）常用词选析（16）——Upeo, Ng'ambo, Timamu, Daima

1. Upeo

（1）Kufikia upeoni

Siku hizi giza huninyemelea roho yangu na pumzi kunisakama sakama（近来我总感到有些黯然神伤，胸口直压气），hasa baada ya kushuhudia mtu kuuliwa mbali na kukatwa katwa kama nyama tupu（尤其是亲眼看到一个人被杀死碎尸的惨况之后）. **Maisha yangu nimeuona ukatili mwingi wa aina yake, lakini huo umefikia upeoni**（我一生目睹过各种各样的暴行，但这一次杀戮的残忍程度可谓无以复加）. Nasikia mwuaji amekwisha kamatwa yu hai wakati alipojitetea kwa bastola kukabiliana na askari polisi（凶手持手枪拒捕反抗时被警察活捉归案）.

（2）Kwa upeo wa nguvu

Wananchi wanaona wamezibuliwa masikio na kupanuliwa macho, wote wametiwa damu na hotoba ya rais（听了总统讲话，人民感到耳聪目明，个个深受鼓舞），wakijua kuwa mpango kabambe umeshapangwa kwa kiasi cha kutosheleza（一个周密计划业已安排就绪）. Ingawa kuna mwezi mmoja mbele kutangazwa, lakini mwezi sio mwaka（尽管离公布还有一个月的时间，但一个月不是一年），kwa hivyo **inawataka wananchi wajiandae tayari kuitekeleza kwa upeo wa nguvu zao**（这就要求人民群众做好准备全力实施这一规划）. Tuna hakika kuwa si kwa muda mrefu baadaye, nchi yetu itakuja kushani（我们相信，用不了多长时间，我国必将取得奇迹般发展）na wananchi watajiona wako huru zaidi na kupata kupunga hewa ya amani zaidi（人民将会感到更加自由自在，享受和平安详的氛围）.

（3）Kuzidi upeo wa ufahamu

"Toka asubuhi mpaka sasa sijapata angalau dakika kumi kuweka tako kitini（从早晨到现在，我连十分钟都没坐下来休息过），lakini sipewi chochote cha ziada（什么额外补助也没有），senti hazitoshi eti（钱不够花啊）! Linganisha na akina Peter na Anna ambao huzubaa zubaa wakati wa kazi kwa muda mrefu（比比人家彼得和安娜，上班时间光在那儿发呆走神儿），bado wamepewa bakishishi（可还是能拿到小费）. Basi kwa nini? **Yote hayo kweli yamezidi upeo wa ufahamu** wangu（这一切我真的想不通）." Ruthi alilalamika na kutokwa na vijichozi ambavyo alifikiria vingenifanya niwe na huruma（露丝发着牢骚，眼里还闪着泪花，显然想博得我的同情）.

（4）kufikia upeo wa kifo, Kufurahi upeo

Baada ya kupukuta vumbi katika viatu（在掸了掸鞋子上的灰尘之后），mwuguzi Adrian akanyanyua kichwa na kumtazama tibabu（护士安德烈抬头看着医生），huku akitoa tabasamu kama za mtoto mchanga kwa jinsi alivyojiona kuwa na bahati ya kumpata mchumba wake huyu（脸上绽出婴儿般的微笑，她深深庆幸自己有这么一个未婚夫）. Akajisemea kimoyo moyo（她心里念叨着）: "**Nitaendelea naye mpaka nitakapofikia upeo wa kifo changu**（我一定要和他白头偕老）!" Basi hapo hapo mikono yake ikatulia mabegani mwa tibabu, na ile ya tibabu kiunoni mwa Adrian, wote walifurahi upeo（就在此刻，她双手搭在大夫的肩膀上，而大夫的手臂则挽住安德烈的腰，两人都很尽兴）.

（5）Kwa mbali upeo wa macho, Kupotea upeoni, Kuwa na upeo mzuri wa maendeleo

Kwa mbali upeo wa macho nikaona mtu kama kivuli akitujia（极目远眺，

我看到一个人影朝我们走来）. Pole pole nikamtambua kuwa ni Adamu, kitambi chake kilimfanya aonekane mfupi（大腹便便的样子让他显得又矮又矬）. Naye ni rubani hodari（他是个不错的飞行员）, jana kwenye anga aligeuza helikopita kupita juu yetu kuelekea kusini na **kupotea upeoni kama kimondo**（昨天他驾驶直升机在我们头顶上掉头南去，**像流星一样消失在人们的视野里**）. Wengi wanamsifu na kusema **ana upeo mzuri wa maendeleo katika siku za mbele**（许多人都说**他很有发展前途**）.

2. Ng'ambo

（1）Kupeleka ng'ambo, Kufika ng'ambo ya pili

Ni shukrani kwa uwongozi wa rais mheshimiwa, nchi yetu imepata kushani kama ilivyo hivi leo（由于尊敬的总统的领导，我们的国家才像今天一样日新月异）. Historia yake ile ya kuwa **mali nyingi za nchini kwetu zilivushwa bahari kupelekwa ng'ambo** kabla ya uhuru imekwisha kwenda kabisa（独立前**国家财富源源不断地漂洋过海运往国外**的那段历史已经彻底成为过去）. Kwa kusema kweli, bila ya kuwepo yeye, **nchi yetu isingeweza kufika ng'ambo ya pili buheri katika ujenzi wake**（说实话，如果没有他，**我们国家的建设不可能顺利地抵达彼岸**）. Wito alioutoa hivi karibuni na mpango safi wa serikali umewaelea wananchi wote（他最近发出的号召以及政府的美好规划**已家喻户晓**）na kuwatia damu wazidi kuchapa kazi kwa bidii（进一步激发了人们的劳动热情）.

（2）Nchi za ng'ambo, Kuvuka ng'ambo ya pili ya ubingwa, Nchini na ng'ambo

Kwa kulinganishwa na wachezaji wa **nchi za ng'ambo**, wachezaji wetu wa mpira wameonyesha uvivu kupita kiasi katika mashindano（与国外球员相比，我们的足球运动员在比赛中**显得过分松松垮垮**）. Kama wakiendelea hivyo bila ya kujirekebisha（如果他们继续这样下去，而不做出调整），timu yetu ya taifa **daima haitaweza kuvuka ng'ambo ya pili ya ubingwa na kujenga umaarufu wake nchini na ng'ambo**（我们的国家队就永远不可能实现技术突破，成为国内外知名的队伍）.

（3）Ng'ambo ya fahamu ya watu

Sebura alikuwa na yake kichwani（她脑袋里有她的主见）: "Ingekuwa bora uwongo nilioupanga uendelee kukua toka awali mpaka aheri（我编造的谎话最好能始终流传下去）!" Alifahamu kuwa kama wengine wangeng'amua ukweli（他明白，一俟别人弄清了真相），kitu kitakuwa sawa na kuvujwa kwa maji ambayo hayatazoleka tena（事情就会像倾泻的水一样变得不可收拾了），basi hapo atakuwa ameboronga mambo yote na mwenyewe kuaibika（这样她会把一切都搞乱，而本人也会出丑）. Kwa bahati yake mpaka sasa **bado ni siri iliyo ng'ambo ya fahamu ya watu**（所幸的是，至今人们仍蒙在鼓里）.

（4）Kwenda ng'ambo ya mipaka ya...

Sina haja ya kwenda ng'ambo ya mipaka ya mambo yasiyohusu hadithi yangu binafsi（我没必要把自己的故事说得不着边际）. Nasema baada ya kushinda ndani miezi mitatu na kurudi nyumbani（我要说的是，在蹲了三个月班房回到家里之后），nilitamani sana kujiona nilivyochakaa（我急切地想看看自个儿变成了什么鬼模样）ingawa sikujua nilikosea wapi na kufanya dhambi gani（虽然我并不清楚自己到底错在哪儿了，以及犯了什么罪）. Basi nikasimama mbele ya kikoo cha kujitazama, sura iliyoniangalia ilinitisha hata mimi mwenyewe, kama ya mzee wa miaka sitini（我站在镜子前面，里头映现出的那张跟我对看的脸可把我吓坏了，简直就是个花甲老翁）!

（5）Roho kuvuka ng'ambo, Toka ng'ambo mpaka ng'ambo

Dawa ya tatizo siyo ya kulikimbia bali kulishughulikia（解决问题的办法

不是逃避，而是勇敢面对）. **Sasa roho ya mtaalamu wetu Juma imekwisha vuka ng'ambo**（现在我们的专家已经离世）, lililobaki kwetu ni kukumbuka moyo wake wa kizalendo na kufumbua tatizo linalotukabili ili kufanikisha vizuri **kujenga daraja la toka ng'ambo mpaka ng'ambo kwenye mto Rufiji**（依然健在的我们要做的就是牢记他的爱国情怀，克服面前的困难，出色地完成跨越卢菲吉河的架桥任务）.

3. Timamu（含 Tayari）

（1）Mtu timamu

"Najua wewe **u mtu timamu**（人格健全的人）wala hujatetereka katika msimamo wa kisiasa（政治立场从未动摇过）. Lakini mimi mtu dini si mwanasiasa（我是宗教界人士，而非政治家）, najishughulikia tu na roho za binadamu ili waende ahera kuishi katika Ufalme wa wafalme kwa raha mustarehe ijapokuwa...ijapokuwa...（我只管把人类的灵魂送入天堂，**让他们无忧无虑地生活在至高无上的天界，尽管…尽管…**）" Mchungaji akaanza kugugumiza（牧师的嘴开始磕巴起来）wakati alipohojiwa na mwumini wake mmoja kuhusu kwa nini amekunja sheria za nchi na kutafsiri vibaya siasa za serikali（当一位信众质问他为何置国家法律于不顾并曲解政府政策时，这位牧师的嘴开始打起磕巴来）.

（2）Mpango timamu, Akili timamu

Kabwera **alichemsha akili na kufanya mipango yake yote timamu**（那个土老帽儿绞尽脑汁制订出一套天衣无缝的计划）, kisha naye mbio pembe za chaki kwenda kumwona mpenziwe（接着便急巴巴地到某个隐秘的犄角旮旯里去见情人）. Lakini hakujua kumbe amefumaniwa na mwenye mali（可没承想他被主家抓了个正着）na kutandikwa vizuri mpaka apige magoti akiungama dhambi zake kwa Mola（被打得跪在地上向上帝赎罪）. Yasemekana kuwa jamaa siku hizi **akili timamu**（脑袋长见识了），maana hadi leo maneno ya mwisho yaliyoingia masikioni mwake bado yanavuma vuma（最后留给他的话还在他耳畔回响）："Ukirudia mara ya pili, kichwa chako halali yangu（再犯一次，你的脑袋就归我了）！"

（3）Kuwa timamu na ..., Kupiga timamu

Watu kweli na vioja vyao（这人就是怪）! Kijana mmoja ambaye jina lake naliweka kapuni（有个年轻人，名字我给他保密）alijipachika upanga kiunoni（他腰间插着把刀）**akiwa tayari kwa** majaribio ya kuipenya kambi ya kijeshi kimchezo mchezo（准备玩一个穿越军营的把戏）. Alijiweka faraghani **akiwa timamu na upanga wake mkononi** kwa kuchungulia（他藏在暗处持刀观望），akaona askari **kapiga timamu pale mlangoni na kusimama tayari** kukabiliana na rabsha rabsha（见一个士兵肃立门口，随时准备应对不测）. Ubavuni mwake kulikuwa na ubao wenye kuandikwa："Majeshi ya akiba **yamejizatiti tayari**（**Kukaa tayari, kujifanya tayari, kujiweka tayari, kujiandaa tayari, kujipanga tayari**）kuitwa wakati wowote（预备役军人时刻听从召唤）！" Kuona hivyo, akajua shughuli yake leo shida tena jasho（见此情形，他知道今天这事儿有点儿难上加难了），akaamua kuiacha.

（4）Pendekezo timamu

Katika majadiliano yetu, kila mtu na shauri lake, masuala mengi kuhojiwa（在我们的讨论中，大家各抒己见，涉及问题颇多）. Hamisi naye pia **alitoa pendekezo lake timamu**（哈密希也提出了一个深思熟虑的意见）. Kusikia mafafanuzi yake yote, wazo langu la mwanzoni kwa upesi likabatiliwa na fikra kwamba（听了他的详细解释，我迅速改变了当初的想法）yamkini lake hilo ni la maana zaidi（也许他的意见更有意义），kwa sababu nalo linaweza likapeleka kufupika kwa saa za kazi viwandani（因为它有可能会缩短工厂的劳动时间）. Kwa kuzingatia hivyo, **mimi ni tayari** kuliunga mkono kwa moyo dhati.

（5）Kuyafahamu yote timamu

Ingawa yeye mkongwe, <u>hali yake fupi, lakini hajakubali uzee wake</u>（虽然他老态龙钟，时日不长了，可他从不服老）. Mtu naye ni mrefu kimo chake, <u>namna ya nguo yake ngeni</u>（他高个子，**衣着标新立异**）. Jana alinitaka nimletee <u>taarifa ya maandishi</u> kuhusu mambo kadha kama vile nimekomea darasa gani na katika chuo gani ili aniweke katika orodha ya majina ya marafiki zake（让我用**文字形式**写出诸如在哪个学校上学、读到几年级等情况的简介以便纳入他的友人圈儿）. Nilimwitikia kwamba nimeyasikia maenezo yake **na kuyafahamu yote timamu** ila...（我回答说我听到了，**也全部听懂了**，只是……）. Alipoona sina hamu na mpango wake（见我对此不怎么感兴趣），mzee tumbo moto, wazimu tele kichwani tayari（老人火了，气疯了）.

4. Daima

（1）Dahari, Daima dumu

Kiongozi huyu <u>ni dume hodari aliyewashinda aliyejishinda</u>（这位领导人是一个超越别人，同时也超越自己的大英雄，即：无与伦比的大英雄），<u>jina lake linawaka katika moyo wa kila raia humu nchini</u>（他的名字是燃烧在全国民众心中的火炬）. Amelishwa kiapo cha **kuwa dahari mtiifu wa taifa**（他发誓要永远忠诚于民族）na kupiga mbiu ya kuwataka wananchi wote **washirikiane daima dumu** kwa kila hali（号召全体人民在任何情况下都要永远团结在一起）. Hatua alizozitekeleza zimekuwa <u>mwangaza wa kuwaangazia wote wanaoteswa katika dimbwi la ubaguzi wa rangi</u>（他的作为让那些在种族歧视泥潭中挣扎的人们看到了光明）. Bila ya kuwa na yeye, <u>yamkini uhuru usingapatikana hata kwa miujiza</u>（没有她，**即使发生奇迹，我们也不可能取得独立**）.

（2）Daima na milele

"Mtoto akililia wembe mpatie, uhuru wake kuchukua（孩子要剃刀，那就给他，随他拿好了）! Mashamba yangu yametaifishwa, heshima imenitoroka（我的土地已被充公，颜面也丢尽了）. Ama kweli, kwa mwanaume mali ni ngao kama mwamvuli wa kujifunikia mvua（的确，财产对男人而言就是遮风挡雨的盾牌）. Nani atanijali kama sina pesa（没钱谁还看得起我）? Nani ataniona nami dume kwa kukaa tu（坐着没事干，谁还拿我当爷们儿）?" Baba mtu alijisemea mwenyewe kwa mwenyewe（一个男人自己对自己叨叨着）, moyo wake ulijaa baridi kama barafu kwa kuona dunia ilivyombadilika（面对发生在他身上的世道变故，他心里一片冰凉）. Basi **aliondoka na aliondoka daima na milele**（他离开了，而且永远永远地离开了）, kwa njia ya magendo（通过偷渡）, labda kwa kutumia ng'alawa au mashua（也许是乘独木舟或者小船）, na hapana anayejua ametokomea wapi（没人知道他去了哪儿）.

（3）Milele na milele (na milelee), Kudumu hadi peponi

"Sifa ya mtu hutokana na matendo si maneno, vile vile si kusuka nywele upande（人的好名声靠干，而不是靠说，当然也不靠把头发梳个偏分）! Kumbe hujui methali ikinena msema mengi haaminiki（难道你不知道有句谚语说话多不可信吗）? Wewe mpuuzi mtupu, nimeshabashiri ni balaa gani lingeniingilia kama nikiendelea kuwa nawe（你废话连篇，我已预感到和你在一起久了会招来什么灾难）! Kwa hivyo **tuagane tusionane milele na milele (na milelee)**（我们分手，永远不再见面）." Kusikia hayo, kijana huyo aliyezichana nywele zake si kwa kupasua njia katikati ya kichwa（中分头）na **aliyeomba msichana awe rafiki yake wa kudumu hadi peponi**（终生到死）akaachwa ububu（听到这些，这位没留中分发型并恳求要与姑娘永结同心的青年变得哑口无言起来）na kuganda pale kama sanamu（尴尬在那儿像一尊石雕）.

（4）Siku zote na dumu daima

Mimi nimechumbiana kwa miaka na msichana mzuri aliyefana kuliko wengine, na sasa mambo yamefikia hatua ya kufunga ndoa（我和一位出类拔萃的漂亮姑娘苦恋多年，现在已到了该结婚这一步）. Lakini najua kuwa ndoa ni amani na utulivu wa kudumu kimaisha（但我明白，婚姻意味着生活的安详与永久的平静），sivyo kama rafiki yangu mmoja alivyo, amebaki na pete kidoleni na cheti sandukuni tu zikiwa ushahidi wa ndoa（而不像我一个朋友那样有名无实，只留下了手上的戒指和箱子里的结婚证）. Bila ya shaka kupenda kuna gharama（当然爱是有代价的），basi nimemwambia mchumba wangu hivi: "Mapenzi nawe sijui mwisho wake labda nife au ufe（我不知道我与你的爱情结果会怎样，也许是我死或者你死）. Hata hivyo **nimeapa kuwa nawe siku zote na dumu daima mpaka kwenda kwa Jumbe Nyamaza**（即使如此，我也将矢志不渝地和你在一起，直到天荒地老）!"

（5）Daima dawamu

Palikuwa na kimya cha muda mfupi baina yao, walinyamaza mpaka meya Ali alipovunja kimya hicho（他们在一段短暂的时间里相互无言，直到阿里市长打破了沉默）: "Yaliyokufika wewe yalipata kutufika sisi vile vile（你碰到的事我们也碰到过）. Lakini ndio ulimwengu, mambo huzidiana（而这就是世界，事情纷至沓来）. Nikiwa meya nakutangazia kuwa **kuanzia leo, umekuwa daima dawamu mkaazi wa mji wangu**（作为市长，我宣布从今天开始你成为这里的永久市民）!"

（五十七）常用词选析（17）——Kisogo, Mgongo, Kisigino

1. Kisogo (kishogo)

（1）Kupewa kisogo

Jambo <u>linalotutia jaka moyo</u> ni kwamba baadhi ya viongozi wamezoea kusagana wao kwa wao mpaka kupoteana kabisa vitani mwao（令我们不快的是，有些领导人习惯于相互倾轧，直到打得不可开交）, lakini wanapoulizwa na wananchi mpango wetu wa maendeleo umeishia wapi na kipi cha kufanya sasa（然而，当国民问起他们，我们的发展规划已进行到了哪一步，以及眼下该干些什么时）, kinachotujibu ni kimya, tena kingi tu（我们得到的回答是沉默，而且长久的沉默）, <u>wamepotewa na la kusema</u>（他们尽皆无言可答）, **hali sisi tumepewa kisogo**（而我们则遭到了冷遇）. Haya ni baadhi ya <u>maswali yanayokula vichwa vya watu</u>（这些是很让人头疼的事情）.

（2）Kushikia bastola kishogoni

Naye yuko hapa nyuma yangu **amenishikia bastola kishogoni**（他正用手枪顶着我的后脑）, basi sasa nafanyaje, kwani <u>amekwisha niwahi</u>（现在我该怎么办呢，因为他已经得手了）. Na bila ya ukaidi wala suali, naiweka mikono yangu juu（我没有顽抗，而是乖乖地举起双手）, najua <u>pengine huu ndio mwisho wangu wa kuvuta pumzi</u>（我知道这可能是一息仅存的最后时刻）.

（3）Siku za kisogoni

Mpaka sasa hajasahau <u>hali ilivyokuwa katika vita ile ya siku za kisogoni</u>

（直到现在，他也没有忘掉昔日战争的那些往事）. Akakumbuka wakati ule amrijeshi akitangaza kwamba yeyote atakayewapa maadui kisogo vitani atapigwa risasi kisheria papo hapo（他记得当时司令员宣布任何临阵脱逃者都将被就地正法）ili wasije wakasambaratika na kutoroka hapo kama mifugo wasio na mchungaji（不然，他们就会像没有牧人的畜群一样四处溃散逃跑）. Wakati aliponieleza hadithi yake hiyo, sauti yake ilionyesha kugwaya kidogo（他为我讲述自己的这段经历时，**他的声音有点儿发抖**）.

（4）Kusahau kisogoni, Kuramba(-lamba) kishogo

Akiwa mkubwa wetu, wengi wetu sisi hustaajabishwa sana naye kwa jinsi alivyo mwepesi wa akili na kuwa na moyo wa kukumbuka mambo ya juu（他作为我们的领导，我们中许多人都对他的敏捷思维和超群记忆感到惊讶不已）, lakini siku hizi roho yake kama imechukuliwa na chechele（可近来他好像变得十分健忘）, **mambo mengi ameyasahau kishogoni**（把好多事都抛到脑后去了）, kwa hivyo akiondoka tu ofisini, **huku nyuma watu huanza kuramba kisogo chake**（所以他一离开办公室，背后就有人对着他的背影儿做鬼脸，或就有人背地里说三道四）.

（5）Kuambia kisogo

Mimi niliondoka kwa ghadhabu baada ya kusikia maneno yake（听了他的话，我气呼呼地离开了）. Lakini naye kwa haraka **akakiambia kisogo changu** akinena（但她急不可待地对着我的后脑勺说）: "Hayo ni maneno ya mitaani tu（这些都是流言蜚语）, ukiyasikia ukayajali utaumiza roho yako bure（你听了要真当回事，那就是活该）!" Ingawa sikugeuza uso（尽管我没有转过脸）, lakini maneno yake yalikuwa yameshaniingilia kama tone la maji baridi nikapoa（但他的话已经像清凉的水滴浸入我的心田，我平和下来了）.

2. Mgongo

（1）Kutega mgongo

Livu ya majuma mawili ikamalizika（**两周假期**结束了），baba yake alimsindikiza hadi ndani ya boti hapo bandarini（爸爸把她送到码头登船）. **Wakati boti ilipokitega mgongo kisiwa cha Ukerewe**（当汽艇驶离乌凯莱夭岛时），Rosa aligeuka kukiangalia huku akimpungia mkono babake mwenye kiwiliwili kipana kiasi kwamba kilionyesha dalili ya kumpa matatizo atembeapo（罗莎转身回望这座小岛，朝他爸爸那行动不便的宽大身影挥手道别）.

（2）Kupa mgongo（人），kuvunja mgongo

Nategemea kushirikiana naye katika maendeleo ya kilimo, maana kilimo ndio uti wa mgongo katika uchumi wa taifa（因为**农业是国家的经济支柱**），ndio mwongozo uliosisitizwa mara nyingi na rais（这是总统多次强调的**大政方针**）. Kwa hivyo, inampasa kila raia aitafsiri siasa hii kwa vitendo（这就需要几个公民用实际行动落实这一政策）na asilizembee tambo la rais（**绝不可懒怠总统的号召**）. Nami nimemwaahidia mwenzangu（向我的伙伴保证）kuwa **sijali hata ikiwa nafanya kazi ngumu za kuvunja mgongo**（活儿再苦，哪怕拗断脊梁，我也在所不惜），lakini **ananipa mgongo kila mara**（每次他都不搭我的茬儿，即：都不理我），siwezi kuelewa kwa nini, hadi leo jambo hili bado linapita pita katika bongo langu（时至今日，这件事仍不断在我脑袋里过电影）.

（3）Kugeuka mgongo, Kuelekeza mgongo...

Ofisini kwake nikashtuka kuona mkubwa wangu **amejiegemesha kwenye mgongo wa kiti na kunigeukia mgongo kwa makusudi**（在办公室里，我震惊地看到我的领导**正靠在椅子背儿上故意背对着我**）. Hata hivyo, nikabana

miguu na kupiga saluti kwa heshima nikionyesha unyenyekevu wa hali ya juu
（虽然如此，我还是并拢双腿、毕恭毕敬地向他敬礼，表现得十分谦恭）.
Nilikuwa siwezi kuelewa **kwa nini kaelekeza mgongo kwangu mara kwa
mara** wakati nikiwa na shida naye（我不明白为什么每次有困难找他，他都
这样怠慢我）.

（4）Kupa mgongo（物）…

Kwa mbali nimeona hao wakiwa pamoja na **ngamia watatu wenye
migongo miwili** wanatambaa tambaa pole pole kufuatana na **mgongo wa
mlima**（我远远看到他们正拉着三匹双峰驼沿着山脊缓慢行进）, mbele
yao wameikuta **nyumba moja iliyoezekwa mabati mekundu nayo imewapa
mgongo**（前面是一栋背朝他们、顶部盖着红铁皮瓦的房子）.

（5）Kuonyesha mgongo

Ingawa mzee alipita mbele ya macho yake, lakini kijana alijifanya
hamnazo kama kwamba hamwoni kabisa（虽然老人在他面前经过，但他
佯装根本没看见他）, hata **akageukia upande mwingine na kumwonyesha
mgongo**（甚至还扭过身子背对着他）, hii ilikuwa adabu mbaya sana（这是非
常缺教养的行为）.

3. Kisigino

（1）Kuonyesha visigino

Katika wakati huo wa chapu chapu, **hawa wamekionyesha kijiji chetu
visigino na kuondoka haine haine** bila ya hata kutazama nyuma（就在这个
紧要关头，他们慌慌张张地转身离开我们村子，头也不回地走了）. Kwa
kuona hivyo, moyo wangu umepiga fundo（看到这种情形，我心里起了疙瘩）,
rohoni nikiwa na uchungu kupindukia hata nisiweze kumeza mate（心中苦闷至

极，甚至连唾沫都咽不下去了）.

（2）Kukabidhi kisigino

Tukio hilo lilikuwa la ghafla mno（这事来得突然）, kiasi kwamba hata wenzangu Bebe na Blay walishikwa na bumbuazi（几乎把我的伙伴巴贝和布莱伊都惊呆了）. Ni kweli, rafiki yangu huyo **alinitia huzuni sana kwa namna alivyonigeukia na kunikabidhi kisigino**（的确，见我这位朋友竟如此对我变卦并离我而去，我感到十分伤心）.

（3）Kupa visigino

Taa ziliwaka kwa ghafla na kuleta mwangaza kama wa mchana（突然，灯火通明，亮如白昼）. Mimi kwa upesi nikambana mwenzangu mdomo wake kwa mkono wangu wa kulia nyuma ya jabali lililotuficha na pia kumbania jicho asifanye sauti（躲在石头后面的我赶紧用右手**捂住同伴的嘴巴并使眼色示意他别作声**）. Njia tulizozitegemea kufikia mahali tulipopawania zilikuwa za kubetabeta vichororoni（我们赖以抵达预定地点的道路弯曲而狭窄）. Lakini kwa vyovyote vile **tulikuwa tumenusurika katika vita hivyo na kuyapa makaburi visigino**（无论如何，我们还是脱离了战争险境，转身离开了坟墓）.

（4）Kugeuza kisigino

Dada alipoingia chumbani, pamoja na kitanda kilichowangojea akawakuta mapanya wakifukuzana kama watoto wadogo wafanyavyo katika mchezo（当女士走进房间时，除了一张等候她们的床铺，就是像小孩子一样满屋追逐打闹的老鼠了）. Naye akamkasirikia kijana na setensi kali（她疾言厉色地朝青年发火道）: "Huwezi kichwa au una wazimu（你是没脑袋，还是疯了）? Huku ndiko nyumbani kwako eti（这就是你所谓的家）!" Baada ya kukwaruzana naye（吵架拌嘴过后），**dada akageuza kisigino na kwenda** zake pamoja na mkoba wake mdogo uliosheheni shilingi elfu（这位女士转身走了，手里拎着她那个装有一千先令的小包）. Nasikia sasa <u>kila mmoja wao anajitegemea mwenyewe</u>（听说现在他们**各过各的生活**）.

（5）**Kupiga kisigino**

<u>Mambo mengi yalimzunguka kichwani mwake</u>（林林总总的事情在他脑袋里团团转）. Alitaka <u>kufunua kinywa</u>, lakini <u>maneno yalikataa kutoka mdomoni mwake</u>（他想**开口说话**，但一个字也吐不出来）. Akakumbuka hapo zamani wenziwe jinsi walivyokuwa <u>wakimvulia kofia</u> kutokana na uwezo wake wa kazi（他记得从前自己曾因工作能力强而**受到同事们怎样的尊崇**）, lakini sasa <u>akabaki akifokewa kama mtoto mdogo</u>（**如今却落得个像小孩子一样被呵斥**）, wote hao **wakampiga kisigino**（**大家都疏远他了**）.

下⊙巩固篇

（五十八）人生百态（1）——小气大方

（1）吃木薯长大的人

Awali niliamini rafiki yangu kweli amebadilika（起初，我相信我的朋友确实变了），maana hapo zamani hata kununua kipande kidogo cha nyama kwake ni hasara（过去哪怕买一点儿肉都觉得不划算），chakula chake kikuu kilikuwa mhogo（他的主餐是木薯），kwa asemayo yeye, "Mimi si mtu mwenye kidomo, muhogo hukaa sana tumboni, pengine siku nzima sioni njaa（我不是美食家，这木薯在肚子里蛮顶用，吃下去一天都不饿）". Lakini leo hakunifanyia hiana, na badala ya kunipikia uji fuka kama ilivyokuwa kila mara, safari hii akaniandalia mlo "nadhifu" wa kutosha（今天，他没辜负我，没有和以往一样熬稀粥招待我，而是为我准备了一顿丰盛的"美餐"）. Wakati nilipoanza kula nikashangaa wali umeingia mchanga kupita kiasi na kunikwaruza meno sana（米饭里沙子奇多，牙磣得很），ni shida kwangu kuimeza（我难以下咽），mwisho rafiki yangu mwenyewe alilapa yote asibakize hata shina moja na chungu akakikwangua（最后我那个朋友自己狼吞虎咽地吃了个精光，连锅底都刮得干干净净）.

（2）埋怨儿子的老汉

Ubahili wa baba yake humkaa moyoni kama donda kubwa la uchungu（他爸爸小气成了让他苦恼的一大心病），huyo mzee ni mgumu sana kwa donge（这位老先生惜财如命）. Kwa siasa yake, pesa ni kama wali, kila ukizila, zaisha（按他的逻辑，钱就像米饭，一点一点就吃光了），kwa hivyo hayuko tayari kutoa hata laika moja kwa ajili ya wengine（他对别人一毛不拔）. Ni siku ya jana tu bado alifoka na kumlaumu mwanawe kwa nini akaja na wageni, tena bado wawili angalau si mmoja（就在昨天，他还大骂儿子领来客人，而且不是一个，而是两个）. Mzee alilalamika eti matumbo ya watu ni mazee（他抱怨说，人的肚子是无底洞）, yana upana wa kutosha wala sio madogo kama ya sisimizi（里边足够宽敞，而不像蚂蚁的肚囊子）, yanaweza kumaliza maghala makubwa makubwa ya vyakula sembuse stoo yake ndogo（它们可以吞掉一个个大粮仓，更不用说他这个小储藏间了）akinena: "Wewe wafikiri nafaka zimejaa pukupuku katika stoo yangu（你以为我储藏间里的大米装得冒尖了）!" Usiku ulipoingia jana, bila ya kugeuza sura yake mbele ya wageni akazima taa za chemni iliyokuwa mezani na kusema（昨天入夜后，当着客人的面，他头也不转地吹灭了泡子灯，并说）: "Loo, mnadhani haya mafuta yanachotwa kisimani（你们以为这油是从井里灌来的）?"

（3）一毛不拔的领队

Alipofunga safari na wenzake bosi wao nilimwambia mwongoza safari asibane mkono sana kwa wafuasi wake, kwa sababu amepewa pamba ya kutosha njiani（昨天他和同伴们上路时，我告知这位领队，路上要手把儿松一点儿，因为给他们的盘缠足够用）. Lakini paka anaondoka, panya hutawala（而猫一离开，老鼠就当家）. Bosi huyo hajafahamu kuwa huyu aliyepewa naye madaraka ya kuongoza safari si wa kutegemewa sana（不怎么可靠）. Ingawa pombe na sigara havimsibu（烟酒不沾）, lakini anapenda uasharati, kisha ni mtu chuma, hamegwa（铁公鸡，一毛不拔）. Siku mbili tu baada ya kuanza safari ndipo akatangaza kuwa alipoamka asubuhi hotelini akabaini kuwa sehemu kubwa ya pesa alizozichukua zimemhama（发现大部分钱不见了）, sasa senti za kuulinda mfuko wake（看口袋里的钱）ni chache ijapokuwa kwa kweli amesheheni hela nyingi. Ni wazi kuwa aliokoa hela akiwa na mpango wake mwingine（很显然，他省钱是另有所用的）.

（4）千奇百怪的守财奴

Ungeweza kuusoma kwa haraka ubahili wake pindi umwonapo（假如你见到他，一眼就能看出他有多么吝啬）. Huyu bwana ni mchoyo wa ajabu sana ajabu na ajabu juu ya ajabu（是个稀奇古怪的守财奴），amezizuia mfukoni kimya fedha zote alizochuma（把挣的钱闷进口袋里就不动了），watoto wake hawajapata kupewa vijifedha vya kichele（零用钱）naye, labda ni mara moja tu kwa mwaka（说不定一年就那么一次）. Au pengine kwa shingo upande na malalamiko mengi alijikuta amemnunulia mkewe kanga moja（抑或勉强、牢骚满腹、极为罕见地给他老婆买一件坎嘎裙），huku akimsisitiza tena na tena awe mwangalifu kwa kuivaa（反反复复强调要小心点儿穿），maana ni "jasho lake la kila siku, mwaka nenda mwaka rudi"（因为这是他"日复一日、年复一年的汗水"）.

（5）另类吝啬鬼

Yeye ni mtu bahili wa aina yake pekee, ukimwona anavyotembea utafikiri anaogopa kutoboa ardhi ya Mwungu au kukanyaga viumbe kama sisimizi（你会以为他是怕踩塌地面或踩死蚂蚁），kumbe sivyo, bali anaogopa viatu vyake kukuu vya miaka 10 visije vikatafunwa tafunwa na mawe mawe njiani kutokana na kukwaruzana（而是怕路上的石头硌破他那双穿了十年的老鞋）. Ni kama kawaida ya Waafrika, anakula kwa mkono, lakini kilema chake ni kwamba naye huzoea kulamba lamba vidole vyake, kwa maneno yake ni "hamjaona wakati ule wa njaa tulipokuwa tukila mizizi ya miti"（他的毛病在于边吃边舔手指头，用他的话说是"你们还没见过闹饥荒时我们吃树根"）. Mara nyingine hata aliwaandalia wageni chakula kilichobaki makombo, au kuwalisha matabwatabwa ama kuwapikia vitoweo bila ya kuungwa chumvi ili kunyamazisha hamu zao za kula（有时甚至用剩饭招待客人或者请他们吃半生不熟的饭，或炒菜不放盐以降低他们的胃口）. Na chai zilizoandaliwa huwa maji maji kuliko maji（上的茶比水还淡）.

（6）不疼钱的小少爷

Pesa amckuwa nazo na hakuwa na tabia ya ubahili katika kuzitumia kama aliyokuwa nayo baba yake（他有钱，也不像他爸爸那么吝啬）. Marehemu baba yake Bw. Malik alihesabu hata senti moja na kuzitumia kwa mipanga（他过世的爸爸花钱总是分分计较，精打细算）. Lakini yeye hazionei uchungu pesa alizo nazo（但他并不感到钱来之不易）na amezirithi tu pesa hizo（只是把现成的钱原封不动继承了下来）. Ni kwamba akifumbua macho siku moja amejiona yeye yu bwana mkubwa mwenye watwana kadha chini yake akiwatuma kama anavyotaka（就是说，有一天他一睁眼，发现自己已经变成老爷，手下还有一帮他随便差遣的家奴），kwa hivyo anazichoma fedha zake haraka haraka, lakini si kwa kuwafungulia watu masikini mkono wa ukarimu, bali kwa starehe zake mwenyewe（他烧钱很快，当然不是用于扶贫济困，而是用于自己享乐）.

（7）对外大方的人

Wazee wanasema（老人常说）: "Ukimwona mwenzako ananyoa, basi tia maji（如果你看到有人剃头，就给他加把水）!" Sikumbuki kama kuna lolote mgeni wangu aliloniuliza nikalikataa（我不记得自己拒绝过我这位客人的任何请求），sijui kama amekwisha ziona noti zangu au anabahatisha tu mradi mara kwa mara anaomba msaada wa hela kutoka kwangu, tena usizichukulie nambari za hela alizoziomba kuwa ndogo hasa ukizingatia uwezo wangu wa kiuchumi（不知是他看到我的钱了还是只想撞撞运气，反正是一次次求我帮钱，而且你不要以为他求助的钱数很小，特别是考虑到我的经济能力）. Sifichi kwamba nimeshagundua macho yake malegevu daima yanatafakari kichwa changu mpaka nikakanganikiwa na kusahau kabisa habari ya pesa na uchungu wake（实不相瞒，我已经发现他那懒洋洋的目光一直在研究我

这颗脑袋，使我忘记了这钱来之不易）. Kweli kukanganyikiwa kubaya（的确，脑袋乱了不是好事）, ninaweza kumwaga noti nyekundu elfu elfu kwa kumsaidia mtu, lakini sijapata kumvika mke wa nyumbani si mtandio si chupi, ama kweli mume fujaji hatunzi mke, mkamia maji hanywi（我可以一千一千地撒钞票帮人，但没给老婆买过哪怕一件披肩或一个裤头，**还真是的：挥霍的丈夫不管老婆，提水的人舍不得喝水**）.

（8）见钱眼开的老头

Mzee Musa ninamjua vizuri, mbishi na mroho（我很了解穆萨这个老头，顽固而贪心）. Ninapomsema mbishi namaanisha kuwa anaupinga ushauri wowote wa wengine hata ukiwa mzuri（我说他顽固是指他不接受任何人的，哪怕是好的建议）. Ukimwonyesha walakini wako, atajitetea kwa kunena "nimekosea wapi, atokee mwanaume aseme"（如果你表示异议，他会自辩说"我错在哪儿啦，是爷们儿就站出来说说"）! Lakini dawa ipo, ukimwona ukae naye hanga hanga, akiona bunda la noti atakoma ubishi（但是**有药可治**，你见到他就与他虚于周旋，他见到钱包就闭嘴了）. Hapo uroho wake umejidhihirisha waziwazi（**他的贪心由此可见一斑**）. Inaeleweka kuwa ana siasa yake pekee ya kimaisha（据知他有**自己独特的生活哲学**）, yaani akishindwa kupata lote atajaribu kupata nusu hata robo yake, kamwe harudi na mikono mitupu（即：如果拿不到全部，拿一半，甚至四分之一，也是好的，永远不空手返回）. Ukienda kwake kufanya ugeni, atakuamsha（你到他家做客，他会提醒你）: "Kwangu hapa ni kama hoteli, ukila utalipa（我这儿像旅馆。吃饭得花钱）!" Lakini ibilisi ya mtu ni mtu（人精也是人）, mzee Mwajuma huwa hachelewi kumpa chake（穆瓦居玛老人经常会回他一句）: "Ee bwana, hujui chakula chako daima hakinogi（哎，先生，你自己不知道你那饭永远没味道）!"

（9）小气人耍大方

Safari hiyo singependa kuonekana mchoyo bali niwape picha tofauti

（这次我不愿让人看着小气，要给他们留个不同印象）. Basi niliitoa jumla ya shilingi elfu saba kumkabidhi Jones ambayo aliidaka kama sumaku（我当场拿出七千先令给焦奈思，他像手有磁铁似的迅速接了过去）. Kwa hali iwayo yote hakutegemea kupata fedha kiasi hicho za kulewea（这么多酒钱）, nina imani atazitumia bila ya uchungu wowote（我相信消费时他不会心疼钱）. Mpaka hapo bandari yangu ya kwanza ilielekea kuagana nami（至此我的第一捆钱就要与我告别）. Na bila ya kuamini nikaanza kuhesabu kiasi kilichobaki na kukuta zimetumika karibu elfu 20（当我数完剩余的那些钱时，连我自己都不敢信已经用掉两万先令）. Ama kweli binadamu wanajua kujitengenezea mambo（人真有他的）, pesa zangu zilizotafutwa kwa mwaka zilizikwa kwa siku moja tu, akajihisi kama amekatwa ini（一年挣的钱一天就埋葬掉了，心疼得像被割了肝儿似的）, na manoti hayo yalikwisha bila ya hata kumnunulia mwanangu chupi（甚至没给孩子买个小裤衩儿，钱就光了）.

（10）有钱而吝啬的酒鬼

"Msema kweli mpenzi wa Mwungu（说真话的人，老天爷都喜欢）. Kama kuna kitu kimekuwa na nafasi ya kwanza kwanza humu duniani, basi tambua hicho ni pesa（如果世间有什么第一位的东西，明白说那就是钱）. Kuwa na pesa ni kupata chochote katika maisha（有钱就有生活中的一切）." Hayo aliyasema kwa pozi yule chakari, pombe mtu aliyetajirika kwa mwendo wa kuruka kutokana na kufugwa na walanguzi wa serikalini（这是一位在政府贪官扶植下而飞黄腾达的酒鬼得意扬扬地说出的话）, nasikia yeye hubughudhiwa, utadhani ni rais wa nchi（听说他口碑极差，你会以为他是当今国家总统哪）! Usione ana hela, lakini bahili namba wani（你甭看他有钱，但他是头号吝啬鬼）, hata jana alimfokea na kumzuia rafiki yake asimwage bia iliyoingia nzi na kusema hakuna madhara yoyote itakayoweza kuyasababisha（就在昨天，他还怒冲冲地阻止别人把飞进苍蝇的啤酒倒掉，称它不会

给人带来任何危害）. Naye akainua glasi ile na <u>kuimimina tumboni mtindo mmoja</u>（他端起酒杯**一饮而尽**）, na kisha akapitisha ulimi wake kwenye midomo kwa kuhakikisha kuwa <u>halidondoki tone</u>（接着用舌头舔了一圈嘴唇，意思是说**一滴也没浪费**）.

（五十九）人生百态（2）——顽固狡猾

1. 顽固执拗

（1）Mkaidi kama mkia wa nguruwe (Mkaidi kama ngiri)

Nyuma yangu kunakuja mtu ambaye ana visa nami（我后面来的那个人跟我有过节）. Najua kuwa huyo ni **mkaidi kama mkia wa nguruwe** ambaye hufanya mambo kama hana akili, hawezi kuafikiana na wazo la mtu yeyote（我知道他顽固得像猪尾巴，干事就像没长脑袋，无法与任何人沟通）. Jana tuligombana mpaka tukachukuana sheriani（昨天我们俩吵了一架，还报了官），hatimaye **akawekwa katika uangalizi maalumu** na polisi kwa masaa mawili（最后他被拘留两小时），kisha akaachiliwa baada ya kufunzwa adabu（经过教育被放出来了）.

（2）Kichwa kigumu (Kichwa maji)

Mzee kabwera **kichwa kigumu tu**, hajui ndiyo hali ilivyo（这位来自平民百姓的老头很执拗，不了解这就是现状）: kwa watoto wasichana, utakuta mama anajenga baba anabomoa（对女孩来说，妈妈的管教是建设性的，而爸爸的管教则是破坏性的）; kama ni wavulana, baba anajenga mama anabomoa（如果是男孩儿，情况则恰恰相反）. Leo tunaitana naye hapa na kuambizana juu ya kwamba naye akiwa baba mtu asifanye kichwa maji, ni lazima akubali kuwa wakati wa kumtunza binti ndani ya nyumba na kumpaka mafuta umekwisha（为人父者，不能顽固不化，他们必须明白那种把女儿圈在小屋里施以粉黛的时代已经结束了）.

（3）Shingo ngumu

Mawazo yake yalikuwa mbali, hakuona uhai ndani yake, akajikuta mfu kabla ya wakati（他思绪朦胧，未老先衰，察觉不到体内还有活气）. Naam, pesa alizozichuma zilitumiwa na Zuhura（是的，他挣的钱全被祖呼拉用掉了），lakini asingepewa chochote zaidi ya sauti tamu na starehe isiyoleta baraka maishani（除了那娇滴滴的声音，以及给他带不来任何益处的享乐，他可能什么都得不到）. Akajilaumu（他自责道）: "Mwanaume gani mjinga wee, **ujanja wa kuvaa suruali tu**（蠢货，你算什么男人，只有穿裤子的智商）! Akili yako kama ya hayawani（脑袋比牲畜还笨），**ukidinda kwa shingo ngumu bila ya kujirekebisha**, chako utakijua mwenyewe（如果你一意孤行且无所调整，那结果是什么你自己明白）!"

（4）Wagumu kama mawe

Tulipenya pori kama maili tano hivi na kujionea mandhari ya kusisimua miili yetu huko（我们穿越森林五千米之遥，抵达一处风景迷人的地方）. Tulifurahi sote, lakini siyo furaha tupu, bali iliyochanganyika na machovu kidogo（大家都很高兴，**高兴之余还掺杂着些许疲惫**）. Mimi nilijiuliza na kujijibu mwenyewe moyoni（我心里自问自答）: "Tumefanya vizuri? Ndiyo hasa（我们做对了吗？毫无疑问）!" Mzee alitoa mawaidha mazuri, ni maoni ya mtu mzima tu, maneno yake yametokea sawasawa（老人的**主意真好**，是个成熟老到的建议，还真让他言中了）. Lakini baadhi yetu walikuwa **wagumu kama mawe, akili zao kweli ni kama za ng'ombe**（但我们有些人像石头一样顽固不化，智商还不如牛）. Tungesita sita na kutomsikiliza mzee, tusingeweza kuona mapicha haya ya leo（如果我们**犹犹豫豫**，没听老人的话，我们就看不到今天这样的好风光了）.

（5）Mtu sugu kama punda

Mimi nilimwuliza kwa nini apenda kuwadodosa watu wengine mambo yao（我问他干吗爱**打听别人的事**），si bora aende kusabahiana na kuulizana habari za siku nyingi nao moja kwa moja kuliko kuwadadisi dadisi pembeni（自己主动向他们打招呼，叙叙旧，岂不比躲在旁边打探别人的消息更好吗）？Lakini alikuwa **mtu sugu kama punda**, mwisho akasababisha ghadhabu za wote na kufukuzwa kiguu ushuzi na wenyeji（但**他执拗得像头驴**，结果引发众怒，**被当地人赶得连滚带爬逃走了**）. Nasikia siku ile alikimbia kimbwa na kinguruwe huku akishika mikono kichwani（听说那天他是**抱着脑袋狼狈逃窜**的）.

2. 虚伪狡诈

（1）没落地主

Uso umemsawijika kusikia maneno kama yale kutoka midomoni mwa Kijakazi（听到从凯佳卡紫嘴里说出的那些话，他变得灰头土脸）. Hapo juzi tu alikuwa bado anamwamrisha kwa hamaki kama vile alivyomhamakia mbwa wake na kumtukana kama hafai kitu mfano wa mkia wa mbuzi（不久前，他还像对他的狗发脾气一样对她吆三喝四，骂她**像山羊尾巴一样无用**）. Lakini leo upepo umebadilika kabisa, hata naye mtumishi wake huyo sasa pia si wa kuchezewa tena（不过，现在风向彻底变了，就连他的这个佣人也**不能随便摆弄了**）. Kwa kuyafikiria hayo, nishai za ulevi zimemruka mara moja（想到这些，**他的酒气全消**）. Naam, juzi na jana si kama leo, mtaka cha mvunguni huinama（是的，**前天和昨天不是今天，想拿床底下的东西就得弯腰**，即：**人在屋檐下，不得不低头**），basi anaanza kuja matao ya chini na kujidai kutoa kicheko（于是他开始**放下身段，脸上堆起假笑**），ila kicheko ambacho ni cha kinafiki kinachochanganyika na sura yake ya kijanja（只不过那

种笑容是虚伪与狡猾混杂在一起的）.

注：**Kusawijika** 是不及物动词，但在实际运用中会出现一些另类情况，如本例段中的 **Uso umemsawijika**，即 **Uso wake umesawijika**，类似的情况较为普遍。

（2）街头女郎

Kutokana na tabia yake niliyokufahamisha mwanzo, hata ungemkuta kati ya wasichana wengine wowote ungemtambua tu（根据我开头跟你介绍过的她的脾性，你在任何姑娘群里都能一眼把她认出来）: maneno mengi kama kasuku, **kichwa juu na macho ujanja mtupu**（话多得像鹦鹉，高高地昂着头，一双眼睛闪着狡黠光芒）. Kazi yake kuranda randa tu barabarani sawa na msichana yeyote anayezurura ovyo, lakini maisha yake hivyo hivyo yanaendelea, jambo ambalo limeonyesha kuwa anayafahamu vyema mambo yake mwenyewe（她每天的活儿就是轧马路，与其他街头女郎没有差别，但照常能生活得下去，表明她是个行家里手）. Jana nilikumbana naye njiani bila kutegemea（昨天我与她在路上不期而遇）. Wakati tulipokuwa tukisalimiana tulidokezana na kufahamishana juu ya mambo mengi, wengine hata wakaja kumdhani ni mkono wa birika langu nyumbani（当我们互相问候时，我们互相谈了很多情况，许多人误以为我金屋藏娇呢）.

（3）虚伪老头

Mzee mwenye jina la kupanga Kipara **ana sifa ya unafiki**（一个外号叫"秃瓢"的老者以对人虚伪而著称）. Leo angekuambia kile kesho akasema lile, yote kwake imekuwa sawa（今天他对你这么说，明天又改口那么说，怎么说他都有理）. Wengine wazoea kusema mzee ni mtu mwenye busara, upara wa kichwa chake umeonyesha, lakini matendo yake hayaoani na busara hiyo（许多人都说这老头脑瓜好用，**秃顶本身就说明了这一点**，只是他做的和

说的不合拍）. Nikiwa mbele yake leo, moyo unaniendea mbio sijui litanifika jambo gani（今天我在他前面走时心率明显加速，总猜疑要出什么事）, maana nasikia siku hizi mzee hataki mchezo tena, jana katangaza anachukia zaidi mnafiki, lakini jirani **wakamcheka kama mnafiki anayejinafikisha**（因为最近老头不信邪了，昨天宣称他最恨伪君子，可邻居**耻笑他是虚伪人耍虚伪**）, na sijui leo na kesho angetangaza nini?

（4）狡诈商人

Ameonekana kuwa ni mfanya biashara mwenye sura isiyoficha uwerevu wake（他看上去是一个真相毕露的狡诈商人）. Kichwa chake kina kipara pamoja na kisogo kilichochongoka kidogo na kikomo cha uso kilichosonga mbele zaidi, hakioti nywele kama jangwa la Sahara（他脑袋是前奔头后勺子，秃顶不长毛，像寸草不生的撒哈拉大沙漠）. Uso wake umekunyaa kunyaa na kufanya mapeto kwa kupigwa na dunia miaka mingi iliyopita（他多年来饱经沧桑，满脸都是蔫蔫皮、荷叶褶）. Pua yake ya upanga ina ncha iliyopindika kwa chini kama mdomo wa ndege（他长着一个高高的鹰钩鼻子）. Macho yake ya kijanja yaliyokuwa yametumbukizwa ndani ya fupa la uso yanaonyesha kama yamefunikwa na komo la kipaji, yaking'ara nyuma ya miwani yake mfano wa kurunzi（他那两只狡猾的眼睛深陷眼窝，仿佛被突兀的前额遮掩着，但在眼镜后面像探照灯一样烁烁放光）.

（5）滑头青年

Kijana naye **ni mwerevu kama sungura**（这个小青年狡猾得像只兔子）. Kwa kuona mambo yalielekea kuwa ya hatari, naye akazungusha akili kwa hima na kuzaa hila mara hapo（见情况不妙，**他灵机一动，计上心来**）, akijidai kuwa anahitajiwa mahali, lazima aondoke sasa hivi（他佯称别处有事需要他去办，必须立刻离开）. Basi naye akatwaa matambara na kujifunika nayo mguuni kwa kujifanya kama ana kidonda kikubwa ili wengine wasimtii maanani（他抓起几

块布缠在一条腿上，仿佛那儿有个大伤口，以便别人不注意他）. Wakati wa kwenda hata <u>akaenda pecha kwa makusudi</u>（走路的时候还**故意一瘸一拐的**）. Inasemekana kuwa mara tu baada ya kuondoka kwake, <u>huku nyuma mambo yakasawijika</u>（她刚离开，**后面就乱营了**）: mmoja akatupa kisu hadi <u>kikazama darini kikikwama sehemu ya mpini tu</u>（一个人甩出刀子**刺在天花板上，只露出刀把儿在外边**）, na huyo mpinzani <u>hakuonyesha angalau kushituka, akachomoa bastola akiikandamiza juu ya pua ya yule</u>（他的对手**毫不惊慌，掏出手枪抵在那人的鼻子上**）.

（六十）人生百态（3）——谦虚傲慢

（1）Unyenyekevu...

Kila kitu kina uzuri na pia ubaya wake（任何事物都有好坏两个方面）. Kisu kinaweza kutumika kuwachinja binadamu, ni vibaya（刀可以用来杀人，是坏的）, lakini kikitumika kwa binadamu kutoa ugonjwa tumboni, ni vizuri（但用于剖肠破肚祛除人的病痛，则是好的）. <u>Na vivyo hivyo na mtu kuwa na unyenyekevu au majivuno（</u>**由此也可以推论到人的谦虚或骄傲**）. Unyenyekevu ni mwenendo mzuri kwa binadamu, lakini ukizidi kiasi chake utageuka kuwa unafiki（谦虚属人之美德，但谦虚过头就变成虚伪）, majivuno ni tabia mbaya kwa yeyote yule, lakini kama mtu anajivunia taifa lake ni uzalendo（而骄傲对任何人来说都是一种恶习，但如果为祖国骄傲就是爱国）.

（2）kujiweka chini na asivimbe kichwa...

Kila mtu lazima awe **anajinyenyekea mbele ya wengine** na asijione kujua mambo mengi, kwani **unyenyekevu ulio mnyofu** ni njia ya kweli ya kujifunza mambo（每个人都应在别人面前**表现谦恭**，切莫觉得自己是万事通，因为唯有**坦诚的谦虚态度**才能真正学到东西）. Kwa ajili hii, yeyote kati yetu atakiwa **kujiweka chini na asivimbe kichwa**, na ajitahidi kufanya kujuana na wengine kwa kadiri ya uwezo wetu（为此，我们中任何人都应**放低身段**，尽可能地与别人接触）, <u>na kabisa asiwe mtu mwenye kichwa kilichojaa majivuno na kiburi bila ya kutambua yaliyomkosa kitabia（</u>**断不可变成一个不知自己的性格缺陷而盲目自高自大的人**）.

（3）Kujinyenyekesha mbele ya watu...

Naye ni mtu <u>mwenye umbo la kupendeza na tambo la kustahiki</u>, na kimo chake kimezidi kile cha kawaida, lakini **hana maringo kitu**, ni mtu mkunjufu tu（他身材魁梧，长相英俊，个头儿比一般人要高，但从不装腔作势，是个和蔼友善的人）. **Alijinyenyekesha mbele ya watu wala hakujidai makuu na kufanya kiburi** kama wafanyavyo wengine wengi wenye vyeo bora（他在别人面前一向谦虚恭谨，从不像那些有头有脸的人那样拿糖、抖威风）. Kwa aonavyo yeye, **kujitukuza mbele ya watu** ni mwenendo mbaya sana, kamwe hatakuwa tayari kuwaonyesha wengine makubwa（在他看来，人前妄自尊大是极坏的作风，他从不想难为别人）.

（4）Kujivuna hata macho kama kumtokea utosini

Rosa **alitembea huku na huko kwa maringo akiinua mabega yake juu**, na <u>harufu ya mafuta mazuri aliyojiremba ilitangulia kuwafikia watu puani kwa kuparamia upepo</u>（萝萨高高地端着肩膀，得意扬扬地四处闲逛，喷在身上的香水味儿迎着风率先扑入人们的鼻腔）. Kubenua mabega kabla ya kusema ndiyo tabia yake ya kila siku（未曾说话先耸肩是她的习惯动作）. **Alijivuna hata macho yake kama yametokea utosini**（她目空一切，仿佛眼睛长在头顶上）. Hata hivyo, wangine walisema kuwa <u>maringo yake ni ya bandia, ya mtu mwenye hisi ya hatia</u>（虽则如此，但人们却说她那股傲气是装出来的，有犯罪心理的人才这样）. Juzi alipokamatwa na polisi, maringo yake yote yakamtoka, akabaki kutetemeka tu, <u>sauti yake haikuwa na ithibati yoyote tena</u>（声音里再也没有自信）.

（5）Kujidunisha na kuja matao ya chini

Kujidunisha na kuja matao ya chini mbele ya watu si aibu kwa yeyote aliyefanikiwa（谦卑低调对任何成功人士都构不成耻辱）, lakini Bw. Kijumbe ana mambo yake tofauti. Ameondokea kuwa fundi seremala hodari sana, kwa muda mfupi tu jina lake limevuma kama ngoma na kumfanya ajione bora kuliko wote（他已经成长为一个出类拔萃的木匠，很快便声名鹊起，使他感到自己比所有人都强），**moyoni mwake kimeota kiburi kisicho na kifani**（心中产生无比的高傲情绪）na hata kuanza kumpuuza mwalimu wake aliyemsaidia kwa kila hali（甚至表现出对曾经倾力帮助过他的师傅不尊重）. Hupata siku kwa nadra sana kwenda kumwona mwalimu wake, lakini kwa vishindo na makeke（偶或有那么一天，他也去看师傅，但总是叮叮当当不带好气）. Kwa maneno yake, amestawi kwa uwezo wake mwenyewe sio kwa bahati nasibu wala msaada wa mwalimu（用他的话说就是，他发达起来，完全是靠自己的努力，绝不是靠运气或老师教诲）.

（6）Kufanya kichwa kikubwa...

Naye **hufanya kichwa kikubwa** mbele ya watu asijione mjinga（他常常在人前表现得自高自大，不以为耻），mara nyingine hata huamrisha kibwana baba yake hadi siku moja akala ndonga ya mzee na damu kumchuruzika matakoni（甚至多次像一家之主一样对他爸爸发号施令，直到有一天挨了老人一顿棍子，被打得屁股淌血），ndipo **akanyonyolewa mbawa wa ujeuri** bila ya huruma（至此他那双傲慢的翅膀才被无情地拔除）. Sasa akawa anachechemea na kujikongoja na roho jeusi（现在他走路一瘸一拐，心灰意冷），akijihisi kama moyo wake umechomwa sindano ya woga kila amwonapo baba yake, **ujogoo wake umekwisha**（每当碰到他爸爸，他都会像挨了针扎似的心惊胆战，那股傲气冲天的劲头也不见了）.

（7）Sura kutoa chapa ya majivuno na kiburi

Huyu kijana ana mkia wa kondoo, miguu yake ni minene kama mashina ya miti（这个青年臀肥如绵羊，腿粗如树桩），usoni pake pana kovu la kipigo cha upanga liking'ara kuliko uso wenyewe（面部一块发亮的刀疤喧宾夺主，

竟让他的脸本身黯然失色）. Baada ya kubisha mlango kwa fimbo ameingia klabuni **kwa kichwa cha juu** akiagiza kikombe cha mvinyo na kunywa kwa kusukutua kinywa chake ili apate kuonja vizuri（他用拐杖敲了一下门就**不可一世地**走进俱乐部，叫了一瓶果酒抿了一口漱了漱嘴以便咂摸滋味）. **Sura yake inatoa chapa ya majivuno na kiburi kabisa katika macho ya watu**（他那副模样给人们留下自尊自大、目空一切的极坏印象）. Mtu kama huyo wadhani watu watashirikiana naye <u>kwa vipi</u>（这样一个人，你说别人**如何**和他相处）?

（8）Kupata kichwa

Naye bwana <u>amejitosa garini</u> na kuketi kando yangu <u>kama anayenifahamu miaka na miaka</u>（这老兄**钻进我的车里**坐在我旁边，**仿佛他与我有多年之交似的**）. Mbele yangu hata <u>anajipachika uhenga</u> japo kiumri ni mdogo kuliko mimi（他甚至在我面前**冒充长者，虽然他年龄比我小**）. Ukimwoona tu <u>utafahamu kwa uzoefu wako</u> kwamba huyu lazima ni <u>mkavu wa macho mwenye kivumi kibaya</u> katika eneo hili（一看到他，你就会根据常理判断出此君肯定是当地一个**声名狼藉的无耻之徒**）. **Wakovu mwembamba kama unywele usoni pake waonyesha vilivyo kiburi chake**（他脸上那条头发粗细的伤疤充分表明他无法无天）, hakuna anayethubutu kubishana naye ng'o（**绝对没有人敢跟他争长论短**）! Pamoja na <u>kujisambaza garini</u> mwangu bila ya shukrani, hata akanihimiza <u>nikanyage mafuta</u> zaidi kwa vile ana "haraka"（除了毫无感谢之意地**瘫在我的车里**，他还催促我**加大油门，因为他有"急事"**）. Inasemekana kuwa **amepata kichwa** kutokana na ukosefu wa malezi ya wazazi（据说他**这股傲气儿**来自父母教养的缺失）.

（9）Kujiona na kufura kichwa

Nilipogonga mlango na kuingia ofisini kwake <u>nikamkuta Marjabi aliyeuziba uso wake kwa gazeti akilisoma angali bado anaendelea kujigubika</u>

kwenye gazeti hilo kama hakunisikia（当我敲门走进他办公室的时候，看到正在用报纸挡着脸读报的马佳毕藏在报纸后面继续看他的报纸，好像根本没听到我已经进来似的）. Nilijua kuwa huyu ni mpenda almasi na dhahabu kwa fujo ambaye aghalabu **hujiona sana na kufura kichwa kupita kadri**（我知道，此人狂热地喜欢黄金、钻石，经常自命不凡，傲气十足）. Watu wengi hawapo machoni pake（许多人都不被他放在眼里）na leo vivyo hivyo. Kwa muda mrefu, tena kwa macho ya dharau akanitazama kama ni mzigo ulioletwa kwake na paka mtukutu aliyetoka jalalani（过了很久，他才用轻蔑的目光看着我，就像是在看送到他眼前的一件行李或者从垃圾堆里跑来的一只捣乱的野猫）. Aligeuza uso kutazama juu bila ya kudokeza dalili yoyote ya kufungua mdomo wake（他扭过脸往上看，没有任何要开口说话的迹象）.

（10）Kumpa mtu kichwa

Nakumbuka kabisa akilini mwangu jinsi alivyokuwa kainua uso kunitazama, huku akinifyonya hapo juzi（我脑子里清清楚楚记得当时她是如何抬头看我，向我投来嘲弄的眼神儿的）. Labda **baba yake ndiye aliyempa kichwa**, maana alidekezwa kupita kiasi tangu utotoni mwake（大概是她爸爸造就了她的傲慢，因为从小她就被宠坏了）. Alipotaka jambo lazima liwe kama kudura kutoka kwa Mwenyezi Mwungu（她随心所欲，犹如上帝的化身）. Ilhali sasa mambo yake ni kama hivyo unavyoyaona kwamba baada ya mkasa kumpata, macho yamefunikwa kwa damu na midomo kutetemeka kama mtu atokaye usingizini akiziota ndoto zake bado（而今正如你所看到的，遭遇事故之后，她两眼血红，嘴唇哆嗦，活像一个从梦中醒来却还在继续做梦的人）.

（六十一）人生百态（4）——挖坑设陷

（1）Kutupa ndoana kwa kuvua samaki

Maneno ya mwenzangu yalikuwa <u>mshale wa kutosha kwa moyo wangu</u>（他的话对我如乱箭穿心）. Nilijishika mdomo na kujiwazia kimoyo moyo（我手按着嘴巴暗自思忖）: "Huyu **amekwisha tupa ndoana baharini ili avua samaki**（此人已经把钓钩投进海里等鱼上钩）, kama nisipojihadhari naye **ninaweza nikajikuta kiganjani mwake**（要是不警惕，我就会落入他的手掌心）, <u>maana ameshanifanyia roho chongo kitambo kirefu</u>（**因为他对我心怀鬼胎久矣**）!"

（2）Kutega mtego kwa kunasa

Posho alionyesha kuniamini kama ni mtu wake kabisa, akinionya nisije nikamfyatulia mtego wake akakosa windo（帕绍表现出相信我完全是她的人，提示我切莫触碰他设的陷阱，省得他一无所获）. Nikajua kuwa **amekwisha tega mtego wake kwa kunasa**, <u>lengo lake likiwa ndiye mwenzake Mkwawa</u>, na tena nilielewa fika kuwa kwa kufanya hivyo, **atanasa tu bila ya wasiwasi wowote**, kwa sababu mpinzani wake hakuwa yuko macho naye（我知道**他已为捕获猎物设好了机关，目标是他的同事穆库阿瓦**，而且我也完全明白，由于对方没有准备，**他会轻易得逞**）. Ole wangu, <u>ujanja wake huzidiana kila mara</u>! Sidhani windo lake litakalofuata halitakuwa mimi（天哪，**此人一次比一次狡猾！** 难说他的下一个捕猎目标就不是我）. Kwa kufikiria hayo, nikawa sina budi ila <u>kuzinoa akili zangu</u> haraka haraka kwa <u>kujitafutia dawa ya kuokoka</u>（想到这儿，我不得不迅速**开动脑筋**为自己**找一条救赎之道**）.

（3）Kujiingiza wavuni na kunaswa kama samaki

Nimejawa na furaha kwa kufaulu **kuepa mtego** wa yule Posho（我很高兴没上帕绍的当）. Yeye ni hodari sana kwa **kuwachimba watu kichini chini** kwa kujikusanyia sifa mbele ya bosi japo kwa wajihi anajidai kama aweza kuambatana na tabia ya kila mtu ofisini（为在领导面前买好而背地里挖人墙脚是他的长项，虽然表面上他在办公室里装得对人相当随和）, kwa hivyo mara nyingi nilijiambia moyoni **nisijiingize wavuni mwake na kunaswa naye kama samaki**（所以我经常告诫自己，切莫钻进他的圈套，成为落网之鱼）.

（4）Kuingia windoni mwa mtu

Ukimchukulia kijuu juu tu utaona bwana huyu ni mtu hivi hivi asiye na mwendo wa kujitwaza（如果你粗略看他一眼，你会觉得此君是一个不爱自吹自擂的普通人）, kumbe sivyo, umekosea kumpima（其实非也，你看走眼了）, sababu hujajua tamaa na choyo zinavyonenepa moyoni mwake（因为你没看透他内心的贪婪和欲望有多膨胀）. Usipokuwa macho **huenda ukaingia windoni mwake**（一不当心，你就会中计）, kwa sababu mimi mwenyewe **nilipata kutegwa na kutegeka naye kama kambare aliyevutiwa na chambo, kumbe nameza sindano**（因为我自己就曾像一条被诱饵吸引住的鲶鱼上过他的大当，结果我吞下去的是针钩儿）.

（5）Kuingia mtamboni

Wakati huo giza lilitawala na mchana angavu ukatoweka（此时夜幕已降临，昼色隐去）, ndipo alipoanza kuhofu asije **akaingia mtamboni kabisa** na kutekwa nyara kwake kumekuwa tayari tayari, jambo ambalo lilimwasha sana na kumtia kichaa（此刻他才发现自己已经钻进机关，被俘将在所难免，这极大地刺激了他，让他抓狂）. Kama jaribio la mwisho akaamua kutafuta mwanya wa kupenya ili kujitatulia shida ingawa kauli yake hiyo pengine ni ya kilevilevi tu（作为最后的尝试，他决定寻找可乘之机以自救于危难，虽然这种想法或许只是痴人说梦）. Ningefanyaje? Ghafla nilikuwa najiona nimetabasamu, kwa vile wazo moja zuri likanipata akilini, basi niliisha pata jawabu kwa suala langu（我该怎么办？突然我感觉自己竟微笑起来，因为一个奇妙的想法进入我的脑海，我的难题已经破解）!

（6）kutumbukia katika shimo

Mtoto huyu anajua kumchimba babake kwa kumletea visa na jirani（这个孩子知道怎么给他爸爸和邻居拱火生事）. Kwa kweli ni yeye mwenyewe aliyechopoa pesa za nyumbani na kuzibana mahali（其实是他自己掏走了家里的钱藏到一边）, lakini baba yake aliporudi kutoka kazini akaukuta mkoba wake mkavu baada ya kuupekua pekua ndani kwa nje, akaambiwa na mwanawe eti jirani mwizi（但当他爸爸下班回到家里，里里外外把钱包翻了个底儿朝天也没见分文，儿子竟告知他说邻居是贼）. Kama asingekuwa anamfahamu vizuri jinsi jirani alivyo mwenye mwenendo mzuri, **angetumbukia katika shimo alilochimbiwa** na mwanawe（假如不是他非常了解邻居的为人，他可能就跌进他儿子挖的坑里了）.

（7）Kunaswa kama inzi katika utando wa buibui

Amesimama tena akiwa amezongwa na mawazo na kutambua mara moja kuwa **amedanganywa na kunaswa kama inzi katika utando wa buibui**（他重新站起来，感到思绪不宁，一下就明白了自己就像挂在蜘蛛网上的蝇子）, kilichobaki kwake sasa ni huo mkupuo wa mwisho tu wa kujinasua, yaani kutafuta fursa kumwua ghafla ghafla yule nduli Lumpalla（留给他进行自我救赎的最后一招儿就是冷不丁地把恶魔鲁帕拉杀掉）. Hali ya uuaji inanipanda kwa nguvu akilini hasa ninaposhuhudia yule aliyevaa koti ya rangi ya kijani na nyeusi na suruali ya rangi ya buluu iliyoiva sana（深蓝色的裤子）akisukuma mlango na kupotea ndani ya chumba kingine, nami nimejibanza mahali na rungu kubwa kusubiri atokee ijapo <u>ana nguvu sana kiasi cha kunidharau</u>（他力气很大，根本就瞧不起我）.

（8）Kumtegea samaki chambo cha mnyoo kumbe ndani mna ndoana...

Alipoulizwa ameajiriwa au amejiajiri（当被问及他是被雇用还是自谋职业的时候），yule mwanaume akajibu <u>kwa sauti nzito iliyothibitisha madaraka yake</u>（那位男士用一种可以表明他身份的浑厚声音说）："Mimi ni afisa utumishi wa mkoa（我是省里的行政官员）!" Hata hivyo, <u>dhamira ilimshitaki kuwa amesema uwongo</u>（虽然如此，但良知又责备他在说谎）. Kisha baada ya kupiga mwayo kimakusudi, **ikiwa hatua yake ya kumtengenezea utando wa kumnasa**（作为整体布局的一步棋，他故意装作打了一个哈欠），Kochea akaanza kutoa hoja zake kwa taratibu nzuri **kama mvuvi alivyomtegea samaki chambo cha mnyoo kumbe ndani mna ndoana**（之后库查便头头是道地阐述起自己的主张来，就像一个渔人朝鱼投饵，何曾料到穿在蚓饵里面的是钓钩）.

（9）Kuingia katika kitanzi cha kutegea

"Singependa watu <u>wanielewe vibaya</u>（我不愿别人**把我往坏处想**），basi umbile la wanawake wenzangu lina kitu gani kilicho kizuri zaidi yangu mimi（我的那些女性伙伴有什么比我更好的天性）?" Msichana alimwuliza kijana **akiwa na mtego wa kutaka kutambua anampenda kiasi gani** ili aweze kumkamua kifedha vilivyo（姑娘问小伙子，暗含着打探爱她有多深的陷阱，以酌情从他身上挤出更多钞票），<u>huku akicheka kwa kujidai alivyokumbwa na wimbi la mapenzi ya tamaa na kwamba ndio chambo cha kumdakia</u>（与此同时，她还笑盈盈地装着爱的波涛正在她胸中汹涌激荡的样子，其实那是俘获他的诱饵）. Kijana aliye mwaminifu sana **akaingia katika kitanzi alichotegewa kama ndege mtiifu**（这位憨厚的小伙子像一只听话的小鸟跳

进了那女人设好的圈套）.

（10）Kutumbukia katika mtego wa panya

Risasi zilituandama kiasi cha kututia kichaa（子弹从我们身边呼啸而过，几乎让我们发疯）, baadhi nilizisikia zimejizika mitini（有些枪弹扎入枝丫、树叶）, na zingine zilivunja kioo cha dirisha na kuchana pazia kuingia katika chumba tulichokipenya ndani, mara pakapiga kimya cha kushangaza（突然，各处又变得出奇地宁静）. **Hapo moyo wetu ukaanza kuogopa tusije tukatumbukia katika mtego wa panya**（这时我们的心开始不安起来，担心会钻进敌人设下的机关里）. Ingalikuwa sivyo, **pengine tusingalinusurika tokana na janga hili na kuponyeka bila ya jaraha**（假使情况如此，我们可能无法摆脱困境，全身而退）.

（六十二）人生百态（5）——吹拍溜靠

（1）Kupiga kilemba cha ukoka (kuvika kilemba)

Hawa majitu hawajaacha kubuni kuwa iko siku watashika tena usukani wa utawala（那些大人物从未放弃过有朝一日重新执掌政权的设想）, kwa hivyo mara nyingi hujitokeza kufanya madaha na kubabaisha mdomo kwa kusema ati "Ninyi hamwezi, bora sisi"（经常跳出来**吹牛卖弄，大放厥词**，说什么"你们不行，最好是我们"）. Kumbe, **wanakuja kujipiga kilemba cha ukoka**（原来**他们自我戴起高帽儿来了**）! Enyi mabwana, kipya kinyemi ingawa kidonda（我说先生们，**东西总是新的好，尽管它有缺陷**）. Nani anapenda kula kiporo chenu cha jana na hata cha juzi（有谁愿吃你们昨天和前天的**剩饭**呢）?

（2）Kupaka mafuta

"Umenipa sifa nyingi ambazo sistahili kuwa nazo（我不配你们给我那么多荣誉）, sijapata tamaa wala kuwa na tegemeo la kuzipata hizo, maana（我对这些没有欲望和期待）sipendi mtu **anipake mafuta kwa nyuma ya chupa**（**我不喜欢别人虚情假意地给我搽香脂**）!" Baada ya kusema hayo akafunga kikiki（kisaki）mzigo wake na kuondoka nao haraka bila ya kujali watu waliojaa ndi uani kwa kutazama vioja（说完这些，他便把自己的行李捆紧，背着它迅速离开，全然不顾**挤在院子里看热闹的人**）. Akaona bora hivyo kabla jina lake halijapakwa tope zaidi nao（他觉得**在自己进一步被污名之前**最好如此处理）.

（3）Ni mafuta

Wakati huo kusema kwa kunong'ona kukapungua（此刻她不再悄声低

语），akaanza kupayuka kama vile mdomoni kuna kipaza sauti（而是开始胡喊乱叫起来，**仿佛在嘴上安了扩音器**）："Sikiliza basi, kufoka hakusaidii; ukileta kiburi kwangu nitakiondoa（你听好了，**发飙没用；耍横我就教训你**）! Lazima nikutoe upepo: **matusi yako kwangu mafuta**（我必须给你透个风儿：**你骂我，那是抬举我**）. Sina langu kwako, huna lako kwangu（我不欠你的，你也不欠我的）!"

Maneno hayo ya mama jirani yalikuwa yamenichoma roho na kuufanya mwili wangu usisimke vya ajabu（这位女邻居的话刺痛了我的心，我感到全身出奇激奋），nilishangaa kuona uso mmoja mgeni kabisa machoni pangu（我惊讶地看到一张生疏的脸）.

（4）Kupiga podari

"Oho, ni tangu lini Mohammed na wanja（或 na vidalia vya kwapa）? Kumbuka: mimi sitaki **unipige podari kwa kuniremba**, na hali kadhalika, mimi pia sifurahii **unipake masizi** nije nishindwe kutoa uso wangu mbele ya hadhara（唔，从什么时候开始连穆罕默德也涂起眼影来了，或"也涂起'腋臭除'来了"？记住：**我不要你给我涂脂抹粉打扮我，也不喜欢你给我抹锅腔黑让我无法见人**）!" Aliyasema hayo Lumpolla, huku akishika chupa ya wiski na kutia matone katika glasi（卢珀拉边说边拿起瓶子**往杯子里倒了一些威士忌**），na akaendelea, "Mimi ni mimi, nawasifu wenzangu weupe, kwangu miye hakuna kitu kama cha haidhuru, nataka unipe jibu ndio au hapana（我就是我，我赞扬伙伴们光明磊落，对我而言，不存在'没关系'一说，我只要你回答是'是'或'不是'）!"

（5）Kupamba kwa maneno

Mzee kinywa wazi, hana jino hata moja kwa kuzeeka（老人张着嘴，老得没有一颗牙了），lakini anajua **kumpamba mtu kwa maneno**（但他懂得用话抬敬人）："Wasema baba yako, loo, mtu maridadi sana（要说你爸爸，好家

伙，帅气透了），juu ya kanzu yake alikuwa hathubutu kutua inzi（衣服干净得连蝇子都不敢落在上面）! Ni mtu mwema sana, hapa kisiwani kote hapana mfanowe（大好人，整座岛上无人可比）!" Alimpa sifa nyingi ambazo hakuwa nazo almuradi yeye akitaka kumfurahisha mwanawe（他说了许多言不符实的赞美话，只为让他儿子听了高兴）.

（6）Kuramba miguu

Fedha anazo za kutosha（他有的是钱），tena naye ni afisa mwenye madaraka mazito katika serikali ingawa uafisa huo aliupata kwa njia ya kubetabeta（而且是一个执掌重权的官员，**只是官位来路不正**），hii inafahamika kwa kila mtu humu nchini（这在国内尽人皆知）. Kwa hivyo, watu wengi huja **kuramba miguu yake** na kumhonga（许多人都来**溜须拍马**贿赂他）ili angalau wapate msaada fulani kutoka kwake. Hata jana jioni nikaona jamaa mmoja kumpelekea nyumbani kwake masanduku mawili yaliyochongwa kwa utaalamu wa useremala wa hali ya juu（甚至昨天傍晚我还看到一个人把**两个雕刻精美的箱子**送到他家）.

（7）Kuramba nyayo

Hawa viongozi ndumila kuwili (Nduma kuwili) wenye lengo la kujijenga ni vibaraka vya nchi za kigeni ambazo wamezoea **kuramba nyayo** za mabwana zao（那些有着个人野心的两面派头领都是**亦步亦趋地跟在他们外国主子屁股后面跑**的走狗）. Mara nyingi hukaa pembeni wakibeza ukweli na kusingizia malalamiko mengi yasiyo na msingi dhidi ya siasa za serikali yetu（他们经常躲在一旁藐视真理，散布许多污蔑政府政策的言论）. Sasa siri zao zimekwisha tolewa hadharani na kuzikwa matopeni na hatua zao za kinjama（现在他们的秘密行动已昭然若揭，连同他们的阴谋诡计一起被埋葬掉了）.

（8）Kuramba mate

Hawa wapenda mirija **wanaramba mate** ya mabwana zao na kuwaiga kikasuku kutilia mashaka siasa ya nchi yetu（那些吸血鬼**唯主子之命是从，鹦鹉学舌般**跟着他们诋毁我们国家的政策），wakitumia chenga zao za siasa na kubwata ovyo kwa kuwahadaa wananchi（他们**玩弄政治伎俩**，胡言乱语地欺骗群众）. Kwa hivyo tunashauri porojo zao za kitoto ziachwe（我们建议他们停止**幼稚喧嚣**），kamwe tusikubali nchi yetu ipakwe matope nao（我们绝不会允许国家**被抹黑**），hatuna budi kuzijibu njama zao. Kama wao wakishika hatamu ya serikali（如果他们掌管政权），wananchi watatoswa waendelee kuwa wanyonge（人民**将会再次陷入积贫积弱的状态**），hata hatuwezi kutabiri ni wangapi watapoteza maisha yao baadaye（甚至说不准今后会有多少人死于非命）.

（9）Kuangukia miguuni

Nchi yetu imeamirika katika miaka hii ya karibuni na kuanza kuinukia vizuri（我们国家近年来已**发展壮大起来，并开始蒸蒸日上**）. Na sisi wananchi pia tumekwisha amka katika kazi za kujenga taifa（在建设国家的活动中，我们的人民已振奋起来）. Hatuna undani na nchi yoyote ile, bali tunaifungulia kila nchi moyo wetu（我们与任何国家均无芥蒂，而是对每个国家敞开大门）. Hata hivyo, nchi yetu haiko tayari **kuangukia miguuni** pa nchi za kigeni kama mwomba njia na kuzikaribisha zitie guu katika mambo yetu ya ndani（我国无意像乞丐一样跪倒在外国面前，恳请它们干预我们的内部事务）.

（10）Kujitia kwapani mwa...

Nakumbuka mama yangu kwa sauti nzito na tena ya upole iliyochanganyika na mahaba aliniasi kuepuka anasa ya kuwapotosha vijana wengi（我记得母亲曾用一种低沉柔和、充满爱恋的声音叮嘱我远离那些腐蚀许多青年的享乐活动）. Hali baba yangu alikuwa mkali zaidi katika mambo ya malezi yangu akitaka niwe <u>mwungwana mwenye maadili mema</u> **nisiyejitia kwapani mwa majitu** kwa hali yoyote ile（而我父亲对我的管教则更加严厉，他要求我做一个道德高尚、在任何情况下都**不卖身求荣**的堂堂正正的大丈夫）.

（六十三）人生百态（6）——威胁谩骂

（1）威胁

Kwa kawaida mimi na mke wangu huwa tumeketi nyumbani au tunatembea njiani tukizungumza, tukicheka na kutaniana, <u>ni usingizi tu ndio hutunyamazisha</u>（通常我和老婆待在家里或走在路上都是说说笑笑，打打闹闹，**只有睡觉的时候才会安静下来**）. Lakini leo nilipokuwa njiani naye <u>nimekatishwa maongezi na kofi la nguvu lililonifanya nione vimulimuli</u>（今天我与她在路上的交谈被突如其来的一巴掌打断，当时我眼冒金花）na mke wangu amezirai pale pale. Katika kipindi hicho hicho, jambazi mmoja <u>kesha nikandamiza mtutu wa bunduki kichwani pangu na kidole cha shahada ki tayari kwenye kifyatulio</u>（就在这当儿，一个强盗已经用枪顶着我的脑门儿，食指按在扳机上）, huku akipiga kelele kali: "**Weka mikono juu, ukijitetea risasi zitakushikisha adabu, wewe na ahera ni mamoja**（举起手来，你如反抗，子弹无情，那就送你上西天）!" Pamoja na hayo ameanza kupekua pekua mfuko wangu, hapo nauhisi ubaya wa yule haramia ukijipenyeza moja kwa moja katika nafsi yangu（与此同时，他开始搜我的口袋，那时我感到那个强盗身上有一股凶煞之气朝我袭来）.

（2）威胁

Huyu mwenye kufuga masharafa alisimama pale <u>akijishauri la kufanya</u>（蓄着胡子的这个人站在那儿**思谋着自己该咋办**）. Mara <u>akayatikisa mabega yake kwa nguvu kama kuonyesha kuwa hamaki zimeshamtambaa moyoni</u> na kuamua kumwadhibu yule mfanya biashara ya magendo aliyeua wa kutoka mwambaoni（他用力抖动着肩膀，露出义愤填膺的样子，决计惩罚一下那

个从海边来的奸商凶手）. Angemlazimisha alipe damu kwa damu（他要让他血债血偿）, **ndipo alipomtisha kwa sauti kama ya radi**（故用雷鸣般的声音威吓道）: "**Kupe wee, mirija yako kama hiyo tumeikata zamani, mbona ungali nayo bado**（你个狗鳖，你这种吸血鬼早已被斩除了，你怎么还活着）? **Kama hujui siku uliyozaliwa, basi leo utaijua**（如果你不知道自己哪天生的，今天我就让你明白）!"

（3）威胁

Alikunja makonde na kukazia macho mbele ili atambue walau mmoja kati ya wale wa jana waliomharibu kwa ukatili（他攥紧拳头，定睛前望，以便认出昨天残忍糟害他的那些人，哪怕一个也好）. Ghafla akamsogelea mmoja mfupi hima hima na kumshika ukosi, **huku akimkemea**（突然，他径直奔向一个小个子，抓住他的衣领呵斥道）: "**Hayawani wee**（你个白痴）, **nawe si ndiye mwenye vituko zaidi siku ya jana**（昨天数你闹得最欢）, **basi pita kwangu unieleze kisa chenyewe**（跟我走一趟，说说到底咋回事）, **ama sivyo matokeo hayatakupendeza**（否则你就舒服不了了）. **Ujue hata inzi hatui juu ya damu ya simba, iwapo unataka shari, mauti yako yatakuwa hapa hapa ulipo! Umechoka kuishi au vipi**（你知道蝇子不沾狮子血，你敢玩邪的，就让你尸体躺在这儿！你是不是活腻了）?"

（4）威胁

Mtu mmoja aliyeelekea mnene hivi akachomoa bastola isiyo na mlio na kumwingilia fosifosi（一个微胖的人掏出无声手枪，气昂昂地朝他走来）, huku akimwonya kwa sauti nzito: "**Kuku wee, umeniletea nuksi hapa**（你个赖鸡，给我带来了晦气）! **Shika ulimi wako na fanya utiifu**（别出声，老实点儿）, **wataka kufanya mchezo nami, ngoja nitakupeleka ahera motoni**（想戏耍我，我就送你上阴曹地府）!" Kwa kujiona ametazamwa na mdomo wa bastola（见枪口正对着自己）, jamaa akawa tikitiki (teketeke) na kutokwa na choo（那老兄全身瘫软，拉了一裤子），akaganda pale kama mfu, uso wake ukawa wa rangi ya udongo（他杵在那儿，如同僵尸，面色如土）!

（5）威胁

Usiku huu nauona utakuwa mgumu kuliko siku zote（我觉得这一夜比哪一天都难熬）. Ninapogeuza kichwa kuangalia nyuma（我扭头往后看了一眼），nimemwona adui mmoja akikamata bunduki yake kama fimbo kuilenga kitovuni mwa Banza（见一个敌人正端着拐杖似的枪对准班扎的胸口）. Kabla sijafanya lolote la kwenda kumsaidia, kwa ghafla nauhisi mtutu wa bunduki umeshakigusa kisogo changu（我还未出手帮助他，突觉有枪管儿顶在我的后脑上），hapo hapo masikioni nimesikia amri kali: "**Weka silaha yako chini, kunguru wee**（放下武器，你个乌鸦）! **Ama utashibishwa shaba tumboni**（不然，我让你吃一肚子铜壳子）! **Ujue shaba si chakula**（要知道，那可不是饭）!" Mimi sijibu kitu, najutia bahati yangu tu（我默不作声，暗叹自己运气太差）!

（6）谩骂

"**Ulimaanisha nini uliponitukana juzi juzi ati mimi mweusi kama chungu na miguu yangu kukondeana kama ya mbwa aliyenyonyesha**（不久前你还骂我人黑得像锅底，腿细得像哺育幼崽的母狗，那是啥意思）? **Si tusi kubwa la kimaisha kwangu miye**（这难道不是对我终极侮辱吗）? Hali leo unakuja kuniomba kidole cha pete na kusema ati mimi mzuri kama malaika kutoka mbinguni na nimekuvutia kama smaku kwa chuma（而今天你却来向我求婚，说什么我美若天仙，像磁石吸铁似的吸引着你），na eti nimekuua roho yako（说什么没我你活不下去了）! Basi yapi ni ya kweli（哪句话是真的）?" Kufika hapo, Hamira akajizuia kusema na kumpa kijana kisoga, akaenda zake.

（7）谩骂

Mama mtu anajulikana sana kwa <u>kuwa na mdomo mchafu</u> katika eneo hili （这个女人因**嘴不干净**而在这一带颇有名气）, akichokozwa angalau kidogo tu hufoka na **kutema matusi mengi kama risasi**（有人稍微惹她一下，她就会大发其火，**像连珠炮一样骂个不断**）. <u>Na leo sijui nimefanya nini hadi nimevuruga nyuki</u>, **kivumbi chake cha matusi** kimeanza tena（今天不知我怎么惹翻了这只蜂，她又开始满嘴**污言秽语**骂开了）. <u>Kwa kuniona mimi nikiwa katika umbile langu na sura</u>, naye amejishika kiuno **akiropokwa maneno kemkem ya kuoza**（**看到我的气质面目**，她双手抔腰，**满口污言秽语**）: "**Wewe dude tu ati nawe msichana**（你算个啥玩意儿，还是个姑娘哪）! Nenda zako, ingia tunduni mbwa koko wee**（**滚开，窝洞里待着去吧，你这只流浪狗**）!" Anamwaga matusi yake haraha haraka akipumua kama yumo katika mbio （她骂人的语速极快，像正在跑步一样呼哧呼哧喘着粗气）. Kusikia yake hayo, kwanza nimeduwala, kisha nimezirai <u>sielewi tena yanayofuata</u>（听到她的叫骂声，一开始我愣住了，接着我就晕过去了，**也不知后来发生了什么事**）.

（8）谩骂

Kwa kweli nilikuwa nikimfanyia mzaha tu ili <u>kuyaongezea maongezi yangu naye uhai wake</u>（其实我只是在跟他开玩笑，以便**活跃活跃我们谈话的气氛**）, sijui nisemayo ilimgusa mishipa ipi ya fahamu hadi ikasababisha **atapike matukano mengi mazito yasiyotamkwa kwa ulimi**（不知我的话挑动了他哪根神经，乃至招来他一顿令人羞于启齿的臭骂）kama vile "**Nyamaza, mbuzi u nusu wee!** <u>Ondoka machoni pangu, la sivyo utakuja kuruka na ndonga</u>"（诸如 "**住嘴，你个半吊子！** 从我眼前滚开，不然就用棍子把你打飞"）! "<u>Ewe mbwa wee, siku zako zimekwisha, omba dua zako haraka haraka</u>" （"你这条狗，死到临头了，赶紧祷告吧"）! **Alijiuma vidole na kunitukana** mimi jirani yake kwa maneno ya kitoto mpaka akalia mwenyewe（他攥紧拳头，用幼稚的话骂我这个邻居，甚至骂着骂着哭了起来）.

（9）谩骂

"Ewe punguani（你个杂种）! Unainua mabega tu kama mnywa gongo eti mimi mwanaume（你个酒囊饭袋，还端着肩膀自称是男人）! Hujui kitanda chako cha ndoa kikazaa haramu（你难道不知道你在婚床上生的都是私孩子）? Tazama, kati ya watoto nyumbani kwako nani anafanana nawe angalau kwa makucha ya vidole, pua au unywele（你回家看看，有哪个崽子长得像你，不管指甲、鼻子，还是头发）? Basi kohoa, mbona husemi（说话呀，干吗不吭声）?" Mama mtu alikaukiwa hazina ya matusi, karibu kila neno ovu lililomjia ulimini alikwisha litamka（那女人倾箱倒箧，骂詈不绝）. Alionekana bado anajitahidi kuyatafuta mengine ila hakuzipata（看上去她还在搜肠刮肚找骂料，只是没有找到）.

（10）谩骂

Mzee jicho moja chongo mwenye masharafa yaliyochanganyika na mvi kuzunguka kichwa alikasirika kwa kuona kijana alivyoupaka uso wake tope kwa maneno mabaya mbele ya hadhara（脸上长着一圈儿毛茸茸花白连鬓胡子的独眼老头儿见一个小青年当众用大不敬的言语污辱他，他一下子就火了）. Kijana hakuwa akijua kumheshimu mtu, na mzee kulikoni（青年无德，老头更甚）. Naye alikionyesha kidole chake kwa kijana akikunya mabovu mengi pamoja na matusi ambayo hayasemeki midomoni wala kusikika masikioni mwa watu kwa uchafu wake（他满嘴污秽，用手指着小青年骂出许多令人难以启齿和不堪入耳的脏话）, huku akimtisha kuwa atakuja juta kwa kumfanyia hiana kama hiyo（同时他威胁称，像他这种与他结梁子的人终将悔之莫及）: "Habithi u nusu wee（你个半吊子家伙）, ukiendelea kunisumbua utajikuta umejihukumu kifo（你要是继续烦我，那你就死定了）!"

（六十四）人生百态（7）——男女青年

（1）青年评论

Vijana ndio **taifa la kesho**（青年是祖国的明天）. Bila ya kuwapata **chipukizi watakaoweza kuwakilisha nchi** yetu, hatutaweza **kuvuka ng'ambo ya pili kuelekea neema**（没有将来能够代表国家的新生力量，我们将不能抵达彼岸，走向繁荣）. Lakini jambo linalostahili **kutiliwa akilini** ni kwamba kuna baadhi ya vijana wamesahau wajibu wao（但值得关注的是，有些年轻人忘记了自己的义务），wakikaa pembeni kwa kutamka eti "**wengine wafanye wapendavyo, mimi langu ni jicho**"（他们待在一边儿宣称"别人咋干随他便，我在一旁站着看"）. **Haya shime vijana**（小伙子们，加油），jirekebisheni na mwenendo wenu na **msifanye hamnazo kutotimiza yale mnayopaswa kuifanyia nchi yetu**（调整好你们的状态，切勿漠视你们应该为国家做的事）. **Mwito wa taifa uko hewani**, iliyobaki sasa ni kuutekeleza（国家的号召正在空中回响，留给我们的就是实践它）. **Daima mbele, kurudi nyuma mwiko**（永远前进，不许后退）!

（2）青年评论

Vijana siku zote wana nguvu zaidi kuliko wazee, kwa hivyo wanaweza kufanya mengi ambayo **ni muhali** kwa wazee kuyafanya（老人不可能做到）. Kwa mukhtasari, wao ndio wa mwanzo kujitoa muhanga kwa maslahi ya nchi（简而言之，他们是带头为国家利益冲锋陷阵的人）. Kwao sasa ndio wakati wa **kukaza winda na kuongeza umori** kwa nia ya kujenga nchi na **kutengeneza raha ya kesho**（对他们而言，现在正是勒紧裤腰带、意气风发地为建设国家和创造未来幸福尽力的时刻）. Kila mmoja wao anatakiwa **afanye kazi** kama saa iliyojaa ufunguo, siyo kwamba akishafanya sehemu ndio basi（他们每个人都应像上紧发条的时钟，而不是干一点儿就溜之大吉）. Vijana niye kumbukeni, **kusonga mbele hoi, kurudi nyuma zii**（小伙子们请记住，**前进光荣，后退可悲**）!

（3）青年评论

Tunakubali kuwa mpaka sasa vijana wetu wamekwisha fanya makubwa（我们从未否认我们的青年已经做得很出色）, juhudi zao zinawakera maadui na kuwafanya **waone kinyaa** japo hawa vijitu hawajasimama **kupika seti majungu ili kutia makucha yao ya shaba kuvuruga maendeleo ya nchi**（他们积极作为，让敌人心烦意乱，满腹恶浊，尽管敌人**没有停止阴谋活动，以伸出魔掌扰乱我们国家发展**）. Lazima tufahamu kuwa hao ni marafiki wa uwongo **wenye maneno matamu kama asali (-ahadi tamu kama sukari, -maneno matamu hata ya kumtoa nyoka pangoni)**, lakini kumbe wamejaa sumu（我们必须明白，他们是口蜜腹剑的假朋友）.

（4）青年评论

Sasa baadhi ya wengine wanajaribu **kuwapiga jeki vijana wetu na vijisenti vyao** kwa makusudi mabaya（现在有些人正在用小钱笼络我国的年轻人）. Inawajuzu vijana wetu wawe macho wasija wakapotoshwa na **hawa ndumila kuwili wanaocheka kwa nje, lakini kwa ndani ni mbwa wa mwitu**（这就需要我们的青年睁大眼睛，不然就会被那些**狼心狗肺的笑面虎**引向歧途）, ambao siku zote **wanatafuta ufa wa kupenya** ili angalau kuwageuza vijana kuwa **watumwa wa vijipesa**（他们每天都在寻找可乘之机，意在把我们的青年改造成钱奴）. Kwa hivyo vijana wetu wanaombwa **kufanya matayarisho kabambe** na **kujifunga na vibwebwe**（做好万全准备，整装待发）ili kuondoa hali ya unyonge ya taifa letu. Wakati sasa umefika wa **kusimama jadidi kwa kutokomeza mbali maonevu yote**（立场坚定地驱除一切屈辱的

时刻已经到来）.

（5）女青年

Msichana huyo hakuwa mnene bali mwembamba wa wastani, kisha hakuwa mweupe bali maji ya kunde（这姑娘不肥不胖，苗条适中，皮肤不白，呈棕色）. **Nywele zake za singa** zilifungwa nyuma mithali ya mkia wa farasi（她的**直发**被扎成一根**马尾辫儿**放在背后）. **Meno yake ya mwanya** yalikuwa **yamejipanga vizuri mfano wa lulu katika chaza**（她的牙齿在牙床上排列均匀整齐，堪称珠联璧合）, na **matamko yake ni kama mafuatano ya muziki**（声音如音乐般悦耳）. Alikuwa amevaa taiti na gauni fupi lililoishia magotini ambalo **limemkaa vizuri kupita kiasi**（她穿着紧身短裤和齐膝连衣裙，看上去**特别抱身合体**）. Kwa neno jingine, **uzuri wake hauna kasoro**（换言之，她称得上**完美无缺**）, alikuwa **kajaliwa kila kitu** kama sura, sauti, mwili na mengine mengi（上天赐予了她一切，诸如容貌、声音、身体等）.

（6）女青年

Naye ni binti **aliyeumbika vizuri kuliko kiasi**（她是个**长得超俗脱凡**的女孩儿）, ana kifua cha madaha（骄人的胸脯）, mikono ya mbinu（灵巧的手臂）na tumbo jembamba（纤细的腰身）na kiwiliwili cha wastani（中等的身材）. **Macho yake ya gololi yanang'aa kama nyota ya alfajiri**（水灵的眼睛如晨星）, pamoja na **uso wake wa haiba kama mbalamwezi**（姣好的面容如满月）na **ngozi laini kama hariri**（细腻的皮肤如丝绸）. Wanawake ni wengi kama walivyuo wanaume, lakini wenye sura kama yake **ni adimu kumkuta katika dunia**（世上的女人和男人一样多，可她这种长相的女孩儿**凤毛麟角**）. Kama angejitokeza mbele ya hadhara, wasichana wengi **wangejichukia wenyewe kwa kujiona hawalingana naye kwa hali yoyote**（假如她出现在公众面前，许多女孩**会因自愧不如而自怨自艾**）. Hata hivyo, hakuna mwanaume yeyote mhuni mhuni hivi angethubutu **kuinua pua yake kwake** kutokana na **maadili** yake ya kujichunga kwa heshima kuu（虽则如此，但她极知**自尊自爱**，没有任何一个不规矩的男人敢挑逗她）.

（7）男与女

Kumbe, kijana **anajua kufumbua macho**（这个小伙子**可真有眼力**）. **Uso kama wa mwezi mpevu** wa yule msichana kweli umetukuka kwa uzuri usiomethilika（姑娘那张**满月般的脸**果然秀色可餐）. Pua yake ni ndefu yenye ncha nyembamba（她**高鼻梁**）, meno yake meupe **yamepangika safi pindukia**（洁白的**牙齿排列得绝顶整齐**）, na **midomo yake inayoelekea kucheka kila mara yaonyesha mwanya wa meno ya juu wenye kutia jamali katika sura yake**（嘴角挂着笑意时微微露出的上排牙齿更有锦上添花之妙）. Sijui kama kuna mvulana yeyote ambaye angaweza **kuonyesha uchache wa uangalifu** na kushinda **kuuhimili ushawishi** wa aina hiyo isipokuwa **kurukwa roho**（除了**神不守舍**，我不知道有任何小青年会**对此视而不见**，甚而**抵制**眼前的这诱惑）.

（8）男青年

Naye kijana **kwa sura hana neno**（这个小伙子**论模样儿没的说**）, ana umbo jamala na mabega mapana（他长相文雅礼貌，肩膀宽厚的）, asemapo **sauti huwa nene lakini ya kiungwana**（他说话时**声音浑厚，落落大方**）, **kitabia ni mtoto mwenye haya hasa katika upande wa wasichana**（是个性格稍嫌羞涩的孩子，特别是在与异性交往方面）. **Moyo wake u safi, aweza kumfungulia kila mtu**（他**心地纯洁，能向任何人敞开心扉**）. Kwa wajihi naye hujivika suti ya buluu **iliyokatwa kwa mshono wa kizamani**, hata hivyo **haonyeshi kuwa mtu shamba shamba**（从穿着看，他习惯穿一身**老式裁制**的套装，但**看上去并不土**）. Kwa umri ana miaka ishirini na kitu, lakini **akili yake juu ya mambo ya ulimwengu imekuwa pevu ajabu**（他年龄刚刚二十出头，但**处世经验却出奇地成熟**）, naye **amewajihiana na kila mtu kwa** hisani（他能与每个人和睦相处）.

（9）男青年

Kijana huyu nadhifu **ana maungo ya nguvu**（这位干净利落的青年有一副好身板）na **kuonekana kama mwamba kutokana na mabega yake ya mraba na kiuno chake cha utambo**（他膀大腰圆，活像一块大石头），wengine husema **ana nguvu za ndovu na kumsifu kuwa mkamilifu kama chuma**（别人都说他力大如象，健壮似铁）. Naye amesimama katikati ya mlango na kujihisi damu imesisimuka kwa nguvu katika mishipa yake ya mwilini（他站在门口中央，感到自己的血液已在血管里沸腾了）. Bila ya kupoteza wakati alimrukia jambazi **akiuminya mkono wake mmoja na kuuelekeza upande wa nje** mpaka akausikia kama mfupa wake umevunjika（他一个箭步冲过去扭住强盗的胳膊，顺势往外一拧，那骨头咔嚓一声断掉了），ndipo jambazi **akadidimia chini kwa yowe la maumivu**（此刻，那个强盗塌下身子，疼得乱叫）.

（10）男青年

Alizaliwa mwenye afya njema（他生来就身体好），na sasa **ni mzito kwa wastani, sura jamali, mwingi wa mwungo na zihi ya umbo la mwili**（现在体重适中，长相漂亮，筋骨健壮，身形板实）. Ni **kijana mwanana** aliye **mrefu mwenye tambo la kupendeza**（他是一个为人谦和、身材高挑的英俊小伙子）. Uso wake wa kichotara **una vitu kadha vya kuifanya roho ya wanawake kwenda mbio**（他那张混血的脸上似乎有若干东西足以让女士们心跳加快）. Ana **nywele zilizoviringana**, kisha **anavaa michepe**（他一头卷发，穿戴有点儿俏皮）. Wengine husema kuwa **hekima ni kitu adimu kupatikana na mtu asiye na mvi**（人们说头上无白发，心智难当家，即：嘴上没毛，做事不牢）. Lakini huyu tofauti, licha ya kuwa na wajihi mzuri na tabia ya upole, **kichwa chake kina ubongo wa hekima, kifuani na moyo wa**

ushujaa na kinywani ulimi wa ufasaha（但他有所不同，除了漂亮的外表和温柔的性格，他脑袋里充满智慧，胸膛里装着一颗勇敢的心，嘴里有一条灵敏清晰的舌头）. Mara nyingi naye kwa sauti ya taratibu lakini imara huyavuta masikio ya watu katika baraza lolote（他可在任何讲坛上用一种慢条斯理却坚定有力的声音吸引人们的听觉）.

（六十五）人生百态（8）——儿童、老人

1.儿童

（1）防微杜渐

Sisi wazazi aghalabu **huwatia watoto wetu ndani ya mboni za macho**（我们当父母的总爱把孩子放进自己的瞳孔里，即：**看成自己的眼珠子**）na kudhani kuwa hivyo wat2weza kukua kuwa **watoto wenye taa**（以为这样他们就会长成**听话的孩子**），lakini mambo huenda kinyume cha tumainio lao. **Kulihali tusiwalee watoto mfano wa kibuyu cha maziwa kwa kuogopa kisijevunjika maziwa yakamwagika**（我们在任何情况下都不可把孩子当成奶葫芦，生怕摔了葫芦洒了奶）. Inatujuzu tujue kwamba baadhi yao wakishatoweka machoni mwao huenda dansini **na kurudi pengine mpaka majogoo**（一离开大人视线就跑去跳舞，**直到鸡叫方回**）. Je tutajenga vipi mioyo ya watoto wetu（这样下去，我们如何能锻造好孩子们的心志）？ Watoto huwa rahisi kuiga mambo, lazima **wahadharishwe kungali kubichi**（孩子模仿力强，**必须防患于未然**）.

（2）教子有方

Mama mtu ana watoto wawili, kifungua mimba（头胎）ni binti na kichinja mimba（kitinda mimba，末胎）amekuwa mwana. **Aliwatunza na kuwastawisha vizuri katika adabu na elimu**（她在德智两个方面对孩子进行了精心呵护与培育）. Kwa uzoefu wake yeye, **watoto kiumbile ni watundu ambao hujua kuwatimba wazazi na kuwatilia mashaka kama vile kuwachachia wazazi wawaruhusu kufanya hivi na vile**（根据她的经验，孩子生性调皮，知道怎

么折腾和为难父母）, **wengine hata wanawatoa roho**（有些孩子甚至能把父母整死）. Na wazazi kwa upande wao **kamwe wasiwachekee**（宠惯）**wala kuwaenga enga**（溺爱）**au pengine kuwapiga mara kwa mara**（经常打孩子）, maana **wakiwaendekeza watapata kichwa**（如果娇纵他们，他们就会不知好歹）**na hata kuwapanda wazazi vichwani baadaye**（甚至会爬到家长头上去）; kama wakiwatandika mara kwa mara watakuwa sugu（如果经常打，他们就会很皮）. Sasa mama huyu mzee amezeeka, hata kitimba mimba kesha pata mwana（现在这位妈妈已经老了，最小的孩子也当了爸爸）.

（3）乡野村童

Kunako vibanda viwili vilivyokuwa vikitazamana（在迎面相对的两间棚屋中间）, palikuwa na **vitoto viwili vikondefu**（有两个瘦瘦的小孩儿）. Macho yangu yalivutwa sana na ukubwa wa matumbo yao（我的眼睛完全被他们的大肚子吸引住了）, na miili yao ilikuwa katika hali ya mifupa mifupa（一身骨头架子）. Navyo vitoto vilijifunga manyamnyam machafu viunoni（缠着脏脏的腰围子）, meupe kwa rangi ya kiasili, lakini sasa si meupe tena（原本是白色的，现在却面目全非）, bali ni ya rangi ya maji yaliyochanganywa na matope mekundu（变成了红泥浆水的颜色）. Hamu ya kutaka kuwasogea zaidi ilinipata.

（4）寓教于乐

Mimba **ililelewa kwa tunu na tamasha, ikikua na kuengwa engwa mpaka siku zikatimia**（胎儿在渴望和珍惜之中发育，在精心呵护中成长，直到分娩期到来）, mwisho wa yote mama mtu **akavunja chupa na kuzaa mtoto dume pasipo utungu**（在这一切一切之后，一位临盆妈妈顺利产下一个男婴）. Mtoto mwenyewe amekuwa **wa rangi nyeusi anayeng'ara kama jua**（孩子油黑发亮）, ambaye **ameengezeka kimo kwa haraka sana**（个头儿长得很快）. Baada ya kutimiza umri wa mwaka akaanza **kupiga mwendo wa mbio**（一周岁后就满地跑了）. Huyo mama aliyetajwa hapo juu ndiye mzazi wangu marehemu na mtoto yule ndiye mimi（上面提到的那位妈妈就是我过世的生母，那孩子就是我本人）. Nakumbuka kuwa mama yangu alikuwa mpole sana, na upole wake ulikuwa unajieleza wazi wazi machoni pake（对我而言，她的温文尔雅历历表现在她的眼睛中）. Nilipokuwa ningali bado utotoni, mama alikuwa hufanyiana nami mambo mengi kwa kupanua mawazo yangu（陪我玩许多开发智力的游戏）kama vile kunipumbaza kwa kunifanyia hadithi au kujifunika mahali gubigubi kwa kucheza kibemasa（诸如搞恶作剧、玩捉迷藏等）, hivyo nikapata kuerevuka vizuri moyoni（这让我智力发育极好）.

（5）慈母心肠

Mama mzee alimkuta mtoto mmoja kalala njiani akitetemeka karibu kila kiungo（老人遇到一个孩子躺在路上，他每个关节都在颤抖）. Basi naye akapiga kite kirefu cha majonzi（长叹一声）na kumwokota pale pale（当场捡回了他）kwa moyo wa huruma, kisha akampangusa pangusa udongo（擦了擦身上的土）ndipo aliposhusha pumzi kidogo na kusema: "Ewe mwanangu, u mchafu kama ngamia（你脏得像匹骆驼）. Au beta tu na nifuatilie nyumbani nikakuoshe kidogo（转个弯儿跟我回家，我给你洗洗好吗）?"

2.老人

（1）风烛残年

Kwa umri, naye **ni mzee aliyepungukiwa kama kisu kilichofanya kutu na mapengo** miaka mingi iliyopita（从年龄上看，老人像一把成年累月锈迹斑斑、满是豁口儿的刀子）. Uso wake umekuwa na chungu zima la vifinyo na mwili wake mgumu kama kuni（他满脸皱纹，但身板儿硬朗得像块劈柴）. Jinsi siku zilivyoendelea ndivyo hivyo hivyo aliyopatwa na uzee na kuwa kikongwe anayeanza kuchungulia kaburi（他是随着时日的推移而逐渐苍老起来并开始走向生命终点的）. Naye mwenyewe amejieleza hivi（他是这样描述

自己的）: "Maisha yangu kama zeze, nimevuta sana nyuzi zake, hivyo uzima wake umeharibika（我一生就像一把再再琴，我不断绷紧它的弦，终于快把它绷断了）. Fungu langu la maisha yaliyobaki ni huzuni tupu, lakini kwa kila hali sijapata kuwa mzembe katika maisha（现在留给我的是风烛残年，但我一生中在任何情况下都没有变得懈怠懒散）. Kwa mtu kama mimi ninayekaribia kumezwa na mauti, johari ni kama jiwe tu, sikuzaliwa nayo wala sitakwenda nayo kaburini, liwalo lote na liwe（对我这种将死之人，宝石与石头无异，生不带来，死不带走，一切随缘吧）!"

（2）残年暮景

Mtu mwenye chongo mgongoni (Kibiongo, Kijongo) aliyekuwa amekonga na kuwa katika miaka yake ya sabini alivaa matambara na kupita njiani kuomba nyumba hata nyumba akirudia tena na tena maneno yale kama "nipe angalau chapa moja", huku akiokota kidogo huku na kidogo kule（一位年迈的古稀驼背老翁衣衫褴褛，沿街乞讨，嘴里一遍一遍重复着"求您了，哪怕一分钱"，同时还这儿捡一点儿，那儿拾一点儿）. Mikono yake ilikauka kama matawi makavu ya mtini（双手像干树枝）na midomo ikitetemeka. Alinyosha mikono yake yenye ngozi tupu na kupokea chupa moja（他伸出皮包骨头的手接过一瓶水）, mara akagugumiza maji yote hata tone la mwisho halikubakia（一饮而尽）, akiwa ametetemeka kama ukuti wa mnazi akitetemeka katika upepo（他像一片在寒风中瑟瑟颤动的椰子树叶）.

（3）老来凄惨

Mara akatokea mkongwe njiani katikati akitambaa chini kwa shida（猛然间，路当间儿出现了一个老者，正艰难地向前爬动）. Ngozi yake yabisi ilikuwa imekauka na jua kama ya ngamia na mgongo kupinduka（他粗糙的皮肤在烈日的烘烤下干枯得像骆驼皮，脊背也得弯曲）. Mvi zilimshuka mabegani（白发垂肩）na macho mekundu. Meno alikuwa hana na vibogoyo vyake nje（他牙

齿掉光了，露出空牙床），huku taya（下巴）zikitetemeka. Akaburura mkongojo kwa mkono mmoja na kujisonga mbavu kwa mkono mwingine（他一手拄着木棍，一手按着肋部）. Akashika pumzi kwa shida na maumivu, punde kikohozi kikali kikamshika（他艰难而痛苦地屏住呼吸，不时又剧烈地咳嗽起来）.

（4）老气横秋

Kwa mwanadamu, maumivu ya mwisho ndio kuchakaa mwili na akili, ndio uzee（对人而言，最后的痛苦就是身心的老朽，所谓暮年是也）. Ingawa umri wake ni jirani ya miaka 50 tu（尽管他不过年近五十），lakini **uzee umeanza kugusa uzuri wa nywele zake kichwani na kuzifanya kuwa nyeupe kama fedha**（但衰老已开始触及他曾经俊美的头发，使之白发如银）. Ameonekana kama akichakaa zaidi kuliko hata kaka yake kwa jinsi ngozi inavyojikunja kunja na uso kufinyana（他那皱皱巴巴的皮肤和满是褶纹的脸使他显得比他哥哥还要老气横秋）. Ni mazoea yake ya kila siku kukaa kwenye upenu wa dirisha kuota jua, atakapokuja choka atafumba macho mpaka atakapoishia usingizini（坐在窗台下晒太阳是他每天的习惯，累了就闭上眼睛直到入睡）.

（5）活力犹存

Ukubwa wa umri umegusa nywele zake（衰老已触动他的头发），hata ndevu zake zimekuwa za mvi na mifinyo kutambaa usoni pake pote（甚至连胡子也变白了，皱纹爬满全脸）. Lakini usidhani kichwa chake kimepungua na akili kumchakaa（你不要以为他心力衰竭，脑袋不中用了），maana katika mwili wake zingalipo nguvu za ujana vya kutosha（因为他的肌体里仍蕴藏着充沛的活力），naye bado mzima kama kigongo na kujaa tashititi katika maisha yake（他还像棍子一样硬朗，生活中仍充满刺激）. Kwa maneno yake mwenyewe ni kuwa angali kijana, bahati yake bado ni nyingi（用他自己的话说，他还年轻，还蛮有活头呢）.

（六十六）衣食住行（1）——睡眼惺忪

1.睡不着

（1）半夜惊醒

　　Kwake yeye, kichwa baridi kilikuwa kinatakiwa sana（他急需清醒的头脑）kwa wakati huo, lakini kwa bahati mbaya kichwa kama hicho alikuwa hana（但不幸的是他恰恰缺乏这种头脑）, hali hiyo ilimletea **mafuatano ya majinamizi na ndoto mbaya** katika usingizi（致使他在睡觉时噩梦连连）. Alipoamka aliona bado giza, akajaribu kufumba macho apate usingizi zaidi, lakini kazi bure. Hiyo haikuwa ajabu, maana **usingizi aghalabu hauwezi kushurutishwa**（通常睡眠是不能强迫的）. Hata yeye mwenyewe alikuwa hajui ni mawazo gani mazito na ujana wake huo wote（他不明白自己这么年轻到底能有啥大心思）? Tena kwa ghafla akajiona magaga ya pua yamemwangama na kuyatoa hawezi（突然间，鼻涕嘎巴睹在鼻孔里怎么也擤不出来）, nalo jambo hili **likafukuzilia mbali zaidi usingizi wake**（愈发把睡意赶跑了）.

（2）想事

　　Usingizi badala ya kumpumzisha kama alivyotarajia ulimkweza juu ya jukwaa la fikira（睡眠不如预期的那样使他得到休整，反而把他推到了思绪混乱的边缘）, akiyatazama maisha yake yaliyopita na kujaribu kubuni yale yajayo（他回顾过去的生活并试图规划未来）. Lakini wapi, akaona kama kitanda chake kina kunguni（但哪有那么容易，他感到好像床上有臭虫）, **usingizi ukawa hauji kabisa**（睡意全无）, ikambidi **akeshe hivi hivi bila ya hata kusinzia japo kwa dakika moja**（就这样眼睁睁地连一分钟盹儿都没打）.

Kwa jumla alipitisha usiku katika kupiga miayo mingi na kuhesabu mitambaa ya panya **kwa jinsi usingizi ulivyomparama kutokana** na mwili kufanya harara kwa ajili ya unyevunyevu wa hali ya hewa, alijihisi kuwa na kichwa kizito kweli（这一夜，潮湿的空气使他全身痒抓抓的，无法入睡，他一个接一个地打着哈欠，伴着闹翻天的老鼠强熬过来，他感到脑袋沉甸甸的）.

（3）喝咖啡

Nilikuwa na **kichwa kikavu** kutokana na kunywa kahawa（由于喝过咖啡，我毫无睡意）. **Usingizi ulinipaa na sikupata lepe la usingizi** hasa kwa jinsi nilivyosikia kama kuna kitu kikichuga chuga（我失眠了，特别是听到似乎总有什么东西在窸窣作响时，就连一丁点儿睡意也没有了）. Ingawa nilijilazimisha kulala, lakini **usingizi wenyewe uliniruka kabisa**（但我的睡意彻底飞走了）. Nilijinyorosha na kujipindua pindua kitandani（我在床上时而挺直身子，时而翻来覆去）nikijaribu kutafuta usingizi nisiupate, nikatoa guno la uchungu（我痛苦地唉声叹气）. Baada ya **kukesha usiku kucha**（一夜没合眼），kwa uchovu mwingi **nikachukuliwa na usingizi wa mang'amung'amu**（由于疲惫不堪，我后来迷迷糊糊进入似睡非睡状态）lakini sikukadiria kuwa mama amenitimua asubuhi mapema（没料到妈妈老早就把我轰起来了）.

（4）想人

Usingizi ulionekana kama **umekosa nafasi yake na kumkataa kabisa** japo mwanzake **alikwisha zama katika dimbwi la usingizi zamani za kale**（尽管他的伙伴早已进入梦乡，可对他而言，睡眠似乎总是错失良机并把他拒之门外）! Alisumbuliwa na **mawazo makali kiasi cha kurusha angani usingizi wake**（他思绪激荡，业已把睡眠抛到九霄云外了）. Ijapokuwa alijaribu sana kuyaepusha mawazo hayo na kumwondoa mpenzi wake fikrani, lakini nayo mara kwa mara hujitokeza na hata kumpeleka mbali（他很想**摆脱思绪困扰，也尽量不去想自己的恋人，但那些想法总是时不时地出现在脑海里，把他送向远方**）. Kwa vile **alishindwa na usingizi** kwa kumwaza msichana wake, kwa hivyo akabaki akijifudikiza fudikiza tu kitandani（由于想她想得睡不着觉，他只好在床上来回翻筋斗）. Basi usiku ukageuka mwaka kwake（过这一夜简直就像过了一年）, alitamani kila saa ifike kesho ili amwone, lakini kesho ile ilikuwa kama ni mbali na haitafika（他盼着赶快天明，以便能见到她，可明天似乎离他很远，总也到不了）. Mara baba akaja kubisha mlango na **akaitikia kwa sauti ya unyonge ili avungike kuwa amelala**（他用懒洋洋的声音回应，以蒙骗自己还在睡梦中）. Kwa taratibua akafungua mlango **huku akijifikicha macho ili kuonyesha macho yake bado kukolewa usingizi**（他同时用手揉着眼睛，露出睡眼惺忪的样子）.

（5）病痛

Nilikeketwa na tumbo usiku mzima（我被肚子折腾了整整一夜）. Kwa maumivu niliyokuwa nayo pamoja na mawazo kadha wa kadha, nikawa sidhani kama nitaweza **kutungua angalau lepe moja la usingizi sembuse kusema kudakwa na usingizi mzito**（病痛与混乱的思绪让我不敢奢望自己哪怕是睡上一小会儿，更不用说呼呼大睡了）. Nilijinyosha kitandani na **kujaribu kuita usingizi**（我躺在床上想唤来睡意）, **lakini haukuja haraka, bali uliniambaa tu**（但很难，它似乎总与我擦身而过）. Kwa vyovyote vile usingizi haukunijia vyema na **nililala kimacho macho mpaka tumbo liliponiendesha mara mbili, ndipo macho yalipoanza kutawaliwa na usingizi**（我两眼直瞪瞪地干躺着，直到跑了两趟厕所后，眼睛才开始有些蒙眬）. Kabla sijafumba macho vizuri, sauti ya mwanamke mmoja ilipaa kwa ukali kama kisu kikatacho ukimya wa giza la usiku（我眼睛尚未合严，一声女人的尖叫像锋利的尖刀似的划破了夜空的寂静）.

2.打呼噜

（1）如破烂引擎发出的怪叫

Nilipofika kumbini kwetu niliwakuta wenzangu wote **wamesombwa na usingizi wa kilevi**（醉入梦乡）. **Licha ya kujaa harufu ya "mkojo wa punda" uliowatosa usingizini**, nikasikia **majibizano ya pumzi kama injini za mitambo zinazohitaji matengenezo makubwa zikifuatiwa na mikoromo mirefu ya lala salama**（除了把他们送入梦乡的"驴尿"气味，弥漫在屋里的就是彼此呼应的喘气声，及酣畅淋漓的长鼾，犹如需要进行大修的破烂机器引擎发出的怪叫声）. **Usingizi wao ukaanza kukolea na kusahaulisha kakara za dunia na watu wake**（他们的酣睡渐入佳境，忘却了人世间的一切争斗）.

（2）如猎豹发出的咆哮

Nilipoingia chumbani kwake nikamkuta **amekwisha zama usingizini na kulala wa juzi akikoroma kama chui aliyedongwa na mwiba**（走进屋子，我见他已熟睡良久，鼾声大作，犹如被刺扎的猎豹发出的咆哮）. Mlio wa pumzi yake <u>ulitawala chumba kizima</u>, pumzi ambazo <u>zikawa kama tufani kubwa iliyomchukua toka kitandani alipolala hadi baharini akiwa kama chombo duni kilichoelea juu ya maji</u>（呼哧呼哧的喘息声充满全屋，其势如暴骤风雨，一举把他从床上卷进大海，而他则像漂浮在水面上的一只小船）.

（3）如海浪拍岸发出的喧嚣

Alikuwa <u>akisinzia sinzia kama taa hafifu</u>（他困得像一盏熬干油的残灯），na **mara akavamiwa na usingizi na kuamua kuyaacha yote kuukaribisha huo**（顷刻间，睡意袭来，他决计放下别的一切，转而欢迎它的莅临）.

Kwa vile **alibanwa sana na usingizi**, kwa dakika moja tu akaanza **kupiga koroma kama mawimbi ya bahari iliyochafuka miambani**（他太困了，仅一分钟就打起呼噜来，那动静就像汹涌的海浪拍击岩壁时发出的喧嚣）. Alipogutuka kutoka usingizini, ilikuwa asubuhi kabisa（一觉醒来天已大亮了）.

（4）如隆隆的雷声

Alipigwa na upepo mtamu wa usiku penye dirisha, **usingizi mnono ulimnyakua ghafla**（温和的晚风透过窗户吹拂在他身上，浓浓的睡意一下就击倒了他）akalala kitandani **kwanza akipumua kama njiwa na baadaye kukoroma kama radi**（他躺在床上先是像鸽子叫似的咕噜咕噜地粗重呼吸，接下来就鼾声如雷了）. Alikuwa **haamki hata ukimpigia ngoma**（这一夜你就是在他耳边敲鼓他，他也不会醒）. Alipofungua macho alishtuka kuona mwanga wa jua la asubuhi umeshapiga kitandani pake kwa kupitia **mitoboko ya kiambaza**（当他睁开眼睛时，他震惊地发现早晨的阳光已透过篱笆墙间隙照在他的床上）.

（5）如狮子的吼叫

Uso wake ulijaa uchovu na **usingizi ukaanza kumwiba iba**（他满脸困意，睡魔开始偷袭他）. **Alionekana kama hakijui kitanda kwa wiki nzima, mara baada ya kufumba macho akawa hoi kwa usingizi akivuta mikoromo usiku kucha**（他就像一星期没上床休息一样，刚闭上眼睛就沉睡如泥了，一整夜呼噜不断）. Usingizi haukuwa na hiana, akapata mapumziko mazuri（睡眠不负困倦人，他因而得到良好的休整）. Majira ya asubuhi（清晨时分）tulipoondoka tukaona kijana **bado anapiga usingizi mzito na kuwa chakari kwa uchovu wa safari ya jana huku akiforota kama ngurumo ya simba**（昨天旅途的疲劳使他这般时候仍沉睡不醒，鼾声如狮吼）, **hata makarani katika jengo linalotazamana na kwake kwa kuvuka barabara waliweza kuisikia**（甚至连马路对面那座建筑里上班的职员都听得见）.

3.睡得香

（1）睡得香甜而快活，继续睡

Maneno ya mzee yalinielekeza kwenye njia nyofu na kuniletea amani ya moyo（老人的话为我指了一条明路，让我心境平和下来）, basi usingizi nilioupata katika kitanda cha vono godoroni（沙发床）usiku ule **ulikuwa mtamu na wa raha mustarehe**（睡得香甜而快活）. Nilipoamka asubuhi kwa ghafla nikaona kama kuna kitu kinanizuka rohoni, kwa upesi akili zilinifunukia kwamba nina uchu wa kukata vinywaji baridi kidogo（突然感到心里好像有什么事儿，很快就意识到原来是想喝些冷饮）. Nilikuwa sijui kwa nini, baada ya kukata kiu tayari（解渴之后）, **nikageuza nia na kufikia uamuzi wa kuendelea kuchanga usingizi**（我改变了主意，决定继续睡大觉）.

（2）睡得很死，连一次厕所都没跑

Safari ilituchukua masaa manane kuvuka nchi hii inayolala vizuri（跨过这片非常平坦的地区足足花了我们八个小时）, sote tulikuwa tumechoka. Kwa hivyo **usingizi haukuchelewa kuninyemelea** na kunipa imani ya kuupata pasipo **kutumia vidonge ambavyo huvitumia siku ikiutenga pembeni**（这回睡意来得蛮快，使我相信不吃失眠时用的那种药片也能安然入睡）. Nilijikuta **nimebanwa nao bila ya kunipa nafasi ya kuendelea kujishauri**（我已经困倦得不行，没机会再多想什么了）. **Nikatandika kirago changu nikakata usingizi foo (fofofo, fee, fefefe) usiku mzima bila ya hata kuamka kutabawali**（我摊开铺盖躺下睡了，这一夜我睡得很死，连一次厕所都没跑）.

（3）一人待着犯困，竟倚着墙睡着了

Kambi yetu ilikuwa mbali kama mwendo wa robo saa（这里离我们营地

有一刻钟的路程）. Tulipofika huko na kuingia ndani **tukamkuta mlinzi keshadakwa na kuchukuliwa na usingizi mzito**（见警卫员已经睡熟）, taya zake zililegea zikasababisha midomo yake kuwa wazi kidogo（松弛的下颚导致他嘴巴微微张开）, na kichwa chake kilinepa kwenye shingo lililokuwa dhaifu（脑袋在软绵绵的脖子上耷拉着）. Ni kweli kwamba kuendelea kukaa pale peke yake **kungemfanya mtu kusinzia**（独自一人待在那儿确实会犯困）, lakini sikuwa nikitegemea angeweza **kupata usingizi kwa kujiegemeza pale ukutani**（但让我想不到的是，他竟倚着墙睡着了）.

（4）睡得像一具尸体，连寒冷也感觉不到

Watoto wadogo **huwa na vichwa vyepesi kutopewa na usingizi**（小孩子通常会迅速进入熟睡状态）, **wakishalaza vichwa vifuani mwa mama hupitiwa na usingizi mara moja isipokuwa wengine kadha wa kadha ambao wanatakiwa kubembelezwa kwa muda mrefu na mama zao mpaka wapokelewe na usingizi mzito**（除了个别孩子需要经过妈妈长时间爱抚才能沉睡外，他们多数把头往妈妈怀里一钻就睡着了）. Mimi ni kama hawa watoto wanaopenda usingizi. Kila usiku ukiingia, **macho yangu huwa mazito na usingizi huwa tele kichwani**（每当入夜，我总是眼皮发沉，困顿不堪）, na kisha, **nikilala huwa kama mfu (kama mzogo, kama maiti), hata sisikii baridi kunichoma**（躺下就像具尸体，连寒冷也感觉不到）. Leo ni kama kawaida yangu, **usingizi unaanza kunishona**, lakini **sikubali uwe mzito**（和往常一样，今天我又开始犯困，但不能睡实着）, kwa sababu kesho asubuhi mapema mjini kutakuwa na kakara kakara ya matayarisho ya sherehe, nitakwenda kujiunga nayo（因为我明天一大早要去参与庆祝活动的筹备工作）.

（5）睡得像根木棍，霹雳惊雷也吵不醒

Tulibisha mlango, lakini majibu kimya（无人做出回应）. Tukajua kuwa mzee lazima **amezama katika usingizi mzito na kulala kama kigogo** katika nyumba hiyo isiyofagiliwa pengine kwa muda wa miaka hamsini（我们知道老头儿一定在这间或许五十年都没打扫过的房子里睡得像根木棍）. Kwa kawaida akilala huwa na kichwa kizito, **kelele zozote haziwezi kurusha usingizi wake**（通常，只要躺下，他脑袋就不想事儿了，动静再大，他也照睡不误），pengine **haamki hata kwa mtutumo wa radi**（霹雳惊雷也吵不醒他），basi tufanyeje ila kumwacha aendelee **kupiga usingizi humo mpaka che**（chee 直到天明）; Wakati tulipogonga mlango asubuhi kabisa, ndipo mzee alijinyosha viungo hivi kitandani（伸伸懒腰）na kuitikia **kwa sauti nzito kama mtu aliyetoka katika usingizi mrefu wa jinamizi**（用刚从漫长梦魇中醒来的那种低沉声音回应了我们）.

4.打瞌睡

（1）Uchumi kuingia katika kisinzio cha maendeleo yake

Rais wetu aliwalaumu baadhi ya watumishi wa serikali kwa kinaga ubaga（Kinaganaga 开诚布公）juu ya tabia yao ile ya kujiona sukari na kujifanya yai（骄娇二气），akipiga la mgambo kwa kusema kuwa sasa si wakati tena wa kusinzia mabarazani na kwenda miayo au kukaa mezani kungojea saa kwa kuzembea kutoa mchango, bali ni wakati wa kukaza kanda viunoni na kupania kujenga nchi kwa udhati wala sio kwa utani（他发出号召，说现在早已不再是在会场上无精打采、哈欠连天或坐在桌子旁熬钟点、磨洋工的时代了，而是勒紧裤腰带、撸起袖子用真心诚意而非玩世不恭的态度来建设国家的时候）. Na vile vile, alipogusia mambo ya kimataifa alisisitiza kuwa hatari moja inayotaka Umoja wa Mataifa kuipalilia katika mkutano wake ni kule kuubeza ukweli kwa baadhi ya manchi makubwa katika kuzitendea haki za nchi zinazoendelea hasa katika mambo ya uchumi（需要联合国在开会期间进行处理的危险事态是一些大国在对待发展中国家的经济权益方面所持的罔顾事实的做法）. Pamoja na uchumi wa dunia **kuingia katika kizinzio cha (usingizi** wa) **maendeleo yake**（经济进入低迷状态）, manchi hayo bado hayajasahau kuhamisha shida zao（转嫁危机）kwa nchi nyinginezo.

（2）Taa za kusinzia sinzia

Usiku ulikuwa mwingi sana（夜已经很深了）, naye akatoka kitandani baada ya kubumburuka usingizini（睡梦中惊醒）na kunyatia pole pole kwa kujiiba mpaka kufika sebuleni ambamo mlikuwa na **taa za kusinzia sinzia**（慢慢摸索着走进灯光昏暗的客厅）. Alitega masikio vizuri, lakini hakusikia kitu ila misono ya watu kutoka chumbani mwa kulala（除了从卧室里传出的**人们熟睡中那沉重的喘息声**，他什么也没听到）.

（3）Kutazama kwa macho ya kusinzia

Abiria wengi **walikuwa wakisinzia**, vichwa vyao vikatingishika kufuatana na mtingishiko wa gari（脑袋随着车颠簸而摇晃着）. Macho ya mrembo mmoja yalikuwa mara yanamwangukia mama mmoja aliyelala usingizi wa amani huku akikikumbatia barabara kitoto chake mikononi, na mara yanamtazama mvulana mmoja aliyekuwa kwenye kiti cha jirani **kwa macho ya kusinzia**（有位貌美女士的目光时而落在一位双手抱着婴儿、在座位上平静入睡的妈妈，时而又**用懒洋洋的眼神儿瞄向一个坐在旁边的青年**）.

（4）Moto kufanya kisinzio

Moto haukuwa umewaka sana, bali ulianza **kufanya kisinzio** na kuelekea kuzimika kabisa（火着得不旺，而且开始变成余火，正在彻底熄灭）. Mara, mazungumzo kati yake na msichana yule mwembamba mrefu mwenye kiuno kizuri yaligeuka yakawa kiti kwa kiti, tena kwa sauti za chini（突然间，他与那位身材苗条、有着漂亮腰身的高个女孩儿的谈话慢慢**变成椅子与椅子之间的交流**，而且声音很低）. Palionekana lazima wanazungumza mambo matamu na ya siri sana（显然**他们谈的应该是甜蜜且秘不可宣的事**）. Naam, naye msichana ni mweupe mwenye nywele za singa（直发白人姑娘）, nyusi zake nyembamba za upindi zimetulia juu ya macho mawili manene yenye kope laini na ndefu（弯曲细长的双眉下面是一对长着长而柔软睫毛的大眼睛）, kila ukiyatazama **utayaona yanasinzia**（那眼神儿总是懒洋洋的）.

（5）Watu sinzia

"Lazima muwe macho, sasa ndio wakati kwa **watu sinzia**（小偷）kufanya mambo yao!" Hayo tuliambiwa na askari polisi majira ya alfajiri, huku tukionyeshwa <u>picha moja ambayo ni nusu ikiwa inaonyesha sura na mabega tu</u>（半身照）ili tuwapigie ripoti kama tukimwona huyu mwenye hatia. Mimi niliitika kwa kichwa, lakini furaha nilikuwa sina kutokana na karaha ya kuamshwa mapema（我点头回应，但对这么早就被轰起来感到很不高兴）.

（六十七）衣食住行（2）——醉眼蒙眬

（1）Kukata makali, kuzima kiu, kulewa belele

Naye ni mlevi mpevu（十足的醉鬼）, analewa pombe usiku na mchana, si masika si kiangazi.（不管雨季旱季，昼夜喝个不停）Kila baada ya kupokea mshahara, mara huenda bar **kuyakata makali**（酗酒）ili **kuzima kiu** cha mwezi mzima（戒掉一个月干渴）. Hapajulikani kapagawa nini（不知他中了什么魔）, anaweza kunywa kama samaki（喝起酒来就像鱼喝水）, wengine humtusi bwana huyu ni punguani na hamnazo（别人都骂他缺心眼儿、神经病）. Akishakunywa **hulewa belele**（醉醺醺）, na kila akilewa hakosi kuboboka ovyo（说胡话）. Leo hivyo hivyo ameanza kufafaruka（今天他又耍起酒疯来）.

（2）Kumimina pombe / kuvunja kiu / kulewa ndi

Nilipokanyaga miguu ndani ya klabu nikaona ndugu yangu mdogo yumo kupitisha vidole vya mkono kwenye sharabu zake na kuyafuta machicha yaliyochovya ndani ya pombe（当我迈步走进夜总会，看到我弟弟正在用手指头清除沉在椰子酒里的残渣）, **akiwa katika harakati za kuvunja kiu** ingawaje kipimo chake ni chupa tatu tu（他正忙着过酒瘾，尽管他也就是三瓶的量）. Hali ilionyesha kuwa kesha mimina pombe nyingi kinywani（肚子里灌了很多酒）na **kulewa ndi**（已酩酊大醉）. Yasemekana bei yake ilikuwa ni "kuwahi na kubugia" tu（价钱是"来了随便喝"）. Kwa kawaida nayo pombe hiyo ikishampanda kichwani huanza kutaga mayai **ambayo** huanguliwa baada ya kitambo tu, nikaona sasa kesha jipatia dawa ya kusema（通常这酒一上头，不一会儿就会像母鸡产卵孵雏一样迅速发酵，我发觉此刻他话已经多起来了）, basi akaanza kupasua hisia zake kama apendavyo（他开始畅所欲言）.

Kwa kuona vile alivyokuwa akiyumba yumba kilevi levi, mshale wa maumivu yakanichoma kweli（看到他那摇摇晃晃的醉样儿，我觉得如万箭穿心）.

（3）Kuchapa matindi, kuvunja kichwa, kuwa topi

Kinachomponzea ni kwamba licha ya majivuno, yeye ni mlevi wa kupindukia（他的弱点在于，除了傲气，他还是个超级酒鬼）. Kila jioni baada ya kufuta majasho kazini naye huwa hakosi kuingia bar **kuvunja kichwa chake kwa kuyachapa matindi mpaka awe topi**（每当傍晚干完活下班之后，他总会去酒吧用酒精麻醉脑袋，直到烂醉如泥）, hata tabia yake hii imekwisha mwambukiza mtoto wake（这一恶习甚至已传染给了他的孩子）. Basi siku hiyo aliendelea kulewa hadi vilabu vyote kwisha, matindi yalimvaa barabara（这一天他喝遍了所有酒馆，醉得够呛）. Alirudi nyumbani usiku wa manane akiwa karibu mwehu akaropoka tu（深夜回家时，他几近变成疯子，满嘴放炮）.

（4）Kubugia mabia, kusafisha roho, kuwa taiti

Naye ni mroho sana wa pombe（嗜酒如命）. Siku hiyo aliingia bar na kujibanza pembeni **akiyabugia mabia baridi**（躲在角落里灌冷啤酒）ili kusafisha roho yake（以清心爽神）. Aliagiza machupa si chupa（他叫了不只一瓶，而是多瓶酒）, kwa dakika chache tu akamaliza moja na kuangusha nyingine ya pili, na hivyo hivyo iliendelea mpaka kuvunja darzeni（他开了一瓶又一瓶，直到破打，即：超过12瓶）. Baada ya yote hayo, **makali yakaanza kumpanda juu, akabaki kuwa taiti kabisa**（酒劲儿一上来，他就穷形尽相了）. Hata hivyo alikuwa bado ajipima kichwani ili kuona iwapo bado hajatosheka（虽则如此，他脑袋里仍在盘算着自己是不是已经尽兴了）. Basi ni kama kawaida yake, baada ya maji kumvaa vizuri naye hufafaruka kupita kiasi（与往常无异，他喝完就手舞足蹈地耍起酒疯来）, wengi humkunjia nyuso kwa masikitiko（好多人朝他皱起眉头）.

（5）Kunywa buzaa, kuburudisha kichwa, kuwa taabani

Huyu mchapa mma si mtu mwenye kiasi chake, naye hutumia ulevi kuliko kawaida（他是个不藏量的酒客）, akishapata kikombe mara tamaa humwingilia ya kunywa mpaka kulewa（一碰酒杯就得一醉方休）. Hususan baada ya kushiriki buzaa, hata akapata tabia ya kubwabwaja（特别是沾上蜂蜜酒之后，还添了一个胡说八道的毛病）. Leo pia hakuchelewa **kwenda pombeni ili kuburudisha kichwa** chake（今日他也没落趟，跑进店铺借酒提神）, akavunja chupa moja kwa upesi na kuchanja nyingine ya pili na kisha ya tatu, akijitia uroho kunywa haraha haraka（喝完一瓶开二瓶，饮尽二瓶破三瓶，尽情尽兴，快马加鞭）. Wakati pombe ilipommiminikia kooni na kuanza kutembea tembea kichwani mwake（当那酒过喉下肚，酒劲开始在脑袋里扩散发作时）, **akawa taabani na kushindwa kujimiliki tena**（他陷入困境，无法自制）, akilewa lewa kama kijimashua katika bahari kubwa na kutoka nje kwenda zake. Hata hivyo, pia hakusahau kupima chupa tatu ya buzaa na kuzimimina katika birika lake ili aendelee kunywa nyumbani（东倒西歪，像大海上的一只小船一样走出酒馆。即使如此，他也没忘记把三瓶酒灌进壶里带回家继续享用）.

（6）Kupiga maji, kutuliza roho (kupumzisha akili), kuwa masikini

Tangu afike hapa kwetu, uhodari wa mgeni huyu katika **kupiga maji** umempa umaarufu sana（这位客人喝酒的本事可谓声名鹊起）. Ni kama kawaida yake, leo pia **amewahi pombeni ilimuradi apate kutuliza roho**（他同样没有耽搁下酒场，清醒一下心神）. Alipewa pombe ajisaidie mpaka pauni moja kuaga dunia na abaki kuwa masikini wa kilevilevi tu（他自斟自饮，直到告别一英镑，变成醉醺醺的可怜虫）. Kwa vile maji yalimtopea vizuri na kumpeleka usingizini mara moja（酒让他恍恍惚惚，一下就把他送入梦乡）, basi kwa wakati huo <u>mhuni akapata mboga</u>（这回**流氓可得机会了**）. Basi naye <u>akalenga jicho kando kuchungulia hapa na pale kwa nukta</u>（他用眼睛四处扫了那么几秒）, huku <u>akizichopoa</u> pesa zake zote zilizobaki mfukoni mwake（同时伸手**掏净了**兜里剩下的钱）, akazibana vizuri na <u>kung'oa nanga kabisa huyooo</u>（掖好后就**拔腿溜之大吉了**）!

（7）Kunywa makali, kukonga roho, kuwa chakari

Naye si mtu mwenye <u>kuchunga nidhamu</u>（他不是个**遵纪守法**的主儿）, mara nyingi <u>hutoroka kazi</u> na kwenda **kunywa makali kwa dhamiri ya kukonga roho**（经常旷工，去过酒瘾）, na kila akinywa naye hubaki **kuwa chakari** kwa vile **makali yalivyomjaa tele kichwani**（由于**不胜酒力**，他每喝必醉）, hapo <u>macho yake huanza kulegea kama mla kunguni</u>（像吃了臭虫似的，两眼无神）na <u>midomo kutepeta kama ndizi iliyoiva sana</u>（双唇软塌塌的，像熟过头儿的烂香蕉）, akawa hajitambui tena（已完全不知自我了）. Mara nyingine naye hata <u>humaliza siku tano nje bila ya kurudi nyumbani kujulia mke na mtoto</u>, sasa anaaminika yuko klabuni na mambo yake（有时**甚至连续五天外出，不归家看望老婆孩子**，现在肯定一头扎进酒馆忙着快活去了）.

（8）Kupiga tarumbeta, kukonga kiu, kuwa sakarani

Hawa ni <u>wanywaji wa aina yake</u>（他们是一帮**另类酒客**）, ikinyesha isinyeshe（不管下雨还是晴天）daima wako vilabuni **kupiga tarumbeta**（不管下雨还是晴天，**永远在酒馆里吹喇叭**，指：嘴对着酒瓶子）kwa **kukonga kiu chao**（解渴）, maana hizo bar ndio mahali pao pa <u>kupotezea wakati</u>（消磨时光）. Wanajua kutumia uzoefu wao wa <u>kudoea (kudowea) pombe</u> kwa vichekesho vya kufurahisha wauza pombe（他们拥有通过冒傻气博得酒保欢心来**蹭酒喝**的经验）. Hata hivyo, mara nyingi pia <u>tembo huvuruga taratibu ya bongo zao na kuwafanya kuwa sakarani</u>（虽然如此，但椰子酒也通常**会把他们弄得神智错乱，倦怠无力**）. Watu husema <u>tembo likishatawala vichwa vya watu</u>

haliwafanyi tena adabu（人们说酒后无德）, nao huonekana wakiyumba yumba na sokomoko la kudundana wao kwa wao na ugomvi kuzagaa（他们经常会互相推推搡搡地闹事捣乱，搞得嘈杂声一片）. Mpaka siku moja waliona pingu baridi za polisi mbele ya macho yao（直到有一天，一副副冰冷的手铐出现在他们面前）, ndipo tembo likawatoka lote na wakawa wakavu（这时他们酒意顿失，变得傻呆呆的）, wakilevuka kutoka katika hali ya mgongano wa chupa kwa magilasi（慢慢从杯来盏去的混沌状态中回过神来）. Nasikia sasa wamekoma（停止，不再）kabisa kwenda kufurahia anasa ya **kumimina glasi midomoni**（酗酒取乐）, pombe imekuwa adui wao mkubwa.

（9）Kugonga mvinyo, kuondoa uvundo, kutoboka vyema

Saa za jioni amefuatana guu kwa guu（脚跟脚）na rafiki zake kwenda klabuni **kugonga mvinyo**（喝红酒）ili **kuondoa uvundo wa upweke wa siku nzima**（消除一整天的孤独）. Kwa kweli yeye si mnywaji hodari, unywaji wake ni wa nadra sana, wa msimu hata msimu, wa glasi moja au mbili tu（他酒量不佳，只是偶尔断断续续喝那么一两杯）, mara nyingine hata havumilii mafunda matatu ya mvinyo（有时甚至撑不住三口酒）, maana akiibugia kiasi kidogo tu hujikuta ametoboka vyema（因为他沾一点儿酒都会穿透全身）, kwa jumla kichwa chake hakina himili ya pombe（总之，他不胜酒力）, mara nyingi ilimbidi aende msaleni kujitia vidole midomoni ili atapike mara moja（经常跑进洗手间用手指抠嗓子，以便把酒吐出来）. Ingawa hivyo, inambidi aionje ili kuielekeza hali ilivyo（虽然如此，但他还得逢场作戏地抿几口，以应付场面）.

（10）Kupakia maji, kufuta jasho, kulewa chopi

Sifichi kwamba mimi ni mwenyeji sana kwa pombe（实不相瞒，我是个酒场老手）, lakini sijajua kuwa yeye yu mwanachama wa upigaji pombe hata kunizidi mimi pengine（可我并不了解原来他也是个酒道行家，甚而在我之

上）. Mara baada ya kutoka kazini, tukiwa marafiki tukachapuka mbio kwenda bar **kuyapakia maji ili kufuta jasho za mchana kutwa**（一下班，我们就急奔酒吧，以便消除白天的疲劳）. Tulijiagizia makali na baridi, lakini mwenye duka alituambia pesa mbele na maneno kando（我们叫了烈酒和冷饮，但店主告知我们话放到一边儿，先拿钱来）, na tukalipa. Ajabu ni kwamba naona jamaa aweza kunywa upesi upesi kama kuku anavyomeza hindi（他一杯一杯喝得飞快，就像鸡叨米似的）, kitambo kidogo tu baadaye uso wake umesharabu wekundu kama ini, **akalewa chopi** bila kujijua tena（不一会儿就把脸喝得红彤彤的，像块猪肝儿，他醉醺醺的，找不着自己了）.

（六十八）衣食住行（3）——行走奔跑

1.行走

（1）加快频率，加大步幅

Njiani tulitembea kwa hatua nzito nzito na kupeana zamu kumbeba Midoo, huku mbu kwa makundi wakitulaki na kutuzonga vyema hata mchana mchana（一路上，我们迈着沉重的脚步，换班抬着米多，同时蚊子大白天就群体出动欢迎我们，把我们团团围住）. Musa alitandaza ramani chini na kupitisha kidole juu yake（在地上摊开地图，手指在上面滑动）kuamua tungefuata mwelekeo gani ili kutoka msituni, kisha tukajitahidi **kukanyaga miguu na kupanua hatua kusonga mbele**（我们努力加快步伐、加大步幅前进）ijapokuwa haitakuwepo tena **ile kasi inayotakiwa ya kufumba na kufumbua**（尽管我们将不会再有那种一眨眼工夫就跑得没影儿的速度）. Majira ya jioni（傍晚时分）tukafika katika ngome yetu, mimi nikajitupa kitandani mzima mzima kama kushukuru mbio zetu zimefika mwisho（我和衣倒在床上，仿佛在说，谢天谢地，可算熬到头了）.

（2）步态优雅，步履蹒跚

Alipomaliza shughuli zake tu, rafiki yangu upesi upesi akajihimu kurejea nyumbani（我的朋友干完活儿之后就忙忙叨叨地急着回家）. Nilimshindikiza nje ya mlango na kusimama pale kwa muda mrefu kumwangalia **akipiga miguu kwa mwendo wa madaha**（我把他送出门，久久站在那儿看着她步态优雅地离开）na kugeuka kuwa kivuli hafifu katika jua lililomchwea hadi kunywea pole pole katika giza la usiku（在落日的余晖中变成一个暗影，继而慢慢消

失在夜色中）. Baada ya hapo nami pia **nikakongoja** kurudi nyumbani（我也步履蹒跚地回到家里）.

（3）听天由命，四处游荡

Katika pita pita zetu za kuyazoea maisha na mazingira ya mji huo wa ugenini, **hatukushauriana mahala pa kuendea**（在了解并适应这座异地城市生活和环境的过程中，**我们并没有特别商定要去哪儿**）, bali **kila mtu alikwenda kiguu na njia aliyojaliwa kuelekezwa na Mwungu**（而是听天由命地四处游荡）, muda si muda sote <u>tukapoteana upeoni</u>（不一会儿，我们互相就看不见对方的影儿了）. Mzee Musa **mbio alizokwenda haziwezi kuelezeka kwa maneno**（穆萨老人的麻利劲儿就甭提了）, **alikimbia utafikiri si mzee wa miaka 81 bali ni kijana wa miaka 18**（跑起路来你会觉得他不是81岁的老者，而是18岁的小伙子）.

（4）迈开脚步，伴友同行

Hali yenyewe ilinikera na <u>kutonesha donda langu</u> la muda mrefu la kutopata kazi（情况本身让人心烦意乱，并触到我找不到工作的**疼处**）. Basi nilikata tamaa, ikawa sina budi **kupiga guu**（步行）**kuandamana na rafiki yangu mwenye uhusiano wa karibu sana nami** kuelekea kwake（我心灰意冷，不得不跟着一个与我关系密切的朋友去他那儿）. Alikuwa **akichanganya misuli za miguu kuongoza njia kwa hatua ndefu ndefu za chapuchapu** bila ya kutazama nyuma（他铆足腿劲儿，大步流星地在前边引路，连头都不回一下）, na kwa muda wa saa moja hivi tuliweza <u>kuona upeo wa Mombasa mjini, pale palipofunga giza kwa minazi mingi</u>（我们终于看到蒙巴萨灰蒙蒙的轮廓，那是一座掩映在椰子树林中的城市）.

（5）加力双腿，疾步快行

Kuona hivyo, Mliyafyondi <u>akajua hii ndio saa, ndio dakika na ndio kila</u>

kitu（看到这些，穆利雅芬迪知道，现在正当其时，正当其刻，时间就是一切）. Basi **akakaza miguu na kupiga hatua za hima hima**（他加力双腿，疾步快行）akihofia asije akaperewa (akapanda mwamba) pale mlangoni（担心被挡在大门外）. Muda si muda akafika, akivuta pumzi na kuusukuma mlango ambao kwa bahati nzuri ulifunguka bila ya mlio（门悄无声息地开了）. Humo chumbani mlikuwa na fanicha za gharama kubwa zilizorembeshwa kwa nakshi nzuri nzuri（屋子里有雕刻精美的高档家具）, na ukutani palikuwa na kioo cha kujiangalia mwili mzima na mashine ya kupoza joto（墙上镶着穿衣镜，挂着空调）, lakini hamkuwa na mtu wala isimu ya mtu（但连一个人影也没有）. Basi naye akawa hana budi kuketi sebuleni kimya, huku mawazo tele yakipishana ubongoni（他只好默默坐在客厅里，脑袋里翻来覆去想了好多）.

（6）甩开两腿，大步流星

"Upendo ananicheka eti nina kibiongo（乌潘多嘲笑我是个罗锅儿）. Jee niliomba（难道这是我求来的吗）? Mimi nilipewa na Mwungu（这是上帝给我的）. Sijali hata kidogo（我一点儿也不在乎）!" Alisema kwa utaratibu, utadhani alizungumza juu ya mambo ya kupendeza sana（她慢条斯理地说着，你会以为她在讲一件欢天喜地的事儿）, sauti yake ikiwa imejaa imani na uhai kuliko wakati wowote（声音里比任何时候都充满自信和生机）. Baada ya kusema yake, akashika kiredio mkononi na kuondoka, **akapanua miguu na kuvuta hatua kubwa kubwa** akiwa kama yuko katika kilele cha starehe（说完这些，她便甩开双脚，迈开大步，一副兴高采烈的样子）, muziki mtulivu ukimliwaza njia nzima, upinde wa mvua ulionekana angani upande wa magharibi（一路开心地听着音乐，一道雨后彩虹挂在西边天上）.

（7）开动双脚，犹如转轮

"Angekuwa ameolewa nisingempapatikia（假使她已嫁人，我也就不为她玩心跳了）. Sasa si wa mtu, ni wa wote，kila mmoja ana haki（眼下她

没主儿，还是大家的，一家女百家问嘛）！" Kijana Odi alijiwazia akilini, moyo ulitwanga kwa nguvu mbavu zake（小伙子奥蒂脑袋里思谋着，那颗心用力撞击着他的双肋）. Kusema kweli, alikuwa anaogopa asije akamkosa mtu wa rohoni mwake na wengine kutangulia kumchukua（他担心错失心仪之人，而被别人捷足先登）, jambo hili si la kuliacha lipite tu（这是不可接受的）. Basi naye **kwa haraka kama charehani akatwanga miguu umbali wa maili sita hivi**（他好似一台快速转动的缝纫机一样步行六千米远）kwa nia ya kuongeza upepo katika mapenzi yao ili yawake kama moto wa mhunzi（意在为他们的爱情鼓鼓风，使之像铁匠炉里的火一样越烧越红火）. **Kila aliponyanyua miguu na kuvuta hatua moja** ndivyo kishawishi cha kumpenda zaidi kilivyozidisha uwezo wake（每走一步，爱慕她的激情就愈加势不可当）.

（8）拔腿就走，两步并一

Kwa kuona vile yule beberu alianza tena kelele na mikiki mikiki yake kwa wale mbuzi jike, hata ng'ombe waliolalia pale kando kutafuna meno wamevurugika pia（见那只公山羊又在哆声哆气地叫着跟母羊瞎闹腾，甚至连卧在旁边倒嚼的牛也不得安生）, mzee mara akamwambia mtoto wake amwendee fulifuli kumnyamazisha（赶快制止它）. Kijana mchungaji **akavuta nanga na kujiongoza kwa hatua ndefu ndefu kama alivyozichanganya hatua mbili mbili kuwa moja moja** akielekea huko kutatua matatizo（牧羊青年起身两步并作一步，大步流星地走过去解决问题去了）.

（9）加快步点，马不停蹄

Nikiwa dereva wa taxi naielewa vizuri kazi zangu（作为出租车司机，我了解自己的职责）, kisha nina imani kubwa juu ya uendeshaji wangu（而且我对自己的驾驶技术很自信）Lakini jana gari langu lilikwisha mafuta njiani, kwa bahati sikuwa na mgeni wangu（但昨天我的车在半路上耗光了油，幸

好车上没客人），nikawa sina la kufanya ila **kupiga mwendo kwa kuzihesabu hatua**（步行）**mpaka kwangu** ambapo ni umbali wa maili mbili hivi. **Njiani nilikuwa sikai nikijivuta na kuongeza hatua**（一路马不停蹄地加快步点儿）ili kufidia muda nilioupoteza（以便补回失掉的时间）. **Nilifuliza moja kwa mbili hadi nyumbani**（急急忙忙回到家）na kurudi na ndoo nzima ya mafuta.

（10）脚步沉重，缓步前行

Alitamani kugeuza nia na kutimua mbio（他改变主意，想跑掉）, lakini anajua wazi kuwa ni lazima sasa anataka au hataki（akitaka asitake 不管愿意与否）itambidi apambane na askari hao ana kwa ana（但他明白无误地知道，不管愿意与否，他必须面对面地与那些士兵打交道）ingawa wakati huo kila mshipa ulimgonga kwa hofu（尽管此刻他被吓得脉管嘣嘣直跳）, masikio yake yalikuwa yanavuma tu（耳朵嗡嗡鸣响）, na **miguu yake iligeuka kuwa mizito kama iliyowekewa gogo**（双腿沉重得像被绑上了大木头似的）**kiasi cha kumfanya ajikokote (kujiburuta, Kujiburura) pole pole kama kobe alivyotambaa mbele**（他只能硬拖着身子，像乌龟爬行似的往前走）, akiwa dhaifu na karibu kufifia（虚弱而又无精打采）.

2.奔跑

（1）如离弦之箭四蹄腾空几

Baada ya kumtandika farasi na kumtengeneza vizuri pamoja na lijamu, hatamu na matandika（笼头、缰绳、鞍子）, kijana akapeana buriani na mama yake（告别了妈妈）, na akavaa silaha（带好武器）na kujipandisha mgongoni mwa farasi（飞身上马）akimshika kishungi cha kichwani（伸手揪着马鬃）na **kumkimbiza shoti**（狂奔而去）. **Farasi akaenda kama mshale uliotoka katika upinde**（烈马如离弦之箭）, **kwato zake zilikuwa takriban hazigusi ardhi**（四蹄腾起，几不沾地）, akapotelea msituni kama kivuli（像一个黑

影一样消失在林海之中）. Alijiona kiasi akiwa mwenye furaha na tegemeo la kulipiza kisasi kwa magaidi hawa（他感到自己大体已兴奋起来，有了向那些恐怖分子报仇雪恨的希望）. Huo utakuwa wakati mtamu kwake kuwachezea hawa mbwa mwitu（这将是耍弄那些豺狼的美妙时刻）. Akishafaulu, huku kwake kutakuwa hakuna tena mwanamume kuliko yeye（一旦取得成功，他们这个地方将不会有比他更英勇的人物了）.

（2）把脚后跟儿都快跑掉了

Kufungua chumba, akaona hakuna cha kijana wala cha mizigo, ni wa juzi（推开屋门，既没见青年，也没见行李，这里早已人去房空）! Sanduku lilimchekea, hamkuwa na hata nusu senti（一只箱子在张着大嘴耻笑他，里面空无半文）. Basi kwa kuona hivyo, naye kwanza kiruu, baadaye kichaa（见此情景，他先是暴怒，然后神经错乱）. **Bila kujielewa akajiinua hima kutitimua mbio hata kisigino karibu kung'oka（他不知自己是怎么回事，就急急忙忙起身飞奔而去，差点儿跑掉脚后跟儿）na kuhema hema kama faru aliyepindua gari la moshi（呼哧呼哧喘着大气，犹如一头掀翻火车的犀牛）, akaacha vumbi tu lililomfuata na kutokomea katika upeo wa macho**（身后带着一路扬尘消失在人的视野中）.

（3）跑得脚后跟儿碰到后脑勺儿

Kabwera（土老帽儿）alijitupa kitandani kungojea kwa hamu mawindo yake（猎物）. Aliposikia kama kuna mtu akinyemelea chumbani（偷偷摸摸钻进屋里）akasisimka nywele（连头发都跟着紧张起来）, mihemo na mitetemo mia mia（呼吸急促，心慌意乱）. Lakini alipogundua yule aliyeingia ni dume kama yeye, akashtuka na roho ikawa si yake tena（失魂落魄）. **Alifyatuka kama swala（像羚羊似的撒腿就跑）, kiatu mguu mmoja na kofia katika mkono mwingine（脚穿一只鞋，手里抓着帽子）.** Akakata hanamu shambani na kujitosa gizani（他从野地里斜插过去，钻进黑暗之中）**akianza mbio za mguu niponye**

（一路奔命狂跑），**kisigino nusura kikagusa kisogo kwa kasi aliyokuwa nayo**（速度快得几乎脚后跟儿碰到后脑勺儿）.

（4）像被击发的子弹

Penga la treni lilipulizwa na gari zima likaanza kutingisika na kuvuta mwendo（火车鸣笛，整列火车开始运行），na vichwa, shingo na mikono ilionekana ikielea nje ya madirisha（探出车窗外）kwa kuwaaga watu waliowashindikiza. Baada ya safari ya masaa mawili, treni ikafika stesheni moja ya mlimani, nasi tukateremka. Kuinua uso, tukaona msitu mkubwa uliopindukia upeo wa macho huko mbali（一仰脸，我们见远处是一眼望不到边的大森林）. **Basi tukatwanga miguu na kuchanganya mbio kama risasi mpaka miguu ikachubuka ili tuifikie kwa upesi**（我们迈开双腿，就像被击发的子弹一样高速行走，脚底板都磨掉了皮，以便尽快抵达森林处）. Lakini ajabu ni kwamba kila hatua yao ilionekana kama ikiusongeza msitu mbele, mchana wote ukaishia njiani（但奇怪的是，好像每走一步都离森林越来越远，整个白天都白搭在路上了）.

（5）如被卷入激流之中

Safari ilikuwa ya kukimbizwa kutupu na kuifufua mbio moja kwa moja japo kwetu hapa na Nairobi ni hatua tu（整个行程都是在跑，而且是全速前进，尽管这里离内罗毕只有一步之遥）. Tulikuwa **tukipiga mbio kama tumo katika mkondo mkali wa kimbizi, pengine zatosha kuitwa mbio za kijini**（我们犹如被卷入汹涌的激流之中，堪称神速），kwa sababu **tusipopiga misamba**（我们如果不紧赶慢赶）tutachelewa kufika mkutanoni. Baada ya nusu saa tu tukajiona bila ya kutazamia（不知不觉）tumo miongoni mwa vijana hamsini walivyokuwa kama sisi.

（6）脚能跑多快就跑多快

Tukaona mapande ya mawe na magogo makubwa makubwa yakibingirika toka juu mlimani（我们看到巨石檑木从山上滚滚而下）. Katika <u>wakati huo kama pilipili</u>, tukahisi maisha yetu mara yatafika mwisho（在这个**千钧一发的时刻，我们感到自己的生命危在旦夕**）, kwa hivyo tukawa hatuna budi **kufumuka mbio kwa kadiri tulivyoweza kuchukuliwa na miguu yetu**（我们也只是**能跑多快就跑多快**）**na kukimbia ovyo kama magari yaliyokosa usukani, kila mmoja kwa upande wake**（像没有方向盘的汽车一样四处逃散，各奔东西）, huku <u>nywele zikititimka timutimu</u>（一路乱发飞扬）.

（7）风风火火，疾如闪电

Kwa kawaida yeye hupenda sana kwenda sokoni <u>kila akipata hatua</u>（一有空儿）. Na leo hii **akaanza tena mbio zake za kwenda kununua vitu**（今天他又开始了她的购物行程）. Wakati aliporudi nyumbani akamkuta mwanawe kesha ondoka. Alijua alikoendea, basi mara **akachomoka mbio na kufyatuka kama umeme kukimbilia baa fosi fosi**（她拔腿急如闪电般风风火火跑向酒吧）. Alipomwona mtoto wake akaanza kufoka na kumzomea（没好气地大呼小叫）, huku <u>akijibwaga bwaga miguuni kama mkichaa</u> na povu kumporomoka kinywani（像发疯似的拍着大腿，满嘴唾沫纷飞）.

（8）像被人用棍子打着似的

Alipewa dakika ishirini hivi, na <u>kama dakika hizi zikiisha hajafika</u>（如果时间过了，他还没到达）, basi mama yake atakuwa hatarini. Akaona sasa ndio wakati wa kitendo, maneno matupu hayafai tena. Basi **aliondoka kwa kasi na kuzikata mbio kushinda farasi**（他急急忙忙离开，快马加鞭地赶路）. **Alitimka mbio na kupiga shoti kama aliyegongwa** na kuendelea mbele na tahadhari kwa <u>kutenga tenga vichaka</u>（他像后面有人用棍子追着打似的疾跑，不断用双手警惕地拨开拦路的荆棘、灌木）, akijitahidi kufika <u>pale palipofunga giza</u> kabla mambo hayajawawia mabaya（他力图在事情还没变坏之前赶到前面那个黑蒙蒙的地方）, huku <u>roho zikimpiga kama mwenye pumu</u>

（同时心脏像哮喘病人一样跳得厉害）.

（9）差点儿打破五英里跑世界纪录

Aliinyoosha nyoosha mikono yake iliyoshikwa na ganzi na kutuna kwa kuvimba kutokana na kufungwa kamba muda mrefu na jambazi（他放松了一下因长时间被匪徒捆绑而麻木肿胀的双臂）, akihangaika na **kutimba mbio haraka haraka kama mwenda wazimu aliyepachikwa mabawa**（像插上翅膀的疯子一样张皇失措地飞快逃命）. Akilini hata aliifananisha haraka yake na ile ya yule kipara alivyofumaniwa siku ile（他自己在脑子里甚至把自己的速度与那天被抓奸的秃头的逃离速度相比）ambaye **alifyatuka mbio kama mshale, akijitanua kuvuta kasi**（如离弦之箭，拔腿就跑）**na kuchanga hatua mbio mbio nusura kuvunja rekodi za dunia za mbio za maili tano**（速度快得差点儿打破五英里赛跑世界纪录）, akaacha vumbi njia nzima（后面留下一路沙尘）.

（10）像死里逃生的鸟

Rosa naye kwa wakati huo alipata fikara za kuwadokeza polisi（报警）, tena wazo hili alitokea kulipenda（而且她喜欢上了自己的这种想法）. Basi aliinua mkono aishike simu, lakini akaurudisha, moyo ukasita（心里犹豫起来）, akabaki amesimama akiwaza zaidi. Saa hiyo hiyo mama mwenye nyumba akarudi kutoka nje, Rosa akavamiwa naye na kutiwa jino, na uso wake ukaenea damu mara（罗萨受到她的攻击，脸被咬得鲜血直流）. Kwa kukwepa kuumizwa zaidi akaanza kukimbia huku na huko chumbani kama samaki ndani ya sanduku la kioo（为了躲避遭到进一步伤害，她就像玻璃缸里的鱼一样在屋里乱跑乱窜）. Alipokuwa akifaulu kufungua mlango, redio ikampata mgongoni kwa kasi（她打开屋门的一刹那，飞过一台收音机砸在了她的背上）, basi bila ya kujali hili na lile **akafyatuka mbio kama ndege aliyenusurika**（像死里逃生的小鸟一样狂奔）, huku akitamka sala（嘴里祈祷不停）.

（六十九）衣食住行（4）——饥肠辘辘

（1）纸上计划不解饿

Bado tuna safari ndefu ya kwenda na kazi kubwa ya kufanya（我们还有很长的路要走，还有很多工作要做）. **Mpango kwenye karatasi haumfai kitu mtu mwenye njaa**（写在纸上的计划解决不了一个人的饥饿问题），kwa sababu ataka chakula tumboni mwake, ataka nguo za kufunika mwili wake, ataka pesa za kulipa kero ya shule kwa watoto（因为人们需要用饭果腹，用衣蔽体，用钱供孩子上学），hatosheki na ahadi（不会仅满足于听信诺言）. Kwa maneno mengine, mpango mtupu hautatusaidia chochote ila lililopo sasa ni kitendo cha kuutekeleza（换言之，空洞的计划帮不了我们，最现实的就是行动）.

（2）饥荒年头老小难

Kutokana na maafa ya jua kali na mvua haba, **njaa ilianza kupiga hodi kila nyumba vijijini humo**（由于干旱少雨，饥荒开始敲响村子里每家每户的大门）. **Watoto waliokuwa wakililia njaa** walitia majonzi katika mioyo ya wazazi kwa vile **hawakuwa na hila ya kutuliza matumbo yao**（孩子嗷嗷待哺让大人听了心酸，父母无法让他们的辘辘饥肠平复下来）. Njaa hiyo **ilipoyasokota matumbo** ya wazee, nao wakatwaa nguo nyembamba wakazifunga matumboni kama mshipi **ili njaa ifungwe isipate kuyachoma matumbo** yao kwa maumivu makali（当肚子饿得绞痛难忍的时候，年迈的老人们就用布条勒紧腹部以减轻饥饿带来的残酷折磨）. Kwa jumla, watu wote **waliogopa wasije wakafutwa kabisa na njaa**（总的来说，人们都担心被饥饿从人世间带走）.

（3）探险途中口粮吃绝

Mikate ilituishia njiani tangu juzi, tulichokula baada ya hapo ajua Mola
（我们带的干粮早在前天就**在路上吃光了**，此后我们吃的什么**只有天知道**），
kwa jumla tulikwisha shinda siku mbili bila ya kula sima kitu（总体来说，我们已
有两天连粥都吃不上了）. Nilijihisi **tumbo lanikwangua sana kwa njaa**（我
饿得如开膛破肚般难受），hata baadhi yetu wakaanza kulia lia kwa **kusongwa**
na njaa ya kikomba（甚至我们有些人**饿急了，开始大发牢骚**）. Kadiri
tulivyozidi kuendelea mbele, kwa bahati tukaikuta michungwa（橘子树）kadha
na matunda yake msituni. Kwa kuyaona tu tukajihisi **hatujiwezi matumbo tena**
（我们的肚子就急不可耐了）. Naam, machungwa yalikuwa matamu yenye maji
tele yakiyeyuka kwa urahisi kinywani（橘子甜而多汁，**放进嘴里就化掉了**）.
Hata hivyo, maarifa yalituambia tusipapie chakula kwa uroho kama tunavyokula
uhondo wa arusi（经验告诉我们，**不能像吃婚礼大餐似的狼吞虎咽**），la
sivyo tutavimbishwa matumbo kama magoma（否则**我们的肚子就要胀成大
鼓了**）.

（4）等饭不到肚子闹

Kama umezoea sehemu ya uswahilini kwa akina "mama nitilie", nakushauri
usitembelee sehemu hiyo tuliyokuwepo（如果你已经习惯**到贫民区饭摊上呼喊
"老板娘，上饭"**，我建议你不要来现在我们吃饭的这个地方）. Sina maana
ya kuwa hustahili, la hasha（我绝没有说你不配的意思）! Ukweli ni kwamba
kutokana na tabia uliozoea ya kutojua ni wakati gani njaa italeta ukorofi na
kushindwa kuisubiri izidishe madai yake, hapa hapakufai, kwa sababu hutafika
na kuchotewa chakula mara moja, itabidi usubiri utayarishwe unachotaka（事实
上，鉴于你养成的**不知何时就饿起来而又难以忍受其继续发作**的习惯，这
里不适合你，因为不是你一到就能吃到饭，你必须等着给你现做）. Hata
mimi katika kusubiri huku **nimeanza kukatwa katwa na matumbo kwa jinsi**

njaa ilivyosaki na kuleta mtutumo tumboni（就连我也已等得**饥饿难忍，肚子咕噜咕噜直叫**），maana tangu asubuhi <u>sijajua riziki</u>（因为打早晨到现在我还没吃东西呢）. Nimejiwazia baadaye <u>bora niweke makumbo ya chakula akiba ya asubuhi ili nikishindilie kinywani kabla ya chakula rasmi</u> kwa **kukata njaa**（我思谋着今后最好把吃剩的早餐留下来，以便吃正餐前垫补垫补肚子，省得挨饿）.

（5）恩人落难度日艰

Nilimwalika rafiki yangu mmoja kwenye chakula, lakini niligundua **amekipapia haraha haraka kama kwamba amebanwa na njaa siku tatu**（就像饿了三天一样吃得又快又猛）. Zamani alikuwa <u>ndiye aliyenishika mkono kazini</u>（他过去在工作中曾对我有知遇之恩）. Wakati ule <u>alinawiri sana</u>（当时他风度翩翩）, lakini sasa ameonekana <u>kama hana damu kitu</u>（现在看上去却有些落魄）, <u>sababu niliisikia ya kuwa kazi yake imekwenda kufuatana na cheti cha masomo kumpotea</u>（我听说的原因是，随着毕业证丢失，他失去了工作）, na bila ya <u>ile karatasi isiyosema</u>, atapata kazi mpya wapi（没有那张不会说话的纸，他怎能找到新工作呢）? Alikuwa <u>kakonda kama ng'anda</u>（瘦成了纸片儿）<u>na kugeuka kifyefye (kifefe) mfano wa bua la mnazi</u>（像根细椰子树杆儿）.

（6）饥寒交迫盼温饱

Mimi niliamua kwenda pwani kutafuta maisha ili kusaidia familia yangu. Nilikuwa sipendi kumwangalia sana mke wangu wakati wa kuondoka, <u>la sivyo huruma na kumbukumbu zitanisonga na zitanilazimisha nirejee tena nyumbani na kuendelea kukaa na Anasa tukitoleana machozi</u>（不然，恻隐之心和思念之情势必然会阻碍我成行，使我不得不打道回府，继续和阿纳莎一起哭天抹泪）. Siku hiyo <u>upepo wa umande</u> ulivuma kwa nguvu（潮湿的风呼呼地刮着）, <u>bahari ilighadhibika kwa dharuba kali</u>（大海怒涛汹涌）, **baridi ikaanza**

kunionea na njaa kunibana（我开始有饥寒交迫的感觉）, lakini haidhuru nitavumilia（但没关系，我能忍受）, maana katika miaka hiyo yote **nilipata kuonja kwa kiasi chake kila watu walichopewa kwa ajili ya kujipatia riziki ya tumbo**（因为这么多年来，我一定程度上尝过人们为填饱肚子而经历的各种苦辣酸甜）ila tu sijui lini nitaweza kuruka ruka kwa raha za shibe（只是不知何时自己才能为实现温饱而欢腾跳跃）.

（7）受饥挨饿想妈妈

Naona siku hizi mbaya sana kwangu. Amini usiamini, sijala tangu jana mchana（从昨天中午到现在，我还没吃东西）, **njaa inanisokota kiasi kwamba nashindwa kujipa imani kama nitaweza kuvimilia shida hiyo zaidi**（我饿得够呛，几乎对自己能否继续坚持下去失去自信）. Wakati huo moyo wangu umekesha sana kufikiria marehemu mama yangu mzazi（此刻我心里非常清楚地想到过世的妈妈）. Kama angekuwa bado hai, ningeomba **aniandalie chochote cha kufukuzia njaa hiyo**（如果她还活着，我早就求她给我弄点儿吃的以消除饥饿了）. Ingawa njaa ya mchana mmoja haiui mtu, lakini kesho nitafanyaje（虽然一个白天饿不死人，可明天我该怎么办）? Ukweli ni kwamba sina hata senti tano ya kujinunulia ndizi moja ya kudanganyia njaa（现实情况是，我甚至没有五分钱来买根香蕉骗骗自己的肚子）.

（8）肚子有疾不觉饿

"Huenda labda（可能）ukaona **nimeudhiwa na njaa**（饿了）, hapana! Mimi sihitaji chakula, kwa kuwa tumbo langu kidogo lina walakini, hata kile kifungua kinywa nilichokula saa moja asubuhi bado hakijaanza kutumika mwilini（早七点吃的早餐还没消化呢）." Aliposema hayo Lahi, macho yake yakaangukia na kutulia usoni pangu kwa kunidadisi（他打探的目光停留在我的脸上）, huku akinena: "Labda nipe mchuzi chururu kidogo ikiwa una nia ya kunifungulia mkono wa ukarimu（如果你想帮衬我一下的话，也许可以给我弄点儿稀汤），

sitaki ule mzito（我不要稠的）, maana tumboni mwangu vita vimeanza（因为肚子里已经开战了）, nimejisikia kama nataka kuharisha（我觉得好像要拉肚子）."

（9）多年不见刮目看

Miaka kumi iliyopita tukiwa katika hali ya kuahidiana mengi tukaagana（十年前告别时，我们互相许了很多诺言）. Na leo tunapokutana tena kwa dharura, yeye tajiri na mimi njaa（今天不期而遇，他是财主，我是饿汉）. Hata hivyo naona heri nimpe mtihani kidogo ili niuone urafiki wetu upo bado bado au umekwisha（我感到最好考验考验他，看我们的友谊是否还存在）. Mimi kusita, ninasema（我停了一下，说）: "**Wewe mwenye shibe huwezi kunijua niliye na njaa**（你是饱汉不知饿汉饥）. Nakuambia kwamba tangu jana mpaka saa hizi sijala chochote, **nimeshikwa na njaa na tumbo lanikakata kweli**（饿得肚子疼）, hata huwezi ukanipige jeki（难道你不能搭把手）ili ninunue chakula kidogo?" Niliposema hayo, niliona haya, uso wangu lazima uliniiva mwekundu kama papai japo sikuwa na kioo cha kujitazamia（说这些话时，我感到害羞，我的脸一定红得像木瓜，尽管我没带镜子照自己）.

（10）老来受贫贫死人

Aliwahi kusitawi kama mti mzuri ujanani mwake, lakini sasa amezeeka kama mti uliokauka. Jana alikuwa akitambaa njiani kuomba omba, na leo asubuhi anakutwa kalala chali kwenye kipenu cha nyumba ya mtu akibabaika（kuweweseka）usingizini kwa kurudiana maneno yale yale: "Ni...pe...angalau...", huku uderere (udelele, udenda, udende) ukimtoka mdomoni kwa wingi（嘴里流出许多口水）, dalili ya kwamba pengine usiku kucha alikuwa **yupo lepelepe kwa kusumbuliwa na njaa**（迹象表明，她可能一夜饿得没怎么睡觉）.

（七十）衣食住行（5）——吃相种种

（1）吃撑了肚子，连翻身都困难了

Vyakula chekwa chekwa viliandaliwa mezani na mikate bado kuota ukungu（丰盛的饭菜摆满桌子，面包还冒着热气），na maziwa yalikuwa yamechemka furufuru na kufoka foka yakinukia vizuri（牛奶已烧得滚开外溢，泡沫叠起，散发着浓郁的香气儿）. Kwa kuwa **walikaribishwa kushiba vya bure**（这是招待他们白吃白喝），kwa hivyo **wakachapa mlo kwa uroho mpaka ukawapata wote**（所以他们都大快朵颐，吃了个撑肠挂肚）. **Walikula wakavimbiwa hata hawawezi kufurukuta**（他们吃撑了肚子，连翻身都很困难）. Hata hivyo, **bado walilalamikia kuwa hivi vyakula si pepo wao**（可他们仍然抱怨说，这饭菜他们并不喜欢）.

（2）胡吃海塞一通，肚子鼓得像鸭子

Mama mzee alibiabia jikoni（老妈妈在厨房里忙活着）kwa kumwaandalia mgeni wake chakula. Chakula chenyewe kilikuwa kinachangamsha kinywa kweli（饭菜很可口），kijana **akasega sega mikono ya shati lake na kuanza kusafisha sahani na maakuli yake**（青年挽起袖子，开始扫荡盘子里的饭菜），**kwa nukta chache tu akayateremsha mayai manne tumboni kwa chai nzito ya maziwa**（几秒钟后，四个鸡蛋已就着浓浓的奶茶下肚），**naye akabiganya chakula chote mbele yake kama kusema kwamba hii yote hisa yangu**（他把所有的饭菜都揽到自己眼前，仿佛在宣布这些都归他），**akala kinono mpaka tumbo likajaa kama la bata**（他胡吃海塞一通，肚子鼓得像只鸭子）.

（3）吃了个肚子溜圆，都站不起来了

Watu hawa "vidomo" walitaka mlo wa karamu hiyo uwe wa nyama ya nguruwe na kuku wa kukaanga（那些"美食家"要求主家用猪肉和炸鸡宴请他们）, wakisema eti vyakula hivi vyajua kuchangamsha damu na kurutubisha matumbo vizuri（他们言称这些食物有活血益胃之功效）. Mwenyeji wao mkarimu aliwatimizia yote waliyoyataka, nao wageni hao **walikuwa hawanawi ndio wakavamia vyakula, na walivikata vinono mpaka wakavimbiwa na kushindwa kujiinua**（那些客人连手都不洗就扑向饭桌，个个吃了个肚子溜圆，连站都站不起来了）**ila mchuzi wakaukacha kwa vile ni chapwa wa kuwasonga watu moyo**（只是没有喝汤，因为它稀汤寡水，不合胃口）.

（4）像五年没吃饭，把肚子撑得圆滚滚的

Jamaa huyo ni **mpenda vya bure**（此君喜欢白吃白拿）, anazoea **kupandia chakula kwa marafiki zake**（习惯到朋友家蹭饭吃）, naye **huotea chakula cha watu kama ndege**（他经常像鸟一样盯别人家的饭）, leo kamnyemea huyu na kesho mwengine（今天找这个，明天奔那个）, hivyo hivyo inaendelea（长期如此）. Ni hapo majuzi tu, alikwenda kwa rafiki yake mmoja **kutia mrija na kumtafuna** kwa **mwezi mmoja na kitu**（到朋友家白白吃了一个多月）, kila siku **akalijaza tumbo lake hadi kuleta ukelele kama kwamba hajui riziki kwa miaka mitano**（就像五年没吃饭一样，天天把肚子撑得圆滚滚的）, aidha ameonekana kuanza kujaza jaza mwili na kuwa tipwatipwa（看上去他终于开始长肉发胖了）.

（5）喝了个忘乎所以，竟把厕所当卧室

Aidha ilitokea siku moja, jamaa akatangaza kuwa siku hii hii ndio mwisho wa kitwea chake（终于有一天，这老兄宣布自己从即日起不再孤独）, basi hakuchelewa kwenda katika mkahawa wa kujiwahi maakuli kwa wasafiri ili kujifaidia matumbo（他毫不耽搁地赶往**旅客自助餐馆填肚子**），**kufumba na kufumbua mikate miwili ilikwisha shuka tumboni**（一眨眼工夫，两个面包已然下肚）. Aliona ametosheka kwa vyakula hivi（他对这饭很满意），ikiwa kama kuna upungufu wowote labda ni kwa pombe kidogo（如果说还有什么不足，可能也就是差点儿酒了）. Jamaa hakusita sita, na mara **akajiagizia pombe na kunywa mpaka ikamsikia (ikamtambua) barabara, hata choo cha mkahawani akakichukua kama chumba chake cha kulala**（他叫了酒，喝了个忘乎所以，竟把酒店的厕所当成卧室）.

（6）狼吞虎咽地吃鱼，大刺卡在嗓子眼儿里

Mtu kula chakula haraka haraka hatapata baraka（饭吃得快不是好事）. Siku ile jirani yangu Khamisi alichelewa mpaka mchana sana kurudi nyumbani hata jua likapinduka, kama saa nane hivi（那天我的邻居哈米希**中午回家很晚，差不多是午后两点的样子，连太阳都偏西了**），kwa hivyo akasumbuliwa na njaa kweli kweli. Na kwa bahati nzuri au mbaya, akaikuta meza imetandikwa tayari kwa chakula cha mchana japo mkewe alikuwa hayupo（不知是好运还是倒霉，他看到午饭已在桌子上备好了，尽管老婆不在家）. Naye hakuchelewa kukaa na kuanza **kula samaki kwa pupa na uroho**（狼吞虎咽地吃起鱼来），**na katika haraka haraka hizo, ndiyo kwanza jamaa akakwamwa na mwiba mkubwa kooni**（在慌慌张张吃饭的过程中，一根大鱼刺正好卡在他的嗓子眼儿里）. Mkasa uliomtokea baadaye ulikuwa hausemekani isipokuwa uyawazie mwenyewe（此后发生在他身上的事没法说了，只能你自己去想象），mradi mkewe aliporudi nyumbani **akamkuta mumewe yu badiri kama barafu**（不过，他老婆回到家里时，**发现丈夫早已浑身冰凉**）.

（7）想到汽水，至少已吞过三次口水

Wakati huo wote nilikuwa kwa uchache nimeshameza mate mara tatu kwa kuuhisi utamu wa sukari iliyomo ndani ya ile soda（在整个过程中，**想到汽**

水那甜丝丝的滋味，我至少已经吞过三次口水）. Nilikula keki yangu nusu kabla ya kupiga funda moja la soda（喝第一口汽水前，我已经吃掉了一半蛋糕）. Macho ya mama Happy niliyashuhudia yakinikosoa kwa kutokuwa na subira（我看见哈琶向急不可耐的我投来批评的目光）. Nilipokunywa soda funda moja, sauti ya shukrani iliyotoka tumboni ilisikika wazi（喝下那口汽水，我肚子里咕咕叫着发出明确的感谢信号）.

（8）香味激起食欲，嘴里满是口水

Harufu ya vyakula ilinitia hamu na mate yakanijaa kinywani（饭菜的香味激起我的食欲，嘴里满是口水）. **Niliogopa kuyameza maana wengine wangegundua uchu wangu kwa kuona koo likienda juu na chini**（可我不敢咽，生怕别人看到我喉头一上一下的，一脸馋相）. Lakini nderemo ya karamu ilikatishwa kwa ghafla（突然，宴会的热闹气氛戛然而止）. Kukuru kakara iliyotokea ingetosha kumkimbiza chatu ambaye kajipumzisha kwa ajili ya shibe kubwa（当时出现的混乱局面足以赶走吃饱喝足后盘在地上睡大觉的蟒蛇）. Hofu niliyokuwa nayo ikanilazimisha kufumba macho（我紧张得闭上了眼睛）.

（9）那劲头好像要把我啃成骨头似的

Kaka mtu kama hana chakula, aghalabu huenda kwa marafiki zake **kutia kinywa**（这哥们儿没饭吃的时候就找朋友**去添张嘴**）, na marafiki hao mara nyingi **humpa chakula kifu chake**（而他的那些朋友**经常会管他个够**）. Na safari hii amekuwa hana riziki tena（这次他又生活无着了）, alichokula kwa wakati huo wote hivi karibuni ajua Mola（最近这些天他吃的是什么，只有天知道）. Basi sasa **amenielemea mimi kama kwamba yuko tayari kunitafuna mpaka nibaki mfupa mtupu**（眼下他又投奔我来了，那劲头好像准备要把我啃成骨头似的）, maana sijaona dalili ya kuwa tayari aondoke baada ya kushiba kwangu mwezi mzima（他已在我家**饱食终日**一月有余，尚未有任何离开的迹象）.

（10）烤鸡不开膛，散发出鸡粪臭的焦煳气味

Akawabonyeza bonyeza kuku mmoja baada ya mwengine na kuchagua mmoja aliyenona zaidi（他用手捏来捏去，终于从中挑出一只膘满肉肥的母鸡），kisha akapekecha moto na kuanza kumchoma mzima mzima bila hata kutoa matumbo yake ili amle（没有开膛破肚就架起火来开始烧烤整只鸡，以便饱餐一顿）. Lakini kwa upande wangu mimi roho ilinichafuka kama mtu anayetaka kutapika kusikia harufu ile ya mchomo iliyochanganywa na ya mavi mavi pamoja na sauti ya kupasukwa na kumiminikiwa na mafuta kwa nyenje kutokana na kukanyagwa naye wakati alipokuwa akipita pita kushughulikia mambo yake katika usiku huo wa giza（而在我这方面，闻到那夹杂着鸡粪臭的焦煳味道，听到他在暗夜中忙碌走动时脚踩蟋蟀发出的血肉四溅的碎裂声，我心里顿时一阵阵恶心，直欲呕吐）. Mimi nilimvurumishia jicho la hasira kwa kuonyesha malalamiko yangu makali ya moyoni ingawa hakuweza kuniona nilivyomchukia（我朝他投去愤怒的目光，以表达我内心的抗议，尽管他无法看清我对他深恶痛绝的表情）.

（七十一）衣食住行（6）——开车跑路

（1）飙车招事

Nimesikia **ngurumo ya mwisho ya gari kusimama**（停车熄火的声音）nje ya nyumba, bila ya shaka Khamisi keshafika, basi sasa najua <u>ngoma tayari</u>（我知道**要出事了**）! Maana gari lake hilo jipya alilonunua <u>kwa malipo ya</u> <u>pole pole</u> **kila likichoma mafuta na kuranda randa mitaani kwa pozi** huwa halikosi <u>kuvuta jicho</u> la baadhi ya watu ambao mara nyingi hulishindikiza kwa mtazamio pamoja na <u>ndoto za aina aina</u>（因为**每当他踩着油门开动这辆用分期付款方式购买的新车招摇过市时**，总会吸引一些人嫉妒的目光，他们**目送着汽车想入非非**）. Yasemekana kuwa hao wote ni wa mzao wa akina Khamisi na wa makamo yake pia（据说他们**与哈米希是一类人**，年龄也相仿）. <u>Nimeshaunda picha akilini kuhusu mzozo utakaowazukia</u>（**我脑袋里对即将出现的情形已有所预判**）.

（2）破车坑路

Barabara ina mashimo（马路坑坑注注）, **dereva aliendesha pole pole basi lake bovu la makeke makeke na abiria kushikilia viti vyao ili kupunguza migongano iliyotokea hapa na pale wakati akishindwa kuepa mashimo**（司机慢慢开着车，而旅客则用手抓住座位以便减轻车躲不开大坑时引发的颠簸碰撞）. Baadaye basi <u>likaacha barabara kuu</u> na kuingia lile lisilokuwa na lami（后来，车离开大路，上了土道）. Wakati huo Mathias naye alikuwa akipita barabarani humo kwa miguu na <u>kuonekana kama amezama katika mawazo</u> <u>yake fulani bila ya kujitambua</u>（此刻马萨斯正走在这条路上，**漫不经心地想着什么**）, lile basi <u>lilimpita karibu kumgusa bega lake na kukosa kidogo tu</u>

kumponda（那辆大轿子车**与他擦肩而过，差点儿轧着他**）. Ikasikika breki imepigwa, maabiria wengi <u>walijishika midomo kwa mshangao</u>（听到紧急刹车的声音，**旅客都吃惊地捂住嘴巴**）. Mwenye gari akatoa kichwa chake nje ya dirisha（司机把脑袋探出车窗外）na kuanza na kelele zake: "Unawaza nini barabarani（路上想什么呢），<u>au wataka kujiombea kifo</u>（**想找死呀**）?"

（3）超载快跑

Ingawa basi hilo **lilichukua maabiria wengi kupita uwezo wake**（超员），lakini dereva alikuwa hajali, **akawasha gari na kufumua mbio akitimua vumbi njia nzima kuelekea nje ya mji**（打着发动机后，驾车往城外疾驰，留下一路扬尘）. Nilipoona tumeuacha mji nyuma nikageuka geuka kuuangalia kwa kuwa huenda nisiuone tena（发现我们已经把这座城市甩在身后时，我一次次转身回眸，因为我可能没机会再见到它）. **Pamoja na kasi ya gari niliiona miti pembezoni mwa njia kama inakimbilia mjini kinyume cha uelekeo wa gari**（随着汽车行进，道路两旁的树木看上去像是与车行方向背道而驰，飞速向城市方向奔跑）. Baada ya **kupinda kuruba moja kali iliyofanya nusu duara**（在打了一个半圆形的急转弯之后），gari likaiacha barabara ya lami na kuingia njia ya udongo, roho za maabiria zikaanza kuwa juu zaidi（车离开柏油路，进入土路，旅客的心提得愈发高了）.

（4）病患送医

Huyo mnene na mfupi alikuwa amevaa nguo laini za kikahawia（这个矮胖子穿着柔软的咖啡色服装），<u>suruali yake nilivyoona ingetosha kushona zangu tatu</u>（他那条裤宽大得足够我做三条裤子）. <u>Nyongeza ya mafuta katika mashavu yake ilimfanya aonekane</u> ana uso wa mviringo（腮帮子上的赘肉让他的脸看起来圆圆的）. Alikuwa akipumua haraka haraka na <u>kuonyesha kuwa na mavune sana</u>（他们呼吸急促，**看上去十分疲惫**），dalili ya kwamba ameugua vibaya（显然他在生重病），basi <u>akabebwa hangahanga</u>（**被高高抬起**）na kuwekwa katika gari. Dereva **akapasha gari moto akikanyaga mafuta kung'oka mbio kama mshale ulivyofyatuka na kumwaga vumbi nyuma**（司机打着火，猛踩油门，车像离弦之箭一样飞奔起来，留下一路扬尘）.

（5）夜闯碉堡

Nilijikuta nikiendesha gari kwa kasi zaidi kuliko ipasavyo, na mawazo yangu yalikuwa yakienda mbio pia（我发现自己的车正在超速行驶，而我的思绪也在快速飞奔）. Ndiyo hivyo nikaendelea **kuongeza gari moto kutafuna maili** katika kiza cha usiku（就这样，我在夜色中驾车飞奔）. Na **baada ya kukata kona moja kali upande wa kushoto gari likafungwa breki na kuegeshwa kando ya daraja** la kuingilia ngomeni（经过一个左向急转弯，车停在碉堡入口处的一座吊桥旁边）. Hapo mwangaza mkali toka ngomeni ulizungushwa kila upande na kupafanya hapo kuwa peupe kama mchana（从堡垒里打出的灯光扫射着周围，把那里照得亮如白昼）. Mbwa waliofugwa nao walikuwa wanabweka kwa kufukuza gari langu（他们养的**狗汪汪叫着，那是**在驱赶我的车）.

（6）违规行车

Polisi leo wamewashika madereva watano waliovunja sheria barabarani, wawili **walevi levi**（两个人醉酒驾驶）, mmoja **breki ya gari lake iligoma kazi**（一个人刹车不灵）na mwengine **honi ya gari lake ububu, kisha akalipaki gari katikati ya barabara na kuwaziba magari mengine kupita**（另一个人的车喇叭不响，他还把车放在马路中央，影响其他车辆通行）, na wa mwisho **gurudumu moja la gari lake saizi tofauti na mengine matatu**（最后一个人的一个车轮与另外三个不配套）, ambapo alipokimbiza gari hilo, magurudumu yalikuwa **yakisesereka kwa makeke ya kutisha**（跑起来歪晃着车身怪叫）. Isitoshe, wawili wengine waliokuwa wakibebana juu ya baiskeli waliongeza hesabu kuwa jumla ya watu saba（此外，**两个骑车带人者使违**

规人员增至七人）kwa vile walisababisha gari moja kupinduka katika sehemu ya kona barabarani（他们的所作所为引发一辆汽车在拐弯路段翻车）. <u>Wote wametozwa faini bila ya masuala kadiri ya makosa yao</u>（他们所有的人都毫无例外地被视为违规情况处以罚款）.

（7）乘出租车

Alikuwa <u>hapendi kubanana na watu katika basi</u>（她不喜欢挤公共汽车）, maana sasa naye <u>mja mzito mwenye mimba pevu</u>, kisha mtu mwenye heshima（原因是她是**临盆孕妇**，而且很在意自己的尊严）, basi akaita teksi kwa simu ya mkononi（用手机呼叫出租车）: "Niko hapa sokoni nikikusubiri, <u>usiniweke sana</u>（我在市场候着，**不要让我久等**）!" Teksi haikuchelewa, alikuwa <u>katingisha nywele zake za kipilipili akikazana kupanda gari na kujitawanya mumo kwa kadiri ilivyostahili hadhi yake</u>（她甩了一下直发，迅速登车就座，做出和自己身份相符的动作）. Dereva **akapiga gari moto**（打火）**na kuliondoa kwa kasi, mama akapitishwa mbio katika barabara lililosanifiwa madaraja mengi ya ajabu ajabu** mpaka kutua jirani ya nyumba moja huko pwani <u>penye mchanga mweupe kama sukari</u>（沿着一条设有各种各样的桥梁的公路，这位妇女很快就被送抵海边的一座房子附近，那里有一片**像白糖一样的沙滩**）.

（8）轮胎撒气

Nikaling'oa gari langu kwa kishindo na kulikimbiza kwa haraka（我鸣地一下开动汽车，疾驰而去）, **na sauti ya magurudumu kukwaruza lami ikisikika kwa fujo**（沿路洒下车轮摩擦柏油路面的飒飒声）, lakini mara kwa ghafla, **tairi moja la mbele likapata panchari (pancha) na kunywea**（突然一只**前胎撒气变瘪**）, **gari liliseserka (-seseteka, -sesetuka)** nusura kugonga <u>gema</u> la barabara（车子摇摇晃晃，险些撞上路边**护栏**）. Lahaula, gari hili lenyewe ni jipya niliyenunua juzi juzi tu, leo ndio likaanza matata ingawa ya tairi, **si itatokea siku ambapo litalala pengine kufa kabisa**（难道不会有一天它彻底趴窝，乃至完蛋）? **Nikafunga breki na kuzima injini**（刹车熄火）. <u>Nilipozima gari nilikuwa kama niliyezima akili yangu pia</u>（我停车熄火的时候，好像把我的心气也熄灭了）.

（9）油路堵塞

<u>Analiengaenga mara dufu</u> gari lake jipya（他加倍珍爱他的新车）, kamwe hataki kwenda nalo **kwa spidi mbaya**（绝不会胡开乱冲）. Hata hivyo, kwa muda mfupi tu gari **limeanza matata ya kuziba mafuta kama gari kukuu lililochoka kabisa**（没多久就像一辆用乏的旧车一样出现了油路堵塞的情况）, hata siku moja <u>limenasa matopeni (kusakama matopeni) na kugoma kabisa</u>（终于有一天陷在烂泥里抛锚不动了）. Inambidi asusie gari lake na kutembea kwa miguu kwenda kwa fundi（他只好扔下车，步行去找技工修理）, <u>lakini mwendo umemvunja nguvu, anaenda pecha</u>（一路上可把他累坏了，走起来一瘸一拐的）.

（10）雾天行车

Mteremko huo kwenye barabara ulikuwa mkali（这是一个陡坡路段）, hivyo **motokaa yetu ikapunguzwa mwendo na kuanza kutambaa kimya, taratibu na kwa unyororo**（我们放缓车速，开始悄悄地、慢慢地、轻轻地向前爬动）. Lakini pole pole ndio mwendo（但不怕慢，就怕站）, muda si mrefu baadaye zikabaki maili kadha tu tuingie mjini（没多长时间，我们距城里就只有几英里了）. Kadiri saa zilivyokuwa zikisonga mbele（随着时间的推移）, tukaona <u>kungu imeanza kujiunda na kujitandaza kwa unene zaidi na zaidi</u>（我们发现雾气开始骤集，越来越浓）, **gari likanywea ukunguni pole pole**（汽车慢慢被雾霭吞噬）. Kwa vile kuogopa polisi **kufunga barabara**, dereva **akaongeza gari moto**（由于怕警方封路，司机开始加大油门）, na mara **akapiga breki na kupaki gari kando ya barabara baada ya kuona limekwisha petroli**（但他突然踩了刹车，把车停靠在路边，因为油耗干了）.

（七十二）衣食住行（7）——梳洗打扮

1.女士

（1）追求时髦

Wasichana wa siku hizi hawajali, **wanapenda kula uhuru wao kwa kujirembesha** na kufurahia zaidi mavazi ya "jini" za rangi mbali mbali（当下女孩儿不管不顾，**喜欢自由自在地打扮自己**，更热衷于穿各式各样的怪异服装）. Nuna upasuke, hebu tazama: **tabia ya umaridadi ya binti yake imejitokeza juu tena**（要生气，那能把你气炸了，这不：她女儿那股臭美劲儿又来了），mara **anajichonga chonga na kuvaa nguo za thamani**, na mara **anajivalia nguo fupi za kubana** na **viatu vya juu juu vyenye visigino vikali**（一会儿精心打扮，穿华贵服装；一会儿又穿短紧身衣，蹬尖高跟鞋）. Ama kweli, **urembo umewapumbaza sana wasichana wetu**（真的，时髦把我们的女孩儿带坏了）！

（2）专注服装

Tabia ya akina mama hujigawa katika namna mbali mbali kama rangi ya ngozi ya punda milia（女士的脾性就像斑马身上的花纹一样多种多样）. Ni kama wanawake wengine, Elizabeth anapenda pia **kujipamba vizuri na nguo za kila mshono**（和其他女性一样，艾里扎芭斯也喜欢**穿各式衣服装扮自己**），kwa hivyo akipata nafasi hulapa maduka yote kutafuta mavazi（所以她常跑商场选购服装）. Lakini kwa maoni yake, **nguo inayomchukua vizuri humfanya mtu aonekane mwenye kunawiri zaidi kuliko kujinakshi kwa kujiremba wanja usoni**（在她看来，**穿一件合体衣服远比描眉画眼更能衬

托出女性之美）.

（3）踮妞爱俏

Mrembo wetu huyu **ana mkono mzuri wa kujipodoa**（我们的这位美人很会捯饬自己），naye **amejikwatua vilivyo na kujivalia taiti ya mbano iliyoishia mapajani ya kutoka ng'ambo**（她梳洗打扮了一番，穿上进口的紧身超短裙），hali sehemu nyingine **imebaki wazi kwa mtu yeyote kuitazama bila ya kutoa ushuru**（其余部分暴露给大家免费欣赏），ili aonekane sawa na mzungu na kuwaingia vizuri wavulana moyoni（以便她看上去更像洋妞，从而博得年轻人赏识）. Basi naye anatoka nyumbani akiringa ringa na kuanza kulapa kila mahali mtaani（她刚离开家便一路招摇地东遛西逛）. Basi huna haja ya kupoteza kurasa nyingi kueleza maringo yake ila kwamba hakuweza kuficha kilema chake, yaani anakwenda pogo ingawa si sana（你用不着耗费许多笔墨描述她如何花枝招展，只是她无法掩饰自己的缺陷：她走起来有点儿踮脚，虽然不怎么明显）.

（4）中规中矩

Fundi **alimpima kipusa anayemeta kwa uzuri gauni moja safi staili ya kizungu**（裁缝师傅给漂亮女士量身定做了一件西式连衣裙），lakini mteja huyu hakuridhika nayo kwa kulalamika kuwa **anachelea kuivaa kwa vile inaona sana, si ya adabu, ni afadhali kuvaa kanga kuliko hiyo**（但这位顾客并不满意，她抱怨说自己不敢穿，因为布料太透，不雅观，还不如穿坎嘎裙呢）. Akasema kuwa anapenda **fesheni ya kiafrika** zaidi（她更喜欢非洲式样的服装），na kisha, nguo hii **inapwaya pwaya** zaidi mwilini pake **pasipo kumshamiri sawasawa**（再者，这条裙子太肥了，不太合体）.

（5）徐娘跟潮

Mama mtoto **anafuata sana upepo wa mabadiliko ya mtindo wa nguo**

（这个孩子的妈妈**热衷于跟风时装潮流**），kwa sababu **bado anajiamini kuwa ana uzuri wa ziada japo yumo katika makamo wa kutosha**（因为她**虽则早已步入中年，但仍自信自己风韵犹存**）. Kule kurudi tu kutoka kazini leo jioni, mume wake amemkuta mama keshanunua ile nguo ambayo imekuwa ikisemwa semwa sana magazetini（今天傍晚下班刚到家，她丈夫便发现这位女士已经购买了**报纸广告大肆宣传的那种衣服**），kisha kaambiwa kuwa **amekwisha shonesha taiti** ili awe kama warembo wengine wa kisasa（此外，这位丈夫还被告知，她已经定做了一件瘦腿短裤，以便和其他爱美女士一样新潮）．

（6）挡风御寒

Asubuhi hiyo kulikuwa na baridi iliyoandamana na upepo uliovuma kwa nguvu na ambao ulizoa karatasi na vumbi na kuzisambaza kiholela（这是一个冷飕飕的早晨，呼啸的风卷着废纸和沙尘漫天飞扬）．Ili kujisetiri kwa hali hiyo, Amina **alivaa sweta nzito**（厚毛衣）**na juu yake akaongeza koti lililotengenezwa kwa manyoya ya kondoo**（羊毛外套）badala ya **teitei iliyombana vizuri**（紧身上衣）kama kila siku, kisha **akayakinga macho kwa miwani ya jua**（太阳镜）．

（7）精雕细刻

Akavaa gauni rangi ya kijani mikono mirefu na juu yake sweta ambalo lilioana na gauni kwa rangi（她穿着一件绿色的长袖连衣裙，上面套一件与裙子颜色相配的毛衣）．Kichwani akabandika **kilemba cha kijani pia**（头上打了一个同样是绿色的头巾）．Na miguuni akavaa **viatu rangi ya vumbi vyenye ncha kama ya mjusi**（脚上穿着土红色的蜥蜴嘴式样的尖皮鞋）．Baada ya kumaliza **kujikwatua kwa kujipaka poda na kujipiga rangi nyekundu ya mdomo**（经过一番涂脂抹粉、搽口红的精心打扮之后），akafika mbele ya kioo kujiangalia upande huu na ule, hapo akachanua sura ya furaha kweli（她走到镜子前面左照右品，笑成了一朵花）. **Aliporidhika kwa ulimbwende wake** akachukua ule mkoba mweusi na kutoka（对自己的穿戴甚感满意时，她便拎着黑皮包离开了）. Njiani **akalichuma kilua kimoja kikubwa na kukipachika katika nywele zake ndefu za mawimbi alizopenda kuziacha timutimu na kuzipasua njia katikati**（他在路上还摘了一大朵吉鲁雅花插在蓬乱、中分、像波浪一样的长发上）.

（8）嫩肤亮甲

Akarejea nyumbani na kuanza **kujipaka mafuta ya uzuri iliyoifanya mikono na miguu kung'ara kama vijiti vilivyolowa** bila ya kusahau kupaka midomo yake aina fulani ya marashi iliyoifanya kuwa myekundu（她回到家便开始给自己搽上使胳膊和大腿光亮水嫩的美肤霜，也没有忘记在嘴唇抹上某种口红）. **Makucha marefu aliyoyalimbika yamepambwa yakihangaisha macho ya watu**（她留的长指甲经过美甲后显得很招眼）. Kuendelea akavaa gauni ya kubana mwilini na **herini rangi ya urujuani katika masikio**（接着又穿上紧身裙，戴上紫色的耳环）. Akakamilisha kujikwatua kwake kwa kutimua nywele（最后一道工序是使头发蓬起来）.

（9）一路香风

Baada ya kusugua meno na kupata kifungua kinywa（刷完牙并用过早点之后），akaanza safari ya kwenda kazini akiwa na sura kunjufu na kuvaa kinadhifu（她穿着整洁的服装，带着轻松愉快的表情去上班），shati lake lilikuwa la mikono mifupi（她穿的衬衣是短袖的），**kofia ilimchukua barabara utosini bila ya kuwa na mkunjo wowote kutokana na kutumia wanga wakati wa kuiosha**（头上的帽子戴得恰到好处，因浆洗过而显得平整挺括，没有任何皱褶）. **Marashi aliyoipaka yalisambaa njia nzima kufuatana na sauti ya ko-ko-ko-ko ya viatu vyake, riha iliyowapenya watu mapuani hadi kwenye bongo zao humtangulia mbele kufika kabla binafsi yake mwenyewe** hajafika mahala（她身上喷的香水味儿随着高跟鞋噔噔噔的声响飘散一路，通常人未到，那透过鼻腔传递到大脑的香味儿已先行抵达），na vidimwi katika magoti yake vilimwongozea uzuri zaidi（深深的腿窝儿更增添了几分美丽）.

（10）正装帅气

Alianza kuvaa shati jeupe na suruali rangi ya buluu na **kumalizia kwa koti la kahawa**（她先穿上白衬衫、蓝裤子，**最后又穿好外衣**）. **Suti ilienea na kutulia vizuri mwilini mwake** utadhani aliipima（**整套衣服穿在身上显得合体匀称**，你会以为是量身定做的）. Alijiangalia kwenye kioo na kuridhika kwamba ilimchukua barabara akatabasamu（她站在镜子面前照望自己，满意自己这身装束十分得体，脸上不免绽出了微笑）. **Akafungua kishikizo cha shati kilicho sehemu ya shingo na hivyo kuonyesha ukufu wa dhahabu**（她解开上衣脖扣儿，露出金项链）. Bila kujifahamu alijisemea（她不知不觉地自言自语起来）: "Nguo hizi ni mtaji mkubwa, ni akina nani aliyethubutu kusema amenipita bila kujikodolea macho（这身衣服就是巨额资本，哪个不长眼的敢称比我美）!"

2.男士

（1）金玉其外

Ingawa hali ya nyumbani kwake si ya kuridhisha sana, lakini bwana huyu aghalabu hapendi kujidunisha mbele ya wengine, Kwa hivyo kila anapotoka nje na mke wake, naye hujivalia vizuri na pengine **hususia kukaa kitako mahali kwa kuogopa asije akauharibu upanga wa suruali yake** na kuwapa wengine picha mbaya（每当跟老婆出门，他总是穿着考究，甚至不敢随意乱坐，**生怕搞皱了裤线**，给人留下坏印象）. Hata vile vile hajasahau kumwamsha mkewe **ajipambe kwa kujipiga urembo sawasawa na atie sura nzuri usoni mbele** ya hadhara ili asivunjike moyo naye（同样他甚至从未忘记提醒夫人要打扮得漂亮点儿，在公众面前脸上要笑容可掬，切勿让他失望）.

（2）装模作样

Mwanamume huyu ana mambo yake（这个男人真有他的）! **Anabadili masuti kila siku mara tatu kwa kujipa ubwana**（每日三易其装以展示其不凡）, **viatu vyake vya ngozi vinang'ara kama mbalamwezi wa usiku wa kuanzia saa kumi na nne kuamkia kumi na tano**（他的皮鞋亮铮铮的，就如凌晨两点到三点的月亮）, **na nywele zake za rangi mchanganyiko akazinyoa kwa fundi na kubaki na kichwa cheupe kama kibuyu**（最近他请美发师把他染就的彩色头发剃掉了，脑袋变成了一个白花花的秃瓢儿）. Basi siku hiyo **amejipar**a barabara kwa **kupiga suti nzuri nyeusi tii na kujifukiza kwa udi**, huku akipachika vidole kwa kujipa makuu, miwani machoni pake imempa sura zaidi（这天他穿上黑色套装并喷上香水，同时双手手指叉在一起，摆出威风八面的样子，一副眼镜更是锦上添花）.

（3）其貌不扬

Licha ya **kujishonea suti jadidi** kwa fundi na kujipiga nayo safi（除了请裁缝为自己做了一身新套装，然后笔挺地穿在身上）, naye bwana huyu mwenye umri wa makamo pia **alijisugua sugua katika mwili wake na kujikwatua kwa marashi** ili aonekane nadhifu zaidi（这位中年男士还擦洗了身子，喷洒了香水，以便自己显得更干净一些）, lakini **kiumbile ana sura ya kusikitisha pamoja na upara mweupe pepepe kiasi cha kusababisha hata mbwa kumwogopa**（可这老兄模样生来就够人瞧的，那个根毛不长的秃头连狗见了都害怕）, jambo ambalo limemvunja moyo sana, na mara nyingi humfanya akae kitako kufikiria jinsi ulimwengu ulivyomsonga（这件事对他身心伤害极大，经常让他坐下来苦思冥想，抱怨世界对他如此不公）.

（4）不肖之子

Jamaa alikuwa <u>karibu kushikwa na kiwewe</u> kwa kuona mwanawe jinsi alivyojitia sura ya kuogofisha macho kwa **kujipaka poda usoni kama kwamba alizama ndani ya unga wa ngano na kujitoa punde hivi tu**（看到儿子就像刚从白面堆里爬出来一样，搽得满脸香粉，样子煞是可憎，这老兄目瞪口呆）. <u>Akahisi kama kuna baridi kali kumpenya mwilini akitamani kuvaa ngome kwa kujikinga nayo</u>（他感到好像有一股寒气侵入他的肌体，极欲穿上厚衣服来御寒）. Ghafla pale mlangoni akatokea msichana **mrefu maji ya kunde mwenye kifua tele aliyesuka nywele timbi tatu**（突然，一位身材高挑、有着棕色皮肤、胸部丰满、头上梳着三根小辫儿的女孩儿出现在门口）, akitembea **kwa mwendo wa kipekee kama aliyekuwa amevaa springi** na kuja **kumganda mwanawe shingoni**（她像脚踩着弹簧一样，一步三摇地走来搂着他儿子的脖子）. Kumbe mwanawe <u>hata anaingiliana na msichana anayekwenda arijojo (arijajo)</u>（天哪，原来自己的儿子竟和这种满天飞的女孩儿搞到一起了）! <u>Taratibu kama mtu aliyekosa mifupa jamaa akadidimia chini kwa kukata tamaa, giza lilipomzidia akazirai</u>（慢慢地，就如全身没了骨头似的，这老兄失望地坐在地上，随着眼前一阵发黑，他晕过去了）.

（5）"天外来客"

Naye ni kijana mfupi mwenye **batobato za chale**（彩色文身）pamoja na tumbo lililojitokeza（肚子鼓得高高的）, kichwa chake kina sehemu kubwa ya upara japo anazoea kuchana nywele zake haba mara kwa mara kwa kitasa（头顶光秃了一大片，但仍习惯用梳子梳理仅剩的那几根头发）. **Usoni pake pamejaa vikunjo visivyostahili umri wake, na kinywa chake ni kama ufa katika vikunjo hivyo**（满脸皱褶和年龄极不相称，他那张嘴就像皱纹中的一条缝）. Usione ana sura mbovu, lakini anapendelea kujipamba kuliko akina mama（你不要看他其貌不扬，他比女人还爱打扮）. Kwa ajili ya kuziba upara, **nywele za mfu aina ya kutimka zilizompapasa mabegani** zimenunuliwa（为遮盖秃顶，他给自己置办了一顶蓬蓬炸炸的齐肩假发套）. Macho yake yamezungukwa kwa **kope nyeusi za bandia zilizong'arishwa kwa wanja**（眼睛四周贴了一圈被染得油黑发亮的假睫毛）, **nyusi zake zimefanywa ndefu za upinde kwa kuchorwa chorwa**（眉毛画得又弯又长）. Wapita njia huwa hawathubutu kumtazama kwa mara ya pili kwa vile kuogopa macho yao kuharibika, wengine hata wanamshuku kuwa ni kiumbe kutoka katika sayari nyingine（路人不敢看他第二次，生怕损伤眼睛，还有人怀疑碰上了天外来客）.

（6）特立独行

Ni mtu wa mraba, uso wake mweusi kama masizi pia ni wa mraba sare na umbo lake（他长得膀大腰圆，他那锅铁似的黑脸盘儿也是方的，与其体型如出一辙）. Ana macho ya duara yaliyokunjuka na **pua iliyobonyeka kupita kadiri**（他有一双睁得圆圆的眼睛和一个塌陷过分的扁鼻子）, lakini mashavu manene（脸蛋子肥肥的）. **Kichwani alizifunga nywele zake junju upande wa kulia**（头上梳着一个向右歪的小发辫儿）. Anapendelea kuzisuka nywele zake hivyo na hatazibadilisha hata ikiwa anakata mate machungu namna gani（他偏爱这样梳理自己的头发，不管承受多少痛苦）.

（7）见人思己

Njiani akawakuta wanafunzi hawa wamevaa sare na kuwa wakakamavu kweli（穿着统一校服很精神）, inasemekana kwamba nguo zao hizo hukaa zaidi（据说它的布料很耐用）. Hapo hapo mtoto mzururaji akainama kujitazama kama mtu aliyefikiwa na msiba（一个流浪儿像遭遇了什么灾难似的立马低头看了一下自己）: **kaputura yake iliyokuwa ya aina ya kaki ilikuwa na viraka hapa na pale**（卡其布短裤打着稀稀拉拉的补丁）, shati lake lilikuwa na **matundu mengi**（衬衣全是破洞）, kadhalika **mishono mingi, kazi ya mkono**

（而且是粗针大线的手工活儿）. Akajiona hakuna kama yeye humu mjini（城里没有他这样的人）, mara kichwa kikaanza kumwuma, akajisikia ovyo（他感到突然头疼，心里乱糟糟的）.

（8）黑衣杀手

Ni bahati nzuri alinipiga nao mundu upande usio na makali, vinginevyo angaliniua phu tangu zamani（万幸的是，他用刀背击中了我，不然他早就把我杀了）! Huyu mwuaji alikuwa akina nani? Nililala hospitalini nikianza kuunda picha akilini mwangu yu mavazi yake kutokana na uzoefu wangu wa miaka（我躺在医院里，开始根据多年经验在脑子里勾画他的穿戴）. Picha iliyonipitia akilini baadaye ikageuka kuwa ya kweli hasa baada yake kutiwa mikononi mwa polisi（我的猜想在他落网之后得到完全印证）: **shati jeusi la madoa doa meupe lililoshonwa kumbana kufuata maumbile ya mwili wake（身穿一件紧身包体、有白色波点的黑上衣）, lakini alikuwa kavifungua vifungo vyote, upana wa kifua na manyoya yake marefu marefu ulionekana waziwazi pamoja na chale za nyamaume wa kutisha mikononi（但他解开了所有纽扣，宽阔的胸膛连同长长的胸毛裸露在外，胳膊上有瘆人的兽形文身）, na suruali yake nyeusi ilikuwa pana chini（而他黑裤子的裤口呈喇叭状）.**

（9）好逸恶劳

Nguo zao zilikuwa zimetota kwa mvua, lakini vijana hao walikuwa hawajali,wakiendelea na kazi zao shambani ila Juma akawa mtoro wao（青年们全身被雨水浇得湿漉漉的，但他们没当回事，继续在田地里干活，只是朱马逃走了）. Basi naye akarudi nyumbani kuchukua nguo nyingine kutoka katika kasha kubwa（大衣柜）ambalo juu yake pameangikwa kioo cha kutosha kuonyesha kiwiliwili chake kizima（上面镶着足以照看全身的穿衣镜）akiwa amesimama katika sebule iliyosakafiwa kwa marmar（铺着大理石地板的客

厅）. Akavaa shati la mikono mirefu, suruali ndefu ya sufi rangi ya kijivujivu na viatu vya buti vyeusi vilivyong'arishwa vizuri. Kisha **akajipaka mafuta kichwani akazichana nywele zake vizuri na kuzipasua njia upande**（头发上抹了发蜡，偏分的头发梳得很整齐）. Alipotoka nje kuranda randa njiani baada ya mvua akakumbana na mkubwa wake ambaye alimtazama chini juu na juu chini, huku akimkosoa kwa kunena: "Ujamaa ni kazi wala si kusuka nywele upande! Njia tuliyo nayo ya kusimama na kukimbilia shabaha ni ardhi yetu na nguvu zetu, ardhi haimtupi mtu（我们赖以站立和实现目标的根基是我们的土地和力气，土地不负人）!"

（10）爱改变人

Niligeuza kichwa kumwangalia taratibu yule kijana aliyekuwepo mbele ya kioo（我扭头仔细打量着站在镜子面前的那个年轻人）, **harufu ya mafuta mazuri aliyojiremba ilinipenya puani ingawa suti ya buluu iliyokatwa kwa mishono ya kizamani ilifichua ushamba wake**（他涂搽的香霜味儿扑鼻而来，虽然款式老旧的一件蓝布衫昭显出他的土气）. Ni kweli kwamba mapenzi humpamba mtu ghafla（果不其然，**爱情会让人突然注重打扮**）, naye kijana aliyezama mapenzini aliganda pale, macho yake yalikuwa hayakubali kuondoka kwenye kioo kile kilicholengwa naye mwenyewe（陷入爱情的小伙子定格在那儿，眼睛一刻也不愿离开映现他尊容的镜子）.

（七十三）喜怒哀乐（1）——火冒三丈

（1）Kunguruma kama beberu la mbuzi

Ni wazi kwamba naye mzee mwenye maungo mazuri yasiyochakaa bado, alikuwa amemwekea fundo sana mwenzake yule aliyejipurukusha kwa maneno mengi（很明显，这位身躯依然健壮的老者对那个满嘴吹气冒泡的伙伴十分厌恶）. Wakati jua lilipokuwa lachoma utosini（当太阳已热辣辣地晒上头顶的时候）, **kwa hamaki alimngurumia kama beberu la mbuzi**（他像一只公山羊似的朝他怒吼起来）: "Wafanya mambo ya kitoto ukijidai mzima（你无知幼稚却假装老练）! Nenda zako（去你的吧）!"

（2）Tumbo moto na kutia uso wa kima

Alikuwa amesimama pale kuangalia kama kuna hatari yoyote ingetokea, ikawa wakati mwingi umepita katika kungoja kwetu（我们等了好大工夫）. Basi tulimhimiza aondoke tukimtania kwa kusema（逗他说）: "Vipi wewe, au wataka kusimama hapa kuota mizizi（你咋啦，脚生根了）?" Kumbe, kusikia hayo naye **tumbo moyo na kutia uso wa kima**（没承想，听了这些话，他脸红脖子粗）! Alipokuwa **akipoa na hamaki zake**（消气之后）akatokea kututaka radhi akinena: "Nasikitika sana kukuwekeni（很抱歉，让你们久等了）!"

（3）Kuwa na hasira kama simba na kuruka juu futi tatu...

Ukijitia kimasomaso mbele ya mzee Khamisi utapigwa kijembe（你如果在哈米希老人面前装傻充愣，那可就有你好看的了）, huo si uwongo hata kidogo. Leo hii mwanawe **alimpandisha damu kweli kweli** kwa kukosea kuingiliana na watu（他因儿子不善与人交往而气得面红耳赤）. Ukienda nyumbani kwao utamwona **mzee yu moto akiwa na hasira kama simba**（像一头发怒的狮子）**, na kuruka juu futi tatu**（一蹦三尺高）**, macho yake yakapiga wekundu pyuu**（两眼通红）, huku **akinguruma kama radi**（正在大发雷霆）: "Kumbe, desturi ya kukaa na watu hata hujui kabisa（你连一点儿人情世故都不懂）, basi kumbuka, hata iwe nini, tangu leo mimi baba yako sina hapa nawe（记住，不管咋样，从今往后我没你这个儿子）!"

（4）Kuwaka kama baruti na kupiga mkono meza kwa hamaki...

Jamaa **ni mwepesi kuripuka**（此君易怒）. **Tabia yake hiyo ya kukasirika kasirika** imemchongea sana katika kupandishwa cheo（他这种火暴脾气对他升职造成极大伤害）. Siku moja habari ilienea mdomo kwa mdomo hadi kufikia masikioni mwake（一则消息口口相传到他的耳朵里）ikisema kuwa mtu wa chini yake amepandishwa ngazi（他手下的一个人晋升了）, naye akaona kama amepigwa vijembe（他顿感自己脸上好像挂不住了）, basi **kichwa chake kikafura kweli kweli**（他气得头都大了）na mara **akawaka kama baruti na kupiga mkono meza kwa hamaki kali**（他像火药桶一样爆发了，愤怒地拍案而起）.

（5）Kuwa mbogo na nusura kukatika mapafu

Mara baada ya kuona kijana hajakamilisha kazi aliyempangia, meneja **akawa mbogo na nusura kukatika mapafu**（气得像头愤怒的野牛，肺都要炸了）, lakini mkewe akatokea kumpoza moyo（安抚他）akisema: "Usimlaumu, kwa sababu kazi hii imepita maarifa yake（不要怪他，这活儿超出了他的实际能力）. Hakuna jambo linaloweza kutekelezwa kwa usiku mmoja, ila hatua kwa hatua（莫要急于求成，慢慢来）."

（6）Kuchemka kama birika la maji na kichwa kuvimba kama nini...

Alichemka kama birika la maji na kichwa chake kuvimba kama nini wakati alipogundua mfuko wake umebaki mkavu（发现自己的钱包被掏空了，他愤愤得如同一壶烧开的水，脑袋涨得像什么似的）. Katika kuhangaika hangaika kwake aliinua mkono uliojeruhiwa na kujigonga kwenye kiambaza cha nyumba yenye mgongo wa tembo（在惘然不知所措之际，一抬伤胳膊，又正好撞到象背形屋脊房子的墙上）, akatibua maumivu makali kweli kweli（引起一阵剧烈疼痛）, basi **moyo wake ulikuwa karibu kupasuka kwa uchungu na hasira kuu**（那种苦恼与气愤让他心碎）.

（7）Kusisimka na kuchacha kama farasi mwehu

Mke wake ni mkali kuliko pilipili hoho（他老婆厉害得像胡椒面儿）, **husisimka na kuchacha kama farasi mwehu** hata kwa sababu ndogo（一点儿小事就能把她惹翻，弄得她像疯马一样发飙）. Ingawa alijaribu sana kumzuia asihamaki hadharani, maana binadamu aweza kuwa zaidi ya baradhuli laiti atahamaki（因为假使动不动就发火，那可能连恶棍都不如）, lakini bure（但是白搭）, kinyumeche akaanza kumsafihi mumewe（她反倒开始辱骂自己的老公）. Kila sakata sakata ikiuma nyumbani kwake, majirani wengi hubana tuli kuona vioja vyao（每当他们家里鸡飞狗跳的时候，邻居都躲在一边儿看热闹）.

（8）Tumbo kufura na moyo kupasukwa...

Kusikia kukuru kakara (kikiri kakara) zilizovuruga usingizi wake mtamu asubuhi kutoka nyumbani kwa jirani（听到一大早从邻居家传来惊扰他的美梦的叮叮当当的击打声）, **tumbo lake likafura**（他气得肚子嘣嘣响）. Aling'oa nanga na kuja juu kutaka kujua imekuwaje（他抬腿趾高气扬地要过

去看看是咋回事），lakini <u>hakujua kumbe amekoroga nyuki wakati akikanyaga kwake na hoja kali</u>（而没料到的是，当他登堂入室严词质问对方时却发现自己捅了马蜂窝），jirani yule **akapasukwa moyo na kuanza kumkemea kwa ghadhabu**（邻居怒气填胸，怒斥道）: "Ewe bwana, <u>umekula mavi au nini</u>（你吃了粪便，还是怎么的），hebu tazama **jinsi unavyonguruma na kuvuta mori kama simba**（看看你这副像狮子一样大吼大叫的德行）!"

（9）Uso kupambwa matuta ya chuki na meno kuumana kwa mlio...

Kwa kawaida meneja ni mtu mpole <u>mwenye kutoa mvuto fulani</u> kwa kila aliyemwona（通常这位经理是一位文质彬彬的人，**很招人喜欢**），lakini safari hii **uso wake umepambwa matuta ya chuki usio na chembe ya mzaha**（而这次他却变得满脸怨恨，绝无戏言）. **Kwa jinsi alivyoghadhibika,** <u>miguu yake imekuwa ikimcheza na moyo kumpiga kama mtu aliyetoka katika mbio za maili tatu, hata meno yaliumana na kutoa mlio wa nguvu</u>（他怒不可遏，双腿发抖，心跳快得像一口气跑了三英里似的，连牙都咬得咯咯响）.

（10）Hasira kumpanda hadi utosini na kufura kama kiboko

Japo jua lilianza kuwapiga watu utosini（太阳照在头顶上），lakini Zuhara alikuwa bado <u>kalala danadana kitandani</u>（还躺在床上大睡）kwa udhuru wa eti "kungali mapema"（找借口说 "还早着呢"），ama kweli yuko tayari na kitanda chake mpaka mwaka wa kesho? Kuona hivyo, **hasira zilimpanda mzee hadi utosini**（怒气冲到天灵盖儿）, **akafura kama kiboko aliyekosa mawindo siku kadha**（气呼呼的，像饿了几天的河马）. Alimtazama Zuhara kwa macho makali na <u>kuamua kumpa pilipili</u>（他怒目圆睁，**决定给他点儿厉害尝尝**），basi <u>maneno mengi yaliyooza yakamfyatuka mdomoni kama risasi</u>（许多脏话、粗话像子弹似的脱口而出）.

（七十四）喜怒哀乐（2）——高高兴兴

（1）Leo furaha furaha leo

Mwaka 2015 umepita katika wimbo wa kufuzu（在凯歌声中）, tunapiga madebe（敲锣打鼓）kuagana na mwaka mkongwe na kuvuta hatua kuingia katika mwaka mpya wa 2016 kwa shangwe. Mvua iliyonyesheka siku ya jana ni ishara ya neema（吉兆）, tuna mengi ya kuimba na kuandika（唱不尽，写不完）, lakini kwa ufupi kama tunavyozoea kusema kila siku（千言万语化作一句话）: "Leo furaha furaha leo（今天真高兴）!"

（2）Furaha kububujika kama chemichemi

Alipomwona yule msichana, **uso wake ukageuka kuwa wa kichangamfu kuliko wa bwana arusi**（脸上比新郎还兴奋）, **roho iliingiwa na furaha iliyobubujika kama chemichemi**（心里那股幸福劲儿就如汩汩流动的清泉）, akasahau kabisa mambo yaliyomtia uzito moyoni（他全然忘记了压抑在心中的烦恼）. Baada ya kulipa viingilio（买完票）wakashikamana mikono kuingia katika sinema.

（3）Kufurahi na kuruka ruka kama kupandwa na mashetani

Walipofika mlimani na kujionea mandhari safi ya huko, wote **walifurahi na kuruka ruka ovyo kama walivyopandwa na mashetani**（高兴得像着了魔似的乱蹦乱跳）, lakini walipotokewa ghafla na joka wa kutisha huko（突然碰见一条吓人的大蛇）, furaha yao ya awali ikatoweka, kila mmoja alishituka kama aliyepigwa na baridi（人人都禁不住打了个寒战）.

（4）Furaha juu ya furaha na furaha kupindukia furaha

Mama mtu aliposikia sifa kubwa za mwanawe toka mdomoni mwa mkubwa wake, alikuwa na **furaha juu ya furaha na furaha kupindukia furaha**（她是兴奋加兴奋，高兴超高兴）, **hata kulikuja kulia kwa sauti**（甚至喜极而泣）. Maana tangu kufariki kwa mumewe, furaha kwa mbali aliiona ikipenya katika sehemu ya mwili wake（丈夫离世后，幸福感与她渐行渐远）. Ilhali, maendeleo ni pamoja na ukweli, hayamtupi mtu（然而，时间与真理同行，它从不抛弃任何人）.

（5）Furaha kumchania mtu nguo

Kuona wengi wameanza kumpiga urafiki, moyo wake unamtwanga kama maji yaliyochemka（见许多人都向他示好，他激动得心如沸腾的水）, **usununu wa siku nyingi umemtoka na uso kung'ara kuwa wa bashasha kabisa**（多日的忧郁一扫而光，脸上闪烁着和蔼可亲的光芒）. Saa hizi amebaki ufukweni akizihesabu nukta kwa kumsubiri rafiki yake Amisa aje（现在他正在海边一秒一秒地等待女友阿米萨的到来）. Anakumbuka kuwa jana jioni alikwenda kwake kupiga hodi akaitikiwa, hapo **furaha zake zilikuwa karibu kumchania nguo**（兴奋之情几乎撑破了衣服）, hususan baada ya kuona Amisa akitaabasamu kama mwezi（尤其是看到阿米萨笑得像月亮一样灿烂的时候）.

（6）Kufurahika nusura kupasuka vipande viwili

Kumbe, niliyemkuta mkahawani ni mwanafunzi mwenzangu niliyepoteana naye siku nyingi kidogo（已有些日子没见面的朋友）, **nimefurahika nusura kupasuka vipande viwili**（高兴得差点儿裂成两半儿）. Baada ya kusabihiana（互致问候之后）nikapata kujua kuwa wote nyumbani kwake hali yao njema isipokuwa binti yake mwenye baridi baridi hivi（受了点儿风寒）. Tulikaa pamoja kwa saa nzima <u>mpaka kumimina tama la mwisho la chai</u>（直到喝完最后一口茶）．

（7）Kuwa na furaha isiyipimika

Nimekuwa na furaha isiyopimika（无比高兴）kwa kupewa <u>ujira mwema</u>（不错的工资）na <u>kutunukiwa cheo</u>（安排职务）ambacho <u>nimejaliwa kukipata kwa ustahili sio kwa maombi</u>（对我而言，这是情理之中的事，绝非求告所赐）．Mimi si mtu mwenye tamaa（我不是个贪得无厌的人），kama kitu nilichopewa kimekuwa cha mwisho katika maisha yangu <u>sitanung'unika kukosa kingine wakati ujao</u> kwa sababu <u>fungu langu nimekwisha lichukua</u>（如果这一切属于我生命旅程之最后所得，我也绝不会因将来得不到更多而抱怨，因为该得的部分我已经取走了）．

（8）Kupasukwa na roho kwa furaha

Kwa wakati mmoja tulikuwa <u>tumetengana kimaoni na kila mtu akazama katika fikra zake mwenyewe</u>（意见分歧，每人都沉浸在自己的想法中），sote tulionyesha <u>tumezidiwa na mawazo</u> kwa kutojua hali yenyewe itakuwaje（都为无法预知未来而伤透脑筋）．Lakini fumbo lililofumbika siku nyingi <u>linapofumbuliwa</u> leo, sote wawili **tumepasukwa na roho kwa furaha**（而今这个多日的哑谜被解开的时候，我们俩都乐开了花）．

（9）Kukusanya furaha zote

<u>Wakati umepita kama mchezo</u>（时间像玩耍似的过去了）．Kufumba na kufumbua amejikuta kuwa hodari katika masomo（转眼间，他发现自己已成为学业上的佼佼者）．<u>Mwisho wa fanikio moja huwa ni mwanzo wa jaribio jingine jipya</u>（一项成功的结束往往是另一新试点的开始）．Anaamini kuwa kwa juhudi zake <u>ataweza kuyabadili maisha yake na kuyavika sura mpya</u>（能够让他的生活旧貌换新颜），kwa hivyo **amejikusanyia furaha zake zote** kuyafanya maisha

yake yachanue kama anavyotazamia（他正满怀兴奋地创造自己期待的那种繁花似锦的生活）.

（10）Kuchanua moyo hadi kuanza kuropokwa...

Yeye si mtu ambaye **ni mwepesi kuingiwa na hamasa kubwa ya furaha kama baadhi ya jamaa walivyo ya kuruka ruka mfano wa vyura wanavyofurahia mvua**（他不是一个和有些人一样的见猎心喜者，或如青蛙戏雨般乱跳乱蹦），**au ya kuganda kama sanamu kwa msisimuko wake**（或兴奋得呆若石雕），**ama kuchanua moyo hadi kuanza kuropokwa**（或心花怒放，口不择言），kwa jumla naye ni mtu ambaye **hufurahi moyoni bila ya kuonyesha usoni**（总体来说，他是一个内敛而不喜形于色的人）.

（七十五）喜怒哀乐（3）——笑逐颜开

（1）讥笑

Sasa hebu <u>turudi nyuma kidogo na tuseme</u>（现在**我们退一步讲**）kwamba kama <u>tusipong'oa mizizi ya fitina</u> kati ya viongozi wetu（如果不**彻底消除**领导人之间的**隔阂**），hata lengo letu fulani litafikiwa baada ya miaka mingi, unawezakana ukaweko ushirikiano katika mambo machache tu（即使多年以后在我们个别方面取得某些成功，领导层之间的协作也是有限的）. Sisi wananchi hatupendi kuona viongozi wetu kutumbukia katika <u>vita vya kutoana damu</u>（不愿看到我们的领导人相互之间**打得头破血流**）. Jambo muhimu la kufanya kwa viongozi wetu ni <u>kuondoa hitilafu na kujiona kuwa kitu kimoja</u>（消除分歧，共同把自身看成一个整体），hivyo tutaweza tukawatia bumbuazi wale ambao **kila wakati wako tayari kutucheka**（让那些时刻准备讥笑我们的人不知所措）.

（2）傻笑

Kuchekacheka ovyo tu <u>ni dalili ya mtu kuwa na busara chache</u>（一味傻笑是无知的表现），na hali **kuchekacheka kwa kila neno dogo** <u>ni alama ya kuwa na moyo mdogo na fikira haba</u>（碰上一件小事就笑个不停是狭隘短见的标志）. **Kucheka mpaka magego ya mwisho kuonekana mbele ya halaiki** pia si jambo la heshima（当众咧嘴大笑，乃至露出后牙槽，亦非体面之举）. Wakati mwenzetu mmoja alipokuwa **akicheka kwa sauti ya juu**, sote tuliokuwa pale tukajihisi vibaya vibaya <u>hata kugeuza nyuso kuficha aibu</u>（当我们的一位同事尖声发笑时，我们在场的人都感觉不舒服，**有的甚至把脸扭向一边遮羞**）.

（3）善笑

Hapo palikuwa na mifereji iliyochimbwa na maji ya mvua（雨水冲刷出的壕沟）. Nilipopita pale, viatu vyangu vilikuwa vinazama zama ndani ya tope na kudidimia（鞋子踩进烂泥里不断下陷）, ilinibidi kutumia sekunde kadha kutoa mguu ulionasa（每抬起一条腿都要耗费几秒钟）. Wakati mwingine nilipojaribu kutoa mguu mmoja, uzito wa mwili ukaelemea mguu mwingine na kuuzamisha zaidi（有时当你抬起这条腿时，身体重量全部压在另一条腿上，使其陷得更深）. Kwa kuona sinema hiyo bure（看着这不花钱的现场电影）, **wenzangu waliokuwa ng'ambo waliangua vicheko kwa moyo mkunjufu**（发出开心的笑声）, wengine hata wakaanguka kinyume nyume（有些人甚至笑得前仰后合）. Lakini hawakujua kumbe, **kivumo cha vicheko hivyo kilichemsha hasira yangu**（但他们有所不知，那笑声可把我惹恼了）.

（4）奸笑

Kwa kuona **anacheka kwa ulaghai**, najua kuwa kisa hiki cha leo kinatinga（看到他奸笑，我就知道今天这事儿有麻烦了）, bora nifanye udadisi kidogo（最好一探究竟）. Basi nanyosha shingo nikimchungulia（我伸长脖子观察他）, nimeona huyu bwana ni mfupi mwenye tumbo nene na kichwa kikubwa（脑满肠肥的矮矬胖子）, umbili hilo kwa jumla humfanya aonekane kama mipira miwili mkubwa kwa mdogo iliyowekeana mmoja juu ya mwingine（这种身条儿看上去就像大小不同的两个皮球上下摞在一起）. Nywele zake ni ndefu zimeporomoka hadi usoni zikifungamana na sharafa na kionja mchuzi kama msitu mnene（他长发垂脸，与两鬓和下巴的胡须连成一片密密匝匝的森林）. Pua yake imebonyea, macho yake madogo yanaonekana mekundu kama pilipili hoho zilizoiva（他鼻子扁平，两只小眼睛红得像熟透的胡椒）. Hakika kiumbe huyu anatisha kiasi chake（长得有点儿吓人）, na hata ukijaliwa kumwona usingependa kumwota（即便你见到他，也不会愿意在

做梦时再梦到他）.

（5）逗笑

Yule bwana <u>mpaka sasa bado yumo ubongoni mwangu</u>（那位先生至今还留在我的记忆之中）, **ni mcheshi**, <u>alijua kutuchangamsha kwa akili yake</u>（他很滑稽，知道怎么逗我们高兴）, <u>soga lake aghalabu</u> **humfanya kila mmoja wetu kushikilia mabavu**（他说出的话常把人笑得捂着双肋。另：<u>Maongezi yake huweza</u> **kuangusha vicheko vya wote kiasi cha kuvunja mabavu yao** 他的话常让人笑破两肋）, na <u>vicheko vilivyokuwa vikipalizwa huenea mbali</u>（那朗朗笑声经常传得很远）. Watu walimsema kuwa <u>tumboni mwake ana hadithi nyingi zinazoweza kuwafanya watu kuzirai</u>（人们说他有一肚子令人欲罢不能的故事）, na <u>kama ukiingiliana naye lazima ujiweke tayari</u> **kukauka kwa kucheka**（你要和他来往，那就得准备好笑疼肚子）. Nakumbuka kuwa siku moja <u>alituchekesha kwa hadithi moja</u> **mpaka mbavu zikatuuma**（笑得肋骨疼，或：**Tumevunjika mabavu kwa kucheka, Tumepata vicheko vya ajabu nusura tuvunjike mbavu，**把肋骨笑断了）. Wakati ule sote **tulifyatuka vicheko, vicheko vilivyozaliwa katika roho nzima**（当时那种笑是从内心深处迸发出来的）, mmoja wetu alisema kuwa alikuwa **kacheka kama alivyotekenywa**（笑得就像有人挠他的腋窝似的）.

（6）喜笑

Matayarisho ya arusi <u>yamo kufanywa kakakaka</u>（婚礼正在紧张筹备中）, nyumbani kwake kijana **kumechangamka mno kwa vicheko**（小伙子家里充满欢声笑语）. Na **kicheko katika mdomo wa bwana arusi hakibanduki, kicheko chake cha moyoni daima kinaonekana usoni**（新郎官更是笑口常开，喜出望外）, <u>wengine hata wanamtania kwa kusema kuwa</u> **kila siku anakenua meno na kuporomosha kicheko mpaka mapengo ya meno kuonekana ingawa mwenyewe anakataa katakata**（人们甚至跟他逗闷子说，他每天都

在龇着牙笑，连后牙槽都暴露无遗，虽然他本人断然否认）. Hiyo si ajabu hata kidogo, yasemekana kuwa yule msichana wake ni mzuri, ambaye ana uso mtamu na macho makubwa, **meno yake yameacha mwanya mwembamba na kufanya pambo zuri anapofanya tabasamu**（牙齿排列紧密，微笑时煞是好看）, nywele zake zimesukwa vizuri na kofia ya mabaka mabaka kutulizwa juu yake（头发打理得非常有精神，上面戴着一顶小花帽）.

（7）暗笑

Niliilowanisha midomo yangu kwa ulimi uliokauka kama kipande cha msasa（我用干得像锉刀似的舌头舔了舔嘴唇）na kuifanya akili yangu kutulizana（让头脑冷静下来）na kuanza kutafakari. Kumbukumbu ikanijia taratibu kama jua lilivyokuwa linakwea kwenye upeo wa mashariki na kuunda mapambazuko（我的记忆就如东方慢慢升起并给大地带来黎明的朝阳一样复苏过来）. Basi hapo nikaanza kutulia kama maji katika mtungi（平静如水）**nikicheka kimoyo moyo**（心中暗笑）na kupanga la kufanya.

（8）微笑

Alitabasamu akionyesha meno yaliyojipanga vizuri na meupe kama theluji（她微笑着，露出整齐洁白的牙齿。或 **Alifanya tabasamu na kuyatoa meno yake meupe kama barafu**，即：洁白如玉的牙齿）, **tabasamu ambayo ni tamu iliyokuwa ikicheza cheza usoni pake na kutoa picha nzuri kwa watu**（那是一种荡漾在脸上的令人印象深刻的甜甜的笑容）. **Nami pia nilijaribu kumwitikia kwa tabasamu yangu**（我也试图报以微笑）, **lakini bila ya kutegemea niligundua mishipa na mifupa yangu ya uso imenigomea na haitaki kufanya nilivyotaka**（但不知怎的，脸上的筋骨都不听使唤，拒绝做出回应）, **ama kweli tabasamu haliumbiki**（真的，微笑是装不出来的）! Niliamini kuwa **hata ikiwa uso wangu huo umejipambua na kuunda tabasamu kwa kufanya sura pendeka**（即便我强颜欢笑，以博取她的好感）, rafiki yangu yule pia **ataweza akatambua kuwa tabasamu yangu ni ya kulazimisha**（也能看出那笑容是硬挤出来的），**angedhani mimi nataka kumtafuna kwa kukenua meno tu**（他可能以为我龇牙咧嘴要吃她）ingawa **tabasamu yake kwa wakati huo iliendelea kustawi katika uso wake**（尽管此刻她脸上依然笑容可掬）.

（9）阴笑

Huyu mtu ni mfupi tu, lakini <u>nguvu anazo za tembo</u>（这人个头儿很矮，可<u>劲头堪比大象</u>）. Zaidi ya hayo, <u>hana jingine la kusisimua ila labda bado lile kovu lililoko kisogoni mwake ambalo limefanya sehemu hiyo ya kichwa kuwa jangwa kusiote hata unywele mmoja</u>（此外，他就没有令人刮目的东西了，或许还有后脑勺上那块疤，它把这方领地变成根毛不生的荒漠）. Kusikia madhumuni yangu ya kuja hapa, **anaanza kucheka ndani kwa ndani**（他开始阴笑）**na mara kicheko kimefikia kituo**（接着戛然而止），<u>amenitupia jicho la dharau na kutuna mashavu manene</u>（他朝我投来蔑视的目光，还高傲地耸了耸圆胖脸）.

（10）示笑

Siku ya pili baada ya kufungua kinywa（早点）nilikwenda kumtafuta rafiki yangu nyumbani kwake ambako sikupafahamu. Kwa kweli <u>ningalipitiliza</u> kama nisingalimwona mzee mmoja aliyekuwa akitoka katika kibanda cha upande wa <u>macheo ya jua</u>（假使没碰上从**东边**房子里出来个老者，**我可能就走过头了**）. Nilipofika huko kwake, rafiki yangu alitangulia kuniona akinisalimu **kwa ishara iliyofungamana na tabasamu ya kunihakikishia kuwa dakika moja ya ziada ingemruhusu kumaliza mlo wake na kuungana nami**（带着微笑向我示意，意思是说给他一分钟时间吃完饭，他再与我会合）.

（七十六）喜怒哀乐（4）——死亡之殇

1.死亡

（1）Kufa

Hakuna kipenu chochote cha sheria kinachowaruhusu watu wawe na fursa maalumu ya kujinufaisha wao wachache na kudidimiza umma（没有可钻的**任何法律空子**允许少数人拥有谋取私利而把群众置于每况愈下状态的**特权**）. Tunawaonya makupe（寄生虫，吸血鬼）hawa wanaozoea kuishi kwa jasho la wengine wajisahihishe mapema（及早改正），ni lazima wajue kuwa wembe wa serikali yetu haujapoteza makali yake,（他们应该明白，**政府手里的剃刀还没有开刃**）tunatumai wangezibuka masikio yao kutokana na onyo hili（我们希望他们能**洗耳恭听**这些警告）. Sasa ni sharti tuelewe kuwa kama wananchi wangetoswa mikononi mwa makabaila（假如人民落入达官贵人的手心儿），basi wao wangeweza kugeuka kuwa wanyonge wa kudumu（永久贫弱）na **wakafa pukupuku kama panzi**（他们会像蝗虫似的大批死亡）.

（2）Kufa foo (Kufa fofofo, Kufa fefefe, Kufa fee)

Mzee hakudiriki kufikishwa hospitali, akaanguka chini na **kufa pale njiani foo kutokana na kuzuka kwa ugonjwa wa moyo**（老人还未来得及被送进医院**就因心脏病突发而死在半路上**）. Hadi leo amekuwa hajanitoka moyoni na namna yake（他的样子至今仍留在我的心中）. Nakumbuka kuwa siku ile mbwa alikuja kasi sana, meno yake yalikuwa nje na kuonekana kuwa mekundu kwa rangi ya machweo (machwa, machwea) ya jua yakimwuma mzee vibaya（它的牙齿露在外面，在夕阳映照下闪着红彤彤的光，把老人咬惨了）.

Mimi nilichomoa kisu kumrushia mbwa na kunasa mwisho wa shingo lake linapoungana na kifua **mpaka agaragare na kufa pale pale**（我掏出刀子甩过去，击中他脖子下方与胸肋联结处，他倒在地上打滚儿，直到死在那儿）. Naam, kifo hakina hodi（死亡不会预先打招呼）, kwa mfano **huyu amekufa maji, yule amekufa njaa na mwengine amekufa baridi**（譬如这个人淹死了，那个人饿死了，另一个人冻死了）. **Nacho kifo huweza kufika ghafla kama upepo na kufanya mabomoko mabaya yasiyoweza kuponyeka**（死亡经常会像一阵风一样突如其来，带来无法复原的极大破坏）.

（3）Kwenda ahera (ahera moto, ahera motoni, ahera mjini, jahanamu)

Mzee aliwaambia watoto wake kwa mtiririko wa sauti nyembamba hafifu（老人微声细气地对孩子们说）: "Naona **nimekwisha kuwa mtu wa kufa**（我已是将死之人）, **uhai wangu ni haba na mauti mengi**（活路少死路多，指：时日不多）, **kifo chaanza kunikodolea macho na kunipungia mkono**（死亡已盯上了我并朝我挥手）, kwa jumla **nimeshakata tiketi ya kwenda ahera**（我已经买到了去地狱的票）ingawa mpiga ramli asema kama mimi nilizaliwa na nyota ya bahati（尽管算卦先生说我生来吉星高照）. Hata asemeje, miye sina tamaa tena（管他说什么，反正我一无所求）, **si nimeshafika katika umri wa kuchungulia kaburini**（我这把年纪不就该朝坟墓里巴头探脑了吗）? Ndio, **huenda siku moja nitafilia mbali kwa ghafla**（不知哪天我就突然一命归西了）." Siku chache baadaye watoto wake walipokaribia kitanda chake na kufunua blanketi（掀开毯子）, wakaukuta uso wa mzee kesha kuwa mweupe na baridi（脸色煞白冰凉）, mwili ulikwisha poa tangu kale kama maiti ya nyoka aliyekufa（肌体早已像一条蛇的僵尸，没有热气儿了）.

（4）Kuacha (kupa) mkono, Kupoteza roho (maisha)

Niliona **kifo kinamsogelea Mido**（死亡正向米多靠近）, kwa sababu

alikuwa hajui kuogelea vizuri, <u>maji yalimpiga fundo</u> mara kwa mara（多次呛水）, akawa mahututi katika hatari ya sakara mauti **akijinyosha nyosha**（在死亡的危险中挣扎煎熬）**na nusura atuachie mkono**（差点儿和我们诀别）, hususan ni wakati ule mamba mmoja alipomkaribia kwa madaha kama <u>mshindi wa ugomvi</u>（特别是一只鳄鱼摆着胜利者的姿态大摇大摆地靠近他时）, maana hapo <u>mtoni ndipo nyumbani kwake halisi</u>（因为这条河就是它的家）. Kwa kuikabili hali kama hiyo, watu <u>huweza kufanya namna yoyote kabla ya kupoteza roho kama vile kupiga kelele, kutapatapa au hata kutulia kimya kungoja kumezwa bila ya kujua la kufanya</u>（面对如此情况，人们可能会做出临死前的各种反应，诸如大叫、挣扎或干脆乖乖等死）.

（5）Kukata pumzi (roho, kamba)

Mkono wangu ulitoka mfukoni na kisu, <u>nikampiga kwa kasi pigo la nguvu la moyo na kukizamisha mpaka mpini</u>（我从口袋里抽出刺刀，用力刺入他的心脏，只留刀柄在外）, huku <u>nikimbana mdomo kwa mkono mwingine ili asipige kelele</u>（同时用另一只手捂住他的嘴巴，防止他大叫）. Damu yenye joto ilitiririka kati ya vidole vya mkono wangu wa kulia（热乎乎的鲜血顺着我右手的指缝流淌）, <u>hewa ya moto ikipenya</u>（散发出一股热气）. Baada ya dakika mbili **akakata pumzi kama mpira uliotoboka na kuaga dunia**（两分钟后，他像泄气的皮球似的气绝身亡）.

（6）Kututoka na kuagana nasi (Kutuaga)

Lakini wapi! Kuingia nyumbani kwake, masikini（可怜鬼）, tukamkuta yu mkavu tangu zamani gani（早就死了）! **Akatutoka na kuagana nasi kwa kujichanja mkononi kwa wembe**（用割腕自尽的方式离开我们并与我们告别）, **akajitoa roho na kuacha mke na watoto wake watatu**（他死了，身后留下老婆和三个孩子）. Sote tukajishika mdomo bila ya kujua la kufanya. <u>Ilikuwa ajabu kuona mvua ya siku hiyo mpaka sasa haijapusa</u>（雨到现在还

没停歇），**labda ni Mwungu alimhuzunikia kifo chake hata akatokwa na machozi**（或许上苍因过度悲伤而悽然落泪）.

（7）Kuondokewa na...

Tulitembeza macho huku na huko tusipaone pa kukimbilia（我们用眼睛扫了一下周围，不知该往哪个方向跑）. Ishara ilionyesha kuwa **tumeshapiga hodi ahera na kuanza kuyaona mauti**（有迹象表明，我们已购得下地狱的票，死到临头了）. Mioyoni mwetu tukajisemea wenyewe（自言自语）: "Ikiwa ni kufa, tufe tukiona（要是死，那我们就死给自己看）. Baada ya **kuondokewa na ndugu yetu Micho katikati ya safari yetu**（米多中途离开之后），**tukawa hatujui tena hesabu ya siku zetu za uhai ikoje**, hata kama tutahimili kuvuka salama usalimini hatari ya njiani（即使能够安全逾越路途中的艰难险阻，我们也无法知晓自己还能活多久）."

（8）Mauti kumchukua mtu

Kabla hajajiweka tayari na bunduki yake, **mauti yalikwisha kumchukua kabisa**（他还没有备好枪，死神已经把他带走了）. Nilikumbuka sana rafiki yangu huyo alivyokuwa akijisongonyoa na kutupa tupa miguu（我清楚地记得他是怎样扭动着身子、蹬着双腿）na mikono kubinya tumbo lake kwa nguvu（而双手则紧紧捂着肚子），**akaanguka chini na kuaga jamaa wa duniani**（他倒下去，告别了人世）. Na sasa mimi mwenyewe nikaona heri nielemee msituni（最好进森林）ili nisianguke maiti kama alivyokuwa yeye.

（9）Kunyoka twaa...

Farasi wake aliumia sana njiani na simba, hata hivyo bado aliweza vivyo hivyo kurudi nyumbani（仍然能这样坚持回到家）ila alfajiri ya siku ya pili akafafaruka na mwisho **kutulia kabisa**（次日凌晨，它蹬脚踹腿地挣扎了一番，不动了）. Hakuna msiba usio na mwenziwe（祸不单行），mambo yalizidi kumwia magumu（祸不单行，**事情愈发跟他过不去**）. Siku moja baada ya farasi wake kufa, si mbuzi wala kondoo, **wote walipapuriwa kwa meno na makucha na yule yule mmoja na kunyoka twaa**（是被同一个家伙的爪牙所害，变成了干枯的尸体）! Kwa kuisoma hali hiyo（看到这些）, akajisikia karaha imemkaba kooni（他感到一股怨气堵在喉头）. Kwa hivyo akaamua kumwua dude aliyemletea balaa na tena akamkuta（他决定除掉那个给他带来灾难的家伙，而且还真碰到了它）. Wakati simba alipojizoa kumrukia（纵身扑向他时）, upanga wake kama umeme ukamkata shingoni bila ya kukwaruza（砍刀闪电般**脆生生地**砍断了它的脖子）, naye dude mara **akaanguka chini na mikoromo yake ya kukata roho**（随着最后的哀号倒地气绝）.

（10）Kufa upinda

Nilikuwa na hakika kuwa Isdori Midoo hataweza kutembea katika maisha yake yaliyobaki, kama ataishi（我相信，如果艾斯朵尔·米多能活下来，他在剩余的生命历程中再也无法走路了）. Lakini sikufikiria kuwa jana usiku tu alikutwa amefariki. Mapolisi walithibitisha kuwa **hakuuawa, bali amekufa upinda**（并非他杀，属正常死亡）, gharika yake hiyo ilitokana na ulevi wa kupindukia（**他亡故**是过度饮酒所致）. Sikupata papo la moyo kwa msiba huo, hata sikufika kumliwaza wala kuhudhuria mazishi yake（对这场灾难，我心境颇为平和，甚至没有去**告慰死者**并参加他的葬礼）.

2.引申

（1）Kufa na tumainio

Haifai kwa wananchi kujigawanya wenyewe badala ya kujiunda pamoja（人民要**自我团结**，断不可**自我分化**）. Wananchi wetu ni wenye macho na mawazo, ni watu miamba halisi（我们的人民是有远见、有主见的，**是顶天立地的人**）, wanang'amua umuhimu wa kushirikiana. Kama tunaingia katika mafarakano（分裂），**tungekufa kifo kibaya na tumainio letu**（希望彻底破灭）na hata kurudi chini ya utawala wa kigeni（回到外来者的统治之下）.

（2）Hata angalau ife kidogo

Itabidi Afrika hata angalau ife kidogo kama haina budi（如果万不得已，哪怕非洲死一遭也在所不惜）ili kusudi kuzisaidia sehemu zingine za Afrika kutoka katika mawindo ya wale wajulikanao kama "waliostaarabika"（以便把非洲其他地区从那些所谓"文明人"的手中解救出来）. Sisi tuna kibonge cha kazi za kufanya（有大量工作要做），kusiwe na shaka kwa kibali cha Tanzania kuchukua wajibu（无须怀疑坦桑尼亚承担义务的许诺），na nchi zingine za Afrika pia zinatakiwa kufuata nyayo zake（追随它的脚步）.

（3）Kufa kwa kucheka

Mabwana hao kutoka ugenini walifanya hivyo kwa kujua（明知故为）ili wapate miguu ya kuleta machafuko kwetu（插足我们这里制造混乱）na kuweza kuiminya nchi yetu kwa nia ya kujikusanyia machungu ya faida（压榨我们国家以攫取巨额利益）. Hili si jambo geni, na tena tunalijua tokea wazee hadi watoto wetu. Tusingeelewa suala hili tungefanya ujinga wa mwisho（我们就是十足的傻瓜），na **ulimwengu ungekufa kwa kutucheka**（看着我们，世界都会笑死）.

（4）Kufa moyo...

"**Kufa na kuutumikia umma**（誓死为人民）!" Basi vema, baadhi ya viongozi kweli walitoa ahadi nyingi kwa wananchi kabla ya kushika utawala wa nchi, inaonekana kama kwamba wako tayari kujitoa muhanga roho（kujitoa muhanga 牺牲）kwa ajili ya faida za umma. Lakini wakishapata madaraka, **ahadi zao zote zimekufa kama mvuke ulivyopotea angani**（他们的一切承诺都像水蒸气在空中化为乌有）. Ukiwauliza kisa（你要追问原因），watakuja kufanya kimasomaso pasipo jawabu la maana（他们就会**支吾搪塞，随便应付几句**），basi akina kama hao <u>si viongozi wa kuwatia watu moyo</u>（不是令人鼓舞的领导者），bali wamewafanya watu **kufa moyo** kabisa（让人民**彻底灰心**）.

（5）**Kufa ganzi...**

Siku hizi <u>najisikia nimetimuliwa kweli kazini</u>（近来我深感自己在工作中吃甩），nahofia kama nikifukuzwa kazi si ndiyo basi tena（我担心一旦被工作单位辞退，**不是一切都完了嘛**）! Kwa kufikiria hayo, moyo wangu karibu **umekufa ganzi**（心都没知觉了），labda nipatie pesa <u>nikawahonge wakubwa, vivi hivi tumo</u>（也许我可给些钱贿赂贿赂头头，我们如此这般，这般如此）. Kwa vile **njia yangu ya kujipatia riziki imekufa**（生计已断），<u>sina kauli kitu</u>（我无计可施）.

（6）**Kufa kwa mtu**

Mwungu kwa rehema zake nyingi <u>amemjalia Lahi</u>（上帝**保佑拉赫**）na kumpa mke mzuri Mary. Naye **Lahi amekufa kwa Mary**（他太喜欢玛丽了），mapenzi aliyokuwa akipewa na Mary <u>yamemjaa shingoni na kumla kichwa</u>（玛丽给予他的爱簇拥到脖颈，淹没过头顶）. Alipomkuta kwa mara ya kwanza kabla ya kuchumbiana, <u>moyo wake hata uliacha kudunda kwa sekunde</u>（激动得**心跳甚至一度停止**），busu la kwanza aliloangushiwa naye shavuni lilimwingia maungoni barabara（浸入骨髓），chemchemi ya mapenzi ilimpenya moyoni kama mchirizi ya maji kutoka juu ya kilima（爱犹如从山上喷涌而下的一股清泉流入他的心田），<u>moyo ukadunda kwa nguvu na kasi kama ulitaka kutoka kifuani</u>（**心脏狂跳不止，似乎要破胸而出**），na damu ilienda kwa fujo mishipani（血液在血管里哗哗流动着）. Kufumba na kufumbua miaka ilikuwa imepita, <u>akajikuta akiwa na watoto watano, mmoja kila mwaka wa ndoa</u>（转眼几年过去了，**他发现自己家里已五子登科，婚后年年添口**）. Wenzake mara kwa mara <u>humtania kwa kusema ana wivu wa kuku dume</u>（他的伙伴们常开玩笑说

他有公鸡的能耐）.

（7）Kufa kiofisa

Jana nilikuwa na shilingi 200 mfukoni **nikafa kiofisa**（豁出去了）kwa kununua chakula kwa kuwakirimia（招待）vijana wenzangu. Lakini nilijua kuwa <u>mwonja asali haonji mara moja</u>（尝过甜头的人还想尝）, ndio maana watundu（捣蛋鬼）hawa wakaanza kudai <u>mchezo huu wa chakula uwe wa siku tatu mfululizo</u>（要求三日连宴）, mimi mara <u>nikawapa ahadi ya kibali, lakini ahadi ya kiswahili</u>（我当即应允，不过是斯瓦希里人的承诺，意指：**说话不算数**）.

（8）Urafiki kufa

Majirani wengi walishauri <u>kesi yao iishe kienyeji</u>（案子私了）, kwa kuwa wao ni marafiki. Lakini mzee Musa alikataa: "<u>Kwangu breki yenu</u>（你们快打住）, sikubali, mjue **urafiki wangu naye umekufa**（我和他的友情吹了）! Msisahau kuwa ameniumiza mguu kwa teke（不要忘了他踢伤过我的腿）! Sasa <u>sina namna nyingine</u> wala siwezi <u>kukunja sheria</u> katika suala kama hili（现在**我没办法**，在这问题上可不能**漠视法律**）. Kwangu <u>hakuna kitu kama ubatilifu wa sheria</u>（我这方面**不存在无视法律的问题**）!" Aliposema hayo aliipunga punga na kuwaonyesha <u>karatasi yenye maelezo ya dakari</u> kama <u>hirizi</u> akidhani ingemsaidia katika <u>kueleza kisa mahakamani</u>（他边说边抖了抖手中的**医疗诊断书**，像拿出**护身符**似的给大伙儿看，认为它有助于他在法庭**陈述案情**）. Kijana mmoja alimsimanga kwa kuuliza mbona karatasi ile inaandika u mzima mzima（一个小青年讥讽说，为什么那张纸上只写着你身体健康正常呢）, mzee akamaka（惊叫道）: "<u>Wewe kitoto umemaliza elimu ya msingi juzi tu usinisumbue</u>（你个小毛孩儿，小学刚念完，别来烦我）!"

（9）Uzalendo kufa

Vita vya kugombea kikombe cha Afrika vitaanza mara moja, lakini nasikia wachezaji wa timu yetu wanazembea sana mazoezi yao（疏于训练）kabla ya mchuano wa kwanza（第一场较量）na kuonekana hawana kiu cha kujinyakulia ushindi（没有争胜的欲望），**uzalendo wao umekufa**（他们的爱国情怀不复存在）. Mchezo wa Jumapili ijayo lazima utakuwa wa kuvunja moyo kwa upande wetu（下星期日的那场比赛势必会令我们伤心），jambo ambalo limemkanyaga roho kila mtazamaji wetu（此事在践踏着每个观众的心）. Kama wachezaji hao wakiendelea kuwa hivyo, timu yetu haitalala tundu 10 kwa bila, hatujui tena（如果不以十比零败北，**那就怪了**）!

（七十七）喜怒哀乐（5）——挥霍享乐

（1）Kuhiliki fedha za serikali

Kiongozi yeyote aliyepewa hatamu ya serikali na usukani wa kuiongoza nchi kama kila siku anakaa mezani kutoa amri tu na hata kuhiliki fedha za serikali apendavyo, basi shangwe lake halitaweza kudumu（任何被赋予**主持政务和掌控国家**的领导者，如果天天坐在办公桌前发号施令，甚至任意**挥霍公款，那他们必然好景不长**），licha ya kukosa kujitwalia jina la heshima pia hatakuwa na hatima njema ila kung'olewa tu katika kiti chake（除了**名誉扫地**，他们也不会有**好下场，只能从他们的岗位上被清除**），kwa sababu yeye si mtu wa kushirikiana na wananchi katika meza moja, bali ni mtu anayekunywa bilauri moja na mabepari（因为他们不是和人民围在一张桌子边的人，而是在与资本家喝一壶酒，类似中文：**不是与人民坐在一条板凳上，而是与资本家穿一条裤子**）.

（2）Kuchezea fedha ovyo na kuziteketeza zote

Alikuwa amejiegamia kitini na kuonekana mwenye kinyongo（他靠在椅子上，看上去疑虑重重），huku akijikunja mabega hivi ili kujipa nguvu ya kuomba msamaha kwa mkewe（同时他耸了耸肩膀以鼓起向老婆赔礼道歉的**勇气**），kwa kuwa **alichezea fedha ovyo na kuziteketeza zote** za nyumbani akawa hana nusu senti mfukoni（因为他**乱花钱，把家中所有存项糟蹋得一干二净，手头分文全无**）. Mkewe akatangaza hatakuwa na msalie mtume naye na akamhama kabisa（他老婆宣布**和他不共戴天，彻底离开了他**）. Sasa jamaa ameamua hataoa mke tena mpaka watoto wakue, ikizidi asioe kamwe（现在这老兄决定在孩子们长大成人之前不再另娶，**进而言之，永不再娶**）.

（3）Kutimba noti ovyo, Kuchoma fedha, Kufuja pesa chunguchungu

Ingawa amechuma hela kidogo kwa kazi za kuvunja mgongo kila siku, lakini naye **huzitimba ovyo noti zake hizo**（虽然他靠每天出卖体力挣得一些钱，但他总是乱花乱用）. Yasemekana kwamba siku hizi ameadimika mno nyumbani kwa ajili ya mambo yake ya nje（据说近来他成了家中的稀客，只顾在外面胡来）. Anapenda **kuchoma fedha** kwa kuonyesha ati yeye si mtu wa senti wala waya（他喜欢大手大脚，以表明自己不是个没钱的主儿和穷光蛋）, bali ni mtu mwenye uzito wa **kufuja pesa chungu chungu na kuzitapanya ovyo**（而是一个可以大把大把花钱和挥金如土的重量级人士）.

（4）Kuponda mali, Kusaga pesa

Aliwahi kuvuna hela chungu mbovu na kuwa milionea（他曾财源广进并成为百万富翁）, lakini kwa wakati huu amejifilisi mwenyewe **kwa kuponda mali zake**（如今却因挥霍无度而陷于破产）. Licha ya kuponzewa na kisura mfano wa nyoka alivyombana na kumpiga kifaranga mapindi（除了像蛇捕小鸡一样被一个女人缠得筋疲力尽）, karibuni kwa wiki moja tu **alizisaga pesa zake zote**（最近更是只用一个星期就挥霍掉了全部钱财）kwa vile ambavyo kila siku akazama katika mchezo wa kamari na kuliwa bila ya huruma（因为每天他都沉迷于赌博，被无情地吃定了）.

（5）Kusitarehea mapinduzi

Maana ya mapinduzi sio kuishi kifahari ama kucheza ngoma ya lelemama（革命不等于过奢华生活或跳莱莱玛玛舞）, bali ni kujikomboa kutokana na minyororo ya kila jinsi kama vile ya siasa, uchumi, utamaduni na kadhalika（而是从包括政治、经济、文化等各种各样的束缚中解放自己）.

Nchi yetu iko katika mstari wa mbele wa kujitoa katika makucha ya mabeberu（摆脱帝国主义的魔爪）, na haitatulia wala kukaa chini katika harakati hizo za ukombozi. Kwa hivyo **ni sharti tuyazike mawazo yale ya kustarehea mapinduzi**（必须彻底打消把革命娱乐化的想法）.

（6）Kukumbwa na starehe za kukata na shoka

Alikaa mjini kupiga laifu akiwa huru kama samaki baharini, mara kwa mara alikuwa anasakata dansi mpaka jogoo la kwanza（他在城里**像大海中的鱼一样自由自在地生活，经常跳舞跳到鸡叫头遍**）. **Alikumbwa na starehe za kukata na shoka** kiasi cha kujisahaulisha shida zote zilizopita pamoja na agizo la wazazi wake（**他迷恋于那些让其神魂颠倒的娱乐活动，几近忘记了以往的所有苦难，包括父母的教诲**）: "Sisi wazazi wako tulijikamua sana kwa muda wote ulipokuwa shule kukupatia karo（作为你的亲生父母，我们所有时间都在**省吃俭用**为你提供**学费**）. Angalia usije ukabadilika na kuingia starehe zisizo za maana na ukakosa radhi yetu（你要注意，切莫变坏，卷入那些**毫无意义的娱乐活动，乃至让我们无法宽恕你**）!"

（7）Kupasua raha, Kuponda starehe

Mimi nilipata kujaribiwa katika mtihani kigogo kabisa wa kimaisha（我经受过**极其苛刻的生活考验**）. Kwa kulinganishwa na taabu iliyonipata, raha hii ya sasa yatosha kuwa ya peponi（与我受过的磨难相比，**眼下的幸福堪比天堂**）. Lakini ndugu yangu mdogo **amenogewa na maisha ya mjini kwa miaka na kupenda kupasua raha za kisasa**（可我弟弟在城里待过几年，很喜欢享受其乐融融的现代化生活）. Japo sasa amebaki masikini hohehahe（尽管现在他已穷困潦倒）, lakini **fikra zake bado zinavinjari maisha ya mjini na kutamani kuponda starehe za aina aina za huko**（但他心里想的仍然是城里的生活，向往那里的各种浮华）.

（8）Kula ujana kwa raha mustarehe (kula starehe)

Kwa pesa hana masuali（钱对他来说不是问题）, basi amekata kauli **kupavinjari hapa mjini na kula ujana wake kwa raha mstarehe**（他决定进城享用他的青春年华）. Kuna fununu ya kwamba karibuni amepinduliwa kichwa na kisura mmoja（有传闻说，近来他栽到一个女人手中）, naye mara kwa mara humwalika rafiki yake huyu wa "rohoni" sinema au chai（他经常邀请他的这位"知心"朋友看电影或喝茶）, na mara nyingine **huenda naye kona kwa kula starehe za aina yake**（有时还带她到犄角旮旯里温存一番）. Sasa amekwisha tekwa na maisha ya mjini na kamwe hataki kujinyima nayo（现在他已被城市生活折服，无意克制自己）, **hata anasa za aina hiyo zikiendelea kwa miaka kumi pia hataona kuchoka ila kuzidi kusema "bado tu"**（这份奢华即使再延续十年，他也乐此不疲，只会说"远远不够"）.

（9）Kukaa kwa anasa tele na kulala miguu juu

Alishuka mjini na kukaa katika hoteli kwa anasa tele na kukolewa vyema na maisha ya humo（他落脚城里住进豪华宾馆，过得好生滋润）. Alikuwa **kalala miguu juu (kuweka miguu juu)** katika sofa akiburudishwa kwa nyimbo za kiredio（他埋进沙发里欣赏着收音机播放的音乐，**双腿翘得高高的**）. Aliamini kuwa siku hiyo mji huu utakuwa wake mpaka chee（他相信从现在到次日这座城市是属于他的）.

（七十八）喜怒哀乐（6）——同为沦落人

1.负债累累

（1）Madeni kurundikana

Madeni hayo yaliyorundikana miaka mingi yamepita upeo wa uwezo wetu wa kulipa, nchi yetu haijimudu kuyamaliza yote mara moja ila kwa hatua（这多年的积债已经超出了我们的偿还能力，除了分期清偿，我国无力一次性结清）. Jambo hili lastahili kupimwa na kutafutiwa suluhisho（此事理应进行评估并找出解决方案）. Licha ya kuongeza uzalishaji ambao ndio muhimu kabisa kwa nchi（除了国家发展生产这一最根本的手段），kama kila mmoja wetu anakataa kuwa mtumwa wa mapesa na kuwa na moyo wa kujinyima kwa manufaa ya taifa, basi kiasi kikubwa cha fedha kitaokolewa（倘若每人都拒绝成为金钱的奴隶并为国家利益克勤克俭，同样会节约大量资金）.

（2）Kudaiwa hata nywele si zake

Siku zote wanawake si aghalabu kuwakaripia wana wao（妇女通常不怎么训斥自己的子女），lakini mama Ruth leo hawezi kuvumilia tena, maana mwanawe Somara si mtoto wa ahadi（不是个言而有信的孩子），ambaye bila wazazi kufahamu alitumia sana mtindo wa kukopa chakula kwa wengine（他瞒着父母大量向外人借债吃喝）. **Sasa ameingia katika madeni makubwa na kudaiwa hata nywele si zake**（眼下他已负债累累，连头发都不属于他自己了），hata ana mpango wa **kutoroka madeni** na pia wazazi（他甚至计划逃债并逃离父母），kwani hajajua kwamba wazazi ni mali hawaokotwi popote pale, wasio nao wanajuta na kukumbuka fadhila yao（其实他哪里知道父母是任何地方都得不到的财富，没了父母才会感到后悔并记起他们的恩情）.

（3）Kudaiwa hata kope si zake

Aliwahi kuwa na nyumba ya fahari na gari adhimu（他一度拥有豪宅名车），lakini alikupua mali zake zote na kuyafanya maisha yake kuwa katika giza kubwa（但他把钱财挥霍一空，使自己的生活陷入一片黑暗）. Sasa **amejibandika mzigo mkubwa wa madeni na kudaiwa hata kope si zake**（现在他背上了巨额债务，连眼睫毛都属于别人了），akiwa amebaki kukunyata uso tu na hana tena uwezo wa kuwachukua wazazi wao（他只能哭丧着脸发愁，再也无力赡养父母）. Amejuta hata kuanza kulia machozi wakati anapokumbuka aliyoyasema baba yake: "Mwanangu, mimi ni masikini na nimejikakamua sana（省吃俭用）muda wote ulipokuwa shule kukupatia karo（学费）na mahitaji mengine. Basi jichunge vizuri usijiingize katika anasa mbaya mbaya hadi kujibomoa（管好自己，远离穷奢极欲，省得毁了自己）!"

（4）Kubeba madeni mpaka kopeni

"Mchukulie na usimkabe akulipe deni lile lako（照顾着他点儿，不要逼他还债），maana siku hizi akili zake hazimtoshi（最近他脑袋不够用），**amepatwa na janga kubwa hadi kubeba madeni mpaka kopeni**（他惹上了大麻烦，结果落得债台高筑），hata senti za kukomboa nguo kwa fundi hana（甚至连到裁缝师傅那里取衣服的钱都没有）." Niliambiwa hivyo na jirani yake mwenye moyo wa huruma. Lakini nilipojaribu kutafiti zaidi（试图进一步打听），nikabaini kuwa suala langu limeleta kero kwake hivyo nikaliacha（我明显感觉到他有些不耐烦，于是放弃了）.

（5）Kudaiwa mpaka kope

Huyu bwana anakua kama kifaranga cha kuku chini ya ubawa, hana mila ya kulipa deni（他是像雏鸡一样在母鸡翅膀的呵护下长大的，没有还债的习惯）. Mimi na wengine tulimkopesha fedha zetu nyingi, na sasa **amedaiwa mpaka kope**（我与其他人都借给他好多钱，现在他连睫毛都被要求用来还债了）, lakini ametuvunja guu kwa kujisema ati siku hizi amekuwa mkiwa, hana hata senti, kama kwamba akitulipa asitulipe shauri lake tu（他让我们跑断了腿，可每每总是推托说眼下他是个穷光蛋，身无分文，好像在告诉我们还不还钱他说了算）. Mara kwa mara tumewashwa na maneno yake hasa anapotangaza amebakia mweupe kabisa huku akiyaacha macho yetu kazi ya kuhangaika kati ya vyakula vinono kemkem mezani kwake（我们经常被他的话弄得怒火中烧，特别是在他宣布自己穷得白板一块的同时，让我们看到他饭桌上摆着令人眼花缭乱的美味佳肴）.

2. 被开除、解雇

（1）Kufukuzwa kazi

Jamaa ana mkono mzito kama nanga（他手头笨得像只铁锚）, kisha hajui kufanya kazi kwa siasa（干活不动脑筋）licha ya kusema ni mtu mwenye shingo ngumu kitabia（而且生性顽固不化）, ambaye hajui kabisa kujipendekeza kwa mkubwa（完全不懂得讨好领导）. Kwa hivyo **amefukuzwa kazi na kubakia kushikilia mdomo tu nyumbani**（所以他被解雇，坐在家里托着下巴发呆）. Sasa hali ya mke na watoto shida, kaahidi kuwa hata kazi ya uchura yuko tayari kuifanya（现在老婆、孩子生活无着，他表示即使掏厕所的活儿，他也愿意干）.

（2）Kung'olewa kazi

Naye ni tofauti sana na baadhi ya wengine ambao hupendelea kutafuna siri vizuri na kuimeza tumboni kwa kuamini msemo ule wa eti "Siku ya kutoa siri ya watu utalala kaburini"（他和其他人不一样，他喜欢把秘密仔细咀嚼后

咽进肚子，因为他相信人们常说的"泄人密，下地狱"这句话）. Zaidi ya hayo, <u>tofauti yake iko na kwamba ni mnyofu, katika moyo wake haweki akiba na daima ni mweupe, kwa hivyo anapendwa na wenzake wengi</u>（除了上述情况，他与其他人不同之处在于直爽，心里不存事儿，心地纯洁）. Ndiye mtu mwema kama huyu karibuni **ameng'olewa kazi kwa vile kidudu mtu mwenye kinyongo alimchongea kwa meneja**（就是这么一个好人因小肚鸡肠者在经理面前给他使坏而被除名）.

（3）Kuachishwa kazi

Kijana anaona <u>amelemewa na mashughuli ya ofisini kupita uwezo wake</u>（小伙子被办公室里的活儿压得力不从心）. <u>Ubichi wake kazini</u> umeleta hasara kubwa kwa kampuni aliyomo, hasara ambayo ilimkasirisha meneja（他在工作中的稚嫩行为给公司带来巨大损失，让经理很恼火）. Basi kwa haraka **akaachishwa kazi** naye na kuambiwa atoke machoni pake kabisaaa（很快他就被解雇并被告知经理不想再见到他）.

（4）Kufutwa kazi

Wakati mmoja naye <u>alikaa na mkubwa wake kama maji na unga vilivyopatana vizuri</u>（有一段时间，他与上司的关系可谓水乳交融）, hata akachukuliwa naye kama ni mkono wake wa kulia kazini（甚至被看作上司工作中的右手，指：主要帮手）. Lakini baadaye akagunduliwa <u>akiuma vidole sana juu ya mali za tajiri wake</u>（后来他被发现对老板的财产有不良企图）. Basi bila ya kujali hili na lile **akafutwa kazi**（被除名）, na sasa amebaki <u>kupiga lami barabarani kwa miguu</u>（在轧马路）.

（5）Kupigwa kalamu

<u>Nimepatwa na mkasa njiani, mkasa ulionipoteza kiatu kimoja</u>（我在路上出了状况，弄丢了一只鞋子）. Sitaki kupiga chuku nasema ukweli tu（我不

想兜圈子，就实打实地说吧）kwamba ni aibu kama mimi mtu mwenye kuvaa suti kwenda kazini mguu mmoja wazi bila ya kiatu（我这种**白领阶层**打着一只赤脚去上班简直就是耻辱），na ilhali nisipokwenda lazima **nitapigwa kalamu** na mwisho kubaki kuchugachuga mtaani（而假使不去，我势必会被开除，落得个在街头打转儿）.

（七十九）喜怒哀乐（7）——血汗悲泪

1.流泪

（1）Kujikunja uso na kutokwa na machozi

Jitihada baada ya jitihada zilijaribiwa kwa <u>kurekebisha saa ya maendeleo ya nchi</u>（为了调整国家发展进程，政府尝试过一次又一次努力），lakini mara kwa mara <u>majira yake yalirudishwa nyuma, manung'uniko ya lawama yamesambaa katika hewa yote ya nchini</u>（但每次都错失良机，惹得国内天怒人怨）. Kwa kuona wananchi <u>wanavyochujuka na kuyabisika</u>, **ni nani asiyejikunja uso kwa majonzi na kutokwa na machozi**（看着面容干瘪憔悴的民众，谁不为之伤感落泪）!

（2）Machozi kutiririka kama maji kutoka katika milizamu...

<u>Alilia mwisho wa kulia kwa kufiwa baba yake</u>（父亲的死让他悲声大作），**machozi yalimtiririka kama maji yatokayo katika milizamu iliyolegezwa sukurubu**（泪水像松开螺母的水龙头一样倾泻而出），**yakamtosa macho, uso na kifua**（弄得眼睛、面颊和胸口全都湿漉漉的）. <u>Alikuwa na kiwi kubwa moyoni iliyompaza pumzi asiweze kusema</u>（心中的巨大阴影使他呼吸急促，无法说话），<u>macho yalimwiva na hata akaiona nyumba aliyomo kama imemzidi kimo kwa pengo aliloliacha marehemu</u>（他泪眼红肿，甚至连眼前的房子也似乎因父亲离去而变得十分空旷）.

（3）Machozi kumtoka mtu njia mbili mbili...

<u>Nilimteremshia macho</u> Ndatu ambaye alikuwa **amelowa kifuani kwa**

machozi na bado mifereji ya machozi ilikuwa mashavuni mwake baada ya kuhadithiwa mama yake marehemu <u>alivyozikwa kama mzogo wa mbuzi</u> （我低下眼看着恩达图。当她听说她去世的妈妈是如何像死山羊一样被草草埋掉的时候，她的泪水已经湿透了衣襟，而两颊上的泪水还在哗哗流淌）. Aliomboleza na kujitupatupa（她捶胸顿足地哭诉着），**machozi yakimtoka njia mbili mbili na kuzidi kumiminika kwa kuineemesha mifereji ile**（两行泪水不断从双眼里涌出，她变成了一个泪人）. Mama yake mzazi alikuwa amefariki kwao ambapo ni mbali na alipo（她的亲生母亲在离她很远的老家去世），lakini hata <u>kwenda kwenye kilio na kukaa msiba</u> hakuwahi kwa jinsi pirika pirika zilivyokuwa zimemsonga（她因事务缠身而无法前去奔丧守灵），<u>penzi la binti kwa mzaziwe likaibuka kupita kiasi</u>（女儿对母亲的怀念超乎寻常）. Nilimpiga piga begani kwa kumtuliza（我拍着她的肩膀安慰她）.

（4）Machozi kumtoka mtu kwa mpango...

Kwa vile <u>amebaki kuwa chura katika mchezo wa bao</u>（他赌博时输了个精光），kwa hivyo **machozi mawili makubwa yamedondoka kwa mpango kutoka kwa kila jicho lake yakaacha nyuma michirizi iliyobetabeta na kukomea kwenye mashavu kama mtu aliyenunua almasi ameuziwa chupa iliyosagwa**（两颗硕大的泪珠顺序井然地从每只眼睛里涌出，并在两颊留下两道弯弯曲曲的泪痕，就像一个买钻石的人买到一堆玻璃瓶碎渣一样难受）. Na baadaye kidogo, kwa uchungu mwingi wa moyoni <u>ameangua kilio kipevu aina ya mtoto mchanga na kuomboleza kwa mayowe</u>（内心的苦楚使他像婴儿一样号啕大哭）. <u>Akawa hanyamazi mfano wa nyenje anavyolia</u>（他如鸣叫的蟋蟀一样不停地哭泣），**machozi yaliyoporomoka hayakuwa haba tena, bali yalitosha kujaza kikombe kizima cha chai**（他眼泪流了好多，足够装满一茶杯）.

（5）Uzuri kusawijika kwa machozi...

Usilaumu mtu anafahamu machozi tu（你不要说别人就知道流眼泪），wakati ukifika wa kutoleana machozi, awaye yote hushindwa kujikaza kutolia（一到催人泪下的时刻，任何人都无法控制自己）. Msichana alipoona mama yake aliyepoteana naye kwa miaka mingi bila ya habari（她们母女失散多年母亲一直没有信息的），**mitiririko ya machozi ya moto mara ilitoka machoni mwake japo alijitahidi sana kuyakinga yasidondoke**（虽然她竭力控制自己不要流泪，但热乎乎的泪水还是从眼睛里汩汩涌出）. Akajitupa vifuani mwa mama na kumkumbatia shingoni akichacharika kwa kilio（她扑进妈妈怀中，搂着她的脖子号啕大哭），**hata uzuri wake ulisawijika kwa machozi ya njia mbili mbili mashavuni**（连她姣好的面容也因满脸泪痕而陡然失色）.

（6）**Machozi kupukutika ovyo na kutiririka kama chemchemi**

Kwa kweli nyumba yenyewe ameikuta pale pale, lakini ikiwa na nyuso tofauti（其实房子还在那儿，只是模样不同了）. Akaona nyumba kama imemlemea sana kwa upweke aliokuwa nao（面对老房子，她心情十分压抑，颇感孤独无助）. Naam, dunia imemgeukia（是的，世道变了），si hata yeye mwenyewe ngozi ya mwili wake iliyokuwa nyororo imeanza kuchakaa（连他自己那柔软细嫩的皮肤不也变得皮糙肉厚了吗）? Kwa kufikiria hayo, **machozi yakaanza kumpukutika ovyo na kumtiririka kama chemichemi**, hata akashindwa nguvu za kujipangusa（想到这些，她泪花四溅，犹如泉涌，甚至无力去擦拭一把）.

（7）**Kutokwa na machozi membamba**

Machozi wameumbwa nayo wanaume miilini hayamwagiki hivi hivi（男儿有泪不轻弹）. Lakini kwa mzee mmoja kijijini kwetu ni tofauti. Baada ya kupigwa faini ya mbuzi wawili na polisi（在被警方罚缴了两只山羊之后），

mzee licha ya kujilaumu sana kwa makosa yake（老人除了为自己的过错深感自责外）, pale pale **akatokwa na machozi membamba kama mtoto mdogo aliyenyimwa au kuangushiwa kitumbua chake katika vumbi**（眼里当即就迸出了泪花，活像一个因被夺走了米糕或者米糕被打翻在地而哭鼻子的小孩儿）, basi <u>sura ikamgeuka kama kinyonga</u>（他像变色龙一样脸色大变）, <u>kwenda hawezi, kukaa hawezi, la kufanya hana, taabu tupu</u>（走也不是，留也不是，无计可施，困难重重）.

（8）Machozi kumiminika kama maji yapitayo mtoni...

Siku zangu naziona <u>zimejaa mazimbwezimbwe</u>（我感到自己的日子布满阴影）, kwa masikitiko mengi <u>nimerusha mkono wangu kama nilivyoumwa na nge na kulia kwikwi kabisa</u>（就如被蝎子蜇了似的，我很遗憾地甩了一下胳膊，抽噎起来）. **Machozi yamenitoka bila ya kikomo na kumiminika mashavuni mfano wa maji yanavyopita mtoni**（我流了无数的泪，它就像河道里的水顺着脸颊奔流而下）. **Labda ni fukuto na dukuduku la kutotiliwa maanani na mkubwa wangu lilitonesha milizamu ya machozi yangu, yamebaki yakibubujika kwa fujo tu**（也许不被领导重视带来的焦躁不安触动了我的泪腺，一发而不可收）.

（9）Macho kuwa ya maji na kuelea kastika vidimbwi vya...

Mimi na mwaangu tulikuwa tumekaa <u>tukitazamana bila ya kutamka lolote</u>（我和我的孩子默默地互相瞅着）. Ingawa nilivumilia sana, lakini nikiwa mama, **macho yangu yangali bado yaligeuka kuwa ya maji na kuelea katika vidimbwi vya machozi maangavu**（尽管在努力忍着，但作为妈妈，我的眼睛还是很快就湿润起来，继而便眼泪汪汪）, **matone kadha yakaanza kuzipenya kingo za nyusi na kufanya michirizi ambayo iliporomoka kupitia katikati ya mabonde yatenganishayo mashavu na pua**（几滴泪珠夺眶而出，沿着鼻沟儿滚落下来）, **na kisha kwa kupitia kidevuni kuja kutua**

katika kifua changu kama ngumi za mwana mchanga（接着经由下巴滴落在胸前，就像婴儿的小拳头似的敲击着我）.

（10）Machozi kudondoshwa kama mvua

Ajali hutokea bila ya kusudi la mtu（事故总是出自意外）. Niliona kuwa mama huyu alipohakikisha mtoto wake ameuhama mwili wake akalia na kulia hadi kupwea sauti（我发现这位妈妈确知孩子已经离她而去时，她哭了，连声音都哭哑了），**machozi yalimteremka usoni na kudondoshwa kama mvua, roho ikamtoka**（满脸泪如雨下，已经神不守舍）. Kwa muda mfupi tu alikonda na mifupa ya mashavuni ilijitokeza na kufanya aonekane mzee（在很短时间内，她就显得消瘦苍老，颧骨突出）. Nikawa sina budi kujitahidi niwezalo kumpoza moyo na hata kuamua kuja kwake tena kumwona nipatapo hatua（我只能尽量安慰她，并决定有空儿再去看望她）. Alinishukuru kwa kumtolea mkono akiniahidia atakuweka daima wema wangu moyoni mwake（她感谢了我的好意，表示要永远铭记在心）.

2. 流血

（1）Kuanguka kwenye kidimbwi cha damu

Yule mkatili akashindilia bunduki (kushindilia risasi, kujaza risasi) tayari kupigwa（那个残忍的家伙装好子弹准备开枪），pua yake ikifunuka nusu inchi zaidi na kutweta mtweto wa mauaji（他的鼻孔张开半英寸多，杀气腾腾），na kabla mzee hajasimama wima, alikwisha mchomoka risasi iliyompata kichwa（老人还未站好，他已经开火射中他的头部）. **Mzee alianguka chini kwenye kidimbwi cha damu**（老人倒在血泊中）.

（2）Damu kumwagika kama mto wakati wa masika

Kufuatana na milio ya bunduki zetu kufukuzilia mbali kimya kilichotawala

（随着我们的枪声打破深深的寂静），maadui walikuwa wakitupa tupa mikono na kuanguka kama mitama michanga iliyopigwa na mvua ya mawe（敌人就像遭遇冰雹袭击的高粱苗似的被打得人仰马翻），**damu zao zilimwagika kama mto wakati wa masika**（血流成河）.

（3）Damu kububujika kama chemchemi

Maadui kadha walianguka chini kama mavuno mbele ya shoka lake lililotapakaa damu（几个敌人就像被收割的庄稼在他那把沾满鲜血的斧子下纷纷倒地）, na hata amrijeshi wao pia alijeruhiwa mguu wa kulia, **damu ikimbubujika kama chemchemi**（血如泉涌）, basi akawa hana budi kupandisha mikono na kuomba amani（只能举手求饶）.

（4）Damu kuchuruzika kama mfereji

Katika vita hivyo, adui mmoja alikatwa shingo kama mgomba akigaa gaa na kutupa tupa miguu na mikono huku na huko kwa usononi usiokadirika **akipiga mbizi kwenye damu yake mwenyewe**（一个敌人像香蕉树似的被砍断了脖子，无比痛苦地栽倒地上打滚儿挣扎着，扎进自己淌出的血液中）, na mwengine alipasuka penye paji la uso（另一个被当头劈了一刀）, **damu ilimchuruzika kwa nguvu kama mfereji**（血流如注）.

（5）Damu kutoka kwa fujo

Usiku ukanielemea（夜晚让我感到沉重）, hapo nikasikia chakara chakara ya vijiti kutokana na kukanyagwa na mtu.（这时我听到有人正噼噼啪啪地踩着地上的枯枝烂叶走动）. Basi nikajivuta kando na kujibanza mahali（我躲身一边，隐藏好自己）, na kidogo tena nikaona mtu kama kivuli akininyemelea upande wangu kimang'amung'amu.（接着便见到一个黑影略显惊慌地朝我的方向摸索过来）. Aliponikaribia zaidi nikapata kumfahamu ndiye yule adui aliyewaua wazazi wangu ingawa kwa unyenyezi（当他更靠近一些的时

候，我认出他就是杀死我父母的那个仇人，**尽管是在视线模糊的状态下**）．Nami bila ya kuchelewa nikachomoa upanga kiunoni nikimpiga dharuba kali ya shingo na kumdengua kichwa（我急速拔出腰刀，照他脖子狠狠地砍下去，削掉了他的脑袋），**nasikia damu ikamtoka kwa fujo**（我听到了他哗哗的流血声）．

（6）Damu kuvuja kwenye ngeu

Alihisi kitu kama maji yenye uvuguvugu yakititirika toka kichwani yamepitia masikioni na kuendelea na msafara kwenye mabega（他感觉热乎乎的水状的东西从头上淌出，途经耳部流向肩膀）．**Alijua hiyo imekuwa damu yake kuvuja kwenye ngeu yake**（他明白那是从头部伤口里涌出来的鲜血）．Hata hivyo hakujuta, aliamua tangu mwanzo kuwa hata akifa atakufa kishujaa（但他并不后悔，因为从一开始他就决定：即便是死，也要死得凛然）．

（7）Mifereji ya damu mbichi kutiririka kila upande

Risasi kutoka maadui ziliangukia karibu karibu, nusura nikahasirika kiungo changu cha mkono（敌人射击的子弹十分密集，我差点儿失去一条胳膊）．Nasi bila ya kusitasita tukawavamia maadui na kuingia kwa haraka katika mahandaki yao, **tukayakuta maiti yamelaliana ovyo na mifereji ya damu mbichi imetiririka kila upande**（我们毫不犹豫地扑向敌人，迅速冲入对方阵地，只见敌人的尸体横七竖八倒在地上，鲜血四处流淌）．Wengi kati yetu tukajihisi kooni kumejaa na kusikia kichefuchefu kama tunavyotaka kutapika（我们当中的许多人都感到喉头涨满恶心，一副想要呕吐的样子）．

（8）Damu kuchuruzika kama maji na kulowesha nguo

Japo pale palikuwa na giza nene, lakini niliweza kuliona hilo panga liking'ara wakati alipolichomoa kutoka kiunoni na kunipiga dharuba ya shingo iliyotegemea kunikata kichwa changu（尽管夜色很黑，但我**仍能看到他拔**

刀劈向我的脖子，意在砍掉我的脑袋的一瞬间发出的寒光）．Jinsi panga lilivyokuwa kali na pigo jepesi, hata likasababisha upepo mwembamba kuvuma kidogo na vitawi vya mti wa jirani kuinama inama（那是多么干净利落的一刀，甚至带着一股嗖嗖的尖利声音，连附近树上的枝叶都晃动了几下）．Kwa bahati nzuri nililikwepa vizuri dharuba hiyo ila sikio langu moja lilikwenda（很幸运，我避开了这致命一击，只是一只耳朵不翼而飞），**damu ilinichuruzika kama maji na kunirowesha nguo**（血流如注，浸湿了我的衣裳），**nikaangua kilio kibichi**（我发出了刺耳的惨叫声）．

（9）Nguo kuwa chepechepe kwa damu

Pembeni, kulia kwa meza hiyo, ndipo maiti zilipoangukia（桌子旁边靠右手处就是尸体跌翻的地方）．Mmoja kichwa chake kilikuwa matundu kama dodoki, ubongo ulikuwa unatoka ovyo（其中一人脑袋像个烂瓜，到处是洞，脑浆横流）．Mwengine kifua chake kilikuwa kimechanika katikati kama kuku la kubanika（另一人胸膛大开，活像一只烤鸡）．**Kwa kutokwa na damu nyingi, hata nguo zikawa chepechepe**（由于流血太多，他们的衣服都湿透了）．

（10）Vidimbwi vya damu kutitirika na kufanya mkondo

Alimimina risasi juu ya kitasa（他把子弹装进子弹夹），akausukuma kwa teke mlango uliobanika（用脚踢开紧闭的房门）na kuingia ndani, huku akirusha risasi ovyo（然后开始乱枪扫射）．Risasi zilizokwisha toka haziwezi kusimamishwa（子弹不停地到处乱飞）．Alipotoa kidole chake toka kifyatulio cha bunduki yake, maadui hao wote wakawa maiti（当他的手指松开扳机的时候，所有敌人都已毙命）．**Vidimbwi vya damu vilititirika taratibu hadi vikaungana na kufanya mkondo kuelekea uvunguni**（一摊摊血缓缓流动，汇集在一起，形成径流，向床下蔓延）．

3.流汗

（1）Kutokwa na jasho jekejeke

Jua lilikuwa lachoma utosini, alikuwa **katokwa na jasho jekejeke, nguo zake zote zikaandamana na mwili wake kwa jinsi alivyotapakaa na jasho hizo**（骄阳烘烤着头顶，他大汗淋漓，衣服也因为流汗过多而湿漉漉地贴在身上）. Akachota maji kwa ndoo na kujimwagia mwagia kwa fujo（他用桶提水，哗啦哗啦往自己身上浇）. Oh, maji yalikuwa baridi na ya kusisimua kweli kweli（好极了，那凉丝丝的水让人感到浑身清爽）.

（2）Kutokwa na majasho manene manene

Siku hiyo joto ilikuwa kali kama jahanamu（天热得像地狱），mkulima kijana Mbeo alikuwa akifanya kazi shambani bila ya kujali hari ya jua（不顾太阳的暴晒），**akatokwa na majasho manene manene na kurowa chapachapa（chepechepe）mwili mzima**（他汗流浃背，全身都湿透了）. Kwa kuona mimea iliyokuwa inastawi mbele ya macho yake（看到眼前茂盛生长的庄稼），akashusha pumzi kwa nguvu mfano wa mtu aliyetua mzigo mzito alioubeba kitambo kirefu（他就像卸掉了长时间背在身上的重担似的，长长舒了一口气），pua yake pana ilitanuka na **uso kung'ara vizuri kwa jasho**（他张着宽大的鼻子，脸上汗津津的，闪闪发亮）.

（3）Mwili kuanza kuota jasho

Aliruka ruka kichura mle chumbani na kutupa tupa ngumi mfano wa mtu aliyechukua mazoezi ya masumbwi, huku akilenga mpinzani wa bandia（他像青蛙一样在房间里跳来跳去，像一个训练中的拳击手一样不断挥动拳头击打着道具），**mwili wake wote ukaanza kuota jasho ambalo lilitambaa taratibu kufuata uti wa mgongo**（全身开始冒汗，汗水顺着脊梁直往下淌），hata pumzi zake zikawa za moto kuliko kawaida（甚至连喘气都比往常火烫了许多）.

（4）Kumtoa mtu kijacho chembamba

Kamwe sikutazamia kuwa ingetokea siku moja ambayo ningefikwa na mkasa wa kuyatatanisha maisha yangu **kiasi cha kunitoa kijacho chembamba na kunifanya nijute kuzaliwa**（我从来也没有预料到有一天会遇上生活中的大麻烦，乃至惊出一身冷汗，后悔来到了这个人间）. Nimeingiwa na <u>hofu</u> ambayo sikuwa nimepata kuihisi, moyo unaniendea mbio na **mwili kuninata kwa jasho hilo lililofumka ghafla**（我从未感受过惊慌失措，心跳骤急，身上被这突如其来的冷汗弄得黏糊糊的）.

（5）Jasho kumtoka mtu hata la kupeni

<u>Ingawa huku kwenye baridi</u>, lakini safari yenyewe ilikuwa ya kukimbia <u>kutupu</u>, kwa hivyo **jasho lilimtoka kila mmoja wao hata la kopeni**（尽管这里冷飕飕的，但因为旅途本身纯粹是跑，他们每个人的眼睫毛都在流汗）. Midoo alijikunja katika machela na <u>kugeuka geuka</u>（米多蜷缩在担架上翻来覆去）, <u>midomoni kauma kijiti kinene na kutoa macho kwa kuvumilia maumivu yalivyomzidi</u>（嘴里紧咬着一根小棍儿，瞪着眼睛，忍受着愈发加重的疼痛）. Alikuwa <u>anakoroma kama nguruwe anayechinjwa</u>, **uso mzima ulijaa matone ya jasho**（他像一头被屠宰中的猪一样哼哼着，满脸都是汗珠儿）.

（6）Tembe za jasho kujiunda...

<u>Alijizoa zoa kitandani</u>, baridi ya woga ilimpenya katika ngozi yake hadi <u>kwenye mifupa</u>（他在床上瑟瑟发抖，缩成一团，冷森森的恐惧穿透皮肤，直入骨髓）. Hasa baada ya kusikia maneno yale ya kutisha kama vile "<u>Ila kufa utakufa, nitakuua papo kwa papo</u>"（特别是当他听到"除了死，你别无选择，现在我就要杀你"这些话后）, <u>roho ikamtoka kwa kitetemeko cha hofu</u>（他惊恐万状，魂不附体）, **tembe za jasho zikaanza kujiunda toka kichwa**

hadi miguu（从头到脚都冒出汗珠儿），basi kwa haraka akavuta blanketi na <u>kujifunika</u> **gubigubi**（他急忙把毯子拉过来，把自己蒙了个风烟不透）.

（7）Kunata nata kwa majasho kemkem

Sasa ni saa za mchana jua laelekea utosini na kuwa kali kiasi cha kutufanya tushindwe kustahamili joto zake（现在正值中午时分，炽热的骄阳爬向头顶，我们难以忍受它的烘烤），**miili yetu inanata nata kwa majasho kemkem**（我们全身都浸着湿黏的汗水），kila mmoja wetu **anajipangusa jasho usoni** na kuanza kuona kiu <u>hata ulimi umeambatana na kaakaa la kinywa</u>（每个人都在揩拭脸上的汗，干渴得**甚至舌头都黏在嘴巴的上膛上**）ingawa mkubwa wetu anatuhimiza <u>tuipige mateke joto hiyo</u> kwa kuidharau（尽管我们的头头儿一再鼓吹要蔑视并**踢开炎热酷暑**）. Wengi wetu tukavua nguo zitungikwe kwenye kamba（许多人都扒掉衣服，搭在绳子上晾晒）.

（8）Jasho la kumvuja mtu kama maji...

<u>Aliniashiria</u> kwenda kukaa naye（他示意我和他坐在一起）. Hapo mara nikajihisi **nimenyekenya kwa jinsi nilivyotokwa na jasho la kunivuja kama maji mwilini pote**（此刻我立马感觉自己出了一身黏汗，像泄漏的水一样流淌着），**lilikuwa jasho lihitajikalo kutoka wakati wa mazoezi makali au wa kazi ngumu**（这汗通常是在做高强度锻炼或重体力活儿时才会出的），**tembe zake zilizoota kwenye paji la uso wangu zikapukutika kama matone ya mvua**（我脸上冒出的汗珠儿像雨点一样滴落下来）. Basi <u>nikajitahidi kutafuta visingizio vingi ili nikae pengine</u>（我寻找各种借口，以便坐到其他地方去）.

（9）Jasho jingi kumporomoka mtu...

Kibandani humo mlikuwa kama motoni kwangu（对我来说，这个小棚子里简直就是地狱）. <u>Nilifungua kifungo cha shingoni cha shati langu na kujipepea</u>

kwa mkono（我解开上衣领扣，用手掌扇风），**jasho jingi liliniporomoka kama mtu aliyekuwa akichoma mabiwi wakati wa kiangazi**（就像在旱季点火焚烧残枝败叶一样，我全身热得汗水直流）. Nilifunua mdomo kutaka kusema kitu nisiweze（我想张嘴说话，但说不出来），<u>nikabaki kufumbua macho na kinywa mithili ya samaki aliyetolewa majini akawekwa nchi kavu</u>（我只能瞪着眼张着嘴，像一条被从水里捞出来扔在旱地上的鱼）.

（10）Jasho kumzunguka mtu shingoni...

Hima hima aliendelea na safari yake（她继续加快行程）. **Jasho tele likatanda uso wake**, akachukua kanga aliyojitanda kupangusa uso wake（她汗流满面，便扯起坎嘎裙擦拭），na huko njiani alimkuta mama Adzile. Kwa kuona alivyokuwa **akihema na jasho kumzunguka shingoni na kutiririka kwenye kifua**（见她气喘吁吁，汗水顺着脖子直往胸前淌），Adzile alishangaa na kumaka（艾德兹尔惊讶地叫了起来）: "Niambie upesi shoga yangu kuna makubwa gani tena, <u>kwani roho yangu inanidunda</u>（姐们儿，请告诉我出啥事儿了，我都静不下心了）!"

（八十）喜怒哀乐（8）——惊讶诧异

（1）Kustaajabu piga moyo konde

Nchi yetu siku hizi <u>imejitokeza mbio</u> katika mambo yote ya maendeleo ya siasa na uchumi badala ya <u>kuyoyoma yoyoma</u> kama hapo mbeleni（近来我们国家一改往昔那种**杂乱无章**的状态，在政治经济的各个方面呈现出**快速发展**的局面）, kazi za ujenzi wa nchi <u>zimepamba moto kweli kweli</u>（**热火朝天**）. Licha ya hayo, ushirikiano kati yetu na nchi za kirafiki pia <u>umepigiliwa misumari na kuwa imara zaidi</u>（**愈发紧密坚固**）. Kwa kuona mafanikio hayo yasiyo ya kawaida, **ni nani asiyestaajabu piga moyo konde**（有谁不惊讶得捶胸叫绝）!

（2）Kuduwaa na kufunua kinywa wazi

<u>Alijizamisha katika fikara</u> akishangaa kuona hii <u>kama ni ndoto isiyoweza kuaguka</u>（他陷入沉思，惊诧地感到这简直**就像一个难解之梦**）, maana <u>kila njia ya fikra aliyokwenda haikumfikisha katika tafsiri yake</u>（因为**任何一条思路都无法给他提供合理的诠释**）ingawa kwa kawaida naye <u>ni mwepesi sana kung'amua upande wa pili wa neno lolote</u>（尽管**通常他有由此及彼的敏锐判断力**）, ama <u>kweli huu ni upeo wa mwujiza</u>（真是稀奇透了）! Lakini mwisho shauri la mzee Juma lilimsaidia <u>kusuluhisha mambo kama uchawi</u>, jambo ambalo **aliduwaa nalo na kufunua kinywa wazi**（但最后老汉朱马的建议像魔法一样帮他解决了问题，这事让他惊讶得张开大嘴）.

（3）Roho kumtoka mtu kwa kupigwa na mshangao

Tufani ilikuwa inafagia manyasi na kung'oa miti, na miamba mikubwa

mikubwa ya mawe ikaporomoka kama mzaha（暴风雨卷草拔树，就连巨石都像开玩笑似的满地乱滚）. Watu walipiga ukemi kwa hofu na wengine wakageuka mabubu kwa mshituko kwa vile **roho ziliwatoka kwa kupigwa na mshangao**（人们失魂落魄，惊恐万状，或惶然大叫，或哑口无言）, hata nyuso za baadhi yao zikapiga weupe, maana maajabu hayo hawajajaliwa kupata kuyaona（甚至有人脸色煞白，因为他们从未见过如此惊心动魄的场景）.

（4）Macho kumtoka mtu pima kwa wimbi kubwa la bumubuazi

Hapo mshale wa uchungu ulimpenya moyoni, na uchungu huo usio na upeo ukamkaba koo hata asiweze kupumua vizuri（他痛苦得如利箭穿心，而这无边的痛苦锁住了他的喉头，令其气息壅塞）. Na kadhalika, **wimbi kubwa la bumbuazi halikumwacha, na macho yakamtoka pima**, hata pia midomo ikaanza kumcheza（与之同时，他被卷入一波巨大的惊愕之中，眼珠子瞪出老远，甚至嘴唇也开始颤抖起来）. Baadaye akajizamisha tena katika dimbwi la mafikra, mawazo yalimchoma roho kama jambia（后来他再次陷入深思，各种想法像匕首一样刺着他的心）.

（5）Macho kukaa na midomo kutengana kwa mshangao...

Arusi ilisikika na masikio mengi ya wakazi kwa shamra shamra na vishindo（婚礼进行得隆重热烈，家喻户晓）, ni mojawapo ya zile arusi chache zilizofanikiwa kuacha kumbukumbu hai mioyoni mwa wenyeji（是少有的几个成功给当地人留下生动记忆的婚庆活动之一）. Waimbaji walijitupa uwanjani kubwaga nyimbo zao, kila aliyewasikia **moyo wake humpiga shindo kwa msisimuko, huku macho yakikaa bila ya kuperepesa na midomo kutengana kwa mshangao**（歌手出场献歌，每个到场的人都激动得心房怦怦直跳，惊讶得目瞪口呆）.

（6）Uso wa mshangao kuwavaa watu

Alijiangalia katika kioo akaona michoro ya kucha usoni na baadhi ya hiyo mifereji ya kucha ikiwa bado na damu（她对着镜子照自己，看到脸上那一道道指甲划痕，有些**深沟沟里**还渗出鲜血）, uvimbe wa hapa na pale ukaifanya sura yake kuwa ya kuchukiza（**块块血肿**让她的面貌变得狰狞可怖）. Pia akaiona michubuko mingi sehemu ya kifua（她也看到胸前许多破皮擦伤的地方）, basi akabadilisha nguo na kuvaa inayopwaya ili kuepa maumivu endapo nguo na vidonda vingeshikamana（她换上宽大的衣服，以免伤口和衣服黏在一起，造成刺痛）. Watu walipoona majaraha yake, **uso wa mshangao ukawavaa, wakabaki kufunua mdomo bila ya kujifahamu**（看到她身上的累累伤痕，**他们满脸惊讶，都不自觉地张大了嘴巴**）.

（7）Kupigwa na butaa na kuweka mkono kinywani...

Hayawi hayawi huwa（不成，不成，最后还是发生了）. Musa **alipigwa na butaa na kukaa kitako midomo wazi**, huku akijiuliza kisa（**穆萨惊愕地坐在那儿张着嘴巴**，心里问着自己）："Hawa ni watu wa mlango mmoja, kwa nini wana mkwaruzano wa kiasi hiki na hata kutupana kama wahuni（他们是同门同宗，干吗摩擦到如此地步，甚至像流氓打架一样互下重手）?" Hata mimi pia **nilishikwa na mshangao na kuweka mkono wangu kinywani nisijue la kufanya**, nimekauka pale kama niliyegeuka mawe（连我也震惊得**把手指含在嘴里不知所措**，呆若石头）.

（8）Kupigwa na bumbuazi kama mwenye kigugumizi

Walikuwa wanazungumza kwa sauti ya juu kama wako nyumbani kwao wakinikaripia kwa maneno ya kuogopesha na matusi（威胁谩骂）, jambo ambalo **lilinishangaza na kuniacha kinywa wazi**（这让我感到讶异，并**吃惊地张开了嘴巴**）. Kwa kipindi fulani **nilipigwa na bumbuwazi kama mwenye kigugumizi**（曾有一段时间，**我惊得嘴有些磕巴**）, kisha nikajisemea mwenyewe moyoni："Waache waseme wapendavyo, kama Mola hapendi ni kazi bure（随他们去说，老天不答应也是白来）. Wakisema wamesema, watasema watachoka（要说得他

们说了，再说他们就要累了）！Bora nipumzishe kichwa（我最好歇歇脑袋）！"

（9）Macho kumtoka kichwani kwa kushangazwa na...

Alikuwa anashuhudia samaki wakiibuka na kuzama kwenye himaya yao baharini（他双眼盯着在海洋王国里跳上跳下的鱼），mawimbi yaliyokuwa yanakupwa na kujaa yalimng'arimu muda mrefu kuyaangalia（观看潮起潮落耗费了他大量时间）. Wakati alipoamua kuondoka huko na kurudi nyumbani, **macho yake karibu yalimtoka kichwani kwa kushangazwa** na **kipande kile cha dhahabu kadiri ya ukubwa wa kichwa cha mtu kwenye mchanga wa pwani**（发现海滩上裸露出一块人头金时，他吃惊得眼睛差点儿从脑袋上崩出来）.

（10）Kushangaa kwa kubandua macho na kushika pumzi

Baba alifoka, mbio akamkimbilia mwanawe akijaribu kupotoa shingo lake bila ya huruma（那个爸爸勃然大怒，飞奔向他的儿子，欲无情地**扭断他的脖子**）. Lakini alipomfikia akageuza nia, na mara akachukua mkuki na kumpiga mgongoni kwa nguvu zake zote. Lahaula, mkuki ukampenya na kujitokeza kifuani kama ulivyopita hewani kwa urahisi（那长矛像穿过空气一样轻而易举地从背后刺透前胸），mtoto kwanza alipiga kelele kama ameumwa na nge na kisha akaanguka chini kunyamazishwa asijitikise tena（那孩子先是**像被蝎子蜇了**似的大叫一声，接着便摔到地上不动弹了）. Baba mtu akakanyaga maiti kwa mguu kana kwamba aliyemwua ni mtoto wa chura（孩子爸爸用一只脚踹了踹尸体，仿佛他杀的是一只蝌蚪）. Wapita njia wengi **walishangaa kwa kubandua macho na kushika pumzi**（许多路人都吃惊地瞪着眼睛，屏住呼吸）. Habari kwa upesi ikawafikia polisi, hatua ikachukuliwa usiku wa siku hiyo. Mkubwa wa polisi alionyesha nyumba ile kwa mdomo（嘴巴努向了那座房子），basi mara tochi iliwaka hata sisimizi aliweza kuonekana（手电光照得连蚂蚁都看得清），basi mshenzi akatiwa mbili pesa（那个野蛮的家伙被戴上了手铐）.

（八十一）酸甜苦辣（1）——大吃苦头

1.第一组

（1）Kuonyeshwa cha mtema kuni

Nchi yetu karibuni imezidi kulipuka moto kutokana na uchaguzi（我国的选举活动正在如火如荼地进行中），baadhi ya watukufu wetu wa tani hurufai na akili（一些重量级人物脑袋不停地打转儿）wakijiuliza tena na tena: Jee, kitumbua changu kitamwagiwa mchanga（我这块蛋糕会不会被人扬上沙子）? Kwao leo wataka udiwani, kesho watadai uwaziri na kesho kutwa hata urais（他们今天要深入基层，明天要当部长，后天还想当个总统干干），tamaa zao zikiamka hazitakuwa na mpaka（欲望一经抬头就将永无止境）. Kama kura za wananchi zinawatupa nje, huwa ni balaa moja kwa moja kwao（如果人们通过选票抛弃了他们，那他们可就大难临头了）. Yafaa kila mwananchi safi afahamu kuwa kama tukiungana kuwa kitu kimoja tutaweza **kuwaonyesha cha mtema kuni**（给他们点儿颜色瞧瞧），hata kukata kilemba chao na kuzima ujogoo wao kabisa（甚至砍掉他们的锐气，灭掉他们的威风）.

（2）Kumwaga pilipili machoni (Kumpa pilipili)

Si kama kusema jambo fulani ni baya na ilhali huonyeshi nini ubaya wake na lipi lililo jema badala yake（你不能只说某件事是坏的，而不指出它坏在哪儿，以及用什么取而代之），mtindo kama huo kamwe si wa kujenga（如此作为，并不具有建设性），pengine ni sumu katika kutekeleza mpango wa serikali（甚而对实现政府计划产生毒副作用）na tena umewatia hofu wananchi wetu. Kwa hivyo, akina hao wenye nia ya kutibua maji maangavu na kutimua mambo yote ovyo nchini humu wanastahili kushikishwa adabu（那些有意蹚浑水、乱国家的人理应被教训教训）. Kama tungekuwa wenye roho mbaya **tungewamwagia pilipili (kumwaga mchanga, kumwaga mavumbi) machoni pao** hawa wanaotuchimba kijanja ili waone tutakakolalia（如果不是我们心地善良，恐怕早就朝那些挖我们墙脚、想看我们瘫倒在地的家伙眼里泼辣椒水了）.

（3）**Kula karamu ya upumbavu wake na kuonyeshwa cha nyoka**

Moyoni mwangu nimeelewa wazi kuwa ndugu yangu huyu wa ukoo Ndatu akizidi kuleta mzozo na kujitapa na "mafanikio" yake mbele ya watu kama alivyo sasa（如果我这位同门兄弟恩达图继续捣乱，并像现在这样在人前吹嘘自己的所谓"成就"）atajichafulia hadhi na sifa zake mwenyewe（势将自毁荣誉和地位），iko siku **atakuja kula karamu ya upumbavu wake na kuonyeshwa cha nyoka**（终有一天会自食其果，受到严厉惩罚）. Wakati mwingine hata nikabuni kuwa huyo huenda ameshaonja adhabu hiyo（有时甚至想他已经受到这种惩罚）ingawa sipendi kuona hivyo, maana ataendelea kuwa ndugu yangu mpaka kaburini（尽管我不愿如此，因为至死他也是我的兄弟）.

（4）**Kulishwa kisicholika**

Nilisikia mchakacho wa majani yaliyokanyagwa yakitoa kelele ambazo si hafifu ya kutoka mbali（我听到了脚踩枯枝败叶的咔嚓声，这声响离此不远），punde si punde maharamia wakaja juu na kuwaka kama nyuki waliotiwa jiwe（他们哄然而来，像被石头砸烂窝的蜂群），hapo akili yangu ikaanza kwenda mbio kuliko gurudumu la charahani（这时我脑瓜儿转得像缝纫机的轮子），niliogopa nisije nikapigwa misumari vya kutosha（我害怕自己被蜇惨了）. Lakini moyo wangu ulinihubiri kunyamaza kimya, la sivyo ningekuja

kulishwa kisicholika na pengine kuhesabiwa maiti（理智让我保持了沉默，否则就得吃不了兜着走，弄不好还得丢命）.

（5）Kujipalilia moto miguuni

"Mtoto mjinga wee, ikiwa ni pesa ngapi umezipoteza na pombe（你喝酒喝掉了多少钱）? Leo nitakuonyeshea vituko ili ujitambue mwenyewe na ladha yako ya kujitenda（今天我就教训教训你，让你尝尝自作自受的滋味）!" Kusikia kelele zake kubwa utadhani ni mwisho wa dunia（听到叫喊声，你会以为世界末日到了呢）, kwa kweli hamna lolote ila kwa makusudi ya kuvuruga tu usingizi wa watu usiku wa manane（其实什么也没有，只是深夜扰民的恶作剧而已）. Naye **afikiri amepata, kumbe amepatikana na kujipalilia moto miguuni**（他本以为自己赚了，其实正好相反，结果是自讨苦吃）, mikono ya sheria haitakuwa na msalie mtume naye（法律将不会放过他）, kila kosa na adhabu yake, ametembelewa na polisi（有错必惩，警察造访了他）.

2.第二组

这是一组相对滑稽幽默的说法，提供了十种不同的表述，但本意没有差别，都是诸如"吃苦头""尝滋味""知厉害""受惩罚"之类的意思。其实汉语中也有类似说法。譬如："我要让他知道知道马王爷有三只眼。""我要让她明白明白蛤蟆嘴大不是拉的。"

（1）Kupatikana na kile kinachomtoa kanga manyoya（珠鸡不长毛）

或：**Kutambua kilichomwacha kuku kushindwa kuruka**（鸡飞不起来）

或：**Kukiona kilichomtoa fisi nywele za mgongoni**

Katika wakati ule wa Waafrika kufanywa si watu kwenye ardhi yao（在非洲人在自己的土地上不被当人看的年代里）, **watu weupe walijiona** kama ndio waliojaliwa na Mwenyezi mwungu kupata maarifa ya kuchuma mali

（白人自认为深谙经营之道的天之骄子），**utajiri wa nchi sehemu yake kubwa** ulivushwa bahari na kupelekwa ng'ambo ya pili（大批财富漂洋过海被运往国外），**na vijana wengi masikini na** wasiojiweza kwa jumla walitafutiwa sababu kuwekwa nguvuni **wakijililia mwenyewe katika jela baridi**（许多贫穷而无生计的青年被无端羁押，在冰冷的牢房里号哭）. **Wakifanya lolote dhidi ya hawa weupe, lazima watapatikana na kile kinachomtoa kanga manyoya, adhabu ambayo hawataisahau maisha**（如果他们有任何反抗白人的举动，他们必将受到严惩，让其终生难忘）.

（2）Kuja kuona kinachomfanya kuku kukosa meno（鸡不长牙）

或：**Kuja kuona kinachomfanya kuku kukosa maziwa**（鸡不长奶子）

Mimi kusikia tu rafiki yangu kaenda kugonga matindi（喝酒）**klabuni,** tone la mate halikukawia kunitoka mdomoni（我忍不住流出口水）**kwa vile nimekaa**（停了）**siku nyingi bila ya kuionja. Kwa kweli** habari hiyo ilikuwa kama ni mtu aliyenirambisha asali nami nimjie（说实在的，这则消息就像有人故意诱我出动一样），**hata nikamlalamikia rafiki yangu** kwa nini kaniachia ukiwa（我甚至抱怨朋友干吗丢下我独自一人不管）. **Mawardi yalitoa riha nzuri ya kuvutia njia nzima**（一路上，玫瑰花散发着香气儿）**wakati nilipokuwa mbioni kuelekea klabu. Kuingia ndani nikawaona watu** wajione kama wako peponi wakililiana haja wapendavyo kiasi cha kuifanya roho ya kila mmoja wao kututa tuta（一进门，我就发现那些人似乎觉得自己在天堂里似的，随心所欲地互相苟且，个个心神飞扬）. **Lakini mara kwa ghafla, nikasikia ngurumo ya askari polisi: "Mikono juu au sivyo mtakula risasi!" Kumbe hawa ni wa biashara ya haramu ya "unga"**（白粉，即毒品），**nikajua kuwa leo lazima watakuja kuona kinachomfanya kuku kukosa meno**（今天他们可要吃大苦头了，或：可要感受感受鸡不长牙的滋味了）.

（3）Kuonja kinachomfanya mbuzi kupinduka（山羊栽跟头）

或: **Kuonja kile kinachomfanya mbwa asiote pembe**（狗不长角）

Wako wengi wanadhani Bukima ni ndugu yangu kutokana na majina yetu yanayofanana, kwa kweli hanihusu sikio wala ndewe（他与我没有任何亲属关系）. **Naye ni mtu asiyejichunga na mdomo**（他嘴上没把门的）, akikusema basi nawe chub（如果他说你闲话，你就装没听见）, **la sivyo** atakubwagia matusi kama mzinga inayorindima（不然，他就会像放炮一样大骂你一通）. **Kwa hivyo amekosana na wengi na hana marafiki. Na majuzi akakionja kilichomfanya mbuzi kupinduka wakati motokaa yake ilipokuwa** ikipata panchari matopeni **bila ya watu kuja kumsandia kwa jinsi walivyochukia ujeuri wake**（不久前，当他的车陷在烂泥里抛锚时，他终于自食恶果，或: 终于尝到了山羊栽跟头的滋味，因为人们讨厌他的霸道行径。竟没有一个人出来为他搭把手）.

（4）Kulishwa kile kinachomfanya nyoka asiwe na miguu（蛇不长脚）

或: **Kulishwa kile kinachomfanya mbwa kulilia kuku**（狗哭鸡）

Walipokutanisha macho na nyuso zao kusomana hivi（当他们眼神碰到一起对望了一下时）, **kijana hakuona** badiliko lolote lililomkaa msichana usoni zaidi ya jana（小伙子感觉到姑娘脸上的表情与昨天没有两样）. **Naye akambembeleza**（劝导说）: "Kukubali kosa hakupunguzi uzito wa adhabu（认罪并不能减轻处罚）. Shika lako na vuta subira（闭嘴，忍着点儿）, **ondoka hapa** penye nuksai（离开这个是非之地）, **kwa sababu ukubwa wa baba yako si wako**（你爸爸的权力不是你的）, **ukizua moto lazima utalishwa kile kinachomfanya nyoka asiwe na miguu**（你如果惹事，那就给你点儿厉害尝尝，或: 那就得尝尝蛇不长脚的味道了）! Ni hilo tu basi, mengine ni nyongeza（就这些，其他的都是废话）."

（5）**Kuonyeshwa kinachomfanya kuku asicheke**（鸡不会笑）

或：**Kuonyeshwa kinachofanya kuku asikojoe**（鸡不撒尿）

<u>Alizungusha namba za simu</u>（拨打电话号码）**na kuanza kuwasiliana na mwenzake**: "**Nasikia** <u>waanza kutakiana ushindi wenu nao</u>（听说你们现在就开始弹冠相庆了）, **na ujue kuwa** <u>kufanya hivyo ni sawa na kununua vifo</u>（要知道这无异于找死）. <u>Mnanizidi akili au nini</u>（你们比我聪明，还是怎么的）? **Nakupa dakika tano tu** <u>kujishauri</u>（我给你五分钟做决定）, **ukifanya ujabari utaonyeshwa kinachomfanya kuku asicheke**（你胆敢逞能，那就惩治你，或：那就让你体验体验鸡为啥不会笑）!" **Kusikia maneno yake** <u>akabaki kujipangusha jasho tu</u>（愣在那儿直擦汗）, **kwa sababu yule alikuwa** <u>kesha weka msumari wa moto kwenye kidonda changu, na sasa kaongeza maji yaliyochemka</u>（他已经在我的伤口上扎进火钉子，现在又开始浇开水）.

3. 第三组

（1）**Kunyolewa bila maji**

Ni hapo jana tu nilipoingia kazini nilimkuta meneja yuko ofisini <u>amekaa na fikra akiwa kimya kama sanamu</u>（待在办公室里想事儿，一声不响的，像一尊雕塑）. Lakini usidhani huyo ni mtu mgumu na <u>baridi kama jiwe</u>（不要以为他又硬又冷，像块石头）, maana hujajua kwamba naye ni mtu mpole sana ingawa mara nyingine hata vile vile anaweza akageuka <u>kuwa mkali kama wembe</u>（厉害得酷似剃刀）, kwa maana ya kwamba kama ukiharibu mpango wa kampuni **utakuja kuonja utamu wa kunyolewa bila ya maji**（如果你破坏了公司计划，那就得尝尝剃头不加水的滋味）.

（2）**Kunyolewa kikavu kwa kijembe**

Huyo bwana mwenye kufuga ndevu kama msitu（蓄着森林般乱胡须的先

生）akaangusha kilio kipevu na kumiminikwa na machozi mengi akiomboleza kama aliyefiwa（像死了亲人似的哭天抹泪，嘴里一直叨咕着）baada ya **kunyolewa kikavu kwa kijembe** na kidosho mmoja mwenye moyo mgumu kama mawe（在遭遇一个铁石心肠的妖艳女人干剃头之后）. Yule mwanamke alimdanganya eti afanyayo ndiyo dalili ya pendo kwake lililojijenga vilivyo na mwisho kungo'a hela zake zote kwa kiinimacho（她欺骗他说，她的所作所为已表明她对他矢志不渝的爱，但最后却神不知鬼不觉地就把他所有的钱偷净了）.

（3）Kunyolewa upara na wembe mkavu

"Mali ninazo, tena nyingi za kutosha, bei zake pia si tatizo, yote hayo tutaongea baadaye（我有货，而且足够多，价钱不是问题，我们以后都可以谈）." Lugha hizo hazikuwa ngeni（并不生疏）kwangu hasa ukizingatia uzoefu（经验）niliokuwa nao katika biashara. Mimi nilimshika jirani Hamisi sikio kwa kumhadharisha awe mwangalifu kwa mgeni wake（我咬着哈米希的耳朵提醒他小心他的客人）, kwa vile yeye ni mfanya biashara chipukizi tu na bado ni mbichi sana kwa mambo hayo（涉足商业不久的人，还稚嫩得很）, lakini alikuwa hana masikio（可他没长耳朵）. Baada ya kuvunjika ngoma（舞会结束后）, karibu wote wakakimbilia majumbani kupika daku（做夜消）, hali yeye Hamisi alikwenda "kuongea baadaye" na mgeni wake katika hoteli, na sasa mambo yamesawijika（现在事情变得一团糟）, **amenyolewa upara na wembe mkavu** bila ya huruma（他被无情地用干剃刀刮了个光头）.

（4）Kunyonyolewa bila ya huruma

Mwanaume huyo anayependa kufanya jekejeke na kujidai kuwa mheshimiwa mzito amebahatika kuponda maisha vya kutosha kutokana na "ukarimu" kwa "marafiki" zake katika baa（这位酷好显摆身份的男士通过在酒吧对"朋友"的"热情好客"而过足了生活瘾）. Leo inaonekana **atazidi**

kunyonyolewa bila ya walakini na kuja kubaki hana laika baada ya sehemu kubwa ya <u>mabandali mawili ya noti yaliyofungwa katika mfumo wa elfu kumi kumi</u> kutoweka ulevini（在**两捆万元钞票**的大部分化为乌有之后，看上去今天酒客们**还在继续毫无顾忌地从他身上拔毛，直到他根毛不存**）. Kila mtu amaamini kuwa akirudi migogoro ya nyumbani na mke lazima italipuka（人人都相信，回到家里和老婆恶斗一场将不可避免）.

（5）Kunyoana upara bila maji

Wawili hao hawana masikilizano hata kidogo, kila mmoja <u>amekuwa na yake kichwani</u>（他俩谁也不听谁的，**每人脑袋里都有自己的一套**）. Na tena, hakuna yeyote kati yao anayeweza <u>kukunja matao ya chini na kunyenyekea kwa mwenziwe</u>（谁也不愿**放下架子**，对别人谦和一点儿）, na <u>hakuna cha kusabahiana vizuri kila wakutanapo</u>（**碰上面**，双方从不讲客套顾面子）, kazi zao kubwa ni tu **kunyoana upara bila ya maji**（唯一干的就是无情地相互伤害）. Wengine wasema kutoelekeana kati yao huenda <u>kukawafilisi wote</u> wawili mwishoni（他们不和最终会**毁灭他们**）.

（八十二）酸甜苦辣（2）——羞耻丑陋

1.羞涩

（1）Uso wenye mtiririko wa aibu

Naye ni mrefu mwenye maungo yaliyojengeka kikamilifu（身高体壮），**uso wake mpole wenye mtiririko wa aibu** anapoongea ni uso ambao mara tu baada ya kuuona usingeshuku chochote zaidi ya kumpa heshima（他说话时那种温和而羞涩的模样儿，你看了，除了尊重他，不会产生任何疑虑）. Ana mwana mmoja tu anayeshabihiana sana naye（他有一个和他长得很像的儿子）wala hana mwengine yeyote zaidi, wa kiume hata wa kike（此外，他再也没有任何其他子女了）. Kitu anachochukia ni tabia ile ya mtu kutafuta chumba cha kupanga nje ya ndoa hata ikiwa mke wake hana sura（他最反感的是金屋藏娇的行为，哪怕老婆长相难看）.

（2）Kwa soni

Nywele zake alikuwa akizitunza kwa uangalifu na kuzisuka tatu-tatu（秀发保养得很精心，梳成三三股的发辫），uso ulikuwa mtulivu wenye macho mapole na laini pamoja na pua ya wastani（文静的脸上镶嵌着一对柔和而温情脉脉的眼睛，鼻子大小适中），na midomo yake ilikuwa imejaa（嘴唇丰满）na mashavu kutuna kidogo（双颊微微隆起）. **Macho yake yaliyokuwa yakinitazama kusubiri jibu yalijiondoa kunitazama kwa soni kidogo**（那双盯着我等待我回答的眼睛有点儿不好意思地转向别处）.

（3）Mwenye aibu tele usoni

Kama mtu aliyechelea kuchelewa jambo fulani, kijana aliyaondoa macho kwenye saa na kumtazama Amina kwa macho yaliyotegemea kitu fulani（好像怕耽误什么事儿似的，小伙子**不再看表**，而是朝阿米娜投去**期待的目光**）. Macho yao yalipogongana（两双眼睛碰到一起时）Amina **akaonyesha ametahayari na kuinamisha uso wake akiangalia sakafuni kama wafanyavyo wasichana wengi wachanga wenye aibu tele usoni hasa wa mashambani**（阿米娜**就像**羞答答的乡下少女似的，很难为情地低下头看地）.

（4）Sauti ya aibu aibu

Mtoto huyu wa kike alivaa buibui juu ya gauni fupi la rangi ya wardi（这个女孩儿玫瑰色短连衣裙外面有一层黑纱）. Mimi nilimtazama kwa makini ili kuona kama uso wake utaonyesha kuwa na habari kuhusu kijana Musa（我很专注地观察着她，以期从她脸上捕捉到关于青年穆萨的消息）, lakini nikashindwa. Ili kukwepa macho yangu akatahayari na kuinua uso kutazama picha ya kiongozi ukutani（为了**躲避我的目光**，她腼腆地抬起头看挂在墙上的领袖相片）, **huku akinijibu kwa sauti ndogo ndogo na ya aibu aibu**（同时羞怯地小声回答我）: "Aka（够了）! Simfahamu kijana huyo!"

（5）Kwa tahayuri (Kwa tahayari)

Msichana aliyesuka mikia kichwani（头上梳着发辫）alipita shambani bila kujali umbali wa safari wala usumbufu wa jua kali la kubabua（燎皮烤肉的骄阳）akiimba kwa sauti ya chini njiani. Alipogundua vijana kadha waliokuwa wakilima mimea kwa majembe kondeni wamesimamisha kazi na kutega masikio kumsikiliza（侧耳倾听她的歌声）**akainamisha kichwa na kushusha uso kwa tahayuri**（羞涩地低下了头）.

2.耻辱

（1）Kutia haya

Mtoto kuacha ziwa la mama wakati ukifika, si tabia, ni maumbile（孩子

到一定时候放弃吮吸母乳**并非性格使然，而是自然而然的事情**）. Mimi nimechukuzana naye kwa mapana na marefu miaka mingi（多年来，我与他广有交往），ni yeye aliniganda mimi hapo awali ili apate chakula na mahitaji mengine（当初是他为吃穿用投奔于我），**kwa hivyo sishituki kuona sasa anavyotokea kunitia haya hadharani**（现在他当众羞辱我，我并不震惊），kwa sababu <u>anajiona amekwisha stawi</u>（因为他觉得自己发达了）.

（2）Kuaibisha

Nausifu uhodari wangu wa kujichunga kwa heshima ya familia yangu（我为自己为家庭的尊严而严于自律的精神点赞），najiona bado sijatetereka（感到自己在这方面从未动摇过），kwa hivyo nilimwamsha mwenzangu: "<u>Upuuzi uliokwisha ufanya siutii maanani tena</u>（你做过的荒唐事儿，我不再追究），lakini kumbuka **hufai kwa upuuzi wako kuniaibisha mimi mwenzako usoni pa mamangu**（但要记住，切勿因你的荒唐行为让我在妈妈面前难堪），ujue kuwa nikifanya kinyume cha agizo langu, hilo, <u>sitakuwa na jicho la kumtazama mama</u> (sitakuwa na uso wa kumwona mama)（如果你把我的告诫抛诸脑后，**我就没脸见妈妈了**）."

（3）Kutia soni

Kuona uwanja wa mji（庭院）wake ulivyotapakaa <u>vinyesi vya ng'ombe</u>（牛粪），mgeni <u>akamtia</u> mwenyeji wa mji huo baba Adrian <u>utani kidogo</u>（开玩笑），**utani uliomtia soni**（让他很不好意思）. Ingawa mgeni wake akiwa amejitayarisha kwa masuali fulani fulani（准备问他若干问题），lakini baadaye alijitokeza na kuyafanya masuali yake kuishia moyoni（**决定把这些话烂在肚子里**）.

（4）Aibu kuenea

<u>Yote yatakayomzukia haidhuru, bali mradi atakwenda tu na mipango</u>

yake, kila kitu chategemea Mola（只要计划能持续下去，出什么事对他来说都无关紧要，一切都听天由命）. Katika jambo hili, amekuwa <u>hana masihara na mtu</u>（在这件事上，他从不当儿戏），anaona alichokifanya mwenzake bila ya sababu maalumu（他觉得伙伴的不端所为）**ni tusi kubwa kwake na ameazirika bure**（是对他的极大侮辱，让他白白蒙羞）. Basi aliondoka pale akiwa na kichwa kikubwa na kizito kutokana na <u>**aibu kubwa zilizomwenea hadi kwenye nyayo**</u>（渗透到脚跟儿的耻辱让他的头变得大而沉重）. Wakati fulani <u>hata alitamani ardhi ipasuke na hivyo atokomee ili ajifiche akazike aibu ile</u>（有时候，他甚至期望脚下的土地崩裂开来，以便他藏进去埋葬这些耻辱）.

（5）Kukosha aibu

Taarifa kuhusu mambo yake <u>ilizagaa haraka kama moto wa kiangazi</u>（有关他的消息像旱季的野火一样蔓延）. <u>Alivaa huzuni nyingi</u>（他很悲伤），**aibu ya kuingizwa katika mtego wa samaki** iligonga kichwa chake na kumrudia rudia kama mawimbi ya bahari hata asipate lepe la usingizi（上当受骗的耻辱如大海波涛般反复拍击着他的脑门儿，让他完全睡不着）. Akajilaumu kwa vile **hajafahamu maisha hadi mambo yamemzidi nguvu na kumfanya apatikane na izara**（他为自己不懂生活，甚至无能为力、蒙受耻辱而自责）. Lakini <u>hakuna cha haidhuru</u>（不存在没关系一说），akaamua kufanya lolote ili **kujikosha na aibu alizobeba**（洗刷身上的耻辱）.

3.丢丑

（1）Mtovu wa haya

Baada ya kufungua mlango nikasema: "Samahani mzee, <u>nimekukalisha sana</u>（让你久等了）kwa vile nilikuwa <u>nimechukuliwa na lepe kidogo</u>（我睡了一小会儿）." Lakini mzee <u>hakuonyesha dalili ya kuvungika</u>（看上去他并

没受蒙蔽），uwongo wangu haukufua dafu（我的谎话没起作用）. Jambo hili liliniunguza maini na kunifanya ninyong'onyee nyuma ya mlango（这件事让我很憋闷，无精打采地缩到门后）. **Nikabakia kimya na uso chini kwa soni ambazo si za uwongo**（我呆呆地不说话，羞愧地低下头，这可不是装的），kwa sababu mimi si **mtovu wa haya**（因为我毕竟不是厚颜无耻的人）.

（2）Kuvunja uso

Nguo zangu zimechunjuka sana（我的穿着很破旧），si jambo la heshima kwenda kumwona waziri katika mavazi haya（如此穿戴去见部长很不雅观）. Ingawa mimi ni mtu wa kawaida tu, lakini najua kujitunza jina langu kwa kila hali（任何情况下，我都重视自己的名声），maana ukosefu wa jina zuri ni ukiwa mkubwa hapa duniani（声名狼藉是人生的一大缺憾）. Ningependa niwe na jina lililo mbali na madoa na nisitiwe alama mbaya（我希望自己的名字远离污点，不被玷污）. Ni lazima nijiweke safi ipaswayo na mavazi katika mambo hayo mazito, **sitaki kujivunja uso hata mbele ya mkubwa**（在这个重要场合，我应尽量穿干净些，省得在领导面前丢脸）.

（3）Kumvua nguo na kumwacha uchi

Mwanasiasa huyu hakuachia hapo（这个政客并未就此罢手），aliendelea **kujidai macho makavu (kufanya macho makavu)** kukaa pembeni kuuza vijineno vya ajabu ajabu（他继续恬不知耻地躲在一边说些闲言碎语）. Kwa hivyo ni sharti tupeleleze kwanza ili tuone mporokaji huyo ni akina nani（我们首先要调查调查这个胡说八道者是何许人也）: huenda ni mtu mwenye uhaba wa akili ambaye kichwani mwake kumepungua sukurubu fulani（也许是脑袋里缺什么部件的短见人士），pengine ni kibaraka aliyetumwa kuipaka matope jamhuri hii（抑或是一只被收买来给共和国抹黑的走狗）. **Maneno yake yenye** kutia nakshi na madoido yamemvua nguo zake zote na kumwacha uchi hadharani（他那些高谈阔论早已把他自己的衣服扒个精光，让他在人前露怯了），**hata ikiwa wanajitilia viraka vya kufichia aibu yao kwa namna gani**（不管他如何打补丁掩盖自己的丑恶）.

（4）Kuficha haya (Kuficha aibu)

Alipoamka kutoka ulevini akajikuta yu masikini wa kikweli kweli（他一醉醒来，发现自己已经变成真正的穷光蛋），kwani kila kitu chake kikang'olewa（他所有的东西都被一扫而空了），akabaki rabana kama alivyotoka tumboni mwa mama（他一丝不挂，像刚从娘肚子里爬出来似的），**hata nguo ndogo ya kuficha haya hana**（甚至连块遮羞的小布都没有）. Moyoni aliomba sakafu ipasuke ajizike（他心里祈求地面裂开，把他埋进去）ili alikwepe jabali hili lililomwangukia sasa hivi（以便避开压在他身上的这块大石头）. Basi **naye akatoka mbio uchi wa mnyama**（光着身子快速离开）na kujipinda konani kama alivyoshikwa na baridi（像受了风寒似的颤颤巍巍地一头扎进一个角落里）.

（5）Kunata aibu

Nilijiona kama ni mtu niliyevaa vizuri nikasahau kuchana nywele au kukosa viatu（我感觉自己好像一个衣着讲究的人却忘记了梳理头发或没穿鞋子），kilio changu kilikuwa kikubwa kuliko kukosa mke na kazi（我内心的苦楚比失去老婆和工作更甚）. **Nikajisikia nimenata aibu kubwa na huenda nikafedheheka mfano wa mtu wa mwisho wa kutokuwa na haya machoni pa watu**（我感到自己蒙受了奇耻大辱，可能会被人们看成无耻至极的人）. Wakati nilipomweleza rafiki yangu mkasa ulionikuta（我向朋友讲述我的遭遇时），naye akanipoza moyo kwa kunena: "Ukitaka kuchota akili yangu kuhusu mambo yako, naweza kukuambia kuwa haidhuru（如果你想征求我的看法，我会告诉你没关系），hata kama ikiwa katika hali ya namna gani, **faida yako faida yangu, hasara yako hasara yangu na uchi wako uchi wangu**（在任何情况下，你的利益就是我的利益，你的损失也是我的损失，你的耻辱更是我的耻辱），ila naomba usirudie tena ujinga wako（只是请你今后不要再犯傻了）!"

（八十三）酸甜苦辣（3）——悔恨不已

（1）Majuto ni mjukuu

Alijihisi akienda kama kishada na kuzurura ovyo mitaani kila siku（他感觉自己就像一只四处飘摇的风筝，成天在街巷中游荡），almanusura（同 Nusura）auawe katika usiku mmoja wa giza（在一个晚上还**差点儿被杀掉送命**）. Naam, <u>ni wepesi kupapia jambo lolote geni, jema au baya, lakini kuvuta taswira ya jambo geni ndio ngoma</u>（是的，急急忙忙去干某件生疏的事并不难，不管好事还是坏事，但要做得有模有样可就不那么容易了）. Na sasa, kabwela wetu amekubali kwamba **pamoja na chuki, majuto yake ni mjukuu**（现在这老兄已承认自己**悔恨交加**），amejiondoa kwa hatua za hima hima na akili kama si yake（他快步离开，似乎神不守舍）. <u>Mji umemtoa ushamba</u>（城市教训了这个土老帽儿），<u>ameacha kabisa kuzama katika zahama mbali mbali za mjini na kurudi alikotoka</u>（他不再沉迷于城里各种各样的嘈杂声，而是回归了故里）.

（2）Majuto makuu

Akaamka kitandani <u>kivivu vivu</u> na kukaa mfano wa mtu <u>aliyetopea pombe kupita kiasi</u>（他懒洋洋地醒来，但一直待在床上，像一个**喝高的酒客**）. <u>Kwa ujana wake kuamka kigoigoi kiasi hicho kungetosha kabisa kumwudhi yeyote yule apendaye ukakamavu</u>（小小年纪就这么赖床，足以让任何活蹦乱跳的人感到厌烦）. Angekuwa askari mwanafunzi, afande **angempa adhabu kali ya viungo mpaka apatwe na majuto makuu**（假如他是个军队学员，指挥官定会对他予以严厉体罚，令其悔不当初）.

（3）Kuwa majuto matupu

Damu ina mzizimo kwa kondoo wa manyoya haba（对少皮没毛的羊而言，血总是凉的）. Jamaa naye wakati huo akahisi mtiririko wa hofu umeshika kasi zake（此刻他感到一阵恐惧正迅速传遍全身）, basi akajibwaga kifudifudi kitandani akisubiri lolote（他扑到床上，等待接踵而至的一切）, moyo wake ulikufa ganzi ya muda kwa kiwewe（他的心因惶恐而一度麻木片刻）, akajua kuwa **maisha ya kesho kwake yatakuwa majuto matupu**（他知道明天的生活对他来说将是追悔莫及的）.

（4）Kujuta mwisho wa kujuta

Kama sikosei, mambo yalikuwa sivyo yalivyotarajiwa（如果我没说错，事情并不像所期望的那样）, kwa hivyo mwenzangu alikuwa amejilaumu sana kwa kitendo chake cha kujifanya jeuri mbele ya mkubwa na kuondoka bila ya hata kutazama nyuma（他为自己在领导面前张狂并扭头离去而自责）, jambo ambalo lilionyesha kuwa hajakomaa kifikra（这说明他欠考虑）, maana hii ilikuwa sawa na kuchimba kaburi na kujizika（这无异于自掘坟墓）, yule mkubwa angeweza hata kumfukuza kama si kusimamisha kazi（那位领导不是停他的工，就是开除他）. Kwa wakati huu **amejuta mwisho wa kujuta**（此刻他后悔极了）na kuapa kwamba hata kwa mizinga hatatoka hapo tena iwapo akisamehewa（他发誓：如果他被原谅，即使用炮轰，他也不会离开了）.

（5）Majuto kuwa makubwa

Mtu angeweza kufanya lolote la kipuuzi bila ya kukusudia（人们会在无意中做出各种荒唐事来）, ebu tazama: baada ya kutia chumvi akatia chumvi tena（刚放过盐，又加了盐）, wageni wangekula vipi vitoweo hivi（这道菜客人还怎么吃）? **Sasa majuto yakawa makubwa**（现在悔之晚矣）, basi bila ya kutazamia akapiga ngumi yake ya kulia kwenye kiganja chake cha kushoto kwa masikitiko（**在不知不觉中，他遗憾地把右拳擂向左手掌**）ingawa alifahamu kuwa <u>ni mazoea tu yaliyomwongoza kufanya hivyo, sio akili</u>（**尽管他知道这不是故意的，而是习惯使然**）.

（6）Kujuta kuzaliwa

Alitegemea ningemwachia huru tusafiri kama watu wawili marafiki ili huko njiani aweze <u>kunigeuka kwa ghafla</u>（他期待我能放他一马，能与我朋友般同行，以便途中**伺机弃我而去**）. Lakini mimi nilimwonya kwa makini kuwa ikiwa atanidanganya na <u>kujaribu kunichezea akili yangu</u>（**如果他骗我或耍我**）**nitamwonyesha makubwa na kumfanya ajute kuzaliwa**（**我会给他点儿厉害尝尝，让他后悔来到了这个世界上**）, wakati huo <u>atakuja kujiona wa mwisho duniani na kulia kilio cha chuma</u>（届时**他会穷途末路，哭到变腔儿**）.

（7）Kuujutia ulimwengu

Huu umekuwa <u>msukosuko ulionifanya nisikitikie kwa nini nilizaliwa</u>（这是**一场让我抱憾枉来世间一遭的危机**）. Ni yeye <u>aliyenitunza mpaka rika la kuvunja ungo</u>（**是他把我养大成人**）, lakini <u>akatokea hadi kuninoa</u> kwenda kunyang'anya mali za mtu（**但他鼓动我去抢劫**）. Baada ya mambo kwenda <u>shotoshoto</u>（**东窗事发后**）, naye <u>kapinda asionekane tena</u>（**他转身躲得没影儿了**）. **Naujutia ulimwengu wakati nilipochukuliwa hatua kali na polisi**（**警方对我采取强制措施后，面对人世我懊悔不已**）.

（8）Kushikwa na juto pevu

Baada ya <u>kutalikiwa</u>, mambo <u>yamezidi kumchachia</u> mama huyo（被丈夫**休掉后，这个妇女的日子愈发不好过了**）, **kama kwamba ametoka kwenye kikaango na kuingia kwenye moto**（**就如同刚离开煎锅，又跳进了火坑**）! Kwa kweli anajua kwamba <u>kutakuwa hakuna namna isipokuwa</u> awe na roho ngumu zaidi, lakini hawezi（**其实她明白，除了心肠变硬，没有别的办法，**

但她做不到）．Basi sasa naye **ameshikwa na juto pevu na kubaki kukalia kuti kavu kwa kushika taya tu**（现在他后悔极了，只能坐在干椰子叶上托着下巴发呆）．

（9）Kupatwa na majuto

Aliniambia kuwa atarudi saa sita mchana <u>kama hapatatokea dharura yoyote</u>（如果不出任何意外的话）na nimsubiri hapa hapa nilipokuwa（我就在此地等他）．Lakini nikasahau yote. Kwa hivyo wakati alipoona mimi sipo, ni kama nilivyoambiwa na mwenzangu kwamba <u>miwani yake haikuweza kuificha ghadhabu iliyopamba ghafla usoni pake</u>（他佩戴的眼镜无法掩盖他满脸怒容），na <u>mashavu yake yaliunda mifereji</u> na midomo kumcheza cheza（满脸深深的竖纹）．Kusikia alivyokasirika, **nikaanza kupatwa(kushikwa) na majuto**（开始感到懊悔不及）<u>nikitamani ardhi mbele yangu</u> ipasuke inizike（或 ardhi ipasuke nijitie ndani）（我恨不得面前的地裂开，把我埋进去）．

（10）Kujuta juto la mjukuu

"Matatizo yako yasingekuwa na ulazima wa kumwona kamishina, leo ni bahati yako tu（你这个问题，没必要见局长，今天算你运气）!" Mkubwa wangu aliponiambia hivyo, upole ukamwishia na ubwana kumjia（他告诉我这些的时候，不是和声和气的，而是一脸严肃），akaendelea: "Kumbuka, fanya mchezo wa kuigiza（记住，要演一场话剧）．Umwonapo kamishina, nawe shika hapo tumboni upasugue sugue, kisha kunja uso kama kwamba waumbwa sana（见到局长，你就揉肚子，皱起眉头，表现出很痛苦的样子）．Usipofanya hivyo, mambo yatageuka kuwa magumu, **utakuja kufanya (kuona) majuto na kujuta juto la mjukuu**（不然，事情就难办了，**到时你会悔青肠子**）．"

（八十四）酸甜苦辣（4）——钱财之惑

（1）Kuwa na pesa nyingi kama njugu nyasa

Yeye alikuwa **tajiri mwenye nguvu** kama alivyojigamba（他正如自我吹嘘的那样，是个财力厚实的主儿）. Licha ya **mali kemkem** alizorithi kutoka kwa baba yake（除了从其父那里继承的大笔财产），yeye mwenyewe **hupokea donge nono kila mwisho wa mwezi**（他自己每个月底也有丰厚的收入），hata mshahara wa mpishi wake pia ulikuwa kitu cha haja kabisa（甚至连他的厨师的工资也相当可观）. Kila akisikia watu kumsifu, naye huzuzuka na kufura kichwa (kuvimba kichwa, kufanya kichwa) kuzidi kiasi（他总是飘飘然，傲慢不已）. Naye mara kwa mara hufika stareheni na **pesa nyingi kama njugu nyasa mkobani**（他皮包里的钱多得像花生果，他经常挎着它出入娱乐场所），lakini siku hizi kilemba chake cha ujogoo kimekatiliwa mbali（他头上那顶傲气十足的鸡冠子被砍得一干二净）baada ya kuzimaliza fedha zote za nyumbani katika kucheza ndude（赌博）na kubaki kuwa mkavu kama jiwe（穷光光的，像块石头），na sasa naye waya（一无所有）.

（2）Kutamani kulala masikini na kuamka tajiri

Jamaa anajidai kuwa ni mtu mwenye kubeba digrii nzito (digrii kubwa, digrii nono, digrii maarufu), kumbe kwa kweli ni kabwela kutoka shambani tu（这老兄假装自己是个有身份的人，他实际上只是个乡下人），kushika jembe ndiyo ngoma yake ya kila siku（捋锄把子就是他每天的正事儿）. Lakini **damu ya tamaa ya kuwa tajiri mnamo usiku mmoja imempanda ikimkaa rohoni kwa muda mrefu, anatamani kulala masikini na kuamka tajiri**（一夜暴富的冲动长期把持着他的心，他期盼一觉醒来由穷汉变成富翁）.

Cheche la tumaini la kujifanya kuwa mwenye nafasi ya kutosha limekwisha geuka kuwa ulimi wa moto likimwingilia moyoni na kumshamiri barabara（攫取显赫地位的欲望火星已然在他心中燃成烈火，与之融为一体），amejipiga moyo konde kuja mjini kutafuta maisha ya neema.

（3）Kazi ya donge kubwa yenye kupokea mahela vururu

Kijana ni karani mkakamavu katika kampuni（他在公司里是个得力的职员），lakini amekuwa masikini ya fedha kwa kupewa ujira wa kuudhi（但因工资微薄而穷兮兮的）. Kwa kusema kweli, ingawa hela anazo kidogo, lakini kasoro sana（他是有一点儿钱，但差多了）, atapata wapi mahela ya kusukuma siku（他上哪儿去挣钱打发日子呢）? Karibuni waya inazidi kumsonga,（最近日子愈发紧巴了）hata kidonge cha kwenda hospitali amekuwa hana（去医院看病的钱都没有），japo hivyo hapendi umasikini wake kumpeleka ovyo（即使这样，他也不愿让穷困牵着鼻子乱跑）. Sasa yumo mbioni kumtafuta rafiki yake mmoja aliyesemekana ana kazi ya donge kubwa na mwenye kupokea mahela vururu kila mwezi（据说他干着一份肥差，但没有挣到大把钞票）. Anadhani pengine huyu ataweza kummurikia njia（也许能借他的光）ila kwamba mpaka sasa hapajakuwa na lolote la kutoa nuru kwa kumpata（只是到目前为止尚无任何寻找此人的线索）.

（4）Mfuko kufura na majani mekundu ziroziro...

Kila akiona mfuko wa mtu kufura na majani mekundu ziroziro hata kutoboka kwa fujo（每当看到别人的腰包鼓鼓的，装满红色百元大钞，甚至破囊外露），naye hujisikia maumivu makali moyoni（他心里总感到阵阵酸楚）. Anafahamu kuwa kila mtu miongoni mwao anapokea mshahara kwa kadiri unavyostahili cheo chake（他们当中每人都是按职领薪），wana nyumba nzuri nzuri, kila moja kwa namna yake（他们住着好房子，而且样式各有千秋），kwa hivyo anazikodolea jicho mali zao hizo（他看到这些就嫉妒眼红）

na kuamua kujaribu bahati yake aone kama angeweza kupata tepe（于是决定试试运气，看能不能也升职），siasa yake ya kufuatwa ni kushika miguu ya mkubwa na kujipendekeza kwake（他采取的政策就是抱头头儿的大腿，讨好取宠）.

（5）Mkoba kutuna na kushehenezwa vingi

Kila mtu ajua kuwa nafasi yangu hiyo niliipata kimkanda mkanda（我是通过裙带关系谋得现在这个职位的，这一点大家都心知肚明），baba yangu mbunge alihonga kweli tokana na filosofia yake ya kwamba ukitaka hela kwanza upoteze hela（我的议员爸爸精于行贿，他遵循的哲学是欲收钱则先扔钱）. Na filosofia yake hiyo baadaye ikageuka ukweli. Kwa mara ya kwanza nilipofungua **mkoba mweusi uliokuwa ukituna na kushehenezwa vingi** na kuyaona **mafurushi ya not**i **zilizobanwa vizuri kwa mipira** ambayo zikiwa ndizo "shukrani" na "changamoto" kwa "msaada mzuri" wake, moyo wangu ulinidunda dunda kama saa（当我第一次打开那个鼓鼓囊囊、满满当当的黑包并看到用皮筋儿束好的一沓沓作为对父亲的"通力相助"表达"感谢"与"激励"的钞票时，我的心紧张得就像钟表似的怦怦直跳）. Kwa kuzihesabu kivivu vivu na macho yangu nikaona loo, ni kitandawili hicho（用眼睛粗粗一扫，好家伙，那简直是谜语般的数字）! Lakini baadaye akazoea kufuatana na nyongeza za vitandawili（后来，随着这类谜语般事情接二连三地发生，我也就习以为常了）. Pamoja na kuchota mali za umma kichini chini ambako ndio wizi mpya wa aina yake, mfuko wake ukashiba na kufurika（借助于这种新型盗窃形式假公济私，他皮包里的钞票涨得冒尖横流了）.

（6）Ari ya kutajirika kuuzonga moyo...

Neno "laki moja" linalovuma masikioni mwake limemfanya akunjue uso wake na kuanza kunitafakari upya（听到"十万"这个词，他立马眉开眼笑起来，并开始重新审视我）. Najua damu inaanza kumsisimka na mate ya uchu kumtoka（我知道此刻他热血沸腾，垂涎欲滴），**ari ya kutajirika imekwisha uzonga moyo wake**（企盼发财的激情溢满了他的心）**na tamaa ya pesa imeshampamba moto**（对金钱的欲望让他浑身热辣辣的）. Baadaye mara akakunja uso wake tena kama mtu anayenusa ugolo na kunitumbulia macho ya udadisi kama kuniuliza nisemayo ni kweli au ni ndoto ya mbali（后来他像闻鼻烟的人一样重新皱起脸，向我投来询问的目光，仿佛是在质问我的话是真的还是一个遥远的梦）?

（7）Chumba kushehenezwa fanicha za gharama kubwa

Mjadala wangu na afisa ulifanywa katika **chumba chake nadhifu kilichoshehenezwa fanicha za gharama kubwa ambazo zilitosha kutangaza nguvu zake za kiuchumi**（我与那位官员的讨论是在摆满足以展示他的经济实力的高档家具的豪华房间里进行的）, lakini fedha za mradi kutoka serikalini hakusema laki tatu, bali laki moja u nusu tu, na nyingine kaibana（但他没提政府拨出的项目金额为三亿，而称只是一亿五千万，其余的被他瞒起来了）. Kwa kuzitazama tu, fedha hizo zilikuwa si kidogo, lakini nusu aliimeza tumboni（乍一看，这钱不算少，岂知**一半拨款已被他吞到肚子里去了**）. Kuona uroho wake, nikajihisi kama nimeshikwa na baridi na kuanza kuotesha vipele mwilini（看到他的贪婪，**我不禁打了一个寒噤，起了一身鸡皮疙瘩**）.

（8）Pesa kumiminika nyumbani

Anafahamu kuwa **donge analolipokea ndio posho ya familia yake**（他领的薪水就是全家的伙食）, lakini jambo linalochemsha kichwa chake ni kuwa **pesa humiminika nyumbani** kila mwisho wa mwezi na tena si haba, kwa nini ujumbe toka kwa familia yake bado kumjia mara kwa mara wa kusema sizo za haja（但让他心里七上八下的是，他每月月底都照常往家里寄钱，而且不是小数，为什么**家里总捎信来说不够用**）, huu si utumwa mbaya wa aina yake（这简直是一种奴役）? Hata hivyo amejikaza sana, wala hakulia（虽然如

此，他还是强忍着没吭声）.

（9）Kugawana mshahara wa mtu na mtu

Nilibahatika kuajiriwa kwenye benki ya taifa kwa msaada wa bosi mmoja（靠一个头头儿的帮忙，我在国家银行谋到了一份工作）. Hata hivyo, naona **kugawana naye mshahara nilioupata kwa jasho si mpango**（虽则如此，和他平分我用汗水挣来的工资**并不合理**）, ingawa najua kuwa kwa <u>kutoafiki kwangu mpango huo nyeti, balaa ingeweza kunikumba, matokeo yake yamekwisha gongwa muhuri</u>（尽管我清楚，**倘我拒绝这种不合情理的安排就可能大难临头，而且**这也是定而不可移的事）. Hapo <u>akili yangu imefika kwenye upeo wa kufikiri</u>, haya yote na mengine mengi yamenipita akilini kwa kasi（**此刻我的脑筋已转到了极限，林林总总的事情从我脑海里匆匆掠过**）. Basi nimefungua dirisha na kuikaribisha nuru ya mwanga wa jua na hewa baridi safi ili nijipoze kidogo（平静一下）.

（10）Kuwa na masikio mepesi kusikia mlio wa fedha

Masikio ya huyu mfanyabiashara **ni mepesi kusikia mlio wa fedha**（他的**耳朵对金钱发出的声音十分敏感**）, wengi wao kama yeye ni <u>wenye nyege ya kifuu tundu</u>（都是**欲壑难填的人**）. Kwa hilo tu tunaweza <u>kumshuhudia na dunia yake</u>（从这点我们就能**看清他的内心世界**）. <u>Akili yake imeshehenezwa tamaa</u>, kwake yeye **fedha ndizo zaidi ya vyote**（此类人**满脑袋贪欲**，对其而言，**金钱高于一切**）. Kwa hivyo sina budi kupitilizia pale nilipozoea kuweka fedha na kurudi na <u>bunda la noti</u> kumpa, fedha ambazo <u>nilizikunja kwa kusukuma sikukuu</u>（为此我不得不从我放钱的地方取回一捆来贿赂他，而这些钱原本**是我留着过节用的**）.

（八十五）酸甜苦辣（5）——麻烦糟糕

（1）Kwenda benibeni

Nilijaribu tu kurekebisha hali ya uvundo katika jamii yetu kwa faida za wote（我仅仅试图为公众利益而**改变社会风气**），lakini sikufikiria kuwa ninajikuta nimebanwa katikati ya nguvu mbili（没承想我发现自己**竟被夹在了两股势力中间**），jambo hili lilinifanya nichelee kupasuliwa vipande（这让我担**心我会被劈成两半儿**）. Hatimaye nikaona **hali imezidi kuniendea benibeni**（后来我发现**情况愈发糟糕**），ikawa sina budi kuwaruhusu wa kila upande watende waliloliona kama ni la maana（不得不允许他们两方都**干他们认为该干的事**）.

（2）Kuwa mabovu

Mkosi mkubwa uliibuka katika safari yetu（途中遭遇了一场大灾难）. Hususan wakati ulipofika usiku, **mambo yalizidi kuwa mabovu kutokana na vita kati yetu na majeshi ya mbu**（尤其到了晚上，**事情因我们与蚊虫大军之间的战争而变得更加麻烦**）. Kila mmoja wetu alikuwa ametega viganja vyake na kuvigonganisha ili kuwaua（**每个人都张开双掌拍杀蚊子**），hata hivyo asubuhi ya siku ya pili tukawaona mbu wengi waliotua mahali kwa kushindwa kuruka kutokana na shibe ya damu yetu waliofyonza（即使这样，**第二天早晨我们仍发现许多喝饱我们的血而趴在一个地方动弹不得的蚊子**）.

（3）Kukaa (kwenda) kombo (segemsege)

Ingawa alimfuata mkubwa wake kama behewa la gari la moshi（尽管他像一节列车车厢一样跟在领导后面跑，即：**跟着领导跑腿儿**），lakini bosi huyo hakumpenda hata（但这个领导不喜欢他）, jambo ambalo limemfanya kila siku **ajihisi kama dunia imemkalia kombo**（这让他感到世界对他不公）, sembuse kusema kuwa hata mapenzi kati yake na msichana mmoja **yamekuwa segemsege**（更不用说，又加上了他与一个姑娘之间的**感情危机**）.

（4）Kwenda pepe

Safari yetu ilikuwa <u>maji mafu</u>, **ikiwa na mkosi na kwenda pepe kabisa**（我们的旅途**极不顺利**，一路上灾祸频发，跌跌撞撞）, mmoja wetu akafa wakati gari lilipopata ajali ya kuanguka kwenye <u>gema refu barabarani</u>（在公路上一个长长的陡坡）, hali afya yangu mimi niliyekuwa **nikielemewa na kifua kikuu** ikazidi <u>kupungua kwa kiasi kikubwa</u> tokana na <u>maudhi moyoni</u>（而我这个饱受肺结核病折磨的人的健康状况也因**心境不佳**而大不如初）.

（5）Kwenda kona

Shughuli zao za biashara **zimewaendea kona kabisa**（他们的生意**彻底失败了**）, maana nyama zote za kuuzwa <u>zimevunda kwa hali ya hewa joto</u> na hatimaye **kuoza na** <u>kuwa chakula cha inzi</u> wakishirikiana na usubi（原因是他们卖的肉因天气炎热而变臭，最后竟腐烂成苍蝇和蚋虫的佳肴）. <u>Wazo lawashauri waende huko Bima kujaribu bahati</u>, wafikiri hao huenda kwa huruma zao <u>hawatakuwa na mambo ya kishenzi</u>（他们想到应当去找保险公司撞撞大运，说不定他们出于同情而不至于蛮横无理）.

（6）Kwenda mrama

Hapo mwanzo <u>alipolalamikiwa udhaifu wake kazini</u> naye huwakaripia walalamikaji hao na <u>hata kuwarai waache husuda katika mambo yasiyowahusu</u>（起初，当有人对他工作中的不足说三道四的时候，他曾进行反驳，**让他们少管闲事**）, lakini sasa akiwa mwalimu mkuu <u>ameonyesha hajiamini tena katika uongozi wake</u>（现在作为校长，他对自己的领导能力没有了自信

心），anaona kuongoza shule ni kama kuendesha gari lisilo na breki, linakwenda **mrama mrama tu**（他觉得管理一所学校就像驾驶一辆没有刹车的汽车，跑起来总是摇摇晃晃的）.

（7）Kuwa borongo borongo (ovyo ovyo, zigazega)

Huyu bwana ni mtu maarufu mwenye hasira kali dhidi ya sera ya serikali（这位先生因强烈反对政府方针政策而出名），kila akiona **uchumi wa nchi kuwa borongo borongo**, vifereji vya damu usoni humtuna kwa ghadhabu（每当看到国家经济乱糟糟，他就气得脸上青筋暴突）. Kuna baadhi ya watu wasema huyo mkorofi tu（有人说他是个挑事生非的人），haimpiti siku bila ya kuzozana na mtu kisiasa（不和别人吵政治架就过不了一天），na kwamba ameibilisika kupindukia, tabia yake hiyo imekwisha geuka kuwa donda ndugu（他极端邪恶，这业已成为他身上的顽症）. Lakini wengine maoni yao yanawaendea kinyume kabisa（但另一些人的看法和他们截然相反）.

（8）Kwenda kando (kwenda shotoshoto, kwenda upande upande)

Bahati mbaya ni bahati mbaya tu（运气差就是运气差）. Ingawa wachezaji wetu walichachamaa vizuri katika mchuano, **lakini bahati iliwaendea kando**（尽管我们的球员在赛场上踢得相当卖力，但运气总与他们擦肩而过）. Timu ya upinzani katika dakika za mwisho iliongeza goli mbili chapuchapu badala ya kuwa sare ziro kwa bila（对方球队在最后一刻连中两元，打破了零比零的僵持局面）.

（9）kuwia vibaya na kuwa beta (kukalia vibaya)

Alipofika nyumbani akavua koti na kuiangika katika msumari uliopigiliwa ukutani jirani ya mlango（挂在门边墙上的钉子上），huku akipiga mwayo uliochukua nukta nyingi, alama ya kwamba tumboni hamkuwa na chakula（打了一个长达数秒的哈欠，表明肚子饿了）. Sasa **mambo yakamwia vibaya** na kuwa beta（现在情况大为不妙）, maana nyumbani hamkuwa na chochote cha kutia mdomoni（因为家里没有任何可往嘴里填的东西）.

（10）Kuwatokea watu kihobela hobela

Gari la zimamoto lilipita kasi huku likipiga king'ora（消防车鸣着警笛一路疾驶）, na kwa mbali moshi mzito ulitoka katika nyumba moja（一柱浓烟从远处的房子里冒出）. Ilionekana kama hali **haikuwatokea watu kihobela hobela**（看上去人们并没有慌乱）, pengine hapakuwa na watu waliojeruhiwa（可能连伤员都没有）, vinginevyo tungeweza kuona gari la machela kupita（不然我们就会看到**救护车**从路上驶过）.

（八十六）酸甜苦辣（6）——顺畅美好

（1）Kunyoka sawa sawa

Sijui huko tunakoenda tutatengenezewa chochote, nina imani angalau chai na mkate（我不知道我们去那里会不会受到招待，哪怕是一点儿茶水或面包什么的）. Lakini mwenzangu kaniambia kuwa mpango umepangwa umeiva（计划已全部安排到位），**kila kitu chake kimenyoka sawa sawa na yote kuoana kama lulu katika chaza**（一切都井井有条，就如珍珠嵌在贝壳里似的严丝合缝），yaani arusi imezatiti tayari kabisa（也就是说，婚礼已完全准备就绪）.

（2）Kukata na shoka

Karamu ilikuwa ya kukata na shoka（也有个别有用 **kukata na upanga** 的），chupa zikavunjwa na dansi kusakatwa, mradi ikawa hoihoi moja kwa moja（宴会进程堪称精彩热烈，席间人们觥筹交错，舞姿翩翩，一片欢声笑语）. Mama mmoja makamo ambaye ni kipande cha mwanamke mwenye sauti ya kubania puani kidogo kwa pozi alijivingirisha (kujifingirisha) kanga aliyoifungia kifuani na kukoga katika nuru za taa za rangi mbali mbali（一位块头儿颇大、说话略带鼻音的中年妇女翩然旋动着披在胸前的坎嘎裙，沐浴在闪烁变幻的彩色灯光中），akicheza ngoma ya kijadi kwa madaha, na kila hatua yake hulingana na mdundo wa muziki（她风韵十足地跳着传统舞蹈，每个步点儿都踩在音乐节拍上）. Hata hivyo, baadhi ya majirani walilalamika sana kwa kuvurugwa akili na bomu la ngoma（跳舞的嘈杂声）.

（3）Kukaa shwari

Mimi nimekuwa makamo wa kutosha kuweza kuijua dunia ilivyo（作为一个

中年人，我已有足够的阅历帮我认识人情世故），mama daima ni mama, hivyo nikampokea tena moyoni bila ya kinyongo（妈妈永远是妈妈，我无怨无悔地再次从内心接纳了她）ingawa aliwahi kufanya mambo mengi kinyume cha tumainio langu hapo mbeleni（尽管此前她做了许多与我的意愿背道而驰的事）. **Sasa hali ya nyumbani kwetu imekaa shwari bila ya dosari yoyote na maisha yametengemaa**（现在我的家庭气氛和睦，没有疙疙瘩瘩的事，生活十分安详）.

（4）Kuwa nafuu

Nimeishi nikijua kilichotoa upepo katika gurudumu la maisha yangu（我明白是什么东西造成我生活的车轮撒气漏气）. Uchoyo wa kujitazama（kujitakia）ni kitu kisichotakikana kabisa kwa yeyote（对一个人而言，**自私自利是最要不得的品格**）. Suala kama hilo hunijia sana wakati ninapokuwa nimetulia baada ya kughasika kwa jambo ambalo halipo katika nguvu zangu kulizuia au kulibadilisha（每当我因遇到自己无力阻止或改变的事情而乱了方寸，平静下来之后，这一问题就会冲我而来）. Basi wache yaliyopita yapite, **naamini mambo yangu yatakuwa nafuu baada ya kujirekebisha**（过去的就让它过去吧，我相信经过自我调整，我的境况会好起来）.

（5）Kwenda bambam

Njia niliyokuwa nikisafiri muda wa miaka kumi imeniongoza kwenye mshahara wa haja（我十年来走的路已经**让我拿到令人满意的工资**）ingawa mbele yangu bado imebaki miaka mingine kadha kufikia umeneja（虽然今后还要奋斗几年才能进入经理阶层）. **Kama mambo yanakwenda bambam**（如果事情进展顺利），nabuni kuwa pengine nitaweza kutimiza lengo langu kabla ya wakati uliokusudiwa（**我盘算着**也许能提前实现这一目标）.

（6）Kuwa supa

Kwa mbali, kama naota, nakumbuka agizo la mzee wangu marehemu（我

隐隐约约感觉像做梦一样记起老人的遗言）: "Shirikiana na watu, **mambo yako yataelekea kuwa supa**（与人好好合作，一切都会顺理成章）." Maneno yake hayo yamekwisha geuka kuwa kweli tupu（现在他的这些话业已变成现实）. Sasa mambo <u>yameshatia sura</u>（事情已有了眉目）na yataendelea kuwa mazuri, naona <u>hadi leo hapajaharibika neno</u>（直到今天情况蛮好）, <u>kila kitu kimekuwa katika mpangilio uliotakikana</u>（一切都在规划之中）.

（7）Kuwa matamu

Awali kazi zetu <u>zilikwenda zigizaga</u>（起初我们的工作搞得乱糟糟）, hali ambayo ilinifanya kukata tamaa na <u>kujilaumu mimi kijana nitaweza wapi</u>（我感到灰心丧气，骂自己一个青年能干啥）, lakini **sasa mambo yamekuwa matamu**（现在情况令人欣慰）, kazi zote <u>zimefanyika barabara bila cha kuharibika wala kuonyesha ishara yoyote ya udhia</u>（所有工作都进展得顺畅完美，没有任何让人不安的征象）.

（8）Kila kitu ni hongera

Nimekuwa na watoto wawili wenye afya na furaha（健康快乐的孩子）, <u>nikimtazamia wa tatu wakati wowote</u>（现在正期盼着看到可能随时出生的第三个宝宝）. Na tena, mimepewa mshahara mzuri（薪水丰厚）na <u>kusamehewa kodi za nyumba</u>（免缴房租）, <u>nimeregeshwa nauli za safari</u>（返还路费，即：报销路费）na kukidhiwa haja zote za lazima na serikali bila ya malipo yoyote（政府免费提供一切必要的用项）. **Basi kila kitu ni hongera**（一切都顺风顺水）, basi ni kitu gani kingine zaidi binadamu angehitaji（人类还有什么其他诉求呢）?

（9）Kuwa heko (bora, heri)

Naye kaapa kwamba <u>sasa pombe ni mkwewe</u>（他发誓戒酒，注：**Mkwe** 是"禁忌"的意思）, hataligusa tena maisha hata kwa mijeledi（即使用鞭子抽，他今生今世再也不会沾酒腥儿了）. Siku hizi **mambo yake yamekuwa** heko（值得叫好）, amekata guu lake kufika klabuni（足不进酒馆）, kwa maneno yake pale si pahali pa kuja na mkwe（用他的话说，那里是他的禁区，注：此处 **mkewe** 之意思与上同）.

（10）Uji kuja kukolea chumvi barabara

Mbona unatugomba bure na kutubabaisha tu（你干吗老平白无故地找碴儿，让我们不得安宁）? Ah wacha saa（老天爷）, mambo yako kweli yanatukanyaga（你做事真让我们纳闷儿）, hatujui leo pamepikwa jungu gani hapa（不知今儿你又要搞什么名堂）! Twakushauri usijisumbue bure (usijikondeshe bure, usijihangaishwe bure) babu（老爷子，我们劝你别费心劳力了）, **uji utakuja kukolea chumvi barabara**（一切都会好的）, huoni kwamba tuko hapa, leo guu hili ni lako（你没见我们就在这儿听你使唤）.

（八十七）酸甜苦辣（7）——扣押坐牢

（1）Kuchezea adhabu ya miaka tisa gerezani

Wengi hawakujua kuwa huyu bwana ana kisa（他有问题）, silaha kadha za haramu zilifumwa nyumbani kwake（从他家里缴获若干非法武器）, **akawekwa korokoroni** akijikunyata kama jogoo aliyepigwa na mvua（他被关押在拘留所，就像一只被雨打的公鸡似的缩在那儿）na kutazamia kuchezea adhabu ya miaka tisa gerezani au pengine kifungo cha maisha（预计他会在监狱里度过九年时光，甚至终身监禁）. Kesi yake ilisikizwa siku ya Jumatano, naye alifikishwa mbele ya korti kwa mashtaka ya uhaini（被控犯下叛国罪）, lakini alifanya ububu（一言不发）mbele ya jaji, hata hivyo upo **ushahidi usioweza kubishwa**（不可辩驳的证据）, **mwisho akapewa adhabu kama ilivyomstahiki**（最后他受到了应有的惩罚）.

（2）Mtie ndani minyororo mpaka macho

Kijana yule kichwa maji（那个小青年脑袋顽固不化）, ijapo **amewekwa rumande (rumenda)** kwa muda mrefu（虽然已被拘押了很长时间）, lakini mpaka sasa bado hajakubali kosa lake la kunyang'anya mali mchana na kimacho（光天化日之下抢劫）ambalo **lingempatia miaka mitatu** ndani（有可能被判处三年监禁）. Kwa aonavyo yeye, kukubali kosa hakupunguzi uzito wa adhabu（在他看来，坦白未必能从宽）, lakini hakimu alimbana kidogo kidogo mpaka akashindwa kupanga maneno ya kujitetea（庭审法官步步紧逼，直到他无言以对）. Ni kama wazazi wengi walivyo, baba yake anampenda sana na pia kumsikitikia（父亲对他爱恨交加）, hata akamkasirikia kwa kusema: "**Mtie ndani minyororo mpaka macho**（把他关进去，连眼睛也给他蒙上）!

Nilikuambiaje? Usipojichunga vizuri **utatupwa ngomeni**（我跟你说什么来着？管不好自己就得蹲班房）!"

（3）Kusakwa na askari na kufagiwa nguvuni

Kuna kila dalili ya kuonyesha kuwa hatima yake haiko mbali（一切迹象都表明他作死快作到头了）, kila alichokifanya **humsogeza jirani zaidi ya mkono wa sheria**（他的所作所为每每都进一步把他推入法网）. **Amesakwa na askari kanzu na kufagiwa nguvuni** kwa kosa la mauaji baada ya ulevi（他因酒后行凶而受到便衣的搜捕并被强力部门羁押）. Amesahau kabisa onyo la baba yake anayemfahamu vizuri tabia yake tokana na pombe（他忘记了了解他那暴脾气的爸爸对他的警告）: "Kama ukinywa ijapokuwa tone moja la mvinyo, fahamu pengine ndio mauti yako（要明白，哪怕喝一滴酒，都可能把你送上断头台）!" Sasa amekuwa miongoni mwa **mahabusu wazito**（现在他是重刑犯）, **adhabu yake ya chini ni kifungo cha maisha na ya juu kitanzi**（少说也得被判处无期徒刑，重判就是绞刑）.

（4）Kuhukumiwa kadiri mkono wa sheria ulivyowafikia

Kabla hawajajua nini kilitendeka（在他们还没弄清出了什么事的时候）, askari walikwisha jitokeza mbele yao mmoja baada ya mwengine wakiwa wamekumbatia mitutu ya bunduki zao（持枪士兵已经接二连三地出现在他们面前）. Katika kesi hiyo iliyopewa uzito mkubwa（在这起被重点关注的案件中）, **alijikuta amepatikana na hatia, na mwisho kuhukumiwa kifungo cha miaka mitatu na kazi ngumu**（他被判定有罪，并被拘役三年）. Na **hukumu iliendelea kutolewa kwa wahalifu wengine wa genge lake kadiri mkono wa sheria ulivyowafikia**（对其他同案犯也依法进行了判决）. Askari waliwashindikiza wote ndani kwa salamu za mateke na virungu（狱警用脚踢和棍棒送他们进牢房）.

（5）Kusukumwa ndani na kumezwa na giza totoro

Litendekalo halikosi mwonaji（若要人不知，除非己莫为）. Watu wengi **walijitolea mbele na ushahidi wao**（许多人都出庭做证）, na mmoja wao hata alionyesha baka la jaraha mkononi mwake kama **ushahidi bayana** makahamani （其中一人还把胳膊上的疤痕作为**明证**当庭展示）. Basi hivyo, yule mhalifu mwenye kichwa kigumu **akahukumiwa kula miaka, na hapo hapo akasukumwa ndani na kumezwa na giza totoro**（就这样，这个顽固罪犯被当场宣判刑期，并被打入黑洞洞的号子里）. Hadithi inavyokwenda ni（接下来的故事是）kwamba baada ya **kutumbukizwa jela**, janja yake imefika mwisho kabisa （被掐监入狱之后，他再也没辙了）, kitambi chake kikafutuka（他不再大腹便便）, jina lake limenuka vibaya kuliko maiti iliyokwisha vundia porini mwezi mzima（名声比烂在森林里一个月的尸体还臭）.

（6）Kutupwa ndani miezi mitatu jela baridi

Yeye ni mtu mwenye mkono (Mpenyeza mkono ndani) aliye na moyo mgumu（他是一个心肠冷酷的扒手）. Nia yetu kubwa ilikuwa **kumweka katika mikono ya polisi ili atazamwe kisheria**（我们的主要目的是把他交到警察手里依法处理）. Yasemekana kwamba tangu apatwe na polisi **alionywa asiziweke sheria pembeni na atoboe yote aliyoyafanya**（据称他被警察抓获后被警告不要对法律置若罔闻，必须交代清楚自己的所作所为）, **la sivyo atatupwa ndani miezi mitatu jela baridi**（不然就得到冷班房里蹲三个月）. Lakini ameonyesha kama hana masikio（但他好像没有耳朵）. Sasa **ameshatiwa mbaroni ili kushikishwa adabu**（现在他已经被捕并接受训诫）. Nasikia wakati huu amenywea na kula kiapo kunawa mkono（听说现在他蔫儿了，发誓要金盆洗手）, ameahidi kamwe hatarudia tena na makosa yake.

（7）Kuketi kwenye msumeno wa sheria

Hata ikiwa uwe mtu maarufu wa namna gani（不管你这人多么有名），

kamwe usiketi kwenye msumeno wa sheria（但千万别坐在法律的锯口上，即：别踩踏法律的红线），kama ukijitia ujinga utatolewa kiburi chako chote（如果你犯傻，法律就会打掉你的全部傲气）. Kabaila mmoja karibuni **amefikishwa mahakamani kwa kosa la kukaidi amri ya serikali** na akahukumiwa kifungo（最近有位乡绅**因抗拒政府颁布的法律而被送上法庭**并获刑）. Yasemekana kuwa kitambi chake chote kimeporomoka kwa kulishwa maharage mabichi gerezani（据说，他在监狱里吃生豆子吃得大肚子已完全瘪了）.

（8）Kufungwa na kula ugali wa jela

"Au wataka nikafungwe jela（你这是想让我坐牢吧）? Okoa jahazi ndugu wee（兄弟，要翻船了，快来救命）!" Haya ni baadhi ya maneno aliyoyasema kijana mmoja korokoroni kwa sauti kavu ya kukwaruza na ya atokaye usingizini（沙哑而模糊不清的声音）wakati mwanasheria wake（律师）alipokwenda kumwona. **Ijapokuwa alijikakamua awezavyo kwa kujitetea**（尽管他竭尽全力为自己辩护了），**pengine hangeweza kuepuka kufungwa na kula ugali wa jela**（他可能无法摆脱关大牢、喝狱粥的下场）. Basi mwanasheria wake akamwambia: "Nasikia umezua moto（听说你玩火了），najaribu kuuzima japo mpaka sasa sijashindwa wala sijafanikiwa（我是来灭火的，**虽然到现在还没成功，但绝对不会失败**），nitajitahidi kukusaidia kwa njia moja au nyingine（我会努力多想些办法帮你的）."

（9）Kuzuiliwa katika rumande tokana na kesi ya mafumbo

Uso wake ulisaujika (-sawajika) wakati alipokatiwa notisi na kuitwa kortini kutokana na **kesi moja yenye mafumbo mengi**（当他因**一桩扑朔迷离的案件**接到**传票**并被要求去法院供述的时候，他的**脸色暗沉发青**），akihisi kama maumivu yamemchacharika mwili mzima（他感到**全身都在隐隐作痛**）. Kwa kweli kabla ya hapo **hisia za hatia** zilikuwa humsumbua mara kwa mara（**犯罪感**时时折磨着他）. Wakati huo uchungu ulimpanda sana moyoni na mawazo kuendelea kuchemka ubongoni（此刻他心中苦恼烦闷，脑袋里思绪奔腾）kwa kukumbuka jinsi baba yake alivyomkemea ana masikio mazito tu kwa ushauri wake（记起他爸爸是如何骂他听不进建议），mpaka sasa bado aona kinyaa kwa kosa la kutomsikiliza（至今还因没听爸爸的话而感到不舒服）. **Sasa amezuiliwa katika rumande baada ya kuhojiwa vipengele kadha wa kadha**（对若干问题进行质对之后，眼下他已被拘押起来），yaonekana polisi **hawajatosheka na ushahidi wa kutoka kwake**（看上去警察对他提供的证词并不满意）.

（10）Polisi wana mikono mirefu

Huyu sinzia aliwachenga polisi mara nyingi ili asitiwe ndani korokoroni na kuchungwa na askari（为不被投入监狱而接受监管，这个小偷儿已多次避开警察）. Safari hii kwa kukwepa msako wa polisi, akatupilia mbali kila kitu mikononi na kukata uchochoro kwenda zake shoti（他扔掉手中所有的东西，穿街走巷，迅速逃逸），hata kiatu kilimchomoka mguuni（甚至跑掉了一只鞋）. **Lakini polisi wana mikono mirefu**（但警方胳膊长），**kwa upesi akasombwa kituoni**（他很快就被缉拿归案）. Baba yake mzazi **alimtolea udhamini wa shilingi 2000 mpaka akaachiliwa hadi siku ya kesi mahakamani**（他爸爸出两千先令为他办了保外候审），kilichomsubiri ni kuhukumiwa kifungo（等待他的将是判刑）.

（八十八）酸甜苦辣（8）——脱险逃生

（1）Bahati kumlinda kuepuka kufa maji

Mle ndani ya maji mlijaa <u>tope zito na tepete</u>, likimshika miguu kwa nguvu na kumfanya atote tote nusura kukata roho（水里都是厚厚的、黏糊糊的烂泥，紧抓着他拔不出脚来，人不断下沉，差点儿丢了命）. **Lakini bahati ilimlinda aepuke chapuchapu kufa maji**（但运气保护了他免遭丧身泥潭）. Wakati alipotoka matopeni na kwenda zake <u>kule alikoacha mali mafichoni akazikuta timamu</u>（到了藏东西的地方，发现一切都完好无损）.

（2）Kupisha hatari iliyomsonga mtu (Kunusurika kujitoa kafara kwa simba na kuponea tundu la sindano)

<u>Ilikuwa desturi yake ya kujipa mashauri mazuri apatikanapo na dharura</u>（他有一个好习惯，遇到紧急意外情况总能想出应对之策）, kwa hivyo naye mara nyingi **huweza kupisha hatari inayomsonga**（所以多次都能化险为夷）, safari hii kwa akili yake vile vile **amenusurika kujitoa kafara kwa simba na kuponea tundu la sindano**（这次他同样靠自己的智慧脱险，就差针眼儿那么一点点儿没变成狮子口中的祭品）.

（3）Kuponea chapuchapu kufa (Kutoka katika mdomo wa mamba kwa nasibu)

Tangu awali nilikuwa sipendi <u>safari kama hizi za kubahatisha tu</u>（一开始我就不喜欢这种撞运气的出行）, kwani barabara yenyewe ilikuwa baya tu（因为路况本身很差）, ndiyo maana <u>gari letu likapondeka kwa kupigwa dafrau na gari jingine</u>（结果我们的车中途被另一辆车撞瘪了）. Wakati ule tulijiona kama tuliotoka katika mdomo wa mamba kwa nasibu tu kwa namna tulivyoponea chupuchupu kufa（当时我们觉得能够侥幸死里逃生全靠运气）.

（4）Kuambaa hatari na kurudi kutoka katika wafu

Ingawa niliukingamisha mguu wangu wa kushoto majini kama sukani ya chombo ili nisimezwe na mkondo, lakini nilikuwa sina uhakika kama nitapona（我把左腿像船舵一样横在水中以免被激流淹没，但我并无十成把握自己一定能安然无恙）. Nikawa sina budi isipokuwa kufumba macho ili nisijione jinsi nitakavyovunjwa vunjwa katika maanguko ya maji（无可奈何，我只能闭上眼睛，不看自己是如何被倾泻的激流击打的）. Nilikuwa sijui nimekumbana na ndege mbaya au mzuri（我不知道自己是倒霉还是走运），mwishowe nikafaulu kuambaa hatari na kurudi kutoka katika wafu（我最终与死亡擦肩而过，捡回了一条命）.

（5）Kuokoka katika mdomo wa mauti (Kupona kutoka katika kinywa cha mauti)

Nilishukuru mara elfu, kwani kidogo tu ningebandikwa kitanzi au kukatwa shingo na majambazi ila kwamba niliwaponyoka kwa bahati yangu na kuponea nusura kwenda ahera mjini（我千恩万谢，因为自己差点儿就被强盗勒死或砍头，只是我侥幸逃过一劫，躲开了地狱之灾而已）. Nilihema kwa furaha baada ya kuokoka katika mdomo wa mauti（死里逃生之后，我高兴地喘着大气）. Wakati nilipoulizwa na wenzangu jinsi nilivyopona kutoka katika kinywa cha mauti nikagugumiza kisa changu chote toka mwanzo hadi mwisho, basi hapo ndipo nilipopata kutoa pumzi kwa amani（当伙伴问起我是如何死里逃生的时候，我磕磕巴巴地把故事从头到尾讲了一遍，至此我才平和地长舒了一口气）.

（6）Kujisalimisha katika lindi la kifo (Kuponyeka pembamba mdomoni mwa mauti)

Tulishtuka kuona moto ripuripu na kusikia mtutumo wake, woga ulitutanda sana sana nyusoni（我们震惊地看到熊熊火焰伴随着噼噼啪啪的爆裂声，表情极度紧张），hata tukadhani ndugu yetu yule lau labda atashindwa kupata **kujisalimisha katika lindi la kifo**（我们甚至以为我们的那个兄弟可能很难在死亡的深渊中得以幸免），lakini alifanya akili zake akikazana kutoroka na kuponyeka padogo tu mdomoni mwa mauti kwa bahati yake（但他智慧地逃离了现场，幸运地绝处逢生）. Kwa kuona akatoka mzima,furaha ikaanza kuonyesha dalili ya kuturudia.

（7）Kunusurika pembamba na kifo

Mahali pengine mlango wa maji wa mto huo umekuwa mwembamba sana na kuwa na msukosuko mkubwa wa mawimbi（在有些地方，这条河的河道十分狭窄，水流汹涌湍急），**hata ilikuwa bahati yangu kutosagwa mifupa kwa kupondwa na miamba, nikanusurika pembemba na kifo**（我庆幸没被岩石撞得粉身碎骨，躲过一劫）. Nilipofika mbele kidogo ambako mto umepanuka, ndipo nilipoweza kukokotwa na maji pole pole（前面一段河道变得开阔起来，我被水流冲着缓缓前行）.

（8）Kujaliwa kupona kwa tundu la sindano toka kifo

Usemi wake ulituvuruga sana nguvu, moyo wetu tuliuhisi ukiugua sana humo vifuani（他说的话让我们很泄气，给我们添了很大一块心病）. Sote tulitingisha vichwa tukijutia bahati yetu（我们都摇着头懊恼自己运气不佳）. Amini tusiamini, maneno yake yakatokea kuwa kweli kabisa（不管我们信不信，事情还真被他言中了），tukiona jipande la jiwe lililoporomokea chini toka mlimani lilirusha maji juu karibu tuone chini ya bahari（从山上滚下的巨大

石头**拍击水面，激起高高的水柱，我们几乎能看到水底**），tukawa hatuna hata nafasi ya kupumua kabla jiwe lingine halijaponyoshwa（在另一块巨石脱落而下之前，我们甚至连短暂喘息的机会都没有）. **Kwa bahati nzuri, tukajaliwa kupona kwa tundu la sindano toka kifo bila ya kuumia mahali popote, alhamdulilahi tukapata nafuu**（很幸运，我们死里逃生，毫发无损地脱离了险境）.

（9）Kuponea kudura ya Mwungu kuaga dunia hii

Nimejifungua mapacha kwa taabu na kuponea kudura ya Mwungu kuaga dunia hii（我临床难产生下双胞胎，是上帝的神力拯救了我的生命）. Nakumbuka jinsi nilivyokuwa nimelala kitandani kujinyonga nyonga na kujipinda pinda（扭动翻滚），huku nikikokota pumzi（艰难地喘息着），jasho likanitoka pajini mwa uso na kinywa upande（额头冒汗，嘴巴歪到一边）. Nilijiona kama niliyetupwa ndani ya shimo la moto kwa jinsi nilivyosikia maumivu（我疼得就像被投进火坑里一样难以忍耐）.

（10）Kuvuka salama katika hatari ya sakara mauti

Kwa kuniona mimi, mzee kichwa chake nusu wazimu, basi naye bila ya kujali hili na lile akanyanyua rungu kubwa kunirukia（见到我，老人像半疯子似的头脑发热，不顾一切地抡起大棍子朝我冲过来）. Ukipaona pale rungu lilipotua utafikiri kakanyaga ndovu（你如果看见那棍子落地砸出那个大坑，一定以为是大象践踏出来的）. Kama nisingelikwepa vizuri, hilo rungu lingenizika pale pale tangu zamani（假使不是我躲闪及时，我早已成为他的棍下之鬼）. Naam, **katika hatari hiyo ya sakara mauti nikahimili kuvuka salama usalimini**（在这个生死攸关的时刻，我得以保全性命），tena kwa wakati huo huo nikachanganya mbio zangu zote na kuisamehe kabisa fujo yangu kwake（与此同时，我赶紧撒开脚丫子狂奔而去，再也无心对他捣乱了）.

（八十九）酸甜苦辣（9）——运道向背

（1）Upepo

Alianza maisha katika lindi la ufukara, baadaye upepo ukambebea juu ya mti wa uhuru（他出身贫寒，后来运气把他推上民族独立的大山）. Akajiona kama amepanda mlima mrefu, hali wengine wote wamekuwa chini ya miguu yake（他自以为已经站在高山之巅，其他人都在他的脚下）, wanawake kwake ni kama nguo（女人对他而言就如经常更换的衣服）, la muhimu kwake ni yeye binafsi kushiba（对他最重要的是中饱私欲）, amejihisi yeye ndiye malaika ingawa hawi, ndiye mtukufu japo hatukuki（他感觉自己是天使，尽管他不是；他自以为是伟人，虽则很渺小）. Raia walipomkosoa, hata watoto wake wakamtetea kwa kila jinsi（当老百姓批评他时，甚至连他的孩子们都百般为其辩护）: "Ahaa, baba yetu alipokuwa akipigania uhuru nyinyi mlikunja mikono, leo tumefaidi mnainua pua juu（哈哈，我们老爹为民族独立而战的时候，你们胳膊抱着夹儿看热闹；眼下我们发达了，你们看不惯了）!"

另：Wengine ruya zao zinabashiri ahera, lakini zinapovunjika wanajikuta wako peponi, **wanafurahi**（有些人的梦预示着要下地狱，而一梦醒来却发现自己进了天堂，让其兴奋不已）. Hivi karibuni rafiki yangu mmoja aliyeota ndoto mbaya mara kwa mara **amepigwa na upepo na kupata kupandishwa daraja kazini, upepo ambao ulimkumba hadi kuhimili kununua gari la fahari**（近来我的一位经常做噩梦的朋友时来运转，在工作中升职加薪，甚至已经买了豪车）.

（2）Bakhti nasibu

Maisha yetu ni magumu sana, **leo usiku unapolala hujui utapata vipi tonge yako ya kukupa uhai kesho utakapoamka ila tu kwa kuishi bakhti nasibu**（我们的生活十分艰辛，今天晚上睡觉的时候无法知道第二天醒来用什么养活自己，也只能靠碰运气）. **Tunatumainia bahati itakapoanguka itupate sote utosini**（我们期待运气能降临到我们每个人头上）.

另：Ingawa kwake kumepatwa na mwaka wa kiu（或 na maafa ya kiangazi kikali na kirefu, 或 na maafa ya jua kali la muda mrefu, 或 na maafa ya ukame）na watu kuishi maisha ya idhilali（虽说他那里遭遇大旱，人们生活艰难），lakini nimepata vidokezi kwamba jamaa bado anaendelea na kitimbi chake kile kile（但听说他还在保有他的嗜好），**jana alikwenda kapa na kuliwa kabisa katika bakhti nasibu, sitegemei atarudi ana senti mfukoni**（昨天他赌运不佳，输个精光，我不认为他口袋里还有一分钱）.

（3）Kusimama na bahati

Haki inabaki haki, ukweli unabaki ukweli, vyote haviozi（正义是正义，真理是真理，它们是永存的）. Siwezi kukana kwamba natoka katika jamii ya ufanisi ingawa kuogolea kwangu kwenye kisima cha unono kilinipata ukubwani baba alipochaguliwa kuwa mbunge（我从不否认自己来自家庭优裕的社会阶层，虽然泡在甜水井里生活是在我成人之后，其时我老爹已当选国会议员）. **Lakini bahati haikusimama nami wakati mzee alipoondolewa ubunge kutokana na kosa la kula fedha za serikali**（然而，运气并没有一直和我待在一起，我老爹因侵吞公款之事败露而被解除了议员职务）.

另：**Yeye ni mtu mwenye mkosi aliyetoka pabaya**（他是个运气极差的人），**japo anajitakia makuu kufa na kupona, lakini bahati haisimami kwake**（尽

管他拼死拼活地追求虚荣，但运气一直不在他那边），**amekabwa kama na pakari**（他像被铁钳夹住了一样）. Hata hivyo, kwa sauti yenye mikwaruzo naanza kumsihi asiendelee kulia, kwani kufanya hivyo **ni dalili ya uchuro**（虽则如此，我仍用沙哑的声音劝导他不要哭鼻子，因为那是不祥之兆）.

（4）Bahati heri (Bahati njema, Bahati nzuri, Ndege mzuri)

"Kuna wanawake wengi wenye dawa（许多女性身上都有一种特殊味道）", yule mama alianza kusema, "Mtoto huyu huwa hapendi watu, lakini leo amekubali kubebwa nawe hata amelala, **kweli amekumbana na ndege mzuri**（这孩子平常不喜欢见人，可他今天不光同意让你抱，居然还睡着了，他真的碰上了好运）. Dada, **mtoto huyu bahati yake heri sana, ama leo kipawa chema kitamwaangukia**（大姐，这孩子太幸运了，老天会赐给他礼物）".

另：Reqina alikuwa akinyosha nguo zake aliposikia mtu akibisha hodi mlangoni（听到有人敲门，莱齐娜赶忙平整了一下身上的衣服）. Kule kufungua mlango, akamkuta kijana mwenye ndevu nyingi kidogo（一开门就看到一位蓄着颇多胡子的青年）. Ilikuwa kama kwamba ameota, na yule kijana pia akamtazama machoni（这很像在做梦，那个青年也看到了她）. Na kutoka kwa macho yake, kijana aliweza kuona maisha yake ya mbele（从她的眼神里，那个青年看到了自己的未来）. **Bahati nzuri kwamba Mwungu hatupilii kiumbe chake, Reqina alikuwa bado anaishi**（真幸运，上帝从不抛弃生灵，莱齐娜还活着）.

（5）Bahati mbaya (Ndege mbaya, Mkosi, Kisirani, Nuksi, Nuksai, Nuhusi)

Kijana mmoja mwenye uso wa bashasha na macho ya akili alimwuliza babu mwenye busara kwa kutafakara（一个面容和善、长着一双明媚眼睛

的青年请智慧老人思考一下他的问题），akinena: "Ewe mzee wangu, najua wewe u mtu uliyepigwa sana na dunia na umekula chumvi nyingi maisha yako（我知道你是一位饱经风霜、经验丰富的老者），sasa nakujia na nyundo ya swali nikibomoa kichwa na ujuzi wako（现在我用问题的锤子敲开你脑袋里的灵感）. Suala langu ni hivi: **kwa bahati mbaya** mimi nina jirani mmoja mwongo sana（很不幸，我的邻居很爱说谎），basi jee, nikingiana naye fimbo au nimfanyie nini（请问我是用棍子对付他，还是采取别的办法）? Hebu nipe jawabu wala usiliache suala hili kapuni（请你回答我，千万别把它扔进废品筐里）."

另: Hata mimi sikutegemea kumwona yeye kama alivyoshangaa kuniona mimi（就像他见到我惊讶不已一样，我也没料到能遇到他）. Aliniuliza kama iko tumbaku habari, nikamwambia kuwa iko tu, tena yangu mwenyewe（他问我有没有茶余饭后的谈资告诉他，我说有，而且是关于我自己的），kwa sababu **siku hiyo biashara yangu iliingia nuhusi** na kupata hasara tele（因为这一天我的生意很不景气，损失惨重）. **Niliichukua siku hiyo kama ni ndege mbaya kwangu**, na tena nilikuwa sijui **ni kitu gani kimeniletea kisirani hicho**（我把这一天当成不幸的日子，不知是什么给我带来厄运）.

（6）Kwa bahati nzuri au mbaya

Kwa bahati nzuri au mbaya mimi nikiwa askari polisi nimepewa meno ya kuuma（不管幸运还是不幸，作为警察，我被给了一嘴利牙），nitauma hata baadhi wahujumu wakipiga kelele（我要咬人，即使那些贪腐分子大喊大叫）. Serikali imetoa fedha nyingi kwa miradi ya nchi, lakini hao majitu wamezitia makucha kweli（政府为国家项目投入大量资金，但那些大人物却大肆插手捞钱）. Hawa wakishapata, kunyang'anywa kutakuwa si rahisi tena, lakini **mimi nitajaribu kuwatilia kisirani**（那些家伙拿到利益就不会轻易放弃，我要让他们接受惩罚）.

另：Wenzangu wote wamekufa baada ya pata shika na maadui（与敌人进行搏斗后）. **Bahati hainiamuru** kuendelea na ujasiri wangu usio wa maana（运道不容我继续进行无意义的冒险）, basi kwa kitambo hicho nilichojaliwa, la muhimu kabisa ni kuwa salama（趁老天赐予我这段空闲，我的当务之急就是寻得安全）. **Kwa bahari nzuri au mbaya,** nimejinega vizuri juu ya mti na kujificha gubigubi ili maadui wasinione na waondoke machoni pangu mapema（不管幸运还是不幸，我爬上树，隐藏严实，以便不被敌人发现并等待他们从我眼前消失）.

（7）Bahati kumcheza cheza mtu (Bahati kumtania mtu)

Ingawa amekuwa mtu wa makamo, lakini **bahati ingali bado inamcheza cheza**（虽然他已逾不惑之年，但命运仍在不断地作弄他）, na pengine siku moja atakuja gundua kuwa ulimwengu unaweza ukazidi kumgeukia rangi（也许有一天他会发现世道对他愈发不公）.

另：Huko jirani ya bandari hupatikana vitu vya magendo kwa bei rahisi（海港附近常有走私品廉价兜售）. Jana nilipiga bei mpaka kikomo kikawa shilingi 200 kwa godoro moja la kitanda（昨天我讲价打到二百先令购得一张床垫）. Lakini niliporudi nalo nyumbani nikagundua halilaliki kwa vile limeota mgongo tu katikati, kumbe bahati imenitania na kunigeukia mdhana（搬到家里才发现，运气跟我开了个玩笑，它中间鼓起个大包，不能用，好运变成了霉运）.

（8）Kujaribu bahati (Kubahatisha)

Udhamini mwingine zaidi ya huu kulikuwa hakuna, kama ungekuweko ningekuwa tayari kuushika hata kwa thamani yoyote（除此而外，任何其他保证都没有，假使有，我会不惜一切代价地抓住它）. Hata hivyo **nikajipa moyo na kujifariji kiume nijaribu bahati yangu**（虽则如此，我仍然给自己鼓劲，安抚自己勇敢地去碰碰运气）, **lakini bahati tena haikunipa mkono** wala nafasi（而运气并没有给我提供支持和空间）. Kuendelea kuyafikiria hayo yaliyopita kwa wakati huu wa sasa ni kama kulitazama kovu（眼下继续考虑过往的事等于痴看留下的伤疤）. Kovu ni kovu tu linapokuwa kovu, likichokolewa linaweza kugeuka kidonda（伤疤就是伤疤，它已经长在那儿，一旦把它揭开，就会变成疮口）.

另：Yeye ni kibapara, na yule msichana ni binti wa tajiri, hapana uwiano baina yao（他是个穷光蛋，而那个姑娘则是富家女子，两者不在一个层次）. Hata hivyo mwenyewe **aliona nafuu abahatishe**（虽则如此，他觉得最好碰碰运气）. Wengine hata wanasema kuwa hivi ni sawa na kujizika mwenyewe（Kujitoa sadaka kwa papa, Kujitia mdomoni mwa simba）, pengine atakuja kuchinjwa bila ya hata kukohoa kwa kusingiziwa hatia ya kutongoza binti wa mtu（有些人甚至说这无异于去送死，说不准会被扣上调戏良家妇女的帽子，还没来得及咳嗽一声就丢掉性命了）.

（9）Bahati kujengeka (Kukumbwa na upepo mzuri)

Baada ya majadiliano makali, mwenyekiti wa mkutano akatangaza kuwa kama hakuna pendekezo lingine jipya basi tuchukue sauti（如果没有新的提议，那我们就开始表决）. Nilikuwa na uhakika kuwa **kwa upande wetu sisi, bahati imeshajengeka tayari**（我们已经在这方面占据上风）, matokeo ya upigaji kura yatakuwa tunawala kabisa（投票的结果将是我们战胜他们）. Ni kama nilivyobashiri kuwa azimio limepitishwa kwa wingi wa kura 59 za kupendeza dhidi ya 22 za kupinga（决议以五十九票赞成对二十二票反对获得通过）.

另：Ameashiki mpira kama nilivyo mimi（他和我一样，都是球迷）, leo kwa pamoja tumekwenda kutazama mchuano wa mpira kati ya Simba na Faru. Ni kwa dakika ishirini na kitu tu, tumeona Simba **inaelekea kukumbwa na upepo** mzuri（占上风）na kuifunga Faru mabao mawili mfululizo. Na Faru **imepatikana na mkosi mpaka firimbi ya mwisho**（厄运一直伴随犀牛队到终场鸣哨）.

（10）Kuwajihiana na bahati (Kibahati bahati)

Kuombwa kidole cha pete na mvulana ni jambo kubwa kwa msichana yeyote（接受小伙子求婚对任何一位姑娘来说都是一件大事）. **Nikiwa mmoja wao nataka ikiwezekana niweze kuwajihiana na bahati uso kwa uso mbele ya hadhara sio mafichoni**（作为当事者，我希望只要有可能，就应公开，而非藏藏掖掖地面对自己的运气）. Nimeshaamua kupiga mshale wangu nikitegemea upate shahaba yake pasipo kwenda pembeni（我已经决定射出爱神之箭，并期待不偏不倚地击中目标）.

另：Alinibembeleza kwa maneno mengi ya dhati ili mradi tu niamini kuwa yeye ndiye pekee tu wa kunizika mimi mkongwe（他讲了好多贴心话来说服我，以便让我相信他是唯一一个能为我这个老头子养老送终的人）. Wakati ule nilikuwa namsifu kijana mwenzangu mweupe（当时我曾赞扬这个青年朋友心地坦荡）. Lakini baadaye **nikanong'ozewa habari kibahati bahati** kuwa huyu ni mjanja kuzidi hao walionifilisi mimi hapo zamani ila sikumtoboa vizuri kwa kumtazama（幸而后来有人悄悄告诉我说，他比以往招致我破财的那些家伙更狡猾，只是我没看透他）!

（九十）酸甜苦辣（10）——陷入困境

（1）Kuhisi kimaji maji

Alikuwa kakunja uso wake kiasi cha kunitisha na kaonekana kama hataki hata kuniangalia usoni, nami pia niliogopa kujaribu kumsemesha（他皱着脸让我感到害怕，看上去他甚至不愿看我的脸，而我也害怕引他开口说话）. Halafu tena, naye mwenyewe kwa taratibu kama ilivyokuwa desturi yake, akawasha kiko chake na kupuliza moshi funda baada ya funda（后来他慢慢习惯性地**点着烟斗，一口口吐着烟圈儿**）, huku akinena: "**Sasa nahisi kimaji maji**（现在我觉得很累）, sina la kusema, msinibane bure（不要逼我）! Naona pengine hata nyiye mwaona kama hivi nionavyo mimi（我看你们可能跟我的感觉一样）."

（2）Kuwa hoi taabani

Yule mtu aliyefungua mlango alikuwa pandikizi la baba miongoni mwa wale wanaoitwa "miraba minne"（开门的是个**彪形大汉，属于那种被称为"大块头儿"的类型**）. Kichwa chake kilichokuwa na nywele fupi kilikuwa kidogo kwa kulinganishwa na shingo nene na kifua kipana（在粗脖子、宽胸膛的衬托下，留着短头发的脑袋显得格外小）. Shati lake halikufungwa vifungo viwili vya juu kwa kuonyesha manyoya marefu meusi tii yaliyotanda kifuani（衬衣上面的两颗扣子敞开着，**故意显示胸前那黑森森的长毛**）. Ungepishana naye usiku wa giza pembe za chaki **bila ya shaka ungeanguka kwa kiwewe na kuwa hoi taabani kwa kutishika vibaya**（假如你在黑暗的夜色中与他在一个僻静的角落里擦肩而过，你无疑会被吓得摔倒在地，动弹不得）.

（3）Kuwa maji

Kwa kuwa sasa yu maji na kashindwa kujimiliki kutokana na kuambukizwa maradhi（因感染疾病而**自身处于无法自理的困境**）, yaonekana kama kila kitu kimekuwa kichungu kwake, na hata ulimwengu umelibadili umbo lake kuwa la pembe tatu mraba machoni pake（在他眼里，好像一切都变得痛苦不堪，甚至连世界都变成了三角八棱的）. Marafiki zake wote walimkimbia, jambo ambalo linamfanya agune kuwa urafiki uliowekwa kwenye mchanga tifutifu hautegemeki（他的朋友都离他而去，这件事令他感叹建立在软沙上的友情是不靠谱的）.

（4）Kuwa chakari hana rai

Maisha ni msululu wa vituko, matamu na machungu（生活是各种事情的动态组合，喜忧参半）. Yote haya unalazimika kuyatafuna pindi yakuzingapo（所有这一切，只要它找上你，你就要把它吞下去）, watu wanateseka duniani ijapokuwa mazoea（人生在世，就是来受苦的，虽然已习以为常）. Mama huyu aliwahi kuchanua kama ua la waridi（这个妇女也一度像玫瑰花一样美丽）, lakini sasa ua hilo limenyauka na kukauka kutokana na mapigo ya dunia, halipendwi tena na nyuki wala vipepeo（而如今这朵花因饱受磨难业已凋谢干枯，蜂蝶尽皆避而远之）, **akawa chakari hana rai kwa machofu**（她疲于奔命）.

（5）Kuwa hoi bin taabani

Juhudi zangu hazikunifikisha popote pa haja（我付出的努力没有带来任何有意义的成效）. Japo alama za vidole ya mwuaji zilizonasa kwenye kishikio cha mlango ziko mikononi mwangu, tena nimepata dalili nyingi za maana（尽管我手头有杀人犯留在门把手上的指纹，并发现了许多重要线索）, lakini kila baada ya kuzifuatilia kwa marefu na mapana nikazikuta zimeishia njia pande na **kuniacha hoi bin taabani**（但每当顺着这些线索进行全方位调查时，就发现它们总是结束在一个交叉路口，让我心余力绌）. Wakati huo simu ilivuma kwa kishindo（电话铃响了）, mimi kusita nikadondosha kikombe mezani na kwenda kupokea simu（我稍微停顿了一下就放下杯子去接电话了）.

（6）Kujiona wa mwisho duniani

Katika kelele za "Kunywa tu, huu ni mji wako!", jamaa akafuja mali zake zote（在一片"喝吧，这里是你的天下！"的嘈杂声中，他花光了所有家底儿）, **na sasa hana hali, yu masikini hohehahe, kajiona wa mwisho duniani**（现在他生活无着，贫困潦倒）, na moyo umemteremka hadi miguuni（一颗心跌到了脚跟儿）. Sasa kakabwa mpaka kuweka saa rahani na kubaki kufyata mkia wake pembeni kama mbwa aliyepata harufu ya chui（现在他被迫把手表也送进当铺，活像一条缩在角落里闻到豹子气味的夹尾巴狗）. Anahitaji sana kazi kama msafiri aliye na kiu kali ya kunywa maji（他急需一份工作，就像口干舌燥的旅行者途中渴望喝水一样）.

（7）Kuwa hoi mahututi

Asili yangu ni ya mikosi mikosi, ambayo ikaniandama ikaniumiza（我生来运势不佳，厄运一直伴随并伤害着我）. Pigo langu la kwanza maishani lilinipata ningali kifaranga（我生平遭遇的第一次打击是在我还是小孩子的时候）. Nilipofanya mahesabu ya umri wangu wa nyuma yamkini hasa nilikuwa na umri wa miaka kama kumi hivi, ambapo mwaka ule **nikawa hoi mahututi kwa njaa na ugonjwa**（我回过头来大致估算了一个过程的事情，觉得当时我可能十岁左右，那年我病饿交加地挣扎在死亡线上）. Hivi ni kama babangu alivyosema kwa masikitiko: "Ng'ombe hazai mbuzi, nimekuzaa mimi mwenye mikosi kemkem, umekuwa katika janga la mikosi（牛生不出山羊来，我一个全身晦气的人生下了你，让你也承受晦气的折磨）."

（8）Kuchoka taabuni

Walikuwa <u>maungo wazi</u> mchana na usiku（他们没日没夜地赤身裸臂），<u>miili yao ilikuwa ya mifupa mifupa iliyofunikwa na ngozi tu</u> au pengine hata <u>kuwa tayari kupenya ngozi wakati wote</u>（瘦骨嶙峋的躯体包着一层薄皮，似乎骨架任何时候都可能刺穿皮肤）. Macho yao mekundu kama zabibu zilizolewalewa yalitokeza sana kulingana na jinsi nyuso zao zilivyokonda（他们那像熟葡萄似的红眼睛在他们消瘦的脸上显得格外突出）. **Kifupi, wote hao walikuwa wamechoka taabuni**（简言之，他们所有人都累坏了）. <u>Walikwenda wakipepesuka kama waliokunywa chupa nzima nzima ya tende</u>（他们走起路来摇摇晃晃，就像喝多了枣酒似的）.

（9）Kuwa mahututi hoi kabisa

Treni ilikuwa haina mbanano mwingi, sisi tukawa tunadokezana na kufahamiana juu ya mambo yetu wenyewe. Aliposimulia <u>jinsi alivyochungulia kaburini</u> kwa sababu ya kuumwa na **kulazwa kitandani mahututi hoi kabisa huko hospitalini**（她讲述了自己生病住院时濒临死亡绝境的情况）, sauti yake <u>aliiteremsha chini, huku akisuka ukili wake kama kawaida yake</u>, na hali mimi <u>pia sikuinyanyua</u> sauti yangu kwa kumpa pole（她声音放得很低，同时习惯地梳弄着她的发辫，而我也没有抬高声音来安慰她）.

（10）Kukwama matopeni

"Shughuli gani hiyo kama sio uzembe tu（如果不是懒散，那又是什么）！Ona majadala <u>yalivyorundikana kama mitumba</u> wala huijali（看看这些像杂货包一样堆积如山的文件，你完全不管不顾），**waonekana kama umekwama matopeni usiojijua mikono wala miguu**（看上去你就像个陷在泥淖里而手忙脚乱的人）！" Meya wa mji alinikemea kwa ukali（市长严厉地训斥我），<u>midomo nilikuwa nimeitenga, lakini ulimi ulikuwa mzito, nilishindwa kujitetea</u>（我

张着嘴，舌头打结，无法自圆其说）. Mkubwa huyo akaendelea kunilaumu: "Mradi huu ni wa serikali, lakini <u>hauingizi faida</u> kwa sababu ya matumizi makubwa na madeni（由于花销大、债务多，项目**没有收益**），<u>lazima tuione faida iwaendee wavuja jasho</u>（**必须让利润惠及劳动者**），<u>basi nieleze nielewe uko tayari kufanya nini zaidi</u>（**请你明明白白地告诉我，你打算咋办**）."

（九十一）酸甜苦辣（11）——痛苦不堪

（1）Kukata ini（单数）

Kwa kusikia maneno yake, mara ikanijia hisi ya namna nyingine（听了他的话，我立刻感觉有点异样）, nikahukumu akilini mwangu kuwa huyu kijana lazima ni mtu mwenye ubongo wa kasoro asiyeweza kuondokana na giza la ujinga（我心里判定这小青年必是一个缺心眼儿、无法摆脱愚昧阴影的人）. Ni kweli, sikukosea kumpima（果不其然，我没有判断错）, kuna mwenyeji akiniambia huyu hamnazo na kunionya nisiingiliane naye **hata ikiwa maneno yake ya ndaro yamenikata ini sana**（有当地人告诉我，此人疯疯癫癫，警告我不要跟他打交道，即使他那些装腔作势的话让我肝疼得厉害）.

（2）Kuchomwa roho

Alijifungia chumbani mwake ili watoto wasije wakampanda panda mgongoni na kupoteza mawazo yake（他把自己关在房子里，以免孩子爬到他背上捣乱，干扰他的思路）. Alijiona kama mkimbiaji atanguliaye wakimbiaji wote na kuanguka chini hatua moja tu kabla ya kufikia kamba（他感觉自己就像一个领先于所有对手的长跑运动员离撞线还差一步时摔倒在地）. **Jambo hili lilimchoma roho kwa uchungu mwingi kweli kweli**（这件事让他心如刀割般痛苦万分）.

（3）Kufumwa na mshale katika ini

Moyoni alikuwa amevurugika kama mtu anayetaka kutapika（他心里翻上倒下的，好像要呕吐的样子）. Alijua amechokoza mzinga wa nyuki（他知道自己捅了马蜂窝）, maneno ya meneja wake yalimvunja sana（经理的话

让他非常失落），ni kama radi iliyopiga yadi tatu nne kutoka alipo（就如离他三四码远的地方打了一个响雷），**akajisikia kama amefumwa na mishale katika ini lake**（他感觉就如乱箭穿心一般），maana alikuwa hajasahau yale aliyoahidiwa na mkuu wa wilaya, macho kwa macho（因为他还没有忘记县长面对面亲口对他的许诺）. Hata hivyo aliyatunza moyoni bila ya kujitetea kitu（他把他的话藏在心里，没有替自己辩解什么）.

（4）Kuuma kama mkuki juu ya moyo (Moyo kuvunjika vipande vipande)

Ingawa nimemwonya mara nyingi mwanangu kwa maneno makali makali（虽然我用最严厉的话警告我儿子），lakini hajakata mguu kutembea na yule msichana mhuni huni ambaye humvuta aende naye nyendo za starehe（可他并没有和那个行为不端、**经常拉着他去娱乐场所消遣的女孩儿断绝来往**），**jambo ambalo linanichoma na kuniuma kama mkuki juu ya moyo**（这事犹如长矛刺心般刺痛了我），**nahisi moyo wangu umevunjika vipande vipande**（我感到自己的心已经碎了）.

（5）Kufumwa na msiba mkubwa (Kutumbukizwa katika mauti makubwa)

Kwa siku nzima alikuwa hapati nafasi ya kupumua, akawa mara pita hapa na mara pita pale, mradi taabu moja kwa moja（他一整天也没得喘口气，**不停脚地东跑西颠，总的来说困难重重**）. **Aliona kama moyo wake umefumwa na msiba na ametumbukizwa katika mauti makubwa**（他感到自己的心已蒙受不幸，人已走上绝路），hata akaangua kilio kibichi kama cha mtoto mdogo（他不免像小孩子似的嫩声细气地哭起来）.

（6）Kuchomwa macho kwa shazia

Juma alipoulizwa kama amepata jiko akaitikia kwa kichwa kama kusema "ndiyo"（当被问起他是否已有老婆时，朱马点头回应，仿佛在说"是的"），huku akinyosha kidole kwa kusema（同时用手指了指老婆，说）: "Si ndiye yule pale（那不，就在那儿）." Sharwani aliinua macho na kumwona msichana mmoja mzuri wa maumbile（沙瓦尼举目张望，看到一位天生丽质的姑娘）. Juma alieleza hadithi yake kwa majivuno（朱马得意扬扬地讲述了他们的爱情故事）: "Kwa ajili ya uzuri alio nao, akina yahe wengi humnyemelea nyuma nyuma kama mapaka walioshikwa na ugonjwa wa mapenzi, mimi ni mmoja wapo niliyefaulu mtihani（她长得很漂亮，许多人都像发情的馋猫一样跟着她后边打转，我也是其中之一，只是我考试及格了）. Niliambiwa naye baadaye kuwa **wakati ule hisia kama ya ile ya kuchomwa macho kwa shazia humsonga roho ingawa yeye hujifanya kama hanioni**（后来她才告诉我，那时尽管她假装不看我，可那种钢针刺眼般的感受常让她痛苦得喘不过气来）."

（7）Moyo kuungua moto na kutekelea

Akachomoa sigara mmoja kutoka katika paketi ya sigareti na kuiwasha（他从烟盒里抽出一支烟点燃）. Sura ya kijana Makame ilimjia akilini mwake kama ndoto, akashindwa kuitoa（小伙子马卡迈的模样梦幻般浮现在她的脑海里，挥之不去）. Alikuwa kamwaza kijana wake, huku akiuangalia moto ukiila sigara yake（她心里挂念着这个小伙子，眼睛盯着那支不断燃烧的香烟）. **Moyo wake pia umeungua moto** na kukerwa sana na hali yake ya kumtamani ampende kama anavyompenda yeye, **la sivyo moyo wake huo ungeteketea kabisa**（此刻她的心也火烧火燎起来，急切期盼小伙子爱她就像她爱小伙子一样热烈，不然她这颗心可就彻底被烧毁了）.

（8）Kukorogwa moyo kwa jambia

Kusikia atapelekwa vitani kuumana na adui（听说他将被派往战场与敌人厮杀），**amejihisi kama anakorogwa moyo kwa jambia**（他感觉心如刀绞），

jasho jembamba likaanza kummiminika usoni na kuteremkia kifuani mpaka kurowesha shati lake（冷汗从脸上滴到胸前，打湿了衬衫）. Alionyesha kama aliyepoteza kichwa na kuzidi kukauka pale（他看上去就像丢了脑袋似的愣怔在那儿）. Wengi walimcheka kwa kusema huyu bwana ana maguvu kama ng'ombe, lakini jike（好多人都讥笑他，说这个男人体壮如牛，原来却像个娘儿们）.

（9）Kuwa motoni kulemaa... (Kukatwa katwa matumbo na kisu)

Marijani amemtazama umri wake, afya yake na namna anavyofanya kazi saa saba mchana katika jua kali, kamwona kama mtu mwenda wazimu anayedhamiria kujiua makusudi（马里加尼看到她的年纪、身体，还有她午后一点顶着烈日干活的情景，觉得她似乎是一个疯狂而不要命的人）. Yasemekana kuwa zamani alikuwa mzuri mwenye mashavu ya duara na nywele zilizosukwa za kupendeza（据说她过去曾是一个有着圆鼓鼓的脸蛋儿和梳着整齐头发的漂亮女人）, nguo alizovaa huonyesha vizuri kifua chake kilichojaa na ujana wake（穿的衣服极好地衬托出她青春丰满的胸部）. **Na sasa amekuwa kama yumo motoni akilemaa kufanya kazi namna hii, jambo ambalo limemfanya Marijani ajihisi na uchungu kama amekatwa katwa matumbo na kisu**（而今她却像在炼狱中煎熬操劳着，这使马里加尼感到肝肠寸断）.

（10）Kisu kukata moyo

Mume wake alimwondoka kwa ghafla katika ajali ya gari（她丈夫因车祸突然离她而去）. Hapo **alijihisi kama kisu cha uchungu kinakata moyo wake uliopondeka kwa mikasa ya aina kwa aina**（她感到心如刀割，饱尝苦痛的心又添新痛）. Machozi yalimtiririka kama maji yatokayo kilimani（眼泪汪汪如山间流水）, hata akaanza kulia kwa sauti ya juu mithili ya mtu aliyepagawa（她甚至像鬼魅附体般大声号啕）.

（九十二）听说看想（1）——耳听八方

（1）Kukopesha masikio kuwatobolea watu habari

Wenzangu, **hebu nikopesheni masikio yenu nipata kuwatobolea nyiye machache**（我求借你们的耳朵，以便向各位透露几句话，即：我有几句话请各位洗耳恭听）. Siku hizi **mnong'ono umenifikia masikioni**（最近我听到一些传闻说）kuwa kuna wageni wana nia ya kuwajenga vibaraka vyao kuwa viongozi wa nchi za Afrika ili kuendelea kutunyanyasa（有些外国佬正图谋把他们的走卒推上非洲国家的领导之位以继续欺压我们）. Jambo hili lisipewe nafasi ya kufanyika, hatuwezi kukubali kukaa tukikanyagwa kanyagwa na mataifa mengine, kwani sisi si viatu（我们绝不可给他们这样做的机会，不会任凭外国践踏，因为我们不是鞋子）. Ni wazi kwamba ramani ya itikadi na siasa imebadilika（现在意识形态和政治生态地图已经变了）, hawa mabwana hawawezi tena kuing'ang'ania Afrika yetu bila ya kulegeza makucha yao（那些老爷已无法死赖在非洲不撒手）. Kitendo chochote chao cha kujitetea hakitaweza kulinyonyoa bara letu hata unywele mmoja（他们的任何抗拒行为都无损我们大陆的一根毫毛）, maana uhuru umetusaidia kusimama kwa miguu yetu wenyewe（因为独立助我们站稳了脚跟）.

（2）Kumzindua mtu masikio kwa kupasua

Mtu alimzindua masikio kijana kwa kupasua（有人在小伙子耳边吹风说）kuwa yule bwana ana nguvu za dola, lakini wewe ni mwenye nguvu za soda tu（那位先生是财大气粗，可他却是啤酒撑肚）, hamkai katika uzani mmoja, ni lazima kuachana naye huyu kulia na yule kushoto（他们无法平起平坐，只能分道扬镳，各奔东西）, kama ukikutana naye mara kwa mara ugomvi utazuka, pengine salamu zenu zitakuwa mangumi kwa mateke（如果你经常与之见面，你们就难免发生争吵，到那时你们之间的问候可能就是拳头对脚头了）.

（3）Kudokezwa na mtu kwa kuambiwa

Hakuna siri ya watu wawili（世上没有两个人的秘密），lakini akiba aliyokuwa nayo ni siri yake na Mwungu tu, kwa nini habari yake imeshamiri mtaani kwa upesi kiasi hiki（而他的存项只有自己和上帝知道，可为什么这么快就传得满城风雨了呢）? Wakati alipobaki peke yake akaanza kupiga taswira kwa kutafuta sababu yake（当他单行独处时，脑子里总是翻动一个个画面，试图从中找出原委）. **Tangu alipodokezwa na mtu kwa kuambiwa kuwa mambo yake yameenea sikio kwa sikio mpaka kujulikana pote**, akaanza kufahamu kuwa konzi ya maji haifumbatiki, siri inakuwa siri kabla haijavuja, ikivuja nayo si siri tena（别人向他透露说，他的事已耳耳相传，尽人皆知，他开始懂得手是攥不住水的，秘密不泄露是秘密，一旦露白儿也就不成其为秘密了）. Basi lolote litakalotokea na litokee, hajali（以后出什么事，那就让它出吧，他不在乎）.

（4）Kushikana sikio kwa nong'onong'o

Kabla ya kufungua kinywa siku ya jana nikawaona **mababa wawili wakishikana sikio kwa nong'onong'o huko pembeni mbali kidogo**（昨天没吃早餐之前，我看到两个老爷们儿在旁边不远处交头接耳）. **Lakini sikio langu halilali na njaa ya kutotumia chemsha kinywa, bali nilijitahidi kusimamisha sikio ili angalau kuyadaka mawili matatu ila sikufanikiwa kusikia chochote walichonong'onozana**（然而，我的耳朵并没有因没吃早饭而耷拉下来，反而竭力支棱起来，想偷听几句，结果一点儿也没听到他们到底窃窃私语了些什么）. Na jirani yangu Khamisi **akanijia na kunitobolea** kuwa wao wote ni warongo（骗子）: mmoja hujidai amehitimu shahada nyingi za elimu（他有许多毕业证书）na kutoka chuoni akiwa amefumbata matumaini makubwa kichwani na malengo wazi machoni（在学校念书时就树立了远大志向，就有了明确目标）, lakini kwa kweli shahada zile zote ni za kibandia（其实他的证书都是假的）, pengine hata nyumba za shule hajui zikoje（可能连学校的校舍什么样都不知道）; na mwengine hujisema kama ni gwiji wa miti-shamba（草药专家）na kujisifu eti kwa dawa zake alipata kuwaponyesha wagonjwa wengi wa donda ndugu ingawa ukweli ni kwamba ngoma yake ya kila siku ni kupalilia mihogo tu（自诩曾用药治愈许多绝症病患，尽管真实情况是他每天的要务只是锄木薯地）. Kwa hivyo, walikuwa wanagongana maneno tu bila ya kuwa na masikilizano yoyote mwishoni（所以，他们也只是耍耍嘴皮子，最后谁也不会听谁的）.

（5）Kupata fununu masikioni

Msishangae hatua nyororo za baadhi ya akina yahe zinasikika kwangu（你无须惊讶我能听到人们轻轻的脚步声）, kwa sababu masikio yangu matulivu huweza kudaka nyendo zozote za nyayo hafifu（因为我这双灵敏的耳朵能捕捉到任何声音，哪怕是有些蹑手蹑脚走动时发出极其微弱的动静儿）. **Nimepata fununu masikioni tangu zamani**（早有耳闻）kwamba yule jirani yangu ni jizi pevu（惯偷）, kwa hivyo macho na masikio yangu sharti yavute udadisi zaidi（所以我的眼睛、耳朵都得警觉着点儿）. Ni kweli kwamba siku hizi wevi wamechacha sana katika mtaa wetu（近来我们社区盗贼猖獗）, wakiiba mali za watu kama panya wanavyotafuna mihogo（他们像老鼠啃木薯一样偷窃居民的钱财）.

（6）Kufunuliwa sikio kwa dokezo la...

Nimefunuliwa sikio kwa dokezo la kuwa meneja wa kampuni yetu ni mkali（听说我们公司的经理很厉害）, iwapo karani akitenda makosa, mzee naye atakuwa kiruu na sura si yake tena（他会暴怒翻脸）, na endapo karani akijifanya mtaalamu kinyume cha hali yake ilivyo, yatakayomfika yatakuwa balaa vile vile（如果某个职员不切实际地冒充行家里手，等待他们的将是

一场灾难）. Kufanya kazi ni sawa na kuogelea katika ziwa lenye mambo mengi（工作就如在一个水文环境复杂的湖里游泳），ukizubaa utakuwa asusa ya mamba（稍一愣怔就可能变成鳄鱼的下酒菜）. Hali kama hiyo inanilazimisha kuizoea na kuiafiki（这就要求我适应和接受这种情况）. Basi nimeingia katika usiku wangu wenye mtiririko wa taswira kuhusu maisha yangu ya sasa na yajayo（就这样，我进入了为自己的现在与将来设计生活蓝图的不眠之夜）.

（7）Tetezi kuenea hadi kufikia sikioni mwa...

Nilimwuliza mbona amekaa kama mtoto mkiwa, hali wenzake wote wako wawili wawili kama kumbikumbi（我问他为啥老是孤苦伶仃的，而他的伙伴们却像长了翅膀的白蚁似的成双成对），naye akaguna na kunitapikia uchungu wote uliompata katika maisha yake（他叹息了一声，向我倒出生活的苦水）. Akaniambia kuwa tangu agongwe na gari, afya yake imeingia tone（自打被车撞了以后，他的身体伤残了），hadhani atakuwa na wakati mtamu kama wa mwanzo（自认为不会有以往的那种甜蜜时刻）. Hata hivyo, **tetesi zimeenea hadi kufikia sikioni mwangu**（不过有话传到我耳朵里说）kuwa siku hizi kijana amekwisha ficha kusononeka kwake（近来那个小伙儿不再自暴自弃）na kujipiga kifua（决心）kuwa yuko tayari kumweleza msichana mmoja haja yake yote（所有需求）.

（8）Kupelekewa udaku kwa kupasua siri

Amepelekewa udaku masikioni kwa kumpasulia siri kuwa（有人悄悄向他透露称）ingawa Dora alijipendekeza sana kwa mwalimu mkuu Ana（尽管多拉极力讨好校长安娜），lakini huyu Ana alivaa uso wa chuma na kumwona yeye kuwa na mate ya fisi（安娜铁面无私，认为她贪欲熏心），hali ambayo ilimwacha Dora ajishike shavu la upande wa kulia kwa mkono wa kushoto kwa kujitafutia wazo la maana, lakini akashindwa（多拉左手捂着右腮帮子想别的点子，但她失败了）. Na hatimaye akawa hana budi kuondoka shule, akipapatuka upesi na kutoweka machoni pa watu（最后她不得不离开学校，迅速消失在人们的视野里）.

（9）Uvumi kuenea mitaani ukizibua sikio la...

Pamoja na uvumi kuenea mitaani ukizibua sikio langu, msaidizi wangu pia amenihadithia habari zote anazozijua kuhusu jinsi mashua ilivyokuwa ikitinga tinga na kuzama baharini（随着传得沸沸扬扬的街头逸闻传入我的耳朵，我的助手也对我讲述了船颠簸沉海的所有细节）, watano wakafa maji, mmojawapo ndiye rafiki yangu Khamisi. Lakini kamwe nilikuwa siwezi kusadiki kuwa rafiki yangu yule ameshamezwa na maji（已经被水吞噬）, maana alitoka kwangu punde hivi tu（因为它刚离开我这儿一会儿）, labda kuna Khamisi wawili tofauti, majina yao sare, lakini kamwe si mtu mmoja（说不定有两个哈米希，他们的名字相同，但绝非一个人）.

（10）Kuna penyenye masikioni

Kuna penyenye masikioni mwangu ya kuwa shemegi yangu anaweza akafutwa kazi hivi karibuni kwa uzembe wake（有些许秘密信息传入我的耳朵称，我的妻弟最近有可能因为懒惰而被辞退工作）. Jambo hili **linanibidi nitege sikio zaidi** ili kuhakikisha kama ni kweli hayo（这件事使我不得不对事情的真伪**进一步了解**）. Basi kwa saa moja na kitu tu nimepata kujua kisa kamili（一个钟头之后我便得知事情的根源）, kumbe kwa muda wa miongo miwili mitatu ya nyuma, shemeji yangu huwa ni kiwiliwili chake peke yake kilikuwa kinamwakilisha katika kampuni, lakini akili yake ilikuwa nje ya hapo（原来最近个把月，我的妻弟一直**身在公司心在外**）. Kwa kujua hayo, mara ninamfuatilia meneja ili kusuluhisha tatizo hili. Wakati meneja anapoinua mkono wa simu（听筒）kwa mkono wa kushoto na kupiga namba（拨号）kwa mkono wa kulia kwa kumwita shemeji yangu aje, treni ya kumbeba yule imekwisha puliza kipenga kuonyesha ishara ya kuondoka（已经鸣笛发出启动的信号）.

（九十三）听说看想（2）——眼观六路

1.扫视

（1）Kutupa (Kuangaza) macho huku na huko

Wakatupa macho huku na huko na kufanya uchunguzi wa hima hima pande zote nne（他们用眼睛朝四处瞄了瞄，迅速观察了一下周边环境），wakiangaza dalili za uhai wowote kuwepo karibu nao, wasimwone kiumbe yeyote（想看看附近有没有人活动，结果什么也没看到）. Yote yalionyesha kuwa hapa hapafiki mtu, ni pao wawili tu（一切都表明，这里没人来，是他们二人的天下），ndivyo walivyokuwa wakijiona sasa wamefika peponi kabisa（这才觉得自己已进入天堂）.

（2）Macho kupesa pesa (kupepesa macho, kukopesha macho, kuperepesa macho) hapa na pale

Macho ya binadamu huvutwa zaidi na uzuri kuliko ubaya（人的眼睛总爱看好的，不爱看坏的），yakivutwa na ubaya huutia moyo wa watu majaraha（如果看到坏的，心灵就会受到创伤）. Nilisimama, **macho yangu yakipesa pesa hapa na pale** kwa kujionea miangaza ya milimani（我站着，欣赏着山间的亮丽风景），nyani wawili waliovingirisha mikia na kupepea angani juu ya miti walikuwa wakiruka toka tawi hadi tawi kama wafanyavyo viini macho（两只卷着尾巴随树摇动的狒狒像变戏法似的在枝间跳来跳去）. Kwa kweli hii ndiyo hasa ninayoitaka kwa kujifurahisha (Kujistarehesha, kujiburudisha, Kujichangamsha) macho（其实这恰恰满足了我一饱眼福的需求）.

（3）Kutembeza macho ofisi nzima

Kuona kunategemea macho na akili（观看依赖眼睛与心灵结合来完成），macho yanapeleka picha akilini na akili inatafsiri picha hizo,hivyo ikajengeka lugha ya macho kwa macho（眼睛把看到的画面传入大脑，大脑再对画面进行翻译诠释，从而形成眼睛和心灵之间的语言）. Tuseme kwa mfano, hapo juzi mzee Malima aliniongoza mimi kuendelea kunyata nyata, macho mbele，na mwisho tukanyemelea ndani ya ua moja（举例说，不久前马利玛老人带领我蹑手蹑脚地继续行进，眼睛向前，最后我们潜入一所院落）. **Kwa muda mfupi tu akatembeza macho ua mzima** kama tembe aliyetafuta sehemu ya faragha ili atege mayai yake（他迅速用眼睛把整个院子扫了一遍，就像新长成的小母鸡找窝下蛋那样）. Kisha aligeuza uso nyuma, macho yake yakiyaangalia yangu kwa makini kama kuniambia（接着他朝后扭过头来，用眼睛严肃地盯住我的眼睛，仿佛在对我说）: "Mwanangu, ukiwa mwanamapinduzi chiupukizi, kwa saa hizi nimekwisha kukuweka katika mzani wa akilini mwangu na kukupima iwapo utathubutu kuonyesha moyo wa ujasiri kama nilivyotarajia（孩子，你作为一个年轻的革命者，现在我已经把你放在心中的天平上，意在测试你是不是如我所期望的那样具有冒险精神）." Na kadhalika, macho yale pia yalijieleza kuwa yanataka majibu ya kiume（与此同时，他的眼神亦表明他需要我做出大丈夫式的回答）.

（4）Kupitisha macho pande zote nne

Macho yake yaliendelea kupambana na kiza totoro cha kutisha（他的眼睛继续与可怖的黑暗打着交道），huku mvumo wa baridi ukipenya bila ya kizuizi kwenye mwili wake（与此同时，寒气毫无阻拦地侵入他的肌体）. Hofu, maumivu na aina zote za mateso yalimzunguka na kusafiri naye usiku huo（恐惧、苦痛及各种各样的折磨困扰着他，伴着他在黑夜中同行）. Macho yake yalipopata uzoefu wa kuona kwenye giza hilo akaweza kupambanua kitu（当他的眼睛逐渐适应黑暗的时候，他能够辨别东西了）. **Akapitisha macho pande zote haraka haraka kwa kuvuta udadisi** akagundua hapakuwa na jinsi（他用眼睛迅速侦察了一下周围，发现没什么异常情况）. Alizibinya pumzi zake na kutanua jicho kwa tashtiti, mbu walikuwa wakimng'ong'ona na kutangaza tafrija zao（他屏住呼吸，挑衅似的睁大眼睛，这时蚊子群起而攻之，宣布宴会大餐开席）.

（5）Macho kuzunguka (Kuzungusha macho) chumba kizima

"Wewe unasema kama nabii（你说话像个先知），lakini mimi sikutegemea kiumbe kama wewe kwa wakati huu（但此刻我不期望你这样的人出现）." Aliposema hayo **macho yake yalikuwa yakizunguka chumba kizima (Kuzungusha macho chumba kizima)** cha rafiki yake（他用眼睛扫了一下朋友的整栋房子），kule kumpita kimavazi na kivitu kukawa nongwa（朋友穿的、用的都比自己强，这让他心生嫉妒）. Palifuata kimya cha muda wa kutupa jiwe hewani hadi litue ardhini（接下来是投石落地那么一段时间的沉默），kisha kajaa kijicho aliondoka humo kwa upesi（然后带着羡慕、嫉妒的心绪赶快走了）.

2.对视等

（1）对视

Walipokutanisha macho na nyuso zao kusomama hivi（他们碰面时互相打量了一下对方），kijana hakuona badiliko lolote jingine lililomkaa msichana usoni zaidi ya jana（小青年没有发现女孩儿脸上较之昨天发生了什么变化）. **Waliangaliana** na kuongozana bila ya kusema lolote（他们相互对望，彼此跟随，其间没说任何话），**labda macho yao yalipokutana** yalikwisha sema na kufahamiana kwa uzuri kuliko wangesema kwa maneno（或许他们眼睛相碰一瞬间的无声交流远比用语言表达更准确无误）. Wakati kijana alipogeuza shingo kuangalia nyuma, bila ya kutegemea akamkuta msichana kesha msongezea mdomo wake（当他扭着脖子回头看的一瞬间，让他始料不及的是，女孩儿的嘴唇已经向他靠上来）.

（2）审视

Alinikodolea jicho lisilo la kawaida（他用异样的眼光盯着我），**nami nikamkazia jicho la udadisi** kwa vile nilitaka kujua ni nini kilichokuwa kinamsokota（而我则用审视的眼光瞧着他，想知道到底是什么让他身心焦虑）. Macho hayana mpaka（眼界无际）. **Niliyasoma vizuri macho yake**（我仔细打量着他的眼睛），nikagundua kama yameonyesha picha ya mafikra mazito sana（发现它们显得十分深沉）. Ingawa yalikuwa yanaelekezwa kwangu, lakini mboni zake zilionekana zimepenya ukuta wa chumba na kutanga tanga kukagua maisha ya jamii duniani（尽管它们正对着我，但这两只眸子已经穿透墙壁，游游走走地考察着人间冷暖）.

（3）怒视

Kijana alitumbukiza mikono yake mifukoni na kuropokwa mengi ya majisufu yasiyo na maana kwa kuonyesha umaarufu wake（青年双手揣进衣兜里，自吹自擂地说着废话，以展示他多么有名）. Alichokuwa amekipunguza ni kupiga mluzi tu wakati alipogeukia upande mwingine kuangalia kando kwa maringo ili kuwavutia watu macho（当他转向一边，扬扬得意地装作在看什么以博得人们眼球的时候，他缺少的只剩吹口哨了）. Kumbe, picha hiyo isiyopendeza macho ilimwudhi sana mzee（没承想，他这副样子惹烦了老人），**naye akamvurumishia jicho la hasira** na kutema mate chini kwa chuki（向他投去愤怒的目光，朝地上啐了一口厌恶的唾沫）. Ilikuwa dhahiri kwamba mwenendo wake ulimchochea mzee ghadhabu（很明显，他的做派激怒了老汉）.

（4）凝视

Jua lilikuwa juu utosini（太阳正照在头顶上），na mawingu yaliyojikusanya angani yalitoweka kabisa（天上聚集的云彩已完全消散）. Mimi nilijivika unyonge na kupiga jicho la ghafla kuangalia mbele（我懒散无力地冷眼向前方一看），nikamwona mama mmoja mashuhuri aliye mzuri si haba（注：不规范，但可用）amepita kando kando ya nyumba yangu（只见一个长相姣好的贵妇正从我住所旁经过）. **Basi langu hili jicho mara likatia nanga bila ya kukupia wala kubanduka** juu ya shingo lake la kupendeza na macho malegevu yenye kujaa uchovu（我的视线像抛锚了一样一眨不眨、一动不动地落在她漂亮的脖子及那双疲惫少神的眼睛上）. Aliinamisha macho kwa huzuni iliyotanda usoni pake（她带着满脸悲哀垂下了眼睛）. Ijapokuwa ameonekana mwenye kujaa taharuki kidogo（尽管她显得有点儿不安），lakini machoni pangu naye lazima si mtu wa hivi hivi, bali ni mwenye mwenendo madhubuti katika maisha yake（但在我看来，她不是一般人，而是生活中的强者）.

（5）仰视

Kibanda chenyewe kilisimama kama mlevi wa pombe（这所小房子就像站在那儿的一个醉汉），ukuta wa mbele ulionyesha dalili ya kubomoka, labda sababu ya mvua nyingi za masika（前墙已有崩塌的迹象，可能与雨季下雨多有关）. Manyasi marefu marefu yalifanya msitu mnene kukizinga kibanda hicho（高高的野草变成包围房子的森林）. **Nilipoinua macho kwenye paa** nikamwona nyoka mmoja aliyejiviringa ameijaza pembe ya kiambaza cha kibanda（我举目看它的房顶，见一条蛇盘在那儿占满了墙角）. Nyuma ya kibanda hicho lipo shimo kubwa kiasi cha kuingia mtu mzima wala silo la kupenyeza mkono tu（房子后面有一个大洞，足够钻进整个人，而不是伸进一只胳膊）. Niliingia ndani na kuyaacha macho yangu yajirekebishe na giza totoro la humo（我钻进洞，把眼睛调整到适应里面黑乎乎的状态）. Nikagundua kuwa shimo linaendelea kujiongeza urefu na mwisho wake hauonekani（这时我才发现洞道很长，一眼看不到头儿）.

3. 瞪眼

（1）Macho kumtoka pima

Tuliambiwa tufunue macho na kuzibua masikio vizuri kwa vile tutapita walipo mamba na viboko（我们被告知，睁大眼睛，张开耳朵，因为前面是鳄鱼与河马的活动区）. Sote tukaingiwa na wayowayo wakati tulipoanza kujikokota kwenye mbuga huo wenye maji mengi（当我们开始在这个多水的草地跋涉的时候，**大家不免都有些摇动**）. Mara kwa ghafla nikasikia yowe kali nyuma yangu. Kwa wepesi kama nyoka aliyekanyagwa mkiani niligeuka kuangalia（就如蛇被踩了尾巴似的，我急速转身观看），**macho yakanitoka pima**（我的眼睛瞪出老远），hata ya wengine pia yakapepesukia kule kunakotokea yowe（其他人的眼睛也都齐刷刷地循声看去），kumbe mmoja wetu akaumizwa mguu na mamba! Wenzetu walimvamia yule dude（那个家伙）kwa silaha zao kwa uokozi（施救），lakini kilichobaki kwangu kwa kipindi hicho ni kutazama macho tu, nikashindwa pa kuanzia（可此刻我只能愣着神看，不知从何下手）.

（2）Kungoja macho pima (Macho kumtoka mtu nje)

Chumba kilikuwa na giza la mkaa（漆黑一片），macho yake hayakuweza kuona chochote, punde yakawa mazito kwa usingizi（困得睁不开眼）. Kwa ghafla akazinduliwa na sauti nje ya nyumba, basi **macho yakamtoka yote**（突然她被屋外传来的动静儿惊醒，当时她的眼珠儿都快瞪出来了）. Kwa kupitia kidirisha **akakiona kwa giza giza (kukiona kwa unyenyezi) kitu kama kivuli kikinyapa** nyapa kuikaribia nyumba yake（透过小窗，她模模糊糊看到一个

黑影朝她的房子走来），ni mume wake amerudi. **Alimngoja mume wake macho pima**（她一直望眼欲穿地等着丈夫）. Aliwasha taa ya mafuta na kumwangalia kama alivyomtazama mgeni（她看着他，就像在看一个陌生人）. Ilionekana kama kwamba angeshindwa kumwona vizuri kwa macho matupu angejaribu kutumia darubini ya kukuza（看上去就像如果肉眼看不清，就要用显微镜似的）.

（3）Kutoa macho yote nje

Aliwasha jiko la umeme na kuinjika birika la maji, kisha akaingia bafuni na kuoga maji ya moto kwa dakika 10 hivi（他打开电热器烧水，然后进入洗浴间冲了十分钟的热水澡），akajisikia mwepesi wa mwili na moyo（顿感身心放松）. Kutoka bafuni akarudi chumbani kusimama mbele ya meza ya kujirembea yenye kioo（离开洗浴室，回到房间，站在梳妆台前），**akatoa macho yote nje kujitazama**（他双目圆睁，对着镜子照自己）akaona mzee asiyemtambua kiooni akitazamana naye, hapo akaingiwa na jitimai isiyo na kifani（看见镜子里有个陌生老头与他面面相觑，此刻他感到一种无与伦比的悲伤）.

（4）Macho kumtoka kichwani kama ya chura

Macho yake yalikuwa yananing'inia kwa ulevi（他醉得眼珠子耷拉老长），yakawa mekundu yaliyovimba na kuzungukwa na weusi（红肿的眼睛外是一抹黑眼圈儿）. Taya zake zilitumbukia ndani na kuyafanya mashavu yabonyee kama mtu asiye na meno（两颊深陷，两腮瘪得像掉光牙齿的人）. Lakini aliposikia ameandaliwa pombe ya kunywa, mara **macho yakaanza kung'ara yakimwendea mfano wa saa na kumtoka kichwani kama ya chura**（听说有酒喝，他马上双眼放光，眼珠子如钟表般呼呼转动起来，瞪得鼓鼓的，像青蛙的眼睛）.

（5）Macho kumchomoka kichwani kama ya kinyonga

Msichana huyu ameonekana kuwa <u>mzuri na mkakamavu mithili ya</u> <u>mwanariadha</u>（这姑娘看上去像体操运动员一样健美挺拔）. Aidha ametokea mtu kwa kumwona macho yamemchomoka kichwani kama ya kinyonga（然而，有那么一个人，**见到她就像变色龙一样把两只眼球儿探出老远**）, hata anaanza kumeza mate mazito（**甚至馋得直吞咽浓稠的唾沫**）. Msichana alimwona <u>hamtazami kwa macho mazuri kama kwamba yana njaa ya kitu fulani</u>（**姑娘见他不拿好眼神看她，而是用一种饥渴的眼神看她**）, basi akamwambia kwa maneno makali: "Kama haja yako ni mimi, basi niko hapa, <u>tena nimejaa tele</u>（如果你需要的是我，我就在这儿，**而且正襟危坐**）!" Kusikia haya, yule bwana <u>mara akanywea</u>（听到这些，那老兄蔫了）.

4. 斜瞥

（1）Kumpiga mtu jicho la upembe

<u>Kufumba na kufumbua (Kufumba kope na kulifumbua, Kwa kope la juu</u> <u>na la chini)</u>, maji <u>yamejaa chunguchungu uani</u>（**眨眼之间，水漫场院**）, naye mtoto mwenyewe <u>amekwisha vuta umbali wa mikuki ishirini hivi</u>（**而那个小孩儿自己早已跑出二十梭镖开外的距离，即：几十米远**）. Baba mtu kwa kuona haya amekuwa tayari kukasirika（看到这些，他爸爸正要发火）, lakini mwanawe mtundu **anampiga jicho la upembe** na <u>kumdokezea kwa ucheshi</u> <u>kwa nini alifanya kitimbi hicho</u>（他调皮的儿子却**用眼睛斜瞥着他说**）: "Baba, usiwe na hamaki, <u>nakufanyia maskhara tu</u>（我跟你闹着玩呢）!"

（2）Kumtazama mtu kwa macho upande (Kumtazama mtu kwa pembe za macho)

Ubishi wetu tuliuacha bila ya kuumaliza（我们只是暂时搁置了争议，但

并没有结束）. Naye **alinitazama kwa macho upande** wakati akibadilishana nyaraka nami mkono kwa mkono（手递手地交换文件时，他斜着眼看我）. Nilikuwa najua kisa chake cha kuwa shingo upande hata **kanitazama kwa pembe za macho**（我明白他为什么态度那么勉强，甚至用眼睛斜瞥我）. Mimi nilimfuata na kumshindikiza kwa kurembua macho mpaka akatokomea（我用一种大不敬的眼神目送他离去，直到他消失得无影无踪）. Wakati huo angani kulikuwa kumetakasa na nyota kadha zikaanza kuonekana（此时空气洁净如洗，几颗星星挂在上面）.

（3）Kumtazama mtu kwa macho mapogo

"Sina kipingamizi chochote, ni juu yenu ninyi wenyewe kukubaliana（我不反对，只要你们自己同意就行）. Barua yangu hii ya kibali hapa（这是我的批准书）!" Alikohoa kwa maringo na kusema kwa sauti nzito na kavu kama ya mtu aliyekauka koo（他很有派头地咳嗽了一声，用一种浑厚沙哑的声调说）. Niligutuka na kumtolea mkubwa huyu macho kwa kushangaza jinsi alivyokuwa na mkono mbaya katika kuchora barua（我震惊得睁大双眼，惊叹这个领导的字竟写得如此之差）. Lakini **alinitazama kwa macho mapogo kama kunionyesha kuwa hanifurahii**（他斜眼瞟我一下，好像说我让他很扫兴）.

（4）Kumrushia mtu jicho upande

Nilipotoka nyumbani nikamkuta mwanaume mmoja akimkalia mtoto wa jirani yangu kwa jicho la uhasidi（用敌视的目光看着我家邻居的孩子）. Aliponiona mimi kupita **akanirushia jicho upande**, jicho ambalo limenijuza kuwa hanielewi, lakini likanitia shaka（见我从那儿经过，就斜瞥了我一眼，看来他不认识我，这引起了我的怀疑）. Kwa kuwa jirani yangu alipokwenda kazini aliniomba nimtupie jicho mtoto wake aliyekuwa akicheza uani（因为邻居去上班时曾要我多关照他们家在院子里玩耍的孩子）, basi hapo hapo nikaamua kujibanza pahali pema nyuma ya nyumba moja upenuni nikitumbulia macho ili nijue yule ataka kufanya nini（于是我决定躲藏在后**房檐**下瞧瞧他到底要干啥）.

（5）**Kumtazama mtu kwa kijicho pembe**

Nilikuwa natembeza mikono yangu huku na huko ili nisijipige mahali katika giza（我在黑暗中不断用手四处摸索，以免撞到什么地方）. Nilijua kuwa macho yangu yatakapozoea giza hili（适应黑暗时）nitaweza kuona kitu. Lakini kwa ghafla taa ikawaka, akatokea mtu mmoja mnene na mfupi mwenye uso wa kung'ara kwa matone madogo madogo ya jasho（脸上汗津津的，闪闪发光）. Alikaa kitini kwa kutundika miguu na **kunitazama kwa kijicho pembe kwa kunifyonya**（他坐在椅子上**跷着二郎腿**，斜着眼蔑视地瞥着我）.

5.递眼色

（1）**Kubinyana macho na mtu na kumtupia kope**

Mary kwa kuona yule kabwera huko barabarani, macho yake yakaanza kung'ara kama mtu aliyeona rundo kubwa la manoti（玛丽看到街上那个土老帽儿**就像看到一大堆钞票一样两眼放光**）, akajisemea kimoyo moyo: "Siwezi kumkosa（不能放过他）, uhondo mwingi utapatikana bila ya jasho（不费吹灰之力，大餐就来了）, leo lazima nitamtoa ushamba wake na kumchomoa kiasi cha kutosha ili kujinasua na terehe zinazoniendea kona（今天我就煞煞他的士气，狠狠宰他一把，以解度日艰难之困）!" Baada ya kupiga bunge haraka haraka kichwani akamjongelea karibu **kubinyana macho naye na kumtupia kope** ili zimkolee（脑袋里很快拿定主意之后，她就靠上去**挤眉弄眼**）. Lakini hakujua kuwa ametia mkono katika sega la nyuki na kujikuta na pingu baridi mbele ya macho yake（可她哪里知道自己**已经把手捅进了马蜂窝**，一副冰冷的手铐出现在她眼前）, kumbe yule "kabwera" alikuwa askari kanzu kutoka polisi, mmoja wa waliotumwa kupambana na <u>vidosho makupe</u>（原来那个"土老帽儿"竟是警方专门安排对付**女骗子**的**便衣**）!

（2）Kumkonyeza mtu jicho na kuitikiwa kwa kukopesa macho

Macho yanaweza kumkonyeza mtu azipate ishara na kutafsiri matukio（眼睛可以向人传递信号并解释事情的原委）. **Jana nilipomkonyeza rafiki yangu kwa mkono nikaitikiwa kwa kukopesa macho (kukupia macho) naye**（昨天我向朋友打手势的时候，他当即用眼神做出回应）. **Akanipigia ukope** <u>mara nikafahamu mambo yamefikia wapi</u>（而他一递眼色，我就知道事情到了哪一步）, kwa sababu tulipoagana nilipata kumwambia: "Kumbuka, **konyeza jicho lako nitaelewa yote**（记住，挤一下眼睛，我就什么都明白了）." Mimi nilijiwazia rohoni : <u>"Hebu subirini mkaone, kama nikishindwa, hata mbwa atanicheka</u>（等着瞧吧，我如果失败了，连狗都会笑话我）!"

（3）Kufinya jicho kwa kuashiria

Rafiki yangu **alinifinyia jicho kwa kuniashiria** kuwa yule aliyekuwa akinijia si mtu mwema（我的朋友**朝我挤眼睛示意**向我走过来的那个人不是好东西）. <u>Kuja kutupa macho mbele</u>（抬眼往前一看）, kweli nikamwona baba mmoja keshafika mbele yangu. Alikuwa mtu wa makamo, <u>macho yake yakiwa yametokwa na tongotongo</u> labda kutokana na kupiga usingizi kwingi（眼角上黏着眼屎，也许觉睡太多了）. Baadaye rafiki yangu kaninong'oneza masikioni kwa kuniambia（咬着我的耳朵说）kuwa huyu ndiye aliyenitupia jiwe jana katika giza la usiku（他就是昨天趁天黑朝我投石块的那个人）.

（4）Kukonyezana na

Jiji hili lilikuwa tulivu pamoja na <u>mawingu ya hapa na pale angani</u>（这座城市很安静，上空飘着朵朵白云）. Nilisimama wima nikijinyosha nyosha, huku <u>mikono yangu nikiisukuma huku na kule kwa kujidai kuwa nimo mazoezini</u>

（我站着舒展了一下筋骨，**向各个方向做推手动作，假装正在锻炼身体**）. Lakini uchunguzi wangu mara ukataharukiwa kwa kumwona mtu mmoja wa makamo aliyejipiga koti rangi ya kijivujivu na suruali buluu（但**我的视线突然被一个身穿灰色外套和蓝色裤子的中年人吸引住了**）. Msaidizi wangu kwa mbali **alikonyezana nami kama kuambizana kuwa**（我和助手老远就互相递眼色，仿佛告知彼此）huyu ndiye mhalifu tuliyemngoja siku nyingi.

（5）Kupa konyeza kwa macho

Baada ya kufika mwisho wa barabara na kubeta mkono wa kulia（沿着马路走到头，**再朝右拐**），tukasimama na kutupa macho kutazama upeo wa mbele pale mlimani penye majani mwisho wa theluji（我站在那儿**极目远眺雪线下的青山绿岭**）. Oh, ni mandhari safi ilioje! Kwa wakati huo huo tukaona kwenye mwisho wa eneo la macho pametokea **kivuli hafifu cha mtu** kikitujongelea kidogo kidogo（就在这时，我看到一个模糊的人影在视野可及之处缓缓向我们走来），tulimjua naye ni mwongoza njia tuliyemwajiri. Alipofika kwetu alitueleza mengi kuhusu shida zilizokuwa zinatungoja huko mlimani. Bwana Saidi **alikuwa kanipa konyeza kwa macho**（向我使了个眼色），lakini sikujua nini alichokikusudia, labda aniambie nisiyachukulie sana maneno yake（我不明白他是啥意思，也许他是想告诉我不要真拿他的话当回事）.

6.引申用法

（1）Kuwa macho（"不眨眼"，引申为"警惕"）

Ingawa alijitambulisha kwangu kwa kusema kuwa naye ni rafiki yangu ya utotoni Kipendo, lakini mimi bado **nilijiweka kuwa macho** kwa msichana huyu mgeni mgeni hivi（我仍然对这个颇为陌生的姑娘**保持警惕**）. Nilimtazama kwa macho yaliyokazwa kabisa（**我用极其专注的眼神**看着她），kwani huyu Kipendo kweli kanitoka kidogo sura yake katika miaka hiyo mingi tuliyopoteana（因为这么多年没见面，吉帕多的模样有点儿模糊了）. Baada ya dakika kadha kupita, picha ya hapo awali pole pole ikajiunda na kurudi kichwani mwangu ila sasa keshakuwa binti aliyeumbika vizuri（几分钟之后，她当初的样子一点点儿浮现在我的眼前并回到我的记忆中，只不过她现在已经长成一个风姿秀逸的大女孩儿了）. Macho yake makubwa na laini hayakupepesa（她的一双大而柔和的眼睛一眨也不眨）, hata nashuku yalikuwa yakinisihi au kunibembeleza sijui（我甚至怀疑那眼神儿没准是在恳求或者劝诱我）. Mpaka sasa bado nakiri kuwa wakati nilipomwaga na kumshindikiza kwa macho（直到今天，我仍然承认，那天我告别她并目送她离开时），akili yangu ilivurugika na takriban haikuweza kuwaza lolote la busara（我的思绪乱了，几乎想不到任何点儿上），hata usiku kucha wa siku hiyo **nikawa macho (nikakaa macho)**（甚至一夜都没合眼）.

（2）**Macho mekundu**（"红眼"，引申为"急眼"）

Kwa kadiri ya upeo wa macho yangu nikaona nyumba moja imesimama pale mlimani（极视野之所及，我看到一座房子矗立在山中）. Kama nilivyoambiwa na Mposeshaji wangu mzee Hasani kwamba nipenye pori kama maili moja hadi kufikia nyumba ile pale kubisha hodi, nitapata kumwona Mary（诚如媒人哈桑老人所告知我的，进入森林一英里就会见到一座房子，然后敲门就能见到玛丽）. Lakini mlango ulipofunguliwa kukatokea sura ya msichana mnene mwenye kichwa kidogo kilichobebwa na shingo fupi（门一开，就探出一个胖姑娘的小脑袋和短脖子）. Paji pana lililojitokeza **lilifanya macho yake mekundu kama pilipili yaonyeshe ukatili kidogo**（宽阔突兀的前额映衬下的红辣椒似的眼睛带有一丝凶光），na pua yake ndogo ina matundu makubwa（小鼻子，大鼻孔）. Loo, sijui ningetumia neno gani kwa kuitafsiri sura yake hiyo ya kusikitisha（天哪，我不知道该用什么词来诠释她那张令人遗憾的面容）. Kumbe, mzee mbaya sana tena sana, **alitaka kuyafanya macho yangu kuwa mekundu**（这个老头儿真够坏，简直要气红我的双眼）! Nikarudi mkavu kwa hamaki（我愤怒地空手而归）.

（3）Macho makavu（"干眼"，引申为"无耻"）

Japo siku hizi ameugua ugonjwa wa macho makavu, lakini bado hajasahau kupitisha macho yake akisoma vichwa vya maneno vya habari katika gazeti ili kujua kwa muhatasari ulimwengu uko hivi na hivi au hivi na vile（虽然最近他得了干眼症，但他仍没忘记用眼睛浏览了一遍报纸上新闻的标题，**以便粗略地了解当今世界这样或那样的情况**）. Mara nyingi naye husema kuwa kwa kusoma magazeti, amezibuliwa taka za masikioni na kufunuliwa pazia la macho, jambo ambalo linaweza kumsaidia aitazame upya dunia（他常说报纸**让他耳聪目明**，帮助他**重新认识世界**）. Amepata uzoefu huo kutokana na baba yake marehemu, mwanamapinduzi aliyewika kwa kulaani wakoloni bila ya kujali jicho angalivu la **serikali ya kibaraka yenye macho makavu**（他是从已故的爸爸那儿学到这些经验的，那是一位不顾**厚颜无耻**的傀儡政府盯梢而奋起谴责殖民主义的革命家）. Alisisitiza: "Mara nyingine macho ya watu hayaoni vizuri kwa vile yameingia mchanga（很多情况下，人们的眼睛因进了沙子而看不清东西）, inabidi tuyafikiche na kukamua machozi ili mchanga utoke（这就需要擦擦眼睛并挤出眼泪，好把沙子冲走）. Magazeti ndiyo dawa ya kusafisha macho yangu（报纸**就是我的明目药**）."

（4）Kumtoka mtu machoni（"眼前消失"，引申为"看不上眼"）

Baba yangu marehemu aliniachia mali nyingi. Mpaka sasa bado nakumbuka maazigo yake: "Mwanangu, heri uwe na hadhari na mali hizo, lazima kuna watu wazikodolee macho na kutegemea kuzisomba chekwachekwa kwa njia moja na nyingine bila ya wewe kuzifahamu（肯定有人盯上了这些**财产并期待用各种手段把它大量卷走**）!" Lakini nilipuuza maneno yake（我没拿他的话当回事）, ikawa fungu kubwa la mali nilizifuja katika starehe ya ujana na marafiki makupe（结果年轻时有一大笔财产被他与那些吃喝

玩乐的朋友一起糟蹋掉了）.Kisha kwa kuona <u>nimebaki mkavu</u>, **wengi wao wakanitoka machoni kabisa**（见我一文不名了，他们中有许多人在我眼前消失了）pamoja na yule msichana Hemira ambaye nilipata kumpenda kwa kipindi fulani **na baadaye akanitoka machoni**（其中就包括海米拉姑娘，我曾爱过她，而后来就看不上她了）. Hata hivyo naona <u>sitakuwa na jicho la kumtazama mzee wangu peponi</u> wakati nitakapoaga dunia hii（我觉得自己离开人世时**将没脸去天堂见老父亲了**）.

（5）Kupata macho（"有了眼睛"，引申为"开阔眼界"）

"<u>Macho yangu ni ya kizee, yameona mengi ya kunitoshea ingawa nilizaliwa kipofu</u>（我这双老眼见过足够多的世面，尽管我生来就是盲人）." Baba yangu mara nyingi huniambia hivyo, hata akazidi kunifafanulia: "Tangu nilipoanza kutembea kwa miguu, wazazi wangu ndipo wakanipa fimbo, **nikajihisi kama nimepata macho na njia**（长了眼睛，有了奔头）. Sina mali, mali yangu pekee kwako ndiyo fimbo ya maisha." Wakati wa mwanzo nilipokuwa nikisikia hayo, mara nyingi nilitokea kujiona <u>kama mtu aliyekaa kwenye kiti kisichomfaa na kumbidi ajiinue hima hima tu kila dakika</u>（像一个在一把不舒服的椅子上一直不停地扭屁股的人）, <u>ama kama nyoka alivyokurupushwa kwenye pango lake</u>（或者像一条被惊动的蛇在窝里不自在地扭来扭去）, kwa sababu nilishikilia kuwa <u>kalenda ya zamani haitumiki tena kwa leo</u>（总认为旧年历今天不能用了）. Na baadaye nikaelewa pole pole kuwa nimekosea, mzee amesema kweli, uzoefu wake ni hazina kwangu, hata mimi mtu mzima nikajihisi kama **nimepata macho na njia pia kutokana na fimbo hiyo ya maisha**（有了生活的拐杖，甚至连我这个健全人也心明眼亮路宽了）.

（九十四）听说看想（3）——视觉异常

1.眼冒金星

（1）Nyota

Makame alikuja kwa fosi kabisa na Hassan alimngojea na ngumi ya shoto（马卡迈气势汹汹地冲过来，而哈桑则等着用左拳招呼他），lakini jamaa aliiepusha na kuipisha vizuri（但他巧妙地闪身躲过）. Kabla Hasaan hajajitayarisha kuvurumisha nyingine akabandikwa moja ya pua（哈桑还未打出第二拳，鼻子就重重地挨了一拳）. Ingawa hiyo ngumi ilimtoa damu, lakini ilimfanya kupepesuka kidogo tu（尽管这一拳让他鼻血四溅，但只让他稍微踉跄了一下），na hapo hapo Hasaan akamrudishia teke la chembe cha moyo pamoja na konde lililomlenga katikati ya macho（而哈桑立刻朝马卡迈心窝回敬了一脚，又顺势朝他两眼中间挥了一拳）. Naam, konde lilimpata Makame na **ghafla akaona nyota (Akaona nyota nyota, 或 Akaona nyota ziking'ara machoni)**（顿时感到眼冒金星）.

（2）Cheche

Alinijia kwa pupa（他急不可耐地向我冲过来），nami nilimpisha na kumsukuma konde moja kali mpaka chini（我一闪身，顺势推出一记重拳，把他打翻在地）. Kabla sijamwongezea lingine, akanifyatua miguu na kunitupa upande wa pili hadi kichwa changu kugonga sakafu（我还没有出第二拳，他就迅速飞起双脚把我蹬到一边，我摔了个头拱地）. Basi hapo nikahisi ladha ya damu imejiunda midomoni na kuiona dunia ikizunguka zunguka na **cheche kutoka machoni**（这时我感到嘴里有鲜血味，顷刻间天旋地转，眼

冒金星）.

（3）Vimetemete

Kabla sijanyanyuka, yule mtu kama amezikusanya nguvu zake zote na kuzipeleka kwenye konde analolisukuma kuelekea uso wangu hadi kuniacha chini hoi（我还没来得及站起来，那人好像把全身力气都集中在挥出的拳头上朝我脸上打过来，把我打趴在地，动弹不得）. Saa hiyo **vimetemete (vimetameta, vimeremeta, vimeta, vimete) kasma nyota mbinguni vilionekana machoni pangu**（此刻我觉得眼前金花乱舞）.

（4）Herufi mbili mbili

Nilimporomoshea konde kwa afya zangu zote（我用尽全身之力朝他擂出一拳）, lakini yule jitu pamoja na ukubwa wake alikuwa mwepesi kama radi na kuliepa vizuri（但甫看那人体量大，动作却疾如闪电，一下就避开了）, kisha akanirudishia mkono mkali palipo nyuma ya sikio langu（并乘势朝我耳后猛击一掌）, nikaanguka chini kichwamgonga（我摔了个倒栽葱）, **herufi mbili mbili zikirukaruka machoni pangu, hata dunia naiona pacha (naiona mbili) pia**（眼中重影乱码纷飞，连世界也变成了两个）.

（5）Vimurimuri

Kwa kuwaona hawa wakimbizi, dunia nzima imekuwa dhiki mbele ya mzee mwenye kuvaa miwani iliyokuwa ikining'inia ncha ya pua yake（看到那些难民，整个世界在这位鼻尖上架着一副眼镜的老人面前都变成了灾难现场）. Amewatumbulia macho tu hana la kusema ijapo macho yake hayana nuru tena（尽管他眼神欠佳，但双目依然死死地盯着他们，无言以对）. Dakika chache baadaye ameanza **kuona vimurimuri vya rangi mbali mbali machoni**（几分钟后，他开始感到眼花缭乱）.

2.两眼发黑

（1）Kiwi

Mwanamke aliyetokea kufungua mlango alikuwa mzuri mfano mmoja, **hata macho yangu yakafanya kiwi kwa uzuri wake pekee**（来开门的那女士长得无比标致，乃至我被她独具的光彩照得双眼发黑）. Aliponiuliza hali nikaitikia kwa kichwa tu na kuzima jibu nililomtayarishia hapo mapema tokana na kumwajabia（当她向我问候时，我竟惊愕得一时忘却了预先准备好的回答脚本，只是点点头做了回应）, bumbuazi lilikuwa limenikamata kwa muda mrefu bila ya kutoka na kuniacha katika muda mwingi wa mawazo, ingawa nilikana la hasha, sina tegemeo lolote kwake（诚惶诚恐的情绪久久纠缠着我，使我陷入长时间的迷思之中，尽管我断然否认自己对其有任何奢望）. Alinionyesha uso ulioelewa（一张理解的脸）kwa hangaiko langu.

（2）Weusi

Huyu meneja wa shirika la umma anapendelea kuwatilia watu pozi na gari lake jipya ingawa mafaili yamefurika ofisini mwake kusubiri sahihi, mambo ya ofisini yamezorota mno（尽管办公室里等他签字的文件堆积如山，业务毫无起色，但这个国营公司的经理更热衷于开着他的新车在人们面前招摇过市）. Hebu tazameni jinsi alivyopanda gari lake kama umeme, **gari ambalo lilikuwa liking'ara kiasi cha kuwatia watu weusi machoni**, akalikimbiza barabarani kama nyota mkia（你看他登车时身手敏捷，疾如闪电，烁烁发光的汽车刺得人眼睛发黑，在马路上跑起来犹如一颗流星）. Naam, tazamo lake lote liko kwenye gari, ni ajabu tupu, hakuna ajuaye（是的，他就盯着他的车，莫名其妙，令人不解）! Wengi wanaamini kuwa atakaambulia matusi（许多人明白，他招来的将是一片骂声）.

（3）Kiza

Sasa mapenzi yao yametokewa na walakini kutokana na mwengine kujiingiza katikati, kijana amejisikia mpweke kabisa（由于第三者插足，现在他的感情出现问题，小伙子感到十分孤独）. Aliipata kufanya hasira kali na kujiandaa kumsubiri yule atokee ili amkomoe. Lakini baadaye akaona hapakuwa na lazima sana（他一度十分恼火，甚至准备等着第三者露头时教训其一通，但他后来觉得没有必要）. Naye sasa kwa huzuni nyingi ameshika tama akitazama ulimwengu unavyokwenda（现在他悲伤地支肘托着腮，凝视着眼前这个世界），**mara macho yanaingia kiza asione kitu kama alivyodakwa na usingizi mzito wa kilevi**（忽然眼前漆黑一片，就像酒醉犯困一样），amezirai akiwa kama maiti（他昏厥过去了，犹如一具尸体）. Wakati huo mama yake mzazi amemtokea na kumsogeza kifuani mwake（此刻他妈妈出现了，把他搂在怀里）.

（4）Giza giza

"Kwa nini tunakunywa soda kinyume cha mazoea yetu（你今天怎么一改旧习，喝起汽水来了）? Msiseme kuacha pombe, lakini mimi bado（莫谈戒酒，我没有）!" Nilifoka na kutoka nje kwa hamaki（我甩了个腔儿，气愤地走了出去）. Wakati huo **jua lilikuwa laanza kufanya kiwi cha macho, mwangaza mkali wa kupofusha ukiyatia maono yangu giza giza**（这时太阳开始照得人眼发黑，刺眼的光线给我的视觉蒙上了一层黑影）. Nilipojaribu kuyafumbua macho **nikahisi mawingu manene manene ya giza yamepita mbele ya macho yangu pamoja na mtutumo kama wa bahari masikioni, huku nikihisi unyevu unatoka puani, ni damu**（当我试图睁开眼睛张望时，感觉一团团浓重的黑云在我眼前掠过，耳朵里像海涛一样隆隆作响，同时我觉得鼻子里湿乎乎的，原来那是血），ndipo saa ile ile nikawa kipofu kama hivi unionavyo sasa（正如你现在所看到的，我从那时起就变成了盲人）.

（5）Madoadoa meusi meusi

Walianza <u>kushikana mwereka uwanjani</u>（他们开始**在场地上摔打起来**），mmoja alijaribu kumburura mpinzani wake ili ambane na **kumpiga mpaka aone madoadoa meusi meusi machoni**（其中有个人试图把对手拉过来按住，**打他个满眼黑点闪烁**），na mwengine alinuia kumkamata mpinzani wake ili <u>kuipinda mikono yake na kuizungusha hadi apige unyende kwa maumivu makali</u>（而另一个人则有意抓住对方**用力暴拧他的胳膊，让其痛苦大叫**）. Watazamaji <u>wasiokuwa na mapendeleo</u> waliwashangilia wote wawili <u>kwa jicho la usawa</u>（**不偏不倚的**观众一视同仁地为双方欢呼）.

3.幻象

（1）Mtu kutokea akilini mwa...

Kijana Peter alipokuwa akitazama mwezi alionekana kama **amezimia roho na kuingia ndotoni**（小伙子彼得瞧着月亮，看上去仿佛**失去知觉，进入梦幻之乡**）. **Pole pole msichana mmoja mzuri kama mbalamwezi akatokea akilini mwake**（慢慢地，一个貌如满月的姑娘浮现在他的脑海中）. Uso wake ulikuwa unavuta macho ya watu <u>kwa haiba kubwa</u>（她的面容以**巨大的诱惑力**吸引着人们的目光），na alitembea kwa hatua za kupendeza, huku mikono yake ikipunga punga kama pepeo（她步态优雅地走着，**两条手臂摆动起来就像蝴蝶的翅膀**）. <u>Wote waliokuwa wakimkamia kumwoa walirushwa wasimpate</u> isipokuwa yeye peke yake, jambo ambalo lilimfanya ajivunie sana（除了他自个儿，其余所有渴望娶她的人都被甩到一边儿，这件事让他颇感自豪）.

（2）Mtu kusogea mno akilini mwa...

<u>Mwanga wa pigo lenyewe uletao kivuli machoni</u> niliupata utotoni, picha

ya mkasa ule haijafutika machoni mwangu（遭受打击的阴影从我童年时就有了，当时发生的事至今仍无法从眼前抹掉）. Bado nakumbuka kuwa siku ile Franco alivyokuwa akimchomoka babangu risasi iliyokwenda kasi na kumpiga sawasawa kichwani（我还记得那天佛朗格用疾飞的子弹精准射中我爸爸头部的情形）. Damu zilikuwa zikimtiririka, mzee wangu akabaki akikoroma na kugumia kwa ndani tu（我老爸鲜血直流，喉头呼哧呼哧响着，发出低沉的呻吟声）. **Mpaka sasa mzee bado anasogea mno akilini mwangu**（至今他老人家还不断出现在我的记忆中）.

（3）Picha kujitokeza akilini mwa...

"Siyo mimi niliyemfanya asiwe na sura（不是我让她长成丑八怪的）!" Aliposema hayo, **picha ya Meida ilijitokeza akilini mwake**（他说这话的时候，麦伊达的形象浮现在他脑海里）, **akiwa kama amemwona machoni Meida mwenye ngozi nyeusi tii**, uso wake una chunusi kama zile zionekanazo kwa baadhi ya vijana wa shule za bweni ambao wamekosa matunda na mboga kwa muda mrefu（他仿佛看到了那个长着黑黑皮肤、与一些寄宿学校的青年一样脸上因缺乏水果和蔬菜的滋养而长满青春痘的麦伊达）.

（4）Kivuli kumjia mtu machoni

Kivuli cha siku zake za ujana kilikuwa kikimjia machoni kama ndoto（青年时代的影子像做梦一样浮现在他眼前）. Zamani alikuwa kijana mzuri wa mwili na macho（过去他是一个身体棒、眼睛亮的小伙子）, lakini miaka imemwibia uzuri wake na kumteka nguvu zake, na hata vile vile kupunguza akili na moyo wake（但岁月偷走了他的青春体魄，掠走了他的充沛精力，也消损了他的智慧和意志）. Sasa akawa kama taa isiyo na mafuta na utambi wake umekwisha, imebaki ikisinzia na kuelekea kuzimika kabisa（现在他就像一盏耗干油、燃尽灯芯的残灯，气息奄奄，行将彻底熄灭）.

（5）**Kama kuna mtu nyuma yake akimweleza kitu**

Mawazo yake yalimpeleka mbali na kumrudisha nyuma alikoanzia safari yake（飞扬的思绪把他送得很远很远，让他重新回到了他启程的地方）. Akakumbuka kuwa siku ile alimwona mtu kama kivuli kwa mbali akimjia（他记得那天他看见一个模模糊糊的黑影朝他走来）. Kadiri alivyokuwa akisogea karibu, ndivyo alivyoweza kuliona umbo lake kwa uwazi na urahisi（随着黑影慢慢靠近，他才看清楚此人的体貌特征）, hakuwa mwengine bali ni mzee Juma. **Mpaka sasa yale maneno aliyoambiwa naye aliyasikia bado yakimjia kama vile kulikuwa na mtu nyuma yake akimweleza kitu**（直到现在，他讲给自己听的那些话仍然在他耳畔回响，就像有人在他背后轻轻絮语一般）.

（九十五）听说看想（4）——说说道道

（1）沉默寡言

Naye ni **mtu kimya** wala hataki kujishughulisha na watu（他向来沉默寡言，不爱和人打交道）. Mchana kutwa naye hushinda pwani akitazama huku na huko **bila ya kufanya sauti**（整个白天都默不作声地待在海边东张西望），hata akiulizwa kitu huwa hajibu pia, labda mara moja moja hutumia ishara kuwaeleza watu asemayo（甚至有人向他发问，他也一概不回应，也许有那么一两次会用淡淡的表情或眼神表达他的意思）. Akirudi nyumbani kwa mwendo mvivu kutoka pwani huwa **mnyamavu kupita desturi**（从海边懒懒散散回到家，他更是无话可说了），kazi yake kwa wakati huo ni kulewa mpaka kuchukuliwa na usingizi（这时他要做的就是喝酒，直到蒙蒙眬眬进入梦乡）.

（2）言多必失

Maneno mengi hula akili（言多必失）. Mpayukaji（胡言乱语者）huwa na maneno mengi, lakini ukiyachuja na kuyapima thamani yake utaona kuwa ni ndogo sana（如果你分析判断一下他那些话的价值，你就会发现微乎其微），na hali mtu mwenye dhamiri nyeupe pengine ana maneno machache tu, lakini ya busara, kwa kuwa ana utaratibu mzuri katika ubongo wake, na watu wataweza kumsikia namna au mpangilio wa lugha anazozitumia katika kutafiti kwake（而那些心胸坦荡者说话可能并不多，但充满智慧，因为他们的思维很有条理，你们会发现他们说话的逻辑多么严谨）. Kusema ni kitu muhimu sana kwa binadamu, ni watu wangapi wamehamwa na rafiki zao kwa kutojua kusema（说话对人极其重要，有多少人因不会说话而让朋友敬而远之）?

（3）豪言壮语

Taswira ya kuwa na mkono mmoja na pia kirungu cha mkono ikanipa madhila sana moyoni（独手与残臂的悲惨景象对我的心灵造成了极大的压迫感）. Yasingalikuwepo maneno ya baba yenye tabasuri nyingi ningalijaribu hata njia ya kuyaondolea mbali maisha yangu（假使没有**爸爸讲的那些至理名言**，我可能早已自我结束了人生）. Sasa natambua kuwa kukosa kiungo kimoja mwilini si hoja（现在我懂得**人体失去了一个部位不是问题**），tena sikuwa mimi tu ambaye nimezongwa na mazito ya ulimwengu（况且世间遭此大难者并非我一个）. Basi "penya utafika unakotaka"（穿过去你就到了，即：没有过不去的坎儿）! **Haya ni maneno makubwa yanayovuma kama tufani, yanayostahili kusemwa na mwanaume**（这是暴风骤雨般的豪言壮语，是男子汉大丈夫该说的话）.

（4）拐弯抹角

Nilipoingia ofisini kwa meneja, nililakiwa na uso wenye masharabu, kiko mkono mmoja na huo mwingine uliyachukua mafaili（我走进经理办公室，受到一张络腮胡脸的迎接，他一只手端着烟斗，另一只手捏着文档资料）. Nilipomwuliza suala langu la kupata mafunzo zaidi limekwamia wapi, **sikujibiwa moja kwa moja, bali kwa njia nyingine kama kitu kimetiliwa huku na kutolewa kule**（当我问起我参加培训的事**卡在哪儿**时，他没有直接回答，而是东拉西扯地迂回对我做出解释）. Alinena bila ya kuwa na haja ya kufikiria maradufu kabla ya kulitamka neno（他**不假思索**地说）: "Nafurahi kuona una kiu cha kujiendeleza（我很高兴见你渴望上进），lakini mamlaka haina fungu la kumwelimisha kila mfanyakazi kwa mkupuo（**但管理层无法一拨就培训完所有职工**），basi subiri zamu yako（那就等着轮到你吧）!"

（5）口是心非

Ili kuwateka watu, <u>amejionyesha kama mtu mwema</u>（为了征服人心，他摆出一副善良的样子），**hali ukweli umefungiwa kama moyo wa mtu ulivyo mwilini**（而真相却像心脏包裹在身体里似的被封闭起来），**awapo simba hujitoa kama paka, na awapo nyoka hutokea kuwa mjusi**（明明是狮子却要装成猫、明明是毒蛇却要装成蜥蜴）. Sasa amezidi <u>kuota matawi ya kukiongezea kitambi chake</u>（为了进一步充肥自己的肚皮，眼下他愈发为所欲为）. **Anawalisha watu kwa nadharia tupu, hali yeye mwenyewe hazithamini**（他向人们灌输空洞的理论，而自己却不予重视）. Anaendelea kuwashibisha watu kwa <u>maneno matupu, maneno na tabasamu zake zinafanya ngao ya kuufunika upotovu wake</u>（他不断用空话敷衍人，而他的说教和微笑变成了掩盖他腐败行为的盾牌）. **Nimemweka kwenye kundi la watu ambao wanatengeneza jangwa na kuliita bustani**（我把他和那些明明制造了沙漠却声称建造了花园的家伙们看成一丘之貉）. Watu wanamwaangalia kwa chuki na fundo <u>ndani ya keto za mioyo</u> yao（人们内心深处正怀着厌烦纠结的心情看待他）.

（6）有口难言

Ni dhahiri kuwa alinitaabisha kwa makusudi <u>ili nifunge virago</u>（很显然，他是在故意刁难我，企图迫使我卷铺盖走人）. Jambo hili <u>lilinivunja sana kama alivyonichoma mkuki kwenye moyo</u>（这件事如长矛刺胸，让我损伤尤甚）. Niliduwaa na kupotelewa na akili **nisiweze kusema lolote kwa jinsi ulimi ulivyoniganda na kunijaa kinywa**（我仓皇失措，知觉全无，舌头在嘴里打不了弯儿，僵直语塞）. Nilijihisi kama **mdomo wangu umeshonwa**, nashangaa **ni kitu gani kimeniziba mdomo**（我感觉嘴巴好像被缝死了，惊诧地诘问自己到底是啥东西堵塞了它）. Kwa jumla **maneno yalinipotea, nikawa kama mtu niliyetiwa ububu**, huku machozi yakinitoka kwa uchungu（总之，我失去了

语言能力，变成了哑巴，为此我不免难过得流出眼泪）. Wakati nilipokuwa nikifunga safari kwenda zangu, marafiki zangu kadha walikuja kunishindikiza（我离开上路的时候，有几个朋友前来送行）. Baada ya <u>kupigana pambaja nao</u> nikabeba mzigo kwa mkono mmoja, huku nikiwapungia <u>mkono mwingine ulio huru kuwaaga</u>（**和他们拥抱之后，我一只手拎着行李，另一只手挥动着与他们告别**）.

（7）甜言蜜语

<u>Kuona mambo yamegeuka rangi</u>, Amina **alianza kumpakia mumewe maneno "Kaka" bila ya kutua**（见事情不妙，阿米娜便一口一个"亲哥哥"地奉承起自己的丈夫来），**akitamka mengi matamu kama sukari**（她说了许多如糖似蜜的话）: "Nakupenda <u>kwa uhai wangu wote</u>, mpaka kwamba <u>kukukosa wewe heri nife</u>（我用全部生命爱你，**失去你我宁愿死**）!" Ingawaje huyu <u>mama mwenye ulimi mtamu</u> alijaribu kumrambisha "kaka" yake asali ili arudi kifuani mwake（尽管这个甜嘴婆满嘴"亲哥爱弟"地笼络丈夫回到自己的怀抱），lakini mumewe hakufarijiwa na matamu hayo yaliyotoka kinywani mwake <u>kwa mpangilio maalumu</u>（但她丈夫并未从她嘴里**特意编排的甜言蜜语**中得到安慰），bali hasira iliyokwisha jengeka moyoni <u>haikumpa wasaa wa kuchuja mawazo zaidi</u>（心中聚积起来的愤怒没有给他更多考虑时间），hakuwa anataka kumwona mke wake kumwumiza kiasi hiki <u>huku akimpa nyama ya ulimi</u>（他不愿看到老婆把他伤害到如此程度，**还假惺惺地过来安慰他**）.

（8）胡说八道

"Yule ni mtu wa kupayuka tu, <u>tamko lake lisikushughulishe sana</u>（他是一个爱胡言乱语的人，**他的话不必当真**）!" Mimi nilimwaambia <u>mwenzangu niliyesoma shule moja naye zamani</u>（**老同学**）. Kwa nionavyo mimi, si vizuri <u>kupika chuku katika kuwasimulia watu habari</u>（依我之见，**向别人讲述事情时添油加醋是不可取的**），hakuna mtu anayependa kusikia upuuzi（没人

愿听废话）. Leo naye bwana **kajifanya kama amepachikwa kipaza sauti mdomoni na kuvumisha eti yeye alikuwa mmojawapo katika mazoezi ya kuondosha wanahewa kwa parachuti siku ile**（今天这位先生嘴上就像装了扩音器一样宣称他自己就是那天参加空中跳伞的人之一）. Mimi nilimwamsha mwenzangu asimwamini, kwa sababu siku ile alikuwa nyumbani tu. **Kusema mapayo ndio kawaida yake isipokuwa naona naye mtu bado ni mbichi mbichi tu kwa ustadi wa kutunga hadithi**（胡说八道是他的个性，只是我觉得他在胡扯瞎编的技巧方面还嫩了点儿）. Kwa kusikia **namna anavyopiga domo kaya** mara nyingi mimi hutaka kucheka, <u>mradi tu adabu hunizuia</u>（听他夸夸其谈，我直想笑，但我礼貌地忍住了）.

（9）大话连篇

<u>Huyu hana akili kitu, ni debe tupu tu</u>（这人没啥心眼儿，经常满嘴放炮）. Kila akipata kitu japo si kizuri, naye pia **huwadodesha wengine na kubwaga maneno mengi ya majisifu**. <u>Na tabia yake hiyo imekwisha kuwa ugonjwa ulioota mizizi mwilini mwake, kamwe hutaweza kuona hata siku moja akisema kitiifu mbele ya watu</u>（每当他得到一样东西，哪怕不怎么好，他也会向人们臭显摆一番，大加夸赞自己。他的这种品格特质已经牢牢扎根于他的肌体，你不会看到某一天他会在人前服服帖帖）. **Anapenda kupiga domo kubwa** <u>kama kwamba ni peke yake humu duniani astahili kunyosha kidole gumba na hali wengine wote lazima wawe radhi kujihesabu kuwa kidole kidogo</u>（他喜欢说大话，好像这个世界上唯有他才可以竖起拇指称老大，别人全都应甘心情愿当老小）. Wengi hawapendezwi na porojo zake na <u>kumsema kama hajitambui tena</u>（许多人不爱听他胡吹，说他不知道掂量一下他自己有几斤几两）.

（10）口若悬河

Huyu <u>hana kitata wala kichembe</u>, na zaidi <u>ana mdomo mrefu</u>（他既不结巴，

也不大舌头，而是一个爱吹牛的人）. **Kila akiwakuta watu hububujika maneno kama poromoko la maji (maneno hububujika kama maji kwenye maporomoko makali),** naye **mdomo wake daima hauna breki**（每次碰到别人，他总会口若悬河，滔滔不绝，嘴巴永远刹不住车）. Tukiwa njiani sote wawili, maongezi yetu hayakuwa na mpangilio maalumu（我和他一起走在路上，海阔天空地随意交谈着）. Kulikuwa hakuna suala la kukera vichwa vyetu, tukiwa na nyuso kunjufu sote（没有什么伤脑筋的事，我们的表情都很轻松）. Rafiki yangu **ana mdomo kama kasiba, alifumua nanga ya domo na kutatarika kama risasi**（我的朋友有枪筒似的口才，一开口就像打机枪一样连发不断）. Haya basi, nilikuwa namwacha aseme tu（好吧，就让他说），mawimbi ya maneno yake niliyapokea kwa utulivu（我平静地接纳从他那儿涌过来的话头），mara moja moja nilikuwa nikikohoa kidogo kwa kumkumbusha kuwa niko mtu mimi nimeyasikia（中间偶尔咳嗽一声，提示他我在听着哪），ndipo **alipojitutumua zaidi kuongea** toka mtoto wa miaka kumi na tatu kuzaa mapacha mpaka kuku bila ya kujika akataga mayai matano mkupuo mmoja bila ya kujali kichwa changu mimi msikilizaji tayari kufanya mvi（此刻他说得更起劲了，从十三岁孩子生双胞胎到母鸡不使劲就一次下了五个鸡蛋，而忽略了我这个听众的头早生白发）.

（11）妙语连珠

Naye ni msichana mzuri wa uso na wa kusema（她是一位**长相姣好、口才也好**的姑娘），ana ulimi wa ufasaha na midomo isiyokwisha tabasamu（她口齿清晰，唇间时时挂着微笑）. Ungependelea acheke kwa kuyaona meno meupe ya kung'ara na kusemezana naye kwa kusikia sauti yake inayoburudisha kama mlio wa gambusi（你会偏爱看到她微笑时露出的洁白发亮的牙齿，愿意跟她交谈，以倾听她那像五弦琴发出的音乐的悦耳声音）. Akizungumza na watu **kila mara husema kwa mdomo na mikono kama anavyomimina lulu kinywani mwake**（与人交谈时，她总是**手口并用，妙语连珠**），**kisha** maneno yake huoana vizuri na ukweli wa mambo kama lulu katika chaza（她讲出的话又总能和现实情况完全相符）. Kabisa hawi kama wengine wengi ambao maneno waliyosema hayana utamu wala maana（她完全不像有些人那样，说起话来寡淡无味，全无意义）.

（12）嘴不把门

Ni vigumu kwa mama huyu kusitiri neno（这个妇女肚子里藏不住话），kwa hivyo usimwaambie kitu cha siri kwa kuwa hana kaba ya mdomo (kaba ya ulimi)（所以不要告诉她秘密事儿，她嘴不把门）. Kitabia anapenda sana kutia mdomo wakati wengine wanapozungumza（别人交谈时，她爱插嘴接话），suala lolote la mwengine linaweza kumtatua ulimi wake hadi atapike yote aliyo nayo moyoni tangu mwanzo mpaka mwisho na kugugumiza mengi yasiyo ya maana na yasiyofurahisha watu（别人的任何问题都可能打开她的话匣子，把心里的事儿和盘托出，道出许多令人不快的内情）. Aliwahi kuonywa auchunge ulimi wake（她曾被警告管住自己的舌头）.

（13）巧嘴簧舌

Usione yeye kama mtu bubu kusema hapati, la hasha ana ulimi wa upatu（你不要看他像个哑巴不吭气，错了，他说起话来比敲锣还厉害）. Ukimchokoza, mtiririko wa maneno utafuata toka mdomoni mwake kama marisasi ya mzinga（你要是招惹他，他那话就会像连珠炮一样放出来）! Jana tulifuatana pamoja, yeye mbele na mimi nyuma, njiani alianza kuboboka kama katiwa ufunguo（昨天我俩一前一后一起走路上，他像上了发条似的演起了脱口秀）. Naye kweli ni mtu wa kusema kama mwanasiasa, daima hakaukiwi maneno（他确实和政治家一样能说会道，说不完道不尽）. Mdomoni mwake mtu aliyekufa aweza kuzungumzwa kuwa hai, anasema yasiyo na maana kayapa maana aitakayo, mpaka yawe na ujazo na kina（他能把死的说成活的，把无意义的事儿赋予他需要的意义，而且无懈

可击）.

（14）鸦雀无声

Walipofika huko walikaa juu ya mawe wakitazamana, <u>lakini bila ya kusema kitu</u>（他们一到那里，就面对面坐在石头上，**但什么也没说**）. Ni mazoea yake Keya <u>kudaka maneno ya watu hata kuwachongea wengine bila ya sababu</u>（插话接舌，甚至无端议论他人，是凯亚的习惯）, lakini leo alikuwa **amejiuma ulimi asiseme lolote**（不过，今天他却咬着舌头不说话）, **basi kimya kikubwa kilitokea**（于是出现了一片沉默）. **Watu walionekana kama wamenyang'anywa ulimi**（人们像被割掉了舌头似的）, **kwa muda wote hakutokea mtu aliyetaka kukata ukimya huo**（一直无人出来打破沉默）, **wote midomo yao mizito**（大家的嘴都严严实实的）.

（15）谈得热闹

Soga iliuma moto, halaiki ya watu ilijaa（大家说得很热闹，人都坐满了）. Bw. Ali Mohamed alikuwa <u>akiwatumbuiza wasikilizaji wake kwa gumzo kemkem kama ipasavyo</u>（穆罕默德先生**讲了很多吸引听众的话**）. Lakini mimi <u>nilichukizwa na maelezo marefu, kwa sababu sikuwa na muda wa kuzingatia mantiki yake</u>（**但我不喜欢长篇大论，因为我没有时间研究要点何在**）. Kama <u>asingalikokota maneno</u>, mkutano ungalimalizika mapema（**假使不是他说话拖沓，会议早就结束了**）. Wakati huo nikamwona mmoja <u>akizunguka zunguka ukumbini mfano wa pia</u>（这时我看到一个人像线轴一样在大厅里转来转去）, **Kimombo kilitafunwa (Kilisokotwa) kati yake na baadhi ya watu**（他和一些人操着洋话）, <u>na mara nyingine hata alizungumza lugha ya mafumbo **ya genge lao**</u>（有时还和他们说江湖黑话）, **kwa wakati fulani maongezi yao yakanoga vizuri sana**（大家聊得一时兴起）. <u>Hiyo si shani</u>（这不足为奇）, kama asingetumia <u>kilugha chao walichokifahamu wenyewe kwa wenyewe, siri zao zingevuja na kuenea chapa</u>（倘若他们不用**他们自己**

才能听懂的语言交流，他们的秘密就会泄露并被散布到各地）. Kumbe walijua kujilinda midomo（他们懂得守好自己的口风）!

（16）话不投机

Haji Musa ni mgumu sana kusikilizana na watu（哈吉·穆萨是一个很不合群的人），kwa kawaida hana cha kuitana wala kuambizana na yeyote katika kijiji chetu isipokuwa mimi pekee ambaye huenda nikaaminiwa naye mara moja moja. Sababu? Sijui（他通常不与我们村任何人扎堆儿说事，只有我属于例外，可能会偶尔有那么一两次得到他的信任。为什么？我也不清楚）! Jana aliniita nyumbani kwake kwa kusema eti ana shida nami. Nilipomwuliza kisa, naye akatulia kimya kwa muda kama waziri aliyeulizwa suali gumu na mbunge barazani, kisha akaongea kwa haraka haraka kama neno likicheza cheza kwenye ulimi wake（当我问他啥事时，他竟然像一个部长在会场接受议员质询时那样稍微沉默了片刻，接着那话就像在舌尖上乱蹦乱跳似的滔滔不绝）. Kwa neno fupi ni kwamba siku hizi alikuwa kasemwa sana na watu mgongoni mwake（简言之，就是有人在背后说他的坏话），akiomba ushauri wangu angejilipiza kisasi namna gani（他要我给他拿主意，看怎么进行报复）. Pamoja na nayo aligogoteza sana umuhimu wa suala lake ambalo lilitolewa naye mfano wake kama mshale（除了这些，他还着意强调，他提出的这个尖锐问题的重要性）. Lakini nimeganza maneno na kushindwa na la kumjibu kwa sababu niliamini kuwa siyo amesemwa, bali alisemana nao（但我一时有些语塞，无言作答，因为我相信不是别人说他的坏话，而是他们互相说对方坏话）. Kwa kukosa la kumjibu nikamjibu（因为无法回答，我只好强行作答道）: "Maneno ya watu si hoja, ni juu yako kukubali au kupuuza（别人的话不是问题，你可以接受，也可以当作无所谓）!" Kwa kusikia hayo, akakasirika na kufyetuka maneno kama umeme wa radi（听到这些，他火了，如惊雷闪电似的说）: "Kumbuka, tokea leo wewe utakuwa mgeni marufuku katika nyumba yangu hii（记住，打今儿起，你是我这里不受欢

迎的人）!"

（17）污言秽语

Naye ni <u>mtu kidomodomo</u> mwenye <u>ulimi wa upanga</u> kiumbile（他是个喜欢嚼舌根子的人，天生长着**一副唇枪舌剑**），maneno asemayo huwa <u>kama kumwaga chumvi kwenye kidonda cha mtu na kumchonyota</u> kupita kiasi（他说出的话刻薄得像往别人伤口上撒盐，让你刺痛不已）. Mara nyingine **mdomo wake hufurika matusi akidhani dunia ni yake pekee**（另一些时候，**他脏话连篇，以为全世界都是他自己的**）. Yasemekana kuwa siku moja alimkuta mpinzani mzuri（听说有一天，他终于碰上了旗鼓相当的对手），nao **walibwagana matukano**（**两人互相对骂**），kila mmoja alisisimka mwili <u>kama aliyepandwa na jini baya</u> akimchoma mwenzake kwa maneno makali makali ya aibu（每个人都激愤得**像着了魔一样**与对方恶言相向），mwisho wakaenda sare（最后二人打了个平手）.

（18）支吾吞吐

Alibenua mabega badala ya kuimaliza sentensi（他整句话没说全，就耸了耸肩膀住口了），<u>sauti yake ilipwelewa</u> kama ile ya mtu asiyezoea kusema kwa siku nyingi（就如一个多日未曾说话的人，**声音中途搁浅了**）. Hii ni kama kawaida yake, <u>ana ulimi mzito</u>, mara nyingi **hukikisa maneno** wakati akisema（这是他的常态，**笨嘴拙舌**，说话时**吞吞吐吐**）. Ingetokea hali kama hiyo, usijaribu kutumia ujanja wako kumfunua kinywa chake tena（假使出现这种情况，您就别再想方设法撬开他的嘴了）. Hata ikiwa umefaulu <u>kumsemesha</u> wakati mwingine（即使个别情况下你能成功让他发声），**afanyalo pia ni kudodosa dodosa tu kwa kichembe** kama mtoaji hutoba mbovu **akigogoteza tu toka mwanzo hadi mwisho**, huwezi ukafahamu amesema nini（他能做的也只是支支吾吾，就像一位糟糕的讲演者从头到尾一直磕磕巴巴，你很难弄明白他到底想说啥）. Kwa hivyo, asemapo wengi humwambia hivi: "Kama huna la kuzungumza, tafadhali unyamaze（如果你没什么可说的，你最好闭嘴）!"

（19）耳畔絮语

"Basi fikiri kwanza utendalo kabla ya kufanya upendalo, maana jambo dogo huweza kuzua jingine kubwa（你做愿意做的事情之前一定要想清楚，因为小不忍则乱大谋）." Hayo maneno yaliniingilia sana masikioni japo wakati ule nilikuwa sijaweza kukamata sawa sawa nini mzee Juma alichotaka kukisema（朱马老人的话我听得十分真切，尽管当时我还无法完全理解这话的真实含义）. **Mpaka sasa maneno hayo bado yananijia mara kwa mara masikioni（直到今天，他的话仍然常在我耳畔回荡）**. Wakati nilipomwambia Kokwe hayo, naye akanikata kalima na kunidakiza maneno kwa kuniuliza（他打断我的话，插嘴问道）: "Kwa maneno ya kifuani, mzee pia ni mfadhili wangu（说句掏心窝子的话，这位老人也是我的恩人）, nimekula asali udogoni, utamu ungali gegoni（小时候喝过蜂蜜，至今嘴里还是甜的）, hata jana nilimwahidia nitamlipa hisani yake（昨天我还向他承诺，**我将报答他**）, basi ni mshenzi yupi aliyemdunga kwa kisu（到底是哪个野蛮的家伙行刺了他）?"

（20）软硬兼施

"Mtu anapochinjwa hukukuruka sana kabla ya kukata roho（**人被杀时会拼命挣扎**）. Haiwezekani usisikie lolote hata ukilala kama mzogo（即使你睡得像一具尸体，也不会啥动静都听不到）!" Alipoona hafiki mbali kwa kuniuliza kwa njia hii ya upole, basi akaamua kutumia vitisho lakini akivificha katika lugha ya mafumbo（当他发现用这种温文尔雅的态度**问不出个究竟**时，就决定**改用旁敲侧击的威胁方式**）: "Ukiendelea kusema eti swala hili hukuwa nalo kabisa akilini mwako, basi litakalokupata usilie na mtu, labda ulie na mizimu tu（如果你继续说**这事儿你毫不知情**，那后果就不是和人哭，而是与鬼嚎了）!" Kusikia maneno hayo, sikupata mapumziko kitu usiku kucha, nikijihisi kama nimepotea kabisa（一夜没休息，**处于一种迷失状态**）. Kwa kipindi fulani nikasema binafsini mwangu (nikajisemea mwenyewe, nikajisemea kimoyomoyo)（在某段时间，我**自言自语地说**）: "Roho i tamu （**生活是甜蜜的**）, nitafanya niwezalo kujiokoa!"

（九十六）听说看想（5）——风景如画

1.阳光

（1）晨曦初露

Jua lilikuwa bado halijaonekana mashariki, <u>mionzi ya mapambazuko ikaanza kuisabahi ardhi na kufanya sehemu hiyo kung'aa kwa wekundu</u>（朝阳还没有在东方露头，**晨曦便开始问候大地，给它涂上一抹红色**）. Mwanga hafifu ulitua juu ya umande, majani yalikuwa yakimeremeta kwa rangi ya fedha（微弱的光线洒在露珠上，草叶闪烁着银色的光芒）. <u>Mawingu ya hapa na pale</u> yaliyojikusanya angani yalikuwa yakienda taratibu na <u>kufanya michoro mbali mbali</u>（聚集在天上的**朵朵云彩舒缓地飘动着，绘成各种各样的图案**）. <u>Rangi ya buluu ya anga ilipakana na rangi ya jua la asubuhi na kuleta picha safi ya maumbile</u>（**朝晖映着蓝天**，构成一幅美妙的自然画卷）.

（2）朝晖遍地

Mawingu yalitanduka, miali ya jua ilikuwa ndio inaanza kuchomoza na <u>kuifunika ardhi kwa joho la rangi ya dhahabu, upande wa mashariki ulienea rangi nzuri ya zambarau</u>（云雾散去，喷薄而出的朝阳给大地披上一层金色的外衣，东方升腾起殷红的朝霞）. Punde baadaye mionzi ya jua la asubuhi lililokuwa <u>laelekea kupanda kwenye paa</u> ilikuwa ikipenya katikati ya matawi na majani ya miti na <u>kuyatia nakshi zilizofanya sehemu hiyo kuwa ya madoa doa mfano wa chui</u>（过了一会儿，**即将爬上屋脊**的朝阳的光芒透过树木的枝叶向地上投下豹皮般的图案）. Tukaamua kufunga safari <u>kabla jua halijakolea</u>（我们决定**在太阳光变得热辣辣之前赶紧登程**）.

（3）晨光恬适

Majogoo walisikika wakiwika karibu na mbali（远近都传来了公鸡打鸣声），kiza kilitapakaa kikivuja na kukimbia kidogo kidogo（黑暗散开变薄并渐渐散去），nyota za asubuhi zilififia na mwisho kutoweka kabisa（晨星悄然暗淡下来，最终慢慢消失）. Kulikucha vizuri sana siku hiyo（一个阳光明媚的早晨），hapakuwa na wingu hata moja wala upepo wa kuchafua ila kila mahali palionekana shwari kabisa（天上没有一片云，地上没有一丝风，到处一片静谧）. Mbingu ilikuwa imetakasa（长空如洗）na jua liliwaka likiangaza kote bila ya kizuizi chochote（艳阳高照）na kutufungulia shani iliyotusahaulisha maumivu katika miili na mioyo（让我们神清气爽，忘记了身心的痛楚）. Mishale ya jua ilikuwa ikicheza cheza kwenye mapaa ya nyumba zile mbili pachapacha（太阳光在**两栋一模一样的房子**的屋顶上熠熠闪烁）na ndege mitini waliimba nyimbo nyororo（树上的鸟儿唱着**动听的歌儿**）.

（4）雨后骄阳

Baada ya siku kadha za mawingu na mvua（几天淫雨过后），jua changa lilikuwa imara sana katika anga la mashariki（东方升起的**朝阳显得格外耀眼**）. Wakati hilo jua lilipokuwa lachoma utosini pamoja na joto lake kali na mwanga wake wa kupofusha macho（当炎炎烈日照在头顶并发出刺眼的光芒时），watu wakaanza kujihisi kama wamebabuliwa ngozi na kufyonzwa damu miilini mwao（人们觉得和扒皮抽筋一样难受）. Mawingu mepesi kadha yalielea mbinguni hapa na pale yakienda mbele na kurudi nyuma kwa raha（几朵轻云散布在空中，悠闲地来回游动），lakini sisi akina yahe sote tulikuwa tumekaa na kutweta tweta kwa shida tu（但我们这帮哥们儿却坐在那儿吃力地喘着粗气）.

（5）落日余晖

Jua lilikuwa linaanza kuzama magharibi kwa fahari mfano wa mpira mkubwa mwekundu（夕阳像一个大红球一样徐徐西下）. Mwangaza wa jua lililokuwa likishuka ukawaangazia na **kuonyesha** maumbo yao yalivyokuwa marefu（落日的余晖照耀着人们，**把他们长长的影子投在地上**）. Punde kidogo baadaye anga likawa limetawaliwa na rangi jeusi ya mawingu mazito yaliyotandaa hadi kwenye usawa wa kichwa changu（没过多长时间，太阳就被一直压到头顶的黑云遮住了）.

2.夜色

（1）黑云密布

Ulikuwa usiku wa **giza pevu**（**wa giza totoro, giza jeusi, giza nene, giza tupu, giza kuu, giza la** manane，或 **wa kiza chenye maki,** 或 usiku wenye kinene cha kiza, usiku wa mazimbwezimbwe 等）. Giza hilo lilitapakaa tokea usiku ulipokuwa bado mchanga mpaka wa manane（深夜）. Angani palikuwa na ghubari tokana na wingu nene ambalo halijashuhudiwa nchini mwetu（天空因阴云密布而变得**黑蒙蒙的**，如此浓重的黑云我们这一带还从未见过）. Wingu nalo lilifanya mwezi na nyota visipate nafasi ya kuchungulia dunia（黑云遮星蔽月，使它们**无法**照耀我们的世界）.

（2）皓月当空

Angani, mawingu yalisambaa na ukungu uliokuwa umetanda ukatakata（天上云开雾散），mwezi ukatokeza na kupata mahali pa kuchungulia（皓月当空俯视大地），na giza likakatika kwa nuru yake（黑暗被月光驱散）. Huo ulikuwa usiku wa mbalamwezi mpevu bali sio mwezi kona（这是**一个满月而非月亏之夜**），hapo mbinguni kukawa kweupe kabisa（天空明净如洗）. Mwezi uling'ara na kumwaga mwanga juu ya milima, mabonde, mito, misitu na nyumba（明月**把它的光辉泼洒在**高山、谷地、河流、森林和房屋之上），mto mmoja ulio karibu ulionekana kama utepe wa fedha（附近一条河流**宛如**

一条玉带）. Ndege walikwenda kulala（鸟儿已归林歇息）, kimya kilitawala（到处一片静悄悄）ila walinzi nje walikuwa <u>wanakesha kwa zamu yao</u>（只有守夜人在外面值班）, ama mlio wa mbwa kutoka mbali <u>huukatiza ukimya huo</u>（抑或远处传来几声狗吠，**打破这份寂静**）.

（3）雨夜更深

Usiku umekuwa <u>mwingi</u> na kiza <u>kimeuma vumbi</u>（**雨夜更深**，漆黑一片）, kote kumekuwa <u>kweusi kiasi cha kuufanya mtaa kuwa wa giza totoro usiopenyeka kwa macho</u>（**到处黑灯瞎火，看不清东西**）, watu wamegeuka kuwa <u>vivuli hafifu tu</u>（**人们都变成了黑乎乎的影子**）. <u>Mvua imeacha kunyunya</u>（雨停了）, <u>upepo mwembamba wenye umande wa baridi umefanya mlio wa mbinja na kuwapiga watu nyosoni</u>（凛冽的寒风响着呼哨扑打着人们的脸）, na <u>mbwa wakasikika kwa mbali wakibweka</u>（远处传来狗叫声）.

（4）天黑风高

Tulipokaribia ngome <u>ilikuwa jioni bado kweupe</u>（我们接近堡垒时**已是傍晚时分，但天还亮着**）, jua lilikuwa <u>karibu kuzama</u> na kuonekana <u>kuwa jekundu kama damu</u>（**夕阳即将落山，颜色血红血红的**）. Kabla hatujamaliza kula chakula cha jioni, pote kukawa giza, <u>kisha giza kuu mwezi mchanga, mwezi uliopungukiwa wekundu wake kila dakika, na mwezi ulioelekea kuzimika mwangaza wake na kufa</u>（我们还没有吃完晚饭，天色已经暗下来了，**而且是个天黑风高之夜**，月相在分分秒秒地亏缺变细，是一弯逐渐失去光泽的纤月）. Kila kitu kilikuwa kimya kama mauti isipokuwa nyota zikipesa pesa macho yao angani（一切都是死沉沉的，只有星星在空中眨着眼睛）.

（5）踏寒夜行

<u>Giza lilipochukua nafasi yake baada ya kubadilishana na jua, sisi tulifika</u>

mahali <u>mlima ulipoonekana kama ng'ombe aliyekwenda</u>（在昼夜交替之际，我们抵达一座模样看上去像一头奔牛的山岳地带）. Kufuatana na <u>pazia la usiku kushuka</u>（随着夜幕降临）, pote <u>pakazizima kwa baridi na umande</u>（到处变得寒冷潮湿）, <u>taya zetu zilitingisika na meno kugongana kwa kipupwe hicho</u>（我们冻得下巴颤抖，牙齿咯咯作响）. Nasi tuliendelea na safari yetu, kwa shida, <u>gizani manyasi yaliyosokota sokota yalikuwa yanatunasa miguu mara kwa mara</u>（我们继续艰难行进，盘根错节的蓬蓬乱草不断在黑暗中撕扯着我们的双脚）.

3. 风雨

（1）夜来风雨

Kungu lilianza <u>kujiunda na kujitandaza</u>（雾气逐渐生成并扩散开来）. Wakati jua lilipokuchwa, <u>magharibi isiyokuwa shwari iliingia kwa kishindo kutokana na mchafuko wa hali ya hewa angani</u>（太阳落山的时候，一个不平静的傍晚随着恶劣的天气戛然降临）. Hewa ilikuwa nzito na nene <u>jinsi nisivyoweza kueleza</u>（空气浓重而污浊，境况令我难以言传）, tufani ilitegemewa kuanza wakati wowote（暴风雨随时都可能到来）. <u>Kila mtu nafsi yake ilikuwa ndani ya fadhaa</u>（每个人都陷入焦虑之中）. Ni kama walivyobashiri watu kuwa <u>usiku huo uliachwa vibaya sana kwa mvua kubwa, mtatariko wa ngurumo na makeke ya umeme</u>（正如人们所预测的，这一夜电闪雷鸣，大雨倾盆，情况糟糕透顶）, <u>ulikuwa ni mvua wa kuwatia wakulima jaka moyo</u>（是一场让农民心烦意乱的暴雨）. Asubuhi ya siku ya pili kulipopambazuka（次日清晨）, jua likatoka kivivuvivu na <u>kupenyeza mionzi yake baina ya miti mirefu isiyosimama kwa haiba baada ya usiku kucha wa gharika</u>（太阳懒懒地爬起来，把它的光芒洒在风雨夜过后东倒西歪的大树之间）.

（2）细雨落叶

Ni mojawapo ya siku zile zilizotanguliwa na <u>manyunyu mepesi ya mvua</u>

za vuli zilizotiririka kwa makini（这是**少雨季节一场滴滴答答的毛毛细雨之后的一天**），yakifuatiwa na jua angavu lililosambaza joto na kero kwa wakazi（接下来便骄阳似火，焦躁烦人）. Lakini <u>majani ya miti yalikunjua nyuso zao na mashavu yao yakaiva kuwa ya rangi nyekundu, na mengine mengi yakatokea kuwa ya manjano</u>（**但片片树叶却张开了笑脸，脸蛋儿变得红彤彤的，而更多的树叶则呈现出黄色**）. Upepo hafifu na mwanana ulikuwa unavuma na kutikisa majani（柔和的微风吹拂着树叶），<u>baadhi yake yalichukuliwa na upepo yakipuruka kama vipepeo vya dhahabu na vya rangi</u>（**有一些被吹落的叶子在空中飞舞着，活像一群金色和彩色的蝴蝶**）.

（3）暴风骤雨

<u>Mawingu meusi yaliziba jua yakizunguka zunguka angani</u>（**黑云滚滚，遮天蔽日**）. <u>Upepo ulikuwa wa kasi mwenye mvumo wa kimbunga, mavumbi yalitupwa tupwa na chemchela mtindo mmoja</u>（**疾风呼啸而至，卷起漫天沙尘**），hata ilitubidi sisi tuinamie mbele kabisa, kifua kiwe sambamba na ardhi kwa kuukabili upepo huo（**我们不得不低身弯腰，胸部平贴着地面顶风前行**）. Kadiri mawingu yalivyokuwa yakizidi unene wake, mvua ikanyesha kuandamana na mitutumo ya radi <u>ikimiminika kama maporomoko ya Pangani na kupusa mpaka jioni bila ya kunyamaza</u>（随着云层进一步加厚，雷雨**像潘加尼瀑布似的倾泻而下，直到傍晚都没有停歇**）.

（4）阴雨连绵

Masika yalikuwa mbioni <u>kuelekea upeoni</u>（雨季正加速**进入盛雨期**）. Ulikuwa msimu wa mvua, umeme na radi ambao ulingojewa <u>kwa saburi, shauku na hamu</u> na wakulima（这是一个农民**等待、企盼和热望**的雷电交加的雨季）. Mvua ilinyesha <u>ya kipindi kipindi</u> na kufanya kelele hafifu katika majani siku hiyo（这一天阴雨**断断续续**，敲打在枝叶间，发出轻轻的淅沥声），mitaa <u>ilizingwa kwa kungu nene lililozidisha giza na baridi</u> na kuifanya mitaa kuwa myeusi（所有街区都被阴冷的浓雾笼罩着，显得黑乎乎的），na mabarabara yalilowa kwa manyevu nyevu na kuwa yenye matope na utelezi（湿漉漉的道路变得泥泞而湿滑）.

（5）狂风豪雨

Tufani ilikwisha kuwa imara（风雨已经变成很强的暴风雨）. Umeme ulimemetuka metumetu, nukta kwa nukta, kwa nuru kali ya kusisimua mwili（电闪雷鸣分秒不停，强烈的电光刺得人浑身发麻），na radi zilitutuma kwa mishindo ya kutisha zaidi（而隆隆的雷声更是让人惊心动魄）. Palikuwa na gharika lililoteketeza kila kitu, ambalo likamaliza mimea na mifugo na kufagia manyasi na miti（这是一场摧枯拉朽般的狂风骤雨，它毁灭了庄稼和家畜，横扫了野草和树木），mapaa ya vibanda yaliyoshindwa kuhimili kasi ya upepo yalipeperushwa mfano wa vitakataka na miamba ya mawe ilikuwa huporomoka kama mzaha（那些无力承受暴风袭击的屋顶被掀得像垃圾似的漫天乱飞，而石头则像开玩笑一样满地乱滚）.

4.山川

（1）锦绣山谷

Hapo mbali niliona milima na mabonde mazuri yakiwa yamefunikiwa kwa blanketi la kijani kibichi lililotengenezwa kwa manyasi na majani yanayochipua（我已经看到远处由嫩草新叶铺就的浅绿色地毯所覆盖的山谷），miti ilistawi na kuzaa maua mengi, baadhi yake giza giza na mengine mwangaza mwangaza（那里林木茂盛，繁花似锦，明暗有致）. Si mbali na ng'ambo ya pili kwa kuvukia mto palikuwa na maua mengine maridhawa（河对岸不远处更是花团锦簇），yale mekundu upande wa kushoto ni ya kutambaa（左边红色的花是匍匐在地上的蔓生植物开的），na yale ya rangi manjano upande wa kulia ni ya kuviringana（而右边黄色的花则是盘绕在一起的藤本植物开的），

yote yalikaa vizuri. <u>Kwa mbele upeo wa macho yetu</u> tukaona treni ilikuwa imo katika kuvuta mwendo wake（**在前面目力所及之处**，我们看到一列火车正在运行之中）.

（2）远观山景

Mbele yetu mlima wa Uyaka umeonekana <u>ukitutumka kuelekea angani kama gogo la mti uliong'olewa</u>（我们面前的乌亚卡山**犹如拔地而起的树桩，直刺苍穹**）, <u>ni mahali panapobahatika **kimaumbile**</u>（**是一处天设地造的胜境**）, <u>tena ndiyo inayotutia tumbo moto</u>（这也恰恰是我们受到鼓舞的缘由）. Upepo wa baridi unavuma vuma toka mlimani na kutupuliza usoni ukitupunguzia uchovu（山上刮来的凉风吹拂着脸庞，减轻了我们的疲惫感）. Sehemu tunazozipita zimekuwa tambarare na miinuko laini ya hapa na pale（我们经过的地带是平原与平缓的丘陵相接地貌）. Tunapenda kusimama hapo <u>kutazama kwa mbali umande kama moshi ukiyeyuka kila jua likizidi kupanda juu huko milimani</u>（我们喜欢站在这儿**远远观赏山间的雾霭随着太阳慢慢升起而散开的景象**）.

（3）雪山密林

Bonde limezungukwa na milima mikubwa mikubwa iliyokwenda juu mawinguni na <u>magenge yasiyopandika kwa namna yake ya kuchongoka</u>（谷地被高耸入云的高山和**无法攀登的悬崖绝壁**围绕着）. Vilele vya milima hiyo vyenye urefu wa kugusa mbingu vinang'ara kwa theluji yake ya kudumu miaka nenda rudi（直插云霄的山峰覆盖着积年累月的皑皑白雪）. <u>Misitu iliyofungamana katika mashina ya milima hiyo huonekana vizuri kutokana na weusi wake kirangi chini ya weupe wa theluji hasa ukiwa mbali nayo kuitazama</u>（**站在远处眺望，从山脚延伸上去的黑蒙蒙的密林与蜿蜒而下的白茫茫的雪线交相辉映**）. Milima hiyo imo ndani ya roho na damu za wenyeji wa huko（这山矗立在当地人的心坎，融入他们的血液）.

（4）云转山游

Tulifunga safari kuelekea milimani asubuhi na mapema kabla jua halijachomoza upembe kwa kufuatana na njia ndogo iliyobetabeta kama nyoka（在太阳还未露头之前的大清早，我们便沿着弯弯曲曲的蛇形小路向山里进发）. Umande wa alfajiri ulioganda katika magugu uliloweesha suruali zetu kwa chini（浮在野草上的晨露打湿了我们的裤脚儿）. Lakini tulikuwa tunaamini kuwa kufuatana na jua kuchomoza（但我们相信，随着太阳升起），matone ya umande yatatosha kuyapamba majani kwa vito vya almasi na yakuti kwa kuburudisha macho yetu（那些露珠儿会像钻石和宝石一样，足以把草丛打扮得珠光宝气，让我们大饱眼福）. Milima ilikuwa imeonekana kama vivuli tu（远山看上去是一个个灰蒙蒙的影子），tuliweza kuona kwa uhafifu mapori makubwa meusi yakitambaa mbali（我们蒙眬看到黑魆魆的大森林向远处延伸），mawingu yalikuwa kama yanatembea kuizunguka milima na milima kama inaelea juu ya mawingu（云在山间转，山在云中游）.

（5）深山寒舍

Vilele vyenye theluji vilikuwa viking'ara kama fedha katika mishale ya jua la asubuhi（在初升太阳的照耀下，一座座雪峰银装素裹），na kila upande kwa upeo wa maili mia milima imeenea（山脉绵延方圆百里）. Milima hiyo inakwenda sambamba na kuonekana kama mawimbi ya bahari yanayopinduka pinduka（山体呈平行走势，看上去犹如大海的滚滚波涛）. Nafasi katikati ya milima imekuwa na mwendo wa maili mbili mbili hivi kwa wastani（各支脉之间平均相隔两英里左右），vijito vyenye maji ya kimbizi vinafanya maporomoko yake kwa fujo（湍急的小溪喧嚣直下），pembezoni mwa vijito kuna miti mingi mikubwa inayostawi na kujimwaga matawi yake pande zote nne kama miavuli（小溪两边有许多高大茂盛的树木，像一把把大伞一样向四面伸出枝丫）. Kibanda cha mzee Samson kimejengwa chini ya mti mmoja, kwa sababu ya upweke na ukimya kinaonekana kama kimeduwaa kwa kutengwa mbali na ulimwengu wa utamaduni（萨穆苏老汉的小屋就建在一棵大树下，**与文明世界隔绝的孤独和寂寞，使他显得格外呆滞**）.

5.河海

（1）小河流水

Kijito hiki kilitambaa upande wa uchejua kama utepe wa hariri（这条小河**像一条绸带一样流向太阳升起的地方**）, maji yake yaliyokuwa meupe kama theluji na mepesi kama hewa yalimfikia mtu kiunoni tu, yakijivuta kwa kasi na kishindo（它齐腰深的水像白雪一样洁净，像空气一样透明，顺着河道奔腾向前）. Sauti ya mtiririko wa maji yake ilikuwa kama mlingano wa mashairi masikioni mwa watu（水流发出的声响犹如赞美诗一样在人们耳边流淌）. Jinsi nilivyotamani ningeweza kufahamu nyimbo zile zilizoimbwa na maji wakati yalipokuwa yakifingirikia juu ya mawe（我多么期望自己能听懂水在岩石上翻滚激荡时唱出的歌声啊）, lakini nilisikitika sikuwa na uwezo wa kufanya hivyo（遗憾的是，我做不到）. Lakini ajabu yake ilikuwa kwamba badala ya kupita kwenda baharini kama inavyofanya mito mingine, maji yake yakawa yanazunguka zunguka kuingia ndani kwa ndani katika pango moja la asili lenye utusitusi yasionekane yanakoendea（令人惊讶的是，它没有和其他河流一样流向大海，而是蜿蜒曲折地流入一个昏暗深邃的天然洞穴，无法知道它奔向何方）.

（2）河长湖深

Mto huo mrefu unapindana pindana ukiwa na maporomoko makali unapotelea kutoka uwanda wa juu（这条长河弯弯曲曲，从高原倾泻而下处形成了一个大瀑布）, mapovu mengi yakielea kwenye mkondo wake uendao kasi（**大量漂浮的泡沫顺着激流浩荡而去**）. Lakini unapofika katika uwanda wa chini, mwendo wake unalegea kutokana na maji yake kujigawa huku na huko kwa kufanya milango mingi yenye maji machache na kumiminikia ziwani（当它流到**低平地带时，因自身分流成诸多水量不大的河汊而速度减缓，分头汇入湖泊**）. Ziwa lenyewe ni jembamba refu linalokwenda chini sana（这是一座狭长的深水湖）, kingo zake zinateremka ghafla kufanya magenge（周边是悬崖峭壁）. Matone ya maji yanayometameta kama lulu kwenye majani ya miti baada ya mvua yanaanguka anguka na kuleta mawimbi madogo madogo ya kushangaza macho ya watu（雨后伏在树叶上的亮如珍珠的水珠儿纷纷滴落在湖面上，**激起细微的涟漪，令人赏心悦目**）. Ndege wa aina mbali mbali wenye midomo mikali ya kudokolea samaki wanaonekana wakiruka ruka na kuzama au kupiga mbizi（各种**长着尖长猎食嘴巴**的水鸟在湖面上飞来飞去，不时扎入水中捕鱼）.

（3）泥沙俱下

Ghafla tuliona mto mbele yetu. Maji yenye rangi ya udongo mwekundu yalikuwa yanatiririka kwa kasi kiasi（**土红色的混浊河水**不紧不慢地流淌着）. Povu jeupe lilionekana hapa na pale, matawi na takataka zingine zinaelea（一个个白色泡沫与枯枝杂物漂浮在水面上）. Tawi moja lilienda mbele taratibu, halafu kasi sana, kisha kama linalokataa kufuata mkondo likageuka na kupandana na matawi mengine, yote yakakingamana pale pale（**一个树枝缓慢向前漂移，中途突然加速，继而又仿佛拒绝随波逐流，掉转方向，与其他树枝堆叠起来，结果一起横堵在那儿不动了**）.

（4）巨浪滔天

Wakati jua la asubuhi lilipochomoza, bahari ilikuwa ikimetameta yenye rangi ya zumaridi（早晨太阳升起的时候，**波光粼粼的大海一片祖母绿色**）, na wakati wa magharibi miangaza ya mwisho ya jua ilipotua, bahari ilikuwa shwari kama kioo（傍晚当落日的最后一缕余晖落入地平线时，大海平静得像一面镜子）. Lakini kwa ghafla, <u>bahari ilichafuka kama isemayo kifo na kije</u>（但骤然间**大海又变得波涛汹涌起来，大有摧毁一切之势**）. Pamoja na dharuba kali ya upepo, <u>maji yalitoa povu na kujivuta juu hewani futi ishirini bila ya kumwagika yakajenga vichungu vya maji kama vilima</u>（伴随着大风的呼号，**海水夹杂着泡沫，扬起一波又一波二十英尺高的浪涛，涌起像小山一样的水丘**）. Mawimbi yake yalikuwa <u>kama yenye mikono</u> yamechukua magogo ya miti na manyasi, huku <u>yakinguruma mithili ya wanyama</u>（波浪**如长着巨爪**，卷走了滚木杂草，**发出野兽般的嚎叫**）. <u>Matanga yaliyoshiba upepo yalipasuka</u>（风帆被大风撕碎）, <u>na marekebu ikabebwa huku na huko na kuvunjika penye mwamba, ikitota tota na kuzama</u>（船只被冲得四处漂荡，触礁破损，最后摇摇沉入大海）.

（5）海上遇险

　　Awali ya safari yetu <u>nilitaabika sana kwa jinsi bahari ilivyonilevya, baadaye nikaizoea</u>（在行程的初始阶段，**由于晕海，我经历了十分艰难的时刻**，不过后来就习惯了）. Usiku ulipoingia siku hiyo, mvua ikaanza, <u>giza lisilopenyeka na nuru lilifunika bahari</u>（那一天夜幕降临时下起了雨，**点光不透的黑暗笼罩着大海**）. <u>Jahazi yetu ilipeperushwa kama jani</u>（**我们的船飘飘摇摇，像一片树叶**）, mawimbi makubwa kama vilima katika <u>bahari isiyopimika kina ilitukabili</u>（我们面对的是**深不可测的大海**，那里有像一座座小山一样的巨大波涛）, na dharuba kali kali ziliandama <u>nyuma yetu</u>（阵阵狂风暴雨**紧随其后**）. Kwa ghafla jahazi ilipinduliwa na kunitosa majini（突然船翻了，我掉进了大海）. Wakati <u>nilipotapa tapa</u> baharini, wimbi moja kubwa lilinichukua na kunitupa kisiwani（当我在大海中**拼命挣扎**的时候，猛地一道大浪把我卷走了，我最后漂移到了一座海岛上）. <u>Nililala nusu ya mfu</u> mpaka jua lilipotoka（**我半死不活地躺在那儿**，直到次日太阳升起）. Nilipoamka vizuri nikaona kwa mbali kilima kimeinama kuelekea pwani nilipo penye <u>miti mingi</u>

iliyosongamana（当我彻底苏醒过来时，我远远看到一座小山缓坡而下，一直延伸到海边我所在的这个**林木茂盛**的地方），mawimbi marefu marefu yakipiga piga mchangani na kufanya uvumi wa kuzibua masikio（一道道长浪拍漫上沙滩，涛声在我耳边呼啸）.

（九十七）听说看想（6）——心境复杂

（1）刑侦推理

Basi kile kiasi cha kuteremshwa tu kutoka garini（刚下车）, mimi roho yangu ilikuwa imekwisha nipaa kwa hofu（我就提心吊胆起来）, hata nywele zangu nilizihisi kama zimesisimka kuwa ndefu kama za singa（甚至感觉连自己头上弯弯曲曲的卷发都紧张得拉成直发了）, maana nilijua kuwa kijijini humu kumekuwa na babaiko kali baada ya kutokea mauaji mabaya hapo juzi（因为我知道，自从前天发生凶杀案以来，这个村子里人心惶惶）. Wenyeji wa huko wakawa hawawezi kutulia kama wanavyokalia misumari（当地人个个如坐针毡，心情无法平复）, wakibahashika（他们仓皇失措）na mioyo kuwapiga shindo kama ngoma（心里咚咚直打鼓）wakati wote. Nilimkuta mpelelezi ameupeta uso（我见刑侦人员皱着眉头）na kutumbukia katika heka heka za mawazo za kutafuta mwuaji（为缉拿凶手而陷入苦苦思索）. Kwanza alimwondoa upesi mama mmoja wa makamo katika mawazo（首先，他脑子里迅速排除了一个中年妇女）, taratibu kijana yule aishiye jirani **akamjia akilini**（慢慢地，住在附近的一位青年人进入他的思考范围）, lakini punde moyoni akatia shaka（但顷刻心中又生疑虑）kwani hakuwa na ushahidi wa maana（因为没有有力的证据）, baadaye fikra yake tena ikahama na kulenga mwengine ambaye ni msichana（后来侦察方向又转而对准一个姑娘）, ingawa kamwe haamini usemi ule wa eti "mwanamke mzuri mara nyingi huwa ni chanzo cha msiba"（尽管他并不完全相信所谓"漂亮的女人常常是祸根"这种说法）.

（2）心潮澎湃

Haya yote yalinitia msukosuko rohoni（这一切都让我心绪不宁）, kwa

wakati mmoja <u>nikaingia katika bahari ya mawazo na kufikiria hili na lile</u>（一时间脑袋里思绪万千，陷入左思右想之中）, na hata <u>kupiga taswira kufikiria taabu niliyoipata</u>（甚至勾忆起自己遭难时的各种场景画面）. Basi mara <u>bahari ya mawazo ikachachuka na roho ilianza kuniendea mbio na kupapatika ovyo kama vile niliyetoka katika mashindano ya mbio ya yadi mia</u>（突然间，我心潮澎湃，心跳加速，就像刚跑完一百码比赛似的）. Nikajihisi <u>kama nimejitwika kitu kigumu moyoni na kupumbazika katika kibahari cha mawazo</u>（我感觉心里像压着一块硬硬的异物，一通胡思乱想）. Ilikuwa vigumu kwa <u>moyo wangu kubwagika</u>（我很难再**把心放下来了**）, mara nyingine hata <u>nilitegemea kuzirai na kugeuka kuwa kama maiti</u>（有时我甚至**期盼自己昏死过去**）, hivyo roho yangu itatakata na kuingia raha ya peponi（如此，我的心灵就将得到净化，从而进入极乐境界）.

（3）意志崩溃

Akaanza <u>kunoa upanga</u> wake akiniacha mimi pale <u>nusu ya maiti kwa hofu</u>（他开始**磨刀霍霍**，把我吓了个半死）. Moyo wangu <u>ukanidundadunda kama saa na kupiga fundo</u> nisiweze hata kumeza mate（我的心脏**像时钟一样嗒嗒响个不停**，纠结成了一个疙瘩，连唾沫都不能下咽）, kwani licha ya <u>mmemetuko wa upanga</u> wake, macho ya mzee yakikuangalia sharti uone mashaka, na taharuki na hofu <u>yatosha kurusha fahamu yako</u> na kukufanya ubaki na kuhema kama mwenye pumu（因为除了那把**大刀的铮铮寒光**，老头儿那双眼睛在盯住你时肯定会让你疑虑重重，惊恐不安**足以让你魂飞天外**，令你像哮喘病人一样呼哧呼哧喘大气）. Hapo hapo <u>nilijihisi kuwa mzito kama nimefunikwa ndani ya kaburi hali ningali hai</u>（这时我顿感全身沉重，犹如被活埋在坟墓里）. Mwili wangu ulikuwa <u>mnyonge na ulionyong'onyea</u>（我的身体瘫软无力）, <u>macho yaliniuma mithili ya kutiwa pilipili</u>（两只眼睛火辣辣疼痛，就像被洒进了辣椒水儿）, na kichwa <u>kiliongezeka kututa na mapafu kupumua kwa taabu</u>（脑袋嘣嘣直跳，双肺呼吸困难）. Kwa jumla <u>niliteketea</u>

kabisa ijapokuwa <u>nilijikakamua kutabasamu</u>（总而言之，我在**强颜欢笑**，但**意志却早已崩盘了**）.

（4）爱意似火

<u>Moyo wake ulitekwa kabisa na mapenzi</u>（他的心**已经被爱情彻底俘获**），<u>akili yake ilipotea na nuru ya macho kuzimika kitambo</u>（**他神志恍惚，双目失神**）. <u>Hii ilikuwa mara ya kwanza mshale wa mapenzi kupenya moyoni mwake</u>（这是他的心**第一次被爱情之箭射中**）. Hapo mwanzo <u>akili yake ilikuwa tupu, nyeupe kama karatasi</u>（一开始，**他脑子里一片空白，像一张白纸**），lakini baadaye <u>ikaanza kumrudia na kumhadithi kila namna ya mawazo</u>（而后**他恢复了理智，并让他浮想联翩**）. <u>Tamani la kuonja maisha ya mapenzi lilimwaka kama moto wa kumtakasa ndani</u>（**对爱情生活的渴望像一团火在他胸中燃烧**），<u>hata akashindwa kufuata mwendo wa mawazo yake yaliyokuwa yakipita kwa kasi katika moyo ututao kama mkondo wa mto wakati wa masika</u>（**使他已无法跟上自己忐忑不安的心里疾如雨季滔滔江水一般的思维的速度**）. Akiwa <u>kitandani akageuka geuka</u>（**躺在床上翻来覆去**），<u>akikumbuka jinsi hadithi ya mapenzi yalivyompamba mtu kwa ghafla</u>（**他想到爱情经历是如何突然让一个人神采焕发的说法**）. Ni kweli kwamba anampenda msichana wake <u>kama roho yake</u>（千真万确，**他像爱自己的心一样**爱着这个姑娘），na <u>mmea wa mapenzi kati yao umepata nguvu baada ya kupaliliwa</u>（**经过精心培育，他们的爱情得以茁壮成长**）.

（5）见人误事

<u>Ninatambua nini kimetendeka</u>（**我清楚出了什么事**），<u>suala hili limenitesa na kunisonga roho</u>（这个问题折磨着我，**压得我透不过气来**），<u>kilio kikali kimefumuka moyoni mwangu</u>（**心中好生苦闷**）. Lakini ghafla limenijia wazo akilini（**猛地一个想法出现在脑子里**），<u>hisia zanieleza kuwa</u> hilo si suluhisho（**感觉告诉我**，这并非解决问题之道），suluhisho ni kutafuta mbinu mpya za

kuishi（需要做的是，寻觅新的生活之策）. Kaka yangu kaniambia kuwa huko hospitalini kuna kazi za kibarua, ninatakiwa kumfuatilia mwuguzi Shawira. Basi nimejipa moyo konde (kujipiga moyo konde) kufanya juu chini kuwasiliana naye mwuguzi na kwa bahati nimemkuta（我下定决心去见那个护士，并幸运地碰到了她）. Amevaa nguo zenye mabaka makubwa yenye rangi ya majani mabichi na makavu（她穿的衣服印有明暗深浅各异的绿色大花纹图案）. Sura yake nzuri inanipumbaza na kunisahaulisha ningesema nini（她姣好的面容令我目光眩晕，惘然不知所云），nikiomba moyoni niwe mgonjwa niunguzwe（我心中暗暗祈求最好自己也能患病住院，并受到她的护理）.

（6）夜宿小屋

Alijikunyata chini sakafuni katika kibanda kile na kutetemeka usiku kucha（他蜷缩在小屋的地板上颤抖了一整夜）. Kwa kusema kweli, usiku huo aliuona kama ni mwaka（说实在的，这一夜他感觉如同过了一年），moyo wake ulimdunda kwa woga na kupigapiga kama saa mbovu kwa kuona vile mzee simba akiangaza macho huku na huko na kujilaza pale mlangoni（看到狮子用眼睛四处看了看，卧在他住的房门口时，他吓得心脏咚咚乱跳，就如一座失准的破钟）. Basi kisia mwenyewe alivyopitisha usiku huo（想想看，这一夜他是怎么度过的）! Akashindwa kufahamu mbona hakumsikiliza mwenzake hadi akajiweka katika hatari ya namna hii（他不明白自己为何没听同伴的话，乃至身陷如此险境）. Hata hivyo, alijitahidi kuufanya moyo wake uwe mgumu kama jiwe, pole pole hofu yake ikamtoka kwa kiasi fulani ila akashindwa kupata usingizi wowote（虽则如此，他还是努力让自己心硬如顽石，一点点地，惊恐就减少了一些，只是一夜没合眼）.

（7）遭遇强人

Aliposikia yule jitu yuko jirani kufika（他听说那个大个子很快就到），jamaa akatishika vibaya, moyo wake ukawa juu juu na mwili kufanya kimbimbi

（他提心吊胆，浑身直打寒战），hata damu karibu kumkauka（甚至连身子里的血都要凝固了）. Akaegemeza bega lake moja kwenye ukuta（他一只肩膀靠在墙上），huku akiinamisha uso（kuteremsha uso）. Kama ilivyodhaniwa, jitu yule alimwingilia fosifosi（大个子气势汹汹地朝他冲过来），hali kwa upande wake yeye akaganda pale kama mfu（而他则像一具僵尸一样愣在那儿），uso ukawa kama wa maiti（面无血色），hususan alipokuwa akitazamwa na mdomo wa bastola（特别是他被枪口对着时），akawa teketeke (tikitiki) na nusura kutokwa na choo（他瘫软了，差点儿拉到裤兜里）.

（8）赶上骚乱

Aliitikia hodi, lakini alipofungua mlango roho ilikuwa si yake tena（他回应了叫门声，一开门却吓得魂都丢了），karibu azimie kwa yale aliyoyaona（看到门口的一幕差点儿昏迷过去）: mtu mmoja aliyetapakaa damu mwili mzima amejibwaga mbele ya macho yake（一个浑身是血的人扑倒在他眼前）! Akafunga pumzi kwa hofu na kuangaza macho hapa na pale（他恐慌地屏住呼吸，朝四周看了几眼），akasikia kama hewa ya nje imejaa vioja na vitisho（他感到外边的气氛恐怖瘆人），lazima umezuka mchafuko mkubwa wa kisiasa siasa mjini（城里肯定发生了政治骚乱）. Kwa kufikiria hayo, alianza kutetemeka rohoni kama alivyofyatuliwa umeme（想到这些，他就像触电似的心惊肉跳），nywele zake zilisimama kichwani（头发根根竖起来），moyo ulimpasuka vipande vipande（整颗心都碎了）.

（9）胆小怕事

Gazeti lilimponyoka mkononi bwana huyo mwenye moyo wa bua wakati aliposhtuka kusikia mpasuko wa risasi ukifuatana na uyowe wa mtu（猛然间听到枪响人叫时，报纸一下子从这个胆小的人手中滑落到地上）. Akakaa pale kama alivyotiwa nanga（他像抛锚似的坐在那儿），moyo ukampiga kwa kasi（心跳加快）na macho kuwa mekundu kama aliyekula bangi（眼睛红红的，像

吸食了大麻一样），hata matone ya mkojo yakamdondoka surualini（甚至吓得尿湿了裤子）.Japo alijaribu sana kujipa nguvu na kujikaza kisabuni（尽管他尽力为自己壮胆并苦苦撑着），lakini wapi, hofu ingali bado ilimfanya aote vipele vingi vya baridi mwilini kwa jinsi alivyokuwa akichugachuga kwa woga（但没有用，他是那样焦虑不安，竟至浑身起了鸡皮疙瘩）.

（10）言语暖人

Nimejikunja kitandani, kimya（我蜷缩在床上，一声不吭）! Usingizi haunijii vyema, fikra zangu zimeshonana（各种想法交织在一起），mawazo yaliyonizunguka kichwani daima yanaota matawi（萦绕在脑袋里的各种想法不断地分枝长杈）.Nakumbuka jinsi mambo yalivyoishia kituo cha polisi baada ya ugomvi wangu naye kumea pembe（我还记得我们之间的争吵节外生枝后，我们是怎样去警察局解决的）.Mpaka leo moyo wangu bado umevutiwa na maneno ya yule afisa msuluhishi yaliyokuwa kama uvuguvugu wa kunipenya tumboni（直到今天，我仍然为调解员那暖人心扉的话所感动），na kila mara hunifanya nijihisi kama kuna kitu kimenipanda kooni（每每总感觉好像有酸酸的东西哽咽在喉咙里）.

（九十八）针锋相对（1）——打打斗斗

（1）黑白对决

Inasikitisha, siku ya Ijumaa, toka enzi za zamani, <u>siku hiyo ni ya giza kuu</u>（遗憾的是，星期五自古以来就是黑色的一天）. Kuna silika inayomfanya kiumbe ahisi yuko hatarini, na mimi vivyo katika siku hiyo（人有预感危险的天性，这一天我也感到会发生什么）. Nilipokanyaga tu ofisini <u>nikalikuta zogo limeshika moto, wazungu na waafrika wote wamechacha, ndondi za moto moto, vichwa na mateke mumo</u>（当我走进办公室，**发现那里正吵得热闹，洋人、非洲人都火气十足，拳打脚踢外加头撞**）. <u>Wazungu timu yao na waafrika timu yao, wazungu mstari huu na waafrika mstari ule</u>（黑白对决，营垒分明，阵线清晰）, <u>hakuna ajijuaye, wote taabani</u>（打得浑然不识自己，个个难以自持）.

（2）突遭暴打

Mara mlango ukafunguliwa kama umepigwa na radi（突然，门就像遭雷劈似的哗啦一声被踢开了）. Sebahili akaingia na kumpiga ngumi Lahi（塞巴希里进屋就给了拉希一拳）. Kabla Lahi hajajua linalotendeka（拉希**还没回过神来**）, <u>akashtukia teke limeshamwingia vizuri mbavuni upande wa kuume</u>（他震惊地发现自己的右胸也挨了一脚）, <u>kisha akakabwa shati na kukatwa vichwa vitatu vya haraka</u>（接着**他被扼住上衣脖领连撞三下头**）, damu zikammiminika toka puani na sikioni（鲜血从他的鼻子和一只耳朵里呼呼流出来）, mwisho <u>akasukumwa nje na teke la kwa heri</u>（最后**被一个再见式飞脚踹到门外**）.

（3）反击得手

Kokwe alinishika ukosi wa shati langu na kunikaba vizuri hadi nishindwe kupumua（克蒯一把抓住我的衣领，死死卡住我的脖子，我透不过气来）. Nikahisi <u>unyevu ukitoka puani</u>（我感到鼻子直流酸水）na mwili wangu wote kushikwa na ganzi（全身麻木）. Kumbe, alitaka kutoa roho yangu（天哪，原来他是想要我的命），sina budi <u>kujitetea kwa mwisho wa nguvu zangu</u>（我必须竭尽全力进行反抗）! <u>Basi ni kama radi inavyopasua mawingu, ndivyo miguu yangu ilivyoweza kujipinda ikaikaba shingo yake kama vile unavyoona koleo inavyobana msumari</u>（犹如一道劈开乌云的雷电，我用双腿奋力一夹，就像钢钳一样死死卡住了他的脖子）. <u>Nilijivingirisha kwa kasi nikainyonga shingo yake, ukasikika mlio kama vile kijiti kikavu kinavyovunjika</u>（我飞快转动身体，用力一拧他的脖子，随即听到一声类似干树枝折断的声音）.

（4）恶妇发飙

"Mambo <u>madogo haya umeyafanya makubwa</u>（小事也让你给闹大了），au wataka <u>kunichafulia kitumbua changu (kutia mchanga kitumbua changu)</u>（或者你是在故意对我使坏）? <u>Basi chukua chai yako</u>（拿着你的报酬走人）!" Dore aliposema hayo, <u>kofi lilimtoka kama radi likamnasa msichana usoni</u>（巴掌像一个响雷，啪的一声打在女孩儿脸上），<u>hapo hapo akadondoka chini</u> na damu kumtoka puani（她应声倒地，鼻血直流）ingawa hakukuwa na <u>kisa cha kutosha kupigwa kibao hicho</u>（尽管并无充分的理由这样打她）. Wakati huo wote nilikuwa nimesimama pale kando <u>kama nilivyoota mizizi</u>（在整段时间里，我一直像脚下生根一样站在一旁），nikaona povu limemtoka Dore kinywani kwa ghadhabu（目睹多莉气得口吐白沫）. Wakati msichana alipoondoka, hata <u>alimfuata kumtupia gongo ambalo nisingalikuwa mwepesi lingaliniponda kichwa kabisa</u>（甚至她身后飞过一根棍子，假使不是我躲得快，恐怕早砸到我脑袋上了）.

（5）反抗失利

Kwa muda fulani naye akili yake ilipata kunyong'onyea kwa hayo yaliyomkabili（面对眼前的事，他曾一度**心灰意冷**），lakini mara kwa ghafla na tena kwa kasi za radi aliinuka na kujiweka tayari kujibu mashambulizi japo pengine kitendo chake hicho kilikuwa cha kujitengenezea safari ya ahera kwa sababu kufanya hivi ni sawasawa na kuchezea mdomo wa mambo wakati akiona meno yake（然而，突然间，他竟**疾如雷电般跳起来准备还击，虽然这等于送死，因为这样做就如同明明看到了鳄鱼的牙齿却反要去玩它的嘴巴一样**）. Naam, kufumba na kufumbua alishaezekwa kofi la Mora（是的，一眨眼工夫，他脸上就挨了惊天地泣鬼神的一掌），alama za vidole zikabaki katika shavu la kushoto（腮帮子上立马留下了深深的掌印），kisha ikafuatwa bakora kali mpaka ikamsikia vizuri（接着又是酣畅淋漓一棍子），akapigwa vibaya hata maji kayaita mma（打得他晕头转向，硬把水说成酒）.

（6）兄弟咬架

Hapendi kugandwa gandwa na mdogo wake（他讨厌**弟弟老缠着他**），hata siku moja akamzaba kofi kubwa ajabu na kumpata vizuri la uso wakati alipoanza jekejeke yake（甚至有一天弟弟又**开始烦他时，他竟出手朝他脸上重重地扇了一掌**）. Lakini mdogo wake si mtoto wa hivi hivi, alikuwa na silaha zake meno（但小家伙不同凡响，他有他的武器——牙齿）. Basi ndugu hao wawili wakaanza kutiana meno（于是乎两兄弟开始**咬起架来**），kaka alimdidimiza meno mdogo wake mgongoni（哥哥**朝弟弟的脊背张开血盆大口**），na mdogo alimbandika meno kaka yake sikioni（弟弟**咬住了哥哥的耳朵**）.

（7）两"强"相遇

Alikuja kwa shari na kumvamia kama chatu alivyomkaba mbwa（他蛮横无理，**像蟒蛇捕食狗一样**朝他扑过来），lakini mpinzani wake pia ni mtu ngumi ambaye hujipondea pondea kila mahali（而他的对手同样是一个**打遍天下无敌手的拳霸**），hakuonyesha uwoga wala kurudi nyuma（没有丝毫表现出胆怯或后退），basi wote wawili wakaanza <u>kupasuana pua kwa vichwa</u>（于是两人开始了**一场鼻青脸肿的恶斗**），kwa mwisho mmoja <u>alipatikana barabara kwa kusagwa ngumi chungu mbovu kichwani</u>（最后他们中的一人的头部**被乱拳打了个全头是包**），na mwengine <u>akawa hoi kwa kuchapwa vibao tele moto moto usoni</u>（另一人的脸部则被火辣辣的巴掌打得面目全非）.

（8）各有高招

Mzozo ulipopevuka, madume hao wawili wakaanza <u>kuvurumishana ngumi na kutiana vifuani dafrao</u>（吵到不可开交时，两个男性就**面对面互相瞄准胸部擂起了拳头**）. Mmoja akamwingilia mwengine fosifosi na <u>kumtandika kibao cha faru</u>（其中一人气势汹汹地冲上去**照对方身上猛击一掌，堪比犀牛发力**）mpaka akapigika mithili ya ndizi mbivu iliyotepeta (-tepetea), midomo yake ikachanika kama nguo chakavu（**直到把他打得像烂香蕉，嘴唇像旧衣服似的龇裂**）; na mwengine <u>kwa uzito wake wote akarudisha pigo na kumkaba koo mpinzani wake mpaka akajichafua kinyesi</u>（另一位**用尽全身之力还击对手，死死地卡着对方的咽喉，使其满嘴秽物横流**）. Wote <u>wakatapakaa damu kama wachinja ng'ombe</u>（两人都像屠牛匠一样浑身是血），wengi walikuja <u>kuona kivumbi hicho</u>（许多人都来**看热闹**）.

（9）嘴啃泥

①**Kuanguka chini mpaka mdomo wake kula sakafu**

Japo yule kabwera <u>alishika kiuno na kujichechemua juu</u>（尽管那个乡巴佬**叉着腰，显得很凶悍**），lakini katika kushikana shikana huko <u>hakukosa kupata sehemu yake ya kupigwa</u>（但他在这场恶斗中却**没少挨打**）. Yasemekana kuwa **akapigwa mkwaju na kuanguka chini mpaka mdomo wake kula sakafu**（据称他挨了一记闷棍，被打了个嘴啃泥）. Kisha <u>akachukuliwa hangahanga na</u>

kutupwa nje akipigwa mateke kama mzogo wa chura barabarani（接着又被高高举起，扔到外边，像马路上的死青蛙一样被踢来踢去），jamaa akalia kama mtoto yatima asiye na mkate wala nguo（那老兄就像一个缺吃少穿的孤儿一样号哭不止）.

② **Kubwaga chini mpaka pua kubusu mchanga (vumbi)**

Kwanza nilidhani bastola yake imekwenda wekwa ndani, kwa hivyo nikarudi kuketi kitini（我还以为**手枪已被放进里边**，就坐回椅子上）. Lakini sikupata kufikiria kwamba kufumba na kufumbua hivi, nikaiona hiyo bastola imekwisha kuniangalia kichwani（我没想到一转眼枪口已经对准了我的脑袋）. Badala ya kufyatuliwa risasi, nikapigwa bapa la bastola kwenye utosi na **kubagwa chini mpaka pua kubusu mchanga** (vumbi)（他没有开枪，而是朝我的太阳穴平拍了一枪托子，**把我打了个鼻子吸尘土**）.

③**Kumpeleka chini hata ulimi kuramba lami**

Anazidi kuniangalia kama mtu anayechunguza sarafu（他像观察一枚银币一样仔细打量我）. Natambua wazi kuwa sasa mambo yamenikuta（我明确知道现在**我要倒霉了**）. Dakika hii sijielewi kama ninaota au haya mambo ninayoyaona ni ya kweli au vipi（此刻我不明白自己是不是在做梦，自己看到的是真实的还是怎么回事）. Sina shaka kwamba ameshaona dalili ya woga katika macho yangu（我不怀疑他看出了我胆怯的眼神儿）. Hapo hapo akaniezeka kofi na **kunipeleka chini hata ulimi wangu kuramba lami**（就在这时，他一拳把我打翻在地，让我来了**个舌头舔马路**）.

④**Kumpiga mwereka chini hadi kinywa chake kutafuna udongo**

"Wewe kinyonga usiyekuwa na busara（你个傻傻的变色龙），wataka kunichimbia shimo la kunitegea（你在给我挖坑设陷），lazima utambue kuwa sitaki wala sitapendelea aina yoyote ya mzaha toka kwako（你要明白，我不想要也不喜欢你跟我开任何玩笑）! Sielewi kuna shimo lolote hapa, kama ukitaka kichwa chako kitobolewe, sidhani kama kutakuwa na tatizo la kulipata shimo hilo（我不知道此处有没有坑，而**如果把你的脑壳敲开，找个坑则不成问**

题）!" Pamoja na kelele hizo, Juma alishikwa na kukabwa vizuri na jambazi, kisha akavutwa nywele na kucharazwa bakora kali kama radi **lililompiga mwereka chini hadi kinywa chake kutafuna udongo**（随着这些大声训斥，朱马被暴徒抓紧控制住，然后被揪住头发，挨了迅雷不及掩耳一棍子，**当即来了个嘴啃泥**）.

（10）打翻在地

① **Kuanguka chini kwa zamu, mmoja pindupindu na mwengine kichwa mgomba**

Kwanza walitupiana makombora ya maneno kwa kuchokozana（起初，他们用言语互相挑衅）, na mara nyuso zao zikawaiva kama tungule na damu kuvilia mashavuni mwao（突然，两人的脸都红得像西红柿，血瘀双颊）, muda si muda baadaye wakaanza kuvurumishana makonde na kutiana makucha na meno（不一刻，双方就开始抡拳头，互相用指甲挖对方用牙咬对方）, kisha ikawa vita vya kuanguka chini kwa zamu, mmoja pindupindu na mwengine kichwa mgomba（接着二人的打斗变成了一场摔跤大战，一个脚朝天，一个头朝地）. Mwisho wakabaki wakitazamana bila ya kusema lolote.

② **Kumwangusha chini kichwa kichwa**

Mawazo yangu yote yanakumbuka kila kisa kwa ukamilifu, utadhani kwamba kinatokea jana（过去发生的每件事我都记得清清楚楚，**宛如就发生在昨天**）. Sijasahau kuwa siku ile aliniangalia kwa kitambo cha kutosha akiwa kimya huko faraghani（我没有忘记那天他在暗地里盯梢我很长时间了）. Alipoona nainua simu na kuanza kuita namba ya polisi 999, mara akanijia kwa hasira kubwa（当发现我拿起电话**打999报警**时，他怒气冲冲地朝我走来）. Saa hiyo hiyo **nikakandikwa kofi moja zuri lililoniangusha chini kichwa kichwa**（就在此刻，**我重重地挨了一巴掌，被打了个倒栽葱**）.

③ **Kumlaza chini kipindupindu**

Nilipopita barabara namba ya 8, nikawakuta wawili wakigombana vibaya sana na hata kuanza kutumiana nguvu . Yule pandikizi la mtu **alimrushia mpinzani wake kwa ghafla mikono mitatu mizito iliyomlaza chini kipindupindu**, kisha akampiga kisu（那个大个子猛地擂出三拳，把对手打了个人仰马翻，接着又刺了一刀）. Nikaona <u>mpini wa kisu ukielea hewani, sehemu yote ya chuma imezama kabisa ndani ya mwili wake</u>（我看到刀柄露在外边，刀身全部插入那人的体内）. Hapo mwuaji akajitupa garini mwake na kukimbia upesi. Mimi nikiwa mkubwa wa polisi licha ya kuita gari la kumwokoa mjeruhiwa nikamwambia dereva wangu asipoteze wakati ila <u>ajitahidi kiasi awezacho kujaribu kuipata ile motokaa ya rangi ya machungwa mbele yetu</u>（作为警官，除了叫救护车救治伤员，我命令我的司机对**前面那辆橘黄色轿车穷追不舍**）. Tukimshika tutamfunga na <u>kuchukua alama za vidole vyake ili zilinganishwe na zile zilizokuwa kwenye mpini za kisu kama ushahidi wa kumshitaki</u>（抓住他就把他关起来，**取他的指纹与留在刀柄上的指纹相对照，作为起诉他的证据**）.

④ **Kumtupa vumbini kichwa chini miguu juu**

"Mbuzi sana wewe, kanichafua ndoto zangu unafikiri ni vizuri（你这只臭山羊，你觉得扰乱了我的好梦是件好事）?" Khamisi <u>alininyatia nyuma nyuma na matusi yake</u>（哈米斯**跟在我身后**骂骂咧咧）. Nami niliwaza jinsi nitakavyofanya baada ya kuponyoka mikasa hii（我却在想在摆脱这厮之后该怎么办）. Nilijua kuwa dunia imekwisha mgeukia, <u>ni zamu yangu kuipata tamu ile aliyokwisha akiifaidi</u>（我知道对他而言世道已经不同了，**现在该轮到我体会体会他享受过的一切了**）. Basi nami nilijigeuza nyuma kwa haraka, **mkono wangu ulinifyatuka kama umeme na kuimnasa kibao kimoja safi kilichomtupa vumbini kichwa chini miguu juu** hadi akasikika akipiga unyende kwa maumivu（我迅速转过身，**一个闪电般的巴掌就把他扇得头朝地脚朝天**，他发出了痛苦的叫声）.

（九十九）针锋相对（2）——足球胜负

（1）握手言和成平局

Timu mbili Simba na Chui ziliumana kiwanjani na kucheza kikazi kabisa（在场内厮杀，技术十分娴熟），mpira ulikuwa mwiko kutulia（球不停地在全场飞速滚动）. Katika mchuano huo wa kusisimua（在这场惊心动魄的搏斗中），**hakuna timu iliyotoka na ushindi, bali zilikwenda sare na kujikuta kwa kuchapana mabao matatu kwa matatu**（双方最终握手言和，打成三比三平局）. Watazamaji walikolewa na utamu wa pambano hili（观众看得很过瘾）na kuchapukia ushindi wa kila upande（为双方欢呼）.

（2）进攻乏力吃鸡蛋

Naye Musa ni mchezaji baridi na makini（穆萨是个头脑冷静、态度严谨的球员）ambaye alionyesha kuwa sumu na hatari uwanjani（他在场内表现得凶悍而危险）ingawa alikabwa sana na maadui zake（尽管他受到对手的重点盯防）. Aliwakata kata maadui chenga kadha kuelekea kufunga bao（他躲闪腾挪，带球过人，直攻对方球门）. Ijapokuwa wapinzani hao walionyesha kuwa ngome ya kutosha, lakini walikuwa hafifu kwa mashambulio（对手防守足够严密，但疏于进攻），kwa hivyo Musa akapata moyo zaidi kwa kuipatia timu yake ushindi（所以穆萨对自己球队的胜利更有信心），muda si muda ngome ya adui ikatobolewa naye baada ya kupeana pasi za ajabu ajabu na wenzake（经过和队友间的几脚奇妙传球，没多久对方的防线就被他冲破了）. **Matokeo ya mwisho yalikuwa bao moja kwa yai (kwa bila, kwa sufuri, kwa ziro)**（最后比赛以一比零收场）. Laiti kama ngome yao ingalikuwa mbumbumbu na wachezaji wao kuwa walegevu na kukoga maji mapema, wangalibeba robota zima la magoli（假使他们的防线疏漏百出，球员过早松弛懈怠，他们的失球早就可以装满一大包袱了）.

（3）门将缺阵酿败局

Mchezaji Makame ni mlinda ngome hodari anayeweza kuweka kufuli mlangoni, kuumia kwake kumeacha pengo kubwa katika timu ya Simba（马卡迈是一名能够严密封锁球门的优秀守门员，他受伤缺阵给雄狮队留下了巨大的空缺）. Kuanzia hapo kurasa za kitabu chao zikaanza kuwapotea（从那时开始，他们的攻防阵脚大乱）. Timu ya Chui ilishambulia muda baada ya muda（猎豹队发起一波又一波攻势）na kuitetemesha ngome ya Simba（使雄狮队的球门危机四伏）, na punde si punde ikaanza kumimina mabao kama mvua（不一会儿，他们就掀起了一波暴雨般的进球潮）. Timu ya Simba ilikuwa vivu sana katika ufungaji（雄狮队射门乏力）, hadi zilizobaki dakika mbili kipindi cha pili kwisha ndipo ikabahatika kujipatia bao moja la kufutia machozi kutokana na kiki la kona（直到还差两分钟下半场比赛就要结束的时候，雄狮队才靠罚角球侥幸攻入一球，聊以自慰）.

（4）脚法高超乱人眼

Utamu hasa wa mchezo wa leo umetokana na mchezaji nyota Mcharo kwa ustadi wake wa kukata chenga takatifu（今天比赛，最引人入胜的是明星球员马查罗那娴熟的盘带过人技术）. Utaona mara kwa mara akitambaza mpira chini mithili ya nyoka na kuwapumbaza watazamaji kwa chenga zake za kichawi（你会看到他经常左腾右挪，带球蛇行前进，那神出鬼没的高超技能令观众眼花缭乱）. Alikuwa akiwazungusha kiajabu sana maadui zao na soka lilikuwa likiburuzwa naye kila upande ijapokuwa hao walichachamaa kumzuia ila tu bahati iliwaendea kando tu（尽管对手努力阻止他前进，但运气不佳，马查罗仍能带球满场飞，把对手耍得晕头转向）, kufumba na kufumbua mpira ulikwisha tiwa kimyani（一眨眼工夫，球已应声入网）. Mwishoni timu ya wapinzani **ilisagwa (Kucharazwa, kutandikwa, kutwangwa, kurambishwa, kupachikwa, kucharangwa, kubagwa, kulishwa, kuongozwa) mabao (magoli) matano kwa moja**（最后，对阵双方以一比五结束比赛）.

（5）比赛变成角斗场

Hayo yalikuwa <u>mashindano ya kutoana</u> kwa mwisho mwisho hivi（这是最后阶段的**淘汰赛**），kwa hivyo wachezaji wa timu mbili walikuwa <u>kama nyuki waliochokozwa</u>（所以两队球员**都像被惹翻的蜜蜂一样**），toka mwanzo tundipo wakatokea kukwaruzana na kupoteana kabisa（从一开始就摩擦不断，互不理智），mwisho <u>uwanja mzima ukageuka kuwa wa kupimana nguvu za misuli na wa kutupiana madaluga</u>（最后**整场赛场变成了互秀肌肉、互扔足球鞋的角斗场**），vita vikageuka kuwa mfano wa donda ndugu（双方打得不可开交）. Mchezo wenyewe <u>ukalala katikati</u> na watazamaji kufanya ustahamilivu wa kusubiri muda wa dakika 15 mpaka uanze tena upya（赛事**中途瘫痪**，观众耐心等待了一刻钟才重新开始）.

（6）疲于应付输五球

Kwa kadiri ninavyokumbuka, <u>mchezo uliokuwa ghali sana kuliko yote,</u> ambao uliwagharimu watizamaji <u>malipo yao kama ya kutwa moja</u> ulikuwa pambano lile la jana baina ya Timu ya Tanzania na ya Uganda（根据我的记忆，**票价最昂贵的比赛**莫过于昨天坦桑尼亚队和乌干达队之间的较量，一张票就花费每个观众**一整天的工资**）. <u>Mchuano ulikuwa kizaazaa</u>（比赛充满悬念），**Watanzania waliwahema vizuri Waganda na kuwanyoa (kuwabebesha, kuwagandika, kuwalaza, kuwafunga, kuwatandika) mabao manne makavu**（坦桑队让乌干达队疲于应付，净灌了他们四个球）.

（7）球技娴熟脚法精

Mchezo wa jana ulikuwa <u>unaendelea chapu chapu na kufana ajabu kweli</u>

（昨天的比赛进行得紧张精彩）. Wachezaji wa Faru walikuja juu, mara kwa mara walikuwa sumu kwenye lango la Ndovu（犀牛队的球员气势汹汹，不断在大象队门前制造险情）. Mohamedi alikuwa anasakata soka kiubingwa na kutoa kiki maridadi（默哈迈德球技娴熟，脚法精准）, goli lilitembezwa kiustadi na kusambazwa kila pembe za kiwanja（球牢牢控制在他脚下，并被输送到球场每个角落）. Kutahamaki, akampiga mpinzani wake kumbo la nguvu na kulitia goli maji maji safi kabisa mlangoni（转眼间，他奋力冲开对手的防线，行云流水般把球送进大门）.

（8）带球突破节奏快

Pamoja na kufanya kazi kubwa ya kuzonga maadui walichapuka kila dakika kushambulia（在努力围堵对手的同时，他们每分钟都在加快进攻节奏）. Mara iliteremshwa pasi maji maji kwa **kufanya simile**, mara kiki kali ya kunyamazisha shambulio la maadui ikaporomoshwa kwa chenga za kuvunja kiuno（他一会儿熟练地带球突破，一会儿又竭尽腰背之力大脚解围）, halaiki ya watizamaji walishangilia kwa vifijo na mayowe. Lakini wapinzani wao walionekana goigoi wakizubaa zubaa tu, na mwisho wakanyolewa upara（他们的对手被踢蒙了，一筹莫展，最后被对方零封）.

（9）全线出击无可挡

Mambo yalikuwa makubwa katika kipindi cha pili（下半场情况出现了重大转折）. Mkosi wa kushindwa kwa Simba ulianzia kipindi hicho（雄狮队的败运就是从此开始的）. Mashambulio makali kutoka Chui yalitanda uwanja mzima na mara kwa mara yalikuwa yakiwazongea jamaa wa Simba（猎豹队全线出击，不断对雄狮队球员围追堵截）. Na mwisho waliwachachafya wapinzani wao kwa vishindo vikali na kuwachezea nusu uwanja（最后他们大张旗鼓地向对手发起攻势，把他们压向后半场）. Mchezaji Machano alibenua mpira kwa kifua na kunyanyua mkwaju namba wani kuupeleka mpira kimyani（球员马查

诺用胸部停球，接着一个漂亮的大脚爆射把球攻入对方球门）.

（10）主将上阵难回天

Mchezo kati ya Jogoo na Nyati <u>ulianza kwa mikiki hasa</u>（雄鸡队与野牛队之间的比赛**一开始就十分激烈**）. Umati wa watizamaji ulijazana uwanjani kuona wakipambana. Nyati <u>walishambulia kama nyuki</u>（野牛队**像一窝蜂一样发起攻势**），lakini Jogoo <u>walionyesha ubovu mkubwa kwa mikwaju hafifu hafifu na kuonekana kutofua dafu kabisa</u>（雄鸡队则显得**球技平庸，脚头乏力，毫无获胜希望**）. <u>Ikiwa njia ya kuokoa jahazi</u>, mchezaji wake maarufu Hamidu aliyeumia kwa <u>kuteguka mkono</u> katika mashindano yaliyopita akajitosa uwanjani, <u>lakini bila ya mafanikio</u>（**为挽救全军覆没的败局**，在上次比赛中**胳膊脱臼**的著名球员哈米杜上场献艺，**但已难有回天之力**）.

（一百）针锋相对（3）——激战交火

（1）两强相搏小草遭殃

Vilikuwa vita vikali kiasi cha kuzifanya nyoyo za watu zisimame（战斗的激烈程度能让人心脏停止跳动）, tena hapakuwa na aliyeshinda, ni vita vya kuumiza nyika tu（而且没有什么胜利者，是一场小草遭殃的乱战）. Watu wa pande zote mbili walikuwa wakikabiliana kwa kuvurumishana mapanga na marisasi（两边的人面对面地互相抡大刀片，互相开枪射击）. Kulikuwa hakuna lolote nililofanya mpaka dakika hii, na niliona nimejileta hapa kuja kupigwa risasi la kichwa tu（我觉得自己是主动过来挨枪子儿的）, hilo ndilo nililokuwa nikililia（这才是让我感到苦恼的事儿）. Hii ilikuwa ndiyo vita（这就是战争）, ilibidi tuue ili tusiuawe（为了使自己不被杀，我们必须杀戮）, si hata mimi nikapigwa fumo la mgongo（甚至连我自己背上不也挨了一梭镖吗）?

（2）子弹纷飞，擦盔而过

Sikuwa mgeni na vita（战争对我来说并不陌生）. Nilikwisha ona watu walikwenda vitani na miguu miwili wakirudi na mguu mmoja au bila ya miguu kabisa（我曾见过许多人迈着双腿去战斗，拖着单腿回家乡，或者双腿皆无）, wengine walikwenda na macho wakirudi hawana（另一些人睁着眼睛去，双眼失明归）, na hata baadhi ya wengine yakirudi majina tu（还有一些人回来的只是一纸空名儿）. Ndio katika wakati huo, risasi zetu zilianza kuwamiminikia maadui kama maji（就在此刻，我们的子弹像泼水一样射向敌人）. Nikatuhumu kwamba kama risasi zetu hazikuwalemaza vilivyo, bila ya shaka maadui wataweza kuturukia kama kinyamkera（毫无疑问，如果我们的

子弹没把他们彻底打残，敌人势必会像旋风一般向我们反扑）. Nilipofikiri hivyo, risasi moja ya adui ilikuwa imeshanipata mguu wa kushoto na nyingine kuparuza kofia yangu ya chuma（就在我想这些时，敌人的一颗子弹击中了我的左腿，另一颗从我的铁头盔上擦过）.

（3）晚霞夕照，血色黄昏

Nilijiweka timamu tena na bunduki yangu, lakini kwa bahati mbaya bunduki yenyewe ilikuwa imekwama risasi na sikudiriki kuipiga tena（我重新备好枪，不料子弹卡壳了，无法继续开火）. Kwa kipindi hicho hicho, kisu changu kilikuwa tayari kwa haraka kama vile kilifyatuka chenyewe alani na kujipachika mikononi（就在这当儿，我立马把佩刀攥在手里，那快劲儿简直就像刀自己从刀鞘里弹出来一般）. Kwa kweli, katika vita maadui hukutwa sehemu zisizotegemewa（其实，在战争中，你经常会在不经意的地方碰上敌人），kwa sababu wanaweza wakakufanya uelewe watakushambulia toka mashariki, kumbe shambulizi hasa lilitokea magharibi（因为他们可能采用声东击西的战术）. Wakati amri ya "Weka mikono juu" iliposikika, nikajiona nimeshaangaliwa na midomo ya bunduki za adui（随着一声"举起手来！"的命令，我发现自己已经被敌人的枪口锁定）. Wakati huo ulikuwa jioni, ukungu wa angani upande wa magharibi ulikuwa mwekundu kama damu（时值傍晚，晚霞夕照，残阳如血）.

（4）子弹呼啸漫天飞舞

Nilisikia bunduki zimeanza kushikana na mivumo ya risasi kutawala hewani（我听到枪声开始响成一片，子弹漫天呼啸），hali ambayo iliniwasha cheche zenye hasira kali（这点燃了我满腔怒火）. Basi nikajipa moyo kujitosa vitani nikijibizana risasi na adui（我决心投入战斗，用子弹与敌人对话）. Basi sikuendelea kuvuta subira（我没有坚持忍耐），bali kwa kasi za umeme nikapiga chenga kujilaza pembezoni mwa jumba moja kwa kuvuka barabara nikijivuta kama mtoto wa mwanachatu anayejifundisha kutambaa（而是一个箭步疾如闪电般越过公路卧倒在一座房子旁边，像一条刚学爬行的小蛇一样匍匐前行）.

（5）血腥味儿弥漫全城

Mji mzima ulinuka damu（整座城市弥漫着血腥味儿）. Vita vilichacha kabisa（战斗异常激烈）, risasi kutoka kwetu zilikuwa zikipita kama mvua na kugotagota miembe na minazi（我方射出的子弹密如暴雨，不断击打着杧果树和椰子树的枝叶）. Maadui walishindwa kujibari na mvua hiyo, wengi walianguka chini maiti na wengine kutoroka kiholela holela（敌人在弹雨的冲击面前无处藏身，纷纷倒地身亡，另一些人则仓皇逃散）.

（6）炮声隆隆震天动地

Walikaza makonde kwa nguvu na kuamua kuendelea kumimina makombora kwa mizinga dhidi ya maadui（他们紧握拳头，决定继续用炮火攻击敌人）, risasi zilialika na kuanguka kama mvua zikifanya ndimi za moto angani usiku huo（呼啸的炮弹暴风骤雨般飞向敌阵，在夜空中划出一道道火舌）, mtutumo wa mizinga ulitawala pote na moshi kutoka katika mizinga ulifanya hali kuwa ngumu kwa watu kuonana（炮声隆隆，震天动地，硝烟弥漫，天昏地暗，人们之间互相看不清对方模样）. Maadui kwa mbali kama vivuli walikimbia huku na huko, kelele walizozitoa zilikuwa hazina mfano, zikifanya vichwa vya watu visisimke（远远看到敌人像一个个黑影儿一样跑来跑去，发出无法比拟的惨叫声，让人听了头皮发麻）.

（7）敌堡遭轰，土崩瓦解

Makombora yalikuwa yamealika shafuu shafuu moja kwa moja（炮弹一个劲儿地在地上爆炸开花）, mitaa yote iliwaka moto（所有街巷都变成了火海）. Kifaru kimoja cha adui kikatuvamia kwa ujeuri（敌人的一辆坦克不可一

世地向我们扑来），lakini kombora moja letu likakipata sawa sawa（但我们的一发炮弹击中了它），nacho kilitikisika mara mbili tatu na kuselelea pale bila ya kufurukuta tena（只见它颠簸了几下就死死地趴在那儿不动了）. Maadui wakarejea nyuma na kujikunyata ngomeni kama kuku walivyopigwa na mvua ya baridi（像遭冷雨击打的母鸡似的蜷缩在碉堡里）.Wakati tulipofumua duru la pili la mashambulio（当我们发起第二轮攻击时），ngome ya maadui ikaporomoka chini kama gunia tupu lililojaribu kusimamishwa（敌人的碉堡就像试图站立起来的空麻袋一样土崩瓦解），palisambaa vumbi na matofali ovyo（遍地沙尘、砖头和瓦块）. Hapo ndipo milio ya makombora ilipoaanza kufifia（至此炮声渐渐稀疏起来）na nchi kuanguka mikononi mwetu（敌人的地盘落入我们之手）.

（8）奋起自卫猛烈反击

Kama jaribio la mwisho, maadui walitokea kujikunja kutuzunguka kama alivyofanya chatu alipokamata swala（作为最后的尝试，敌人开始收缩战线，试图像蟒蛇捕羚羊一样集中力量对我们实施包围）. Kwa kuona hivyo, tukaamua kujitetea kwa ushujaa（发现这种情况，我们决定奋起自卫），basi bunduki zetu zikaanza kutema moto na kumwaga marisasi mtindo mmoja（我们开枪了，一鼓作气地进行猛烈射击）. Kufuatana na vilio vya bunduki zetu, maadui wengi wakaanguka fofofo（随着枪声响起，许多敌人倒地丧命），na wengine wakalazimika kutambaa chini chini mpaka kutoka katika upeo wa shabaha za bunduki zetu（另一些人则不得不趴在地上，爬出我们的火力范围）.

（9）敌军来袭反击得手

Wakati huo tukaona kwa mbali wingu nene la vumbi, dalili ya kwamba jeshi kubwa la adui linakuja（这时我们看到远处腾起一股滚滚沙尘，显然是敌人的主力部队冲过来了）. Naam, maadui walianza kutuelemea sisi kwa fujo（果不其然，敌人呐喊着朝我们压过来）. Lakini walipokuwa wakiingia

kwenye eneo la bunduki zetu（然而，当他们进入我们的**火力范围**时），mara
tukaanza kuwafyatulia risasi na kuwafagia kwa nguvu moja（我们立马开枪一
个劲儿地扫射），risasi ambazo ziligeuka maji ya mvua kweli（密集的子弹如
倾泻的暴雨），maadui walipukutishwa nazo na kuanguka kama majani ya miti
wakati wa kiangazi, roho nyingi zilitekelea katika vita hivyo（敌人像旱季的枯
叶一样纷纷倒地，死者甚多）.